Naomi Klein machte während der Corona-Epidemie eine verstörende Entdeckung: Im Netz und auf Social Media ist eine andere Naomi unterwegs, mit der sie andauern verwechselt wird. Diese andere Naomi war früher eine anerkannte Feministin und ist nun auf die Seite der Verschwörungstheoretiker weit nach rechts gerückt.
Das ist der Ausgangspunkt ihrer Analyse. Indem Naomi Klein ihrer Doppelgängerin nachforscht, gelingt ihr eine Deutung unserer verrückten Gegenwart: In dieser Welt, in der liberale Demokratien am Rande der Autokratie taumeln, KI für uns kommuniziert und der Hass sich online ausbreitet, während gleichzeitig unsere Wälder brennen und der Meeresspiegel unaufhaltsam ansteigt, scheint die Realität selbst aus den Fugen geraten zu sein.

Naomi Klein, geboren 1970, ist Journalistin, Aktivistin und Autorin der internationalen Bestseller »Die Schock-Strategie« (2007), »Die Entscheidung« (2015) und »No Logo!« (2015, alle S. FISCHER). Naomi Klein schreibt und berichtet regelmäßig für CNN, BBC, »The Los Angeles Times« oder »The Washington Post«. Seit 2021 ist sie Professorin für Klimagerechtigkeit an der University of British Columbia. Naomi Klein lebt in Kanada.
Peter Robert arbeitet seit über dreißig Jahren als Literaturübersetzer. Er übertrug u. a. Romane von William Gibson und Stephen King sowie Sachbücher u. a. von John Bargh, Adam Grant und Serhii Plokhy.
Rita Seuß, Mitglied des Übersetzerkollektivs Druck-Reif, hat u. a. John Berger, Tim Weiner, Sarah Bakewell, Roberto Saviano und Andrea Camilleri übersetzt.

Weitere Informationen finden Sie auf www.fischerverlage.de

Naomi Klein

DOPPELGÄNGER

Eine Analyse unserer gestörten Gegenwart

Aus dem Englischen von
Peter Robert und Rita Seuß

S. FISCHER

Die Originalausgabe erschien 2023 unter dem Titel »Doppelganger. A Trip into the Mirror World« im Verlag Farrar, Straus and Giroux, New York

MIX
Papier | Fördert gute Waldnutzung
FSC® C014496
FSC
www.fsc.org

Erschienen bei S. FISCHER

Umschlaggestaltung: Schiller Design, Frankfurt, nach dem englischen Originalcover von CS Richardson
Umschlagabbildung: Kourosh Keshiri / Bildbearbeitung: CS Richardson
Satz: Dörlemann Satz, Lemförde
Druck und Bindung: GGP Media GmbH, Pößneck
ISBN 978-3-10-397644-1

In memoriam:
Mike Davis,
Barbara Ehrenreich,
bell hooks,
Leo Panitch

Eine furchtbare Menge solcher vollkommener
Ebenbilder war entstanden.
Fjodor Dostojewski, *Der Doppelgänger*, 1846

Wie viele gibt es wohl von jedem?
Jordan Peele, *Us*, 2019

Inhalt

Einleitung

Off-brand me

Zu meiner Verteidigung: Es war nie meine Absicht, dieses Buch zu schreiben. Ich hatte eigentlich gar keine Zeit dafür. Niemand hat mich darum gebeten. Einige haben mich sogar eindringlich davor gewarnt: nicht jetzt – nicht angesichts der Brände im wörtlichen und im übertragenen Sinn, die unseren Planeten heimsuchen. Und schon gar nicht zu diesem Thema.

Die Andere Naomi – so nenne ich sie jetzt. Diese Person, mit der ich seit mehr als zehn Jahren permanent verwechselt werde. Meine Doppelgängerin mit der Löwenmähne. Eine Person, die offenbar viele nicht von mir zu unterscheiden vermögen. Eine Person, die so viele extreme Dinge tut, dass Fremde sich dazu veranlasst sehen, mich harsch zu tadeln, mir zu danken oder mir ihr Bedauern auszusprechen.

Schon die Tatsache, dass ich ihr einen kodierten Namen gegeben habe, zeigt die Absurdität meiner Situation. Seit fünfundzwanzig Jahren schreibe ich über die Macht der Konzerne und über die Verheerungen, die sie anrichten. In weit entfernten Ländern besuche ich Fabriken, um ausbeuterische Arbeitsbedingungen zu untersuchen, und überquere heimlich die Grenzen militärisch besetzter Staaten. Ich berichte über die Folgen von Ölkatastrophen und Hurrikans der Kategorie 5. Ich schreibe Bücher mit großen Ideen über ernste Themen. Doch in den Monaten und Jahren, in denen dieses Buch entstanden ist – einer Zeit, als den Friedhöfen der Platz ausging und Milliardäre sich ins All schossen –, erschien mir alles andere, was ich zu schreiben hatte oder hätte schreiben können, als Belästigung und rüde Störung. Ob ich an

Veranstaltungen im Vorfeld eines wichtigen UN-Klimagipfels teilnehmen würde? Nein, tut mir leid, ich habe zu viele andere Verpflichtungen. Ob ich einen Kommentar zum amerikanischen Rückzug aus Afghanistan schreiben würde? Zum zwanzigsten Jahrestag von 9/11? Zum russischen Überfall auf die Ukraine? Nein, nein und nochmals nein.

Im Juni 2021, als mir die Kontrolle über dieses Projekt wirklich zu entgleiten drohte, entstand über der Südküste der kanadischen Provinz British Columbia, wo ich heute mit meiner Familie lebe, ein seltsames neues Wetterphänomen, eine sogenannte Hitzeglocke. Die schwüle Luft fühlte sich an wie ein zähnefletschendes Ungeheuer, das bösartige Absichten verfolgte. Mehr als sechshundert zumeist ältere Menschen starben; geschätzte zehn Milliarden Meerestiere wurden an unseren Küsten lebendig gekocht; eine ganze Stadt ging in Flammen auf.[1] Die abgelegene, dünn besiedelte Gegend sorgt nur selten für internationale Schlagzeilen, aber die Hitzeglocke machte uns kurzzeitig berühmt. Ein Redakteur fragte mich, ob ich, seit fünfzehn Jahren eine Kämpferin gegen den Klimawandel, einen Bericht darüber schreiben würde, wie ich dieses beispiellose Klimaereignis erlebt habe.

»Ich arbeite an etwas anderem«, erwiderte ich, und der Geruch des Todes stieg mir in die Nase.

»Darf ich fragen, woran?«

»Dürfen Sie nicht.«

Es gab jede Menge anderer wichtiger Dinge, die ich in dieser Zeit der fieberhaften Ausflüchte vernachlässigt habe. In jenem Sommer erlaubte ich meinem Neunjährigen, so viele Stunden mit der blutrünstigen Naturdoku-Serie *Animal Fight Club* zuzubringen, dass er schließlich anfing, mich an meinem Schreibtisch zu rammen »wie ein großer weißer Hai«. Ich habe viel zu wenig Zeit mit meinen achtzigjährigen Eltern verbracht, die nur eine halbe Autostunde entfernt wohnen – trotz ihrer statistisch hohen Infektionsanfälligkeit in der weltweit wütenden, tödlichen Pandemie und trotz der lebensbedrohlichen Hitzeglocke. Im Herbst kandidierte mein Mann bei den kanadischen Parlamentswahlen. Ich habe zwar einige Wahlkampfreisen absolviert, aber ich weiß, ich hätte mehr tun können.

All das habe ich vernachlässigt, um … ja, warum eigentlich? Um den wiederholt gesperrten Twitter-Account der Anderen Naomi zu checken? Ihre Auftritte in Steve Bannons Livestreams zu studieren und Einblicke in die elektrische Chemie dieser beiden zu gewinnen? Um eine weitere Warnung von ihr zu lesen oder zu hören, grundlegende Gesundheitsmaßnahmen seien in Wahrheit ein geheimes Komplott, inszeniert von der Kommunistischen Partei Chinas, von Bill Gates, Anthony Fauci und dem Weltwirtschaftsforum, um ein Massensterben von so gewaltigen Dimensionen auszulösen, dass es nur das Werk des Teufels sein konnte?

Am meisten schäme ich mich für die zahllosen Podcasts, die ich mir reinzog, für die Unmenge verlorener Stunden, die ich nie wieder zurückbekomme. Stunden, in denen ich einen Masterabschluss hätte machen können. Ich redete mir ein, das sei »Recherche«. Um sie und ihre Mitstreiter zu verstehen, die jetzt einen offenen Krieg gegen die objektive Realität führen, müsse ich in das Archiv erfolgreicher und zugleich faktenresistenter Sendungen wie *QAnon Anonymous* und *Conspirituality* eintauchen, die im wöchentlichen oder vierzehntägigen Rhythmus die vielfach vermischten Welten der Verschwörungstheoretiker, Wellness-Geschäftemacher und Covid-Leugner, der Anti-Impf-Hysterie und des zunehmenden Faschismus entpacken und dekonstruieren. Und das alles zusätzlich zum täglichen Output von Steve Bannon und Tucker Carlson, in deren Sendungen die Andere Naomi inzwischen regelmäßig zu Gast war.

Die Beschäftigung mit diesen Dingen verschlang fast jede freie Minute meines Lebens: ob ich Wäsche zusammenlegte, den Geschirrspüler ausräumte, mit dem Hund rausging oder das Kind von der Schule abholte. In einem anderen Leben waren dies Momente, in denen ich Musik oder Nachrichten hörte oder Leute anrief, die ich mag. »Ich fühle mich den Moderatoren von *Conspirituality* näher als dir«, schluchzte ich eines Abends in die Voicemail meiner besten Freundin.

Ich sagte mir, dass ich keine andere Wahl hätte. Dass dies in Wahrheit keine sagenhaft leichtfertige und narzisstische Verschwendung meiner knapp bemessenen Zeit zum Schreiben und der ebenso knapp bemessenen Zeit auf der Uhr unseres immer wärmer werdenden Planeten sei. Ich begründete es damit, dass die Andere Naomi, die hocheffizient Falsch- und Desinformationen über viele unserer akuten Krisen in die Welt setzte und zusammen mit anderen die Leute animierte, auf die Straße zu gehen, um gegen eine fast komplett halluzinierte »Tyrannei« zu rebellieren – dass diese Andere Naomi am Schnittpunkt von Kräften agierte, die zutiefst lächerlich, trotzdem aber nicht zu unterschätzen waren. Denn sie stifteten so viel Verwirrung und absorbierten so viel Sauerstoff, dass so gut wie alles Hilfreiche und Heilsame vereitelt wurde, was Menschen in einer solchen Situation bewirken können, wenn sie sich zusammentun.

Beispielsweise indem wir diese Raumfahrtmilliardäre auf den Boden zurückholen und ihren unrechtmäßig erworbenen Reichtum zur Finanzierung des Wohnungsbaus und der Gesundheitsfürsorge und zum Ausstieg aus fossilen Brennstoffen nutzen, bevor die Zukunft eine einzige, alles überwölbende Hitzeglocke ist. Oder, bescheidener, indem wir gewährleisten, dass man ein Kind, das sich selbst als großen weißen Hai sieht, in die Grundschule schicken kann, ohne befürchten zu müssen, dass es mit einem hochansteckenden und potenziell tödlichen Virus nach Hause kommt: einem Virus, das es sich von einem Mitschüler eingefangen hat, dessen Eltern Impfstoffe als Teil eines Komplotts zum Genozid und zur Versklavung der Menschheit betrachten, weil eine Frau namens Naomi sie im Internet davon überzeugt hat.

Ich kann sagen, dass es eine zutiefst verstörende Erfahrung ist, eine Doppelgängerin zu haben. Es ist ein Gefühl des Unheimlichen, das Sigmund Freud als »jene Art des Schreckhaften« beschreibt, »welche auf das Altbekannte, Längstvertraute zurückgeht«, aber plötzlich fremd ist.[2] Der Doppelgänger wirkt deshalb so unheimlich, weil man sich selbst unvertraut wird. Das Doppelgängertum, schrieb Freud, kann »zur Identifizierung mit einer anderen Person führen, so dass man an seinem Ich irre wird«.[3] Er hatte nicht in allem recht, in diesem Punkt aber schon.

Und in meinem Fall kommt noch etwas hinzu: Meine Doppelgängerin hat eine so dramatische politische und persönliche Wandlung vollzogen, dass viele meinten, sie sei zu einer Doppelgängerin ihres früheren Ichs geworden. Was mich in gewisser Weise zur Doppelgängerin einer Doppelgängerin macht – eine Spielart des Unheimlichen, die selbst Freud nicht vorausgesehen hat.

Ich bin gewiss nicht die Einzige, die sich mit dem Gefühl herumschlägt, dass die Realität sich irgendwie verformt. Fast jeder, mit dem ich spreche, erzählt mir von Menschen, die wie Alice auf ihrem Weg ins Wunderland »im Kaninchenloch« verschwunden sind – Eltern, Geschwister, beste Freunde, aber auch Intellektuelle und Kommentatoren, auf die man sich einmal verlassen konnte. Menschen, die einst vertraut, jetzt aber nicht mehr wiederzuerkennen waren. Die sich verändert hatten. Mich beschlich zunehmend das Gefühl, als seien die Kräfte, die meine Welt destabilisierten, Teil eines weitgespannten Netzwerks von Kräften, die unsere ganze Welt destabilisieren – und als könnte das Verständnis dieser Kräfte ein Schlüssel sein, um festeren Boden unter die Füße zu bekommen.

*

Seit mehr als zwanzig Jahren, seit diese Flugzeuge in die Glas- und Stahltürme des World Trade Center flogen, beschäftige ich mich damit, wie große Schockereignisse unsere kollektiven Synapsen durcheinanderbringen, zu einer Massenregression führen und Menschen zur leichten Beute für Demagogen machen. In den Jahren, in denen ich recherchierte und die *Schock-Strategie* schrieb (mein 2007 erschienenes Buch zu diesem Thema), habe ich mich eingehend damit befasst, wie nach einem Schock der Zustand der Verunsicherung in vielen verschiedenen Bereichen opportunistisch ausgenutzt wurde: 9/11, der Zusammenbruch der Sowjetunion, die Irak-Invasion, der Hurrikan Katrina und andere Ereignisse, die noch sehr viel weiter zurückliegen. Da die Öffentlichkeit verängstigt und abgelenkt war, konnten machthungrige Akteure ohne jede Debatte und ohne Zustimmung demokratischer Gremien Strategien durchsetzen, die den Konzerneliten zugutekamen – nicht unähnlich den brutalen Methoden von

Folterern, die Isolation und Stress einsetzen, um ihre Gefangenen zu schwächen und zu brechen. Als ich im Zuge meiner Recherchen die Angriffe auf politische Grundrechte und die Privatisierung von öffentlichem Grund und Boden und öffentlichen Dienstleistungen verfolgte, glaubte ich, ich wäre gegen diese Schockstrategien immun, da ich ja wusste, wie sie funktionierten. Ich würde mich durch beispiellose Ereignisse nicht verunsichern lassen, ich würde in Krisenzeiten einen klaren Blick bewahren und anderen helfen, ebenfalls klar zu sehen. Dachte ich zumindest.

Im Rückblick schäme ich mich fast, wie leicht ich es hatte. Wenn ich mich gegen Schocks immun fühlte, dann vor allem deshalb, weil ich weit weg von ihrem Ursprungsort lebte. Es waren nicht meine Angehörigen, die aus der Luft angegriffen und getötet wurden. Es war nicht mein Wohnviertel, das abgerissen werden sollte, und es waren auch nicht die Lehrer meines Kindes, die entlassen wurden, damit öffentliche in private Schulen umgewandelt werden konnten.

Aber Covid … Covid war anders. Es erschütterte meine persönliche Welt, wie es die Welt von jedem von uns erschütterte. In den ersten vier Monaten, als ich noch in New Jersey lebte, war ich mit unserem neuroatypischen Sohn an unsere Wohnung gebunden und versuchte vergeblich, ihm beim Onlinelernen zu helfen und, noch viel wichtiger, seine poröse Seele zu beruhigen, die nicht anders konnte, als die Angst und den Schrecken um uns herum in sich aufzunehmen. Unsere Nachbarn wurden von Krankenwagen abgeholt, das Virus wütete in unserem Freundeskreis. Dabei hatte ich noch Glück – ich stand nicht an der Frontlinie der Covid-Stationen. Aber ich war auch nicht durch meine gewohnte journalistische Distanz vor der Pandemie geschützt. Ich wachte jeden Morgen erschöpft auf und starrte gelähmt und wie betäubt auf meine verschiedenen Bildschirme. Zum ersten Mal war dies ein Schock, den nicht nur die anderen erlitten. Und dann kamen immer mehr Schocks.

Ein Schockzustand tritt ein, wenn wir – als Individuen oder als Gesellschaft – ein plötzliches und noch nie dagewesenes Ereignis erleben, für das wir noch keine adäquate Erklärung haben. Seinem Wesen nach ist ein Schock die Kluft zwischen dem Ereignis und den bestehenden Narrativen zu dessen Erklärung. Da wir Menschen auf Narrative angewiesen sind, tun wir uns schwer, mit einem Erklärungsvakuum zurechtzukommen – deshalb konnten opportunistische Akteure, die ich als »Katastrophen-Kapitalisten« bezeichne, mit ihren vorbereiteten Wunschlisten und vereinfachenden Geschichten von Gut und Böse diese Lücke schließen. Die Geschichten selbst mögen karikaturhaft überzogen und falsch sein (»Entweder ihr seid für uns oder für die Terroristen«, sagte man uns nach dem 11. September und: »Sie hassen unsere Freiheiten«). Aber es gibt sie immerhin – und allein deshalb sind sie besser als das Nichts der Kluft.

»Tut euch zusammen, findet euren Halt und eure Geschichte.« Das ist der Ratschlag, den ich seit zwanzig Jahren in Momenten eines kollektiven Traumas erteile. Verarbeitet den Schock gemeinsam, sage ich den Leuten, erschafft gemeinsam etwas Sinnvolles. Widersteht den Tyrannen im Westentaschenformat, die euch sagen, die Welt sei jetzt ein leeres Blatt – sie werden es benutzen, um ihre gewalttätigen Geschichten darauf zu schreiben.

Es war ein vernünftiger Ratschlag. Aber Covid machte es sehr schwer, ihn zu befolgen. Die Notwendigkeit, das Virus unter Kontrolle zu bringen, zwang vielen von uns, auch mir, Dauerstress und Isolation auf – Bedingungen, die für Schockzustände besonders anfällig machen. Meine Isolation verschärfte sich, als wir vier Monate nach Ausbruch der Pandemie nach Kanada zurückkehrten. Es sollte ein zeitlich begrenzter Aufenthalt werden, um in der Nähe meiner Eltern zu sein. Aber wie viele andere blieben auch wir da hängen, wo wir waren. Wir leben jetzt dauerhaft auf einer Felsklippe am Ende einer Sackgasse, drei Stunden von der nächsten Stadt entfernt, die wir nur mit einer nicht sehr zuverlässigen Fähre erreichen können. Ich bedauere es nur gelegentlich, dass ich auf Essenslieferungen aus dem Restaurant, verlässlichen Strom und U-Bahnen verzichten muss. Dafür haben wir eine verlässlich geöffnete Schule, wir haben Waldwege in der Nähe und eine geringe, aber reale Chance, im stahlblauen Wasser der Salish Sea die schwarze Rückenflosse eines Orcas zu erblicken. Ein schöner Landstrich – wenn er nicht von der Hitze und dem Rauch von Waldbränden erstickt oder von Stürmen heimgesucht wird, für die wir immer neue Namen lernen müssen. (»Bomben-Zyklon«, »atmosphärischer Fluss« und »Pineapple Express«, die alle in einem einzigen langen, feuchten Winter auftreten können.) Doch es ist ein abgelegener Ort. Vielleicht war es das, was mich schließlich an den Rand der Verzweiflung brachte. Die vielen Monate ohne Menschen aus Fleisch und Blut, mit denen ich meine Gefühle und Gedanken teilen konnte.

Als ich dann im Internet nach einer Simulation der Freundschaften und Gemeinschaften suchte, die ich vermisste, fand ich nur die totale Konfusion: eine Sturzflut von Leuten, die über mich diskutierten und über das, was ich gesagt und getan hatte – nur dass nicht ich es war, sondern *sie*. Was eine alarmierende Frage aufwarf: Wer war dann ich?

Im Bemühen, mir auf meine Situation einen Reim zu machen, fing ich an, alles zu lesen und zu sichten, was ich über Doubles und Doppelgänger finden konnte, von C. G. Jung bis Ursula K. Le Guin, von Fjodor Dostojewski bis Jordan Peele. Die Figur des Doppelgängers, seine Bedeutung in der antiken Mythologie und in der Frühzeit der Psychoanalyse begann mich zu faszinieren: das Zwillings-Ich als Ausdruck unseres höchsten Strebens nach einer unsterblichen Seele, jenem flüchtigen Wesen, das angeblich den Körper überlebt. Und der Doppelgänger als Repräsentant der am stärksten unterdrückten, entwürdigten und abgelehnten Seiten unseres Ichs, deren Anblick wir nicht ertragen können – des bösen Zwillings, des Schatten-Ichs, des Anti-Ichs, des Hyde unseres Jekyll. Aus diesen Geschichten lernte ich schnell, dass meine Identitätskrise wohl unausweichlich war: Das Auftreten des eigenen Doppelgängers ist fast immer chaotisch und stressig und führt zu Paranoia. Und aufgrund dieser frustrierenden und unheimlichen Situation gerät die Person, die ihrem Doppelgänger begegnet, unweigerlich an ihre Grenzen.

Aber Doppelgänger bedeuten nicht nur Qual und Pein. Seit Jahrhunderten werden sie als Mahner oder Vorboten verstanden. Wenn die Realität anfängt, sich zu verdoppeln, sich an sich selbst zu brechen, so heißt das oft, dass etwas Wichtiges ignoriert oder geleugnet wird – ein Teil unserer selbst und unserer Welt, den wir nicht sehen wollen – und dass weitere Gefahren drohen, wenn die Warnung nicht ernst genommen wird. Das gilt für den Einzelnen, aber auch für ganze Gesellschaften, die geteilt, verdoppelt, polarisiert oder in einander bekämpfende, scheinbar undurchschaubare Lager zersplittert sind. Gesellschaften wie die unseren.

Alfred Hitchcock nannte den turbulenten Zustand des Lebens mit einem Doppelgänger in seinem gleichnamigen Filmklassiker aus dem Jahr 1958 »Vertigo«, Schwindelgefühl. Aber nach meiner Erfahrung ist ein Begriff, den der mexikanische Philosoph Emilio Uranga 1952 verwendete, sehr viel treffender: *zozobra*. Das spanische Wort für existenzielle Angst und tiefe Schwermut beschwört auch allgemeine Unsicherheit: »Eine Seinsweise, die unaufhörlich zwischen zwei Möglichkeiten schwankt, zwischen zwei Affekten, ohne zu wissen, auf welchen der beiden man sich verlassen kann« – Lächerlichkeit und Ernsthaftigkeit, Gefahr und Sicherheit, Tod und Leben. »In diesem Hin und Her leidet die Seele, sie fühlt sich zerrissen und verwundet«, schreibt Uranga.[4]

Philip Roth untersuchte dieses Spannungsfeld in seinem Doppelgänger-Roman *Operation Shylock*. »Es ist zu lächerlich, um es ernst zu nehmen, und zu ernst, um lächerlich zu sein«, schrieb er über einen Roth-Doppelgänger.[5] Dieser Satz wurde in jener unheimlichen Zeit zu meinem Mantra. Sind die politischen Bewegungen, die die Andere Naomi maßgeblich unterstützt, lächerlich und keiner Beachtung wert – oder sind sie Teil eines ernst zu nehmenden Wandels in unserer Welt, mit dem wir uns dringend auseinandersetzen müssen? Soll ich lachen oder weinen? Sitze ich reglos auf dieser Felsklippe, oder ist alles in sehr schneller Bewegung?

In der Literatur und der Mythologie begibt sich jemand, der mit einem Doppelgänger konfrontiert ist, auf eine Reise – auf eine Suche, um zu verstehen, welche Botschaften, Geheimnisse und Vorahnungen übermittelt werden. Das habe auch ich getan. Statt meine Doppelgängerin wegzustoßen, habe ich versucht, so viel wie möglich über sie und die Bewegungen herauszufinden, denen sie angehört. Ich bin ihr gefolgt, während sie sich tiefer und tiefer in ein Labyrinth von Verschwörungs-Kaninchenlöchern hineinwühlte: Orte, die mir oft das Gefühl gaben, meine eigenen Recherchen zur *Schock-Strategie* wären durch den Spiegel gegangen und starrten mir jetzt als ein Netzwerk phantastischer Verschwörungserzählungen entgegen, die die realen Krisen, mit denen wir konfrontiert sind – von Covid über den Klimawandel bis zur russischen Militäraggression –, als Täuschungsmanöver erscheinen lassen, inszeniert wahlweise von den chinesischen Kommunisten, von Konzernglobalisten oder von Juden.

Ich verfolgte die neuen Allianzen meiner Doppelgängerin mit einigen der bösartigsten Männer auf dem Planeten, die ein Informationschaos ungeheuren Ausmaßes stiften und voll schadenfroher Häme in immer mehr Ländern Aufstände schüren. Ich untersuchte den politischen, emotionalen und finanziellen Nutzen, den diese Leute daraus ziehen, und erforschte die tiefen rassistisch, kulturell und historisch geprägten Ängste und Leugnungen, die ihnen Nahrung geben. Und vor allem wollte ich herausfinden, wie man diesen schwer bewaffneten, antidemokratischen Kräften ihre schnell wachsende Macht entziehen könnte.

Zu alldem fühlte ich mich legitimiert. Ich war so lange und so oft mit der Anderen Naomi verwechselt worden, dass ich mich geradezu von ihr verfolgt fühlte. Daher erschien es mir recht und billig, dass ich jetzt sie verfolgte.

In Geschichten über Doppelgänger, Zwillinge und Hochstapler fungiert der Doppelgänger oft als ein unwillkommener Spiegel, der dem Protagonisten eine eitle und korrupte Version seiner selbst zeigt. Ich verrate nicht zu viel, wenn ich sage, dass ich, während ich meine Doppelgängerin beobachtete, mehr als einmal diesen unwillkommenen Moment des erschrockenen Wiedererkennens spürte. Was mich jedoch bewog, dieses Buch zu schreiben und wider alle Vernunft daran festzuhalten, war, dass ich, je mehr ich mich mit ihr beschäftigte – mit ihren desaströsen Entscheidungen und der unbarmherzigen Behandlung, die sie oft durch andere erfuhr –, zunehmend das Gefühl hatte, dass mir nicht nur unerwünschte Seiten meiner selbst, sondern wie in einem Vergrößerungsglas auch viele unerwünschte Aspekte unserer gemeinsamen Kultur vor Augen geführt wurden. Der allgegenwärtige und alles durchdringende Hunger nach Bedeutsamkeit, die zugleich immer flüchtiger wird; die Art und Weise, wie wir Menschen, die Fehler machen, als entbehrlich behandeln; die Trivialisierung der Sprache, die Zurückweisung von Verantwortung und vieles mehr. Letztlich half mir der Blick auf die Andere Naomi, mich selbst klarer zu sehen, seltsamerweise aber auch, die gefährlichen Systeme und Dynamiken, in denen wir alle gefangen sind, besser zu erkennen.

Dies ist also keine Biographie der Anderen Naomi, und es ist auch keine psychoanalytische Diagnose ihrer Verhaltensweisen. Es ist ein Versuch, meine Erfahrung mit einer Doppelgängerin – die angerichteten Verwüstungen und die Lektion, die ich über mich, sie und uns gelernt habe – als Wegweiser für das zu nutzen, was ich inzwischen als unsere Doppelgänger-Kultur betrachte. Eine Kultur mit zahllosen unterschiedlichen Formen der Verdopplung, in der jeder von uns, der eine Online-Identität oder einen Online-Avatar hat, seinen eigenen Doppelgänger erschafft – eine virtuelle Version unserer selbst, die uns anderen gegenüber repräsentiert. Eine Kultur, in der sich viele von uns als eine persönliche Marke betrachten und eine geteilte Identität aufbauen, in der wir wir selbst und doch nicht wir selbst sind, eine Doppelgänger-Identität, die wir im digitalen Raum unaufhörlich annehmen, als Preis für den Zugang zu einer unersättlichen Aufmerksamkeitsökonomie. Derweil nutzen Techkonzerne diese Daten, um Maschinen darauf zu trainieren, künstliche Simulationen menschlicher Intelligenz und menschlicher Funktionen zu erschaffen, lebensechte Doppelgänger, die ihre eigene Agenda verfolgen, eine eigene Logik besitzen und eigene Bedrohungen darstellen. Aber was macht diese Verdopplung eigentlich mit uns?, habe ich mich immer wieder gefragt. Wie steuert sie das, worauf wir unsere Aufmerksamkeit richten oder – noch viel wichtiger – was wir außer Acht lassen?

Während ich meine Doppelgängerin beschattete und ihr immer tiefer in ihre Welt hineinfolgte – an einen Ort, an dem weichgezeichnete Wellness-Influencerinnen mit geifernden rechtsextremen Propagandisten im Namen der Rettung und des Schutzes »der Kinder« gemeinsame Sache machen –, sah ich mich mit weiteren Formen der Verdopplung und des Doppelgängertums konfrontiert, die noch viel weitreichendere Folgen haben. Beispielsweise, dass die ganze Politik zunehmend wie eine Spiegelwelt wirkt, mit einer zweigeteilten Gesellschaft, in der sich die einen gegen die anderen abgrenzen. Bei allem, was die eine Seite sagt und glaubt, fühlt sich die andere Seite gezwungen, genau das Gegenteil zu sagen und zu glauben. Je tiefer ich eintauchte, desto mehr entdeckte ich dieses Phänomen überall um mich herum: Individuen, die sich nicht von nachvollziehbaren Prinzipien oder Überzeugungen leiten lassen, sondern als Mitglieder von Gruppen agieren, die die Rolle des Yin gegenüber dem Yang der anderen Gruppe spielen – Gesunde gegen Schwache; Wache gegen Schlafschafe; Rechtschaffene gegen Depravierte. Binaritäten, wo einst das Denken wohnte.

Zuerst sah ich in der Welt meiner Doppelgängerin vor allem hemmungslose Gaunerei am Werk. Mit der Zeit gewann ich jedoch den deutlichen Eindruck, dass ich in Echtzeit auch Zeugin wurde, wie sich eine neue und gefährliche politische Formation bildete: mit ihren Allianzen, ihrem Weltbild, ihren Slogans und ihren Feinden, mit ihren Codewörtern und No-go-Zonen – und, am wichtigsten, einer Strategie zur Gewinnung einer Basis, um die Macht zu übernehmen.

Und all dies, das wurde schnell klar, war mit einer anderen, noch bedrohlicheren Form der Verdopplung verwoben: der altbekannten Art und Weise, wie Race, Ethnizität und Gender gefährliche Doubles erschaffen, denen ganze Personengruppen zugerechnet werden: Der Wilde. Der Terrorist. Der Dieb. Die Hure. Der Mensch als das Eigentum anderer. Die erschreckendste Erkenntnis meiner Doppelgänger-Reise war, dass nicht nur Individuen einen sinistren Doppelgänger haben können, sondern auch Staaten und Kulturen. Viele von uns spüren und fürchten einen entscheidenden Umschwung. Von demokratisch zu autoritär. Von säkular zu theokratisch. Von pluralistisch zu faschistisch. In einigen Ländern hat dieser Umschwung bereits stattgefunden. In anderen ist er so nah und so vertraut wie ein verzerrtes Spiegelbild.

Mit fortschreitenden Recherchen wurde dies die Form des Doppelgängers, die mich zunehmend beunruhigte: der faschistische Clown-Staat als der allgegenwärtige Zwillingsstaat liberaler westlicher Demokratien, der uns in seinem Feuer selektiver Zugehörigkeit und wütender Verachtung zu verschlingen droht. Die Figur des Doppelgängers dient seit Jahrhunderten dazu, uns vor diesen Schattenversionen unseres kollektiven Ichs, vor einer solchen monströsen Zukunft zu warnen.

Sind wir schon dort angekommen? Nicht alle, jedenfalls noch nicht ganz. Aber die Pandemie, die viele andere, lange verdrängte Krisen überlagerte, hat die Menschheit an einen Punkt gebracht, an dem sie noch nie zuvor war, an einen Ort, der nicht weit entfernt, aber anders ist. Diese Andersartigkeit ist der Grund für die Fremdheit, die viele von uns zu beschreiben versucht haben: Alles ist vertraut und doch mehr als nur ein bisschen ver-rückt. Unheimliche Menschen, eine auf dem Kopf stehende Politik und – mit der beschleunigten Entwicklung der Künstlichen Intelligenz – die immer größere Schwierigkeit zu unterscheiden, wer und was real ist. Woher kommt dieses Gefühl der Desorientierung, von dem wir uns gegenseitig erzählen? Dieses Gefühl, nicht zu wissen, wem wir vertrauen können und was wir glauben sollen? Diese Erfahrung, dass Freunde und geliebte Menschen sich wie Fremde verhalten? Es kommt daher, dass sich unsere Welt verändert hat, aber die meisten von uns wie bei einem kollektiven Jetlag immer noch auf den Rhythmus und die Gewohnheiten des Ortes eingestellt sind, den wir hinter uns gelassen haben. Es ist höchste Zeit, dass wir uns an diesem neuen Ort zurechtfinden.

José Saramago hat seinem Roman *Der Doppelgänger* das Motto vorangestellt: »Das Chaos ist eine Ordnung, die entschlüsselt werden muss.«[6] Hier ist mein Versuch, das Chaos der Doppelgänger-Kultur zu entschlüsseln – mit ihrem Labyrinth aus simulierten Ichs und digitalen Avataren, mit Massenüberwachung, rassistisch und ethnisch geprägten Projektionen, faschistischen Doubles und den geflissentlich geleugneten Schatten, die alle auf einmal an die Oberfläche treten. Es wird einige gewagte Manöver erfordern – aber ich kann versichern, dass diese Kartierung nicht darauf abzielt, uns im Spiegelkabinett festzuhalten. Sie soll es uns vielmehr ermöglichen, das zu erreichen, wonach sich meiner Ansicht nach viele von uns sehnen: den irremachenden Begrenzungen dieser Spiegelwelt zu entkommen und zu einer kollektiven Macht und gemeinsamen Zielen zu finden. Es geht darum, dieses kollektive Schwindelgefühl zu überwinden und gemeinsam an einen anderen, besseren Ort zu gelangen.

TEIL EINS

Doppelleben

(Performance)

Ich habe einen Weg gefunden, neben meinem Namen her zu leben.
Das hat sich als sehr hilfreich erwiesen.[1]
Judith Butler, 2021

1

In Besitz genommen

Als es zum ersten Mal passierte, befand ich mich in einer öffentlichen Toilette an der Wall Street in Manhattan. Ich wollte gerade meine Kabine verlassen, als ich zwei Frauen über mich reden hörte.

»Hast du gesehen, was Naomi Klein gesagt hat?«

Ich erstarrte und hatte sofort meine fiesen Mitschülerinnen in der High School vor Augen, die mich gleich demütigen würden. Was hatte ich gesagt?

»So was wie, dass der heutige Protestmarsch keine gute Idee ist.«

»Wer hat die denn gefragt? Ich glaube nicht, dass sie unsere Forderungen versteht.«

Moment mal. Ich hatte nichts über den Protestmarsch gesagt – oder über die Forderungen. Dann traf es mich wie ein Donnerschlag: Ich wusste, wer das gesagt hatte. Ich schlenderte lässig zum Waschbecken, nahm mit einer der Frauen Blickkontakt im Spiegel auf und sagte Worte, die ich in den kommenden Monaten und Jahren noch viel zu oft wiederholen sollte.

»Ich glaube, ihr meint Naomi Wolf.«

Das war im November 2011, auf dem Höhepunkt der Occupy-Wall-Street-Bewegung, als Gruppen junger Leute in öffentlichen Parks und auf Plätzen vieler Städte in den Vereinigten Staaten, in Kanada, Asien und dem Vereinigten Königreich campierten. Der Protest war inspiriert vom Arabischen Frühling und von der Besetzung öffentlicher Plätze in Südeuropa durch junge Leute – ein kollektiver Aufschrei gegen wirtschaftliche Ungleichheit und Finanzkriminalität, aus dem schließlich die politischen Strategien einer neuen Generation hervorgingen. An jenem Tag hatten die Organisatoren des ersten Camps in Manhattan zu einem großen Protestmarsch durch das Finanzviertel aufgerufen, und die schwarze Kleidung und der dick aufgetragene Eyeliner ließen keinen Zweifel daran, dass niemand in dieser Toilette eine Pause vom Derivatehandel einlegte.

Ich konnte verstehen, warum einige meiner Mitdemonstranten ihre Naomis verwechselt hatten. Wir schreiben beide Bücher über große Ideen (ich *No Logo*, sie *Der Mythos Schönheit*; ich *Die Schock-Strategie*, sie *Wie zerstört man eine Demokratie*; ich *Die Entscheidung: Kapitalismus vs. Klima*, sie *Vagina*). Wir haben beide braunes Haar, das manchmal durch zu viel Aufheller ins Blonde geht (ihres ist länger und dicker als meines). Wir sind beide jüdisch. Am verwirrendsten ist, dass wir als Autorinnen einst getrennte Wege verfolgten (ihr Schwerpunkt war der weibliche Körper, die weibliche Sexualität und die Förderung von Frauen in Führungspositionen, meiner die Angriffe von Konzernen auf die Demokratie und der Klimawandel). Als die Occupy-Wall-Street-Proteste begannen, war die gelbe Linie, die unsere Wege trennte, nicht mehr ganz so scharf konturiert.

Zum Zeitpunkt der Toiletten-Episode hatte ich die Occupy-Plaza ein paarmal besucht, hauptsächlich, um für mein Buch *Die Entscheidung: Kapitalismus vs. Klima* über den Zusammenhang zwischen Marktlogik und Klimakatastrophe Interviews zu führen. Aus diesem Anlass baten mich die Organisatoren, einen kurzen Vortrag über den Schock der Finanzkrise von 2008 und die daraus resultierenden eklatanten Ungerechtigkeiten zu halten – über die Billionen zur Rettung der Banken, deren rücksichtslose Geschäfte die Krise überhaupt erst verursacht hatten, die harsche Austeritätspolitik, von der so ziemlich alle betroffen waren, und die legalisierte Korruption, die nunmehr offenkundig geworden war. Das war die Saat der Spaltung, die Rechtspopulisten in Dutzenden Ländern für ein vehement migrations- und »globalisierungs«-feindliches Projekt nutzten. Zu ihnen gehörte Donald Trump, der von seinem Chefberater Stephen K. Bannon unter die Fittiche genommen wurde. Zu diesem Zeitpunkt hegten allerdings viele von uns noch die Hoffnung, dass der Crash einen demokratischen Neuaufschwung und eine neue Ära linker Stärke katalysieren könnte, um die Macht der Konzerne zu zügeln und die schwächelnden Demokratien zu befähigen, unsere zahlreichen sich verschärfenden Krisen anzupacken, einschließlich des Klimanotstands. Darum ging es in meiner Rede bei Occupy. Man kann sie nachlesen und darüber weinen, wie naiv ich war.[1]

Auch Naomi Wolf, in den 1990er Jahren eine Bannerträgerin des Feminismus, kam mit diesen Protesten in Berührung, und hier hat die Verwechslung vermutlich ihren Ursprung. Wolf hatte mehrere Artikel geschrieben, in denen sie erklärte, die Niederschlagung von Occupy zeige, dass die Vereinigten Staaten in einen Polizeistaat kippten. Dies war das Thema ihres Buches *The End of America*, in dem sie »zehn Schritte« skizzierte, die eine Regierung auf ihrem Weg zum Faschismus durchlaufe. Ihr Beweis dafür, dass diese böse Zukunft jetzt vor uns liege, war die Aggressivität, mit der die Freiheit der Occupy-Demonstranten eingeschränkt wurde. Die Stadt erlaubte keine Megaphone und Lautsprecher im Park, und es gab Massenfestnahmen. In ihren Artikeln forderte Wolf die Aktivisten auf, sich den Einschränkungen ihrer Rede- und Versammlungsfreiheit zu widersetzen, um den Staatsstreich zu verhindern, der sich ihrer Ansicht nach vor aller Augen vollzog. Um der Polizei keinen Vorwand zu liefern, das Protestcamp zu räumen, beschritten die Organisatoren einen anderen Weg. Sie setzten das »menschliche Mikrophon« ein, bei dem die Menge die Worte des Redners wiederholt, so dass alle sie hören können.

Das war nicht die einzige Divergenz zwischen Wolf und den Organisatoren. Die Occupy-Aktivisten hatten von Anfang an klargestellt, dass die Bewegung keine politische Agenda verfolge; wenn die politischen Entscheidungsträger zwei, drei Forderungen erfüllten, würden alle zufrieden nach Hause gehen. Wolf widersprach und behauptete, die Bewegung habe sehr wohl bestimmte Forderungen, und sie wisse auch, welche. »Ich fand heraus, was Occupy Wall Street wirklich wollte«, schrieb sie im *Guardian*: »Ich begann, im Internet Antworten auf die Frage ›Was wollt ihr?‹ zu sammeln« – Antworten, die sie von selbsternannten Occupy-Aktivisten erhielt.[2] Unter Missachtung der radikalen, partizipatorischen Demokratie, zu der sich die Bewegung bekannte, stellte Wolf die Ergebnisse ihrer plan- und wahllosen Umfrage in einer kurzen Liste von Forderungen zusammen und fühlte sich berufen, sie dem New Yorker Gouverneur Andrew Cuomo bei einer von der *Huffington Post* organisierten Veranstaltung zu übergeben, an der sie und Cuomo teilnahmen.

Es wurde noch befremdlicher. Nachdem es ihr nicht gelungen war, auf der Veranstaltung mit Cuomo ins Gespräch zu kommen, verließ sie das Treffen, um sich spontan an Occupy-Demonstranten draußen auf dem Bürgersteig zu wenden. Wolf informierte die versammelte Menge über die angeblichen Occupy-Forderungen und sagte, die Demonstranten machten einen Fehler, denn »aufgrund des Rechts auf freie Meinungsäußerung« hätten sie auch »das Recht, ein Megaphon zu benutzen«.[3] Damit gelang es Wolf, in einem burgunderroten Abendkleid festgenommen zu werden, ein Handgemenge, das ein Pulk von Kameras dokumentierte. Das war es, worauf sich die beiden Frauen auf der Toilette bezogen, als sie sagten, »Naomi Klein« habe ihre Forderungen nicht verstanden.

Ich hatte Wolfs Auftritt nur am Rand mitbekommen – er war nur einer von vielen bizarren Vorfällen, die sich in jenem ereignisreichen Herbst im Umfeld von Occupy Wall Street ereigneten. Eines Tages kursierte im Camp das Gerücht, Radiohead werde ein Gratiskonzert geben – doch dann stellte sich heraus, dass es ein ausgeklügelter Scherz war und die Band noch in England weilte. Am Tag darauf kamen allerdings Kanye West und Russell Simmons mit ihrer Entourage und brachten Geschenke für die Leute im Camp mit. Als Nächstes tauchte Alec Baldwin auf. In dieser Zirkusatmosphäre fiel es kaum auf, dass eine Schriftstellerin, die sich in der Mitte ihrer Karriere befand, in Handschellen abgeführt wurde, als sie erfolglos Demonstranten herumkommandierte, die halb so alt waren wie sie.

Doch nach der Toiletten-Episode begann ich, Wolfs Aktivitäten mehr Aufmerksamkeit zu schenken, und wurde mir aufs Neue bewusst, dass einiges davon auch auf mich zurückfiel. Und ihre Aktivitäten wurden immer bizarrer. Nachdem die Polizei überall in den Vereinigten Staaten die Parks und Plätze von den Occupy-Camps geräumt hatte, schrieb Wolf einen Artikel, in dem sie ohne irgendeinen Beleg behauptete, der Befehl dazu sei direkt aus dem Kongress und aus Barack Obamas Weißem Haus gekommen.

Wenn man die Punkte miteinander verbinde, schrieb sie, ergebe alles einen Sinn. Die Niederschlagung von Occupy Wall Street sei »die erste Schlacht in einem Bürgerkrieg ... Es ist eine Schlacht, in der Kongressabgeordnete in geheimer Absprache mit dem amerikanischen Präsidenten die gewaltsame Unterdrückung von Menschen organisierten, deren Vertreter sie eigentlich sein sollten«.[4] Dies, so erklärte Wolf, markiere das definitive Umkippen in die totalitäre Herrschaft – diese Behauptung hatte sie bereits zur Zeit der Bush-Regierung geäußert, als sie selbstsicher prophezeite, George W. Bush werde die Wahl 2008 nicht stattfinden lassen (er ließ sie stattfinden). In den nachfolgenden Jahren wiederholte sie diese Vorhersage noch viele Male. »Leider sind diese Woche die Amerikaner dem Ziel, wahre Brüder und Schwestern der Demonstranten auf dem Tahrir-Platz zu werden, einen Schritt näher gekommen«, schrieb sie. »Denn auch unsere nationale Führung [...] führt jetzt Krieg gegen uns.«[5]

Die logischen Sprünge waren schlimm genug. Noch schlimmer fand ich, dass Wolfs neuer Fokus auf dem Missbrauch unternehmerischer und politischer Macht in einer Krisensituation – etwas, das sie in *The End of America* nur kurz angesprochen hatte – in mir das Gefühl weckte, eine Parodie meiner *Schock-Strategie* zu lesen, bei der sie alle Fakten und Belege sorgfältig entfernt hatte und zu karikaturhaft verzerrten, weitreichenden Schlussfolgerungen gelangt war, die ich niemals unterstützen würde. Und obwohl ich damals noch nicht allzu oft mit meiner Doppelgängerin verwechselt worden war, wusste ich bereits, dass einige Leute Wolfs Theorien *mir* zuschreiben würden. Es fühlte sich an, als stünde ich neben mir. Ich sah mir die Artikel über ihre Festnahme im Abendkleid noch einmal genauer an, und jetzt sprang mir eine Zeile im *Guardian* ins Auge: »Ihr Partner, der Filmproduzent Avram Ludwig, wurde ebenfalls festgenommen.«[6]

Ich las den Satz meinem Partner vor, dem Filmregisseur und Produzenten Avram Lewis (genannt Avi).

»Was ist das für ein Scheiß?«, fragte er.

»Ja«, sagte ich. »Klingt wie eine bescheuerte Verschwörung.«

Wir mussten beide lachen.

In den zehn Jahren seit Occupy hat Wolf die Punkte zwischen einer fast unüberschaubaren Menge disparater Fakten und Phantasievorstellungen miteinander verbunden. Sie hat haltlose Spekulationen über Edward Snowden, den Whistleblower der National Security Agency, in die Welt gesetzt (»nicht der, für den er sich ausgibt«,[7] womit sie unterstellt, er sei in Wahrheit ein Spion). Über US-Soldaten, die während des Ebola-Ausbruchs 2014 nach Westafrika geschickt wurden, um Feldlazarette aufzubauen (angeblich kein Versuch, die Ausbreitung der Krankheit zu stoppen, sondern ein Komplott, um sie in die Vereinigten Staaten zu holen und damit »Massen-Lockdowns«[8] im eigenen Land zu rechtfertigen). Über Enthauptungen US-amerikanischer und britischer Gefangener durch den IS (möglicherweise keine wirklichen Morde, sondern inszenierte Geheimdienstoperationen der US-Regierung mit Schauspielern, sogenannten crisis actors, die in die Rolle von Tätern oder Opfern schlüpften).[9] Über die Festnahme von Dominique Strauss-Kahn, dem damaligen geschäftsführenden Direktor des Internationalen Währungsfonds, aufgrund des Vorwurfs der Vergewaltigung eines Zimmermädchens in einem New Yorker Hotel (die Anklage wurde schließlich fallengelassen, eine Zivilklage außergerichtlich beigelegt, aber Wolf fragte sich, ob das Ganze eine »geheimdienstliche« Operation gewesen sei, um Strauss-Kahn bei den französischen Wahlen aus dem Rennen zu nehmen, wo er »wahrscheinlich Nicolas Sarkozy besiegt hätte«).[10] Über die Ergebnisse des schottischen Unabhängigkeitsreferendums von 2014 (womöglich gefälscht, behauptete sie, gestützt auf eine zufällige Auswahl von Zeugenaussagen, die sie von ihrer Wohnung in New York aus zusammengetragen hatte).[11] Über den Green New Deal (der nicht den Forderungen der Graswurzelbewegung für Klimagerechtigkeit entspreche, sondern eine weitere, von den Eliten orchestrierte Aktion zur Bemäntelung des »Faschismus« sei).[12]

In einer Zeit der extremen Konzentration von Reichtum und der scheinbar grenzenlosen Straffreiheit für die Mächtigen ist es absolut vernünftig, ja klug, die offiziellen Geschichten auf ihren Wahrheitsgehalt zu überprüfen. Reale Verschwörungen aufzudecken ist die unverzichtbare Aufgabe des investigativen Journalismus, ein Punkt, auf den ich später noch genauer zu sprechen kommen werde. Aber meine Doppelgängerin legte keinen Wert auf echte Recherche, als sie ihre reißerischen Theorien über Snowden, den IS und Ebola lancierte. Als sie in ungewöhnlichen Wolkenformationen ein Komplott witterte (ihrer Ansicht nach Teil eines geheimen NASA-Programms, um »in globalem Maßstab Aluminium« am Himmel zu versprühen und damit eine potenzielle Demenzepidemie auszulösen).[13] Und Recherchen spielten ebenso wenig eine Rolle, als sie auf Twitter einige wirklich bemerkenswerte Gedanken über 5G-Mobilfunknetze teilte, darunter auch diesen: »Es war unglaublich, Belfast zu erleben, wo es noch kein 5G gibt, und die Erde, den Himmel und die Luft zu spüren, die Menschen, alles so, wie es sich in den 1970er Jahren anfühlte. Ruhig, leise, friedlich, erholsam, natürlich.«[14] Ihre Bemerkung wurde auf Twitter transnational mit Hohn und Spott überhäuft, wofür die Plattform berüchtigt ist. Die meisten Beiträge wiesen darauf hin, dass Belfast zum Zeitpunkt ihres Besuchs bereits 5G eingeführt hatte und dass Nordirland in den 1970er Jahren von einem schrecklichen und blutigen bewaffneten Konflikt heimgesucht worden war, der Tausende Menschenleben forderte.

Es ist schwer zu glauben, dass all dies von derselben Autorin stammt, die als Rhodes-Stipendiatin in Oxford *Der Mythos Schönheit* schrieb. »Kleine Mädchen lernen nicht, einen anderen Menschen zu begehren, sie lernen das Begehren, begehrt zu werden«, heißt es darin. »Mädchen lernen, was ihre eigene Sexualität betrifft, nur den männlichen Blick kennen, und dies okkupiert all ihre Kraft, die sie eigentlich darauf verwenden müssten, herauszufinden, was sie selbst wollen, Bücher darüber zu lesen, darüber zu schreiben, es zu suchen und zu finden. Die Sexualität ist eine Geisel der Schönheit, und welche Art von Lösegeld Mädchen zu bezahlen haben, wird ihnen früh und tief ins Bewusstsein gegraben, mit Instrumenten von gefährlicherer

Schönheit und größerer Wirksamkeit, als sie Werbung und Pornographie zur Verfügung stehen: Es sind unsere Literatur, unsere Dichtung, unsere Kunst, der Film.«[15]

Das Buch enthielt einige grobe statistische Fehler[16] – ein Vorgeschmack auf das, was kommen sollte, aber es beruhte auch auf geduldiger Archivarbeit. Was Wolf heute im Netz schreibt, ist so frenetisch und phantastisch, dass es verblüffend sein kann, solche frühen Äußerungen von ihr zu lesen und sich daran zu erinnern, dass sie wirklich die Sprache liebte, tiefgründig über das Innenleben von Mädchen und Frauen nachdachte und eine Vision für deren Befreiung hatte.

Anfang der 1990er Jahre erklärte Germaine Greer den *Mythos Schönheit* zur »wichtigsten feministischen Veröffentlichung seit *Der weibliche Eunuch*« (Greers eigenem Bestseller von 1970).[17] Das war nicht zuletzt gutes Timing. Nach der verlorenen Dekade der 1980er Jahre – als der Feminismus plötzlich viel zu bodenständig und ernst war, um es in die Hauptsendezeit zu schaffen –, waren die Konzernverlage bereit, eine dritte Welle der Frauenbewegung auszurufen, und *Der Mythos Schönheit* machte Wolf zu deren telegenem Gesicht. Sie war keineswegs die erste feministische Schriftstellerin, die die den Frauen auferlegten unmöglichen Schönheitsstandards entlarvte, aber sie hatte einen besonderen Blickwinkel. Wolfs Argumentation besagte im Kern, dass in den 1980er Jahren, als die zweite Welle der feministischen Bewegung in Hochschulen und am Arbeitsplatz mehr Gleichberechtigung für Frauen durchsetzte, gleichzeitig der Druck auf die Frauen, unmögliche Schlankheits- und Schönheitsnormen zu erfüllen, so sehr wuchs, dass sie gegenüber den Männern in deren Betätigungsfeldern in einen Wettbewerbsnachteil gerieten. Das sei kein Zufall, erklärte Wolf. Die »herrschende Elite« wisse, dass sie »auf Sesseln sitzt, die nach dem Leistungsprinzip Frauen zustünden, und die von diesen Sesseln weichen müssten, wenn die Frauen ungehindert die Leiter emporklimmen würden«.[18] Der »Mythos« der Schönheit sei erfunden worden, um den Frauen Macht zu entziehen und sie von den wirklich wichtigen Dingen abzulenken – um sie mit Mascara und Hungerkuren zu beschäftigen, statt ihnen die Freiheit zu geben, auf der Karriereleiter nach oben zu steigen und ihre männlichen Konkurrenten zu übertrumpfen. Im Grunde genommen stellte Wolf die höheren Schönheitsstandards der 1980er Jahre als Gegenreaktion auf den Feminismus der 1970er Jahre dar.

Doch der Feminismus, den Wolf als Antwort vorschlug, war keine Rückkehr zu den radikalen Forderungen der 1960er und 1970er Jahre, als Feminismus und Anti-Imperialismus, Antirassismus und Sozialismus eng miteinander verknüpft waren und Aktivistinnen und Aktivisten ihre eigenen Kollektive und Publikationsorgane gegründet und rebellische politische Kandidaten aufgebaut hatten, um die herrschenden Machtsysteme von außen herauszufordern und umzugestalten. Wolfs Vorschlag war das genaue Gegenteil. So wie Bill Clinton und Tony Blair ihre Parteien zur Abkehr von einer Politik der allgemeinen staatlichen Daseinsfürsorge und der Umverteilung des Reichtums aufriefen und auf einen markt- und militarismusfreundlichen »Dritten Weg« einschworen, skizzierte Wolfs Version der dritten Welle des Feminismus einen Weg zur Mitte hin. Frauen aus der Arbeiterklasse hatte dieser Weg wenig zu bieten, aber weißen Mittelschichtsfrauen mit einem höheren Bildungsabschluss, den sie selbst vorweisen konnte, versprach Wolf das Blaue vom Himmel. Zwei Jahrzehnte vor Sheryl Sandbergs *Lean In. Frauen und der Wille zum Erfolg* veröffentlichte sie ihr zweites Buch, *Die Stärke der Frauen*, in dem sie die Feministinnen aufforderte, auf Dogmen zu verzichten und »sich zu ihrer Macht zu bekennen«.[19]

Sie beherzigte ihren eigenen Rat. Statt innerhalb der Frauenbewegung Macht aufzubauen, wie es ihre feministischen Vorgängerinnen getan hatten, katapultierte Wolf sich wie eine Rakete ins Herz des liberalen Establishments von New York und Washington. Sie heiratete einen Journalisten, der Redenschreiber für Bill Clinton und Redakteur der *New York Times* wurde; sie beriet sich mit dem Politikberater Dick Morris, der für Clintons Rechtsruck eine Schlüsselrolle spielte; und sie wurde Mitbegründerin eines Instituts zur Förderung von Frauen in Führungspositionen. Es schien, als wolle sie die elitären Machtstrukturen nicht niederreißen, sondern in sie eintreten.

Die Presse konnte gar nicht genug von Wolf bekommen, die während der ersten zehn Jahre in der Öffentlichkeit große Ähnlichkeit mit Valerie Bertinelli aus meiner Lieblingssitcom *One Day at a Time* aufwies. Sie war nicht nur selbstbewusst und schön, während sie die Schönheitsindustrie auseinandernahm, sie schrieb auch anschaulich und mutig über Sex und das Recht junger Frauen auf sexuelle Lust.

Viele herausragende feministische Theoretikerinnen vor und nach Wolf brachten intime Erfahrungen – darunter Vergewaltigung, Abtreibung, häusliche Gewalt, rassistisch geprägter sexueller Fetischismus, Krankheit und Geschlechtsdysphorie – mit den sozialen Strukturen in Verbindung, aus denen diese Erfahrungen hervorgingen. In den 1980er Jahren erschienen jede Menge solcher Bücher, viele von Schwarzen Feministinnen: *Ain't I a Woman. Schwarze Frauen und Feminismus* von bell hooks; *Rassismus, Sexismus und Klassenkampf* von Angela Davis; und *Sister Outsider. Nicht Unterschiede lähmen uns, sondern Schweigen* von Audre Lorde, um nur einige zu nennen. Die *Vagina-Monologe*, das bahnbrechende feministische Theaterstück von Eve Ensler (die sich heute V nennt), wurden vier Jahre nach dem Erscheinen von *Der Mythos Schönheit* uraufgeführt. Mit ihren persönlichen Enthüllungen trugen diese Werke dazu bei, die Massenbewegungen für kollektive Gerechtigkeit, bei denen das Persönliche politisch wurde, fester zusammenzuschmieden. Was Wolf von den Intellektuellen dieser Bewegungen unterschied, war ihre sichtlich geringe Neugier auf das Leben von Frauen, die nicht wie sie selbst waren und ein völlig anderes Leben führten als sie. Das zeigte sich in ihrem ersten Buch, das eine Studie über die Auswirkungen weißer, europäischer Schönheitsideale war, es aber fertigbrachte, die spezifischen und schwerwiegenden Auswirkungen dieser Ideale auf Schwarze, asiatische und andere nicht-weiße Frauen auszuklammern (ganz zu schweigen von queeren und Transgenderfrauen).

Zwar gab es immer auch skeptische Stimmen – ihre Rivalin Camille Paglia tat Wolf als »Denkerin auf dem Niveau des [Teenager-] Magazins *Seventeen*« ab[20] –, doch die Kritik an ihrem Werk reichte nur selten über den universitären Bereich der Frauenforschung hinaus. Und am Ende des Jahrzehnts galt Wolf als eine solche Autorität in Sachen Weiblichkeit, dass Al Gore, der Kandidat der Demokratischen Partei, sie im Jahr 2000 für seinen Präsidentschaftswahlkampf engagierte, damit sie ihm beibrachte, für Wählerinnen attraktiv zu werden. Bekanntermaßen gab sie Al Gore den Rat, aus Bill Clintons Schatten herauszutreten und von einem »Beta-Mann« zu einem »Alpha-Mann« zu werden – unter anderem durch das Tragen erdfarbener Anzüge, um seine roboterhafte Ausstrahlung abzumildern.[21] Wolf bestritt zwar, ihm Modetipps gegeben zu haben, trotzdem lösten die Berichte darüber eine Welle des Spotts aus. Maureen Dowd schrieb in der *New York Times*, Wolf sei »das moralische Äquivalent eines Armani-T-Shirts, weil Mr. Gore für etwas ganz Simples obszön viel Geld bezahlt hat«.[22]

Im neuen Millennium veränderte sich etwas bei Wolf. Vielleicht waren es Gores Wahlniederlage (oder George W. Bushs Wahldiebstahl) und Schuldzuweisungen, die ihre umstrittene Rolle im Wahlkampf in den Mittelpunkt stellten. Vielleicht steckte auch etwas Privates dahinter – eine scheiternde Ehe mit zwei kleinen Kindern (sie selbst sprach von »einem chaotischen Jahr, kurz nachdem ich vierzig geworden war«).[23] Aus welchem Grund auch immer, in den frühen und mittleren Nullerjahren verlor Wolf in der Öffentlichkeit deutlich an Profil. 2005 veröffentlichte sie einen schmalen Band mit dem Titel *The Treehouse: Eccentric Wisdom from My Father on How to Live, Love, and See.* In dieser Vater-Tochter-Version von *Dienstags bei Morrie* zeichnet Wolf ein Bild von sich selbst als einer verlorenen Tochter, die nach Jahrzehnten der Rebellion in den Schoß ihres weisen Vaters zurückkehrt. Ihr Vater Leonard Wolf zeigt ihr, wie sie ein professionelles Baumhaus für ihre eigene Tochter bauen kann – und wie man ein gutes Leben führt.

Während ihrer Zeit als feministische Intellektuelle, schreibt Wolf, habe sie harte Fakten und materielle Veränderungen wertgeschätzt – etwas vollkommen anderes als das, was ihr Vater, ein Dichter und Literaturwissenschaftler mit dem Spezialgebiet Gothic und Horror, sie wertzuschätzen gelehrt hatte: »Mein Vater hatte mich dazu erzogen, die Macht der Phantasie über alles zu stellen.«[24] Leonard, schreibt sie, habe verstanden, dass das »Herz« mehr zählt »als Fakten, Zahlen und Gesetze«.[25] Das wurde damals von den meisten Rezensenten als harmlose, wenngleich kitschige Ermunterung zur Kreativität verstanden. Angesichts ihres kreativen Umgangs mit Fakten, Zahlen und Gesetzen im Zusammenhang mit Covid-19[26] wirkt es im Rückblick eher wie eine düstere Vorahnung, die aus einem von Leonard Wolfs Lieblingsbüchern der Gothic Fiction stammen könnte.

Was mir an *The Treehouse* auffiel, war jedoch eine von Leonards wichtigsten Lebensweisheiten: seine Aufforderung, »die Schublade zu zerstören«.[27] Ihr Vater habe zu ihr gesagt: »Bevor du auch nur daran denken kannst, deine wahre Stimme zu finden, musst du Schubladen ablehnen … Schlag sie kaputt.« Diesen Punkt unterstrich sie: »Sieh dir an, in welcher Schublade du steckst, und sei bereit, sie zu zerstören.«[28]

Bis dahin steckte Wolf, wie sie selbst einräumt, ganz und gar in der feministischen Schublade. Doch zwei Jahre später zertrümmerte sie diese und veröffentlichte 2007 das patriotisch-paranoide *End of America*.[29] Darin ging es nicht um Frauenfragen, und Wolf schien sich jetzt auch gegen die elitären Institutionen zu stellen, zu denen sie einst unbedingt hatte Zugang finden wollen. Ihr neuer Schwerpunkt waren die Angriffe des Autoritarismus auf freie Gesellschaften und die Gefahren verdeckten Regierungshandelns.

Im Rückblick begannen die Probleme für mich genau an diesem Punkt: als Wolf aufhörte, sie selbst zu sein – die Naomi, die Bücher über die Kämpfe um den weiblichen Körper schrieb –, und anfing, nun ja, mehr wie ich zu klingen – die Naomi, die über die Instrumentalisierung von Schockzuständen durch Konzerne schreibt. Will ich damit sagen, dass Wolf es darauf angelegt hatte, mit mir verwechselt zu werden? Keineswegs. Es ist nur zutiefst bedauerlich.

Und es war nicht nur dieses eine Buch. Ich hatte 2018 angefangen, über den Green New Deal zu schreiben. Das tat sie kurz danach auch, nur mit ihrer besonderen Neigung zu Verschwörungstheorien. Ich begann über die Gefahren des Geoengineering als Antwort auf die Klimakrise zu schreiben, besonders über die Simulation von Vulkanausbrüchen durch Ausbringen von Schwefeldioxid in großer Höhe zur partiellen Verdunkelung der Sonne, wodurch sich allerdings die Niederschlagsmenge auf der Südhalbkugel verringern konnte. Sie spekulierte in den sozialen Medien eifrig über künstliche Wolkenbildung mit Hilfe von Chemikalien und über geheime Massenvergiftungen. Ich stützte mich bei meiner Arbeit auf Dutzende Publikationen in Fachzeitschriften und konnte an zwei nicht öffentlichen Geoengineering-Konferenzen teilnehmen, wo ich einige führende Wissenschaftler interviewte, die an laborgestützten Forschungen zur Einbringung von Partikeln in die Stratosphäre beteiligt waren, um Teile der Sonnenstrahlung abzufangen. Sie begann, im Bundesstaat New York und in London zufällige Wolkenformationen zu fotografieren, was das Umweltmagazin *Grist* 2018 dazu veranlasste, Wolf als »Cloud Truther« zu bezeichnen.[30]

Ich weiß immer, wann sie aktiv war, denn dann steigen meine Erwähnungen in den sozialen Medien sprunghaft an. In Form von Anprangerungen und Ausgrenzungen (»Ich kann gar nicht glauben, dass ich Naomi Klein einmal respektiert habe. Was zum Teufel ist bloß mit ihr los??«) und von oberflächlichen Sympathiebekundungen (»Das eigentliche Opfer bei alldem ist Naomi Klein« und »Wir denken an Naomi Klein und beten für sie«).

Wie oft findet diese Identitätsverschmelzung statt? So oft, dass ein Gedicht viral ging, das zum ersten Mal im Oktober 2019 gepostet wurde. Es taucht in solchen Momenten immer wieder auf und wurde Tausende Male geteilt:

If the Naomi be Klein
you're doing just fine
If the Naomi be Wolf
Oh, buddy. Oooooof.

Wie bei jeder Doppelgänger-Geschichte geht die Verwechslung in beide Richtungen. Wolf hat eine große und offensichtlich treue Fangemeinde auf mehreren Plattformen, und gelegentlich habe ich bemerkt, dass sie Leute korrigiert und ihnen sagt, sie fühle sich zwar geschmeichelt, aber nein, sie habe nicht *Die Schock-Strategie* geschrieben.

In den ersten zehn Jahren der Verwechslung mit ihr bestand meine öffentliche Strategie zumeist in beharrlichem Leugnen. Natürlich beklagte ich mich privat bei Freunden und bei Avi, aber öffentlich schwieg ich meist. Ich setzte mich auch dann nicht mit Wolf auseinander, als sie 2019 anfing, mich in ihren täglichen Tweets über den Green New Deal zu taggen – offenbar wollte sie mich in eine Diskussion über ihre haltlose Theorie hineinziehen, dass es sich dabei um eine Art grüne Schockstrategie handle, einen ruchlosen Plan von Bankern und Risikokapitalisten, um unter dem Deckmantel des Klimanotstands nach der Macht zu greifen. Ich ließ mich nicht darauf ein. Ich sprach die Verwechslung nicht an. Ich schloss mich auch denen nicht an, die sich über sie lustig machten.

Ich spielte zwar mit dem Gedanken, aber es erschien mir nicht klug. Es hat etwas Demütigendes, ständig mit jemandem verwechselt zu werden, denn es bestätigt, dass man austauschbar und / oder nicht der Rede wert ist. Das ist die Crux mit einem Doppelgänger: Was immer man tun könnte, um die Verwechslung aus der Welt zu schaffen, es lenkt die Aufmerksamkeit nur noch mehr darauf und birgt die Gefahr, dass sich diese unliebsame Assoziation in den Köpfen festsetzt.

Somit wirft die Konfrontation mit unseren Doppelgängern unweigerlich existenziell destabilisierende Fragen auf. Bin ich die, für die ich mich halte, oder bin ich die, als die andere mich wahrnehmen? Und wenn genügend Leute anfangen, eine andere Person in mir zu sehen, wer bin ich dann? Doppelgänger sind natürlich nicht der einzige Weg, um die Kontrolle über sich zu verlieren. Das sorgsam aufgebaute Ich kann auf vielerlei Arten und in kürzester Zeit zerstört werden – durch einen schweren Unfall, durch einen psychischen Zusammenbruch oder heutzutage auch durch einen gehackten Account oder einen Deepfake. Das ist der unerschöpfliche Reiz von Doppelgängern in Romanen und Filmen: Die Vorstellung, dass zwei Menschen, die einander gar nicht kennen, ununterscheidbar sein können, rührt an den Kern unserer Identität – die schmerzliche Wahrheit, dass die Person, für die wir uns halten, grundsätzlich verwundbar ist durch Kräfte, die sich unserer Kontrolle entziehen, egal, wie sorgsam wir unser privates Leben und unsere öffentliche Identität hegen und pflegen.

Der Künstler François Brunelle aus Montreal, der für sein Projekt *I'm Not a Look-Alike!* über Jahrzehnte hinweg Hunderte von Doppelgänger-Paaren fotografiert hat, drückt es so aus: »Jemand da draußen in der Welt betrachtet sich im Spiegel und sieht mehr oder weniger dasselbe, was ich in meinem Spiegel sehe. Damit stehen wir vor der Frage: Wer genau bin ich? Bin ich das, was ich in meinem Spiegelbild sehe, oder bin ich etwas anderes, das nicht definiert werden kann und unsichtbar ist, sogar für meine eigenen Augen?«[31]

In den Dutzenden von Büchern über Menschen, die ihrem Ebenbild begegnen, signalisiert der Doppelgänger stets, dass das Leben des Protagonisten auf den Kopf gestellt zu werden droht: Der Doppelgänger hetzt Freunde und Kollegen gegen ihn auf, ruiniert seine Karriere, hängt ihm kriminelle Handlungen an und – das passiert oft – hat Sex mit seinem Ehepartner oder seiner Geliebten. Ein Standardmotiv des Genres ist die quälende Ungewissheit, ob der Doppelgänger überhaupt real ist. Handelt es sich tatsächlich um einen identischen Fremden, oder ist er ein verschollener Zwilling? Schlimmer noch: Ist der Doppelgänger nur ein Hirngespinst des Protagonisten, Ausdruck eines gestörten Unterbewusstseins?

In Edgar Allan Poes Erzählung *William Wilson* zum Beispiel glaubt der Leser zunächst an jene »abscheuliche Übereinstimmung«, dass es neben dem wichtigtuerischen Erzähler eine andere Person mit demselben Namen, demselben Geburtstag und demselben Aussehen gibt.[32] Schnell kommt jedoch der Verdacht auf, dass diese Übereinstimmungen ein wenig zu perfekt sind. Am Ende ist klar, dass der Doppelgänger, der seine Stimme nie »über ein sehr leises Flüstern erheben« kann, allein im Unterbewusstsein des paranoiden, sich selbst hassenden Erzählers existiert und dass William Wilson, indem er seinen »Erzfeind und bösen Geist« tötet, sich selber tötet.[33] Dieses Schicksal ereilt auch den Protagonisten von Oscar Wildes Roman *Das Bildnis des Dorian Gray*, die Geschichte eines eitlen und ausschweifenden jungen Mannes, der sich, nachdem er sein Porträt hat malen lassen, auf einen teuflischen Deal einlässt, um für immer jung und schön zu bleiben. Während Gray sich seine Jugendlichkeit bewahrt, wird das Gesicht auf dem Gemälde immer älter und hässlicher, eine Art virtueller Doppelgänger. Als Gray versucht, sein gruseliges Double zu zerstören, liegt am Ende er selbst mit runzeligem Gesicht leblos am Boden.

Das ganze Debakel erinnert mich an meine Cockapoo-Hündin Smoke, die allabendlich bei Sonnenuntergang im Fenster unserer Eingangstür ihr Spiegelbild sieht und wie wild zu bellen anfängt. Offensichtlich glaubt sie, dass eine hinreißende weiße Cockapoo-Doppelgängerin sich Zugang zu ihrem Zuhause verschaffen, ihr Futter fressen und sich die Zuneigung ihrer menschlichen Besitzer erschleichen will.

»Das bist du selbst«, erkläre ich Smoke in beruhigendem Ton, aber sie vergisst es immer wieder. Das ist das Dilemma, wenn man mit einem Doppelgänger konfrontiert ist: Man kann so laut bellen, wie man will, am Ende steht man unausweichlich sich selbst gegenüber.

Nicht ich

Es gab noch einen Grund, warum ich mich in den ersten Jahren nicht weiter darum bemüht habe, den Ärger mit meiner Doppelgängerin abzustellen. Mit Ausnahme der Toiletten-Episode in Manhattan schien die Verwechslung nur in den sozialen Medien stattzufinden. Meine Freunde und Kollegen wussten, wer ich war, und wenn ich mit Leuten zu tun hatte, die ich in der physischen Welt nicht kannte, tauchte *ihr* Name nicht auf; auch in Artikeln oder Buchrezensionen wurden wir nicht miteinander verwechselt. Deshalb legte ich das Naomi-Problem in der Kategorie »Was im Internet passiert, ist nicht ganz real« ab (damals waren wir dumm genug, mit allem Möglichen so zu verfahren). Ich sagte mir, dass nicht ich mit Wolf verwechselt wurde, sondern lediglich unsere digitalen Avatare vertauscht wurden – unsere daumennagelgroßen Profilfotos und die winzigen Kästchen, die auf diesen Plattformen unsere Äußerungen begrenzen, wodurch sie, wie so vieles andere, flach und unscharf werden.

Damals sah ich darin eher ein strukturelles als ein persönliches Problem. Eine Handvoll junger Männer war unermesslich reich geworden mit dem Design von Technologieplattformen, die es uns im Namen der »Konnektivität« nicht nur ermöglichten, Unterhaltungen zwischen Fremden mitzuhören, sondern uns sogar aktiv ermunterten, jene Beiträge aufzurufen, in denen wir auftauchten (unsere »Erwähnungen«). In gewisser Weise war es überaus passend, dass die erste von mir mitgehörte Unterhaltung, bei der ich mit Wolf verwechselt wurde, in einer öffentlichen Toilette stattfand. Als ich Twitter beitrat und das Glockensymbol anklickte, das meine »Erwähnungen« anzeigte, war mein erster Gedanke: Ich lese Kritzeleien über mich, die in Endlosschleife über eine Toilettenwand laufen.

Da ich an der Highschool Gegenstand vieler Wandkritzeleien gewesen war, kam mir das total bekannt vor. Es war aber auch zutiefst verstörend. Ich wusste sofort, dass Twitter nicht gut für mich sein würde – trotzdem war ich, wie so viele, unfähig, mich davon abzuwenden. Wenn es also eine Botschaft gibt, die ich dem destabilisierenden Auftauchen meiner Doppelgängerin hätte entnehmen können, dann vielleicht diese: Hör ein für alle Mal auf, in den sozialen Medien, dieser überfüllten und schmutzigen globalen Toilette, Unterhaltungen zu belauschen, bei denen Fremde über dich reden.

Vielleicht hätte ich diese Botschaft sogar befolgt. Wenn Covid nicht dazwischengekommen wäre.

2

Bühne frei: Covid, der Gefahrenmultiplikator

»Darf ich dir mal eben diesen Tweet hier vorlesen?« Ich komme in die Küche, meinen Laptop auf einer Hand balancierend.

»Klar«, sagt Avi und kneift die Lippen zusammen. Er hat beschlossen, für einen Sitz im kanadischen Parlament zu kandidieren, und plagt sich mit lauter weitreichenden Entscheidungen herum: Er muss einen Wahlkampfmanager engagieren, ein Wahlprogramm erstellen, hunderttausend Dollar auftreiben.

»Sie schreibt, ›der Urin und die Fäkalien von Geimpften‹ müssten getrennt ›vom allgemeinen Abwasser‹ entsorgt werden, bis ihre Auswirkungen auf das Trinkwasser der Ungeimpften untersucht worden seien.[1] Ist das zu fassen? Sie hält Geimpfte für ein Biorisiko! Sie möchte eine parallele Kanalisation aufbauen!«

»Worauf willst du hinaus?«, fragt Avi nicht besonders geduldig.

Ja, worauf eigentlich?

*

In den Jahren vor Covid schien es für Wolf eine Art Hobby zu sein, Verschwörungstheorien in Umlauf zu bringen. Sie sprang von einer zur nächsten – Ebola, Snowden, 5G, IS –, blieb jedoch nie lange bei einem Thema, jedenfalls nicht lange genug, um wirklich etwas zu beweisen. Sie sprach nur »Warnungen« aus und »stellte Fragen«, dann ging sie zu etwas Neuem über. Das ist die klassische »Verschwörungstheorie, nur ohne die Theorie«, wie sie Russell Muirhead und Nancy L. Rosenblum in ihrem Buch *A Lot of People Are Saying* von 2020 beschrieben haben.[2] Es gehört zu jener wachsenden Zahl von Publikationen, die zu verstehen versuchen, warum heute eine solche Bandbreite an verrückten, unbewiesenen Behauptungen Anklang findet.

Doch als ich Wolfs Texte in der Covid-19-Ära las, wurde mir rasch klar, dass etwas anders war. Sie sprang nicht mehr Fragen stellend von einem Thema zum anderen, sondern hatte offenbar nur noch ein einziges Thema: das Virus – seine Ursprünge, die Shutdowns, die Tests, die Maskenpflicht, die Impfstoffe, die Impfpflicht, den digitalen Impfnachweis. Bei all diesen Dingen trüge der Schein. Wenn man Wolf reden hörte, hatten wir es nicht mit einem neuartigen und hochansteckenden zoonotischen, also von Tieren übertragenen Virus zu tun, das uns allen schmerzhafte Kompromisse abverlangte, einem Virus, das unsere politische Klasse und unsere Gesundheitsbürokratien – ausgehöhlt von fünfzig Jahren profitorientierter neoliberaler Einschnitte im Gesundheitswesen – mehrfach nur mit Mühe oder gar nicht unter Kontrolle zu bringen vermochten, während die Arzneimittelhersteller ihre Profite maximierten, indem sie Patente schützten, die gar nicht erst hätten erteilt werden dürfen. Stattdessen waren wir ihren Worten zufolge Teil eines Experiments, eines Komplotts, eines Staatsstreichs, einer kriegerischen Handlung, die uns in Technosklaven verwandeln und zum freiwilligen Verzicht auf unsere Freiheiten bewegen sollte, während sie zugleich große Teile der Menschheit auslöschte. Es sei »ein Genozid«, behauptete Wolf ein ums andere Mal und bot dazu eine Phalanx immer neuer Parallelen zu Nazideutschland, zum Südafrika der Apartheid, den amerikanischen Südstaaten zur Zeit der Jim-Crow-Gesetze und dem heutigen China auf.[3]

Binnen eines Jahres nach Ausrufung der Pandemie war Wolf zu einer Schlüsselfigur in jenen Netzwerken geworden, die solche furchterregenden Falschinformationen verbreiteten, und hatte die Anzahl ihrer Follower auf Twitter gegenüber dem Vorjahr nahezu verdoppelt, auf nunmehr 138 000.[4] Soweit ich mitzählen konnte, stellte sie auf mindestens sieben Internetplattformen so gut wie jede von den Gesundheitsbehörden ergriffene Maßnahme zur Eindämmung des Virus als Bestandteil solcher Komplotte dar – mit der schändlichen Absicht, an unsere DNA heranzukommen, uns krank zu machen, zu sterilisieren und unsere Babys zu töten, jede unserer Bewegungen zu verfolgen, Kinder in gefühllose Drohnen zu verwandeln, die amerikanische Verfassung außer Kraft zu setzen und die Macht des Westens zu untergraben. Sie äußerte die Vermutung, das Virus könnte eine Biowaffe sein – genauso wie die Impfstoffe, mit denen möglicherweise Politiker ermordet werden sollten. (»Auch lokale Entscheidungsträger sterben«, schrieb sie. »Darum befürchte ich, dass dies ein Angriff ist. Es werden unterschiedliche Dosierungen verabreicht.«)[5] Sie verglich Anthony Fauci, damals Direktor des Nationalen Instituts für Infektionskrankheiten, mit dem Satan und bezeichnete Versuche, Falschinformationen über Impfstoffe zu widerlegen, als »teuflisch«.[6]

Eine »transnationale Gruppe krimineller Akteure – darunter das Weltwirtschaftsforum, die Bill-und-Melinda-Gates-Stiftung, Technologieunternehmen und die Kommunistische Partei Chinas – hat die Pandemie genutzt, um ein Massensterben in die Wege zu leiten und insbesondere den Westen zu zerstören«, schrieb sie. »Wie könnte man die andere Supermacht besser schwächen als durch die Zerstörung unserer amerikanischen Frontlinien und unserer nächsten amerikanischen Generation mittels kontaminierter, mörderischer Impfstoffe, die über (gar nicht einmal so viele) Strohfirmen und Mittelsmänner problemlos in den Westen gelangt sind? Wie leicht wäre es, dasselbe mit Westeuropa, Kanada und Australien zu machen?«[7]

Schon früh war klar, dass Wolfs Auftritt als unablässig sprudelnde Quelle von Falschinformationen in puncto Covid reale Folgen hatte. Dank ihrer Website DailyClout wie auch dank neuer Allianzen mit einer Reihe von Abgeordneten republikanischer Bundesstaaten konnte Wolf für sich in Anspruch nehmen, Gesetze zur Verhinderung von Maskenpflicht und Impfpass in Dutzenden von Fällen erfolgreich mit vorangetrieben zu haben.

Meine Doppelgängerin neigt zur Übertreibung, was ihren Einfluss betrifft – in Wirklichkeit ist sie bloß eine Stimme in einer vielsprachigen globalen Kakophonie, die zig Millionen Menschen erreicht und jede Plattform und jedes Social-Media-Tool erfasst. Dennoch haben ein paar Einzelpersonen innerhalb dieses globalen Netzwerks aufgrund ihres hohen Bekanntheitsgrades in der Zeit vor Covid, ihres Geschicks im Umgang mit sozialen Medien und ihrer unermüdlichen Aktivität eine herausragende Rolle gespielt. Und obwohl Covid bei ihnen am Anfang stand, widmeten sie sich bald auch allen möglichen anderen Verschwörungen, die angeblich der Tyrannei den Weg ebnen.

Eine dieser Personen ist Wolf, vor allem wenn es um gezielte medizinische Falschinformationen für jene Gruppe geht, die ihr überhaupt erst internationalen Ruhm verschafft hat: die Frauen. In einem ihrer weit verbreiteten Covid-Tweets an ihr rasch wachsendes Publikum schrieb sie, »Hunderte von Frauen« sagten, sie hätten »nach der Impfung unter Komplikationen bei ihrer Menstruation gelitten oder bekämen schon ungewöhnliche Blutungen, wenn sie sich auch nur in der Nähe geimpfter Frauen aufhielten«.[8]

Als besonders schädlich erwies sich der virale Mythos, der Impfstoffe mit Unfruchtbarkeit in Zusammenhang bringt, in der Onlinewelt der Frauen-Wellness. Dort warnte eine Influencerin, die sich als »brennend interessiert am Thema Gebärmuttergesundheit« bezeichnete, ihre Followerinnen davor, jemandem zu nahe zu kommen, der »den Piks« erhalten hatte. Mindestens eine Privatschule in Florida verbannte *geimpfte* Lehrkräfte zum Schutz der Schülerinnen und Schüler vor Impfstoff-»Ausscheidungen« (»Shedding«) aus ihren Klassenzimmern. Bei einer Untersuchung des National Public Radio mit Hilfe spezialisierter Datenanalysten kam heraus, dass sich ein Großteil dieser irrigen Überzeugungen auf eine »Influencerin mit sehr großer Gefolgschaft in der sogenannten pseudo-medizinischen Community« zurückführen ließ: Naomi Wolf.[9]

Für diejenigen, die ein bisschen zu schnell lesen: Naomi Klein.

Die hektischen Aktivitäten der Anderen Naomi in der Covid-Ära führten dazu, dass die Folgen einer Verwechslung mit ihr nun deutlich gravierender waren als in jener Toilette in Manhattan. Ihre früheren

Streifzüge ins Gebiet substanzloser Verschwörungstheorien waren häufig anstößig und zweifellos verletzend für diejenigen gewesen, die ihren Andeutungen zufolge Spione oder Schauspieler bei inszenierten Katastrophen waren. Aber nie hatte sie eine größere Zahl von Menschen in reale Gefahr gebracht.

Mit Covid änderte sich das. Und an der berüchtigten Fiktion der »Impfstoff-Ausscheidung« wurde deutlich, weshalb Wolf so viel Zuspruch fand. Die Behauptung, Geimpfte könnten Ungeimpfte irgendwie mit gefährlichen Partikeln infizieren, begann in einem kritischen Moment der Pandemie zu zirkulieren, als viele sich darüber klarzuwerden versuchten, ob sie der Impfung vertrauen sollten oder nicht. Manche gesunden Menschen waren davon überzeugt, dass das Virus keine große Gefahr für sie darstellte, hatten aber Angst vor möglichen Folgewirkungen der Impfung. Ihnen bot die erfundene Ausscheidungsgefahr eine willkommene Möglichkeit, den Spieß umzudrehen.

Nehmen wir den Fall einer prominenten Influencerin aus Toronto, die als Fitnesstrainerin und Impfgegnerin aktiv ist und sich »Glowing Mama« nennt. Sie wurde zu einer leidenschaftlichen Anhängerin der Impfstoffausscheidungstheorie und behauptete, sie hätte »Zwischenblutungen«, weil Menschen in ihrer Umgebung geimpft worden seien.[10] In einem Video, das aus den völlig falschen Gründen viral ging, brach sie in Tränen aus, während sie sich darüber aufregte, dass die geimpften Großeltern ihrer Tochter diese in die Arme nehmen wollten, ohne sich um die Risiken zu scheren, die sie sowohl für das Kind als auch für dessen Mutter darstellten. »Sie sterilisieren eine komplette Generation«, schluchzte sie.[11] Es sei unglaublich, wie egoistisch diese älteren Menschen seien, die bereits »mit einem Fuß im Grab« stünden – egoistisch, weil sie sich impfen ließen und trotzdem nicht auf eine liebevolle Beziehung zu ihrer Enkelin verzichten wollten.[12]

Das Video war ziemlich durchgeknallt – es gibt keinen Zusammenhang zwischen Impfung und Unfruchtbarkeit, Vakzine werden nicht bei Umarmungen »ausgeschieden«, und es lassen sich viele leicht zugängliche Quellen finden, die beides belegen. Aber dieses Video enthüllt, weshalb die Ausscheidungs-Theorie, zu deren Verbreitung meine Doppelgängerin so viel beigetragen hatte, eine solch starke Anziehungskraft besitzt: Sie ist das ultimative Werkzeug für Projektion und Absolution. Wolf und ihre Mitstreiter hatten das Argument für die Impfung – dass wir nämlich zu Gemeinschaften miteinander verwobener Körper gehören, so dass alles, was wir mit unseren Körpern anstellen oder auch nicht, Auswirkungen auf die Gesundheit anderer Körper hat, insbesondere auf die Körper vulnerabler Personen – auf den Kopf gestellt. In ihrem Narrativ waren die Geimpften die Egoisten, weil sie als Vakzin-Ausscheider und damit Spreader die Schutzbedürftigen opferten.

All dies schien mir die Folgen der Verwechslung mit ihr erheblich zu verschlimmern. Obendrein wurde ich nun auch immer häufiger mit ihr verwechselt. Solche Vorkommnisse waren nicht mehr nur ein periodisches Ärgernis alle paar Monate, sondern entwickelten sich in diesem ersten Covid-Jahr zu einer täglichen Lawine. Nach ein paar Monaten in dieser unangenehmen Lage hielt ich es deshalb für gerechtfertigt, mich zu wehren. Ich ergänzte meine Social-Media-Biographie kurzzeitig mit »nicht *die* Naomi«, und im Februar 2021, als sie ständig in Fox News auftrat und Regierungen, die Covid-Maßnahmen einführten, als »autokratische Tyrannen« bezeichnete[13], twitterte ich: »Das ist meine regelmäßige Erinnerung daran, dass ihr eure Naomis auseinanderhalten solltet.«[14] Als ihr Twitter-Konto, offenbar auf Dauer, gesperrt wurde, postete ich: »Leider immer noch da.«[15] Beim letzten Mal, als ich nachschaute, hatten diese beiden Sätze 20 000 Likes.

Kein Wunder: In dem extrem isolierten, von Ängsten erfüllten Leben in der Anfangszeit der Pandemie war die Naomi-Konfusion zu einem Lieblingswitz der linken Twitter-Szene geworden. Die Schwarmintelligenz des Internets lachte nicht nur gern darüber, was für einen empörenden Unfug die Andere Naomi nun schon wieder von sich gegeben hatte, sondern amüsierte sich genauso über die Aussicht, dass man diesen Unsinn zumindest teilweise mir zuschreiben und mich dafür kritisieren würde (»Wir denken an Naomi Klein und beten für sie«). Wir stellten einen Zeitvertreib für zutiefst gelangweilte Menschen dar, die nach Dopamin-Kicks aus unseren Geräten süchtig waren. Es bereitete den Leuten kein Vergnügen im eigentlichen Sinn, sondern war so etwas wie ein synthetisches Supplement - ein Pseudo-Gemeinschaftserlebnis in diesen einsamen, angstvollen Zeiten.

Und es war ja auch wirklich verwirrend und mit einem gewissen Galgenhumor sogar komisch, selbst für mich. Wieder und wieder sagte sie Dinge, die ein wenig nach meiner Argumentation in *Die Schock-Strategie* klangen, aber gebrochen wie in einem Zerrspiegel fast ausschließlich auf Mutmaßungen basierender Komplotte und Verschwörungen. Fortwährend zog sie die Schwere von Covid in Zweifel und sprach von einer »stark aufgebauschten medizinischen Krise«, sogar als allein in den Vereinigten Staaten schon Hunderttausende daran gestorben waren.[16] In Tucker Carlsons Talkshow auf Fox-TV erklärte sie, die Biden-Regierung habe unter dem »Vorwand« eines medizinischen Notfalls »Notverordnungen« verhängt, um »uns unserer Rechte zu berauben - des Eigentumsrechts, des Versammlungsrechts, des Rechts auf freie Religionsausübung, all jener Rechte, die uns die Verfassung garantiert«.[17]

Als ich das sah, kam es mir so vor, als hätte sie meine Ideen in einem Amok laufenden Mixer geschreddert und mit dem Gedankenpüree dann den heftig nickenden Carlson gefüttert. Zugleich gingen mir Wolfs Followerinnen und Follower permanent mit der Frage auf den Geist, weshalb ich mich an die »Globalisten« verkauft hätte und die Öffentlichkeit glauben machen wolle, Masken, Impfungen und Einschränkungen für Versammlungen in Innenräumen seien legitime Maßnahmen zur Aufrechterhaltung der öffentlichen Gesundheit - und nicht ein Vorwand für eine weltweite Schockstrategie wie der, vor der ich in meinen Büchern gewarnt hatte. »Ich glaube, die haben sie bestochen!«, sagte jemand namens »RickyBaby321« über mich und teilte Wolf mit: »Ich habe Naomi Klein auf die Position der ›Anderen Naomi‹ verbannt!«[18] Es ist einigermaßen schwindelerregend, in den sozialen Medien dafür beschimpft zu werden, dass man seine eigenen Ideen falsch verstünde - und zugleich erklärt zu bekommen, dass eine andere Naomi eine bessere Version seiner selbst sei.

Die düstere Doppelgänger-Komödie *Dual* mit Karen Gillan fängt etwas von der Absurdität meiner Naomi-Probleme ein. Nachdem bei Sarah, Gillans Figur, eine tödliche Krankheit ohne nennenswerte Überlebenschance diagnostiziert wurde, trifft sie die Entscheidung, sich klonen zu lassen, um ihren Freunden und Angehörigen die Trauer zu ersparen. Aber der Klon wird zur Konkurrentin und nimmt nach und nach ihren Platz in ihren engsten Beziehungen ein. Als sich herausstellt, dass die Diagnose falsch war, Sarah also gar nicht sterben wird, ist die einzige Lösung ein Duell auf Leben und Tod zwischen Double und Original. »Es kann auf Dauer nicht zwei von Ihnen geben. Das wäre albern«, bekommt Sarah zu hören.[19] Und das wäre es wirklich. Albern und furchtbar. Furchtbar albern. Weshalb auch ich begann, mich wie Sarah mit meiner Doppelgängerin zu duellieren, wenn auch nur dadurch, dass ich mich mit meinen knappen kleinen »Haltet eure Naomis auseinander«-Posts ins digitale Getümmel stürzte.

Wie so viele von uns war ich in der Covid-Zeit viel öfter online als sonst. Nun ja, wo hätte ich auch sonst sein sollen? Bis dahin hatte ich meine Social-Media-Nutzung recht gut im Griff gehabt. In der Covid-Isolation und angesichts meines abgeschiedenen Lebens auf der Felsklippe war es damit jedoch bald vorbei. Die sozialen Medien gehörten zu dem Wenigen, was ich wegen dieses verdammten Virus nicht aufgeben musste, also dachte ich mir, warum sollte ich?

Je mehr Zeit ich damit verbrachte, durch meine Erwähnungen zu scrollen, desto realer kamen sie mir vor. Covid hatte mit so vielem Schluss gemacht, was mir jahrelang gezeigt hatte, wer ich in der Welt da draußen war. Eine geplante Lesereise. Eine Vortragsreihe. Orte, an denen Leute zu mir kamen, mir sagten, was meine Arbeit für sie bedeutete, und mich mit Informationen fütterten. Ich sprach noch immer bei allen möglichen »virtuellen Events«, wie wir sie bald nannten – Kundgebungen zur Erhöhung der Wahlbeteiligung, Bücherfeste, Pressekonferenzen –, aber ich saß dabei immer auf genau demselben Stuhl, in genau demselben Raum, auf genau derselben Felsklippe und ließ meine Energie und meine Hoffnungen in genau dieselbe tote Leere des grünen Lichts der Computerkamera strömen. Nach jedem Event schaute ich auf Twitter nach, um eine Bestätigung dafür zu erhalten, dass ich wirklich andere Menschen erreicht hatte. Und oftmals fand ich nur *sie*: ihre haarsträubenden Theorien, die totale Konfusion, den Gegenangriff, die sarkastischen Scherze.

Die Welt verschwand und ich auch.

Es ist nicht weiter verwunderlich, dass diese Konfusion im Lauf der Pandemie noch viel schlimmer wurde, in einer Zeit, in der so viele von uns in der Welt außerhalb unseres Zuhauses von Avataren vertreten wurden, die immer ähnlichere Versionen unseres physischen Ichs boten. Nach ungefähr einem Jahr Zoom-Leben erzählte mir jemand von der Filterfunktion »Touch Up My Appearance«. Jetzt mache ich mein Gesicht bei öffentlichen Events absichtlich ein bisschen unscharf; ich habe festgestellt, dass es mir so besser gefällt. »Es [wirkt] nämlich oft und leicht unheimlich …, wenn die Grenze zwischen Phantasie und Wirklichkeit verwischt wird«, schrieb Freud, »wenn etwas real vor uns hintritt, was wir bisher für phantastisch gehalten haben.«[20] Nach zwei Jahren Pandemie-Leben sah ich nicht mehr so aus wie vor alledem und hatte noch weniger Ähnlichkeit mit den Fotos von mir, die im Netz zu finden sind, schon gar nicht mit dem am weitesten verbreiteten PR-Foto, das 2014 mit einer Visagistin und professioneller Beleuchtung im Büro meines Verlegers aufgenommen worden war. Die Beziehung zwischen jener Hochglanz-Naomi und der Naomi, die jetzt gerade diese Worte schreibt, in Leggings und Tanktop, mit einem chaotischen Pferdeschwanz, so hoch angesetzt, dass er auch die Fransen meines eigenhändig geschnittenen Ponys einfängt, fühlt sich so ähnlich an wie die Beziehung zwischen meinem PR-Foto und dem von Naomi Wolf.

Inmitten all dieser Trennungen und Unschärfen, all dieser inszenierten, verzerrten und digitalisierten Ichs verschwammen auch die Grenzen zwischen ihr und mir. Mein öffentliches Ich war auf dieses daumennagelgroße Foto und die 280-Zeichen-Grenze von Twitter zusammengeschrumpft, und ihretwegen hatte ich jetzt selbst das nicht mehr. Ich fühlte mich wie die geschrumpfte Alice, die zur Raupe sagt: »Ich bin gar nicht ich, sehen Sie … Es ist sehr verwirrend, an einem Tag so viele verschiedene Größen zu haben.«[21]

Also, nein, wenn ich mir selbst gegenüber ehrlich bin, habe ich nicht nur deshalb bei den koordinierten Angriffen auf Twitter mitgemacht, weil es wichtig war, mit Wolfs Äußerungen über Covid aufzuräumen – ich tat es auch, weil ich mich weniger wichtig fühlte, so als verschwände ich. Ist das nicht der Grund, weshalb so viele von uns während dieser einsamen Tage derart in die Tasten gehauen haben?

Es liegt am Algorithmus

Gordon Pennycook, Verhaltensforscher an der Universität von Regina, ist der Ansicht, dass Verschwörungsschwurbler in der Zeit des immer stärker grassierenden Virus ein bereitwilliges Publikum in einer Öffentlichkeit fanden, die allgemein Angst vor einer ernsthaften Erkrankung und vielleicht sogar vor dem Tod hatte und sich zugleich sehr reale Sorgen darüber machte, was gesundheitspolitische Maßnahmen wie Ausgangssperren, Schulschließungen und Maskenpflicht für ihren Lebensunterhalt und ihre Angehörigen bedeuten würden. »Diese Ängste führen dazu, dass man sich oftmals keine eigene Meinung mehr darüber bildet, ob das, was man im Netz liest, auch wirklich stimmt«, erklärte er der *New York Times* und fügte hinzu: »In der Regel wollen die Leute keine Unwahrheiten verbreiten. Aber in einer Zeit wie dieser, in der sie sich Sorgen wegen des Virus machen, können Schlagzeilen wie ›Vitamin C heilt Covid‹ oder ›Das ist alles bloß ein Schwindel‹ durchaus Verbreitung finden.«[22]

Wolf hatte sich solcher aggressiven Postings schuldig gemacht. Das galt auch für viele ihrer Follower, die ihre Behauptungen eilfertig teilten. Doch hier gerieten die Dinge noch mehr durcheinander: Sehr viele jener Leute, die es gar nicht erwarten konnten, Wolf für ihre Verbreitung von Falschinformationen anzugreifen, lasen kaum, was sie selbst posteten. Ich muss es wissen, denn in der Hast, gesehen zu werden und Resonanz zu finden, posteten sie am Ende etwas über mich. Auch wenn Wolfs korrekter Name fett in der Kopfzeile eines Beitrags stand.

Das hatte noch beunruhigendere Auswirkungen. Lange Zeit hatten die Leute Wolf und mich verwechselt, hatten unsere Namen durcheinandergebracht, wie es uns allen manchmal passiert. Doch als Covid sich dahinzog und all dieses Nicht-richtig-Lesen etwas immer Atemloseres bekam, wurde klar, dass wir nicht verwechselt, sondern miteinander verschmolzen und als eine einzige austauschbare Naomi behandelt wurden.

Dieser Aspekt der Naomi-Naomi-Gespräche, auf die ich im Netz gestoßen bin, bringt mich am meisten aus dem Gleichgewicht. Mehr als einmal tippte jemand: »OMG [o mein Gott]. Ich habe jetzt erst bemerkt, dass sie nicht ein und dieselbe Person sind.« Oder: »TIR [today I realized, heute habe ich bemerkt] dass Naomi Wolf nicht Naomi Klein ist, und ehrlich gesagt wird mir jetzt so manches ein bisschen klarer.« Jemand anders behauptete, *Die Schock-Strategie* sei »eines der informativsten Bücher aller Zeiten« und ich hätte darin die »zehn Schritte hin zu einer faschistischen Regierung« dargelegt – was ich nie getan habe, Wolf aber schon.

Diese Verschmelzung wollte ich lange nicht wahrhaben. Außer unserer meiner Ansicht nach unterschiedlichen Herangehensweise an Fakten und Recherchen gibt es noch jede Menge anderer Unterschiede zwischen uns beiden. Sie ist in den Vereinigten Staaten aufgewachsen, ich in Kanada. Sie ist eine Liberale, die ehrfürchtig über die Gründerväter spricht, eine höchst individualistische Version von »Freiheit« zum Fetisch erhebt und ein ganzes Buch an einen »jungen Patrioten« adressiert hat. Ich bin eine Linke der dritten Generation, die davon überzeugt ist, dass Freiheit kollektiv errungen wird, und gegen Fahnen allergisch ist. Sie hat Privatuniversitäten in den Vereinigten Staaten und im Vereinigten Königreich besucht; ich habe an einer staatlichen Uni in Kanada studiert (und das Studium abgebrochen). Ihre Augen sind blau; meine sind braun.

Schließlich habe ich jedoch akzeptiert, dass diese Unterschiede zwar für mich und zweifellos auch für sie eine Rolle spielen, den meisten aber völlig egal sind. Und wieso auch nicht? Wir sind beide Naomis mit einer Skepsis gegenüber der Macht von Eliten. Wir haben sogar teilweise dieselben Ziele. Ich zum Beispiel war wütend, als Bill Gates sich auf die Seite der Pharmaunternehmen stellte, die ihre Patente auf lebensrettende Covid-Impfstoffe verteidigten und dabei das tückische Abkommen der Welthandelsorganisation über den Schutz des geistigen Eigentums als Waffe einsetzten, obwohl die Entwicklung der Impfstoffe großzügig mit öffentlichen Geldern gefördert wurde; und ich war auch wütend darüber, dass diese Lobbyaktivitäten dazu beitrugen, Millionen der ärmsten Menschen auf dem Planeten die Impfung vorzuenthalten. Naomi Wolf war wütend, dass Menschen überhaupt dazu gedrängt wurden, sich impfen zu lassen, und heizte Verschwörungstheorien an, denen zufolge Bill Gates die Impfstoffe benutzte, um Menschen zu überwachen und einer finsteren Weltordnung den Weg zu bereiten.

Das sind beträchtliche Differenzen, und sie spiegeln die unterschiedlichen Grundüberzeugungen zweier unterschiedlicher Menschen wider. Aber ich habe mittlerweile akzeptiert, dass wir für eine Menge Leute, die bei den langweiligen Passagen von Netflix-Filmen mal schnell einen Blick in die sozialen Medien werfen, nur ein verschwommener Fleck rechthaberischer Naomis sind, die irgendwas über Ausnahmezustände und Bill Gates sagen.

An einem besonders finsteren Tag twitterte jemand, ich hätte schon vor Jahren den Verstand verloren und vergliche nun die Impfpflicht mit dem Zwang für Juden in Nazideutschland, den gelben Stern zu tragen. Natürlich bezog er sich auf ein Statement von Naomi Wolf, die genau das behauptete. Die »Judenstern«-Analogie kotzt mich total an, und nachdem ich diverse mit Kraftausdrücken gespickte Antworten abgefasst und wieder gelöscht hatte, begnügte ich mich mit einem kühl-beherrschten: »Bist du dir da sicher?« Der verwirrte Twitterer schaute noch einmal nach, löschte rasch, was er geschrieben hatte, und entschuldigte sich. »Ach herrje, es ist Wolfe [*sic*] … Diese verdammte automatische Vervollständigung von Twitter. Tut mir leid.«[23]

Automatische Vervollständigung?!?

Ich spürte, wie mir das Blut ins Gesicht schoss. Nachdem ich nun schon neun Monate auf der Felsklippe am Ende der Straße gewohnt, dreizehn Monate lang Fernseminare gegeben, in Innenräumen Masken getragen und meine engsten Freundinnen und Freunde schon seit einer Ewigkeit nicht mehr gesehen hatte, wurde mir in diesem Moment plötzlich klar: Die Verwechslung kam inzwischen so häufig vor, dass der Twitter-Algorithmus sie bereits selbst verursachte, indem er seinen Nutzern den Fehler netterweise vorgab, um ihnen kostbare Zeit zu ersparen. So funktioniert maschinelles Lernen – der Algorithmus imitiert, lernt von Mustern. Wenn mein Name also wiederholt mit dem von Wolf verwechselt wird, und sei es nur in Witzen, wird er bald statt ihrem vorgeschlagen, was zu noch mehr Verwechslungen führt. Das bedeutete darüber hinaus, dass alles, was ich tat, um die Sache richtigzustellen – oder um meine Position zu ihren gerade aktuellen Lieblingsthemen darzulegen –, den Algorithmus nur darauf trainieren würde, uns noch öfter zu verwechseln.

Das kommt davon, wenn wir so viele unserer ehemals privaten Aktivitäten auf Plattformen der Techkonzerne verlagern, deren Gründer behaupten, es ginge ihnen darum, uns miteinander zu verbinden, während es ihnen in Wahrheit nur darum geht, etwas aus uns herauszuholen. Dieser Prozess der Vereinnahmung und Einhegung, in dessen Folge unsere Aktivitäten schließlich nur noch innerhalb solcher privaten Plattformen stattfinden, verändert nicht nur uns selbst, sondern auch die Art und den eigentlichen Zweck unserer Beziehungen. Frühe Formen dieser Einhegung gehen bis ins Mittelalter zurück. Als man in England gemeinschaftlich genutztes Land zu Wirtschaftsgütern in Privatbesitz umwandelte, umschlossen von Hecken und Zäunen, änderte sich etwas Grundlegendes: Das Land diente jetzt nicht mehr der gemeinschaftlichen Nutzung – mit gemeinsamem Zugang zum kommunalen Weideland, zu Nahrung und Feuerholz –, sondern hatte den Zweck, die Ernteerträge und damit die Profite einzelner Landbesitzer zu steigern. Nachdem es einmal physisch und rechtlich eingehegt worden war, begann man das Erdreich wie eine Maschine zu behandeln, die so produktiv wie möglich sein sollte.

Dasselbe gilt auch für unsere Aktivitäten im Netz. Unsere dortigen Beziehungen und Gespräche sind die modernen Anbauflächen, die immer mehr Daten abwerfen sollen. Wie bei Mais und Soja, die in gewaltigen Monokulturen angebaut werden, opfert man Qualität und Individualität zugunsten von Standardisierung und Homogenisierung, selbst wenn Homogenisierung bedeutet, dass lauter Individuen darin wetteifern, als irgendwie schräg und absolut einzigartig hervorzustechen.

Aus diesem Grund haben sich *Matrix* und seine Sequels als derart beständige metaphorische Landschaften für das Verständnis des digitalen Zeitalters erwiesen: Es geht nicht nur um die roten und blauen Pillen. In *Matrix* sind die Menschen, die ihr Leben in synthetischen Kapseln verbringen, nur noch Futter für Maschinen. Viele von uns haben den Verdacht, dass auch wir Maschinenfutter geworden sind. Und in gewissem Sinn stimmt das auch. Richard Seymour schrieb 2019 in seiner bissigen Analyse der sozialen Medien *The Twittering Machine*, wir dächten, wir interagierten – schriftlich, per Gesang, Tanz und Gespräch – miteinander, mit »unseren Freunden und Kollegen, mit Promis, Politikern, Royals, Terroristen, Pornostars – mit jedem, mit dem wir wollen. Wir interagieren allerdings nicht mit ihnen, sondern mit der Maschine. Wir schreiben ihr, und sie gibt die Nachricht für uns weiter, nachdem sie die Daten aufgezeichnet und abgespeichert hat«.[24]

Zadie Smith sah das alles schon vor über einem Jahrzehnt kommen. Als sie über den Aufstieg von Facebook und damit auch allen anderen Social-Media-Plattformen schrieb, bemerkte sie: »Wer auf einer Website wie Facebook nur noch als Datenmenge existiert, ist ein reduzierter Mensch geworden. Alles ist eingeschränkt – Charakter, Freundschaften, Sprache, Empathie. In gewisser Weise ist es eine neue Erfahrung von Transzendenz: Wir verlieren unseren Körper, unsere Gefühle, unsere Bedürfnisse, unsere Angst.«[25] Aber wir transzendieren dabei nicht zu etwas Höherem, sondern werden nur weniger wir selbst. Und eine verflachte, reduzierte Version unseres Ichs lässt sich leichter mit einer verflachten, reduzierten Version von jemand anderem verwechseln.

Das sind alles keine Probleme, die ich lösen kann, auch wenn ich noch so viele spitzzüngige, arrogante oder zurückhaltende Berichtigungen poste. Zumindest kann ich sie nicht allein lösen. Und so begann ich mich nach einem Jahr Pandemie seltsam sprachlos zu fühlen, außerstande, überhaupt noch viel zu sagen. Ein Zeitungsredakteur bat mich, etwas zu Bill Gates' neuem Buch über den Klimawandel zu schreiben, das an der Spitze der Bestsellerlisten stand und vor Reaktionen auf die Klimakrise warnte, die für mich von entscheidender Bedeutung sind, wie zum Beispiel schärfere Regulierung der Umweltverschmutzung und Rückführung der Stromnetze in öffentliches Eigentum, um den Übergang zu den Erneuerbaren zu beschleunigen. Ich schrieb ein paar Anmerkungen zu Gates' Einmischung in die Covid-19-Gesundheitspolitik, zu seiner Neigung, den Schutz von Unternehmensgewinnen über die Sicherheit der Menschen zu stellen, und hob hervor, dass wir ihm nicht erlauben sollten, auch unsere Maßnahmen zur Bewältigung des Klimawandels unter solchen Aspekten zu betrachten. Aber dann fiel mir wieder ein, dass alles, was ich über Gates schrieb, wahrscheinlich mein Problem mit der Anderen Naomi verschärfen würde. Verschwömme und verschmölze das alles nicht miteinander im Speed-Glossing des Internetzeitalters, so dass es wie eine einzige große Verschwörung klänge? Brächte es die Algorithmen, die jetzt unser Leben bestimmen, nicht noch weiter durcheinander, so dass noch mehr Menschen automatisch meinen Namen vorgeschlagen bekämen, wenn sie in Wahrheit nach *ihr* suchten? Würde Twitter anfangen, meine Beiträge zu unterdrücken? Tat es das bereits? Ich hörte mitten in dem Artikel auf.

Während ich die Sprache verlor, redete und schrieb Wolf weiter. Sie nahm genug Raum für uns beide und noch ein paar weitere Naomis ein.

In den Büchern und Filmen über Doppelgänger, mit denen ich jetzt meine Abende verbrachte, trat dieses Phänomen mit verblüffender Zuverlässigkeit auf: Am Ende ersetzt das Double durch pure Energie und Hartnäckigkeit das Original, welches verblasst oder noch Schlimmeres durchmacht. Dostojewskis Roman *Der Doppelgänger* endet damit, dass der gepeinigte Protagonist Goljadkin im Irrenhaus landet, vom falschen Spiel des Intriganten in den Wahnsinn getrieben.

War das mein Schicksal? Ab in die Klapse? Musste ich nicht öfter und lauter schreien, um nicht meiner Identität beraubt zu werden? Wahrscheinlich. Wenn ich anderen – und mir selbst – beweisen wollte, dass ich tatsächlich existierte, musste ich die Maschine mit frischem Content füttern: mit neuen Ideen, neuem Zorn, neuer Intimität. Aber ich stellte fest, dass ich dazu nicht einmal ansatzweise imstande war; es gelang mir nicht, die elementare Identitätspflege vorzunehmen, die ich mein ganzes Erwachsenenleben lang betrieben hatte, wie es die Aufmerksamkeitsökonomie verlangt. Nachdem ich die Angewohnheit entwickelt hatte, dabei zuzusehen, wie die Handlungen meiner Doppelgängerin auf mich zurückfielen, war es, als könnte ich nur noch zusehen: mir, ihr, der Konfusion. Als Zuschauerin meines eigenen Lebens. Was meinen Onlineerwähnungen zufolge (die jetzt fast alle sie betrafen) bedeutete, dass ich allmählich verblasste.

In der Filmversion des *Doppelgängers* von 2013 spielt Jesse Eisenberg eindrucksvoll Simon, einen unscheinbaren kleinen Angestellten, dem ein skrupelloser und extravaganter, ebenfalls von Eisenberg gespielter Doppelgänger seine Identität stiehlt und das Leben zerstört. Am Ende des Films schaut Simon, das Gesicht gezeichnet von den blutigen Spuren des Kampfes, in die Kamera und sagt: »Ich hätte sehr gern, ich wär einzigartig.«

Das hätten wir alle sehr gern, nicht wahr? Das Problem ist, es gibt einfach so verdammt viele von uns da draußen, die gleichzeitig einzigartig sein wollen, die alle dieselben vorprogrammierten Tools benutzen, mit denselben Schriftarten schreiben, auf dieselben Stichworte reagieren. Kein Wunder, dass Eisenberg mit diesen Worten ein virales Meme geworden ist, das auf denselben Plattformen zirkuliert, auf denen wir alle um Einzigartigkeit, Authentizität und manchmal auch den Beweis konkurrieren, dass wir in diesen unwirklichen Zeiten noch immer wirklich wir selbst sind.

Das Buch Naomi

Als ich mich eines Abends mal wieder von einer schlechten Nachricht zur nächsten quälte, kam mir der Gedanke, dass mein gesamtes Doppelgänger-Problem hätte vermieden werden können, wenn ich meine Drohungen aus Teenagerzeiten wahr gemacht und meinen Vornamen geändert hätte. In Montreals jüdischer Gemeinschaft, in der ich aufwuchs, sprach ihn fast jeder wie »Nai-ou-mi« aus, mit einem ausdruckslosen »ai« auf der ersten Silbe, das für meine Ohren weinerlich und monoton klang. Auch wenn ich mich noch so oft als »Ney-ou-mi« vorstellte, kam es mit dem »Naaai-ou-mi«-Geleier zurück.

»Ihr habt mir einen Namen mit eingebautem Gequengel gegeben«, beklagte ich mich bei meiner Mutter, als ich in der zehnten Klasse war.

Es war Anfang Frühling, wir saßen im Garten, und die Hundescheiße des Winters war erst kürzlich zu einer stinkenden Brühe mit vertrocknetem Gras geschmolzen. Mom-Mom, die Mutter meiner Mutter, döste in einem Gartenstuhl. Damals befand sie sich schon im Nebel von fortgeschrittenem Alzheimer, einer anderen Form des Kontrollverlusts über unser sorgfältig gepflegtes Ich.

»Sobald ich achtzehn bin, ist er weg«, drohte ich.

»Du bist nach Nathan benannt«, erwiderte Mom geduldig. Als Mom-Mom den Namen ihres längst verstorbenen Mannes hörte, bewegte sie sich ein wenig. Nate, mein Großvater mütterlicherseits, den ich nicht mehr kennengelernt habe, war ein Jahr vor meiner Geburt an einem plötzlichen Herzinfarkt gestorben.

Ich blieb hartnäckig. »Ja, aber warum nicht ›Natalie‹? Der Name hat dieselben ersten drei Buchstaben wie ›Nathan‹. Bei ›Naomi‹ sind es nur zwei. Oder warum nicht ›Natalia‹? Das ist noch besser. Oder ›Natasha‹. Oder ›Nadia‹. Ich werde mich in ›Nadia‹ umbenennen.«

Ohne ihr Wissen hatte ich Nadia bereits bei College-Studenten in Bars ausprobiert, dank Quebecs bekannt laxer Einstellung zum Alkoholkonsum von Minderjährigen. Mit seinem sexy osteuropäischen Touch fühlte sich »Nadia« wie ein Name aus einem von Milan Kunderas erotischen Romanen an, meiner Lieblingslektüre als Teenager.

Außerdem waren es die 1980er Jahre, und Nadia Comăneci war der unbestittene Star unter den Turnerinnen, mit ihrem zierlichen, schmalen Körper und der Höchstnote 10,0 bei der Olympiade in Moskau, samt Gerüchten über eine unmittelbar bevorstehende Flucht aus dem Sowjetblock. Aber »Natalie« war auch in Ordnung. Ein frecher Name ohne jedes Gequengel – ein Standardname, wie er auf Halskettchen stand, die an Drehständern in Souvenirläden am Straßenrand hingen, gleich neben den Toffees. So oft ich diese quietschenden Ständer auch drehte, »Naomi« war dort nie zu finden.

Aber »Natalie« war meiner Mutter nicht jüdisch genug. Sie war in einem koscheren Elternhaus in Philadelphia aufgewachsen und hatte in der schwachen Hoffnung, trotz ihres Geschlechts Rabbinerin werden zu können, eine Talmud-Hochschule besucht. Dennoch wurde sie Ende der 1960er Jahre schwanger und heiratete in eine Familie von Kommunisten ein, die Religion mit Karl Marx als das Opium der Massen betrachteten, weil sie die Arbeiterklasse ablenkte und gegen die Ungerechtigkeiten des Lebens im Kapitalismus abstumpfte. Als mein Vater – ein Arzt – aus der Sanitätstruppe der US-Armee desertierte, weil er mit dem seiner Ansicht nach unrechtmäßigen und unmoralischen Krieg in Vietnam nichts zu tun haben wollte, landeten meine Eltern in Montreal. Dort suchte meine Mutter nach einem Namen für mich, der alttestamentarisch genug war, um uns beide an unser uraltes Volk zu binden.

Auf Hebräisch bedeutet Naomi »lieblich« oder »angenehm« und wird manchmal mit »süß« übersetzt. Als ich meine Mom neulich danach fragte, fiel ihr ein, dass es auch »tröstlich« bedeutete – obwohl ich keinen Beleg dafür finden kann. Vielleicht hat sie das so im Gedächtnis, weil sie nach Trost suchte, als sie auf dieser eiskalten, französisch sprechenden Insel eine Tochter unter dem Herzen trug und zugleich um einen Vater trauerte.

Mein Name taucht im alttestamentarischen Buch Rut auf, das von einer israelitischen Mutter namens Naomi oder Noomi erzählt. Ihr Ehemann und ihre beiden Söhne sterben, so dass nur sie selbst mit den Witwen ihrer Söhne übrig bleibt. Rut, die anhänglichere Schwiegertochter, bleibt bei ihr, und sie begeben sich zusammen in Naomis Heimatstadt Bethlehem. Als die Bewohner ihre alte Freundin mit ihrem Vornamen begrüßen, erklärt sie ihnen, er passe nicht mehr zu ihr: Sie habe zu viel verloren und sei nicht mehr lieblich, angenehm oder süß. Sie sollten sie stattdessen Mara nennen, die »Bittere«: »Nennt mich nicht Noomi, sondern Mara; denn der Allmächtige hat mir viel Bitteres angetan.«[26]

Meine beste Freundin in der dritten Klasse hieß Mara. Sie wohnte drei Blocks weiter, hatte im Gegensatz zu mir die Geduld einer Heiligen und schaffte es, sich ihren Halloween-Bonbonvorrat so einzuteilen, dass er das ganze Jahr über reichte. Die Backen dick von alten, steinharten Bonbons, zitierten wir einander diesen Satz und hatten das Gefühl, dass er unseren Bund – zwei jüdische Mädchen in einer weißen, angelsächsischen Nachbarschaft – heiligte. »Nemmich nich Naomi, nemmich Mara.«

Als sich mein Problem mit der Anderen Naomi immer weiter in die Länge zog, fand dieser Satz ab und zu wieder seinen Weg in meinen Kopf. »Nennt mich nicht lieblich«, dachte ich bei mir, während ich durch die wütenden Angriffe und sarkastischen Memes scrollte, »sondern bitter.«

Allerdings merkte ich im weiteren Verlauf dieser Zeit des Doppelsehens, die das intellektuelle und ideologische Chaos der Covid-Ära spiegelte, dass meine Bitterkeit stetig nachließ und komplexeren, unerwarteten Emotionen wich. Beständig mit einer anderen Person verwechselt zu werden, mag demütigend sein, aber es ist auch eine seltsam intime Erfahrung. Die Grenzen zwischen dir und dem anderen Ich weichen auf, sie werden dünn, ja geradezu durchscheinend. Seine Probleme sind deine Probleme, seine Schande ist deine Schande. Eine Doppelgängerin ist dein Weg, dein Schatten, ein bisschen wie in der biblischen Geschichte, aus der unser Name stammt. Darin sagt Rut zu Naomi: »Wo du hingehst, da will ich auch hingehen; wo du bleibst, da bleibe ich auch.«[27] Vielleicht liegt es daran, dass die Verwechslung bei mir in zunehmendem Maße weder Bitterkeit noch Wut auslöste, sondern mein Interesse weckte.

Mein Interesse daran, was das alles bedeutete, während es in der Welt immer seltsamer zuging. Und daran, warum sie tat, was sie tat – und was sie als Nächstes tun würde.

3

Meine gescheiterte Marke oder: Call Me by Her Name

Ein Thema, das ich bisher nur gestreift habe, sollte ich hier wohl zunächst einmal direkt ansprechen. Dan Hon, ein prominenter Berater für digitale Strategie, twitterte, Wolfs Aktionen hätten ihn völlig verwirrt, weil er sie die ganze Zeit mir zugeschrieben habe. Für ihn lag das Problem auf der Hand: »Naomi Klein sollte wegen Markenverwässerung und Imageschädigung klagen.«[1] Kurz, Hon zufolge war meine Marke in Gefahr.

Ich suchte auf einer beliebten Marketing-Website nach einer gängigen Definition von »Markenverwässerung« und fand heraus, dass es drei Hauptursachen für einen solchen Schaden gibt:

»Überdehnung der Kapazität«[2] (zum Beispiel, wenn ein Restaurant so schnell Franchises vergibt, dass es die Kontrolle über deren Qualität verliert).

»Einführung nicht mit dem Markenimage vereinbarer Dienstleistungen oder Produkte« (wie damals, als Colgate bei Tiefkühlgerichten einsteigen wollte und feststellen musste, dass die Kunden ihre Hackfleisch-Lasagne nicht bei denselben Leuten kaufen wollten, die ihre Zahnpasta herstellten).

»Verlust der Kontrolle über die Marke« (na ja, zum Beispiel, wenn einem mitten in einer tödlichen Pandemie die Worte und Handlungen einer von etlichen Plattformen verbannten Verschwörungstheoretikerin zugeschrieben werden).

Als Hon mir seinen kostenlosen Rat zuteilwerden ließ, machte die Markenverwässerung gerade Schlagzeilen, weil Nike angekündigt hatte, Lil Nas X und das Kunstkollektiv MSCHF wegen eben dieses Vergehens zu verklagen. Ohne Genehmigung des Sportriesen hatten sich die Künstler 666 Paar Laufschuhe der Marke Nike Air Max 97 besorgt, menschliche Blutstropfen in die Sohlen eingebracht, die Sneaker in »Satan Shoes« umbenannt und für 1081 Dollar pro Paar verkauft. Das gehörte zur Promotionkampagne für Lil Nas' Hitsingle »Montero (Call Me by Your Name)«; im dazugehörigen Video beglückt der Sänger den Teufel mit einem Lapdance. Nike behauptete, diese Satansschuhe würden die Unternehmensmarke mit einiger Wahrscheinlichkeit »verwässern und Verwirrung stiften«, weil die Kundinnen und Kunden annähmen, die veränderten Sneaker hätten etwas mit Nike zu tun.[3] Die Klage spielte Lil Nas in die Hände, weil sie ihm jede Menge kostenloser Publicity einbrachte, und Nike einigte sich rasch mit ihm. (Während ich dies schreibe, wird mir die grausame Analogie zu meiner eigenen Lage klar: Ich bin der riesige, prozessfreudige Multi, während die Andere Naomi Lil Nas X ist, ein Genie.)

Trotzdem, Hon hatte recht. Mein Doppelgänger-Problem war ein klarer Beweis dafür, dass ich bei einer der anerkanntesten Aktivitäten des zeitgenössischen Kapitalismus durchgefallen war: der Entwicklung, Pflege und Verteidigung meiner persönlichen Marke. Wie jeder Marketingexperte einem erklären wird, ist eine Marke ein Versprechen von Konsistenz und Verlässlichkeit. Und mein Versprechen war fraglos sowohl verwässert als auch abgewertet worden. Wie sonst könnten mich so viele mit einer Person verwechseln, die offenbar außerstande ist, den Unterschied zwischen zeitlich begrenzten Maßnahmen zur Erhaltung der öffentlichen Gesundheit und einem Staatsstreich zu erkennen?

Wenn meine Marke also verwässert worden war, hätte ich mich sofort bemühen müssen, eine bessere, klarer definierte Marke zu werden und diese zugleich aggressiv gegen jede potenzielle Schutzrechtsverletzung zu verteidigen. Bei diesem Plan gab es jedoch ein eklatantes Problem. Ich habe eine äußerst konfliktträchtige Beziehung zu diesem ganzen Konzept, demzufolge Menschen sich wie Unternehmensmarken verhalten sollen. Mein erstes Buch, *No Logo*, war ein Traktat gegen den Siegeszug des Lifestyle-Brandings, zu dem auch die Idee gehört, dass Einzelpersonen sich selbst zur Ware machen und als solche vermarkten müssten. Wenn ich Wolf als ein Markenproblem behandelte, würde ich damit gegen zentrale Merkmale meiner eigenen Marke verstoßen.

Ende der 1990er Jahre, als ich für *No Logo* recherchierte und das Buch schrieb, waren die ersten leisen Stimmen zu vernehmen, denen zufolge wir alle, ob prominent oder nicht, danach streben sollten, zu einer persönlichen Marke zu werden. Im Buch habe ich mich mit der neuen und umstrittenen Idee beschäftigt, dass sich unsere Unsicherheit angesichts des raschen Verschwindens fester Jobs überwinden ließe, wenn jeder es wie Michael Jordan und Oprah Winfrey machen und sich eine Markenidentität aufbauen würde. 1997 stellte der Management-Guru Tom Peters die neuen Regeln in einer Titelgeschichte der Zeitschrift *Fast Company* unter der Überschrift »The Brand Called You« vor:

> Egal, wie alt wir sind, welche Position wir bekleiden oder in welcher Branche wir tätig sind: Wir alle müssen begreifen, wie wichtig Branding ist. Wir sind CEOs unserer eigenen Firmen: der Ich-AGs. Um heutzutage im Berufsleben bestehen zu können, müssen wir vor allem Marketingchef der Marke namens Du sein … Die gute Nachricht – und es ist im Großen und Ganzen eine gute Nachricht – lautet, dass jeder eine Chance hat, sich von der Masse abzuheben … Bestimme als Erstes jene Eigenschaften oder charakteristischen Merkmale, durch die du dich von deinen Konkurrenten – oder Kollegen – unterscheidest. Was hast du in letzter Zeit – diese Woche – getan, um dich von anderen abzuheben?[4]

Interessanterweise erntete Peters damals von allen Seiten nur Spott; die Zeitschrift veröffentlichte sogar eine Entschuldigung, mit der sie von dem Artikel und seiner dystopischen Vision einer Welt abrückte, in der Arbeitskollegen miteinander um die Anerkennung von Markennamen wetteiferten.[5] Wäre das nicht unerträglich? Das Ende der Kollegialität? Und es gab auch ein praktischeres Problem: Es war eine Sache, wenn sich Celebritys und Unternehmer wie Jordan, Winfrey und Richard Branson als ihre eigene Marke positionierten – aber etwas ganz anderes, wenn eine Studentin, jemand aus dem mittleren Management oder ein gekündigter Fabrikarbeiter so etwas tat. Peters zufolge brauchten Einzelpersonen jetzt ebenso Sichtbarkeit wie Großunternehmen, die sich »jede Menge Fernseh- und Printwerbung kaufen [können], mit der milliardenfach ›Wirkung‹ erzielt werden soll … Wenn du selbst deine eigene Marke bist, brauchst auch du Sichtbarkeit – hast aber nicht die erforderlichen finanziellen Mittel.«[6]

Genauso ist es: Normale Menschen haben kein Werbebudget. Deshalb kam das ganze Konzept unseren Gehirnen in den 1990er Jahren absurd vor. Wohlgemerkt, das war lange vor Facebook, und TikTok oder Substack lagen noch in viel weiterer Ferne. Es gab noch nicht einmal Reality-TV, um Möchtegern-Celebritys aus der Bedeutungslosigkeit ins Rampenlicht zu holen. Kurz, die Idee der persönlichen Markenbildung war zu Anfang nur ein leicht durchschaubarer Trick – ein Beruhigungsmittel, das die Unternehmen und deren Managementberater anstelle von echten Jobs und einem gesicherten Einkommen propagierten, berauscht von Kosteneinsparungen und steigenden Aktienkursen infolge weitreichender Rationalisierungen und Auslagerungen von Betriebsfunktionen.

Als *No Logo* herauskam, waren das einige der Wahrheiten, die sich mein 29-jähriges Ich in die Welt hinaustragen sah wie ein Tablett voller extravaganter Appetithappen bei einer Gartenparty. Gerade erst von Nikes asiatischen Sweatshops zurückgekehrt, würde ich nun die Wahrheit über die falschen Versprechungen und die finstere Kehrseite der Markenbildung verkünden.

Stattdessen bekam ich in einem Interview nach dem anderen dieselbe Frage zu hören: »Sind Sie nicht selbst eine Marke?«

Die markenkritische Marke – und ihre Probleme

In der Anfangszeit meiner Laufbahn als Schriftstellerin wehrte ich mich hartnäckig dagegen, wenn Journalisten mir vorwarfen, eine Marke zu sein. Vor Verachtung triefend, erklärte ich: »Ich bin Autorin. Keine Marke. Nicht ich bin das Produkt. Ich versuche, *Ideen* zu vermitteln. Die Ideen stehen im Buch. Lesen Sie's.« Ich hob hervor, dass es bei mir keine Nebenprodukte gebe, keine Markenerweiterungen, keine T-Shirts oder Stofftaschen, dass ich nur ein Buch zu verkaufen hätte, sonst nichts. Und außerdem habe es auch vor mir schon Autoren gegeben, die jede Menge Bücher verkauft hätten – warum habe man die nicht bezichtigt, eine Marke zu sein?

Fakt ist jedoch, dass ich ziemlichen Unsinn redete. Ich hatte mir sehr genau überlegt, wie *No Logo* gestaltet und platziert werden sollte. Nachdem ich mich jahrelang mit erfolgreichem Corporate Branding beschäftigt hatte, sollte mein erstes Buch in dieser Hinsicht mithalten können. Irgendwie gelang es mir, einen der besten Graphikdesigner der Welt, Bruce Mau, zu gewinnen, lange bevor ich überhaupt einen Verlag hatte. Das Cover war elegant und ganz in Schwarz gehalten – damals ein Schock –, der Titel selbst ein rot-weiß-schwarzes Logo, das sofort ikonisch wurde. Ich sorgte zwar dafür, dass mein Verlag nicht versuchte, durch den Verkauf von *No-Logo*-Merchandise-Artikeln Profit daraus zu schlagen, bezahlte aber aus eigener Tasche kostenlose *No-Logo*-Nahttrenner, die bei der Buchvorstellung verteilt werden sollten, damit die Leserinnen und Leser ihre eigenen Logos entfernen konnten. (Ich benutze meinen immer noch, hauptsächlich um den Nacken meines Sohnes vor kratzigen Etiketten zu schützen.)

Der britische Kulturtheoretiker Stuart Hall hatte die Linke in der Thatcher-Ära als »historischen Anachronismus«[7] bezeichnet; ein Jahrzehnt später sah die amerikanische Politikwissenschaftlerin Wendy Brown eine Linke, die »einer bestimmten Spielart ihrer eigenen toten Vergangenheit in melancholischer Verbundenheit die Treue hält, ihrem Wesen nach gespensterhaft und in der Struktur ihres Begehrens rückwärtsgewandt und selbstquälerisch«.[8] Als Kind radikaler Eltern der 1960er Jahre war ich in dieser gespensterhaften Kultur aufgewachsen; ich wollte nicht, dass sich mein Werk zu den verstaubten Büchern der Linken gesellte. Ich wollte *No Logo* in die glänzenden Gewänder des Kapitalismus kleiden.

Diese ganze Aufmerksamkeit für Verpackung und Stil sei ein augenzwinkernder Verweis auf die Welt des Corporate Branding, redete ich mir ein – oder noch besser, eine Art Raubzug durch diese Welt. Und es funktionierte auch: *No Logo* wurde mehr als eine Million Mal verkauft, was alle meine Erwartungen übertraf. Und als ich zwei Jahre lang permanent auf Lesereise war, liebäugelte ich immer noch mit der Idee, eine markenkritische Marke zu sein. Ich hatte einen schlichten, aber konsistenten Look: schwarze Hose, schwarzes T-Shirt und schwarze Jeansjacke – hauptsächlich, um mir das Packen zu erleichtern. Ich bastelte mir ein No-Logo-Logo und klebte es auf meine Wasserflasche. Während meiner Lesungen trank ich daraus und scherzte trocken: »Ich verstehe gar nicht, warum all diese Journalisten ständig behaupten, ich sei eine Marke.«

Dieses Theater hatte etwas Unaufrichtiges, das ist mir jetzt klar. Ich wollte beides: das No-Logo-Mädchen sein (das Gesicht einer aufstrebenden antikapitalistischen Bewegung) und gleichzeitig so tun, als wäre ich nicht im Geringsten am Aufbau einer Marke interessiert. Die einzige Saubere in einem schmutzigen Geschäft. Und wollen das nicht viele von uns, während wir versuchen, das Personal-Branding-Spiel zu gewinnen – oder zumindest nicht dabei unterzugehen? Sorgsam kultivieren wir unsere Internet-Identität – das Double unseres »realen« Ichs –, bei der Aufrichtigkeit und Weltverdrossenheit genau im richtigen Verhältnis stehen. Wir feilen an unseren Beiträgen, damit sie ironisch und unbeteiligt klingen, nicht zu sehr nach Eigenwerbung, die sie natürlich trotzdem betreiben sollen. Wir gehen in die sozialen Medien, um die Anzahl unserer Klicks zu steigern, und jammern gleichzeitig, wie sehr wir die »Höllenseiten« hassen.

Es ist eine gefährliche Gratwanderung, wie ich schon früh festgestellt habe, als mir die Kontrolle über meine markenkritische No-Logo-Show entglitt. Während die langen 1990er Jahre langsam an

Schwung verloren und ein konzernfeindliches Ethos aufzukeimen begann, musste ich zugeben, dass mein Buch eine Art Referenz geworden war – ein Objekt oder ein Accessoire, das man mit sich herumtrug, aber nicht las. Marketingstudenten kauften es in Scharen. Einige wollten damit signalisieren, dass sie heimliche Revolutionäre waren, aber alle suchten darin nach Ideen für künftige Kampagnen.

Einer meiner Verlage hatte mich gedrängt, den Titel schützen zu lassen, wenn auch nur, damit nicht andere davon profitierten. Ich lehnte entrüstet ab: Dadurch würde doch alles ad absurdum geführt, was ich über die Abschottung der Kultur hinter aggressiven Copyright-Gesetzen geschrieben hatte. Kaum ein Jahr später hatte sich dann natürlich jemand anders den Titel als Warenzeichen eintragen lassen und verkaufte in Florida Golfhemden mit abgekupfertem No-Logo-Logo. In Italien begann ein Feinkostproduzent, No-Logo-Olivenöl und dergleichen herzustellen. Im Vereinigten Königreich tauchte ein No-Logo-Craftbeer auf. In Genf öffnete ein etwas schäbiges No-Logo-Restaurant seine Pforten (ich trank dort einen Kaffee und stellte mich dem Besitzer vor, der geradezu panisch in die Küche lief).

Wenn Journalisten mich fragten, ob ich zu einer Marke geworden sei, war es mittlerweile nicht mehr glaubwürdig, die Unschuldige zu spielen. Allerdings war mir nun klarer, weshalb es mir solches Unbehagen bereitete, eine Marke zu sein. Gute Marken sind immun gegen grundlegende Veränderungen. Mir einzugestehen, dass ich mit dreißig Jahren zu einer geworden war, hätte bedeutet, auf etwas zu verzichten, was ich als mein gutes Recht betrachtete: mich zu verändern, zu entwickeln und hoffentlich zu verbessern. Ich wäre gezwungen gewesen, diese spezielle Version von mir bis in alle Ewigkeit zu spielen.

Zum Teil sprach daraus jugendlicher Idealismus. Die Gebote einer guten Markenpolitik kamen mir vor wie die Antithese zu den Geboten für guten Journalismus und erst recht für vertrauenswürdige politische Analyse. Beides beruht auf der stillschweigenden Verpflichtung, seinen eigenen Recherchen zu folgen, wohin sie auch führen mögen, selbst wenn man am Ende ganz woanders landet als ursprünglich erwartet. Vertrauenswürdige Analytiker müssen bereit sein, sich von dem, was sie herausfinden, verändern zu lassen. Eine vertrauenswürdige Marke hingegen muss konstant die Markenidentität verkörpern – ihr »Versprechen« –, komme, was da wolle. Gutes Branding ist ein Paradebeispiel für Disziplin und Wiederholung. Man muss stets genau wissen, wohin die Reise geht – im Grunde immer rundherum, in konzentrischen Kreisen.

No Logo hatte mich zu einer Marke gemacht; es war zu spät, um daran etwas zu ändern. Aber ich dachte, dass mir noch eine andere gute Option bliebe, nämlich eine schlecht gemanagte Marke zu werden, die gegen die Regeln zum Schutz vor Verwässerung und Überdehnung verstieß. (Das ist wohl meine Version von Leonard Wolfs Gebot »Zerstöre die Schublade«.) In der Praxis bedeutete das, den Imitaten freie Bahn zu lassen und dem abzuschwören, was mich für kurze Zeit berühmt gemacht hatte: über Branding und Marketing zu schreiben und zu sprechen. Ich lehnte etliche Angebote ab, in Werbekampagnen die Rolle der bekannten markenkritischen Aktivistin zu spielen, darunter ein bizarres Angebot des Modedesigners Helmut Lang. Einmal bat mich die *Vogue*, eine Journalistin auf einer exklusiven Shopping-Tour zu begleiten. Dabei sollte ich all die hübschen Klamotten wegen der mit ihrer Produktion und ihrem Vertrieb verbundenen kriminellen Arbeitsbedingungen und Umweltverbrechen kritisieren. Die vorgeschlagene Überschrift lautete »Shopping mit dem Feind«.

»Bin ich der Feind, oder sind Sie das?«, fragte ich.

Pause.

»Sie.«

Ich lehnte auch das ab.

Statt diese verschiedenen Versionen meines No-Logo-Ichs zu verkörpern, begann ich mit der Arbeit an meinem nächsten Buch. Ich brauchte fünf Jahre dafür, und es kam sieben Jahre nach *No Logo* heraus – eine Ewigkeit, marktstrategisch betrachtet. Ich befasste mich jetzt auch mit einem völlig anderen Thema: wie die neoliberale ökonomische Hegemonie aus der systematischen Ausnutzung schwerer Schocks hervorgegangen war. In der *Schock-Strategie* stand kein Wort über Marketing. Es ging um Geschichte und politische Ökonomie, und ich wusste, dass ich mit diesem Buch viele von denen verlieren würde, die *No Logo* als Lifestyle-Accessoire mit sich herumgetragen hatten. Mein darauf folgendes Buch war wieder anders; es handelte vom Klimawandel.

Beim Wechsel von einem Themenbereich zum nächsten folgte ich einem klar erkennbaren roten Faden: Es ging jeweils um die Verwüstungen durch die Logik der expandierenden Märkte und die Macht der Konzerne – ein Radius der Zerstörung, der immer größer wird. Für den Aufbau einer Bewegung war das sinnvoll: Bewegungen, die wachsen wollen, müssen über ihre Echokammern und die ohnehin schon Bekehrten hinausgreifen. Aber für den Aufbau einer Marke (und das Kategorisierungsbedürfnis eines Buchladens) war das Themenspektrum meiner Bücher definitiv zu groß: vom Marketing über den Militarismus bis hin zum Umweltschutz. Ich hatte das Ziel erreicht, meine eigene Marke zu killen, das redete ich mir jedenfalls ein.

Wenn ich auf die Weggabelung zurückblicke, wo ich vor der Entscheidung stand, entweder den Geboten für eine neugierige Autorin oder für eine gut geführte Marke zu folgen, erkenne ich, dass mir diese Entscheidung weitgehend abgenommen wurde. Hätte ich zu den Shopping-Touren der *Vogue* (sowie zu den Vorträgen bei Unternehmen und zu den Werbekampagnen) ja gesagt, wäre ich von der Bewegung, der ich angehörte, in Stücke gerissen worden. Und zwar zu Recht. Personal Branding wurde erst ein gutes Jahrzehnt später zu etwas ganz Normalem – Leute, die aus Massenbewegungen Kapital zu schlagen versuchten, bezeichneten wir damals noch immer als Karrieristen und Verräter. Was mir diese Marketingentscheidungen ziemlich leicht machte: Ich wollte nicht alle meine Freunde verlieren.

Zu jener Zeit erkannte ich allerdings nicht, dass *No Logo* auf der Schwelle zu einer neuen Welt herauskam. Ich schrieb es auf einem klobigen, rechteckigen Macintosh Plus mit Internetzugang über ein Modem, das an meinem Festnetzanschluss hing. Als das Buch im Januar 2000 erschien, hatte ich eine High-Speed-Verbindung und konnte live zusehen, wie die Verkaufszahlen meines Buches bei Amazon in die Höhe schossen. Zwar waren wir alle davon überzeugt, dass Amazon die Verlagsbranche zerstören würde, aber ich schaute dort trotzdem immer wieder geradezu obsessiv nach, ein Vorgeschmack auf das Suchtpotenzial der Bewertungssysteme sozialer Medien mit ihren Likes, Views und Followern.

Zudem stellte sich heraus, dass sehr viele von uns ganz und gar falschlagen, wenn sie glaubten, normale Menschen könnten niemals Marken sein. Zehn Jahre nach Peters' »The Brand Called You«-Artikel kam das iPhone heraus, und bald darauf hatten wir freien Zugriff auf Facebook, Twitter und YouTube. Plötzlich verfügte jeder auf diesen kostenlosen Plattformen über die Mittel, um eine persönliche Marke zu konstruieren – schrullig, glamourös, avantgardistisch, nerdy, revolutionär – und sie weit über die eigenen Kreise hinaus bekannt zu machen, alles zu den ausgesprochen geringen Kosten für elektronische Hard- und Software und ein paar gut gewählte Accessoires. Das Zeitalter der Influencer stand vor der Tür.

Toronto, die Stadt, in der ich damals lebte, schien besonders gut darin zu sein, diese neue Sorte von Online-Celebritys hervorzubringen. In unseren weitläufigen Vororten stellten sich begabte Teens und junge Erwachsene, oft aus Einwandererfamilien, eine Kamera ins Zimmer und mogelten sich mit ihren Texten, mit Geblödel, Songs und Nähereien, mit dem Lackieren von Fingernägeln und mit Gaming an den kulturellen Gatekeepern vorbei, die ihnen noch ein paar Jahre zuvor mit an Sicherheit grenzender Wahrscheinlichkeit den Weg versperrt hätten. Einige, wie die Comedian Lilly Singh aus Toronto, wurden über YouTube zu globalen Stars. Andere brannten hell und verglühten dann, weil sie die immer neuen Forderungen der Algorithmen nach frischem Content nicht erfüllen konnten und auch mit den Verletzungen nicht fertig wurden, die mit einer so exponierten Position einhergingen. Eines war jedoch klar: Nicht- oder Noch-nicht-Celebritys ohne Werbebudget und oftmals ohne familiäre Bindungen konnten die Prinzipien des Corporate Branding tatsächlich auf ihr eigenes Ich anwenden, und nicht wenige von ihnen gewannen in der Personal-Branding-Lotterie.

Digitale Doppelgänger

Seit mehreren Jahren gebe ich an der Universität ein Seminar mit dem Titel »The Corporate Self«, in dem wir unter anderem die Geschichte und die Auswirkungen des Personal Branding erforschen. In einer Übung bitte ich meine Studentinnen und Studenten, die zumeist Anfang zwanzig sind, sich zu erinnern, wann sie zum ersten Mal mit dem Gedanken, eine Marke zu sein, in Berührung gekommen sind. Viele berichten, dass es in der Unterstufe begann, als von ihnen bestimmte außerschulische Aktivitäten verlangt wurden, weil das für ein künftiges amorphes Publikum »gut aussehen« würde. Andere erinnern sich an strenge elterliche Vorträge über die Gefahren unüberlegter Social-Media-Posts: Alles, was ihr heute ins Netz stellt, wird von den Zulassungsbeauftragten der Colleges und künftigen Arbeitgebern gelesen werden, also betrachtet euch durch deren Augen und passt auf, was ihr von euch preisgebt und wie ihr euch verpackt. Alice Marwick nennt das in ihrem Buch *Status Update* »Das (arbeitstaugliche) Ich«[9] –, und manche Studierende werden darauf trainiert, ein solches Ich zu kultivieren, lange bevor sie auch nur die geringste Ahnung haben, für welche Arbeit sie denn »tauglich« sein wollen.

Ausnahmslos bezeichnen sie die Arbeit an ihren College-Zulassungsaufsätzen als den entscheidenden Moment, in dem ihre private Selbstwahrnehmung hinter dem Imperativ zurücktreten musste, eine akzeptable, öffentlich vorzeigbare Identität zu erschaffen. Die Aufgabenstellungen lauteten beispielsweise: »Manche Studierende haben eine Vorgeschichte, eine Identität, ein Hobby oder eine Begabung, die ihnen so wichtig ist, dass sie eine Bewerbung ohne deren Erwähnung für unvollständig halten. Wenn das auf Sie zutrifft, dann erzählen Sie bitte Ihre Geschichte.« Oder: »Die Lektionen, die wir lernen, wenn wir auf Hindernisse treffen, können von grundlegender Bedeutung für den späteren Erfolg sein. Erzählen Sie von Ihrem Umgang mit einer Herausforderung, einem Rückschlag oder Misserfolg. Wie hat sich das auf Sie ausgewirkt, und was haben Sie daraus gelernt?«

Die Aufgabenstellungen mögen harmlos klingen, aber von solchen

Schreibübungen hängt schließlich einiges ab. Viele Studierende berichten, sie hätten dadurch gelernt, Geschichten über ihr junges Leben zu erzählen, bei denen es weniger um den Wahrheitsgehalt als vielmehr um die Erfüllung der imaginierten Bedürfnisse und Anforderungen eines Publikums von Fremden hinsichtlich einer bestimmten Identität ging. Es gab viel Zustimmung, als ein Student erklärte, man solle dabei »ein erlittenes Trauma als Konsumartikel verpacken«. Die Traumata, über die sie schrieben, waren nicht ausgedacht; aber man verlangte von ihnen, problematische Erlebnisse mit einem marktgängigen Etikett zu versehen und dadurch in etwas Feststehendes, gut Verkäufliches und potenziell Profitables zu verwandeln (weil es wiederum zum Markenimage einer Universität gehört, dass ihr Besuch der erste Schritt zu einer lukrativen Karriere ist). Bei diesen jungen Leuten kam es also zu einer Aufspaltung zwischen dem, was sie waren, und dem, was sie werden sollten, um Erfolg zu haben.

Self-Branding – der Aufbau eines Markenprofils – ist eine weitere Form der Verdopplung, ein inneres Doppelgängertum.

Die vom Self-Branding geforderte Verdopplung hörte natürlich mit dem Beginn des Studiums nicht auf. Ein ehemaliger Student der Wirtschaftswissenschaften berichtete, eine seiner ersten Aufgaben habe darin bestanden, sich in einer 30-sekündigen Kurzpräsentation vorzustellen. Während er sich auf seine am besten vermarktbaren Eigenschaften herunterdestilliert habe, so erzählte er seinen Kommilitonen, »spürte ich, wie meine Seele den Körper verließ«. Sie schienen das alle nachvollziehen zu können – es war die Frühzeit der pandemischen Zoom-Seminare, und sie füllten ihre kleinen Felder mit Herz-Emojis.

Diese Beschwörung der Seele ist interessant. Sie erinnert uns daran, dass dies nicht die erste Generation ist, die sich für ein allwissendes Auge zurichtet. Was ist ein Gott, der alles sieht, der unsere Gedanken und Absichten kennt, wenn nicht das effizienteste Überwachungswerkzeug, das je erfunden wurde? Das Geniale an dieser Form von Religion ist, dass sie die Gläubigen dazu verführt, in ihrem Leben nach Reinheit zu streben, um nach dem Tod die Belohnung dafür zu ernten. Und im Gegensatz zum modernen Überwachungsstaat – der nur das weiß, was wir schreiben, sagen und tun – behaupten monotheistische Götter, auch unsere Absichten zu kennen.

Der österreichische Psychoanalytiker Otto Rank, der eng mit Freud zusammenarbeitete und später mit ihm brach, betrachtete die Seele – das Ich, von dem man glaubte, es würde nach dem Tod weiterleben – als die ursprüngliche Doppelgängerin, das intimste Double. Der Glaube an eine Seele sei »eine Wunschabwehr des gefürchteten ewigen Untergangs«.[10] Freud stimmte ihm zu. Er schrieb: »Der Doppelgänger war ursprünglich eine Versicherung gegen den Untergang des Ichs, eine ›energische Dementierung der Macht des Todes‹ … und wahrscheinlich war die ›unsterbliche‹ Seele der erste Doppelgänger des Leibes.«[11]

Wie bei den Doppelgängern, die wir im digitalen Äther spielen, hat all dies auch eine bedrohliche Seite, denn es erinnert uns laut Freud daran, dass wir nicht ewig leben werden. Auf diese Weise wird die Seele »zum unheimlichen Vorboten des Todes«.[12] Je nach Kosmologie kann ein schlecht geführtes Leben den geistigen Doppelgänger für alle Ewigkeit ins Höllenfeuer verbannen oder für seine Reinkarnation als Kakerlake sorgen. Da bei dieser Form des Doppelgängertums so viel auf dem Spiel steht, geht es Freud und Rank zufolge oft mit der Erschaffung einer anderen Art von Doppelgänger einher – eines bösen Zwillings oder missratenen Ichs –, auf die all unsere Sünden und Missetaten projiziert werden. Diese Doubles, die unsere Sünden auf sich nehmen, damit wir rein bleiben können, sind der Stoff, aus dem die Monster in Büchern und Filmen über Doppelgänger sind: Sie sind das projizierte Ich, das von den Protagonisten erstochen wird, die dabei versehentlich Selbstmord begehen. Diese Doubles sind das unerwünschte Ich, von dem wir uns durch einen Pakt mit dem Teufel befreien wollten und das nun nach Rache dürstet.

Eine schlecht geführte Marke hat eindeutig weniger schlimme Folgen als eine schlecht geführte Seele – andererseits treten die Folgen noch in dieser Welt ein, nicht erst in der nächsten. In unseren Seminardiskussionen versuchen wir herauszukitzeln, wie die Logik des Personal Branding die Entstehung dessen prägt, was wir als Ich bezeichnen. Was bedeutet es für junge Menschen, in dem Wissen aufzuwachsen, dass jedes beiläufige Foto oder Video, jede lässig hingeworfene Bemerkung, einmal ins Netz gestellt, Jahre später verhindern könnte, dass sie von einer Schule aufgenommen werden, einen Job oder den Zuschlag für eine Wohnung bekommen? Und umgekehrt, was bedeutet es, wenn dieselben Posts – wie man schicke Klamotten anprobiert oder allein im Zimmer tanzt – das Ticket zu Ruhm und Reichtum als Influencer sein könnten? Wenn man bedenkt, was auf dem Spiel steht: Was tun sie, und was wagen sie nicht einmal versuchsweise? Und was geschieht mit ihrem missratenen Ich, während sie damit beschäftigt sind, ihr perfektioniertes Ich zur Schau zu stellen? Was für böse Zwillinge entstehen bei dieser Aufspaltung?

Meine Studentinnen und Studenten mögen keine Doppelgänger im realen Leben haben, die sie ins Chaos stürzen, so wie es mir offenbar mit der Anderen Naomi ergeht. Trotzdem sind sie in dem Bewusstsein aufgewachsen, dass sie ein externalisiertes Double haben – einen digitalen Doppelgänger, eine idealisierte Identität, die von ihrem »realen« Ich abgespalten ist und »performt« werden muss, wenn sie Erfolg haben wollen. Gleichzeitig müssen sie ihre unerwünschten und gefährlichen Anteile auf andere projizieren (das Ignorante, Problematische, Erbärmliche, das »Nicht-Ich«, das die Grenzen des »Ich« schärfer zieht). Diese Triade – Partitionierung, Performance, Projektion – wird schnell zu einer allgemeingültigen Form des Doppelgängertums, indem sie eine Figur erzeugt, die nicht vollständig mit uns identisch ist, die andere jedoch so wahrnehmen. Im besten Fall kann ein digitaler Doppelgänger alle Wünsche erfüllen, die unsere Kultur uns anerzieht: Ruhm, Bewunderung, Reichtum. Aber es ist eine prekäre Form der Wunscherfüllung, die mit einem einzigen Fehler, einem einzigen unklugen Post zunichtegemacht werden kann.

All dies kommt zu der allgegenwärtigen und sehr realen Möglichkeit hinzu, dass die eigenen E-Mail- oder Social-Media-Konten gehackt werden und man zu seinem Entsetzen entdeckt, dass jemand, der sich in so gut wie nichts von einem selbst unterscheidet, die eigenen Freunde und Kollegen mit üblem Content überschwemmt. Weshalb ein Teil von mir unwillkürlich Mitleid mit meiner Doppelgängerin verspürt, wenn ausgerechnet sie sich beklagt: »Es gibt eine falsche ›Naomirwolf‹ auf Telegram, und dieses gefakte Wesen hat 38 000 Follower, die wahrscheinlich alle glauben, dass sie mir folgen!«[13] Dieser Fake-Account hat Wolf zufolge nicht nur einen »unsäglichen Stil«, sondern verbreitet auch alle möglichen abgedrehten Verschwörungstheorien, wie etwa die QAnon-Lieblingsstory, John F. Kennedy Jr., der 1999 bei einem Flugzeugabsturz den Tod fand, sei in Wahrheit noch am Leben. Wolf hat eine eigene Verschwörungstheorie dazu: Sie behauptet, dieses »gefakte Ich« sei ein »Angriff«, um ihre furchtlosen Untersuchungen zu diskreditieren und sie »wie eine Geisteskranke aussehen« zu lassen. Es sei eine unerträgliche Situation, schreibt sie, »als hätte man eine billige, ordinäre, aufgetakelte Doppelgängerin mit unerträglicher Grammatik«. Ähem.

Die Furcht, unsere digitalen Doppelgänger könnten unser Leben übernehmen und unser Umfeld täuschen, findet sich als Thema auch in dem unterschätzten Netflix-Film *Cam* von 2018 (Regie: Daniel Goldhaber). Er erzählt die Geschichte einer Onlinesexarbeiterin, die aus ihrem Camgirl-Account ausgesperrt wird und sich dem ultimativen Horror im Zeitalter des monetarisierten Ichs ausgesetzt sieht: einer Person, die ihr Ebenbild ist, dabei zuzuschauen, wie sie ihre Fans und Follower, ihr Einkommen und ihr Leben stiehlt – und dabei wie in so vielen Doppelgänger-Geschichten eine bessere Ausgabe ihrer selbst ist.

Diese Phantasie wird immer schneller Realität. Ende 2022 wurden die sozialen Medien von schillernden, geglätteten, verschlankten Versionen von Freunden, Angehörigen und Onlinebekanntschaften überflutet, die dem »Magic Avatar«-Trend verfallen waren. Sie hatten zehn Fotos von sich in die App »Lensa« hochgeladen und im Tausch für die Herausgabe dieser kostbaren Daten solche weitaus perfekteren Avatar-Versionen ihrer selbst erhalten, die filmischen Computeranimationen ähnelten (und oftmals weißer und unverhohlener sexualisiert waren als auf den Fotos, die den Simulationen zugrunde lagen). Obwohl mich hin und wieder ein unbändiges Verlangen beschlich, meine eigene künstlichere, hübschere Version von mir zu konstruieren, stellte ich mir auch die Frage nach unbeabsichtigten Konsequenzen. Was würden diejenigen, die sich an dieser angeblich so amüsanten Verdopplungsaktion beteiligt hatten, beim Blick in einen normalen Spiegel oder auf ein unbearbeitetes Foto empfinden? Eine gewisse Enttäuschung? Würde ihr künstliches Ich das Selbstwertgefühl ihres echten Ichs zerstören? Viele wiesen auf noch schlimmere Folgen hin: Ein Fremder konnte in deine Haut schlüpfen, Fotos von dir hochladen, auch solche, die du niemals mit anderen teilen würdest, und seinen eigenen persönlichen Doppelgänger erschaffen, um ihn für sexuelle oder andere Zwecke zu nutzen.

Doppelgänger-Geschichten enthalten oft Reflexionen oder Projektionen, die sich von ihrem Original lösen und ein gefährliches Eigenleben annehmen. In Hans Christian Andersens Märchen »Der Schatten« von 1847 erwacht der Schatten eines Mannes zum Leben und nimmt schließlich dessen Platz ein. In dem 1913 entstandenen Horror-Stummfilm *Der Student von Prag* verkauft ein armer Student sein Spiegelbild zugunsten seines sozialen Aufstiegs, muss dann jedoch erleben, wie ihn dieses Spiegelbild zerstört. Eine Warnung kommt in Doppelgänger-Büchern und -Filmen häufig vor: Pass auf, dass du dich nicht in deine Projektion verliebst; sie könnte von dir Besitz ergreifen.

Jemand, der interessanterweise ziemlich leichtfertig mit der Möglichkeit umgeht, dass unsere digitalen Doppelgänger sich unserer bemächtigen, ist Trumps ehemaliger Wahlkampfmanager und Chefstratege Stephen K. Bannon, der sich jetzt hauptberuflich als Propagandist für autoritäre und neofaschistische Bewegungen von Italien bis Brasilien betätigt. In den 2000er Jahren, lange vor seiner Trump-Zeit, arbeitete er bei einem Unternehmen namens Affinity Media (zuvor Internet Gaming Entertainment) in Hongkong und bekam dort einen Crashkurs im Multiplayer-Gaming. Er erzählte dem Dokumentarfilmer Errol Morris, ihm sei dabei plötzlich klargeworden, dass diese Games sich für die Spieler realer anfühlten als das reale Leben. Und die digitalen Doppelgänger, die sie im Netz erschaffen hätten – ihre Avatare –, kämen ihnen realer vor als ihr reales, körperliches Ich. Als

Beispiel nannte er einen fiktiven »Dave aus der Buchhaltung«, der ein langweiliges, unauffälliges Leben führt, sich zu Hause an seiner Spielkonsole jedoch in »Ajax«, einen Waffen schwingenden Kämpfer gegen das Böse verwandelt. »Wer ist nun realer«, fragte Bannon – Dave oder Ajax?[14] Dave, könnte man sagen, aber Bannon war anderer Meinung.

»Die Leute machen sich dieses digitale Ich zu eigen, eine vollkommenere Version ihrer selbst, bei der sie auf digitaler Ebene kontrollieren können, was sie in der analogen Welt nicht im Griff haben«, sagte er über die Spieler.[15] Also solle sich Dave zurückziehen und Ajax die Führung überlassen. »Ich möchte, dass Dave aus der Buchhaltung *in seinem Leben* Ajax ist«[16], erklärte Bannon der Journalistin Jennifer Senior von *The Atlantic*, die zu Recht bemerkte: »Genau das ist am 6. Januar geschehen. Die wütenden, brüllenden Horden kamen als lebensechte Avatare und gaben die Rebellen mit Gesichtsbemalung und Pelz, als wären sie beim Cosplay. Sie stürmten das Kapitol, während eine feindliche Armee sie zurückzuschlagen versuchte … Sie machten einen Tag blau. Und als sie abtransportiert wurden, verliehen sie ihrer Empörung – und ihrer Fassungslosigkeit – Ausdruck. Phantasie und Realität waren für sie ein und dasselbe geworden.«

Auffällig ist, dass Bannon nichts daran gelegen zu sein scheint, Daves Dasein zu verbessern, ihm zu helfen, ein Leben zu führen, dem er nicht entfliehen müsste. Stattdessen verfolgt er offenbar das Ziel, die Wirklichkeit in ein Spiel mit scharf geladenen Waffen zu verwandeln.

Falls sich Mark Zuckerbergs »Metaversum«-Pläne so entwickeln, wie er hofft, und personalisierte, animierte Avatare uns bei unserer Bank und gegenüber unseren Freunden repräsentieren, wird alles nur noch verwirrender werden. Verwirrend ist es jetzt schon. Im März 2022 wurde in Südkorea Yoon Suk-yeol zum Präsidenten gewählt. Der konservative Politiker betrieb seinen Wahlkampf unter anderem mit einer Deepfake-Version von sich selbst namens AI Yoon im Internet. Diese von seinem jüngeren Wahlkampfteam konzipierte Version war lustiger und charmanter als der echte Yoon. Dem *Wall Street Journal* zufolge war der gefakte Politiker – wobei keineswegs verheimlicht wurde, dass es sich um einen Fake handelte – für manche Wähler authentischer und attraktiver als der echte: »Lee Seong-yoon, ein 23-jähriger College-Student, hielt AI Yoon zunächst für echt, nachdem er ein Video im Netz gesehen hatte. Dem echten Yoon bei Debatten oder Wahlkampfreden zuzuschauen, sei manchmal langweilig, sagte er. Doch nun sieht er sich in seiner Freizeit AI-Yoon-Videos an und findet die digitale Version des Kandidaten sympathischer und ansprechender, auch weil er wie jemand aus seiner eigenen Altersgruppe spricht. Er sagte, er werde für Yoon stimmen.«[17] Yoons digitaler Doppelgänger wurde von einem koreanischen Unternehmen namens DeepBrain AI Inc. entwickelt; John Son, einer der Manager, bezeichnete die Aktivitäten seiner Firma als »ein bisschen unheimlich, aber wenn man erklären müsste, was wir machen, würde ich sagen, wir klonen die Person.«[18]

Nachdem die alternden ABBA-Mitglieder sich auf ähnliche Weise klonen ließen und diese mit 3-D-Computergraphik erzeugten Klone 2022 bei ausverkauften »Live«-Shows aufgetreten waren, ist eine Zukunft ohne solche Live-Action-Fakes als Säule der Massenkultur nur schwer vorstellbar. »Diese digitalen Doppelgänger lassen sich kaum noch von echten Personen unterscheiden, egal, aus welchem Blickwinkel«, hieß es in einer Kritik der ABBA-Show in *Variety*.[19] »Jedes Haarbüschel, jedes bizarre Siebziger-Jahre-Kostüm wird in teilweise großartigen Details wiedergegeben. They can dance, they can jive, sie können sogar schlechte Witze über eine Pause zum Kostümwechsel reißen – und das Publikum amüsiert sich prächtig und ist die ganze Zeit am Rande des Deliriums.«

Dann ist da das expandierende Gebiet der »Grief Tech«, der »Trauer-Technologie«, die »dem Tod seinen Stachel nehmen« soll, wie es eine Schlagzeile der *Financial Times* kürzlich ausdrückte.[20] Im Artikel hieß es: »Unternehmen wie HereAfter AI entwickeln ›Legacy-Avatare‹ lebender Personen, mit denen sich die Hinterbliebenen nach deren Tod trösten können.« Wollten Sie Ihrem Vater oder Ihrer Mutter schon immer etwas sagen, hatten aber nicht die Chance oder den Mut dazu? Sagen Sie es deren weiterlebenden Avataren.

Die jungen Leute, die ich unterrichte, stellen sich durchaus die bange Frage, wohin all diese Verdopplungen führen. Dennoch fühlen sich fast alle verpflichtet, bei der Erschaffung digitaler Doppelgänger in den sozialen Medien mitzumachen (so wie ich auch). Eine Studentin erklärte, sie habe sich bei Instagram wegen des Drucks abgemeldet, eine idealisierte Version ihrer selbst zur Schau zu stellen, und die Flut von Bildern anderer, die dasselbe taten, habe ihre geistige Gesundheit gefährdet. Doch dann seien 2020 die Black-Lives-Matter-Proteste gekommen. »Meine Freunde haben mir alle erklärt, ich müsste wieder auf Instagram gehen und die Bewegung unterstützen«, sagte sie, »sonst dächten alle, ich wäre eine Rassistin« – und das, obwohl sie an allen Kundgebungen in ihrer Gegend teilgenommen hatte, wenn auch still im Hintergrund. Sie meldete sich wieder an und postete Beiträge, aber widerwillig; ihr war klar, dass etwas nicht stimmte mit einer Kultur, die öffentliche Auftritte eines tugendhaften Ichs mehr schätzte als greifbarere Formen von Solidarität und Beziehungsaufbau.

Solche Ansichten beruhen auf den Erfahrungen meiner Studentinnen und Studenten und entwickeln sich durch unsere Lektüre weiter. Hier ist insbesondere Simone Brownes richtungsweisendes Buch von 2015, *Dark Matters: On the Surveillance of Blackness,* zu nennen.[21] Browne, Professorin für African and African Diaspora Studies an der Universität Austin in Texas, führt die Ursprünge des heutigen Branding auf die buchstäbliche Brandmarkung afrikanischer Menschen im transatlantischen Sklavenhandel zurück. »Es ist schwierig, über diese historischen Fakten zu schreiben«, bemerkt Browne, »darüber, dass Eisenstangen mit primitiven Druckbuchstaben zu Folterwerkzeugen wurden. Es ist auch schmerzlich, Dokumente zu lesen, in denen von den geschundenen Körpern Versklavter und Entflohener die Rede ist.«[22]

Browne bezeichnet diese brutale Brandmarkung provozierend als »biometrische Technologie«.[23] Heutzutage denkt man bei biometrischer Erkennung – der Nutzung dauerhaft gleichbleibender, messbarer Körpermerkmale zur Identifizierung und Verfolgung einer Person – an schicke Geräte mit blauem oder grünem Licht, die Gesichter, Regenbogenhäute oder Fingerbeeren scannen. Brownes These lautet, dass die physische Brandmarkung für Sklavenhalter dieselbe Funktion erfüllte, weil sie es ihnen erlaubte, rassifizierte Körper mit Hilfe einer unauslöschlichen, unveränderlichen Markierung im Auge zu behalten: »Im transatlantischen Sklavenhandel … war das Brandmarken eine Maßnahme zur Herstellung, Kennzeichnung und Vermarktung des schwarzen Subjekts als Ware.«[24] Die Macht des Brandzeichens lag in seiner Dauerhaftigkeit – es sollte die versklavte Person für den Rest ihres Lebens begleiten, als Versicherung gegen ihren unbezähmbaren Freiheitsdrang. Dieser blutige und barbarische Prozess, so Browne, war ein definierender Akt, mit dem Sklavenhalter afrikanische Menschen in etwas verwandeln wollten, was der große antikolonialistische Theoretiker Frantz Fanon ein »Objekt inmitten anderer Objekte« nannte.[25]

Angesichts dieser Wurzeln ist die Beiläufigkeit, mit der unsere Kultur heutzutage darüber diskutiert, dass Menschen danach streben sollten, Marken zu sein, selbst schon eine Art gewaltsamer Auslöschung. Viele halten das heutige Branding für einen Akt der Ermächtigung, weil das Individuum seine Kommodifizierung jetzt vollständig in der eigenen Hand hat und auch einen signifikanten Anteil der Profite einstreicht. Für Browne jedoch kann und darf diese Kommodifizierung des Ichs, insbesondere des Schwarzen Ichs, trotz der gewaltigen Veränderungen von Kontext, Handlungsmacht und Gewinnflüssen nicht von der Brutalität ihrer Vergangenheit getrennt werden.

Das Branding macht es – mit den Worten der Autorin und Psychotherapeutin Nancy Colier – zwingend erforderlich, »sich zu seinem Ich in der dritten Person zu verhalten«.[26] Ein zur Ware gemachtes Ich mag reich sein, aber die Kommodifizierung verlangt trotzdem eine Aufspaltung, eine inhärent entfremdende innere Verdopplung. Es gibt dich, und es gibt dein Marken-Ich. Auch wenn wir noch so gern glauben würden, beide könnten voneinander getrennt bleiben: Marken sind hungrig und stellen Forderungen, und das eine Ich hat zwangsläufig Auswirkungen auf das andere. Wenn unzählig viele von uns sich einen Doppelgänger zulegen, sich dabei aufspalten und öffentlich inszenieren, wird es für alle schwerer zu erkennen, was real und was und wer vertrauenswürdig ist. Welche unserer Meinungen sind echt, und welche sind bloß Show? Welche Freundschaften wurzeln in Liebe, und welche sind Projekte kooperativer Markenstrategien? Welche Gemeinschaftsprojekte, die es eigentlich geben sollte, finden nicht statt, weil die Marken von Einzelpersonen gegeneinander ausgespielt werden? Was wird gar nicht erst gesagt oder geteilt, weil es nicht markenkonform ist?

Viele meiner Studentinnen und Studenten möchten im Medienbereich arbeiten, wo man für die am schnellsten wachsenden und scheinbar verlässlichsten Geschäftsmodelle Medienmacher braucht, die direkte Kundenbeziehungen zu ihren Lesern, Zuhörern und Zuschauern unterhalten, sei es über YouTube, Patreon, Substack oder irgendeine andere Plattform. Folglich bleibt ihnen nichts anderes übrig, als sich in dieses Getümmel zu stürzen – aber sie haben auch Bedenken: In einer Kundenbeziehung hat der Kunde immer recht, und er will in der Regel mehr von dem, was er gerade bekommen hat. Man kann eine Marke ein Stück weit optimieren, Spin-off-Produkte herausbringen und die Marke auffrischen – aber wenn man an ihre Fundamente geht, wird die Marke verwässert, und man verärgert viele Kunden. Und ohne ein festes Gehalt (mit dem man heute ohnehin nicht mehr rechnen kann) übersetzt sich das schnell in einen empfindlichen Einkommensverlust.

In seinem Essay »Selbstständigkeit« schrieb Ralph Waldo Emerson: »Eine unvernünftige Konsequenz ist der Plagegeist und das Schreckgespenst aller kleinen Geister«; wir verspürten »eine sonderbare Ehrfurcht vor unseren vergangenen Worten und Taten, weil die Augen der anderen keine anderen Daten haben, um unsere Bahn zu berechnen, als diese, und wir sie nicht gern enttäuschen mögen«.[27] Daten. Berechnen. Dieser Text stammt von 1841, aber er klingt sehr nach dem verzweifelten Hilfeschrei vieler moderner YouTuber oder Twitch-Streamer, die fast täglich nahezu identische Videos produzieren müssen, damit wankelmütige Abonnenten sie nicht verlassen und zu einem der zahllosen neuen Nachahmer überwechseln, die der Algorithmus in der Spalte neben oder unter ihren eigenen Videos empfiehlt.

Als Lilly Singh 2018 ankündigte, eine Auszeit von YouTube zu nehmen, erklärte sie, die Plattform sei »eine Maschine, und sie lässt uns Kreative glauben, wir müssten fortwährend und sogar um den Preis unseres Lebens Content herauspumpen«.[28] Eine Maschine, mit anderen Worten, die Menschen in Maschinen verwandelt. Und Singh ist bei weitem nicht die Einzige, die ihre privaten Nöte öffentlich gemacht hat: Es gibt ein umfangreiches Subgenre von Videos bekannter Influencer, die von derartigen Zusammenbrüchen erzählen.

Meine jungen Studentinnen und Studenten brechen in schallendes Gelächter aus, wenn wir uns diese Bekenntnisse ansehen. So viel Einfühlungsvermögen sie füreinander zeigen: Für den Schmerz reicher Influencer, auch (und vor allem?) wenn diese ungefähr im selben Alter sind wie sie, haben sie nur Zynismus übrig. Für sie fallen Videos mit Titeln wie »Ausgebrannt mit 19« in dieselbe Kategorie wie die Entschuldigungsvideos, in denen ein YouTube- oder Instagram-Star übertriebene Zerknirschung an den Tag legt, nachdem er bei einem Fauxpas erwischt worden ist, zum Beispiel wenn er beim Fischessen fotografiert wurde, obwohl er seine Marke darauf aufgebaut hat, vegane Rezepte zu teilen.

Ich widerspreche vorsichtig: Weshalb sollte jemand, der eine bestimmte Anzahl Follower überschreitet, keinen echten Schmerz verspüren können? Warum behandelt man jede Emotion, die jemand im Netz zeigt, als hohle Show? Leider rotten sie sich dann immer gegen mich zusammen und erklären mir geduldig, dass Influencer im heutigen Self-Branding-Spiel in einem Authentizitäts-Wettrüsten begriffen sind, bei dem es darum geht, wer freimütiger und offenherziger ist. Sie weisen auch darauf hin, dass Influencer nach solchen für mich anrührenden Zusammenbruchsvideos fast nie aus dem hektischen Treiben und der Tretmühle des Personal Branding aussteigen. Für gewöhnlich signalisieren sie eine kurze Auszeit, auf die ein spektakulärer Neustart folgt – ein neues Projekt auf einer traditionelleren Medienplattform oder eine neue Produktlinie.

Ich verstehe den Zynismus der Studierenden, aber ich bin zu alt und zu mitfühlend, um ihn zu teilen. Mir scheint, dass beides nebeneinander existieren kann: Auf der einen Seite die psychische Belastung durch den Druck, ständig neue Widgets produzieren zu müssen, wie auch durch die Grausamkeit derjenigen, die sie in ihr Leben eingeladen haben; auf der anderen Seite die Überlegung, wie sich diese seelische Not zu Geld machen lässt. Schließlich hat man ihnen ja gesagt, dass man sich so verhalten muss, wenn man nicht unter die Räder der Aufmerksamkeitsökonomie geraten will. Und wie so oft ist es ein Teufelskreis. Wenn man sich selbst erfolgreich verdinglicht, fangen andere an zu glauben, dass man ein Ding ist, und bewerfen einen mit allen möglichen harten Gegenständen, weil sie sicher sind, dass man nicht bluten wird. Und dann muss man zu noch extremeren Formen der Selbstentblößung greifen – bis hin zum ausgewachsenen Nervenzusammenbruch im eigenen Zimmer, bei laufender Webcam. *Lasst mich doch bitte in Ruhe*, scheinen diese Influencer ihre zu Feinden gewordenen Fans anzuflehen, *ich bin verletzt – seht ihr nicht, dass ich blute?* Dabei vergessen sie, dass die Meute Blut liebt und dass es nichts Blutigeres gibt als ein performatives Trauma.

Eingestampft

Wenn die persönliche Markenbildung zum kulturellen Imperativ geworden ist, was geschieht dann, wenn unsere Marken schwächeln, scheitern oder Schiffbruch erleiden? Was wird aus dem Menschen hinter der Marke? Was für psychische Störungen folgen darauf? (»Kommt, um euch am Nektar der Zustimmung zu laben«, schreibt Richard Seymour in *The Twittering Machine*, »bleibt, um den Schauer des virtuellen Todes zu verspüren.«[29]) Ich denke dabei an einen Wendepunkt im Leben meiner Doppelgängerin, der vermutlich eine Menge mit ihren Entscheidungen in der Covid-Ära und danach zu tun hat. Denn dieser virtuelle Tod, von dem Seymour spricht – er hat sie ereilt. Und wie!

Im Mai 2019, weniger als ein Jahr vor den ersten pandemischen Lockdowns, trat Wolf in einer Sendung von BBC Radio 3 auf, um *Outrages: Sex, Censorship, and the Criminalization of Love* zu promoten, ein Buch über die Verfolgung gleichgeschlechtlicher Liebe im viktorianischen Großbritannien. Es basierte auf ihren Forschungen an der Oxford University für eine späte Doktorarbeit und war in vieler Hinsicht eine Rückkehr zu ihrer früheren Arbeit über Sexualität und Gender. Wenn ich daran denke, was dann passierte, bekomme ich stellvertretend für sie Herzklopfen.

Wolf erzählte von dem in ihren Augen offenbar brisantesten Ergebnis ihrer Recherchen: dass es nämlich bis weit ins 19. Jahrhundert hinein »mehrere Dutzend Hinrichtungen« von Männern gegeben habe, die wegen Sodomie verurteilt worden waren.[30] Ihr Beleg dafür waren Gerichtsdokumente, in denen der Ausdruck »death recorded« vorkam. Der BBC-Interviewer Matthew Sweet setzte ihr in der Live-Sendung auseinander, dass sie den Ausdruck missverstanden habe: Er bedeute nicht, dass diese Männer hingerichtet wurden, sondern dass sie zwar schuldig gesprochen, dann aber freigelassen worden waren. Überdies stellte sich heraus, dass die Anklage in einigen der von ihr angeführten Fälle nicht auf einvernehmlichen homosexuellen Geschlechtsverkehr, sondern vielmehr auf Kindesmissbrauch gelautet hatte und dass ihr mit der Gleichsetzung beider Tatbestände ein gefährlicher Irrtum unterlaufen war, indem sie schwule Männer mit Pädophilie in Verbindung gebracht hatte. Nach der Aufdeckung dieser elementaren Fehler an zentralen Stellen ihrer Doktorarbeit ließ Wolfs amerikanischer Verlag sie fallen, und das Buch wurde eingestampft. Es kommt nur sehr selten vor, dass ein Ruf in aller Öffentlichkeit so gründlich und so schmerzhaft ruiniert wird wie in diesem Fall. Als das Audio auf Twitter die Runde machte, war es, als hätte die gesamte Plattform im selben Moment an denselben grausamen Witz gedacht: Naomi Wolf hatte soeben ihr eigenes »death recorded«-Urteil bekommen.

In Universitätsseminaren, die den Studierenden eine gesunde Furcht vor schludriger wissenschaftlicher Arbeit einflößen wollten, begannen Auszüge aus *Outrages* als abschreckende Beispiele zu kursieren.[31] Publikationen wie der *Guardian*, in denen sie einst regelmäßig vertreten war, hörten – offenbar endgültig – auf, ihre Texte zu veröffentlichen. Wolf sah darin erwartungsgemäß eine Verschwörung. Im

Januar 2020 erklärte sie einer Interviewerin, der »virale Angriff«, dem sie sich nach der Aufdeckung ihrer elementaren Fehler in *Outrages* ausgesetzt sehe, sei Teil eines undurchsichtigen Versuchs, ihren Ruf zu zerstören und sie »vom Schachbrett« zu nehmen.[32] All das geschah in einer für sie sicherlich schweren Zeit – nur ein paar Monate vor dem BBC-Interview hatte sie ihren Vater verloren, den Mann, dem sie in *Treehouse* ihre tiefe Reverenz erwiesen hatte. Dieses Zusammentreffen von Ereignissen führte dazu, dass sie, als die destabilisierende Zeit der Pandemie begann, schon hochgradig destabilisiert war und nicht mehr viel zu verlieren hatte – aber sehr viel zu gewinnen, wie ich bald feststellen sollte.

Singuläre Persönlichkeitsstörung

Im Seminar meinte eine Studentin einmal, wenn jeder Mensch sich als feststehende, starre Marke definieren und schützen müsse, verliere die Menschheit einen Teil ihrer Menschlichkeit, ihrer Fähigkeit zur Veränderung und zur Entwicklung, selbst angesichts akuter ökologischer und politischer Krisen. Damit traf sie meiner Ansicht nach den entscheidenden Punkt, weil sie ein Problem aufzeigte, das ich noch nicht artikulieren konnte, als ich vor all diesen Jahren zum ersten Mal über Branding schrieb. In ihrem Essay *Wahrheit und Politik* beschrieb Hannah Arendt die Tätigkeit des Denkens als eine Form der Verdopplung, weil sie ein »Dialog zwischen mir und mir selbst« sei. Wenn wir nachdächten, käme es zu einer »Aufspaltung in zwei miteinander in einem schweigenden Dialog begriffenen Partnern« innerhalb unseres Ichs[33] – eines Ichs, das, anders als eine Marke, keine starre, singuläre Identität ist. Worüber sollte man denn sonst nachdenken – oder mit wem? Dr. Richard Schwartz, der das Modell der inneren Familiensysteme (IFS) als Therapieform entwickelt hat, behauptet sogar, dass unser Ich nicht nur aus zwei Teilen bestünde, sondern aus einer Vielzahl oder einem Mosaik oftmals widersprüchlicher Stimmen, Hoffnungen und Antriebe. Würden sie voneinander getrennt, führe das in extremen Fällen zu einem Krankheitsbild, das früher als multiple Persönlichkeitsstörung bezeichnet wurde. Meistens ist die Fähigkeit, einen inneren Dialog (oder eine Diskussion am runden Tisch) mit den verschiedenen Teilen unseres Ichs zu führen, jedoch gesund und menschlich. Arendt zufolge kommt es gerade dann zum Schlimmsten, wenn Menschen die Fähigkeit zum inneren Dialog und zur inneren Beratschlagung *verlieren* und nur noch Slogans und widersprüchliche Plattitüden nachplappern können. Also auch dann, wenn sie nicht mehr imstande sind, sich in die Sichtweise anderer hineinzudenken oder, wie sie es in *Wahrheit und Politik* formuliert hat, sich »die Standpunkte der Abwesenden [zu] vergegenwärtige[n]«.[34] In diesem Zustand buchstäblicher Gedankenlosigkeit (also in Abwesenheit eigener Gedanken) fasst der Totalitarismus Fuß. Anders ausgedrückt, wir sollten keine Angst vor den Stimmen in unserem Kopf haben – wir sollten ihre Abwesenheit fürchten.

Dies deutet auf etwas hin, was sich als die größte Gefahr in unserer Ära der zu Marken gemachten Menschen erweisen könnte. Marken sind nicht dazu gedacht, unsere Vielzahl in sich zu fassen; sie brauchen Festigkeit und Stillstand, ein einziges Ich pro Person. Menschliche Statuen. Die Art der Verdopplung, die das Branding von uns verlangt, steht im Gegensatz zur gesunden Form der Verdopplung (oder Verdrei- oder Vervierfachung) beim Denken und bei der Anpassung an sich verändernde Umstände. Das wäre in jeder Phase der Geschichte ein Problem, aber in einem Moment wie dem unseren, wo so viele kollektive Krisen gedankliche Anstrengungen, Diskussionen und Elastizität von uns fordern, steht gefühlt die ganze Zivilisation auf dem Spiel.

Zu der Zeit, als ich über meine eigene Branding-Krise nachdachte, statt mich auf die Klimakrise zu konzentrieren, kam mir oft der Gedanke, dass gewiss nicht nur ich den großen Ängsten den Rücken gekehrt und mich Obsessionen zugewandt hatte, die leichter zu bewältigen waren. Es ergibt einen gewissen makabren Sinn, dass unsere Zeit, in der das Personal Branding seinen Höhepunkt erreicht hat, gleichzeitig von einer beispiellosen Krise für unseren gemeinsamen Lebensraum geprägt ist. Diese gewaltige, komplexe planetare Krise erfordert koordinierte, kollektive Anstrengungen im internationalen Maßstab. Theoretisch mag das möglich sein, aber es ist mit Sicherheit beunruhigend. Da fällt es uns weitaus leichter, unser Ich in den Griff zu bekommen, die »Marke namens Du« – sie zu polieren und zu glätten, den richtigen Dreh zu finden und die gewünschte emotionale Wirkung zu erzielen, Krieg gegen alle Konkurrenten und Eindringlinge zu führen und ihnen das Schlimmste zu unterstellen. Im Gegensatz zu so vielem anderen, worauf wir vielleicht gern Einfluss hätten, ist die Projektionsfläche des Ichs nämlich kompakt und nah genug, dass wir das Gefühl haben, hier ein gewisses Maß an Kontrolle ausüben zu können. Obwohl auch das eine große Illusion ist, wie ich festgestellt habe.

Und so bleibt die Frage: Was bauen wir *nicht* auf, wenn wir unsere Marken aufbauen?

4

Selbstbegegnung im Wald

Eine der berühmtesten Darstellungen von Doppelgängern in der westlichen Kunst ist ein opulentes präraffaelitisches Gemälde von Dante Gabriel Rossetti. Es zeigt ein Paar in mittelalterlicher Tracht, das in einem dunklen Wald einem anderen Paar begegnet: ihrem eigenen Spiegelbild.[1] Es ist kein erfreuliches Zusammentreffen. Als der Mann seinen Doppelgänger erblickt, zieht er wutentbrannt das Schwert, während seine Begleiterin, von dem unheimlichen Anblick überwältigt, einen Ohnmachtsanfall erleidet. Das Bild trägt den Titel *How They Met Themselves.* Wie sie sich selbst begegneten.

Ich wusste auf den ersten Blick, dass dieses Gemälde beschreibt, was eine Reise in die Welt der Doppelgänger bedeutet. Als ich mich auf den Weg machte, zückte auch ich mein metaphorisches Schwert, bereit, den Kampf aufzunehmen und diejenige Naomi zu sein, die ihn übersteht. Jetzt, in diesem Wald voller Schatten, sehe ich mich nicht mit ihr konfrontiert, sondern mit mir selbst und mit der unbequemen Wahrheit, dass mir das Bild, das ich in die Welt projiziere, immer noch viel zu wichtig ist; dass ich, wenn ich es mit der Ablehnung des Personal Branding ernst meine, noch eine Menge Arbeit vor mir habe.

Kleine Namen, große Ideen

Eine Autorin und Theoretikerin, die viel über die Spannung zwischen einem übergroßen, individuellen Ich und den Anforderungen an kollektives Handeln nachdachte, war bell hooks. »Menschen mit einem gesunden Selbstwertgefühl haben es nicht nötig, simulierte Identitäten zu erschaffen«, schrieb sie.[2] In meinem »Corporate Self«-Seminar befassen wir uns mit hooks und ihrem Bemühen, Personal-Branding- und Celebrity-Aktivismus zu unterwandern, lange bevor diese Konzepte den Mainstream erreichten. Ihr bürgerlicher Name war Gloria Jean Watkins, aber sie schrieb unter dem Namen ihrer Urgroßmutter bell hooks, um deren Andenken zu ehren, aber auch, um ihre eigene Alltagsidentität von ihrer Identität als Autorin zu trennen. »In meinem alltäglichen Leben laufe ich als die ganz normale Gloria Jean herum«, sagte sie 2015 der *New York Times*.[3] Ihr Pseudonym schrieb sie bekanntlich in Kleinbuchstaben – nicht, um sich klein zu machen, sondern um zu betonen, dass es um den »Inhalt von Büchern geht und nicht darum, wer ich bin«.[4]

Das mag überraschen in einer Zeit, da das höchste Lob darin besteht, zur Ikone erklärt zu werden. Aber der Name bell hooks – die öffentliche Person oder die Vorstellung in den Köpfen der Leute – sollte die Ideen von bell hooks nicht in den Hintergrund drängen. Sie erkannte, dass es eine unvermeidliche Spannung gibt zwischen dem, was man mit einem Namen verbindet – seine relative Bedeutung in der Welt – und der Fähigkeit von Worten, Menschen zu erreichen und zu überzeugen. Die Kluft, die sich zwischen der Autorin und ihren Lesern auftun kann, versuchte hooks zu schließen. Natürlich wurde auch dieser Name zu einer Marke, wie alles in unserer kapitalistischen Kultur. Aber das scheint nicht ihr Kalkül gewesen zu sein. Im Gegenteil: Ihre Arbeit, ihre Ideen bedeuteten ihr zu viel, um sie mit dem Gewicht eines Namens zu belasten.

Sie schrieb auch über die Identitätslabel, die sich viele von uns angeheftet haben. Als politische Theoretikerin glaubte hooks fest an die Macht von Benennungssystemen. Ihre immer wiederkehrende Formel zur Definition dessen, was wir bekämpfen, war »das weiße suprematistische kapitalistische Patriarchat«.[5] Weitaus ambivalenter war ihre Haltung gegenüber dem Impuls, uns Identitätsmerkmale zuzuordnen, uns als *dieses* oder *jenes* zu bezeichnen. In ihrem bahnbrechenden

Buch *Feminist Theory: From Margin to Center* von 1984 riet hooks ihren Leserinnen, »die Formulierung ›Ich bin eine Feministin‹ zu vermeiden« und stattdessen lieber zu sagen: »Ich befürworte den Feminismus.« Im Gegensatz zu dem »Ich bin«-Label, das ein vorgefertigtes Bild dessen reaktiviert, was und wer eine Feministin ist, sei letztere Formulierung viel eher geeignet, in ein Gespräch darüber zu kommen, welche konkreten Veränderungen der Feminismus zu erreichen sucht. Dann würden wir »nicht in das dualistische Entweder-oder-Denken verfallen, das die zentrale ideologische Komponente aller Herrschaftssysteme westlicher Gesellschaften ist«.[6]

Die erneute Lektüre von hooks' Buch im Kontext meines eigenen dualistischen Kampfes war erhellend und beschämte mich mehr als nur ein bisschen. Im intellektuellen und aktivistischen Leben geht es heute viel zu oft darum, das Verdienst für etwas zu beanspruchen. Ich tue es; ich habe es in diesem Buch mehrfach getan: Ich habe das geschrieben. Ich habe jenes gesagt. Das ist meine Formulierung. Mein Schlagwort. Mein Hashtag. Ich war entsetzt, als mir zum ersten Mal auffiel, dass ein Kollege sich selbst zitierte, indem er Formulierungen aus einem seiner früheren Artikel in eine Kolumne einfügte: »wie ich hier [Link] und hier [Link] geschrieben habe.« Warum hat er sich selbst zitiert? Wir zitieren, um die Stimmen anderer einzubeziehen, um den Rahmen zu erweitern, nicht um ihn noch mehr einzuengen. Doch Selbstzitate gibt es heute ständig: »Wie ich hier geschrieben habe« … »Siehe meinen vorherigen Tweet« … »Ich bringe das nur auf den neuesten Stand.« Viele von uns glauben, dass uns gar nichts anderes übrigbleibt, weil wir in einem tosenden Fluss von Stimmen gefangen sind, der alles, was gesagt wurde, mit sich fortreißt. Wenn wir die Leute nicht an das erinnern, was wir gesagt und getan haben, werden wir bald mit all dem anderen kulturellen Schutt flussabwärts ins Meer gespült, das ist unsere Sorge.

2014 gründete hooks, die unsere Neigung zur Amnesie kennt, in Berea, Kentucky, das bell hooks Institute, das ihrem Werk, ihren Ideen und Dingen aus ihrem Leben gewidmet ist. Zur Erklärung sagte sie, ihre Schwester sei vor Kurzem gestorben, und das habe sie zum Nachdenken über ihr eigenes Vermächtnis gebracht. Sie habe sich gefragt, »was passiert, wenn wir nicht für uns selbst Sorge tragen, wenn wir uns nicht richtig wertschätzen«. Sie befürchtete, das Schicksal vieler anderer Schwarzer Schriftstellerinnen und Schriftsteller zu erleiden, deren Beiträge für die Geschichte verloren sind. Sie hatte gehofft, scherzte sie, dass »da draußen vielleicht jemand ist, der bell hooks so sehr mag, dass er sich darum kümmert, ihre Sachen zu bewahren, aber es hat sich niemand gemeldet«.[7] Und so gründete sie das Institut; nicht um ihrem Ego ein Denkmal zu errichten, sondern um ihre Ideen am Leben zu erhalten. Denn ihre Ideen – über Liebe als treibende Kraft des politischen Handelns, über die Notwendigkeit, fest verzahnte Herrschaftssysteme aufzubrechen – sind wichtig. Und bell hooks ist wichtig, nicht die Marke, sondern der Mensch, der all das geleistet hat; der in neunundsechzig Lebensjahren mehr als dreißig Bücher geschrieben und das Leben unzähliger Menschen zum Besseren verändert hat. Das war es wert, bewahrt und gegen den Strom des Vergessens geschützt zu werden.

Marken mögen eitel und zerstörerisch sein, Ideen sind es nicht. Ideen sind Werkzeuge der Transformation, der persönlichen und der kollektiven. Deshalb beunruhigt es mich, wenn Wolfs Übertreibungen, Spekulationen und haltlose Behauptungen mit der Schock-Strategie in einen Topf geworfen werden – nicht, weil die Schock-Strategie eine Marke ist, die geschützt werden muss, sondern weil sie ein sprachliches Rüstzeug bereitstellt, um sich in verwirrenden Krisenzeiten gegen Profitgier und Angriffe auf die Demokratie zu verteidigen. Wenn dieses Konzept durch die Assoziation mit wirren Verschwörungserzählungen über globale Cliquen entstellt wird, kann es seine Funktion sehr viel schwerer erfüllen. Alles wird durcheinandergewirbelt und ad absurdum geführt (»zu lächerlich, um es ernst zu nehmen, und zu ernst, um lächerlich zu sein«).[8]

Auch den Grundgedanken der feministischen Bewegung, dass jede Person das Recht hat, selbst zu entscheiden, mit wem sie Sex haben oder ob sie ein Kind austragen will, hat Wolf verzerrt. Sie hat ihn benutzt, um Covid-Tests und die Impfpflicht als Verletzung der »körperlichen Unversehrtheit« zu deklarieren und damit auf eine Stufe mit vaginalen Zwangsuntersuchungen zu stellen, denen sich Frauen unterziehen mussten. All dies betrachtete Wolf als Beispiele dafür, wie »der Staat gegen den Willen der Betroffenen in ihren Körper eindringt«.[9] Diese Sprache befriedigt ein kulturelles Bedürfnis, das eng mit der sozialen Währung der Viktimisierung zusammenhängt – ein Thema, auf das ich später zurückkommen werde. Hier geht es um die Gefahren des Missbrauchs solcher Begriffe: Sie werden dadurch ihrer intendierten Bedeutung, ihrer Lesbarkeit und ihrer Kraft beraubt.

Vor allem aber haben Wolf und ihre Mitstreiterinnen und Mitstreiter über Jahre hinweg die Bedeutung des Kampfes gegen Autoritarismus, Faschismus und Völkermord – die größten Menschheitsverbrechen – entwertet. Wo wir doch gerade heute ein starkes antifaschistisches Bündnis brauchen, nicht zuletzt, um uns gegen die unerbittliche Scharfmacherei, die Desinformation und die Ressentiments zu wehren, die sie gesät haben. Marken zu verwässern und zu beschädigen ist eine triviale Angelegenheit, diese Verbrechen sind es nicht, und deshalb ist die Fähigkeit, sie als solche zu benennen, von solcher Wichtigkeit.

Was tun wir, wenn bedeutsame Ideen und Konzepte in dieser Weise verzerrt werden, wenn das Absurde die Oberhand zu gewinnen droht und eine ernsthafte Diskussion unmöglich wird? Was tun wir, wenn fratzenhafte Doppelgänger und Hochstapler uns zu umzingeln scheinen? Als ich bei der Suche nach einer Antwort auf diese Fragen den filmischen Kanon zum Thema Doppelgänger durchforstete, landete ich eines Abends bei Charlie Chaplins kühner Satire über den Aufstieg Hitlers, *Der große Diktator*.[10] Am Ende des Films verkleidet sich der verfolgte jüdische Friseur (von Chaplin gespielt) als hitleresker Diktator (gleichfalls von Chaplin gespielt), gelangt unerkannt hinter die feindlichen Linien und hält vor den faschistischen Massen eine der größten antifaschistischen Reden aller Zeiten.

Obwohl der Film schon im Jahr 1940 herauskam, ist Chaplins Botschaft aktuell wie eh und je: Wenn du mit einem Doppelgänger konfrontiert bist, der dich und deine Welt zu vernichten droht, hilft es dir nichts, auf Distanz zu gehen. Du musst den Spieß umdrehen und sein Imitator, sein Schatten werden.

Mit diesem Argument habe ich es jedenfalls vor mir gerechtfertigt, dass ich mir so oft Steve Bannon angehört habe.

TEIL ZWEI

Spiegelwelt

(Projektion)

»Na und? Glauben Sie etwa, es würde unsere Kräfte übersteigen,
ein duales System der Astronomie zu schaffen? …
Haben Sie Doppeldenk vergessen?«
O'Brien in George Orwell, *1984*

5

Wenn die wüssten, was Handys können

Um das Verhalten meiner Doppelgängerin während der ersten zwei Jahre der Covid-19-Pandemie halbwegs systematisch zu erfassen, fand ich es hilfreich, diesen Zeitraum in zwei Phasen zu unterteilen: vor Bannon und nach Bannon.

Vor Bannon war für die Andere Naomi eine schwierige und chaotische Zeit. Sie twitterte und streamte mit beängstigender Unerbittlichkeit, doch ihre Beschwerden waren beliebig und diffus. Sie schrieb, Kinder hätten durch das erzwungene Tragen von Masken den Reflex zu lächeln verloren.[1] Als Beleg dienten ihr Kinder, die sie zufällig beobachtet hatte, vielleicht nur in einem schwierigen Moment. Sie behauptete, sie habe zwei Apple-Mitarbeiter in einem Restaurant in Manhattan über »Nanopartikel in Impfstoffen« sprechen hören, »mit denen man in der Zeit rückwärts reisen kann«.[2] (Offenbar hielt sie ein Gespräch über die »Time Travel«-Funktion der Apple Watch für einen konspirativen Austausch über eine echte Zeitmaschine.) Nicht zu vergessen ihre erstaunliche Forderung, die Fäkalien von Geimpften im Abwasser zu trennen.[3] Oder wie sie sich über Impfstoff-»Shedding« und Unfruchtbarkeit ereiferte.

Es muss eine schlimme Zeit für sie gewesen sein. Ihre Accounts in den sozialen Medien wurden wiederholt gesperrt, weil sie die Richtlinien gegen medizinische Falschinformationen missachtet hatte. Im Netz wurde sie beschimpft und mit Häme übergossen (wovon ich selbst ein Lied singen kann). Wie sie selbst via Twitter mitteilte, schickten Freunde ihr Textnachrichten mit nur einem Wort: »Stopp.« In Publikationen, die sie einst ernst genommen hatten, erschienen jetzt Artikel, die ihre früheren Arbeiten kritisch betrachteten und fragten, was mit Naomi Wolf los sei.[4] Sie machte trotzdem weiter und versprühte im Internet ein beständiges Aerosol ihrer bizarren Theorien.

Ein besonders bitterer Moment kam, als sie auf einen Scherz in den sozialen Medien hereinfiel und das Foto eines »Arztes« teilte, der in einem beigefügten Zitat die Impfkampagne in Frage stellte. In Wahrheit handelte es sich nicht um einen Arzt, sondern um einen bekannten Pornostar im OP-Kittel und mit einem Stethoskop um den Hals, ein von Ken Klippenstein *(The Intercept)* inszenierter Scherz. Der Tweet, der den Fake enthüllte, erhielt 71 000 Likes.

Im März 2021, ein Jahr nach Ausrufung der globalen Pandemie, wendete sich für Wolf das Blatt, und es begann die Nach-Bannon-Ära. Jetzt änderte und schärfte Wolf ihre Covid-Botschaft; sie konzentrierte sich auf die Ängste vor der Einführung sogenannter Impfpässe. Die Idee, im internationalen Reiseverkehr Impfpässe zu nutzen, war schon Monate zuvor in einem Video des Davoser Weltwirtschaftsforums im Rahmen seiner Great-Reset-Kampagne vorgestellt worden, des Konzepts eines Großen Neustarts nach dem Ende der Covid-19-Pandemie.[5] Israel nutzte bereits digitale Corona-Impfpässe, um den Zugang zu Veranstaltungen in geschlossenen Räumen zu kontrollieren, und auch die britische Regierung fasste diese Maßnahme ins Auge. Wolf prophezeite, Nordamerika sei als Nächstes dran (eine sichere Wette), und behauptete, damit nähere sich die Welt einer »Klippe« für die menschliche Freiheit, von der es kein Zurück gebe.[6] Diese Botschaft verbreitete sie in zahlreichen rechten Nachrichtenprogrammen, zum Beispiel in der damals quotenstärksten (und mittlerweile abgesetzten) Kabelnachrichtensendung der Vereinigten Staaten: *Tucker Carlson Tonight* mit täglich durchschnittlich drei Millionen Zuschauern. Der Moderator, dafür bekannt, dass er autoritäre Politiker wie den ungarischen Ministerpräsidenten Viktor Orbán hofierte und unter Rückgriff auf die sogenannte Great-Replacement-Theorie (die Theorie eines Großen Bevölkerungsaustauschs) Gewalt gegen Migranten schürte,[7] begeisterte sich für Wolf und ihre effekthascherische Botschaft. Sie kommt am besten in der Headline eines ihrer erfolgreichsten selbstproduzierten Videos zum Ausdruck, das allein auf YouTube mehr als 180 000 mal aufgerufen wurde: »Dr. Naomi Wolf zum Thema ›Warum Impfpässe gleichbedeutend sind mit Sklaverei für immer‹.«

Vor extremer Rhetorik schreckt meine Doppelgängerin nur selten zurück. Seit 2007 hat sie immer wieder Staatsstreiche in den Vereinigten Staaten prophezeit und gewarnt, das Land würde in den »Faschismus« kippen. Obama habe »Dinge getan, die auch Hitler getan hat«.[8] Diese Maßlosigkeit wird immer dann zum Problem, wenn Wolf wieder einmal Alarm zu schlagen versucht: Welche Worte sind kraftvoll genug, um die Leute davon zu überzeugen, dass es diesmal ums Ganze geht? Ich kann das nachvollziehen: Ich habe mehr als zweitausend Seiten zur Klimakrise veröffentlicht und bin permanent auf der Suche nach neuen Wegen, um auszudrücken, dass wir das Gefüge zerstören, das menschliches und nicht menschliches Leben ermöglicht – mit dem Unterschied, dass es sich dabei um ein Faktum handelt.

Bei den Impfpässen fand Wolf neue Waffen der Eskalation. Die Pässe seien »eine tyrannische totalitäre Plattform« und »das gefährlichste Werkzeug, mit dem die Menschheit bisher konfrontiert war«. Sie schrieb: »Die Leute, die über diese Daten verfügen, werden die Welt beherrschen.«[9]

In dem »Sklaverei für immer«-Video, in Tucker Carlsons Show und in Steve Hiltons Fox-News-Programm *The Next Revolution*, die alle im Abstand von wenigen Tagen aufgezeichnet wurden, legte Wolf ihre Sicht dar. Sie erklärte, Impf-Apps, die einige Regierungen fälschlicherweise als »Pässe« bezeichneten, seien nicht das, was sie zu sein vorgaben. In ihrer »bisher ernstesten Warnung« erklärte Wolf, die Apps seien in Wirklichkeit nur ein Vorwand, um ein »Sozialkreditsystem nach Art der KP Chinas« einzuführen[10] – eine Anspielung auf Chinas allgegenwärtiges Überwachungssystem, mit dem die Bürger nach ihrem erwünschten »aufrichtigen« und loyalen Verhalten bewertet werden: eine gruselige Hierarchie, die alles bestimmen kann, vom Zugang zu Schulen bis zur Kreditwürdigkeit. Dieses System ermöglicht es,

Dissidenten aufzuspüren und zu verhaften und Meinungsäußerungen, die die regierende Partei in ein kritisches Licht rücken, schonungslos zu zensieren. Der digitale Impfpass sei genau dasselbe, sagte Wolf: ein System, das »eine Milliarde Menschen versklavt«.[11]

Der QR-Code mit dem Impfstatus, der für den Zugang zu Restaurants, Theatern und dergleichen eingescannt werden soll, liefere den Gesundheitsbehörden nicht nur Daten über die Anwesenheit einer Person in diesen Räumen. Sie gäben einem »tyrannischen« Staat jetzt auch Auskunft darüber, mit wem man sich trifft und worüber man spricht[12] – nicht nur in den Restaurants, wo der Code gescannt werde, sondern auch im eigenen Wohnzimmer, wie sie kühn behauptete: »Wenn Sie über die Organisation eines Protests sprechen, über einen Meinungskommentar, den Sie schreiben wollen, oder über die Mobilisierung von Unterstützung für einen Abgeordneten bei der Verabschiedung einer Gesetzesvorlage, die dieses System eindämmen will, wird die Plattform es wissen.«[13] In Israel, sagte sie, hätten die Pässe bereits eine »Zweiklassengesellschaft« mit »zweitrangigen Bürgern« geschaffen.[14] Damit meinte sie nicht die Palästinenser, die schon seit langem Bürger zweiter Klasse sind, sondern israelische Juden, die sich nicht impfen lassen wollen. Wenn man solche Apps in den Vereinigten Staaten einführen würde, warnte sie, würden Leute, die die Impfung verweigerten oder in anderer Weise »Dissidenten« seien, »für den Rest ihres Lebens in die Kategorie zweiter Klasse fallen. Und ihre Familien gleichfalls.«[15]

Zuvor hatte Wolf die Impfstoffe selbst als ein gravierendes Gesundheitsrisiko bezeichnet. Das tat sie jetzt erneut, indem sie ohne irgendeinen Beleg behauptete, die Impfungen seien eine gezielt gegen den Westen eingesetzte chinesische »Biowaffe«.[16] In den Fox-News-Beiträgen hingegen erklärte sie, der Covid-Impfstoff sei nebensächlich. Hilton gegenüber sagte sie:

> Es geht nicht um den Impfstoff, es geht nicht um das Virus, es geht um Ihre Daten … Die Leute müssen verstehen, dass alle möglichen anderen Funktionen völlig problemlos auf diese Plattform geladen werden können. Das bedeutet, dass sie mit Ihren PayPal-Kon-

> ten und Ihren digitalen Zahlungsmitteln verknüpft werden kann. Microsoft spricht bereits über die Verknüpfung mit Zahlungsplänen, die Plattform kann auf Ihre Netzwerke zugreifen, Sie selbst können überall geolokalisiert werden. Ihre Kredithistorie, Ihre komplette Krankengeschichte kann abgerufen werden.[17]

In dem Video »Sklaverei für immer« behauptete sie, dass »die Maschine auswertet, was Sie in den sozialen Medien äußern. Wenn Sie zu konservativ oder zu liberal waren … teilt die Maschine dies PayPal mit, und PayPal sperrt Ihre Kreditkarte oder setzt bei deren Verwendung die Zinsen herauf«.[18] Die App, fuhr sie fort, könne sogar unsere Suchverläufe im Internet tracken.[19] Und wenn man etwas falsch mache, besitze sie »die Macht, Ihr Leben abzuschalten«.[20]

Und um die Ängste der Zuschauer noch weiter zu schüren, verwies sie auf den Computerkonzern IBM, der dem Bundesstaat New York Datenunterstützung bereitgestellt habe, um diesem Ziel näher zu kommen, und griff dazu ein Detail der Konzerngeschichte heraus. »IBM hat auf erschreckende Weise mit Nazideutschland kooperiert«, sagte sie zu Hilton. »Eine Tochtergesellschaft hat mit Lochkarten den Vorläufer [eines solchen digitalisierten Systems] geschaffen. Mit Hilfe dieser Lochkarten führten die Nazis Listen von Ariern und Juden – gleichfalls eine Zweiklassengesellschaft –, um Juden, Dissidenten und Oppositionelle sehr, sehr schnell verhaften zu können. Das ist eine Katastrophe, so etwas darf sich nicht wiederholen.«[21] Aber wie, so lautet die berechtigte Frage, könnte diese grauenvolle Dystopie mit einer einzigen Impf-App in die Wege geleitet werden? Ganz einfach, erklärte Wolf, es genüge »eine geringfügige Veränderung im Back End«.[22]

Um es noch einmal klar und deutlich zu sagen: Das ist nicht wahr. Das Scannen eines QR-Codes für den Einlass in ein Restaurant oder ein Stadion ermöglicht es der Regierung nicht gleichzeitig, die Gespräche abzuhören, die dort geführt werden, wie Wolf behauptet. Wenn der QR-Code – wie meistens – nicht gescannt wird, besitzt er auch nicht die Macht, jemanden zu »geolokalisieren«;[23] man kann mit ihm auch niemanden in seiner Wohnung aufspüren. Der QR-Code kennt weder die Suchverläufe der Nutzer, noch ist er mit PayPal verknüpft oder kann Ihr Leben an- und abschalten. Der QR-Code ist kein Sozialkreditsystem, und er hat nichts mit dem zu tun, was IBM in Nazideutschland getan hat. Er stellt lediglich fest, ob jemand geimpft ist oder nicht, und keine »geringfügige Veränderung im Back End« ändert etwas daran. Um sicherzugehen, dass ich in diesen Dingen nicht doch zu vertrauensselig war, wandte ich mich an die Electronic Frontier Foundation (EFF), die führende Organisation zum Schutz der digitalen Privatsphäre und der bürgerlichen Freiheiten im Internet, um mich zu vergewissern. Alexis Hancock, Leiter der technischen Abteilung und Experte für Impfpässe bei der EFF, legte mir in einer E-Mail dar, dass »die Technologie selbst keine Signale bezüglich Ihres Standorts an die staatlichen Behörden sendet« und dass die Behauptung, die App höre mit, »wirklich abwegig ist«.[24]

In Westaustralien gab es einige Fälle, bei denen die Polizei im Rahmen von Ermittlungen zu Gewaltverbrechen auf Daten aus Impf-App-Scans zugriff.[25] Die Regierung erließ umgehend ein Gesetz, um diese Art der Nutzung zu unterbinden und deutlich zu machen, dass die App kein Instrument der Verbrechensaufklärung ist. Aber das Auffällige an diesem kurzen Moment des freien Falls während Wolfs Achterbahnfahrt war, dass es bei dem, was sie auf Fox beschrieb, eigentlich gar nicht um einen Impfpass ging. Vielmehr ging es um das wachsende Gefühl, allgegenwärtigen Technologien ausgeliefert zu sein, die von undurchsichtigen Algorithmen gesteuert werden und deren oft willkürliche, folgenschwere Entscheidungen außerhalb des Geltungsbereichs bestehender Gesetze liegen. So gesehen kann es nicht überraschen, dass Wolfs Alarmgeschrei bei Leuten Anklang fand, die zufällig auf ihre Videos stießen. Die dort präsentierten angeblichen Fakten waren größtenteils reine Phantasie, aber Wolf gab den Leuten das, was sie wollten und brauchten: einen Kondensationskern für ihre Ängste vor digitaler Überwachung und ihre Empörung darüber.

Die nicht beschrittenen Wege

Wir können berechtigte Debatten über die Entscheidung von Regierungen führen, die Hauptlast der Kontrolle eines sich immer weiter ausbreitenden Virus auf Impfstoffe und Smartphone-Apps abzuwälzen, statt beispielsweise die Maskenpflicht in Innenräumen beizubehalten und mehr in das öffentliche Gesundheitssystem zu investieren: etwa indem mehr Pflegepersonal eingestellt und besser bezahlt wird, um die Überfüllung von Krankenhäusern zu verhindern. Ganz zu schweigen von der Bereitstellung kostenloser Schnelltests für zu Hause, angemessener Schutzkleidung am Arbeitsplatz und, ganz wichtig, ausreichend Krankenurlaub für alle Beschäftigten, damit niemand mit einer akuten Infektion zur Arbeit erscheinen muss. In der Anfangsphase der Pandemie hätte man auf kommunaler Ebene auch mehr in die Nachverfolgung von Kontaktpersonen investieren können, wodurch in vernachlässigten Regionen zudem Arbeitsplätze entstanden wären. Auch hätte man in öffentlichen Räumen, einschließlich der Schulen, hochwertige Luftfilter einbauen und mehr Lehrer und Hilfskräfte einstellen können, um die Klassen zu verkleinern – Maßnahmen, die nachweislich die Ausbreitung des Virus eindämmen und weitere Vorteile für Schüler und Lehrkräfte haben. Dies sind nur einige Möglichkeiten zur Stärkung der überlasteten sozialen Dienste und Sicherheitsnetze, damit wir mit dem Virus in unserer Mitte alle stressfreier, glücklicher und erfüllter leben können.

Im April 2022 beschrieb Beatrice Adler-Bolton, eine Anwältin für Behindertengerechtigkeit, wie ein solcher Ansatz in den Vereinigten Staaten hätte aussehen können:

> Wir dürfen uns nicht allein auf die pharmazeutische Technologie verlassen. Wir müssen auch alle sozialen, wirtschaftlichen und politischen Technologien nutzen, die uns zur Verfügung stehen – sie sind weitere Instrumente neben Impfstoffen und virushemmenden Medikamenten. Hierzu zählen Social Distancing, Masken, bezahlter Urlaub, Schutz vor Zwangsräumung, kommunale Hilfsprogramme

> für Drogenabhängige, bessere Belüftungssysteme, Investitionen in die Infrastruktur, eine staatliche Krankenversicherung für alle, Schuldenerlass, Reduzierung der Häftlingszahlen in den Gefängnissen und vieles mehr. Dies sind nur einige der potenziellen sozialen und finanzpolitischen Instrumente, die wir einsetzen könnten, um den Menschen zu helfen, die Pandemie nicht nur zu überleben, sondern sich *trotz der Pandemie* zu entwickeln und zu entfalten.[26]

Bedauerlicherweise gab es nie eine Massenmobilisierung zur Umsetzung einer so ehrgeizigen Agenda, weshalb sich Regierungen selten in der Pflicht sahen, sie ernsthaft in Erwägung zu ziehen. Stattdessen entschieden sie sich für den einfacheren (und großspenderfreundlichen) Weg und setzten auf Impfstoffe und digitale Impfnachweise, die in Nordamerika und Europa die Hauptlast der Virusbekämpfung trugen. Wie so vieles in unserer Kultur, angefangen mit der Ausbeutung von Arbeitskräften bis zum Klimakollaps, wurde die Bürde der Pandemiebekämpfung vom Kollektiv auf den Einzelnen verlagert, um möglichst schnell zum Business as usual zurückkehren zu können: »Sind Sie geimpft?« »Zeigen Sie uns den Nachweis.« Weniger oft haben wir die Arbeitgeber gefragt, ob sie für die Sicherheit am Arbeitsplatz gesorgt haben, oder die Regierungen, ob sie ein sicheres Lernumfeld oder sichere Verkehrssysteme geschaffen haben.

Die bei weitem wichtigste Maßnahme, die reiche Staaten hätten ergreifen können, um die Ausbreitung neuer Varianten zu verhindern, wäre die kostenlose Bereitstellung von Impfstoffen für die gesamte Weltbevölkerung gewesen, und zwar gleichzeitig mit dem Beginn der Impfkampagne in ihren eigenen Ländern; eine Aussetzung der Patentrechte von Pharmakonzernen wäre mehr als gerechtfertigt gewesen, da die Entwicklung und Bereitstellung der Impfstoffe massiv mit öffentlichen Geldern unterstützt worden war. Und der Preis für diese Vakzine wäre relativ gering gewesen: Der Chefökonom der Organisation für wirtschaftliche Zusammenarbeit und Entwicklung (OECD) schätzte, dass die gesamte Weltbevölkerung für 50 Milliarden Dollar hätte geimpft werden können,[27] nur ein klein wenig mehr, als Elon Musk dafür bezahlte, Twitter zu seinem persönlichen Spielzeug zu machen. Aber dazu wäre der Verzicht auf den Schutz geistiger Eigentumsrechte innerhalb der Welthandelsorganisation notwendig gewesen. Das hätte die Aufhebung der Patente erleichtert, dank deren die Impfstoffe für eine Handvoll Pharmaunternehmen wie eine Lizenz zum Gelddrucken waren. So verdiente im Jahr 2021 allein Pfizer mit dem Covid-Impfstoff 37 Milliarden Dollar.[28] Am Ende des Jahres, als Länder wie meines bereits die dritte Impfung verabreichten, hatten nur 7,5 Prozent der Afrikaner ihre erste Impfung erhalten.[29]

Patrick Wilcken, Leiter der Abteilung Wirtschaft und Menschenrechte bei Amnesty International, bezeichnete das Horten von Impfstoffen und die Profitgier als »ein Versagen katastrophalen Ausmaßes« und fügte hinzu: »Der anscheinend unstillbare Profithunger großer Pharmaunternehmen wie Pfizer befeuert eine beispiellose Menschenrechtskrise. Wenn nicht dagegen vorgegangen wird, steht auch in Zukunft das Recht auf Leben und Gesundheit von Milliarden Menschen weltweit auf dem Spiel«.[30]

Und da Viren mutieren und nicht vor Grenzen haltmachen, war dies auch außerordentlich unklug. Wie Kate O'Brien, Direktorin der WHO-Abteilung für Impfstoffe, mit Blick auf den Impfstoff-Nationalismus richtig vorhersagte: »Es wird nicht funktionieren. Aus epidemiologischer Sicht wird es nicht funktionieren und unter dem Aspekt einer Reduzierung der Ansteckungsgefahr auch nicht, wenn wir nicht wirklich alle Länder mit Impfstoff versorgen.«[31] (Wie Doppelgänger lehren, geht es selten gut aus, das zu trennen, was von Natur aus zusammengehört.)

Dass die reichen Länder bei ihrer Strategie zur Virusbekämpfung hauptsächlich auf Impfungen und digitale Impfpässe setzten, verursachte auch dort soziale Kosten. Für den Zugang zu Räumen und Dienstleistungen brauchte man ein Smartphone und einen QR-Code, was die Marginalisierung all jener verstärkte, denen solche Instrumente nicht zur Verfügung standen, wie zum Beispiel Wohnungslose und andere vulnerable Gruppen. Der Autor Steven W. Thrasher bezeichnet diese Gruppen als eine »virale Unterschicht«,[32] die in Pandemie-Zeiten als irrelevant angesehen wird.

Diese schwierigen und wichtigen Debatten müssen wir führen. Wir müssen uns aber auch mit der brutalen Geschichte auseinandersetzen, die das Misstrauen vieler Schwarzer, Indigener, Puertoricaner und Behinderter gegenüber staatlich verordneten Gesundheitsprogrammen begründet. Sie bilden nur einige der Gruppen, die im vergangenen Jahrhundert von Programmen zur Zwangssterilisation und geheimen medizinischen Experimenten betroffen waren. Zu den berüchtigtsten gehörte die in den 1930er Jahren begonnene Tuskegee-Studie, bei der Hunderten von Schwarzen Männern in Alabama statt einer wirksamen Therapie gegen Syphilis Placebos verabreicht wurden, was zahlreiche Todesfälle zur Folge hatte. Wie andere reale Verschwörungen wurde dieses grausame und unethische Experiment jahrzehntelang vertuscht; Stimmen, die Alarm schlugen, wurden abgetan.

Die Aufarbeitung dieser Ereignisse ist längst überfällig. Dass sie nicht erfolgte, ist der Grund für die Skepsis, die den Gesundheitsbehörden bei ihren Bemühungen, Covid in marginalisierten Gemeinschaften zu bekämpfen, so oft entgegenschlug. Diese Dynamik machte solche Communitys auch besonders empfänglich für Desinformationen, wie sie meine Doppelgängerin auf Fox verbreitete, als sie behauptete, Impf-Apps seien dasselbe wie die Kooperation von IBM mit der Vernichtungsmaschinerie der Nazis.[33]

Wie man Tech-Ängste anzapft

In dieser Zeit fiel mir an meiner Doppelgängerin noch etwas Neues auf. Als sie die Impf-Apps ins Zentrum ihrer düsteren Warnungen stellte, entwarf sie ein Bild von sich selbst und ihrer Expertise, das ihr in dieser Debatte Autorität verleihen sollte. Dreißig Jahre lang hatte sich Naomi Wolf als Autorin und ehemalige politische Beraterin bezeichnet. Das tut sie immer noch. Doch als sie in Carlsons Sendung und in anderen solchen Shows aufzutreten begann, leitete sie ihre Bemerkungen über die Impf-Apps mit einem Satz ein, den ich noch nie zuvor von ihr gehört hatte: »Ich spreche als Tech-CEO« und »Ich bin die CEO eines Technologieunternehmens.«[34]

Bin ich das? Ich meine: Ist sie das?

Mit dieser überraschenden Behauptung bezog sie sich auf DailyClout, eine damals unbekannte, wenig besuchte Website, auf der die Blogs und Videos meiner Doppelgängerin zu finden waren und die den fragwürdigen Anspruch erhob, eine bedeutende technologische Neuerung zu sein, weil hier Gesetzentwürfe online gestellt und damit leichter zugänglich gemacht wurden. (Dass Gesetzentwürfe der US-Regierung auf kostenlosen Websites wie GovTrack.us online öffentlich zugänglich sind, spielte keine Rolle.) Bevor Wolf auf Fox bekannt wurde, verzeichnete die Website – die behauptete, aus ganz normalen Leuten Lobbyisten zu machen – im Durchschnitt nur ein paar tausend Besucher monatlich; in einem Monat wurden gerade einmal dreizehn gezählt.[35]

Und mir fielen weitere Veränderungen an dieser neuen, Fox-kompatiblen Tech-CEO-Inkarnation meiner Doppelgängerin auf. Seit *The End of America* nennt Wolf oft ihren Patriotismus als Grund dafür, dass sie sich gegen Einschränkungen der bürgerlichen Freiheiten zur Wehr setzt. (»Die Gründerväter haben die Freiheit nicht für Amerika geschaffen, sondern Amerika für die Freiheit«, war ein typischer Satz.)[36] Ihre Impfpass-Botschaften jedoch hatten einen ungleich nationalistischeren und kapitalismusfreundlicheren Tenor als alles, was ich bis dahin von ihr gesehen hatte. Sie zeichnete das Bild einer Welt, in der die Covid-Gesundheitsmaßnahmen die Frontlinie eines Kulturkriegs zwischen Ost und West bildeten. Immer wieder beschwor sie die Kommunistische Partei Chinas (KPCh) – in ihrem fünfzehnminütigen »Sklaverei für immer«-Video erwähnte sie »die KPCh« fünfmal, genauso oft wie »den Westen«.[37]

»Wenn dieser Plan wie vorgesehen umgesetzt wird, bedeutet dies buchstäblich das Ende der Freiheit im Westen«, sagte sie im März 2021 zu Steve Hilton.[38] Wenn die Pässe Wirklichkeit würden, so prophezeite sie in ihrem eigenen Video, sei dies »das Ende des Kapitalismus«.[39]

Schon jetzt, fuhr sie fort, betrieben die Techunternehmen (mit ihrem Vorgehen gegen Falschinformationen) und die Regierung (mit ihren Covid-Maßnahmen) eine »KPCh-typische Konditionierung … die uns daran gewöhnt, nicht mehr Teil des Westens zu sein«.[40] Bei all den Covid-Maßnahmen gehe es letztlich darum, »den Westen zu schwächen, unsere Gesellschaft zu schwächen, unsere Kinder zu schwächen«.[41] Das sei »unamerikanisch«.[42]

Glücklicherweise hatte Wolf einen Plan, um sich dagegen zu wehren. Sie erklärte, sie wolle ihre Website zur Anlaufstelle für eine »Mustergesetzgebung«[43] machen, die Aktivisten nutzen könnten, um auf bundesstaatlicher Ebene Maßnahmen zur öffentlichen Gesundheit zu blockieren und die von ihr so genannten »fünf Freiheiten« zu verteidigen. Diese umfassten das Recht, frei zu sein von Maskenzwang, digitalen Impfpässen, Schulschließungen, der Ausrufung des Notstands sowie Beschränkungen des Handels und der religiösen Versammlungsfreiheit. Kurz gesagt, »Freiheit« bedeutete, den Staat der robustesten Instrumente zu berauben, die er zur Eindämmung des Virus eingesetzt hatte – allerdings ohne etwas an deren Stelle zu setzen. Aber nachdem Wolf die Schwere der Pandemie monatelang kleingeredet hatte, würde der Staat solche Instrumente ja ohnehin nicht mehr brauchen.

Ich gebe zu, als Wolf anfing, über Impfpässe als Netzwerke der Massenüberwachung zu sprechen, war mir nicht klar, was für einen Effekt das haben würde. Ich war zu fokussiert auf die zahllosen falschen Fakten, die sie im Netz verbreitete, und auf das wahre Faktum, dass aufgrund ihrer Verwechslung mit mir ihr neuer Fox-News-Ruhm auch in meinen sozialen Medien spektakulär zu Buche schlug.

Viele von uns verfolgten Wolf damals peinlich berührt, übersahen dabei aber, wie sehr ihre neuen Botschaften einen Nerv trafen – nicht nur beim Fox-Publikum, sondern auch bei einer beträchtlichen Anzahl von Leuten, die sich als Linke oder Progressive bezeichneten und sich vor einer Überwachung wie in der Fernsehserie *Black Mirror* fürchteten, die Wolf beschrieb. Ihr »Sklaverei für immer«-Video wurde mir von verschiedenen Seiten zugeleitet. Unter anderem von einem bekannten Verschwörungstheoretiker, der mich drängte, es zu

»studieren«, und meinte, wir müssten die neue Bedrohung »mit aller noch verbliebenen Kraft« bekämpfen.[44] Ein anderer fragte mich, ob ich nicht einen Rat für ihn hätte, wie man einen geliebten Menschen – eine alternative Heilpraktikerin, die sich für Black Lives Matter engagierte – davon abbringen könne, Wolfs Worte als Evangelium zu betrachten und – sich in einer QAnon-haften Spirale drehend – überzeugt zu sein, dass es sich um die letzte Schlacht im Kampf für »Freiheit versus Sklaverei« handle.

Ich sah mir die fast tausend Kommentare zu Wolfs YouTube-Beitrag »Sklaverei für immer« an und machte mich auf die üblichen frauenfeindlichen Sprüche gefasst, für die die Plattform berüchtigt ist. Erstaunlicherweise waren die Kommentare fast durchwegs begeistert und drückten Bewunderung aus für diese »Kriegerin« und ihren »Mut«, die Wahrheit zu sagen.[45] Viele zitierten die Bibel und erklärten die Impfstoffe und Impfpässe zum »Zeichen des Tieres«.[46]

Meine Stimmung hellte sich kurzzeitig auf, als ein Techmanager die Harmonie störte und erklärte, der Impfpass sei »NICHT ›dieselbe Plattform‹ wie der chinesische ›Sozialkredit‹« und werde auch nicht »von einer zentralisierten autoritären Superregierung ausgegeben«.[47] Aber dann ging sie prompt wieder in den Keller, als er hinzufügte: »Für mich ist klar, dass Klein – die ich bis jetzt respektiert habe – hier einem Westzentrismus das Wort redet.«[48] (Wolfs neue Fans machten kurzen Prozess mit ihm: »Hau ab nach China und bleib dort. Wir wollen hier keine Kommunisten wie dich. Eines Tages könnte es wirklich gefährlich für dich werden. Nichts für ungut.«)[49]

In weniger als zwei Monaten war Wolf nicht nur sieben Mal auf Fox zu sehen, sie ging auch auf Tournee. Sie sprach auf dem »FreedomFest« am Mount Rushmore und warb auf Einladung republikanischer Abgeordneter in mehreren Bundesstaaten für die Abschaffung der Masken- und Impfpflicht. Im Repräsentantenhaus von Maine wurde eine republikanische Abgeordnete von führenden Parlamentariern gemaßregelt, weil sie Wolf Zutritt zu dem zu diesem Zeitpunkt eigentlich geschlossenen Haus gewährt hatte, und ihr wurde untersagt, in Zukunft weitere Gäste einzuladen.[50] Acht Tage später reiste Wolf nach

Michigan, damals einer der Bundesstaaten mit den meisten Coronafällen, um vor dem Aufsichtsausschuss des Repräsentantenhauses zu erklären, die Impfpässe seien mit den frühen Maßnahmen gegen die Juden in Nazideutschland vergleichbar.[51]

Einer, der sofort merkte, welche Resonanz Wolfs neue Botschaft fand, war Steve Bannon. Nach kaum einer Woche hatte er »Dr. Wolf« regelmäßig in seinem ungeheuer populären und einflussreichen *War Room*-Podcast zu Gast, den er in verschiedenen Versionen entwickelte, nachdem er 2017 seinen Posten als Donald Trumps Chefstratege verloren hatte – während er, wie er gegenüber der *New York Times* prahlte, gleichzeitig »die globale Infrastruktur für die globale populistische Bewegung« aufbaute.[52] Bannon konnte von Wolf gar nicht genug kriegen: Manchmal hatte er sie sogar mehrmals pro Woche zu Gast, und er warb stets überschwänglich für ihre Website und die »fünf Freiheiten« ihrer Mustergesetzgebung; mit einem Schlag war DailyClout nicht mehr unbekannt. Ich habe die Zahlen gecheckt: Im April 2021, dem Monat, in dem sie regelmäßig in Bannons Podcast aufzutreten begann, überschritt DailyClout die Marke von 100 000 Besuchern; ein Jahr zuvor waren es nur 851 gewesen. »Wir möchten, dass jeder in der Truppe Dr. Wolf unterstützt«, sagte Bannon in einer seiner typischen überschwänglichen Sympathiebekundungen. Als ihm *The Atlantic* vorwarf, seine Zuschauer in die Irre zu führen, indem er Wolf als »Doktor« bezeichnete, wenn er über medizinische Forschungen sprach, erwiderte Bannon, ihr Doktortitel in Philosophie sei für ihn »völlig ausreichend«.[53]

Rückblickend kann es nicht überraschen, dass Wolfs Impfpass-Botschaft so gut ankam. Mit ihrem Fokus auf Technologie und Überwachung zapfte sie tiefe und latente kulturelle Ängste an, die sich darauf beziehen, in welchem Ausmaß ehemals private Bereiche unseres Lebens zu Profitcentern allwissender Silicon-Valley-Giganten mutiert sind. Es schien, als hätte Wolf alle unsere Tech-Ängste – die Angst, von unseren Mobiltelefonen getrackt, von unseren Suchmaschinen überwacht, von unseren Sprachassistenten belauscht und von unseren Türsprechanlagen ausspioniert zu werden – gebündelt und auf diese relativ harmlose Impf-App projiziert: einen einzigen QR-Code, der ihr zufolge im Back End erstellt wurde, um sämtliche unheimlichen Spielarten der illegalen Überwachung durch Big Government und Big Tech zu ermöglichen.

Was sie sagte, war letztlich Phantasterei, doch für die vielen Menschen, die ihr jetzt zuhörten, fühlte es sich wahr an. Der Grund dafür ist, dass wir tatsächlich eine Revolution der Überwachungstechnologie erleben und dass Akteure aus Staat und Wirtschaft sich tatsächlich eine ungeheure Macht angeeignet haben, um uns zu überwachen, oft in Kooperation und Abstimmung miteinander. Außerdem haben wir gerade erst begonnen, uns im Rahmen unserer Kultur mit dem umwälzenden Charakter dieses Wandels auseinanderzusetzen.

»Wenn die wüssten, was Handys können.« So lautet der immer wiederkehrende spöttische Kommentar der Liberalen in Anspielung auf Leute wie Wolf und ihre Theorien über Impfstoffe und Impfpässe, die angeblich insgeheim jede unserer Bewegungen verfolgen. Die ersten paar Mal, als ich die Bemerkung hörte, habe ich gelacht und mich so überlegen gefühlt, wie es intendiert war. Aber nachdem ich monatelang den Aufstieg einer neuen und mächtigen politischen Konstellation verfolgt habe, in der Wolfs Stern hell leuchtet, lache ich nicht mehr. Es ist ein schwerer Fehler, sie oder die Bewegungen, an denen sie jetzt federführend beteiligt ist, zu unterschätzen. Denn die nicht lästernde Version von »Wenn die wüssten, was Handys können« lautet: Sie wissen genau, was Handys können. Sie wissen nur nicht, was sie gegen Handys *machen* sollen (oder gegen Sprachassistenten, Suchverläufe, Shadowbanning, die Metadaten in E-Mails und sozialen Medien und so weiter). Und wie es aussieht, weiß es auch sonst niemand. Auch diejenigen nicht, die die Macht innehaben und offenkundig nicht gewillt sind, diesen »Überwachungskapitalismus«, wie es die Harvard-Professorin Shoshana Zuboff nennt, einzudämmen.[54] Und Wolf mit ihrer »Fünf Freiheiten«-Kampagne und ihren Aufrufen zum zivilen Ungehorsam gegen Impfungen gibt ihren Anhängern etwas zu tun. Sie sagt ihnen, dass es noch nicht zu spät sei, sich ihre Privatsphäre und ihre Freiheiten zurückzuerobern.

Das ist natürlich eine verlockende Botschaft. In den letzten zwanzig Jahren gab es pausenlos schockierende Enthüllungen über die zahllosen Spielarten, wie unser tägliches und privates Leben zum Eigentum anderer geworden ist. Den Anfang machten der Patriot Act und der Aufstieg einer globalen Überwachungsindustrie nach dem 11. September 2001. Dann trat der AT&T-Whistleblower auf den Plan und berichtete uns von geheimen Räumen, aus denen Daten zum globalen Internetverkehr an die National Security Agency weitergeleitet wurden. Dann kamen die erschütternden Enthüllungen Edward Snowdens und die Bestätigung dieser massenhaften Ausspähung von Daten, gefolgt vom Cambridge-Analytica-Skandal und der Enthüllung, dass Facebook die Nutzerdaten zur politischen Manipulation an Dritte verkauft. Dann kam Pegasus, die von Israel entwickelte Spionagesoftware, die von Regierungen auf der ganzen Welt eingesetzt wurde, um unbemerkt vollständigen Zugriff auf die Telefone ihrer Gegner und Kritiker zu erlangen.[55] Und so weiter und so fort. Tropf. Tropf. Tropf. »Alexa hat dich die ganze Zeit belauscht«, lautete 2019 eine Schlagzeile in der *Washington Post.* »Deine Apps wissen, wo du gestern Nacht warst, und sie halten es nicht geheim«, hieß es 2018 in der *New York Times.* »Du bist nicht paranoid: Dein Handy hört immer mit« in *USA Today*. Tropf. Tropf. Tropf. Wir erfuhren von »Nanny Cams«, kamerabestückten Babyphones, die von Hackern übernommen und zu Überwachungsgeräten umfunktioniert wurden; von Aufzeichnungen der Videosprechanlage der Firma Ring, die der Polizei ausgehändigt wurden; von der »God View«-Software der Firma Uber, die Mitarbeiter angeblich benutzten, um Fahrgäste und Ex-Freundinnen auszuspionieren; von den Milliarden privater Fotos, die von Firmen im Bereich der Gesichtserkennung zum Trainieren ihrer Software ausgewertet wurden; von Apps zur Aufzeichnung des Menstruationszyklus, mit deren Hilfe Frauen, die beschließen, in einem der US-Bundesstaaten mit Abtreibungsverbot ihre Schwangerschaft zu beenden, strafrechtlich verfolgt werden können.[56]

Jeder, der heute online ist, kennt zumindest einiges davon. Er weiß, dass die Informationen über alles, was wir tun – wohin wir gehen, wen wir lieben, was wir glauben und wie sich unser Körper verhält –, da draußen im Äther unserer Kontrolle entzogen sind. Und doch ist die Reaktion auf diese bizarre Wirklichkeit bisher merkwürdig verhalten und wird oft mit ironischem Humor sublimiert, etwa mit der Bemerkung »Wenn die wüssten, was Handys können.«

Digitale Golems

In meinem »Corporate Self«-Seminar untersuchen wir diese Überwachungsstrukturen als das nur schemenhaft sichtbare Back End einer Kultur des Personal Branding und unserer Selbstdarstellung im Netz. Je mehr wir die Prämisse akzeptieren, dass es bei allem, was wir tun, darauf ankommt, online zu sein – egal, ob wir etwas mögen, hassen oder teilen –, und je mehr wir die stillschweigende Vereinbarung akzeptieren, unsere Privatsphäre gegen appgestützte Bequemlichkeit einzutauschen, desto mehr Informationen über uns können Techfirmen abgreifen. Mit diesen Daten erschaffen sie unsere wahren digitalen Doppelgänger – nicht die Avatare, die wir gern sein wollen und die wir oft mit sorgfältig ausgewählten und gefilterten Fotos und perfekt abgestimmten Posts ganz bewusst erschaffen, sondern die Doubles, die zahllose Maschinen aus den Datenspuren generieren, die wir jedes Mal hinterlassen, wenn wir etwas anklicken oder ansehen, wenn wir die Standortverfolgung nicht deaktivieren oder wenn wir ein »intelligentes« Gerät um etwas bitten. Jede einzelne Information aus unserem Onlineleben macht unser Double lebendiger, komplexer und fähiger, unser Verhalten in der realen Welt zu beeinflussen.

Dieser maschinell erzeugte Doppelgänger – man könnte ihn als digitalen Golem bezeichnen, da er aus unbelebten Datenbits zusammengebastelt wird – entsteht aus Erkenntnissen, Interpretationen und Vorhersagen, die über uns gewonnen wurden, und hat daher viel mit einem menschlichen Doppelgänger gemeinsam: einer Person, die von anderen mit dir verwechselt wird, aber nicht mit dir identisch ist und dennoch tiefgreifende Auswirkungen auf dein Leben haben kann.

Und nun, da die Maschinen so viel von uns in sich aufgenommen und sich mit so vielen unserer Gewohnheiten und Eigenheiten vollgestopft haben, können sie im Handumdrehen ziemlich glaubwürdige Kopien von uns herstellen. Bildende Künstler und Songwriter, mit denen ich befreundet bin, sind entsetzt über das, was die Zukunft für sie bereithält, wenn KI-Programme angewiesen werden können, Kunst »im Stil von …« zu schaffen, und dann sekundenschnell passable Kopien erzeugen. Als Nick Cave mit einer von ChatGPT generierten Version eines Nick-Cave-Songs konfrontiert wurde, sagte er, in diesem Fall sei ChatGPT »Replikation als Travestie« und der imitierte Song eine »groteske Verhöhnung dessen, was es heißt, ein Mensch zu sein«.[57]

Die Konfrontation mit einer schlechten Kopie des eigenen Ichs hat etwas ungeheuer Demütigendes – und die Konfrontation mit einer guten Kopie etwas zutiefst Erschütterndes. Beides trägt unverkennbar das Erschaudern über einen Doppelgänger in sich. Ein Erschaudern, das sich in ein Beben verwandelt, wenn wir erkennen, dass nicht nur Individuen künstlich kopiert werden, wie schlecht auch immer, sondern die gesamte menschheitliche Existenz. Schließlich ist Künstliche Intelligenz eine Spiegelungs- und Mimikry-Maschine. Wir füttern sie mit all den Wörtern, Ideen und Bildern, die unsere Spezies im Lauf ihrer Geschichte zu sammeln (und zu digitalisieren) vermochte, und diese Programme spiegeln uns etwas zurück, das sich auf unheimliche Weise lebensecht anfühlt. Eine Golem-Welt.

»Ich sehe lieber eine Werbung für hübsche Schuhe, die mir gefallen, als Werbung für einen Haufen hässlicher Sachen, die ich nicht haben will«, sagte eine Studentin in einem meiner ersten Seminare. In unseren Diskussionen nannten wir es das »Problem der hübschen Schuhe«, denn es veranschaulicht, warum der Überwachungskapitalismus und die KI-Revolution sich, ohne dass groß darüber debattiert wurde, an uns heranschleichen konnten. Viele von uns schätzen ein gewisses Maß an automatisierter Kundenanpassung, insbesondere Algorithmen mit Vorschlägen zu Musik, Büchern und Personen, die uns interessieren könnten. Und anfangs erschien das Risiko gering: Ist es wirklich so schlimm, wenn wir Werbung und Vorschläge sehen, die auf unseren Interessen und Vorlieben basieren? Oder wenn Chatbots uns dabei helfen, unseren E-Mail-Rückstau abzubauen?

Doch jetzt stecken wir bis zum Hals in einem System, bei dem, wie bei meiner realen Doppelgängerin, sehr viel mehr auf dem Spiel steht. Persönliche Daten, extrahiert, ohne dass wir vollständig darüber Bescheid wüssten oder unsere Zustimmung erteilt hätten, werden an Dritte verkauft und können alles Mögliche beeinflussen: von unserer Kreditwürdigkeit bis zu den Stellenausschreibungen, die wir zu sehen bekommen – wenn wir nicht gleich von Deep-Learning-Bots, die uns erschreckend gut nachahmen können, in unserem Job ersetzt werden. Und diese hilfreichen Empfehlungen und gespenstischen Nachahmungen basieren auf denselben Algorithmen, die zahllose Menschen in einen gefährlichen Informationstunnel gelockt und veranlasst haben, Impf-Apps mit dem Holocaust zu vergleichen. Und wer weiß, auf welche sehr viel gefährlicheren Wege uns das noch führen kann. Wie sich jetzt zeigt, war nichts davon jemals harmlos – nicht einmal die hübschen Schuhe.

Wenn ich Studentinnen und Studenten zuhöre, wie sie damit ringen, dass sie im Netz unauslöschliche und folgenreiche Datenspuren hinterlassen, denke ich wehmütig an die Zeit zurück, als ich ein Teenager und eine junge Erwachsene war, eine Zeit, in der es noch keine Handys gab. Im Rückblick betrachtet, kommt es mir vor, als hätten sich meine Freunde und ich wie Phantome durch die Welt bewegt: Unsere persönlichen Dramen, unser Sexualleben, unsere Proteste, unser Musikgeschmack, unsere Abenteuer und Modepräferenzen hinterließen so gut wie keine Spuren. Sie trainierten keinen Algorithmus, wurden in keiner Cloud gespeichert und hinterließen keine Daten in irgendeinem Cache-Speicher – nur ein paar zerknitterte Fotos, Tagebücher und Briefe mit Stockflecken sind übrig geblieben, und die verblassenden Kritzeleien an einer Toilettenwand. Es war undenkbar, dass irgendjemand außer uns (und vielleicht unseren neugierigen Eltern) auch nur das geringste Interesse an den Belanglosigkeiten unseres jungen Lebens haben könnte. Die Welt war uns gegenüber gleichgültig, und wir wussten gar nicht, was für ein Glück wir hatten.

Der faustische Pakt des digitalen Zeitalters – kostenlose oder kostengünstige digitale Annehmlichkeiten im Tausch gegen unsere Daten – wurde uns immer erst dann erklärt, wenn wir ihn bereits eingegangen waren. Und er stellt eine tiefgreifende und radikale Veränderung dar, die nicht nur unsere Lebensweise betrifft, sondern auch – und das ist noch viel wichtiger – die Frage, *wozu unser Leben da ist.* Wir sind zu Schürfplätzen geworden, zu Orten des Data-Mining. Doch obwohl das, was geschürft wird, sehr persönliche und wesentliche Dinge sind, bleibt der Schürfprozess komplett undurchsichtig und die Minenbetreiber sind niemandem Rechenschaft schuldig.

Mir das zu vergegenwärtigen, hilft mir, die Andere Naomi zu verstehen und die Macht, über die sie plötzlich verfügte, als sie mit ihren Behauptungen über »tyrannische« Impfpässe mit einem »Sozialkreditsystem nach Art der KP Chinas« eine Menge Leute in Angst und Schrecken versetzte.[58] Sie zapft damit unterschwellige Ängste an, die nicht in der Phantasie, sondern in der Realität wurzeln. Nicht die Impfpässe sind ein Sozialkreditsystem, sondern die sozialen Medien, in gewisser Weise. Nicht die QR-Codes auf unseren Handys überwachen permanent unser Leben, sondern – wie all die cleveren Witze es andeuten – unsere Handys selbst und viele andere intelligente Geräte, zumindest potenziell.

Darüber hinaus ist es extrem gefährlich und beunruhigend, dass die Plattformen der Techkonzerne Nutzer willkürlich ausschließen und damit von einem Kommunikationsnetzwerk abschneiden können, das diese Nutzer selbst mit ihren Worten, ihren Bildern und ihrer Arbeit über Jahre hinweg aufgebaut haben. Wolf hat nicht unrecht, wenn sie sagt, dass »sie zuerst deine Feinde und dann dich selbst löschen«.[59] Bevor Elon Musk Twitter kaufte, zeigten sich die Progressiven in Nordamerika dieser Bedrohung gegenüber recht unbekümmert, waren es doch zumeist ihre politischen Gegner, die von diesen Plattformen ausgeschlossen wurden. Aber lange bevor Musk anfing, die Accounts von missliebigen Twitter-Nutzern zu sperren, wurden auf Betreiben der israelischen Regierung palästinensische Menschenrechtsaktivisten von diesen Plattformen ausgeschlossen, ebenso Verteidiger der Rechte von Bauern und religiösen Minderheiten auf Betreiben der hindu-suprematistischen Regierung Indiens. Wir haben das Management unserer wichtigsten Informationswege an Algorithmen ausgelagert, die von profitorientierten, mit Regierungen Hand in Hand arbeitenden Firmen betrieben werden. Doch in Nordamerika waren es nicht die Linken, die davor gewarnt haben, sondern die Rechten unter Federführung Bannons. Hier haben wir in fahrlässiger Weise ideologisches Terrain aufgegeben.

Die Schaffung demokratischer, konzernunabhängiger Medien – in Form von öffentlichen Netzen und Internetanschluss über kommunale Anbieter – war einst eine Kernforderung der Progressiven. Obwohl es nach wie vor Gruppen zum Schutz bürgerlicher Freiheiten gibt, die sich gegen die Zensur durch Privatfirmen zur Wehr setzen, und Bürgerrechtsgruppen, die für Netzneutralität kämpfen, ist der Kampf für eine demokratische und rechenschaftspflichtige Informationssphäre für die meisten Progressiven heute kein Eckpfeiler ihrer politischen Agenda mehr. Im Gegenteil, viele haben das Deplatforming durch die Techkonzerne begrüßt – bis sie selbst zu Leidtragenden wurden.

Die Verbreitung von Lügen und Verschwörungserzählungen im Netz hat inzwischen ein Ausmaß erreicht, das die öffentliche Gesundheit und womöglich auch den Fortbestand der repräsentativen Demokratie bedroht. Diese Informationskrise wird jedoch nicht dadurch bewältigt, dass wir von den Tech-Oligarchen erwarten, Leute auszuschließen, die uns nicht gefallen, sondern dass Ernst gemacht wird mit der Forderung nach Information als einem globalen Gemeinschaftsgut und damit einem verlässlichen, grundlegenden Bürgerrecht. Der Autor und Tech-Experte Ben Tarnoff hält das in seinem Buch *Internet for the People* für ein erreichbares Ziel. Doch am Anfang müsse ein Prozess der »Entprivatisierung« stehen, bei dem die Werkzeuge, die unser öffentlicher Raum geworden sind, in die Hände der Öffentlichkeit gelegt und unter demokratische Kontrolle gebracht werden.[60] »Um ein besseres Internet aufzubauen, müssen wir die Besitzverhältnisse ändern und es anders organisieren«, schreibt Tarnoff und fügt hinzu: »Was auf dem Spiel steht, ist nichts Geringeres als die Möglichkeit der Demokratie – und die ist unvereinbar mit einem nach dem Prinzip der Gewinnmaximierung organisierten Internet.«[61]

Vergessen wir nicht, dass die Art und Weise, in der heute bestimmte Bereiche wirtschaftlich eingehegt sind, sich auch wieder ändern kann. In der Geschichte gab es viele erfolgreiche Kämpfe gegen solche Einhegungen: Kolonialmächte wurden aus ihren Kolonien vertrieben; Bergwerke und Ölfelder in ausländischem Besitz wurden verstaatlicht und der öffentlichen Kontrolle unterstellt; Indigene Völker haben juristische Siege errungen und die Kontrolle über ihre angestammten Territorien zurückerlangt. Ungerechte Eigentumsverhältnisse wurden in der Vergangenheit geändert und können heute wieder geändert werden.

Vergessen wir auch nicht, dass viele Technologiebausteine moderner Techkonzerne zuerst im öffentlichen Sektor und mit Mitteln der öffentlichen Hand entwickelt wurden, sei es von Regierungsbehörden oder von staatlichen Forschungsuniversitäten. Diese Technologien reichen vom Internet bis zu GPS und Standortverfolgung. Im Grunde hat Big Tech sich zum Zweck der privaten Bereicherung Instrumente angeeignet, die der Gemeinschaft gehören, macht sich aber bei der Darstellung dieser öffentlich nicht zugänglichen Plattformen den Commons-Diskurs zu eigen. Als Elon Musk Twitter kaufte, sprach er von einem »digitalen Marktplatz, auf dem die für die Zukunft der Menschheit wichtigen Themen diskutiert werden«.[62]

Damit hatte er recht – aber warum sollte die Plattform dann den Launen einer einzigen Person unterworfen sein? Dem Beispiel der Dekolonialisierungsbewegungen vom 20. Jahrhundert bis heute folgend, könnten wir für die Rückgewinnung der lebensnotwendigen Commons oder Gemeingüter kämpfen, die wir verloren haben. Tarnoffs Empfehlung ist keine präskriptive Checkliste von Aufgaben, sondern ein dringender Aufruf zum Experimentieren. Für die Entprivatisierung der Informationssphäre gibt es kein Patentrezept, aber Tarnoff zufolge kann das Internet Stück für Stück zurückerobert werden, unter anderem durch Onlinedienste, die sich in kommunalem statt in Konzernbesitz befinden. Tarnoff gibt jedoch zu bedenken, dass die politische Klasse, die auf allen Ebenen mit dem Silicon Valley eng verflochten ist, von sich aus zu diesem Schritt nicht bereit sein wird: »Von den Rändern bis zum Kern, von den Nachbarschaften bis zum Rückgrat der digitalen Infrastruktur muss die Schaffung eines demokratischen Internets das Werk einer Bewegung sein.«[63]

Doch auch hier besteht das Problem darin, dass eine Massenbewegung, wie Tarnoff sie beschreibt, noch gar nicht existiert. Und in diesem Vakuum entfaltet meine Doppelgängerin derzeit ihre zerstörerische Kraft. Denn mit ihren von *Black Mirror* inspirierten Geschichten über digitale Impfpässe, die »Ihr Leben abschalten können«, bestätigt sie die Menschen nicht nur in ihren latenten Tech-Ängsten. Wolf und ihr neuer Partner Steve Bannon besitzen auch etwas, was den Progressiven fehlt: einen Plan, was man dagegen tun könnte, oder zumindest das Faksimile eines solchen Plans. Der Plan besteht in der Durchsetzung der »fünf Freiheiten« und in Gesetzen, die die Maskenpflicht für null und nichtig erklären, wo immer man lebt. Der Plan besteht darin, die Sitzung des örtlichen Schulausschusses zu stürmen, dessen Mitglieder als Nazis zu beschuldigen und sich an deren Stelle wählen zu lassen. Der Plan besteht darin, es Big Tech heimzuzahlen, indem man sich bei neuen, rechten Plattformen anmeldet und »der Zensur einen Schritt voraus« ist, wie Bannons Slogan lautet.[64] Der Plan besteht darin, die Leute dazu zu bringen, ihnen Geld zu spenden und sich ihren Kriegen anzuschließen.

Das Ergebnis ist eine beunruhigende Dynamik – sie ist das Herzstück unserer Doppelgänger-Kultur. Statt einheitlich geltender Prinzipien – zum Beispiel hinsichtlich des Rechts auf einen demokratisch kontrollierten öffentlichen Raum, auf vertrauenswürdige Informationen und eine Privatsphäre – haben wir zwei einander bekämpfende politische Lager, die grundsätzlich gegen alles sind, was das jeweils andere Lager sagt und tut. Nein, diese Lager sind moralisch nicht gleichwertig, aber je mehr sich Leute wie Wolf und Bannon auf sehr reale Ängste vor Big Tech fokussieren – auf deren Macht, Redebeiträge im Netz zu unterdrücken, sich unsere Daten anzueignen und digitale Doppelgänger aus uns zu machen –, desto mehr scheinen die Liberalen mit den Achseln zu zucken, die Nase zu rümpfen und alle diese Sorgen als Spinnerei abzutun. Sobald ein Thema von »denen« angesprochen wird, scheint es für fast alle anderen tabu zu werden. Und was die Mainstream-Liberalen ignorieren und vernachlässigen, gerät in den Brennpunkt des Interesses dieser neuen Allianz.

Das alles hilft mir, meine Doppelgängerin zu verstehen – aber es beruhigt mich in keiner Weise. Denn ich erkenne, dass sie eine größere und gefährlichere Form der Spiegelung repräsentiert – ein Imitat von Überzeugungen und Befürchtungen, das aus dem Versagen und Schweigen der Progressiven seine Nahrung bezieht. Und als ich sah, wie begeistert Bannon die Impfpass-Phantasien meiner Doppelgängerin in die erschreckende und elektrisierende Geschichte einbaute, die er seinen Zuhörern tagtäglich auftischt, begann ich mich zu fragen, welche anderen unausgesprochenen Ängste und Empörungsmomente im neuen Zuhause meiner Doppelgängerin instrumentalisiert werden – in der Spiegelwelt, wie ich sie nenne.

6

Querverbindungen

»Echt jetzt?«, fragt Avi.

Es ist elf Uhr in einer warmen Nacht Anfang Juni, und er ist hereingekommen, während ich vor dem Schlafengehen meine allabendlichen Yogaübungen gegen die Rückenschmerzen mache. Als er das Zimmer betritt, bin ich in der anstrengenden Tauben-Position und atme tief ein, um die Hüfte zu dehnen. Und ja, okay, ich höre mir auch gerade Stephen Bannons *War Room* an. In letzter Zeit war ziemlich viel los, das Schuljahr ist zu Ende gegangen und Avis Wahlkampf in seine heiße Phase eingetreten, wann sonst soll ich mich also über die zahlreichen öffentlichen Auftritte der Anderen Naomi auf dem Laufenden halten?

Meine Obsession hat zu einer wachsenden Kluft zwischen Avi und mir geführt. Und nicht nur zwischen uns – sie verstärkt meine ohnehin schon tiefe Isolation, trennt mich noch mehr von Freunden und Angehörigen. Niemand, den ich kenne, hört sich *War Room* an, dabei habe ich zunehmend den Eindruck, dass man die neuen politischen Entwicklungen ohne diesen Podcast gar nicht verstehen kann. Allerdings habe ich mich doch ziemlich weit hineinziehen lassen: Der radikal antikommunistische Titelsong der Show ging mir tagelang nicht mehr aus dem Kopf (»Spread the word all through Hong Kong / We will fight till they're all gone / We rejoice when there's no more / Let's take down the CCP«) (»Verbreitet die Nachricht in ganz Hongkong / Wir werden kämpfen, bis sie alle weg sind / Wenn keine mehr da sind, frohlocken wir / Stürzen wir die KPCh!«)

Ich gelobe sofort, damit aufzuhören und dieses uncharmanteste aller pandemischen Hobbys aufzugeben. Es scheint sowieso der richtige Moment zu sein, um die Dinge zu überdenken. Twitter hat Wolfs Account gerade gesperrt, offenbar auf Dauer. Diese plumpe Zensur seitens des Unternehmens gefällt mir nicht, aber ich sage mir, wenn Wolf ihr wichtigstes öffentliches Kommunikationsmittel einbüßt, dann hat das bestimmt zur Folge, dass sie sich (und mir) nicht mehr auch nur annähernd so viel Ärger aufhalsen kann.

»Ich werde Twitter blockieren«, erkläre ich und verspreche Avi, ihm den Sommer über mehr beim Wahlkampf zu helfen und mich obendrein mehr auf unseren Sohn (noch immer tief in seiner Haifisch-Phase) und den Rest unserer beklagenswert vernachlässigten Familie zu konzentrieren.

Ein paar Wochen später – wir wohnen nun schon ein Jahr auf der Felsklippe und sind absolut nirgendwohin gereist – fliegen wir nach Osten. Bei meinem Schwiegervater Stephen ist der Krebs zurückgekehrt, und diesmal ist er inoperabel. Er hat sich gewünscht, einen Monat mit seinen drei Kindern und vier Enkelkindern zu verbringen, und zwar an seinem Lieblingsort, trotz seiner Beschwerden: auf Prince Edward Island, einem roten Sandstreifen wie aus dem Bilderbuch, übersät mit Kartoffelfarmen und Leuchttürmen, am östlichen Rand von Kanada.

Das wird schön werden, sage ich mir, während ich in einem makellosen, neu erbauten Ferienhaus Shorts und T-Shirts in Kommodenschubladen packe. Ich beschließe, meine Zeit damit zu verbringen, zu meinem verlorenen Ich zurückzufinden. Ich werde gesunde und leckere Mahlzeiten zubereiten. Ich werde mich eingehend mit all meinen Angehörigen beschäftigen, ohne Handy. Vor allem: Ich werde meine begrenzte Zeit auf Erden nicht weiter an die Andere Naomi verschwenden. Keine Bücher oder Filme über Doppelgänger mehr, keine Podcasts zu Covid-Verschwörungen, Schluss mit Bannon und definitiv auch mit Twitter. Ich hänge eine Nachricht an mein Profil, dass ich erst im September wiederkomme. Versicherung gegen einen Rückfall.

Als die Zwangsquarantäne auf der Insel vorüber ist und wir entlassen sind und zusammenkommen dürfen, wird die ganze Großfamilie von einer Woge fröhlicher Wiedervereinigung und Gruppenlogistik erfasst. Meine Neffen sind neue, faszinierende Personen, und meine Ohren haben es nicht mehr drauf, das Kreuz-und-quer-Gerede von elf meinungsstarken Menschen auseinanderzudröseln, die gemeinsam eine Mahlzeit einnehmen. Das alles füllt mich auf entzückende Weise vollständig aus, und mir wird plötzlich klar, dass ich schon seit mehr als zwei Wochen nicht mehr an *sie* gedacht habe. Was für ein Fortschritt!

Na ja, kaum an sie gedacht. Sie kam kurz vor, als ich an einem sonnenhellen Morgen beim Kaffee mit meiner eindrucksvollen Schwiegermutter Michele über das Buch Rut diskutierte. Michele hat historische Forschungen zu den übersehenen weiblichen Figuren im Judaismus angestellt, und ich hoffte, ein bisschen tiefer in die Entstehungsgeschichte meines / unseres Namens einsteigen zu können. »Es geht um Loyalität«, sagt Michele zu der biblischen Geschichte. Nach dem Tod ihrer jeweiligen Ehemänner ist Rut wegen ihrer Loyalität gegenüber Noomi, mit den Worten der Frauen von Bethlehem, »mehr wert … als sieben Söhne.«[1]

Wir sind uns einig, dass das eine schöne, sogar protofeministische Botschaft über die Verbindungen von Frauen jenseits von Abstammungslinien ist. Ungefähr so wie bei der Verbindung zwischen uns, die meiner Beziehung zu Avi vorausging. Angesichts der Karikatur der tyrannischen Schwiegermutter in der populären Kultur ist die biblische Noomi oder Naomi eine ziemlich fortschrittliche Figur, eine gute Namensgeberin.

Ich habe trotzdem noch ein paar kleine Fragen. Zurück in Bethlehem befiehlt die arme, verzweifelte Naomi ihrer Schwiegertochter, Parfüm aufzulegen; sich auf die Tenne zu schleichen, wo ein alter, wohlhabender Verwandter namens Boas schläft; und »seine Füße aufzudecken und sich hinzulegen«.[2] Daraus soll sich eine Liaison ergeben, in deren Gefolge Rut und Naomi für den Rest ihres Lebens ausgesorgt haben. Nach einigem Feilschen endet die Sache mit einer Heirat, die drei Generationen später zur Geburt von König David führt.

»Naomi verkuppelt Rut mit Boas«, hebe ich sanft hervor. »Ist das wirklich eine nette Person, deren Namen man tragen möchte?« Michele zögert. Sie ist zweiundachtzig und blitzgescheit. Wir einigen uns darauf, dass wir biblische Geschichten besser nicht mit unseren Werten befrachten sollten, und wenden uns wieder unserem Kaffee in dieser sonnendurchfluteten Küche zu. (Wenn ich jemanden wirklich mit meinen Werten befrachten wollte, würde ich vielleicht sagen, dass die alttestamentarische Naomi eine kleine Zuhälterin war und tat, was notwendig war, um in einem kaputten System zurechtzukommen und die Zukunft ihrer Angehörigen um jeden Preis zu beschützen.)

Das war's so ziemlich mit Wolf-nahem Content, und es ging dabei eigentlich ja auch gar nicht um sie. Für mich war unser Gespräch eher so etwas wie eine spontane feministische Bibelstunde. Michele erkundigte sich allerdings, warum ich dieses kuriose Thema aufs Tapet gebracht hatte, und da wäre es ja unhöflich gewesen, ihr nicht ein wenig von meinen Wolf-Recherchen zu erzählen. Außerdem dachte ich, sie hätte vielleicht ein paar Infos: Michele hatte jahrzehntelang eine beliebte Zeitungskolumne geschrieben, und mir war undeutlich in Erinnerung, dass sie Wolf in den 1990er Jahren kennengelernt hatte.

»Wie war sie damals so?«, fragte ich, um einen lässigen Tonfall bemüht.

»Na ja, ich hielt nicht viel von ihrem *Mythos Schönheit*; in dem Buch stand nicht viel Neues. Aber wir haben uns alle gefreut, dass diese hübsche junge Frau sich als Feministin betrachtete.«

Das leuchtete mir ein. Die Feministinnen der zweiten Welle hatten in den 1980er Jahren eine schwere Zeit durchgemacht. Es musste Balsam für ihre Seelen gewesen sein, als Wolf zu Beginn des neuen Jahrzehnts aufgetaucht war und das Etikett »Feministin« wie ein schickes, damals modisches Bolerojäckchen getragen hatte.

Und das war's. Ehrlich. Es war nur eine kurze Unterhaltung und sicher kein kompletter Rückfall in die Welt meiner Doppelgängerin. Der kam erst gut eine Woche später.

Folgendes ist passiert, und ich will es gar nicht schönreden. Ich hatte starke Rückenschmerzen, und da wir auf einer kleinen Insel mit einer fast ebenso niedrigen Covid-Rate wie in Neuseeland waren, beschloss ich, die Chance zu nutzen und mir professionelle Hilfe zu suchen.

Die Fahrzeit zu dem vereinbarten Termin betrug fünfundvierzig Minuten, und ich brach am Vormittag auf, unter einem wolkenlosen Himmel, auf einer fast leeren zweispurigen Straße, eingefasst von Sanddünen, roten Klippen und brechenden Atlantikwellen. Unterwegs wurde mir bewusst, dass ich allein war – wie kaum jemals in den letzten sechzehn Monaten. Allein und umgeben von natürlicher Schönheit. Ein Hochgefühl überflutete mich bis in die Fingerspitzen am Lenkrad.

In diesem perfekten Moment hätte ich mir alles anhören können, egal was. Ich hätte die Fensterscheiben runterfahren und mit dem Brandungsrauschen und dem Möwengeschrei in den Ohren dahingleiten können. Ich hätte Joni Mitchells »Blue«, das ich kürzlich dank Brandi Carliles Coverversion wiederentdeckt hatte, auf voller Lautstärke abspielen können. Aber ich tat nichts dergleichen. Stattdessen aktivierte ich die violette Podcast-App, rief Steve Bannons *War Room* auf und las die Zusammenfassung der letzten Folge: eine live aufgezeichnete Rede von Donald Trump, in der er eine Klage gegen die Big-Tech-Unternehmen ankündigte, die ihn von ihren Plattformen verbannt hatten, und daran anschließend ein Kommentar von …

Wie bitte? Wieso gerade von ihr?

Ich scrollte nach unten und sah, dass ich während meiner strikt eingehaltenen No-Wolf-Diät noch mehrere andere öffentliche Auftritte meiner Doppelgängerin verpasst hatte. Ich führte sie mir alle zu Gemüte, einen nach dem anderen. Und so landete ich am Straßenrand, mit eingeschaltetem Warnblinker, schon zu spät dran für eine dringend nötige Behandlung, in meinem ersten Urlaub seit zwei Jahren, und kritzelte im Versuch, die aus dem Lautsprecher meines Handys kommenden Worte zu transkribieren, in ein winziges rotes Notizbuch: »Schwarzhemden und Braunhemden«, »Fauci teuflisch«, »furchterregend«, »Ihr Körper gehört dem Staat«, »wie die Ein-Kind-Politik und die Zwangssterilisation in China«, »Geotracking«, »doppelt so schlimm«.

Das war ein kompletter Rückfall.

Zu meiner notdürftigen Verteidigung: Wolfs hoher Rang in Bannons Podcast war Ausdruck einer bedeutenden Entwicklung im Leben meiner Doppelgängerin. Nun ist es nichts Besonderes, in eine der bekanntesten Sendungen der Trump'schen Rechten eingeladen zu werden, um frei von der Leber weg über Impfpässe zu schimpfen oder Joe Biden niederzumachen – jeder halbwegs prominente selbsternannte Demokrat, der sich zu so etwas bereitfände, wäre herzlich willkommen. Etwas ganz anderes ist es, die Person zu sein, die von Steve Bannon um eine exklusive Reaktion auf eine der ersten Reden Donald Trumps nach seiner Zeit im Weißen Haus gebeten wird – eines Mannes, der nach der festen Überzeugung der übergroßen Mehrheit von Bannons Zuhörern der rechtmäßige Präsident der Vereinigten Staaten ist (und den Wolf in ihrem früheren Leben als »schrecklichen Menschen, eine abscheuliche Person« bezeichnet hatte).[3] Nicht nur, dass es den Verkauf ihrer Bücher und der Abonnements für ihre Website ankurbelt. Es signalisiert auch reale Macht – die Fähigkeit, Millionen Menschen zu erreichen und vielleicht sogar deren Verhalten zu beeinflussen.

Als Wolf ein paar Wochen zuvor bei Twitter rausgeflogen war, hatten viele auf der Plattform gejubelt, als wäre sie damit vom Planeten Erde verschwunden. Die Leute gruben Screenshots von ihren empörendsten Posts aus und machten kleine Videos davon, unterlegt mit Musik von Celine Dion, in denen sie sich bei ihr für die Erinnerungen bedankten. Jemand twitterte: »Ding dong, die Hex ist tot«[4] – und genau das war die Stimmungslage, zumindest unter Progressiven. Ich gestehe, dass ich bei ihrem Rauswurf eine Mischung aus Erleichterung und Leere verspürte. Sie hatte mir das Leben derart schwer gemacht – bestand wirklich die Möglichkeit, dass ihr wilder Ritt vorbei war? Konnte es so einfach sein?

Am Straßenrand in meinem Auto wurde mir klar, dass es definitiv nicht so einfach war. Oben auf seiner Website hatte Bannon einen Ticker mit der angeblichen bisherigen Gesamtzahl von Downloads seiner Sendung. Ungefähr zu dieser Zeit waren es fast 100 Millionen –

zusätzlich zu den angeblich millionenfach abgerufenen Live-Feeds auf vielen Video- und Fernsehplattformen. Diese Zahlen sollten nicht für bare Münze genommen werden, schließlich stammen sie von dem Architekten von Trumps glänzendem Turm der »alternativen Fakten«. Trotzdem ist Bannons *War Room* zweifellos genau das: ein Nervenzentrum der extremen Rechten und ihrer Präsidentschaft in spe, ob nun Trump oder jemand noch Gefährlicheres an der Spitze steht.

»Action! Action! Action!«

Das ist das Mantra von *War Room*. Bannon wiederholt es oft. Es erscheint auf einer Tafel hinter seinem Kopf, wenn er auf Sendung ist. Es begleitet die Content-Happen, die er auf Gettr (dem »Twitter-Killer«)[5] und in seinem Newsletter *(Daily Command Brief)* unter die Leute bringt.

Er meint es ernst. Im Gegensatz zum Fox News Channel, der sich trotz seiner offensichtlichen Voreingenommenheit noch immer den Anschein eines seriösen Nachrichtensenders gibt, ist mit *War Room* eine explizit aktivistische Medienplattform entstanden – oder genauer, eine militaristische. Hier gibt es keine gestylten Sprecher wie im Fernsehen, sondern Bannon kultiviert den Eindruck, dass sein Publikum an der gerade stattfindenden Besprechung eines Befehlshabers mit seinen viel beschäftigten Generälen im Feld teilnimmt, die von ihrer jeweiligen Front berichten: der Strategie des Großen Diebstahls (mit der die Ergebnisse der Wahlen von 2020 angezweifelt werden); der Wahlkreisstrategie (bei der auf lokaler Ebene ideologisch gefestigte Fußsoldaten eingesetzt werden, damit die nächsten Wahlen nicht mehr »gestohlen« werden); der Schulausschuss-Strategie (mit der »woke« Lehrpläne ebenso wie die Maskenpflicht und die Impfpolitik angegriffen werden); und der Blockadestrategie »command by negation« (mit der republikanische Volksvertreter dazu gedrängt werden, Biden auch nicht den geringsten legislativen Sieg zu gönnen).

Die Moderatoren und ihre Gäste mögen zwar gerade miteinander sprechen, aber in der Sendung geht es nicht ums Reden, sondern ums Handeln. »Bleiben Sie anschließend noch bei uns, ich möchte mit Ihnen weiter über dieses Thema sprechen, wenn wir nicht mehr auf Sendung sind«, sagt Bannon häufig am Ende eines Programmteils, und das Publikum verspürt das erregende Gefühl, dabei zuhören zu können, wie Geschichte gemacht wird. Entscheidend für die Attraktivität der Sendung ist die fehlende Glätte, betont von Bannons typischer zerzauster Erscheinung: dunkle, zerknitterte Button-down-Hemden, immer zwei übereinander; wilde Wellen grauer Haare, die Wolfs Haaren in puncto Fülle Konkurrenz machen; und ein fleckiges Gesicht, das sich ostentativ den Schummeleien des TV-Make-ups verweigert. Es ist eine Show ohne Studiopublikum, nur mit den stolzen Mitgliedern der »War-Room-Truppe« oder, falls Bannon besonders aufgedreht ist, mit den Soldaten seiner »Kavallerie«.[6]

Wenn Naomi Wolf als Bannons Vorzugsgast nicht nur gegen die Impfpflicht wettern, sondern nun auch Trumps Reden live kommentieren durfte, hieß das, sie hatte eine neue Schwelle überschritten und war zur vollwertigen Akteurin in dieser Welt geworden. Kurz danach ging Wolf so weit, sich Trumps Sammelklage gegen Twitter als Nebenklägerin anzuschließen und damit gegen ihren eigenen Ausschluss von der Plattform zu protestieren (obwohl sie noch immer behauptete, »in ideologischer Hinsicht« grundlegend anderer Meinung zu sein als Trump).[7] Dort am Straßenrand gelangte ich zu der Überzeugung, dass ihre Entwicklung nicht nur für mich wegen meines zugegeben etwas abseitigen Doppelgänger-Problems relevant war – die Sache war weitaus ernster. Wenn jemand wie sie so radikal seine Bündnispartner wechseln konnte, schien es sich zu lohnen, darüber nachzudenken, wodurch dieser Wandel bewirkt wurde – vor allem weil mittlerweile ebenso klar war, dass nicht wenige prominente Liberale und Linke einen ähnlichen »postlinken« Schwenk nach rechts außen vollzogen.

Obwohl ich Wolfs Eskapaden nun schon seit Jahren verfolgte oder vielmehr sie mich verfolgten, verblüffte mich die Entschlossenheit dieser Grenzüberquerung. Wie begründete sie – eine jüdische Feministin, die ein Buch darüber geschrieben hatte, wie leicht der Faschismus offene Gesellschaften ersticken kann – dieses Bündnis mit Trump und Bannon? Und wie begründete eigentlich Bannon – ein stolzer Katholik und Abtreibungsgegner, der einmal wegen häuslicher Gewalt angeklagt worden war und dessen Ex-Frau vor dem Scheidungsrichter gesagt hatte, er wolle nicht, dass ihre Töchter »mit Juden zur Schule gingen«[8] –, dass er sich mit Wolf zusammengetan hatte? (Im Fall der häuslichen Gewalt plädierte Bannon auf nicht schuldig. Die Anklage wurde abgewiesen, nachdem seine Frau nicht vor Gericht erschienen war, und die Bemerkung über Juden bestreitet er.)

Trotz dieser Widersprüche war Wolf nicht nur regelmäßig bei Bannons *War Room* zu Gast; sie wurde schnell zu einer der prägnantesten Figuren des Podcasts. Auf dem Höhepunkt ihrer Zusammenarbeit trat Wolf zwei Wochen lang fast täglich bei *War Room* auf. Bannon und sie wurden sogar Partner bei den unter dem gemeinsamen Label »DailyClout *War Room*« durchgeführten »Pfizer Investigations«, die sich in diversen Impfstoff-Irrgärten verloren, und präsentierten die Ergebnisse in einem E-Book. Offensichtlich ließen beide sich bei diesem Zusammenschluss nicht von ihren früheren Prinzipien aufhalten.

Ich versuchte, mir folgende Fragen zu beantworten: Was sagte dieser höchst unwahrscheinliche Buddy-Film darüber aus, wie Covid in einem Land nach dem anderen die politische Landkarte neu zeichnete, dabei die Grenzen zwischen links und rechts verschwimmen ließ und zuvor unpolitische Gruppen dazu brachte, auf die Straße zu gehen? Was hatte all das mit den »Freiheitskämpfern« zu tun, die Krankenwagen vor Kliniken blockierten, für deren Personal die Impfpflicht galt? Oder sich weigerten, die Ergebnisse von Wahlen zu akzeptieren, wenn sie nicht ihren Wünschen entsprachen? Oder Beweise für russische Kriegsverbrechen leugneten? Oder, oder, oder …

Ein globaler Quermeridian

Die Neuordnung der Politik, eine der wichtigsten Hinterlassenschaften von Covid, geht natürlich weit über Wolf und Bannon hinaus. Die halluzinatorische Periode, in der sich die Pandemie mit ökonomischen Umwälzungen und Klimakatastrophen vermischte, beschleunigte die Entstehung aller möglichen seltsamen Koalitionen, die sich in umfangreichen Protesten manifestierten – anfangs gegen die Lockdowns, dann aber auch gegen jede vernünftige gesundheitspolitische Maßnahme, die dazu beigetragen hätte, die Lockdowns überflüssig zu machen. Aus diesen neuen Bündnissen ging schließlich der Freedom Convoy hervor, wie er sich nannte. Er legte Ottawa, die Hauptstadt meines Landes, für drei Wochen lahm, sprang dann auf die Vereinigten Staaten und Europa über und weitete sich thematisch von Covid-bezogenen Missständen auf einen allgemeineren, amorphen Ruf nach »Freiheit« aus.

In solchen Formationen vereinigen sich viele disparate politische und kulturelle Strömungen: die traditionelle Rechte; die verschwörungsaffine Ultrarechte um QAnon; alternative, gemeinhin mit der grünen Linken assoziierte Gesundheits-Subkulturen; ein paar versprengte Neonazis; Eltern (hauptsächlich weiße Mütter), wütend wegen diverser schulischer Dinge, die ihnen nicht passten (Masken, Spritzen, geschlechtsneutrale Toiletten, antirassistische Bücher); Kleinunternehmer, deren Ärger über die oftmals verheerenden Auswirkungen der Covid-Kontrollen auf ihre Bilanzen in Zorn auf alles Erdenkliche umschlug, von der Inflation bis zu den Kochfeldern von Induktionsherden. Innerhalb dieser neuen Konvergenzen gibt es erhebliche Meinungsverschiedenheiten – Wolf zum Beispiel ist weder eine QAnon-Jüngerin noch Neonazi. Aufgeputscht von reichweitenstarken Verbreitern von Falschaussagen wie Wolf und Bannon scheinen sich jedoch die meisten einig zu sein, dass die Pandemie ein Komplott ist, mit dem die Davos-Eliten einen gesellschaftlichen Umbau unter dem Banner des Großen Neustarts vorantreiben wollen.

Behauptungen der extremen Rechten zufolge sieht der Geheimplan die Errichtung einer Zwangsimpfungsdiktatur wahlweise durch Grüne, Sozialisten, Venezolaner oder George Soros vor, während die New Ager vor einer Big-Pharma-Zwangsimpfungsdiktatur mit gentechnisch veränderten Organismen, biometrischen Implantaten, 5G und Roboterhunden warnen. Abgesehen von der Covid-Auffrischungsimpfung sind die Verschwörungstheorien dieser politischen Konvergenz nicht neu – die meisten sind schon seit Jahrzehnten im

Umlauf, manche sogar uralte Ritualmordlegenden. Neu ist jedoch die magnetische Anziehungskraft, mit der sie einander finden und sich zu einer »Verschwörungssingularität« vereinigen, wie es die *Vice*-Reporterin Anna Merlan genannt hat.[9]

In Deutschland ist in diesem Zusammenhang meist von *Querdenkern* die Rede. Ihre Bewegung ist ein besorgniserregendes Bündnis von New-Age-Gesundheitsfanatikern, die nichts Unreines in ihre sorgsam gepflegten Körper lassen wollen, mit neofaschistischen Parteien, die den Kampfruf der Impfskeptiker in der Covid-Ära als Teil des Widerstands gegen eine »Hygienediktatur« aufgegriffen haben. (Das soll Erinnerungen an die »Rassenhygiene« der Nazizeit wecken, als wäre es irgendwie dasselbe, ob man Menschen – wie bei den Nazi-Gräueltaten – oder Krankheitserreger als Krankheitserreger behandelt.) Inspiriert von dem Begriff *Querdenken*, bezeichnen William Callison und Quinn Slobodian, die sich beide mit europäischer Politik beschäftigen, solche sich herausbildenden politischen Bündnisse auch über den deutschen Kontext hinaus mit diesem Wort. »Die Querdenker sind nicht zuletzt ein Produkt neuer Technologien und veränderter Kommunikationsverhältnisse«, erläutern sie. »Sie stellen die herkömmliche Links-rechts-Unterscheidung gern in Frage (wobei sie im Allgemeinen politisch extrem rechten Überzeugungen zuneigen), geben sich doppeldeutig bis zynisch gegenüber parlamentarisch organisierter Politik und verbinden ganzheitliche und spirituelle Überzeugungen mit einem beharrlichen Sprechen über individuelle Freiheiten. In ihren extremen Auswüchsen teilen Querdenker-Bewegungen die Überzeugung, dass Macht per se verschwörerisch ist.«[10]

Trotz der angeblichen Postparteilichkeit dieser Bewegungen ist es rechten, oftmals rechtsextremen politischen Parteien in aller Welt gelungen, die aufrührerischen Leidenschaften und Energien der Querdenker zu vereinnahmen, deren Klagen aus der Covid-Zeit in schon vorhandene Anti-»Wokeness«-Projekte einzubinden und Ängste vor migrantischen »Invasionen« zu schüren. Dennoch ist es für diese Bewegungen wichtig, sich so darzustellen, als hätten sie mit Politik as usual gebrochen (und das auch selbst zu glauben); und zu behaupten, sie seien etwas Neues, jenseits der traditionellen Pole von links und rechts.

Deshalb ist es für sie von so großer Bedeutung, dass ein paar prominente selbsternannte Progressive und / oder Liberale dabei sind. Von diesen Progressiven wird allerdings nicht verlangt, dass sie dem Ziel der sozialen Gerechtigkeit abschwören und ein ultrarechtes Weltbild übernehmen (der Weg bekannter ehemaliger Trotzkisten wie Irving Kristol Mitte des 20. Jahrhunderts). Im Gegenteil, sie sollen sich weiterhin als stolze Angehörige der Linken oder als engagierte Liberale verstehen – und zugleich behaupten, die Bewegungen und Strömungen, zu denen sie früher gehörten, hätten ihre Ideale verraten, so dass gerade solch besonders couragierte Individuen wie sie nun politisch heimatlos und auf der Suche nach neuen Bündnissen seien. Diese Exilanten des Progressivismus präsentieren sich also nicht als Überläufer, sondern als Loyalisten – ihnen zufolge sind die Hochstapler und Betrüger ihre ehemaligen Genossen und Kollegen.

Es gibt etliche solcher Gestalten, aber meine Doppelgängerin hat besonders viel Übung in diesem Manöver. Als Wolf 2021 bei rechten Medienunternehmen in Erscheinung zu treten begann, gab sie sich beispielsweise zurückhaltend und alles andere als aufmüpfig. Sie sagte, dass sie für Biden gestimmt hatte, betonte, für die *New York Times* und den *Guardian* geschrieben zu haben und bei MSNBC aufgetreten zu sein, und bezeichnete sich als »Darling« der liberalen Medien.[11] Aber jetzt, sagte sie, hätten nur rechte Sendungen wie die von Carlson und Bannon den Mut, ihr eine Plattform zu geben.

Die rechten Showmaster, bei denen Wolf zu Gast war, stellten sie ausführlich und in blumigen Worten vor, listeten all ihre liberalen Referenzen auf und zeigten sich schockiert, dass Wolf und sie womöglich auf derselben Seite standen. »Ich hätte nie gedacht, dass ich mal mit Ihnen reden würde, außer in einem Debattenformat«, sagte Tucker Carlson, als er Wolf zum ersten Mal in seiner Sendung hatte.[12] Dann ergänzte er unter Bezugnahme auf einen Tweet, in dem Wolf erklärt hatte, sie bereue, für Joe Biden gestimmt zu haben: »Ich war beeindruckt von dem Mut, den Sie aufgebracht haben müssen, um das zu schreiben – sicher haben Sie dadurch Freunde verloren, wie auch durch Ihren Auftritt in dieser Show.« Wolf nickte mit wehmütigem Lächeln und ließ es sich gefallen, dass sie wie eine Heldin empfangen wurde.

Als sie im Podcast von James Delingpole mitwirkte, einem von Großbritanniens lautstärksten Klimaleugnern und rechtsextremen Provokateuren,[13] begann dieser mit den Worten: »Das ist so unwahrscheinlich … Vor fünf Jahren wäre der Gedanke, Sie und ich würden miteinander das Brot brechen … Ich habe Sie irgendwie mit der anderen Naomi in einen Topf geworfen – Sie wissen schon, Naomi Klein, Naomi Wolf, wo ist da der Unterschied?« (Hier einen stummen Schrei von mir einfügen.) »Und da wären wir nun«, fuhr er fort. »Ich glaube, wir sind Verbündete in einem viel, viel größeren Krieg. Und Sie haben wirklich großartig gekämpft, also Glückwunsch.«[14] Erneut nahm sie das alles begierig in sich auf und verhielt sich weiterhin betont zurückhaltend, wie immer bei diesen unbeholfenen politischen First Dates.

Als Wolf mit der Zeit immer mehr zu einer festen Größe wurde, schien sie ihre neue Rolle jedoch zu genießen. Sie spielte freudig die Angehörige der bei den rechten Populisten verhassten liberalen Küsten-Elite und streute bei ihren Auftritten bei Steve Bannon sogar französische Wörter ein. In einer Sendung über die Lockdown-Regeln in Frankreich fragte sie: »Was ist bloß aus *Liberté*, *Egalité* und *Fraternité* geworden?« – als wären die meisten seiner Zuhörer nicht dieselben, die ihre Pommes frites von »French fries« in »Freedom Fries« umgetauft hatten, nachdem Frankreich 2003 die Teilnahme an George W. Bushs Einmarsch in den Irak abgelehnt hatte. Und bei ihrem ersten Auftritt in seiner Sendung sagte sie zu Bannon: »Ohne Ihnen zu nahe treten zu wollen, ich habe Sie jahrelang für den Teufel gehalten. Jetzt bin ich so froh, Sie bei mir im Schützengraben zu haben, zusammen mit anderen Leuten aus dem gesamten politischen Spektrum, die für die Freiheit kämpfen … Wir müssen sofort auf diese Etiketten verzichten, wenn wir alle gemeinsam für unsere Verfassung und unsere Freiheiten kämpfen wollen.«[15]

Das ist die entscheidende Botschaft, die wir der Querdenker-Politik entnehmen sollen: Allein schon die Tatsache, dass es diese unwahrscheinlichen Allianzen überhaupt gibt, dass die Beteiligten bereit sind, sich trotz ihrer früheren Differenzen auf ein gemeinsames Ziel zu verständigen, soll als Beweis dafür dienen, dass ihre Sache sowohl dringlich als auch unverzichtbar ist. Wie könnte Wolf sonst ihre Kooperation mit Bannon rechtfertigen, der gemeinsam mit Trump einen politischen Diskurs normalisiert hat, in dem Migranten als monströse Andere entmenschlicht wurden – als Vergewaltiger, Bandenmitglieder und Krankheitsüberträger? Deshalb stützt sich Wolf auch so stark auf extreme historische Analogien – sie vergleicht die gesundheitspolitischen Covid-Maßnahmen mit der Naziherrschaft, der Apartheid und der Sklaverei.[16] Eine solche rhetorische Eskalation ist erforderlich, um ihre neuen Bündnisse zu rechtfertigen. Wenn man »Sklaverei für immer« oder einen modernen Hitler bekämpft, wird alles – auch, mit wem man sich dabei einlässt – zu einem unwichtigen Detail. Auf ganz ähnliche Weise wurden evangelikale Christen von ihren Anführern dazu gebracht, Trumps Verhalten zu ignorieren – seine Schürzenjägerei, die ihm zur Last gelegten sexuellen Übergriffe, die Lügen, die Grausamkeit –, obwohl es gegen die von ihnen vertretenen Werte verstieß. Um über all das hinwegsehen zu können, mussten sie ihm allen Ernstes die Rolle eines schmuddeligen Boten des Herrn zuschreiben, der auf die Erde gesandt worden war, um gegen Gottes eigenen Doppelgänger zu kämpfen: den Teufel. Das ewige Seelenheil steht auf dem Spiel – was macht es da schon aus, wenn der Heilsbringer einer Frau mal kurz zwischen die Beine fasst?

Aber um welche größere Sache geht es beim Bündnis von Bannon und Wolf eigentlich genau? Was haben die beiden davon, dass sie sich miteinander einlassen?

Goldgrube Covid

Folgende Frage bekomme ich oft zu hören, in diversen Varianten: Warum ist sie dermaßen neben der Spur? Hat sie den Verstand verloren? Die Fragesteller wollen eine Diagnose, aber im Gegensatz zu

Wolf spiele ich nicht so gern Doktor. Ich hätte allerdings so etwas wie eine Gleichung anzubieten. Sie bezieht sich auf jene Linken und Liberalen, die zur autoritären Rechten überlaufen, und sieht ungefähr so aus: Narzissmus (Selbstherrlichkeit) + Social-Media-Sucht + Midlife-Crisis ÷ öffentliche Demütigung = GAU, also: Schwenk nach rechts. In dieser Gleichung dürfte durchaus eine gewisse Wahrheit stecken.

Je mehr ich jedoch über Wolfs Aktivitäten in letzter Zeit erfahre, desto weniger kann ich der Prämisse dieser Fragen zustimmen. Sie implizieren ja, dass sie auf die Nase fiel, als sie aus der Spur geriet. Zutreffender wäre, dass Wolf aus der Spur geriet und prompt in den Armen von Millionen Menschen landete, die jede ihrer eigenwilligen Theorien kritiklos akzeptieren und sie anzubeten scheinen. Obwohl sie also eindeutig etwas verlor, hat sie weitaus mehr gefunden, nämlich eine komplette neue Welt.

Dass Wolf sich ausgerechnet mit jenen Leuten verbündet, die Krieg gegen die Freiheit der Frauen führen, stellt Feministinnen aus der Generation meiner Mutter vor ein Rätsel. Und in gewissem Sinn ist es auch eins. Noch 2019 bezeichnete Wolf ihr unglückseliges Buch *Outrages* als »Warnung davor, was geschieht, wenn der säkulare Staat die Macht erhält, Ihr Schlafzimmer zu betreten«.[17] Jetzt ist sie mit den Leuten im Bunde, die den Obersten Gerichtshof der USA mit Möchtegern-Theokraten besetzt haben, derentwegen Kinder gegen ihren Willen Babys austragen müssen. Dennoch ist Wolfs Verhalten auch ein perfektes Destillat der Werte der Aufmerksamkeitsökonomie, die so viele von uns dazu erzogen hat, unsere Bedeutung mit Hilfe einer primitiven, volumenbasierten Matrix zu messen. Wie viele Follower? Wie viele Likes und Retweets? Wie oft geteilt und angesehen? Hat es getrendet? Gemessen wird nicht, ob etwas richtig oder falsch, gut oder schlecht ist, sondern nur, wie viel Volumen, wie viel »Traffic«, also Datenverkehr es im Äther generiert. Und wenn Volumen das Zauberwort ist, dann sind jene Crossover-Stars, die auf der Rechten ganz neue Celebrity-Niveaus erreichen, nicht verloren – sondern gefunden worden.

»Manche Schriftsteller flüchten sich in den Alkohol, andere zu ihrem Publikum«, sagte Gore Vidal 1981.[18] Wolf tat Letzteres, aber auf eine Art, wie es sich Vidal, dessen Glanzzeit vor den sozialen Medien lag, nicht hätte vorstellen können. Wolf erfasste das Ausmaß der Verschiebung hin zur Aufmerksamkeitsökonomie früher als die meisten Autorinnen und Autoren ihrer Generation. 2008 meldete sie sich bei Facebook an und nutzte dessen Self-Publishing-Potenziale weidlich aus, indem sie lange, unbearbeitete, häufig faktenfreie Theorien und später, als die Technologie verfügbar war, auch Live-Videos in die Welt hinausschickte.

Wolf mag schlecht recherchieren, aber mit dem Internet kommt sie bestens zurecht. Sie verpackt ihre Ideen in Listenartikel für das Clickbait-Zeitalter: »In 10 einfachen Schritten zum faschistischen Amerika.« (Vorsicht vor Schritt Nr. 10!) »Erobern wir unsere fünf Freiheiten zurück.« Ihre Website DailyClout zeigt, wie gut Wolf die Kunst beherrscht, aus dem Internet Gewinn zu schlagen: Sie erregt nicht nur Aufmerksamkeit, sondern verwandelt diese Aufmerksamkeit auch in Geld. Sie lässt Werbung zu; verkauft Merchandise-Artikel mit stilisiertem Wolf-Logo (»The power is in the pack« – »Nur im Rudel ist man stark«); und verlangt 3,99 Dollar pro Monat für die »Premium«- oder $ 9,99 Dollar für die »Pro«-Mitgliedschaft.[19] Sie sammelt auch Spenden, obwohl DailyClout ein Unternehmen und keine Wohltätigkeitsorganisation ist. Und was macht es schon, dass eines der originellen Angebote auf ihrer Website – Zugang zu Gesetzentwürfen und Beschlüssen zu bieten – darin besteht, etwas zu verkaufen, was ohnehin kostenlos ist und jederzeit abgerufen werden kann. Es ist ein bisschen so, als würde man vor einer öffentlichen Bibliothek eine private Mautstation aufstellen: eine dreiste Gaunerei.

Vor diesem Hintergrund ist der Name, den Wolf für ihre Website gewählt hat, aufschlussreich. Denn Wolf hat sich im Lauf der letzten zehn Jahre in etwas verwandelt, was typisch für unsere Zeit ist: eine Person, die nach »Clout« strebt, also nach Wirkungsmacht und vor allem politischer Schlagkraft. Clout ist die wertfreie Währung eines Zeitalters, in dem alle immer online sind, ist sowohl Ersatz für pekuniären Reichtum als auch ein Weg dorthin. Clout berechnet sich nicht nach dem, was man tut, sondern danach, wie stark man im öffentlichen Leben als Person in Erscheinung tritt. Man bekommt Clout, indem man das Opfer spielt. Man bekommt Clout, indem man andere zu Opfern macht. Damit kennen sich Linke wie Rechte gleichermaßen aus. Einfluss mag schwanken, aber Clout hat sich fest eingenistet und nimmt Raum um seiner selbst willen ein.

Wenn es also ein Muster für die vielen, vielen Verschwörungstheorien gibt, die Wolf in den letzten Jahren in Umlauf gebracht hat, dann dieses: Es ging stets um Themen, die zur betreffenden Zeit die Nachrichten beherrschten und die Emotionen hochkochen ließen. Klar, wer im Rahmen seiner beruflichen Tätigkeit Analysen zu aktuellen Ereignissen anbietet, wie wir es tun, ist nie davor gefeit, sich im Eifer des Gefechts zugespitzt zu äußern. Aber was Wolf getan hat – von Assange über Ebola bis zum IS –, ging weit darüber hinaus: Mit der Behauptung, über geheime Informationen zu verfügen, die sie ganz allein entdeckt habe, und der Behauptung, sie werde aufs Schärfste verfolgt, weil sie ihr Wissen weiterzugeben wage, konnte sie sich in zahllosen kulturellen Trenddebatten eine zentrale Position verschaffen. Wo immer die Wellen hochschlugen, da war auch sie.

Und nie schlugen sie so hoch und versprachen so viel Clout wie bei Covid-19. Wir alle wissen, warum. Es war eine globale, synchrone Pandemie. Wir waren digital miteinander verbunden, sprachen wochen-, monate- und jahrelang über dasselbe, auf denselben globalen Plattformen. Wie Steven W. Thrasher in *The Viral Underclass* schreibt, war Covid-19 »die erste virale Pandemie, die man auch durch virale Geschichten in den sozialen Medien miterleben konnte« und die damit »so etwas wie Viralität hoch zwei« erzeugte.[20]

Diese Viralität hoch zwei bedeutete, dass man zu einer alle vorherigen Viralitätserlebnisse in den Schatten stellenden digitalen Reise auf dem fliegenden Teppich abheben konnte, wenn man den richtigen Content zum Thema Pandemie ins Netz stellte – markiert mit der richtigen Kombination von Keywords (»Großer Neustart«, »Weltwirtschaftsforum«, »Bill Gates«, »Faschismus«, »Fauci«, »Pfizer«) und mit boulevardesken Überschriften versehen (»Politische Führer machen gemeinsame Sache, um uns die Macht wegzunehmen«, »Was wir nicht wissen sollen«, »Bill Gates hat WAS gesagt?!?«). Die Beteiligten kennen sich mit solchen Dingen aus: So brachte etwa das virale *Plandemie*-Video in der Anfangszeit der Lockdowns den Covid-Verschwörungsball ins Rollen und erzielte damit schon in der ersten Woche acht Millionen Views. Sein Regisseur Mikki Willis sagte der *Los Angeles Times*: »Na klar, das Branding war verschwörerisch und schockierend. Aber leider muss man das in der heutigen Zeit so machen, wenn man Aufmerksamkeit erregen will.«[21]

Katastrophen-Doppelgänger

Das ist ein neuer Dreh des Katastrophen-Kapitalismus, dessen Fährte ich schon bei früheren Schocks gefolgt bin. Damals habe ich von jenen Privatunternehmen berichtet, die aus Not und Angst im Gefolge von Hurrikanen und Kriegen Profit schlugen, indem sie bewaffnete Kräfte und Ressourcen für den Wiederaufbau zur Verfügung stellten und sich teuer bezahlen ließen. Das ist der Katastrophen-Kapitalismus alter Schule, der uns in die Taschen greift; dies nun ist ein Katastrophen-Kapitalismus, der unsere Aufmerksamkeit ausbeuten will – in einer Zeit, in der Aufmerksamkeit das wertvollste Gut unserer Kultur sein dürfte. In Krisenzeiten hat es schon immer wilde Verschwörungstheorien gegeben, doch nie zuvor waren sie eine eigenständige, boomende Industrie. William Callison und Quinn Slobodian sehen in puncto Covid einen »politischen Ansatz … der aus Verschwörungstheorien Kapital schlägt«.[22]

Zusätzlich zu den üblichen Versuchen, insgeheim eine Politik zu betreiben, die wirtschaftlichen Eliten auf Kosten der breiteren Öffentlichkeit Vorteile bringt, oder vom Bedarf an medizinischer Ausrüstung und ärztlichen Behandlungen direkt zu profitieren (beides Phänomene, die wir im Verlauf der Pandemie gesehen haben), waren wir jetzt also auch mit einer kleinen Armee von Querdenkern konfrontiert, die mit kruden Verschwörungstheorien hausieren gingen, denen zufolge die ganze Katastrophe von einem sinistren Klüngel fabriziert wurde, der damit seine neue Weltordnung einführen oder seine eugenische Agenda umsetzen wollte. Mittlerweile stelle ich mir diese Armee, die sich so stark auf Mutmaßungen und Clickbait-Übertreibungen stützt, als ein Heer von Katastrophen-Doppelgängern vor, da ihre äußerst profitablen Aktivitäten von den sehr realen Skandalen ablenken, die sich direkt vor unseren Augen abspielen und dringend unserer Aufmerksamkeit bedürften.

Die ökonomischen Anreize für diese Sorte Online-Content sind eigentlich schon eine hinreichende Erklärung dafür, warum sich bestimmte Figuren des öffentlichen Lebens im Lauf jenes ersten Covid-Jahres zu verwandeln schienen – sie wurden manischer; zorniger; eher bereit, Brücken abzureißen, absonderliche Behauptungen aufzustellen und unseriöse und schlecht belegte Informationen weiterzugeben, wenn die Chance bestand, dass diese von einer starken Strömung im digitalen Ozean getragen würden. Ich könnte eine Liste erstellen, aber das tun Sie in Gedanken sicherlich schon selbst: »Ich habe X und Y wirklich vertraut. Was ist bloß aus ihnen geworden? Es ist, als hätten sie ein Alter Ego, vor dem sie vollständig kapituliert haben.«

Sucht ist wahrscheinlich der relevanteste Aspekt, wenn man diese beunruhigenden Persönlichkeitsveränderungen verstehen will. In Robert Louis Stevensons Klassiker der Doppelgänger-Literatur, *Der seltsame Fall des Dr. Jekyll und des Mr. Hyde*, verwandelt sich Dr. Henry Jekyll immer wieder in den mörderischen Edward Hyde, wenn er ein geheimnisvolles Serum trinkt; mit der Zeit wirkt das Serum jedoch nicht mehr, und der ursprüngliche Dr. Jekyll verschwindet vollständig. Etliche Personen, die ich früher einmal gekannt und deren Gesellschaft und Arbeit ich geschätzt habe, schlucken – nach ihrem Verhalten im Lauf der letzten paar Jahre zu urteilen – offenbar ein Dopamin freisetzendes Serum, das sie womöglich dauerhaft in zum digitalen Zeitalter passende Versionen von Mr. Hyde verwandelt hat. Meine Doppelgängerin kennt diese warnende Geschichte ganz bestimmt. Das schließe ich aus einem weiteren verblüffenden Detail, auf das ich bei meinen Recherchen gestoßen bin: Ihr Vater Leonard Wolf hat 1995 eine kommentierte Ausgabe von *Dr. Jekyll und Mr. Hyde* veröffentlicht, die als »umfassendste Ausgabe« von »Robert Louis Stevensons klassischer Geschichte über Dualität« angepriesen wurde und angeblich alles enthielt, »was Sie jemals über die berühmteste gespaltene Persönlichkeit der Literatur wissen wollten«.[23]

Obwohl meine Doppelgängerin also durchaus Grund gehabt hätte, sich vor den Gefahren der digitalen Dopaminsucht in Acht zu nehmen, waren in der Pandemiezeit nur wenige anfälliger als sie für die Verlockungen solcher Rauschzustände – denn nur wenige hatten einen solchen Clout-Crash erlebt wie sie nach jenem unerträglichen BBC-Interview im Jahr 2019. Wenn man also wissen will, wie alles anfing, welches Ereignis Wolfs späteren Schwenk zur pseudopopulistischen Rechten determinierte, dann war es wahrscheinlich der Moment, als sie live in der BBC mit ihren Fehlern konfrontiert und daraufhin gedemütigt und verspottet wurde und man ihr Buch einstampfte. Rosie Boycott, eine britische Feministin, die Wolf noch aus ihrer *Mythos Schönheit*-Zeit kannte, stellte fest, dass es für sie nach dem *Outrages*-Debakel keine Rückkehr zur liberalen Intelligenzija mehr geben konnte, so dass sie »eine neue Welt für sich finden musste, in der Fakten keine Rolle spielen, und in die ist sie nun übergewechselt. Natürlich ist sie dort auch gleich ein Superstar geworden.«[24]

Das Gegenteil von gecancelt

Das ist die Ironie an der liberalen Twitter-Szene, die Wolfs scheinbares Verschwinden gefeiert hat (zumindest bis Musk sie wieder aufnahm). Da die meisten Liberalen und Linken sich Bannon oder die anderen Shows, in denen sie mittlerweile regelmäßig zu Gast ist, weder ansehen noch anhören, dachten sie, Wolf hätte sich in Luft aufgelöst und böte damit keinen Anlass zur Sorge mehr.

»RIP.«

»Death recorded.«

Ein bisschen wie kleine Kinder, die denken, die Welt verschwände, wenn sie die Augen schließen. Wolf ist nämlich keineswegs aus der

Öffentlichkeit verbannt: Dank Bannon und Carlson steht sie jetzt in hellerem Scheinwerferlicht und hat eine größere Plattform als je zuvor seit ihrer glorreichen Zeit in den 1990er Jahren.

Dennoch warf der weit verbreitete Glaube, sie hätte keinerlei Bedeutung mehr, für mich die Frage auf, ob das, was so oft als Cancel Culture bezeichnet wird, nicht auch ein Ergebnis unserer Programmierung durch diese Plattformen und ihre Tools sein könnte. Es ist Jahre her, dass ich jemanden auf Twitter blockiert habe, aber ich schalte Accounts recht häufig stumm – sobald ich einen arglistigen Angriff sehe oder mir jemand auffällt, dessen Posts mich zuverlässig in schlechte Laune versetzen, klicke ich auf »stummschalten«. Das ist befriedigend und vermittelt mir ein Gefühl von Selbstbestimmung auf diesen Plattformen, wo sonst alles von anderen bestimmt wird. Aber es beunruhigt mich auch, wie leicht wir andere Menschen abschalten können. Ich fürchte, wenn wir imstande sind, andere mit einem Tastendruck verschwinden zu lassen, prägt das irgendwie auch unsere Gewohnheiten. (So wie das sadistische Vergnügen, Teil des Rudels zu sein, das jemanden ein für alle Mal von einer Plattform vertreibt, sicherlich auch Gewohnheiten prägt.)

Wenn wir einmal selbst dafür gesorgt haben, dass jemand verschwindet – puff! Problem gelöst! –, akzeptieren wir vielleicht eher, dass die Techunternehmen dasselbe tun und Leute mittels einer automatisierten Nachricht hinauswerfen können. Vielleicht fällt es uns dann sogar leichter, es bei unseren Beziehungen in der realen Welt auch so zu machen. Der Anderen Naomi ist es offensichtlich so ergangen. Wolf hat sich mit abertausend Wörtern detailliert über jene Familienangehörigen, Nachbarn und Freunde geäußert, die sie wegen ihrer Covid-Eskapaden praktisch »gelöscht« haben, darunter eine beste Freundin, die »das Land grußlos verlassen hat«, »die Freundin, deren Tochter ein Baby bekam und die mich nicht ins Haus lassen wollte, damit ich das Kind sehen konnte« und »der Freund, der sagte, er wolle nicht mit Ungeimpften in einem Raum sitzen«.[25]

Wenn Menschen auf diese Weise aus unseren sozialen Netzen fliegen – ob online oder in unserem Alltagsleben –, kann es tatsächlich den Anschein haben, als wären sie verschwunden, als wären sie auch in der realen Welt stummgeschaltet worden. Aber das ist sehr weit von der Wahrheit entfernt. Wenn jemand aus progressiven Gesprächsrunden oder Gemeinschaften ausgestoßen wird, weil er etwas Verletzendes oder Ignorantes gesagt oder getan, eine Identitäts-Orthodoxie in Frage gestellt oder zu schnell zu viel Erfolg gehabt hat und darum auf die Abschussliste geraten ist, wird seine Abwesenheit häufig gefeiert, so wie bei Wolfs Twitter-Exil. Aber diese Leute verschwinden nicht, nur weil wir sie nicht mehr sehen. Sie gehen woandershin. Und viele von ihnen gehen in die Spiegelwelt: eine Welt, die frappierende Ähnlichkeit mit unserer hat, aber ganz offensichtlich verzerrt ist.

Bei Twitter rausgeflogen? Melde dich bei der Nachahmer-Website Gettr an, der rechten Twitter-Rivalin, die vom ehemaligen Trump-Berater Jason Miller ins Leben gerufen wurde: »Im Gegensatz zu den Silicon-Valley-Oligarchen wird Gettr deine Daten NIEMALS verkaufen.«[26] (Wolf hat dort fast 200000 Follower, mehr als auf Twitter vor ihrem Rauswurf.)

Von YouTube zensiert? Leg dir einen Account bei Rumble zu.

Vom Shadowban auf Instagram betroffen? Versuch's mit Parler. »Sag offen deine Meinung«, drängt das Unternehmen, auf »der führenden Social-Media-App, die sich vom Ersten Verfassungszusatz leiten lässt«.[27]

GoFundMe hat behauptet, mit den von dir eingeworbenen Geldern für deinen Lieblings-Freedom Convoy würden Gewalt und Schikane unterstützt, und die Auszahlung verweigert? Keine Sorge, GiveSendGo, »die Nummer 1 der freien christlichen Fundraising-Sites«, wird das Geld auszahlen, ohne Fragen zu stellen (ein Gebet gibt es gratis dazu).

Bannon verkauft sogar seine eigene Währung, angefangen mit der »FJB Coin«; die Initialen stehen natürlich für »Fuck Joe Biden«. Man könne der US-amerikanischen Währung nicht mehr vertrauen, sagt er, die Demokraten hätten sie entwertet, und sie »macht euch tagtäglich das Leben schwer – deshalb braucht ihr Alternativen.«[28]

Fast jeder, mit dem ich heutzutage rede, scheint Menschen an die

Spiegelwelt zu verlieren. Leute, die man gut gekannt hat, die einem jetzt aber irgendwie fremd geworden sind, so dass man verunsichert und beklommen zurückbleibt.

»Ich kann nicht mehr mit meiner Schwester reden.« – »Meine Mutter ist komplett abgedreht.« – »Ich zerbreche mir den Kopf, wie ich meine Oma von Facebook wegkriege.« – »Früher war er mal mein Held. Jetzt schreien wir einander nur noch an, statt miteinander zu reden.«

Was ist mit ihnen passiert?

Wenn wir uns die Spiegelwelt anschauen, liegt es für uns auf der Hand, dass sich Millionen von Menschen in Phantasien, Illusionen und Schauspielerei verloren haben. Viel komplizierter und wahrhaft unheimlich wird die Sache jedoch dadurch, dass sie genau dasselbe sehen, wenn sie uns anschauen. Sie sagen, wir lebten in einer »Clown-Welt«, seien in »der Matrix« des »Gruppendenkens« gefangen, litten unter einer Form kollektiver Hysterie namens »Massenformationspsychose« (ein erfundener Begriff).[29] Der springende Punkt ist: Beide Seiten des Spiegels sind sich zwar darüber einig, dass sie die Realität unterschiedlich interpretieren, aber uneins darüber, wer in der Realität lebt und wer in einer Simulation. Curtis Yarvin, ein Haus-Intellektueller von Bannons Rechten, sagt: »Meine Aufgabe … besteht darin, die Leute aus der Truman Show aufzuwecken.«[30] Naomi Wolf zufolge verwandeln sich Kinder, die in der Schule Maske tragen, in gruselige, gespenstische Kreaturen; sie seien »ruhiggestellt … wie die Kinder von Stepford.«[31]

Auf dieses Stepford-Thema kommt sie häufig zu sprechen. Im Juli 2022 trat Wolf in einem rechten Podcast eines Senders namens *Today's News Talk* auf und ließ dem Publikum ihre »neuesten Überlegungen« zuteilwerden.[32] Bei einer Reise nach New York City mit seinen fast durchgängig geimpften Bewohnern sei ihr aufgefallen, dass die Menschen dort … anders wirkten. Es sei sogar so, als wären sie gar keine Menschen.

»Man kann die menschliche Energie nicht so wahrnehmen wie sonst, es ist, als wäre das Energiefeld kaum noch vorhanden, als wären die Leute Hologramme … Es ist jetzt wie eine Geisterstadt, man ist da, man sieht sie, aber man kann sie nicht *spüren*.« Und ihr war sogar etwas noch Bizarreres aufgefallen: »Die Leute [die geimpft sind] haben keinen Geruch mehr. Man kann sie nicht riechen. Ich meine, sie riechen nicht schlecht oder so – ich rede nicht von Deodorant. Ich will sagen, es riecht nicht so, als wäre ein menschliches Wesen im Raum, und es fühlt sich auch nicht so an, als wäre ein menschliches Wesen im Raum.«[33]

Das, erklärte sie der Moderatorin, liege an den »Lipid-Nanopartikeln« in den mRNA-Impfstoffen, denn die »gehen ins Gehirn, sie gehen ins Herz und verkleben es irgendwie.« Vielleicht sei sogar die »Wellenlänge der Liebe« betroffen von einer solchen »Verklebung … was ihre Übertragungsfähigkeit reduziert«.[34]

»So wirken diese Lipid-Nanopartikel«, schloss sie.[35]

Nein, so wirken Lipid-Nanopartikel nicht. Auch Impfstoffe wirken nicht so. Nichts wirkt so. Außerdem, und ich kann kaum glauben, dass ich diese Worte niederschreibe: *Geimpfte riechen nach wie vor wie Menschen*. Vielleicht hatte Wolf selbst Covid, und ihr Geruchssinn war beeinträchtigt, wie es bei vielen der Fall ist, die an Long Covid leiden. Dennoch gestand die Moderatorin, ihr sei auch aufgefallen, dass Geimpfte wie Gespenster wirkten. Sie sei so froh, dass Wolf den Mut habe, das in Worte zu fassen!

Das ist offensichtlich spinnertes Zeug. Solche Sachen lösen bei mir ein selbstgefälliges Überlegenheitsgefühl aus, wie diese Handy-Witze. Aber das Problem ist auch hier: Vieles von dem, was Wolf sagt, so realitätsfern es auch sein mag, trifft einen wahren Kern. Moderne Großstädte haben tatsächlich etwas Lebloses und Anomisches, und das hat sich während der Pandemie noch verschärft – viele von uns haben in gewisser Weise das Gefühl, dass wir weniger lebendig und weniger präsent, aber immer einsamer werden. Das liegt nicht am Impfstoff; es liegt am Stress, am Tempo, an den Bildschirmen und den Ängsten, die allesamt Nebenprodukte des Kapitalismus in seiner nekrologisch-technologischen Phase sind. Aber wenn die eine Seite das alles okay und normal findet und die andere es als »unmenschlich« bezeichnet, sollte es niemanden wundern, dass letztere erhebliche Anziehungskraft besitzt.

Bei meinen Doppelgänger-Recherchen habe ich gelernt, dass es eine reale Erkrankung namens Capgras-Syndrom gibt. Wer darunter leidet, gelangt zu der Überzeugung, dass Menschen in seinem Leben – Ehepartner, Kinder, Freunde – durch Kopien oder Doppelgänger ersetzt wurden. Dem Filmhistoriker Paul Meehan zufolge hat die Entdeckung dieses Syndroms wahrscheinlich SF-Klassiker wie *Invasion der Körperfresser* und *Die Frauen von Stepford* inspiriert.[36] Aber wie nennt man es, wenn eine Gesellschaft sich in zwei verfeindete Fraktionen aufspaltet, die beide davon überzeugt sind, dass die andere durch Doppelgänger ersetzt worden ist? Gibt es dafür auch ein Syndrom? Und eine Lösung?

*

Um zur Ausgangsfrage zurückzukehren: Was hat Wolf von ihrer Allianz mit Bannon und von ihrem neuen Leben in der Spiegelwelt? Sehr viel. Sie bekommt alles, was sie einmal besaß und verlor – Aufmerksamkeit, Respekt, Geld, Macht. Nur durch einen Zerrspiegel. In Miltons *Das verlorene Paradies* fand Luzifer, ein gefallener Engel, es »besser … Herr der Hölle zu sein, als Sklav' im Himmel«.[37] Durchaus möglich, dass meine Doppelgängerin Bannon immer noch für den Teufel hält, aber vielleicht findet auch sie es besser, an seiner Seite zu dienen, als weiterhin an einem Ort verspottet zu werden, der sich als himmlisch anpreist, an dem es jedoch, wie wir alle wissen, selbst schon ausgesprochen höllisch zugeht.

Und was ist mit Bannon? Was hat er von Querbündnissen mit Leuten wie Wolf? Was hat sie, was er braucht? Und was hatte er darüber hinaus von Covid und all den damit zusammenhängenden Verschwörungstheorien, sinistren Geschichten, die jetzt seiner gesamten Show den Rahmen geben (die früher *War Room* hieß, seit 2020 jedoch als *War Room: Pandemic* firmiert)? Bannon geht es nicht um Clout, davon hat er jede Menge, zumindest nicht um Clout an sich. Er hat ein klares Ziel, und mir wurde klar, dass meine Doppelgängerin auf dem Weg dorthin eine entscheidende Rolle spielen würde.

7

MAGA Plus

Als Kind erfuhr ich über den Vorgang der Geburt mehr als vermutlich gut für mich war. Mein Vater Michael Klein war Haus- und Kinderarzt und entband nicht nur Hunderte von Babys, sondern arbeitete auch als Wissenschaftler an der McGill University, wo er in den Krankenhäusern von Montreal randomisierte kontrollierte Studien durchführte. Dabei wurden die Auswirkungen verschiedener Eingriffe auf die Gesundheit von Müttern und Babys gemessen: Geburtseinleitung, Epiduralanästhesie, Zangengeburt, Dammschnitt, Kaiserschnitt. Wenn besonders auffällige Daten hereinkamen, konnte er die Ergebnisse nicht für sich behalten. Und deshalb wusste ich über postnatale Inkontinenz und Scheidenriss Bescheid, bevor ich in die Pubertät kam – ich hätte von alldem lieber nichts gewusst.

Ich erfuhr weitere erschreckende Details. Mein Vater und seine Kollegen bildeten Ärzte im Praktikum aus, und eines Abends in den späten 1970er Jahren, ich war etwa acht, kam er aufgeregt nach Hause und erzählte von einer Neuerung, die sie in einigen Untersuchungszimmern eingeführt hatten: den Einwegspiegel. Bisher, so erklärte er, hatten er und seine Kollegen den Ärztinnen und Ärzten im Praktikum über die Schulter schauen müssen, um sich zu vergewissern, dass sie die Patientinnen richtig behandelten, was dazu führte, dass sich alle, die angehenden Ärzte ebenso wie die Patientinnen, befangen fühlten. Jetzt konnten die Patientinnen, darunter auch Schwangere, mit dem Arzt unter vier Augen sprechen. Doch es gab etwas im Zimmer, das wie ein Spiegel aussah, und ein Mikrophon. Mein Vater oder einer seiner Kollegen saß in einem kleinen Raum nebenan und beobachtete das Ganze durch einen Einwegspiegel, um bei Bedarf eingreifen zu können.

»Aber was ist mit den Patientinnen? Wissen sie, dass du da bist?«

Mein Vater versicherte mir, dass sie es wüssten. Na ja, irgendwie.

»Wir erklären allen unseren Patientinnen, dass sie in einem Lehrkrankenhaus sind und beobachtet werden können. Und wenn sie mehr Privatsphäre wünschen, können sie das verlangen.«

Das beruhigte mich ganz und gar nicht. Diese armen, kaum bekleideten Frauen mit ihren dicken Bäuchen, die wie Ratten in einem Käfig beobachtet wurden. Bis heute kann ich keine Arztpraxis betreten, ohne nach gefakten Spiegeln zu suchen und mich zu fragen, wer auf der anderen Seite lauert.

Auch neuerdings denke ich an diesen Einwegspiegel, wenn ich Steve Bannon zuhöre oder zuschaue.

»Du hörst dir Steve Bannon an? Warum das denn?!?«

Diese Reaktion erlebe ich am häufigsten, wenn ich etwas erwähne, das ich in seiner Sendung gehört oder gesehen habe. »Wie kannst du es ertragen, seine Stimme zu hören? Sein Gesicht zu sehen?«

Weil er uns sehen kann, so wie die Ärzte, die ihre Patientinnen in Untersuchungszimmern beobachteten.

Einwegspiegel

Bannon wird in den liberalen Medien nicht gerade ignoriert. Er bekommt jede Menge Aufmerksamkeit, doch die Berichterstattung konzentriert sich darauf, wie er mit seiner großen Medienplattform in den amerikanischen Wahlprozess eingreift. Bannon ist einer der wichtigsten Propagandisten der Großen Lüge, Trump habe 2020 die Wahl gewonnen, sei aber von republikanischen Abgeordneten und Funktionären verraten worden, die es ablehnten, Bidens Sieg zu kippen. Deshalb haben sich viele seiner Zuhörer organisiert, damit beim nächsten Mal auf Wahlkreisebene Tausende Fußsoldaten bereitstehen, um ihre Zustimmung zu einem weiteren Wahlsieg der Demokraten zu verweigern. Und natürlich haben wir auch viel über Bannons Weigerung gehört, einer Vorladung des Untersuchungsausschusses des Repräsentantenhauses zur Kapitol-Erstürmung am 6. Januar 2021 Folge zu leisten, was ihm eine Gefängnisstrafe einbringen könnte.

Das alles ist wichtig, doch seine Einmischung in die Wahlen ist nur ein Bruchteil dessen, was Bannon vorhat. Genauso wichtig sind die Methoden, mit denen er versucht, Wahlen tatsächlich zu gewinnen. Die Wahlkreisstrategie ist der Plan B für den Fall, dass die Gewinnstrategie scheitert; doch diese ist auf Erfolg ausgelegt: Es sollen mindestens so viele Stimmen eingefahren werden, dass die Behauptung einer gestohlenen Wahl plausibel erscheint.

Als ich anfing, Bannons Sendungen einzuschalten, hörte ich mir nur die Interviews mit Wolf an und übersprang alles andere. Doch Bannons Werbung für die nachfolgenden Beiträge machte mich so neugierig, dass ich dranblieb. Und bald stellte ich fest, dass ich die ganze Sendung verfolgte, ob Wolf nun auftrat oder nicht, einfach weil ich wissen wollte, wie über wichtige Ereignisse berichtet wurde.

Je länger ich ihm zuhörte, desto mehr war ich überzeugt, dass Bannons größte Kunst darin besteht, unterschiedliche reflektierende Oberflächen in der Spiegelwelt zu konstruieren und zu erweitern. Nicht nur mit fragwürdigen Behauptungen, sondern, was sehr viel gefährlicher ist, mit spiegelbildlich angelegten Argumenten und einer spiegelbildlich gebauten politischen Agenda, die er sorgsam entwickelt hat, um die Argumente seiner Gegner abzuwehren. Einiges davon gehört zum politischen Standard: Die Demokraten sprechen von der Großen Lüge (dass Trump die Wahl gewonnen habe); Bannon spricht vom Großen Diebstahl (dass Biden sie gestohlen habe). Die Demokraten sagen, Trump habe die Menge zum Aufruhr am 6. Januar angestiftet; Bannon sagt, die Demokraten hätten es Randalierern ermöglicht, während der antirassistischen Proteste im Jahr 2020 Städte niederzubrennen.[1] Die Demokraten sind empört, dass Trump das rechtmäßige Wahlergebnis nicht anerkennt; Bannon ist empört, dass die Demokraten Trump nie als den rechtmäßigen Präsidenten anerkannt haben. In der Spiegelwelt gibt es für alles eine Parallelgeschichte und eine Parallelantwort, oft mit ähnlichen Schlagwörtern.

Das zugrunde liegende Schema ist die für Trump charakteristische Taktik des Gegenschlags, die er im Wahlkampf perfektioniert hat. Was auch immer ihm vorgeworfen wurde, er konterte mit der Behauptung, seine Gegnerin habe genau dieselben Schandtaten begangen – Korruption, Lügen, geheime Absprachen mit ausländischen Akteuren –, nur in noch viel schlimmerem Ausmaß. Hinter dieser Strategie steckte Bannon, vor allem nachdem Trump ertappt worden war, wie er auf einem Video damit prahlte, Frauen sexuell belästigt zu haben. Stunden vor der Fernsehdebatte mit Hillary Clinton trat Trump mit einigen Frauen vor die Presse, die Bill Clinton sexueller Übergriffe beschuldigt hatten. Bannon, damals Trumps Wahlkampfleiter, stand grinsend am Rand, als würde er die Show in vollen Zügen genießen. Spiegelung, Ablenkung und Projektion funktionieren gut, vor allem wenn man einen wunden Punkt treffen kann.

Auch Wladimir Putin ist ein Meister der Spiegelung, schon seit Beginn seiner politischen Karriere. Während der widerrechtlichen russischen Invasion und Besetzung der Ukraine beschuldigte Putin die ukrainische Regierung exakt der Verbrechen, die er selbst beging oder plante. Als Russland im Oktober 2022 der Ukraine vorwarf, den Einsatz einer schmutzigen Bombe auf ihrem eigenen Territorium zu planen und dann Russland die Schuld zu geben, sagte der Sprecher des State Department Ned Price, dies sei Teil eines Musters der »spiegelbildlichen Projektion«. Und er fügte hinzu: »Die Russen haben den Ukrainern, die Russen haben anderen Ländern das vorgeworfen, was sie selbst planten.«[2] Allerdings konnte Putin seine falschen Behauptungen nicht zuletzt deshalb so erfolgreich als Wahrheit verkaufen, weil auch die US-Regierung permanent mit solchen spiegelbildlichen Projektionen arbeitet. Sie täuschte Empörung über die russische Einmischung in die US-amerikanischen Wahlen vor, obwohl ihre eigenen Geheimdienste sich seit den 1950er Jahren überall auf der Welt in Wahlen eingemischt und zum Sturz demokratisch gewählter Regierungen beigetragen hatten, vom Iran über Chile bis Honduras, nicht zu vergessen die massive Einmischung in das politische Geschehen im postsowjetischen Russland zur Unterstützung von Boris Jelzin, der den Staffelstab an keinen anderen als Putin weiterreichte.[3]

Bannon hat noch mehr und noch beunruhigendere Spiegeltricks auf Lager. So griff er etwa die berechtigten Ängste vor Überwachung und Big Tech auf – Themen, die in liberalen Kreisen weitgehend unangesprochen blieben. Und das ist nicht das einzige Versäumnis der Liberalen, auf das Bannon sich gestürzt hat.

Marionetten, die sich gegenläufig bewegen

Wie die meisten von uns weiß auch ich nicht, wo das Covid-19-Virus seinen Ursprung hat, ob auf einem Wildtiermarkt in Wuhan, im Labor der Biosicherheitsstufe 4 des Instituts für Virologie in Wuhan oder ganz woanders. Doch im Nachhinein ist mir klar, dass ich die offizielle Version, das Virus stamme von einem Wildtiermarkt, viel zu schnell für bare Münze genommen habe. Um ehrlich zu sein, habe ich sie gern geglaubt, weil sie meinem eigenen motivierten Denken entsprach und mich in meiner Weltsicht bestärkte: Die Pandemie erschien mir etwas weniger beängstigend, wenn sie ein weiteres Beispiel dafür war, dass wir die Natur überstrapazieren und dafür bezahlen müssen. Als dann einige Zeit später Leute wie Wolf und Bannon die »Laborleck-Theorie« zu einem Hauptthema in der Spiegelwelt machten – und die Theorie, das Coronavirus stamme aus einem chinesischen Labor, mit haltlosen Behauptungen über biologische Waffen und jeder Menge antiasiatischem Rassismus vermischten[4] –, war das für mich ein weiterer Grund, mich nicht näher mit den Fakten zu befassen. Zwar häuften sich Daten und Dokumente, die eine ernsthafte Auseinandersetzung mit der Laborleck-These nahelegten, aber die meisten Liberalen und Linken ignorierten sie monatelang, weil wir nicht sein wollten wie *sie*, so wie ich nicht sein wollte wie meine Doppelgängerin. Auf vertrackte Art und Weise bestärkten uns ihre verstiegenen Verschwörungstheorien in unserer Leichtgläubigkeit. Ihre Aufforderung, alles in Frage zu stellen, führte dazu, dass viele von uns nicht genug in Frage stellten.

Auch Fragen zur Sicherheit neuartiger Impfstoffe für Schwangere oder für Frauen, die eine Schwangerschaft in Erwägung zogen, hätten weitaus achtsamer behandelt werden können. Statt sie als unseriös oder verrückt abzutun, hätte es in öffentlichen Debatten und in vertrauenswürdigen Medien Raum für Bedenken darüber geben müssen, wie sich die Impfstoffe auf die reproduktive Gesundheit auswirken. Man hätte medizinische Experten für Fruchtbarkeit und Schwangerschaft auffordern sollen, die Methoden der Impfstoffforschung darzulegen und auf die besondere Anfälligkeit für Covid während der Schwangerschaft hinzuweisen, einer Zeit, in der das Immunsystem besonders schwach ist. Schließlich sind Bedenken angesichts eines Impfstoffs gegen ein neuartiges Virus absolut vernünftig, wenn man schwanger ist oder eine Schwangerschaft in Erwägung zieht – als ich schwanger war, hatte ich Bedenken, Weichkäse zu essen. Darüber hinaus haben viele Menschen, ob schwanger oder nicht, gute Gründe, Big Pharma und Big Government zu misstrauen, insbesondere wenn sie in Abstimmung miteinander agieren. Wenn das Trinkwasser ganzer Städte wie Flint, Michigan, vergiftet wird; wenn Gaskonzerne behaupten, Fracking sei sicher, ungeachtet der Gefahr von Erdbeben und brennbarem Leitungswasser; wenn Monsanto unermüdlich Lobbyarbeit gegen das Verbot seines Herbizids Roundup betreibt, obwohl es glaubwürdige Untersuchungen gibt, die das Herbizid mit Krebs in Verbindung bringen;[5] und wenn Big Pharma Schmerzmittel vermarktet, die zur Opioid-Krise geführt haben – dann ist Skepsis gegenüber monopolistischer Macht absolut angebracht. Johnson & Johnson, einer der größten Impfstoffproduzenten, wurde nicht nur wegen der Herstellung und des Verkaufs von Opioiden verklagt, sondern in den letzten Jahren auch zur Zahlung von Milliardenbeträgen für gesundheitliche Schäden verurteilt, die vermutlich von mehreren seiner verschreibungspflichtigen Medikamente herrühren; sogar das omnipräsente Talkumpuder des Unternehmens geriet in die Kritik, da es nachweislich Asbest enthält.[6] Vor diesem Hintergrund und angesichts der Tatsache, dass es in progressiven Kreisen an eigentlich berechtigter Skepsis gegenüber diesen neuen Impfstoffen fehlte und dementsprechend kaum Diskussionen über sie gab, ist es nicht weiter verwunderlich, dass so viele Menschen »eigene Untersuchungen anzustellen« begannen – und dabei auf meine Doppelgängerin und viele andere mit ihren abenteuerlichen Behauptungen über Impfstoff-Shedding und Massenunfruchtbarkeit stießen.

Nicht nur die Sorge um die Fruchtbarkeit wurde abgetan. Die meisten seriösen Nachrichtenanbieter hielten sich in ihrer Berichterstattung merklich zurück und brachten nur sporadisch Meldungen über unerwünschte Nebenwirkungen von Covid-Impfstoffen: ob es um seltene Fälle von Herzmuskelentzündung bei männlichen Jugendlichen und jungen Männern nach der ersten mRNA-Impfung ging, wie sie von den amerikanischen Gesundheitsbehörden beobachtet wurden,[7] oder um einen möglicherweise leichten Anstieg von Schlaganfällen bei Senioren, die den bivalenten Covid-19-Impfstoff von Pfizer und BioNTech erhalten hatten, ein Problem, auf das die US-Gesundheitsbehörden Anfang 2023 hinwiesen.[8] Jeder Impfstoff (ja jede medizinische Behandlung und jedes Medikament) birgt Risiken, und solche Berichte über Komplikationen, selbst wenn sie sich als zutreffend erweisen, schmälern in keiner Weise den Wert oder die Bedeutung einer Impfung: Covid stellt für die breite Bevölkerung immer noch das weitaus größere Gesundheitsrisiko dar.

Geschulte Medizinexperten hätten der Öffentlichkeit das Pro und Contra von Gesundheitsentscheidungen leicht erklären können. Doch viele Medienhäuser befürchteten offenbar, dass jede Berichterstattung, die mehr als nur oberflächlich über mögliche Risiken informierte, der Akzeptanz des Impfstoffs schaden und Verschwörungserzählern Munition liefern würde. Aber wie sich bald zeigte, war genau das Gegenteil der Fall: Mangels eines leichten Zugangs zu verlässlichen und detaillierten Informationen über Impfstoffrisiken kursierten im Internet Gerüchte über Freunde von Freunden, die nach »der Spritze« erkrankten oder starben. Meiner Doppelgängerin und anderen, die mit ihren kruden Theorien hausieren gingen, waren damit Tür und Tor geöffnet, um sich als unerschrockene medizinische Ermittler zu positionieren, die Rohdaten aus Impfstoffstudien und angeblich unterdrückte Berichte der Gesundheitsbehörden durchforsteten, für deren Interpretation den Laien in der Regel das Fachwissen fehlt. Was sie freilich nicht davon abhielt, mit dem Verweis auf behauptete oder reale negative Folgewirkungen einer Impfung ihre unaufhörliche Warnung zu untermauern, es vollziehe sich ein Impf-»Genozid« – ein Völkermord, der von den »Lamestream-Medien« (den von Big Pharma geschmierten Lakaien in Presse, Fernsehen und Rundfunk) vertuscht werde.[9]

Auch dies war eine leicht durchschaubare Projektion. Im April 2022 schätzten Forscher, dass ein Viertel der insgesamt eine Million Amerikaner, die an Covid-19 starben, durch eine Erstimpfung hätten gerettet werden können:[10] eine Viertelmillion Menschen, deren Tod durch eine Impfung verhindert worden wäre. Die Verantwortung für diesen katastrophalen Verlust an Menschenleben tragen zu einem nicht geringen Teil jene, die gefährliche Lügen über Impfstoffe verbreiteten – Lügen über Vakzine, die zwar nicht völlig risikofrei, aber erstaunlich sicher und wirksam sind, um die Schwere einer Covid-Erkrankung zu mildern. Dennoch sollten wir auch zur Kenntnis nehmen, dass die mediale Verharmlosung, ja Nichtbeachtung seltener negativer gesundheitlicher Reaktionen auf die Impfstoffe womöglich dazu beitrug, dass sich die Leute unseriösen Informationsquellen zuwandten. Wenn Redakteure und Journalisten um wichtige Themen einen großen Bogen machen, weil sie befürchten, ihre Leser und Hörerinnen könnten mit komplexeren Zusammenhängen überfordert sein, werden Verschwörungserzählungen nicht verhindert, sondern genährt.

Auch die Debatten über das Pro und Contra von Schul-Lockdowns und Präsenzunterricht litten unter einer solchen polarisierten Logik. Zweifellos gab es Momente, in denen Schulen und Betriebe geschlossen werden mussten – aber wo waren die Debatten darüber, warum Shopping-Malls und Spielkasinos im selben Zeitraum geöffnet bleiben durften? Nach dem ersten, unvermeidlich chaotischen Lockdown im Frühjahr 2020 hätten wir den negativen Aspekten des Onlineunterrichts mehr Aufmerksamkeit schenken sollen: der eklatanten Benachteiligung von Familien mit geringem Einkommen, die nicht über das erforderliche technische Equipment verfügten; der Ausgrenzung von entwicklungsgestörten Schülern, die auf persönliche Unterstützung angewiesen waren; der Tatsache, dass es Alleinerziehenden unmöglich wurde, außerhalb ihrer Wohnung – und oft auch von zu Hause aus – zu arbeiten, mit verheerenden Folgen insbesondere für die Mütter; den Auswirkungen der sozialen Isolation auf die psychische Gesundheit unzähliger junger Menschen.

Die Lösung bestand nicht darin, die Schulen zu öffnen, als das Virus grassierte und noch keine Impfstoffe zur Verfügung standen. Aber wo waren die breiteren Diskussionen darüber, wie öffentliche Schulen trotz des Virus sicherer gemacht werden könnten – durch kleinere Klassen, mehr Lehrkräfte und Assistenten, eine bessere Belüftung und mehr Unterricht im Freien? Wir wussten frühzeitig, wie sehr der Lockdown Jugendliche und junge Erwachsene psychisch belastete – warum haben wir dann nicht in Sport- und Freizeitangebote, in Umwelt- und Naturschutzaktivitäten an der frischen Luft investiert, um Jugendliche vom Bildschirm fernzuhalten, sie mit anderen Jugendlichen zusammenzubringen, ihnen sinnvolle Aufgaben zum Schutz unseres gebeutelten Planeten zu geben und damit zugleich ihre Stimmung zu heben?

Fixiert auf die Alternative Lockdown oder nicht, haben wir in den ersten Jahren mit dem Virus viele andere Optionen gar nicht erst in Betracht gezogen und zahlreiche Debatten nicht geführt. Angesichts der Flut von Lügen, die von rechten Verschwörungserzählern verbreitet wurden, beschränkten sich viele Liberale und Progressive auf die Verteidigung von Maßnahmen zum Erhalt des Status quo, obwohl wir viel mehr hätten fordern können und sollen.

Es ist, als würde etwas, das in der Spiegelwelt zum Thema wird, überall sonst automatisch keine Rolle mehr spielen. Das passiert so oft, dass ich manchmal denke, wir sind aneinandergebunden wie Marionetten, die sich gegenläufig bewegen: Wenn ihr Arm hochgeht, geht unserer runter. Wenn wir Fußtritte austeilen, breiten sie die Arme aus.

Diese spiegelverkehrte Nachahmung unseres Gegenübers nahm

bisweilen unschöne Züge an. Wir, die wir die staatlich verordneten Gesundheitsmaßnahmen befolgten, verurteilten die Verweigerer, weil sie ihre eigene Bequemlichkeit über das Wohlergehen immungeschwächter Menschen stellten, und kritisierten ihre Gleichgültigkeit gegenüber der Opferbereitschaft von Ärzten und Pflegekräften, als sich die Covid-Stationen der Krankenhäuser mit Ungeimpften füllten. Wie konnten sie nur so herzlos sein? Wie konnten sie menschliches Leben als in unterschiedlichem Maße schützenswert einstufen? Als jedoch Ungeimpfte an Covid erkrankten, sagten viele, die sich über deren mangelndes Mitgefühl entrüstet hatten, die Ungeimpften verdienten keine medizinische Versorgung, oder rissen geschmacklose Witze (die nicht immer witzig gemeint waren) darüber, dass Covid die Welt ja vielleicht von dummen Menschen befreien würde. Oder gingen so weit wie der französische Präsident Emmanuel Macron, der sagte, Ungeimpfte seien keine vollwertigen Bürger.[11] Wir haben uns voneinander abgegrenzt und sind einander doch immer ähnlicher geworden, bereit, einander das Menschsein abzusprechen.

Wie konnte es so weit kommen? Wie konnten wir ein derart reaktives Verhalten an den Tag legen?

Nachdem ich Bannon monatelang zugehört habe, kann ich mit großer Gewissheit sagen: Während die meisten von uns, die sein politisches Projekt ablehnen, nichts von ihm wissen wollen, beobachtet er uns sehr genau. Die Themen, von denen wir uns abwenden, die Debatten, die wir nicht führen, die Menschen, die wir beleidigen und ausgrenzen – all das beobachtet er, und er bastelt daraus eine politische Agenda, eine Zerrspiegel-Agenda, mit der er glaubt, bei den nächsten Wahlen Siege einfahren zu können. Auf unserer Seite des Spiegels hingegen bemühen sich nur sehr wenige darum, diese Agenda zu verstehen. Bannon spricht von MAGA Plus – einer erweiterten Version von Trumps »Make America Great Again«-Koalition, die auch außerhalb der Vereinigten Staaten Anklang findet.

Ungeachtet dessen, was er sonst noch sein mag, ist Steve Bannon in erster Linie ein Stratege. Und er hat ein Gespür für Themen, die eigentlich das natürliche Terrain seiner Gegner sind, von diesen aber vernachlässigt oder aufgegeben wurden, so dass sie nun einen Teil ihrer Basis an ihn zu verlieren drohen. Damit hat er Trump im Wahlkampf 2016 geholfen. Er wusste, dass sich ein großer Teil der gewerkschaftlich organisierten Arbeiterschaft von unternehmerfreundlichen Demokraten verraten fühlte. Diese hatten Handelsverträge unterzeichnet, die in den 1990er Jahren zu Fabrikschließungen führten. Und er wusste, dass sich der Unmut der Arbeiter noch verstärkte, als die Demokratische Partei nach der Finanzkrise 2008 nicht Arbeitern und Hausbesitzern, sondern den Banken aus der Patsche half. Bannon beobachtete aufmerksam, dass die Occupy-Wall-Street-Proteste zuerst nicht ernst genommen und dann niedergeschlagen wurden und dass Bernie Sanders, dessen linkspopulistische Präsidentschaftskampagne 2016 aus dieser Bewegung hervorging, mit allen möglichen schmutzigen Tricks des demokratischen Establishments konfrontiert wurde, als die Partei hinter Hillary Clinton die Reihen schloss. Bannon erkannte die Gelegenheit, einen Teil der gewerkschaftlich organisierten männlichen Arbeiterschaft, die immer für die Demokraten gestimmt hatte, auf seine Seite zu ziehen – die meisten von ihnen, wenn auch nicht alle Weiße. Aufbauend auf dem Verrat seiner Gegner, entwarf er eine Wahlkampfbotschaft: Trump würde ein Republikaner neuer Art sein, ein Republikaner, der Wall Street die Stirn bot, Handelsabkommen kippte, die Grenzen für Migranten schloss, die angeblich Inländern die Arbeitsplätze wegnahmen, und Amerikas Kriege im Ausland beendete. Und anders als die Republikaner zuvor versprach er, Sozialprogramme wie die Kranken- und Sozialversicherung zu bewahren. Das war das ursprüngliche MAGA-Versprechen.

Natürlich war es eine Lockvogeltaktik: Trump besetzte seine Regierung mit ehemaligen Wall-Street-Managern, änderte die Handelspolitik nur geringfügig, verschärfte auf internationaler Ebene die Spannungen und bescherte den Reichen großzügige Steuersenkungen. Von seiner populistischen Wahlkampfrhetorik blieb nur die rassistische Hetze gegen Migranten, Muslime, Black-Lives-Matter-Demonstranten und alles, was mit China zu tun hatte. Das reichte, um seine Basis bei der Stange zu halten, aber nicht, um wiedergewählt zu werden, schon gar nicht nach seinem Missmanagement von Covid-19, das vielen Menschen den Tod brachte.

Zu der Zeit, als meine Doppelgängerin im *War Room* aufzutreten begann, also kaum drei Monate nach Bidens Amtsantritt, machte Bannon ernst mit dem Aufbau seiner neuen MAGA-Plus-Koalition. Dabei erkannte er, dass Wolfs »Sklaverei für immer«-Botschaft bezüglich der Impfpässe ein starkes Crossover-Thema sein konnte. Und bei vielen, deren Furcht vor Eingriffen in ihre Privatsphäre und vor Überwachungsmaßnahmen von den etablierten Liberalen in Politik und Medien nicht ernst genommen wurde, fanden die Warnungen der Anderen Naomi tatsächlich großen Anklang – auch wenn sie mit der Realität der Impf-Apps nichts zu tun hatten. Das ist Bannons Taktik: Pflücke den Apfel, wenn er reif ist.

Bannon baute die Sache mit den Impf-Apps blitzschnell in einen Themenkomplex ein, den er »Big Tech Warfare« nennt. In diese Kategorie fallen nicht nur die bekannten Beschwerden über die Sperrung der Accounts führender Konservativer durch Social-Media-Firmen, sondern auch eher obskure und sogar esoterische Anliegen. So hat Bannon einen eigenen »Transhumanismus«-Korrespondenten, dessen einzige Aufgabe darin zu bestehen scheint, die Zuhörer mit Berichten über Techkonzerne zu erschrecken, die von einer mittels Implantaten, Robotik und Gen-Splicing »upgegradeten« Menschheit träumen.[12] Und damit hat Bannon ein weiteres vernachlässigtes Thema von parteiübergreifender Attraktivität identifiziert: Viele Linke sorgen sich (so wie ich) um die entmenschlichenden Auswirkungen einer Technologie, die Arbeitskräfte als Anhängsel von Maschinen behandelt. Sie sorgen sich um eine dystopische Zukunft, in der die Reichen genetische Verbesserungen für sich und ihre Kinder kaufen können. Diesen Techno-Fetischismus lehnen inzwischen auch viele Konservative ab, wenngleich aus anderen Gründen: Sie sehen darin einen Affront gegen den Plan Gottes.

Bannon erkannte, dass auch das Thema Big Pharma vernachlässigt wurde. Preiswucher und Profitgier von Pharmakonzernen sind traditionell ein Feld der Linken – etwas, gegen das auch Bernie Sanders wettert. Doch bis auf ein leises Murren gab es unter den Progressiven nur geringen Widerstand dagegen, dass die Impfstoffhersteller von der Pandemie profitierten. Und so war es Bannon, der die Gier von Big Pharma attackierte, allerdings erneut mit Hilfe haltloser Verschwörungsgeschichten und ohne Bezugnahme auf die tatsächlichen Skandale.

Bannon spielt manchmal Audiomontagen von MSNBC- und CNN-Sendungen ein – »wird Ihnen präsentiert von Pfizer«, was besagen soll, dass diesen Programmen nicht zu trauen sei, weil sie von Unternehmen bezahlt werden. Es sei die Herrschaft »der Reichen für die Reichen – und gegen euch«, sagt er. »So lange, bis ihr aufwacht.« Für mich hört er sich an wie Noam Chomsky. Oder wie Chris Smalls, der Vorsitzende der Amazon-Gewerkschaft, der eine Jacke mit dem Slogan »Eat the rich« trägt. Oder, wenn wir schon dabei sind, wie ich. Aber wie immer in der Spiegelwelt ist nichts so, wie es scheint.

Aufseiten der Rechten gibt es viele aufstrebende Stars, die einem ähnlichen Drehbuch folgen. Sie werden von Tech-Oligarchen wie Peter Thiel mit Geld überschüttet und von Trump unterstützt, und sie warten mit einem Mischmasch unterschiedlichster Versprechungen auf: Wiederbeschaffung von Fabrikjobs mit Löhnen, die eine Familie ernähren können; Bau der Grenzmauer; Kampf gegen hochgefährliche, süchtigmachende Medikamente; Ende der Einschränkung unserer Redefreiheit durch Big Tech; Verbot von »woken« Lehrplänen. Zu denen, die mit solchen politischen Programmen in den Vereinigten Staaten Karriere machen, gehören JD Vance in Ohio, Josh Hawley in Missouri und Kari Lake, die ihre Wahl zur Gouverneurin von Arizona knapp verlor (und natürlich behauptete, die Wahl sei ihr gestohlen worden). Ähnliche Versionen des querdenkerischen Wahlbetrugsvorwurfs verbreiteten sich in Ländern überall auf der Welt, von Schweden bis Brasilien.

Es überrascht mich nicht, dass diese Botschaften ankommen. Ich war jahrelang Teil internationalistischer linker Bewegungen, die am Rand von Tagungen der Welthandelsorganisation, des Weltwirtschaftsforums in Davos, der G8-Staaten und des Internationalen Währungsfonds gegen die Rolle dieser Organisationen bei der Aushöhlung von Demokratien und der Durchsetzung der Interessen des transnationalen Kapitals protestierten; in den Vereinigten Staaten prangerten wir die beiden großen Parteien an, weil sie Geldgebern aus dem Großkapital verpflichtet sind und den Reichen dienen statt denen, die sie gewählt haben. Das war die Energie, die Occupy Wall Street und später Bernie befeuerte und in verschiedenen Kämpfen gegen neue Öl- und Gasprojekte ihren Ausdruck fand. Aber Macht hat unsere Bewegung nie gewonnen.

Und jetzt wird unsere Kritik an oligarchischer Herrschaft von der extremen Rechten aufgegriffen und in einen sinistren Doppelgänger ihrer selbst verwandelt. An die Stelle struktureller Kapitalismuskritik treten wirre Verschwörungstheorien, die den deregulierten Kapitalismus als verkappten Kommunismus hinstellen. Giorgia Meloni, seit Oktober 2022 die erste Ministerpräsidentin Italiens und Vorsitzende der tief im Faschismus verwurzelten Partei Fratelli d'Italia, ist die perfekte Verkörperung dieses Trends. Als frühe Partnerin von Steve Bannons internationalem populistischem Projekt spickt Meloni ihre Reden mit popkulturellen Anspielungen und schimpft auf ein System, das uns alle auf Konsumenten reduziert. Es war wohl als eine Rüge »woker« Ideologie gedacht, als sie erklärte: »Ich bin eine Frau, ich bin Mutter, ich bin Italienerin, ich bin Christin.«[13]

Ihr kometenhafter Aufstieg rief mir ein ganz anderes Italien im Sommer 2001 in Erinnerung, auf dem Höhepunkt der alternativen Globalisierungsbewegung, als während des G8-Gipfels eine Million Menschen in Genua auf die Straße gingen, um gegen Angriffe der Konzerne auf die Demokratie und die Kultur und gegen die Auswirkungen eines zügellosen Konsumismus zu protestieren. Diese Bewegung ging von der Linken aus – junge Italienerinnen und Italiener setzten sich gemeinsam mit Bauern und Gewerkschaftern für die Rechte von Arbeitnehmern und Migranten ein und waren gleichzeitig stolz auf die besondere Kultur ihres Landes. Doch nach den Anschlägen vom 11. September und dem damit einhergehenden scharfen Durchgreifen der Sicherheitskräfte verloren die linken Parteien das Vertrauen in sich selbst – ein Muster, das sich in vielen Ländern wiederholte. Die

Tragweite dieser Kapitulation ist offenkundig: Heute ist es Meloni, die ein System anprangert, in dem wir alle auf »perfekte Konsumsklaven« reduziert werden.[14] Doch anstatt eine Analyse des Kapitals zu liefern – eines Systems, das alle Aspekte des Lebens marktkonform machen muss, um sie als neue Profitcenter zu nutzen –, macht sie Transpersonen, Migranten, Laizisten, den Internationalismus und die Linke für die Leere im Herzen der Moderne verantwortlich. Und obwohl sie gegen die »großen Finanzspekulanten« zu Felde zieht,[15] hat sie keine Strategie, um diese Kräfte zu zügeln, sondern attackiert nur Italiens klägliche Schutzmechanismen gegen die Arbeitslosigkeit.

Bannon bietet seinen Zuhörern keine echte Alternative zum Raubzug der Konzerne, gegen den er wettert – er schröpft seine Zuhörer nur in kleinerem Maßstab, indem er sie auffordert, Edelmetalle, FJB Coins und Überlebensrationen sowie Handtücher seines Hauptsponsors MyPillow zu kaufen. (»Der War Room ist eine Geldmaschine, weil seine Produktion nichts kostet«, sagte er gegenüber *The Atlantic.*)[16] Er übernimmt viele Argumente der ehemals starken Anti-Kriegs-Linken, um gegen die rasant steigenden US-Militärausgaben in der Ukraine zu wettern, wirft dem in Washington regierenden »Kartell« vor, es stehe unter der Kontrolle des »militärisch-industriellen Komplexes« – und tut dann alles, um diesen gewaltigen Komplex direkt gegen China zu richten, ein todsicheres Rezept für den Dritten Weltkrieg. Man kann jedoch einem Strategen nicht vorwerfen, dass er strategisch agiert. Und es ist in hohem Maße strategisch, die Themen aufzugreifen, die der Gegner achtlos liegen lässt.

Um auf ein früheres Thema zurückzukommen: Das Corporate Branding liefert einige nützliche Instrumente zum Verständnis dieser Dynamik. Gemäß dem Markenrecht kann eine Marke, die nicht aktiv genutzt wird, als ruhend betrachtet werden, und steht damit zur freien Verfügung Dritter, die sie sich aneignen können. Es kam mir so vor, als wäre das, was mir mit der Anderen Naomi widerfahren war, der Linken in sehr viel größerem Ausmaß widerfahren – mit Bannon, Vance, Meloni und anderen: Viele Themen, für die wir uns einst eingesetzt hatten, lagen brach, und nun wurden sie usurpiert und von ihren verqueren Doubles in der Spiegelwelt übernommen. Wenn das Erscheinen einer Doppelgängerin die Botschaft ist, dass es etwas gibt, um das man sich kümmern muss, dann weist diese grell aufleuchtende Botschaft auf etwas hin, um das sich viele von uns kümmern müssen.

Ein Theater der Inklusion

Wenn Bannon durch den Einwegspiegel blickt, erfährt er nicht nur, welche Themen seine Gegner vernachlässigen und ignorieren, sondern findet auch fruchtbares neues Terrain, das er für sich beanspruchen kann – auch wenn er nur so tut, als ob. Er registriert auch subtilere Fehler: die Art und Weise, wie über Probleme diskutiert und mit Meinungsdifferenzen umgegangen wird oder wie Menschen von ihren Freunden und Genossen behandelt werden. Durch den Einwegspiegel studiert er unsere Heucheleien und Widersprüche, um dann damit zu prahlen, dass es bei ihm ganz anders zugehe.

Über die Bewegungen, die ich kenne, kann ich sagen: Wir von der demokratisch-sozialistischen Linken befürworten eine inklusive und fürsorgliche Sozialpolitik – eine allgemeine öffentliche Gesundheitsversorgung, finanziell gut ausgestattete öffentliche Schulen, die Reduzierung der Zahl der Häftlinge in den Gefängnissen und Rechte für Migranten. De facto aber verhalten sich linke Bewegungen oft weder inklusiv noch fürsorglich. Und anders als Bannon, der enttäuschte Demokraten umwirbt, machen wir uns auch nicht genügend Gedanken darüber, wie wir Allianzen mit Leuten aufbauen können, die nicht bereits Teil unserer Bewegung sind. Gewiss, wir legen Lippenbekenntnisse ab, dass wir anderen die Hand reichen, doch in der Praxis verwenden die meisten von uns (auch viele Gegner der polizeilichen Überwachung) oft viel Zeit darauf, die Grenzen unserer politischen Bewegungen zu überwachen und gegen Leute vorzugehen, die sich auf unserer Seite wähnen. Doch damit verkleinern wir unsere Reihen statt sie zu vergrößern.

Und noch etwas ist mir aufgefallen, während ich Bannon zuhörte:

Er wählt mit Bedacht die Themen aus, bei denen es einen breiten Konsens gibt: den Hass auf Biden, die Ablehnung von Impfstoffen, das Big-Tech-Bashing, die Angst vor Migranten und die Infragestellung von Wahlergebnissen. Traditionell konservative Themen wie Abtreibung oder das Recht auf Waffenbesitz, die ihm vielleicht wichtig sind, aber einige seiner neuen Freunde abschrecken könnten, streift er nur flüchtig. Er ignoriert sie zwar nicht, aber sie nehmen nicht annähernd so viel Sendezeit in Anspruch, wie man erwarten könnte.

Auch das ist ganz anders als in weiten Teilen der Linken. Wir neigen dazu, uns obsessiv auf unsere Differenzen zu fokussieren, und suchen nach Gelegenheiten, um den Bruch zu vollziehen. Divergente Meinungen müssen diskutiert werden; und viele Konflikte, die in progressiven Kreisen entstehen, drehen sich um Verhaltensweisen, die, bleiben sie unwidersprochen, diese Kreise unattraktiv oder gefährlich machen für Menschen, die ja gewonnen werden sollen. Es ist kein Geheimnis, dass viele von uns oft zu weit gehen, indem sie kleine sprachliche Verstöße aufbauschen, während ihr eigener Diskurs so kompliziert und jargonlastig ist, dass Leute außerhalb des universitären Umfelds ihn als abstoßend oder geradezu absurd empfinden. (»Redet Umgangssprache«, forderte der radikale Historiker Mike Davis junge Organisatoren auf. »Die moralische Dringlichkeit eines Wandels tritt dann am klarsten hervor, wenn sie in einer verständlichen Sprache ausgedrückt wird.«)[17]

Werden darüber hinaus ganze Gruppen von Menschen auf Race und Gender reduziert und mit dem Etikett »privilegiert« versehen, bleibt wenig Raum für eine Auseinandersetzung mit den vielfältigen Formen der Ausbeutung weißer Männer und Frauen der Arbeiterklasse in unserer raubtierkapitalistischen Ordnung. Dabei verpassen linke Bewegungen viele Gelegenheiten, um Allianzen zu schmieden, die uns stärker und mächtiger machen. All das ist strategisch äußerst unklug, denn die Spiegelwelt wartet nur darauf, die von uns ins Abseits gestellten Gruppen und Personen zu ködern, ihren Mut zu loben und ihnen ein offenes Ohr zu schenken.

Bannons Taktik besteht darin, auf jeden zuzugehen, der von den Linken geächtet oder von der *New York Times* an den Pranger gestellt wurde, und ihm eine Plattform zu bieten. So überließ er dem Impfgegner Robert F. Kennedy Jr. eine ganze Sendung, um seine Botschaft zu verbreiten. In den höchsten Tönen, fast kitschig, lobte Bannon die lange Tradition der Kennedy-Familie im Dienst der Öffentlichkeit und ihre Fürsorge für die Armen; dabei hatte er natürlich bereits Robert F. Kennedys Präsidentschaftskandidatur im Blick. Er wies aber auch auf etwas Wichtiges hin, als er, ziemlich drastisch, sagte, anders als mit den Liberalen – die *War Room*-Hörer als »Bedauernswerte«[18] und als Untermenschen betrachteten – könne man mit Kennedy gesittete, ja freizügige Gespräche über Parteigrenzen hinweg führen, weshalb seine Truppe ihn niemals fallen lassen werde.

Bannon, der wie kein anderer dazu beitrug, die Schleusen des Fremdenhasses in den Vereinigten Staaten zu öffnen, übernimmt nun sogar die Sprache des »Othering«, um zu beschreiben, wie seine Zuhörer von den Liberalen behandelt werden. Nur so könne man verstehen, warum er gezwungen gewesen sei, die Spiegelwelt mit ihren spiegelbildlichen sozialen Medien, einer spiegelbildlichen Währung und spiegelbildlichen Buchveröffentlichungen aufzubauen: weil seine Leute durch »Othering« ausgegrenzt würden. Jetzt könne das nicht mehr passieren. »Nie wieder werden sie in der Lage sein, euch zu othern, euch verschwinden zu lassen. Das hat die Kommunistische Partei Chinas getan, das haben die Bolschewiken getan, das haben die Nazis getan«, sagte Bannon seinen Hörern kurz vor Weihnachten 2021 (als er versuchte, ihnen FJB Coins zu verkaufen). Und er fügte hinzu: »Keiner meiner Zuhörer wird das jemals irgendwem antun. Das würde ihnen niemals einfallen. Sie würden sagen: ›Das ist nicht fair‹.«[19]

Diesen Ton schlägt Bannon die meiste Zeit an: warmherzig, einladend, seine »Community« beschützend,[20] voll des Lobes für die Freundlichkeit, die Intelligenz und den Mut seiner Zuhörer. All das ist als Vorwurf gegen die Härte, den Snobismus, das Sektierertum und den Identitäts-Absolutismus von Teilen der akademisch gebildeten Linken konzipiert. Natürlich kann Bannon auch ganz anders – wenn er die Zähne fletscht und droht, »Köpfe aufzuspießen«.[21] Aber dieser Modus ist ausschließlich für seine Feinde reserviert.

Im Rahmen des Aufbaus von MAGA Plus unternahm Bannon beträchtliche Anstrengungen, um den unverhohlenen Rassismus seiner Show abzuschwächen. Die Opposition gegen den von ihm so genannten »Grenzkrieg« ist nach wie vor eine Säule des Projekts, aber daneben ist viel die Rede von dem, was er jetzt »inklusiven Nationalismus« nennt.[22] Bannon sagt (und Umfragen stützen diese Behauptung), dass immer mehr Schwarze und Latinos, besonders Männer, bereit seien, die Republikaner zu wählen, teils aus Frustration über die Auswirkungen der Covid-Maßnahmen auf ihre Arbeitsplätze und auf kleine Unternehmen, teils aber auch aus Unbehagen darüber, dass ihre Kinder mit ungewohnten Ideen über die Veränderbarkeit des Geschlechts nach Hause kommen.[23]

Ähnliche Versuche, eine rechtsradikale Basis zu diversifizieren, gibt es in Australien und Frankreich. Diese Bewegungen bauen immer noch auf Hass und Spaltung auf: Migranten werden zu Sündenböcken gemacht und Transjugendliche pathologisiert, Lehrer, die diese Schüler unterstützen oder eine wahrheitsgetreue Geschichte der Vergangenheit ihrer Länder erzählen, werden niedergemacht; und es wird Angst vor Kommunisten und Islamisten geschürt. »Inklusiver Nationalismus« bedeutet schlicht und einfach, dass man neue Wählergruppen gefunden hat, die ihrerseits einen Sündenbock suchen, und nicht alle sind weiß oder männlich.

Das oberste Ziel wird nicht geheim gehalten. Bannon sagt seiner Truppe, sie werde »dieses Land hundert Jahre regieren, jede Ethnie, jede Farbe, jede Rasse, jede Religion – das ist inklusiver Nationalismus«.[24] Auch wenn es bei den Zwischenwahlen 2022 nicht geklappt hat, könnte dieser Ansatz greifen, um bei den Präsidentschaftswahlen erneut einen Sieg einzufahren – falls nicht, liegen Back-up-Pläne in der Schublade. Laut einer im November 2021 veröffentlichten Umfrage des Public Religion Research Institute sagen fast vier von zehn Republikanern, die überzeugt sind, die Wahl von 2020 sei Trump gestohlen worden, dass »wahre amerikanische Patrioten möglicherweise zur Gewalt greifen müssen, um unser Land zu retten«.[25]

Zwischen Beiträgen, in denen behauptet wird, die Wahl von 2020 sei eine gestohlene Wahl, macht Bannon persönlich Werbung für ein Schießübungssystem mit automatischen Waffen, das es ermöglicht, zu Hause mit Lasertechnik statt mit scharfer Munition zu trainieren und ein »Muskelgedächtnis« für den Ernstfall aufzubauen.[26]

> **Schritt 3: Einen Schlägertrupp aufbauen**
> Wenn Führer, die einen, wie ich es nenne, »faschistischen Wandel« anstreben und die offene Gesellschaft abschaffen wollen, schicken sie paramilitärische Gruppen furchteinflößender junger Männer aus, damit sie die Bürger terrorisieren. Die Schwarzhemden sind durch ganz Italien gezogen und haben Kommunisten verprügelt; die Braunhemden haben überall in Deutschland gewalttätige Kundgebungen veranstaltet. In einer Demokratie ist diese paramilitärische Streitmacht besonders wichtig: Die Bürger sollen die Gewalt von Schlägern fürchten, und deshalb braucht man Schläger, die strafrechtlich nicht verfolgt werden … Angenommen, am Tag einer Wahl gibt es Proteste oder eine Drohung; historisch gesehen, ist die Anwesenheit einer privaten Sicherheitsfirma in einem Wahllokal nicht ausgeschlossen, »um die öffentliche Ordnung wiederherzustellen«.[27]

Die Person, die dies (im Jahr 2007) schrieb, ist Naomi Wolf, die jetzt regelmäßig im *War Room*-Podcast auftritt – mit einem Moderator, der dafür sorgen will, dass am nächsten Wahltag die Schläger vor jedem Wahllokal stehen.

Rebranding abgeschlossen

Die ersten Monate, in denen ich im *War Room: Pandemic* verfolgte, wie Wolf einen einfachen Plan zur Steigerung der Impfquoten mit Konzentrationslagern in Verbindung brachte, glaubte ich in Bannons Stimme manchmal ein unterdrücktes Kichern zu hören, als dächte er: *Ich kann nicht glauben, dass dieses feministische junge Ding tatsäch-*

lich weiter geht, als ich es jemals tun würde. Nur weiter so … Aber er behält die Fassung. So wie er 2016 wusste, dass Trump ohne aufgebrachte, vorwiegend weiße Gewerkschafter nicht würde gewinnen können, weiß er jetzt, dass aufgebrachte, vorwiegend weiße Vorstadtmütter der Weg zum nächsten Comeback der Rechten sind: Mütter, die nach Jahren des ständigen Hin und Her zwischen Präsenz- und Distanzunterricht und geschlossenen Turnhallen mit den Nerven am Ende sind; die sich noch immer über die Impfpflicht und das Shadowbanning auf Instagram aufregen; die sich aufrichtig Sorgen um das Wohlergehen ihrer Kinder und ihrer Kleinunternehmen machen; die es satt haben, von gehässigen Liberalen als »Karens« abgetan und verspottet zu werden. Hatte Bannon beim letzten Mal auf die Wall Street und die Globalisten geschimpft, die den kleinen Mann geschröpft hätten, schimpft er jetzt zusätzlich noch auf Big Pharma, Big Tech und den »woken Kapitalismus«, die ganz normale Mütter drangsalierten, indem sie den Geist und den Körper von deren Kindern vergifteten.

Das ist der Kern von MAGA Plus, bestehend aus der alten Brigade mit den roten Baseballkappen plus meiner Doppelgängerin und all dem, wofür sie mittlerweile steht. Es ist nicht übertrieben zu sagen, dass Bannon Wolf als eine Art Mutter der Nation für jene Wählerschaft gecastet hat, die er für sich zu gewinnen hofft: eine einst profilierte Demokratin und bekannte Feministin, die nun im Namen dieser Wählergruppe mit dem Manager sprechen will.

»Alle diese Mütter, die Naomi Wolf zuhören«, sagt Bannon in seiner Show und würdigt sie als die Wortführerin derer, die er nun »Warrior Moms« (kriegerische Mütter) oder »Army of Moms« (Armee der Mütter) nennt – und sie lässt es sich gefallen.[28] Im Lauf der Monate wurde die Beziehung zwischen Wolf und Bannon immer enger, je mehr ihre politischen Projekte sich einander annäherten (jegliche Ironie liegt mir fern). Sie warnt Bannon eindringlich vor der fiktiven Gefahr, dass der Staat schon bald ungeimpften Eltern die Kinder wegnehmen könnte – dabei stört sie sich offenbar nicht daran, dass Bannon einem Präsidenten treu gedient hat, der mehr als fünftausend Kinder und Säuglinge gewaltsam von ihren Familien trennte, als sie in die Vereinigten Staaten einreisen wollten.[29] Bannon wiederum schmeichelt ihr freigebig, indem er jedes noch so kleine Fitzelchen Information, das sie in seine Sendung bringt, zu einer »Riesenstory« erklärt und sie auffordert, darüber zu schreiben, »auf deine brillante Art«. Im Mai 2021 sagte er, sie stehe auf seiner »Shortlist für die Frau des Jahres«.[30]

Vor Bannon stand Wolf allein auf weiter Flur. Jetzt hat sie ihr eigenes »Wolfsrudel«. Bannon, der Oberbefehlshaber des *War Room*, versteht dieses Urbedürfnis nach Zugehörigkeit, Sinn und Verbundenheit, und zwar auf allen Ebenen. Er versteht es bei seinen Zuhörern – der unablässig gelobten und in Dienst genommenen »*War Room*-Truppe« –, und er versteht es bei Wolf. Irgendwann ließen die beiden sogar T-Shirts zur Stärkung einer gemeinsamen Marke anfertigen und an die Tausenden Freiwilligen verkaufen, die sie angeblich zur Unterstützung bei der Durchsicht von Daten aus Impfstoffstudien rekrutiert hatten – eine Art geistig verwirrtes Baseballteam. VACCINE INVESTIGATION TEAM (Impfstoffuntersuchungsteam) steht darauf, und darunter: WAR ROOM POSSE MEMBER (Mitglied der *War Room*-Truppe). Für nur 29,99 Dollar.

Auf der Suche nach »ihren« Leuten wird Wolf immer mehr zu der, die ihre Anhänger in ihr sehen wollen. Sie hat ein Video von sich selbst gepostet, das sie bei Schießübungen auf einer Landstraße zeigt, gecoacht von ihrem neuen Ehemann Brian O'Shea, einem ehemaligen Soldaten, der zum Privatdetektiv / Bodyguard wurde, eine private Sicherheitsfirma gründete und es offenbar gar nicht mag, wenn man ihn als »Söldner« bezeichnet.[31]

Sie lernt schnell und hat die Regeln ihrer neuen Kultur verinnerlicht. Hat sie in der Vergangenheit Videos veröffentlicht, in denen sie sich über die Ungerechtigkeit ihrer Account-Sperrungen beklagt, trägt sie jetzt das Deplatforming wie ein Ehrenzeichen und wirbt damit Gelder ein. »Wir brauchen dich wirklich«, sagt sie zu Bannon, »denn nachdem wir darüber berichtet haben, wurden wir wieder gesperrt! … Wir wurden bei YouTube rausgeschmissen, kommt also bitte zu DailyClout.io.« Als ihr Twitter-Account unter Musks verschwörungsaffiner Leitung wieder freigeschaltet wurde, war ihre erste Reaktion: »Viele

Grüße. Beigetreten. Siebenmal gesperrt und immer noch im Recht.«[32] Sie weiß, dass in der Spiegelwelt nur »Schlafschafe« ungehindert sprechen dürfen, während Propheten darum kämpfen müssen, gehört zu werden.

Sie sei immer noch Feministin und Pro-Choice-Befürworterin, sagt sie. Aber als der Oberste Gerichtshof das Urteil *Roe v. Wade* zum Abtreibungsrecht aufhob, zuckte sie nur mit den Schultern und sagte, dies sei ein »notwendiger« Schritt, »weil damit die Entscheidung wieder den einzelnen Staaten überlassen wird«.[33] Heute spart sie sich ihre feministische Empörung für männliche Verschwörungstheoretiker auf, die ihr, wie sie findet, die Anerkennung verweigern, eine Verschwörung aufgedeckt zu haben. So explodierte sie etwa auf *Infowars*, der von dem Megalügner Alex Jones produzierten Plattform: »Ich habe es verdammt nochmal SATT, Geschichten in Schwerstarbeit zu entdecken und die Zusammenhänge aufzuspüren und dann zu sehen, dass ANDERE (meist männliche) Kommentatoren die Anerkennung für die Informationen für sich beanspruchen … Bitte AUFHÖREN, @infowars.«[34]

Wie tiefgreifend Wolfs Neuausrichtung ist, wurde mir klar, nachdem der von Trump unterstützte Republikaner Glenn Youngkin die Wahl zum Gouverneur von Virginia gewonnen hatte, hauptsächlich deshalb, weil er auf einer Welle des elterlichen Zorns ritt. Bannon sah darin einen Indikator für die Macht von MAGA Plus. Ein entscheidender Punkt war Youngkins Opposition gegen die Einführung von antirassistischen Lehrplänen an Schulen. Aber auch sein Widerstand gegen die Masken- und Impfpflicht half ihm, ebenso wie seine Politisierung der neuen transgenderinklusiven Maßnahmen an Schulen. Kurz gesagt, die Warrior Moms gewannen, und Bannon war hocherfreut über diesen mutmaßlich populistischen Sieg. Es spielte keine Rolle, dass Youngkin zuvor nach fünfundzwanzig Jahren an der Spitze der Carlyle Group zurückgetreten war, einer bekanntermaßen geheimniskrämerischen Investmentfirma mit Verbindungen zu einer Reihe ehemaliger Präsidenten, Premierminister und dynastischer Familien – ein »globalistisches« Unternehmen, wie es im Buch steht. Am

Tag nach der Wahl schloss sich Bannon in seiner Sendung mit seiner Army of Moms kurz, darunter auch mit meiner Doppelgängerin.

Wolf hatte bis zu diesem Zeitpunkt stets behauptet, immer noch Demokratin oder zumindest unabhängig zu sein; ich hatte daher nicht erwartet, dass sie Youngkins Sieg offen feiern würde. Aber ich lag falsch. Sie erklärte, dies sei »ein historischer Tag für die Themen, die mir am Herzen liegen … insbesondere für die Rechte der Frauen und die Stimmen der Frauen«.[35] Noch 2020 hatte sie die Angriffe einiger Feministinnen ihrer Generation auf die Rechte von Transsexuellen scharf kritisiert und angedeutet, diese Feministinnen seien zu einem Werkzeug der Rechten geworden.[36] Jetzt machte sie gemeinsame Sache mit genau den Frauen, die genderneutrale Toiletten mit sexuellen Übergriffen in Verbindung brachten. Dieser »gewaltige Sieg« zeige, was für eine »gigantische Plutoniumwaffe« die »Vorstadtfrauen darstellen, die entschlossen sind, alles für ihre Kinder zu tun« – Eltern, die sich bewusst geworden seien, dass »es dunkle Kräfte gibt, die gegen ihre Kinder in Stellung gebracht werden … und alle Arten von gruseligem Kindesmissbrauch.«[37]

An diesem Tag sagte sie im *War Room*, Frauen verdienten Anerkennung – aber auch Bannon habe Applaus verdient. »Du hast so viel getan«, schwärmte Wolf, »mehr als die meisten Männer, bei denen ich seit fünfundzwanzig Jahren dafür werbe, die Stimme von Müttern als Führungsfiguren zur Geltung zu bringen … bis jetzt hat das niemand ausreichend verstanden.«[38]

Tatsächlich haben faschistische und neofaschistische Bewegungen von Mussolini bis Pinochet die Macht von Frauen gerühmt, vor allem wenn sie in ihrer vermeintlich »natürlichen« Rolle als Mütter und Hüterinnen nationalistischer Traditionen und gesunder Abstammungslinien auftreten (wie Giorgia Meloni). Hitler belohnte Frauen arischer Abstammung, die bereit waren, aus dem Arbeitsleben auszuscheiden und Gebärmaschinen zu werden. Wolf mit ihren »10 einfachen Schritten«, denen ihrer Meinung nach alle autokratischen Führer folgen, scheint dieses historische Detail übersehen zu haben.

Bei den Zwischenwahlen 2022 schloss sie sich Bannons Vorwurf des

Wahlbetrugs an und bestritt die Rechtmäßigkeit der Wahlergebnisse im Staat New York. Einige Monate später entschuldigte sie sich »aus tiefstem Herzen« bei »Konservativen, Republikanern und MAGA« dafür, dass sie Medienberichten über eine gewaltsame Stürmung des Kapitols am 6. Januar Glauben geschenkt habe.[39] Nach Tucker Carlsons lächerlich beschönigender Version dieser Ereignisse und seiner Darstellung der Randalierer als neugierige Schaulustige habe sie erkannt, dass sie »von dieser massiven Propaganda ... getäuscht worden war«. Sie revidierte sogar ihre schlechte Meinung über Donald Trump: »Ich kann gar nicht sagen, wie lange und wie sehr ich über ihn belogen wurde.«

Eine in jeder Hinsicht schwindelerregende politische Kehrtwende. Aber dies bei einer Person zu erleben, deren Gesicht ständig mit meinem verwechselt wird, lässt mich erschaudern. Ich denke erneut an Sigmund Freuds Beschreibung des Unheimlichen als »jene Art des Schreckhaften, welche auf das Altbekannte, Längstvertraute zurückgeht«.[40]

Das Erschreckende an einer Gesellschaft, die von innen heraus – ohne äußere Einflussnahme – faschistisch wird, liegt in diesem verstörenden Gefühl der Vertrautheit. Wenn diese brutale Macht beschworen wird, um gegen einen Teil der inländischen Bevölkerung Krieg zu führen, gibt es keine Außenstehenden, denen man die Schuld geben könnte. Es sind die netten, ganz normalen Leute von nebenan, die zu einer solchen Monstrosität fähig sind – das Monströse entpuppt sich als der böse Zwilling des netten, als Doppelgänger der Normalität.

Um diese beängstigende Dualität zu verstehen, wandten sich Künstler seit jeher der Figur des Doppelgängers zu, um ihrer Angst materielles Gewicht zu verleihen. In vielen Büchern und Filmen über Doppelgänger geht es um das latente Potenzial des Faschismus in unserer Gesellschaft, ja in uns selbst. In Filmen wie Denis Villeneuves *Enemy* – über einen Professor, der Vorlesungen über die Gefahren des Faschismus hält, sich aber selbst in ein trügerisches Netz mit seinem amoralischen Doppelgänger (oder ist es sein Zwilling? sein Alter Ego?)

verstrickt – sind die Anspielungen oft subtil und verschleiert. Ich spare mir die Zeit und die Mühe, meine zu verschleiern.

Maschinenmenschen und Maschinenherzen

Von dem berühmtesten Film des Genres Doppelgänger / Faschismus war bereits die Rede: *Der große Diktator.* Es gehört zur Genialität des Regisseurs Charlie Chaplin, dass er die beiden Hauptrollen mit sich selbst besetzte. Er spielte den gütigen, verfolgten jüdischen Friseur und den eitlen, lächerlichen und mörderischen Diktator – und dann ließ er den Ersteren den Letzteren verkörpern. Indem Chaplin sich selbst verdoppelte und die Grenzen zwischen der Figur des Opfers und des Täters verwischte, fragte er implizit: »Was braucht es, damit jemand sich in seinen bösen Zwilling verwandelt?« Diese Frage mag Chaplin besonders umgetrieben haben, denn es gibt einige geradezu unheimliche Berührungspunkte zwischen dem Regisseur und Hitler – nicht nur den Stummelschnurrbart und dass sie beide im Jahr 1889, nur vier Tage auseinander, geboren wurden, sondern auch, dass sie sich beide, wenn auch auf sehr unterschiedliche Art und Weise, mit der Not des unbeachteten kleinen Mannes beschäftigten. In einem Leitartikel des Magazins *The Spectator* aus dem Jahr 1939 hieß es über Chaplin und Hitler: »*Beide sind Zerrspiegel*, der eine für das Gute, der andere für das unsagbar Böse.«[41]

Was also entscheidet darüber, welche Version die Oberhand gewinnt? Chaplin schien zu glauben, dass jeder Einzelne vor der Wahl zwischen diesen beiden Kräften steht und sich in zentralen Momenten der Geschichte für eine von beiden entscheiden muss. Dies jedenfalls war die Botschaft der berühmten Schlussrede des Films, die Chaplin in der Rolle des jüdischen Friseurs, als bösartiger Diktator verkleidet und in voller faschistischer Kluft, an die versammelten Soldaten richtete:

> Soldaten! Vertraut euch nicht Barbaren an, Unmenschen, die euch verachten und denen euer Leben nichts wert ist, ihr seid für sie nur Sklaven. Ihr habt das zu tun, das zu glauben, das zu fühlen. ... Ihr seid viel zu schade für diese verirrten Subjekte! Diese Maschinenmenschen mit Maschinenhirnen und Maschinenherzen. Ihr seid keine Roboter, ihr seid keine Tiere! Ihr seid Menschen! ... Soldaten, kämpft nicht für die Sklaverei! Kämpft für die Freiheit.[42]

Der große Diktator kam in die Kinos, bevor das ganze Grauen des Holocaust bekannt wurde. Diese Schlussrede war an Chaplins Publikum in den Vereinigten Staaten gerichtet, wo sich der Faschismus ausbreitete und viele den Kriegseintritt ihres Landes gegen Hitler immer noch ablehnten. Aber was mich am meisten beunruhigt: Die Person mit der größten Plattform, die heute für den unbeachteten kleinen Mann und die ganz normalen Mütter spricht und gleichzeitig von »Maschinenmenschen mit Maschinenhirnen und Maschinenherzen« tönt, ist Stephen K. Bannon, mit Giorgia Meloni und meiner Doppelgängerin an seiner Seite; und sie alle rufen ihr Publikum dazu auf, sich der »Sklaverei« zu widersetzen, die uns alle zu bloßen Konsumenten von Big Tech macht.[43]

Als die Soldaten des Diktators in Chaplins Film die mitreißende Rede des jüdischen Friseurs hören, lösen sie sich aus ihrem faschistischen Bann und bejubeln »Vernunft« und »Demokratie«. In der Spiegelwelt ist etwas völlig anderes im Gang.[44]

8

Lächerlich ernst, ernsthaft sprachlos

Zunächst einmal muss ich gestehen, dass die Andere Naomi nicht die erste Naomi ist, die in meinem Leben Verwirrung stiftet. Das ist früher schon geschehen, und zwar oft, durch eine ganz andere Naomi. Bevor das alles zu einer derart politischen Angelegenheit wurde, lautete meine Arbeitshypothese: Unser Name ist so ungewöhnlich, dass die erste Naomi, von der jemand Kenntnis nimmt, sich dieser Person in der Regel als eine Art universelle Naomi einprägt. Jede andere Naomi, der diese Person anschließend begegnet, wird dann unvermeidlich mit dem Original verwechselt. Klar, das klingt weit hergeholt, aber ich weiß nicht, wie ich sonst erklären soll, dass Fernsehmoderatoren während der ersten Dekade meines öffentlichen Lebens als Schriftstellerin immer wieder sagten: »Und als Nächstes nun ein Gespräch mit Naomi Campbell.«

Das geschah nicht immer. Aber doch so häufig, dass ich mich genötigt sah, eine selbstironische kleine Einlage zu entwickeln: Ich entschuldigte mich dafür, dass ich die Erwartung der Zuschauer enttäuschte, ein strahlendes Supermodel ins Studio stolzieren zu sehen, und dass sie stattdessen mit einer bloß eins achtundsechzig großen, antikapitalistischen Autorin vorliebnehmen mussten. Mindestens einmal brachte mir diese unwahrscheinliche Kreuzung von Signalen aber auch einen greifbaren Vorteil. Als ich 2004 über die US-amerikanische Invasion im Irak berichtete, erhielt ich einen Satz geleakter Dokumente der Carlyle Group.[1] Aus diesen ging hervor, dass der ehemalige Außenminister James Baker seine Position als George W.

Bushs Irak-Gesandter offenbar auszunutzen versuchte, um die Regierung von Kuwait unter Druck zu setzen, damit sie geschäftliche Verbindungen mit der Carlyle Group einging, der er als Beiratschef und Gesellschafter mit einer Beteiligung in Höhe von schätzungsweise 180 Millionen Dollar angehörte. Bevor ich meinen Artikel veröffentlichte, brauchte ich eine Bestätigung für die Echtheit der Dokumente – die ich von der Carlyle Group nicht bekam, also nur vom kuwaitischen Premierminister bekommen konnte. Da ich keine Kontakte in Kuwait hatte, rief ich kurzerhand im Büro des Premierministers an und hinterließ bei einer Vorzimmerdame eine Nachricht, rechnete aber nicht damit, noch einmal von dort zu hören. Zu meiner Überraschung bekam ich zu einer unchristlichen Stunde einen Anruf von Ahmed al-Fahad, dem Unterstaatssekretär des Premierministers. Ich hechtete zu einem Notizblock und bekam sogleich die Bestätigung, die ich für die Veröffentlichung benötigte. Bevor ich auflegte, machte mir al-Fahad ein Geständnis. »Wissen Sie, dass ich nur deshalb zurückgerufen habe, weil ich dachte, Sie seien Naomi Campbell?«

Ich erzählte diese Geschichte eine ganze Weile, um meine Zuhörer – hauptsächlich Journalistenkollegen – zum Lachen zu bringen. Manche waren verblüfft, dass man in der Führungsspitze eines korrupten Öl-Emirats überhaupt einen Anruf von Naomi Campbell für möglich gehalten hatte. Ich besaß kein Insiderwissen, aber es ist nicht ganz so sonderbar, wenn man bedenkt, dass Campbell als Zeugin beim internationalen Kriegsverbrecherprozess gegen den ehemaligen liberianischen Präsidenten Charles Taylor zu Vorwürfen ausgesagt hatte, der berüchtigte Schlächter habe ihr ein Säckchen mit Blutdiamanten geschenkt, nachdem sie sich bei einem Wohltätigkeitessen bei Nelson Mandela kennengelernt hätten. Woraus wir nur schlussfolgern können, dass Leute, die ein gewisses Maß an Ruhm, Reichtum und / oder Macht erreicht haben, telefonisch spielend leicht miteinander in Kontakt treten können. (Diese intuitive Wahrnehmung, dass die Eliten in ihrer eigenen vernetzten Welt leben, in der die für uns anderen geltenden Gesetze achselzuckend ignoriert werden, ist der Urquell der heutigen Verschwörungssingularität.)

Die mangelnde Einprägsamkeit meines Namens ist nur selten so hilfreich wie bei der Baker-Geschichte, hat aber oftmals einen gewissen Unterhaltungswert. In den wilden Weiten des Internets findet sich beispielsweise das Video von einer Podiumsdiskussion in Kroatien, die in einer besonders turbulenten Phase nach der europäischen Finanzkrise 2008 stattfand. Auf dem Podium saßen Alexis Tsipras, kurz vor seiner Wahl zum griechischen Ministerpräsidenten, und der slowenische Philosoph und Provokateur Slavoj Žižek. Tsipras schimpfte über die brutale Austeritätspolitik, unter der die Griechen damals litten, und erklärte: »Sie haben diese Schockstrategie anzuwenden versucht, wie Naomi Campbell es genannt hat.«[2] Žižek, der ihm zugewandt auf der Bühne saß, nickte ernst. Ein Anflug von Panik huschte über das Gesicht des Moderators.

Ein griesgrämiger Geist betritt die Bühne

Zu Beginn dieses Projekts hatte ich vorgehabt, meinen Text mit vielen gewichtigen und ernsthaften Literaturverweisen zu spicken, um solchen skurrilen Anekdoten mehr Tiefe zu verleihen. Ich beabsichtigte, mich noch stärker auf Freuds Theorie des Unheimlichen zu stützen, weil es darin um Doppelgänger und das verdrängte Es geht, und wollte sie C. G. Jungs Theorien der Synchronizität und des Schatten-Ichs gegenüberstellen. Ich wollte diese Konzepte vom verdrängten Unbewussten auf Doppelgänger-Werke von Poe, Saramago und Dostojewski sowie auf Charles Dickens' *Eine Geschichte zweier Städte* anwenden. Ich wollte reale Beispiele von Schriftstellern heranziehen, die von ihren Doppelgängern gequält wurden. So wie Graham Greene, der in seiner Essay-Sammlung *Fluchtwege* beschrieb, wie sich sein Doppelgänger jahrzehntelang als Greene ausgegeben und die Ähnlichkeit genutzt hatte, um an glamourösen Festen teilzunehmen, schöne Frauen zu verführen und alle möglichen Leute zu betrügen.

Aber das Problem ist: Obwohl diese Lektüre hie und da durchaus interessante Erkenntnisse abwarf, gibt es in diesem ganzen chaotischen Kapitel meines Lebens eigentlich nur einen Autor, der den spezifischen Charakter meiner Nöte mit ihrem eigentümlichen Gemisch aus Lächerlichkeit und Ernsthaftigkeit wirklich zu verstehen schien. Ich konnte nur einen einzigen Schriftsteller finden, der ernsthaft darüber nachgedacht hatte, wie es sich anfühlen mochte, mit einem clownesken Doppelgänger zusammengespannt zu sein, einer Witzfigur, die nichtsdestotrotz mit hoher Wahrscheinlichkeit dazu beitrug, dass eine Welle unnötigen Leidens und Sterbens über die Menschen hinwegspülte – und die in sehr seltenen Fällen sogar recht haben konnte. Nur einen einzigen Schriftsteller, der darüber nachgedacht hatte, was es für einen Autor bedeutete, einen Kampf um seine Identität mit jemandem ausfechten zu müssen, der nicht nur selbst Schriftsteller, sondern obendrein auch noch ein sehr aktiver und gefährlicher Tatmensch war.

Dieser Schriftsteller ist Philip Roth.

Wie zuvor schon bei meinem Markenschutz-Problem war das für mich aus sehr persönlichen Gründen unangenehm. Vor allem weil ich bei meiner letzten Begegnung mit Roth in Textform – damals war ich zwanzig Jahre alt gewesen – ein Exemplar von *Gegenleben* durch mein Wohnheimzimmer an der Universität Toronto geworfen und mir geschworen hatte, nie wieder ein Buch von ihm zu lesen. Ich hatte es satt, mich mit dem bis ins kleinste Detail ausgemalten, komplizierten Leben seiner männlichen Protagonisten zu beschäftigen, mit ihren intimen psychologischen Dramen und großen globalen Ideen, während die weiblichen Figuren wie die spärlich bekleideten Krankenschwestern in einem Sketch von Benny Hill über die Seiten hopsten.

Als Kind hatte ich heimlich *Portnoys Beschwerden*, *Professor der Begierde* und *Goodbye, Columbus* gelesen, Bücher, die mir weniger wie Romane als vielmehr wie nervenaufreibende Besuche bei dem in New Jersey ansässigen Zweig meiner Familie vorkamen. Was auch weitgehend zutraf: Mein Vater war im selben Arbeiterviertel von Newark aufgewachsen und auf dieselbe Schule gegangen wie Roth, die Weequahic High, nur ein paar Klassen unter ihm. Ich weiß noch, als ich das Buch an die Wand klatschte, dachte ich, dass ich mit alldem fertig sei. Dass das Leben ungemein vielfältig und reichhaltig sei und dass ich nun schon so ziemlich alles über die Mutterprobleme jüdischer Männer mittleren Alters aus dem Dreistaateneck New York, New Jersey und Connecticut wüsste, was ich wissen musste. Dass es an der Zeit sei, in meinem Kopf Platz für ein paar neue ethnische Archetypen mit einigen nicht ganz so vertrauten Neurosen zu schaffen.

Daran habe ich mich auch dreißig Jahre lang gehalten. Folglich war ich entsprechend genervt, als meine Recherchen zu literarischen Doppelgängern mich wie ein Hund, der beharrlich an meiner Tür kratzt, immer wieder zu *Operation Shylock* führten, einem Doppelgänger-Roman, den viele für Roths Meisterwerk hielten. Und was die Sache noch schlimmer machte: Als ich den Roman gerade widerwillig bestellt hatte und darauf wartete, dass er den Weg zu unserer Felsklippe fand, erschien Roth, der 2018 starb, plötzlich überall in den Nachrichten wie ein griesgrämiger Geist.

Seine autorisierte Biographie war erschienen, 900 Seiten stark, und löste eine Flut von Artikeln über die ungewöhnlichen und oftmals unbarmherzigen Versuche des Verstorbenen aus, sein literarisches und persönliches Vermächtnis zu schützen. Er hatte den Vertrag mit mindestens einem Biographen aufgelöst, angeblich drakonische Zugangskontrollen für sein Archiv eingeführt und seine Geschichte schließlich dem Schriftsteller Blake Bailey anvertraut, vielleicht weil der ihm wie ein echter Kerl vorkam, der ihn nicht für seinen alles andere als idealen Umgang mit Frauen – in seinen Büchern wie im richtigen Leben – verurteilen würde. Roths Urteil schien jedenfalls richtig gewesen zu sein. Die meisten Kritiken waren überschwänglich, voll des Lobes für die Größe beider Männer. Laura Marsh frotzelte in *The New Republic*: »Mit Bailey hat Roth einen Biographen gefunden, der voll auf seine Kümmernisse eingestimmt ist und seine moralischen Rechtfertigungen nur selten in Zweifel zieht.«[3]

Dann, nur Wochen nach der sensationellen Rezeption, brach alles in sich zusammen. Es kam heraus, dass Bailey der sexuellen Belästigung bezichtigt worden war, und der amerikanische Verlag schockierte mit der Ankündigung, er werde *Philip Roth: The Biography* zurückziehen. Zahlreiche neue Artikel erschienen, in denen sowohl über Bailey als auch über Roth hergezogen wurde, die üblichen Verdächtigen plärrten, das sei mal wieder ein Fall von »Cancel Culture«, und ich beobachtete das ganze Schlamassel mit wachsender Besorgnis. Mir schien, dass Roth so ziemlich alles getan hatte, was ein Schriftsteller nur tun konnte, um seinen Ruf zu kontrollieren und seinen Namen zu schützen – nachdem er ein Leben lang in einem Roman nach dem anderen immer neue Versionen seines Lebens erzählt, sich mit seiner Ex-Frau wegen ihrer Frechheit, ihre Version der Geschichte zu schildern (Claire Bloom, *Leaving a Doll's House*), bekriegt und dann mit dem letzten Rest seiner Lebenskraft sicherzustellen versucht hatte, dass seine offizielle Biographie sein Vermächtnis dort verankerte, wo es seiner Meinung nach hingehörte. Und dann verschwand das alles mir nichts, dir nichts in einer Wolke von Skandalen und plumpen Versuchen des Verlags, sich aus der Affäre zu ziehen. Wenn Roth, ein Gigant der US-amerikanischen Literatur, trotz seiner herkulischen Anstrengungen so spektakulär damit gescheitert war, seinen Namen zu schützen, welche Hoffnung blieb dann meinem Zweitliga-Ich, meine Probleme mit der Anderen Naomi in den Griff zu kriegen?

Dann kam das Buch. Nicht die Biographie (obwohl sie wieder erhältlich ist), sondern *Operation Shylock*, erstmals 1993 erschienen. Die Kritiker hatten recht: Es ist Roths bei weitem anspruchsvollstes Werk und obendrein der packendste Doppelgänger-Roman, dem ich bei meiner inzwischen recht ausführlichen Beschäftigung mit dem Genre begegnet bin. Aber mein zwanzigjähriges Ich hatte ebenfalls recht: Die einzige öfter auftauchende weibliche Figur ist Jinx, eine lebhafte blonde Krankenschwester, die mit Roths Doppelgänger unter einer Decke steckt. Mein fünfzigjähriges Ich fand dies jedoch viel trauriger für Roth als verletzend für mich, und ich konnte meine Aufmerksamkeit dem Rest des Buches widmen.

Roth hatte schon immer ein Faible für Protagonisten gehabt, die kaum getarnte Doppelgänger seiner selbst waren: der masturbierende Alexander Portnoy, der promiskuitive Nathan Zuckerman, ein gepeinigter Schriftsteller namens Philip in seinem 1990 erschienenen Roman *Täuschung*. Diesmal ging er jedoch noch weiter. In *Shylock* spricht ein Schriftsteller namens Philip Roth, der genau dieselben Bücher geschrieben und genau dasselbe Leben geführt hat wie der reale Philip Roth. Nennen wir ihn »der echte Roth«. Schon zu Beginn des Romans hat er sein inneres Gleichgewicht verloren, Resultat eines kurz zuvor überstandenen, von dem Schlafmittel Halcion verursachten psychischen Zusammenbruchs von solcher Heftigkeit, dass er in einem psychotischen Zustand seine Frau gefragt hat: »Wo ist Philip?«[4] – ein früher, schmerzlicher Hinweis darauf, dass einem das eigene Ich entgleiten kann, wenn einem niemand hilft. Während er sich von diesem Trauma erholt, entdeckt der echte Roth, dass es einen Mann gibt, der sich Philip Roth nennt, sich wie Philip Roth kleidet, fast genauso aussieht wie Philip Roth und im fernen Jerusalem in alle möglichen Schwierigkeiten gerät. Nennen wir diese Figur »der falsche Roth«.

Der falsche Roth hat öffentliche Vorträge gehalten und Interviews gegeben, in denen er die Ansicht vertreten hat, die Gründung des Staates Israel sei ein schwerer Fehler gewesen. Israel sei von so vielen Feinden umgeben, glaubt der falsche Roth, dass es in einem weiteren jüdischen Holocaust untergehen werde. Deshalb hat der falsche Roth eine Bewegung namens »Diasporismus« ins Leben gerufen, die israelische Juden zu einem umgekehrten Exodus von Israel in jene osteuropäischen Gebiete veranlassen will, die sie Jahrzehnte zuvor auf der Flucht vor blutigen Pogromen und Konzentrationslagern verlassen hatten. Zu diesem Zweck hat sich der falsche Roth sogar mit europäischen Staatschefs getroffen (und sich dabei stets als der echte Roth ausgegeben). Das kleine Problem des hartnäckigen Antisemitismus in diesen osteuropäischen Ländern lasse sich durch die forcierte Gründung von Selbsthilfegruppen »Anonymer Antisemiten« lösen, behauptet der falsche Roth; dieses Hass-Entzugsprogramm hatte er ursprünglich für seine heiße, antisemitische Freundin Jinx entwickelt.

Der echte Roth ist davon überzeugt, dass all dies extrem gefährlich ist. Daher bleibt ihm nichts anderes übrig, als es auf einer Reise nach Jerusalem wie Charlie Chaplin zu machen und seinen Imitator zu imitieren. Anschließend geht es ordentlich rund, und es gibt auch Sex mit Jinx.

Kaum war das Buch eingetroffen, begann ich auch schon darin herumzukritzeln – mit Unterstreichungen, Sternchen und Ausrufezeichen. *Operation Shylock* erkundet nämlich mit nachgerade unheimlicher Präzision viele der bizarren mentalen und politischen Fallen, in die ich seit der Eskalation meiner eigenen Doppelgänger-Probleme getappt bin. Das peinliche Gefühl, mit einer parodiewürdigen Version des eigenen Ichs konfrontiert zu sein. Das Dilemma, seine persönliche Marke verteidigen zu müssen. Die faschistischen Schatten-Ichs, die Doppelgänger in uns bloßlegen können. Dass ganze Gesellschaften manchmal sinistre Doppelgänger haben. Der Roman enthielt all das und noch mehr.

In *Operation Shylock* beschäftigt sich Roth mit dem Spannungsverhältnis zwischen dem starken Bedürfnis nach Einzigartigkeit und dem ebenso starken Verlangen, das eigene Ich in einer anderen Person gespiegelt zu sehen. Letzteres ist ein Aspekt des Doppelgänger-Rätsels, den ich bisher vernachlässigt habe. Man sollte also nicht vergessen, dass Millionen von Menschen freiwillig ihre Fotos bei Doppelgänger-Suchdiensten wie Twin Strangers hochladen und dabei inständig hoffen, die Gesichtserkennungssoftware solcher Websites werde irgendwo auf der Welt ihr Gegenstück aufspüren. Zahllose beste Freundinnen verbringen Stunden mit »Twinning«: Sie synchronisieren ihre Kleidung und ihren Style bis ins kleinste Detail, so dass sie wie Doppelgängerinnen aussehen. Offenbar haben sehr viele von uns keinen sehnlicheren Wunsch, als eine Person zu finden, die genau weiß, wie es ist, in unserem Körper und unserem Kopf zu leben – und dieser Wunsch geht mit dem Drang einher, unverkennbar anders zu sein. Das 2023 erschienene Remake von *Die Unzertrennlichen* mit Rachel Weisz als Zwillingsschwestern und Geburtshelferinnen schöpft, mit den Worten eines Kritikers, »aus gegensätzlichen Trieben: dem Drang zur Individuation und dem Bedürfnis nach anderen, Abstoßung und Liebe«. Aus dieser Ambivalenz speist sich die starke emotionale Aufladung der Doppelgänger.

In *Shylock* weist Roth solche widersprüchlichen Gefühle den beiden Roths zu. Der echte Roth ist entsetzt von seinem aufrührerischen Doppelgänger und will ihn voller Zorn wegen seines Täuschungsmanövers und Identitätsdiebstahls zur Rede stellen. Er erwartet, dass der andere in Panik gerät oder den Kopf einzieht, wenn er von dem erwischt wird, für den er sich ausgegeben hat. Stattdessen fällt der falsche Roth dem echten um den Hals, als die beiden sich in einer Hotellobby in Jerusalem gegenüberstehen. Er umarmt ihn wie einen Bruder und bricht in Tränen aus, weil ihm sein Gegenüber so vertraut ist. »›Ich erblicke mich selbst‹, sagte er ekstatisch, ›nur dass *Sie* es sind.‹«[5]

Der echte Roth gerät erneut aus dem Gleichgewicht. Er hat sich auf einen Showdown vorbereitet, um sein Gesicht und seinen Namen wieder in Besitz zu nehmen, und stellt jetzt fest, dass er aufrichtig bewundert wird. Es gelingt ihm nicht, sich in den vorgesehenen Zorn hineinzusteigern; ebenso wenig kann er jedoch die familiären Gefühle des falschen Roth teilen, der entzückt ist, in einen lebendigen Spiegel zu schauen. Schließlich hat er einen Namen zu schützen. »Ihr Name! Ihr Name! Denken Sie überhaupt je, je, je an etwas *anderes* als an Ihren beschissenen Namen!«, will Jinx wissen.[6] Und ich las mit einem lachenden und einem weinenden Auge, wie der falsche Roth einmal zugibt, dass der Autor Roth ihn durchaus wegen Markenrechtsverletzung belangen könne, falls er es darauf anlege. Er weist ihn sogar auf einen Präzedenzfall hin: eine erfolgreiche (und reale) Klage des Talkshow-Moderators Johnny Carson gegen den Mobiltoiletten-Anbieter Here's Johnny Portable Toilets.

Genau darin besteht das Paradoxon des literarischen Markenschutzes. Tut man nichts, verliert man jegliche Kontrolle. Strebt man nach Kontrolle, gibt man zu, nur ein mieser kleiner Geldschneider zu sein: Die einen verhökern Bücher, die anderen Toiletten, alles bloß ein Geschäft. Der echte Roth erhebt keine Klage, sondern entscheidet sich für eine wilde Reise durch die West Bank und darüber hinaus, auf der er in die Haut seines Imitators schlüpft.

Dummpelgänger

Das kam mir alles ungemein bekannt vor. Aber nicht so bekannt wie Roths Gefühl, dass der Hochstapler ihm sein ganzes Lebenswerk an Worten und Ideen gestohlen und es in eine Parodie verwandelt hatte.

»Philip, mir ist, als läse ich dir aus einer Geschichte vor, die du geschrieben hast«,[7] sagt der fiktionalisierte Romanautor Aharon Appelfeld zum fiktionalisierten Philip Roth. Er bezieht sich auf einen Artikel über eine Reise des falschen Roth nach Polen, wo dieser sich mit dem Präsidenten des Landes, Lech Wałęsa, getroffen hat, um ihn dazu zu bewegen, israelische Juden wieder in ihre ursprünglichen europäischen Heimatländer aufzunehmen und das Scheitern des zionistischen Experiments einzugestehen. Das ist der Schlüssel zu dem Schwindelgefühl, das der Roman auslöst: Die Gegnerschaft des falschen Roth zu Israel als jüdischem Staat – seine Sorgen, welche Auswirkungen dessen Existenz auf die Moral und die Sicherheit der Juden hat, und seine Überzeugung, dass die jüdische Kultur und die jüdischen Vorstellungen am besten in der Diaspora gediehen – kam nicht aus dem Nichts. Sie kam von Philip Roth, nicht von der literarischen Figur, sondern von dem realen Menschen.

Roth war seit seinen Zwanzigern als »von Selbsthass zerfressener Jude« angegriffen worden. Seine New-Jersey-Figuren waren zu derb, mit zu vielen Mängeln behaftet, und keine geringere Autorität als der Amerikanische Rabbinerrat warf ihm vor, seine jüdischen Mitmenschen in Gefahr zu bringen, indem er sie schlecht aussehen ließ. Daraufhin fasste Roth nicht mehr nur Newark kritisch ins Auge, sondern auch Israel und, wie in *Gegenleben*, die gewalttätige Radikalisierung, mit der die Ausweitung jüdischer Vorposten in den besetzten Gebieten vorangetrieben wurde, wobei Emigranten aus New York und New Jersey zu Israels fanatischsten Siedlern zählten. Dies war eine andere Art der Beschäftigung mit Doppelgängern: Roth stellte den waffenschwingenden, muskelbepackten israelischen »Neuen Juden« als so etwas wie ein kollektives Double des Alten Juden dar, jener Künstler und Intellektuellen wie Roth selbst, die von vielen Israelis aus dem

Innern ihres knallharten nationalistischen Projekts heraus als weich und nutzlos gebrandmarkt wurden. Vielleicht war der Neue Jude aber auch ein makkabäisches Spiegelbild jener chauvinistischen Nationalisten in Polen, der Ukraine und Deutschland, die Juden so lange als Sündenböcke benutzt hatten. Diese Skepsis gegenüber dem Zionismus und die Verteidigung der Diaspora als reizvoller und völlig legitimer Lebensbereich für Juden macht einen Großteil dessen aus, was ich immer an Roth zu schätzen wusste, trotz der langen Parade von Jinxen.

In *Operation Shylock* macht sich der falsche Roth alle realen sozialen und politischen Kritikpunkte Roths zu eigen und treibt sie ins fanatische und karikaturhafte Extrem. Zugleich stellt er ein überzeichnetes Amalgam all jener psychosexuellen Neurosen zur Schau, mit denen Roth so viele seiner vorherigen Protagonisten und literarischen Doppelgänger ausgestattet hatte, von Portnoy bis Zuckerman. Es sind »alle zusammen in einem, sie sind von der gedruckten Seite ausgebrochen und haben sich spöttisch als ein einziges satirisches Faksimile meiner selbst wieder zusammengesetzt«, wie Roth über den Hochstapler klagt.[8]

Nicht viel anders habe ich mich gefühlt, als ich mit einer Naomi Wolf verwechselt wurde, die jeden großen Schock und jede kleine Krise – ob Covid-19 oder den Mangel an Babynahrung – zum Komplott gegen Amerika erklärt, um erneut Roth zu zitieren. Ich bin im *Zozobra*-Hin-und-Her gefangen, das Roth so perfekt charakterisiert: »Es ist zu lächerlich, um es ernst zu nehmen, und zu ernst, um lächerlich zu sein.«[9]

Ich weiß, das Querdenkerbündnis, das Wolf zusammen mit Bannon aufgebaut hat, wird im Zuge seiner Umsetzung in politische Macht auf der Ebene der Bundesstaaten und darüber hinaus auch weiterhin Auswirkungen auf das Leben zahlloser Menschen haben und es dramatisch verschlechtern. Doch obwohl das offenkundig eine ernste Sache ist, sind Wolfs Kapriolen – die Zeitreise-Tweets, die T-Shirts mit dem Aufdruck VACCINE INVESTIGATION TEAM, die ständigen, wirren Holocaustanalogien – derart lächerlich, dass man sie kaum ernst nehmen kann. Anders ausgedrückt: Wolf mag eine Witzfigur sein, aber komisch ist sie nicht. Und doch – wenn ich ehrlich bin, sorgt meine Doppelgängerin fast immer dafür, dass ich nicht weiß, ob ich lachen oder weinen soll!

In *Operation Shylock* versucht der echte Roth, eine gewisse Kontrolle über seine »lachhafte Ersatzfigur«[10] auszuüben, indem er sich weigert, sie mit ihrem gemeinsamen Namen anzureden, und sie stattdessen in Moishe Pipik umbenennt – *Pipik* ist ein Diminutiv, mit dem man in seinem Elternhaus unartige Kinder und schlemihlhafte Figuren bezeichnet hat; der Name bedeutet wörtlich »Moses Bauchnabel« (passend für diese ganze Nabelschau). Die Umbenennung verschafft ihm zwar kurzzeitig Erleichterung, erweist sich jedoch letztlich als Eigentor: Der falsche Roth ist noch immer im »Pipikismus« oder Bauchnabelismus befangen, wie Roth es nennt, der »antitragischen Kraft, die alles folgenlos werden lässt – die alles zu einer Farce macht, alles trivialisiert, alles oberflächlich macht«.[11]

Kann man einem Kraftfeld wie dem Pipikismus entkommen? Lässt sich eine einmal gepipikte Idee jemals wieder ernst nehmen? Das ist in gewissem Sinn das Problem mit all den monströsen Clowns, die die Politik in den letzten Jahren umgekrempelt haben: Trump in den Vereinigten Staaten, Boris Johnson im Vereinigten Königreich, Rodrigo Duterte auf den Philippinen. Und dann ist da auch noch Putin, der sich als Bewahrer der antiimperialistischen, antifaschistischen Traditionen und globalen Truth Teller inszeniert, der die Wahrheit über die Verbrechen des westlichen Kolonialismus verkündet – Putin als Pipik. Diese Gestalten verbreiten den Pipikismus auf Schritt und Tritt. Und dieser Pipikismus macht nicht nur das zur Farce, was sie sagen, sondern auch das, was viele von uns hinterher noch sagen wollen und können.

Wenn Bannon beispielsweise behauptet, seine bewaffnete, autoritäre Truppe werde von Linken und Liberalen »geothert«, eignet er sich einen wichtigen Begriff an, mit dem Autoritarismus-Analytiker beschrieben haben, wie Faschisten ihre Opfer als Untermenschen hinstellen, um sie leichter ausschalten oder gar ausrotten zu können. Nicht nur das; er macht auch das Konzept des Othering selbst zum

Gespött, was es wiederum erschwert, mit diesem Begriff das zu benennen, was Bannon ganz selbstverständlich anderen antut – Migranten, Schwarzen Wählern, Trans- und nicht binären Jugendlichen. Und als Trump nach der Wahl von 2016 sagte, die Hälfte aller Journalisten stehe für »Fake News«, setzte er damit einen Prozess in Gang, der dazu führte, dass seine Unterstützer alles anzweifelten, was sie in der Mainstream-Presse lasen und sahen. Aber er tat damit noch etwas. Er eignete sich einen Begriff an, mit dem Kommunikationswissenschaftler ein sehr reales Phänomen beschrieben haben: fabrizierte Propaganda, die wie eine echte Nachricht aussehen soll, aber von vorn bis hinten erfunden ist. Solche Fake-Artikel waren für Trump ein Segen gewesen, darunter ein besonders viraler, in dem es fälschlicherweise hieß, der Papst habe ihm seine Unterstützung zugesagt. Doch da Trump sich den Begriff »Fake News« angeeignet hatte, waren wir alle nun einer nützlichen Bezeichnung des Phänomens beraubt.

Oder man denke an Tucker Carlson, der beim Anstacheln des weißen Nationalismus eine kurze Pause einlegte und behauptete, seine Konkurrenten auf MSNBC praktizierten »unverhohlenen Rassenhass«, weil sie von »Weißen« sprächen, und seien damit zum Pendant jener Hutu-Rundfunksprecher in Ruanda geworden, die vor dem Völkermord von 1994 das Feuer des Hasses auf die Tutsi angefacht hatten. »Das ist Hutu-Sprech«, hob er hervor. Zugleich behauptete er, eine Sendung über Rassismus im Profi-Football sei »völkermörderisches Geschwätz«, und fügte hinzu: »Keine Übertreibung. Genau das ist es.«[12]

Wenn die Kasper-Figur im öffentlichen Leben eine zentrale Rolle zu spielen beginnt, besteht das Problem nicht nur darin, dass sie dummes Zeug redet, sondern auch darin, dass die Dummheit auf alles abfärbt, worüber sie spricht, auch und vor allem auf die kraftvolle Sprache, die wir brauchen, um über sie und ihre Handlungen zu reden. Für mich sind diese Figuren »Dummpelgänger«, und sie pipiken so viele Wörter und Begriffe, dass wir Gefahr laufen, buchstäblich die Sprache zu verlieren.

2014 brachte der *New Statesman* einen frühen »Was ist los mit

Naomi Wolf?«-Artikel, der eine ironische Erklärung anbot, inspiriert von Wolfs zahlreichen reißerischen Verschwörungstheorien: »Irgendwann in den letzten fünf Jahren wurde die echte Wolf unauffällig ›neutralisiert‹ und durch eine Schauspielerin ersetzt, die seither unermüdlich daran arbeitet, Linke im Allgemeinen und Feministinnen im Besonderen als eine Horde von Clowns erscheinen zu lassen, die so gut wie alles glauben, solange die Prämisse ›Amerika ist schlecht‹ lautet.«[13]

Wie tröstlich wäre es, wenn Wolf ein Fake wäre, den wir entlarven könnten – und kein Symptom einer massenhaften Auflösung von Sinn und Bedeutung, die, nun ja, einfach alles betrifft. Doch als ich las, wie Roth in *Operation Shylock* die Kräfte der Trivialisierung niederringt, begann ich darüber nachzudenken, wie sehr die Kräfte des Pipikismus mich verändert hatten. Seit mir die faktenfreien, vom Streben nach Clout geprägten Remixe der *Schock-Strategie* aufgefallen waren, die in der Spiegelwelt kursierten, war ich unsicher gewesen, wie ich darauf reagieren sollte. Hatte ich mir das selbst zuzuschreiben? Ich dachte, ich hätte in meinen Texten über die Ausnutzung von Schocks klar und deutlich zum Ausdruck gebracht, dass die solche Schocks katalysierenden Krisen kein bewusst fabriziertes Element eines groß angelegten Hinterzimmer-Komplotts waren. Stattdessen wurden sie (und werden sie nach wie vor) opportunistisch als strategisches Mittel genutzt, den politischen Widerstand gegen eine unpopuläre Politik zu unterlaufen. Aber hätte ich mehr tun müssen? Hatte ich diesen Verschwörungs-Wildwuchs gar selbst durch meine Aufforderung genährt, der Macht in Momenten des Schocks zu misstrauen? War es das, was mir mein ganzer Doppelgänger-Ärger sagen wollte? Oder – und diese Möglichkeit beunruhigte mich weitaus mehr – bestand das Problem darin, dass ich und viele andere Linke in der Covid-Zeit zu furchtsam und zu fügsam gewesen waren? Hatten wir zu bereitwillig den pandemischen Maßnahmen zugestimmt, die den Einzelnen so viele Lasten aufluden? Und waren wir der in dieser Periode grassierenden Profitgier der Unternehmen vielleicht nicht energisch genug entgegengetreten?

Der Screen New Deal

Politiker und Unternehmensführer haben in den Covid-Jahren wiederholt Schockstrategien eingesetzt. Für die Produktion von Masken und anderer Schutzausrüstung schuf die britische Regierung eine »Vorrangspur«, die nach einer Chance für Freunde und Spender aussah, sich die Taschen zu füllen (und manchmal unbrauchbares Material erbrachte). Als der chronisch unterfinanzierte National Health Service (NHS) Ende 2022 mit Covid und anderen Gesundheitskrisen endgültig überfordert war, führte die Tory-Regierung als vermeintliche Lösung unter der Hand diverse Formen privater Gesundheitsfürsorge ein – was Befürchtungen Auftrieb gab, dass eine umfassendere Veräußerung von Großbritanniens hoch geschätztem NHS bevorstehen könnte. In etlichen kanadischen Provinzen hat es ähnliche Versuche gegeben, das Gesundheitswesen durch die Hintertür zu privatisieren, wobei ebenfalls die Überlastung durch die Pandemie als Rechtfertigung diente. Und die rechte Regierung in Ontario versuchte mit dem Argument, weitere »Lernverluste« verhindern zu wollen, den Lehrkräften im staatlichen Bildungssektor ihr legales Streikrecht zu nehmen – eine der zahllosen Attacken auf staatliche Schulen im Windschatten der Krise. In Indien startete die Regierung während der Pandemie eine Reihe beispielloser Angriffe auf wirtschaftliche Schutzmaßnahmen für die Bauern des Landes, Angriffe, die nach mehreren Protestwellen schließlich rückgängig gemacht werden mussten. Mehrere Regierungen, darunter die serbische und griechische, nutzten die Krise, um Sicherheitsbefugnisse auszuweiten und hart gegen Oppositionelle vorzugehen. Chinas extreme »Null-Covid«-Politik stellte einen schweren Angriff auf die Arbeitnehmerrechte dar, weil die Arbeiter ihre Fabriken wochenlang nicht verlassen konnten.

Ich hatte jede Menge derartiges Material gesammelt, und in den ersten Monaten sprach und schrieb ich oft über diese Formen von Opportunismus und Profitmacherei im Rahmen der Pandemie. Im Mai 2020 veröffentlichte ich in *The Intercept* und im *Guardian* einen langen Bericht, in dem ich schilderte, wie Google, Amazon und andere Techkonzerne die Lockdowns nutzten, um Gelder für einen Wunschzettel rasch als »Covid-sicher« deklarierter »Kontaktlos«-Technologien lockerzumachen. Als besonders krasses Beispiel zitierte ich Anuja Sonalker, die CEO von Steer Tech, einem Unternehmen aus Maryland, das Parkassistenzsysteme anbietet. »Es ist eindeutig so, dass sich immer mehr Leute für kontaktlose Technologien erwärmen können, die ohne Menschen auskommen«, sagte sie und fügte kühl hinzu: »Menschen sind Biorisiken, Maschinen nicht.«[14]

So war es zur Zeit der ersten, verheerenden Welle – bevor wir gute Masken oder gar Impfstoffe bekamen, als Social Distancing so ziemlich das einzige Mittel war, um die Ausbreitung eines Virus zu stoppen, über das wir kaum etwas wussten. Doch der ehemalige Google-CEO Eric Schmidt und andere Tech-Milliardäre drängten unter Verweis auf diese provisorischen Notfallmaßnahmen auf dauerhaftere Veränderungen, die enorm profitable Chancen für ihren Sektor mit sich bringen würden – von der langfristigen Verlagerung großer Teile des Schulunterrichts ins Netz bis zur Entwicklung sogenannter Smart Citys, mit denen die Überwachung des täglichen Lebens radikal ausgeweitet werden würde. In ihrer von der Krise geprägten Zukunftsvision würde nicht nur unser Zuhause nie wieder ein rein privater Raum sein; dasselbe galt – dank digitaler High-Speed-Konnektivität – auch für unsere Schulen, unsere Arztpraxen, unsere Fitnessstudios und, nach staatlichem Ermessen, für unsere Gefängnisse. Es war die düstere KI-Vision einer kontaktlosen Gesellschaft mit sehr viel weniger Lehrern, Ärzten und Fahrern, in der Bargeld kein Zahlungsmittel mehr wäre und es nur noch einen stark ausgedünnten öffentlichen Personennahverkehr und weitaus weniger Live-Kultur gäbe.

All diese Trends gab es auch schon vor der Pandemie. Aber während dieser frühen Lockdown-Monate nahmen sie einen rasanten Aufschwung. Nichts, was ich in meinem Bericht geschrieben hatte, war spekulativ – es beruhte auf öffentlichen Aussagen von Techunternehmen und auf Dokumenten, die gemäß dem US-amerikanischen Informationsfreiheitsgesetz veröffentlicht worden waren.

Insgesamt zeichnete sich so etwas wie eine kohärente pandemische Schockstrategie ab; ich nannte sie scherzhaft »Screen New Deal«.

Ein paar Monate nach Erscheinen dieses Artikels stellte ich fest, dass Beispiele für diese Trends in verschwörerisches Gedankengut verpackt wurden: Vielleicht hatten die Techunternehmen das Ganze geplant. Vielleicht war es auch das Weltwirtschaftsforum mit seinem Konzept für den Großen Neustart gewesen; vielleicht war die ganze Pandemie gar nicht real, und die Opferzahlen waren ein raffinierter Schwindel. Und wie meine Doppelgängerin behauptete, war alles vielleicht ein Komplott, um uns dazu zu bringen, einen Sozialkredit-Polizeistaat nach Art der KP Chinas zu akzeptieren.

Ich begann, an mir zu zweifeln. Hätte ich *nicht* berichten sollen, wie Techunternehmen die Krise ausnutzten? Hätte ich in meinen Texten zum Thema Schock deutlicher hervorheben müssen, dass es echte Notstände gibt und dass dafür Hilfsmaßnahmen erforderlich sind? Die Wahrheit ist, dass ich zurückwich – nicht ganz, aber doch zu sehr. Als Wolf in ihrer neuen Rolle als »CEO eines Technologieunternehmens«[15] auf Fox herumgereicht wurde und dabei – wenn auch wohl eher unabsichtlich – wie meine groteske Ersatzfigur klang, wusste ich einfach nicht mehr, wie ich weiterhin über die Ausnutzung der Krise durch die großen Techfirmen reden sollte, ohne in die rotierende Verschwörungsmühle hineingesogen zu werden. Ich sah nicht mehr, wie man es vermeiden konnte, dass die ernsthafte Erörterung des realen Katastrophen-Kapitalismus mit wirklich gefährlichen Impfgegner-Phantasien und unumwundener Leugnung des Coronavirus in einen Topf geworfen wurde. Der Pipikismus hatte mich ausgebremst.

Der grüne Neustart?

Noch beunruhigender war, dass die Kräfte der Spiegelwelt, die alles zur Farce machten, auch die aufkeimenden, fragilen Bemühungen untergruben, unsere zahlreichen realen Krisen wirklich anzugehen – vom Klimakollaps über Masseninhaftierungen bis hin zu den von der

Pandemie bloßgelegten ruinös ausbeuterischen Arbeitsbedingungen. Es scheint lange her zu sein, aber 2020 glaubte man ein gutes halbes Jahr lang, die Pandemie könnte ein Katalysator für viele strukturelle Veränderungen sein, die unsere Gesellschaften kollektiv aufgeschoben und vermieden hatten. Viele von uns gaben sich sogar dem Traum hin, die Leere auf unseren Straßen, die Stille am Himmel (dank der Abwesenheit von Flugzeugen) und das ganze Gerede, dass wir vor allem einander vermissten, würde nach der Pandemie zu einer bedeutsamen Veränderung unserer Lebensweise führen. In jenen Wochen teilten, zitierten und posteten viele von uns Arundhati Roys Essay »Durch das Tor des Schreckens«, in dem sie sich vorstellte, dass uns eine globale Katastrophe womöglich nicht nur an einen anderen, sondern auch an einen besseren Ort führen würde.[16]

Diese wilden Hoffnungen verstärkten sich noch, als die autofreien Straßen sich in jenem ersten Frühling und Sommer mit Demonstranten füllten, die ein Ende der Polizeimorde an Schwarzen und eine tiefgreifende Neukonzeption staatlicher Prioritäten und Ausgaben forderten. In dieser Phase riefen aktivistische Gruppen und progressive Think-Tanks gemeinsam zu einer »Erholung« von Covid auf – Pläne, in denen sich die Vision einer grünen Welt mit der einer Welt ohne Rassismus und Ungleichheit verband.

Nur wenige Monate später hatte sich der Glaube an neue Möglichkeiten, der diese frühen Monate der Pandemie-Proteste charakterisierte, jedoch schon weitgehend verflüchtigt. Wir durchschritten das Tor und fanden uns in einer Welt wieder, die anders geworden war, aber nicht so, wie viele von uns es sich erhofft hatten. Dafür gab es viele Gründe: die US-amerikanischen Präsidentschaftswahlen, die jede Menge politischer Energie absorbierten; den immer stärker werdenden Wunsch nach einer Rückkehr zur Normalität; die permanente Anstrengung, sich zu fokussieren, während wir physisch noch immer derart isoliert waren; die inneren Streitigkeiten, unter denen viele Bewegungen litten und bei denen es häufig darum ging, ob sie Schlüsselfiguren zu Marken aufbauen oder sich auf die Erweiterung ihrer Teilnehmer- und Mitgliederbasis konzentrieren sollten.

Und noch etwas kam uns in die Quere: Schon der Gedanke, die Pandemie als Tor zu etwas Neuem – etwas Besserem, Grünerem und Fairerem – zu betrachten, wurde in der Spiegelwelt von Leuten wie meiner Doppelgängerin systematisch gepipikt. Alles wurde mit dem Verschwörungsgeschwätz über »globalisierte Eliten« beim Weltwirtschaftsforum vermischt und verschmolzen, die sich die Erholung angeblich für ihren Großen Neustart zunutze machen wollten. Anfang 2021 wurde jede Diskussion über die Frage, wie unsere Gesellschaften sich in Reaktion auf die einander überlagernden und überschneidenden Krisen verändern könnten und sollten, von den Querdenkern sofort als Bestandteil einer Verschwörung niedergebrüllt, die Bill Gates auf einem Schweizer Berggipfel ausgeheckt hatte. Auf einmal begannen »Klima-Lockdowns« zu trenden – eine von vorn bis hinten erfundene Bedrohung. Im Heartland Institute, der wichtigsten Denkfabrik der Klimaleugner, hatte man die absurde Behauptung aufgestellt, wenn es den Globalisten erst einmal gelungen wäre, die Menschen zur Bekämpfung von Covid in ihren Häusern einzusperren, würden sie dasselbe auch zur Senkung von Treibhausgas-Emissionen tun. Und Leute wie die einstmals geachtete Journalistin des Nachrichtenmagazins *60 Minutes* und jetzige hauptamtliche Verschwörungsschwurblerin Lara Logan behaupteten, die Globalisten seien »diejenigen, die wollen, dass wir Insekten, Kakerlaken essen, und die sich von Kinderblut ernähren« – eine Ansicht, derentwegen sie beim rechten Newsmax-Kanal gesperrt wurde, die aber trotzdem von zahllosen QAnon-Anhängern in aller Welt geteilt wird.[17]

Diese sich beständig ausdehnende Sphäre des Pipikismus bewirkt, dass es nicht nur schwieriger wird, über reale Beispiele für die Bereicherung an Katastrophen oder über die Notwendigkeit eines Green New Deal zu sprechen. Allmählich fühlt es sich so an, als wäre in jedem halbwegs relevanten Gedanken, jedem Wort für den Grad der Erschütterungen, mit denen wir es zu tun haben, bereits eine Sprengladung versteckt, bevor dieser Gedanke oder dieses Wort überhaupt geäußert werden kann.

Ich erinnere mich an den Augenblick, als mir plötzlich klarwurde, wie gefährlich dieses Pipiken geworden war. Ich schrieb gerade einen Artikel über ultrarechte Lokalpolitiker in Nordkalifornien, die die Polizei angewiesen hatten, Überlebende des bisher verheerendsten Waldbrands in diesem Staat aus ihren Zelten in öffentlichen Parks zu vertreiben. Ich tippte einen Satz, der besagte, dass dies ein Unheil verkündendes Vorzeichen einer »ökofaschistischen Zukunft« sei, in der man auf der Klaviatur ökologischer Ängste spielen würde, um gewaltsame Sicherheitsmaßnahmen gegen die als minderwertig Erachteten – oftmals Immigranten und Arme – zu begründen. Ökofaschismus ist eine reale Gefahr, und in Teilen der Rechten wird sie immer deutlicher erkennbar. Aber ich löschte den Begriff zugunsten von »Öko-Autoritarismus« – ein bisschen schwächer. Mit »Faschismus« warf ja bereits die Andere Naomi um sich, und hatte sie nicht dazu beigetragen, das Wort an sich schon absurd klingen zu lassen? Dann wurde mir klar, was ich getan hatte: »Ökofaschismus« war der korrekte Begriff zur Beschreibung der Gefahr. Und wie praktisch für sich vereinigende faschistische Kräfte, wenn Antifaschisten den derart missbrauchten und gepipikten Begriff nur noch ungern zur Beschreibung von Ereignissen in der wirklichen Welt benutzten.

Ungefähr zur selben Zeit rief meine Freundin Alex aus Australien an, und wir unterhielten uns per Video. »Stimmt es, dass die Covid-Lockdowns Australien in einen faschistischen Staat verwandeln?«, fragte ich. »Das hat Naomi Wolf nämlich gerade Steve Bannon erzählt. Ich kann keine glaubwürdigen Berichte darüber finden.«

Alex, eine meiner wenigen Freundinnen, die sich nicht über meine Hörgewohnheiten aufregen, zuckte die Achseln. »Die Polizei ist übel. Aber es ist schon merkwürdig: Früher wusste ich mal, wer die Faschisten und die Antifaschisten waren. Es gab Straßenkämpfe, und es war klar, wer auf welcher Seite stand. Aber jetzt haben die Faschisten unsere Sprache vollständig übernommen. Ich fühle mich sprachlos.«

Als ich das Wort »sprachlos« aus ihrem Mund hörte, ging es mir seltsamerweise besser. Ich hatte gedacht, meine Sprachlosigkeit wäre das Ergebnis meines sehr spezifischen Naomi-Naomi-Problems. Doch nun stellte sich heraus, dass viele von uns in dieser Zeit großer Einsamkeit mit offenem Mund dasaßen und die Welt an sich vorbeiziehen sahen.

Das Problem der Sprachlosigkeit beschränkt sich nicht auf den fortwährenden Missbrauch wichtiger Wörter in der Spiegelwelt. Es reicht tiefer, und ich denke, es könnte auch mit einer schleichenden Unsicherheit in Bezug auf die Rolle von Worten und ihren elementaren Nutzwert zu tun haben. Worte sind nach wie vor nützlich für praktische Zwecke, zum Beispiel um das Kind von der Schule abholen zu lassen, Einkaufslisten zu erstellen und eingängige Songs zu schreiben – aber um die Welt zu verändern? Mein Freund Bill McKibben spricht oft über seinen Sprung vom Artikel- und Bücherschreiben zur Gründung der Klimaschutzorganisation 350.org (wo wir beide ein Jahrzehnt lang im Vorstand saßen). Bill sagt, als er noch jung und naiv gewesen sei und *Das Ende der Natur* geschrieben habe, das erste an eine breite Leserschaft gerichtete Buch über den Klimawandel, habe er noch »geglaubt, Bücher würden die Welt verändern«. Nachdem er dann ein paar Jahrzehnte lang mitangesehen habe, wie die politischen Entscheidungsträger seine Bücher und die zahlreicher anderer Autorinnen und Autoren ignorierten, ganz zu schweigen von der sorgfältigen Arbeit Abertausender zunehmend in Panik geratener Klimawissenschaftler, sei er zu dem Schluss gelangt, dass Worte zwar hilfreich seien, es jedoch »Bewegungen von Menschen sind, die die Welt verändern«. Aber folgende Frage nagt schon lange an mir: Was, wenn unsere Bücher und unsere Bewegungen, so wie sie gegenwärtig aufgebaut sind (oftmals so, dass sie Unternehmensmarken ähneln), nur Worte verändern? Was, wenn Worte – auf Papier geschrieben oder im Protest gerufen – nur das verändern, was Menschen und Institutionen sagen, aber nicht das, was sie tun?

»ICH BIN DAS DU, DAS NICHT AUS WORTEN BESTEHT«, erklärt der falsche dem echten Roth[18] und berührt damit die zentrale Frage vieler Doppelgänger-Geschichten: Wer und was ist echt? Ist derjenige der Echte, der die Identität als Erster beansprucht hat? Oder ist derjenige der Echte, der am meisten daraus macht? In Dostojewskis *Doppelgänger* ist der falsche Goljadkin so aktiv und kontaktfreudig, dass er dem Original mühelos die Schau stiehlt und ebenso mühelos dessen Platz einnimmt. In *Operation Shylock* ist der echte Roth ein großer Blender, der Geschichten schreibt, aber nichts tut. Der falsche Roth hingegen ist ein Aktivist, der gern Geschichte schreiben würde. Er kritisiert den echten Roth, weil dieser die aus seinem literarischen Ruhm erwachsende kulturelle Macht vergeudet, indem er nur weitere neurotische Romane schreibt, weitere Worte ausspuckt – anstatt etwas Konkretes zu tun, um den Juden, die Gegenstand seiner Romane sind, zu helfen.

Für den falschen Roth liegt die Antwort auf die Frage, was jemanden echt macht, auf der Hand: Der Fälscher versteckt sich hinter der Repräsentation, der Echte handelt jenseits der Worte. Hier klingt an, auf welchen Treibsand unsere Zeit gebaut ist: die Verwechslung von sagen / klicken / posten mit tun. Das Spannungsverhältnis zwischen der virtuellen Natur eines im blauen Lichtschein von Bildschirmen stattfindenden Lebens und der dieses Leben ermöglichenden Realität der verkörperten Arbeit (graben, ernten, löten, nähen, schrubben, boxen, schleppen, liefern) und der materiellen Inputs (Öl, Gas, Kohle, Kupfer, Lithium, Kobalt, Sand, Bäume).

Das ist die wirkliche Quelle meiner Sprachlosigkeit in dieser unwirklichen Zeit: das Gefühl eines beinahe gewaltsamen Bruchs zwischen der Welt der Worte und der Welt jenseits von ihnen. In den letzten Jahren haben linke soziale Bewegungen mit großem Erfolg die Art verändert, wie wir über alle möglichen Themen sprechen – über Milliardäre und die oligarchische Herrschaft, den Klimakollaps, die weiße Vorherrschaft, die Abschaffung der Gefängnisse, Genderidentität, die Rechte der Palästinenser, sexuelle Gewalt –, und ich muss glauben, dass diese Veränderungen echte Siege darstellen, dass sie wichtig sind. Und doch geht an fast jeder Front realer Boden verloren. Der Wandel im Diskurs hat nicht verhindert, dass die zehn reichsten Männer der Welt ihr Gesamtvermögen in den ersten beiden Jahren der Pandemie mehr als verdoppelt haben, von 700 Milliarden auf 1,5 Billionen Dollar;[19] er hat nicht verhindert, dass die Budgets für die Polizei stiegen, während Lehrkräfte Basismaterial für den Unterricht aus eigener Tasche bezahlen müssen; er hat nicht verhindert, dass Unternehmen der Fossilbrennstoffindustrie weitere Subventionsmilliarden und neue Genehmigungen bekamen; er hat nicht verhindert, dass die israelischen Polizeikräfte bei der Beerdigung der hochgeschätzten, fast mit Sicherheit von der Kugel eines israelischen Soldaten getöteten palästinensisch-amerikanischen Journalistin Shireen Abu Akleh gegen die Trauergemeinde vorgingen.[20]

»Wir haben den Diskurs verändert …«, sagte ein Freund neulich zu mir und verstummte dann. Ja, das haben wir. Aber wir haben es offenbar genau in dem Augenblick getan, als Worte und Ideen eine radikale Entwertung erlebten, einen Crash, der auf eine Weise, die wir noch gar nicht richtig verstanden haben, mit dem reißenden Strom von Worten verbunden war, in dem wir auf diesen Bildschirmen schwimmen. Einem Strom, der beharrlich die theatralischsten Formen der Zurschaustellung von Tugendhaftigkeit und die zynischsten Formen des Pipikens verstärkt. Im Frühjahr 2022 formulierte Angela Davis das Spannungsfeld bei den denkwürdigen Protesten nach George Floyds Tod so: »In vieler Hinsicht hat sich eigentlich gar nichts verändert, aber zugleich hat sich alles verändert.«[21]

Jenseits von bla, bla, bla

Es ist schwierig, über solche Themen zu schreiben und zu reden, denn wir haben ja nur ebendiese entwerteten Worte dafür. Deshalb war ich sehr dankbar für Greta Thunbergs Äußerungen beim Klimagipfel 2021 in Glasgow. Im Wesentlichen machte sie sich dabei über Leute lustig, die zwar vom Klimawandel sprachen, aber sehr wenig dagegen unternahmen. Thunberg stellte sie mit einem mehrfach wiederholten »bla, bla, bla« an den Pranger.

Man sollte sich ins Gedächtnis rufen, dass Thunbergs erster Protest als junges Mädchen in einer Sprechverweigerung bestand. Sie beschäftigte sich mit der ökologischen Krise, sah, wie wenig dagegen getan wurde, und redete von da an nur noch mit ihren Angehörigen. Sie begann erst wieder zu sprechen, als es Veränderungen gab – zuerst kleinere, als Familienmitglieder Vegetarier wurden, dann größere, als Millionen von Menschen in aller Welt an Klimastreiks teilnahmen.

Da redete sie dann sehr viel, vor allen möglichen Zuhörern, und die Sorgfalt, die sie in diese Reden legte, ließ erkennen, dass sie zumindest halbwegs glaubte, sie könnten zu Taten führen. Interessant ist, dass die Version von Greta, die in Glasgow auftrat, diesen Glauben offensichtlich verloren hatte – den Glauben daran, dass sie mit ihren Auftritten als Rednerin Spitzenpolitiker dazu bringen könnte, sich für ihr Nichtstun zu schämen. Also begann sie, Reden zu halten, in denen es weniger um den Klimawandel und mehr um die Absurdität dieses ganzen Theaters ging. »Build back better. Bla, bla, bla. Grüne Wirtschaft. Bla, bla, bla. Netto-Null bis 2050. Bla, bla, bla«, sagte sie im Vorfeld des Gipfels. »Das ist alles, was wir von unseren sogenannten Führern hören. Worte, großartig klingende Worte, die bisher aber zu keinerlei Taten geführt haben. Unsere Hoffnungen und Träume gehen in ihren leeren Worten und Versprechungen unter.«[22] Als die BBC sie zwei Tage später fragte, was sie von der Abschlussvereinbarung des Gipfels hielt, antwortete Greta: »Sie haben es sogar noch geschafft, das bla, bla, bla zu verwässern. Wirklich eine reife Leistung.«[23]

Das sind weitaus schärfere Töne, als Greta sie bei solchen hoch angesehenen Zusammenkünften sonst anschlug. Sie schimpfte. Sie flehte. Sie weinte. Und obwohl sie mit den Politikern, die ihr zuhörten, hart ins Gericht ging, verrieten ihre Worte implizit, dass sie ihnen irgendwie noch immer vertraute. Nun scheint Greta jedoch nicht mehr an diese Theorie des Wandels zu glauben. Sie ist wie so viele von uns bei der Erkenntnis angelangt, dass uns niemand retten wird außer wir selbst – mit jeder Aktion, die wir durch unsere Kooperation, Organisation und Solidarität zustande bringen.

Es zeugt von einer gewissen Stärke, wenn man das so klar benennt, statt einfach nur Sendezeit zu füllen. Denn wenn man – wie diplomatischere Aktivisten als Greta – erklärt, ein Klimagipfel sei ein »guter Start« und dieser trage die offizielle Bezeichnung »26. Konferenz der

Parteien« – weil ein solcher Gipfel bisher buchstäblich jedes Jahr seit 1995 stattgefunden hat (außer im Covid-geplagten Jahr 2020) –, dann wäre es vielleicht an der Zeit, sich einzugestehen, dass Worte nicht mehr unseren Erwartungen genügen.

Ich habe beschrieben, wie Wolf und Bannon Worte pipiken, wie sie wichtige Begriffe zur Farce machen, und das ist zutiefst verwirrend. Verwirrend ist aber auch, was gemäßigtere Politiker schon viel länger tun: Worte ihrer Bedeutung gemäß benutzen, aber ohne jegliche Absicht, auch entsprechend zu handeln. Und eine Form der Leugnung nährt die andere: Die offene Leugnung in der Spiegelwelt wird erst denkbar durch den fundamentalen Krieg gegen Worte und Bedeutungsgehalte in liberaleren Teilen unserer Kultur.

»Irgendwann muss man so leben, als ob die Wahrheit wahr wäre«, singt Tamara Lindeman von The Weather Station in ihrer Klimaballade »Loss«.[24] Irgendwann – aber jetzt offenbar noch nicht.

Ich habe mein gesamtes Erwachsenenleben lang über die Trennung von Zeichen und Bedeutung geschrieben. Allerdings hatte ich keine Ahnung, wie weit das gehen würde. Als ich mich auf den Seiten von *No Logo* eingehend mit frühen Lifestyle-Markenkampagnen beschäftigte, die mit revolutionärer Ikonographie für Sneaker, Laptops und Girokonten warben – Gesichter von Toten wie Martin Luther King und Gandhi prangten auf Reklametafeln von Apple, mit den Liedern der Bewegung gegen den Vietnamkrieg wurden Nikes verkauft –, glaubte ich zu verstehen, warum das gefährlich war. Einerseits wurden transformatorische Bewegungen und Ideen aus ihrem Kontext gelöst und büßten dabei einen Teil ihrer Kraft und ihres Realitätsgehalts ein. Andererseits wurde die kraftvolle revolutionäre Ikonographie benutzt, um von den nur allzu realen Schattenwelten, aus denen die beworbenen Produkte stammten, abzulenken und sie zu verbergen – die heimwehkranken und permanent schikanierten Teenagermädchen in Indonesien und China, die Sneaker und Elektronikartikel herstellten; die Schadstoffe und Toxine, die auf allen Ebenen aus der globalen Lieferkette sickerten; die Jobs, die sich in unsichere Aufträge verwandelten, während man uns erzählte, wir sollten Mut fassen und uns zu unserer eigenen Marke machen. Es war eine Vereinnahmung, eine Verschleierung und ein Betrug zugleich.

Aber es gab noch einen größeren Zusammenhang, den ich nicht richtig erfasste, nämlich dass dieses neue Stadium des Kapitalismus im progressiven Gewand zugleich ein umfassender Krieg gegen Bedeutungsgehalte war. Das Wichtigste an diesen Kampagnen war letztendlich die Kühnheit, mit der sie verbreiteten, dass von nun an nichts mehr irgendetwas bedeutete: Wenn Martin Luther King, Gandhi und Bob Dylan als neoliberale Zugpferde eingespannt werden können, dann kann absolut alles und jeder aus seinem Kontext gelöst werden und sogar die gegenteilige Bedeutung erhalten. Die Geschichte unterhalb der Geschichte war die Normalisierung der Loslösung der Worte von der Realität, die nur eine Ära der Ironie und der kategorischen Distanz einleiten konnte, denn dies schienen die einzig akzeptablen Haltungen in einer Welt zu sein, in der jeder permanent log. Von da an waren wir alle bereit, kopfüber ins Meer der sozialen Medien mit ihren unzusammenhängenden Kommunikationsbrocken einzutauchen, wo das Scrollen die narrativen Strukturen von Argument und Geschichte zugunsten eines niemals endenden Gedankenkonfettis von »dies hier« und »dies hier« und »dies hier« und »schaut euch mal das da an« zerhackt.

Wenn nichts etwas bedeutet und nichts aus irgendetwas folgt, dann ist alles möglich, davor hat bereits Hannah Arendt gewarnt. Die Realität ist nur noch Wachs, das nach Belieben geformt und gestaltet werden kann. In der Spiegelwelt hat das krasse Folgen; dort behaupten Influencer wie meine Doppelgängerin tagtäglich, nur sie könnten »den Zusammenhang herstellen« zwischen den diversen Aspekten einer verrückt gewordenen Welt: Epstein, Gates, Davos, Fauci, die KP Chinas. Doch auch auf dieser Seite des Spiegels geht es krass zu; Teenager erklären politischen Führern aus aller Welt verzweifelt, dass der Planet in Flammen steht, und die Politiker reagieren darauf, indem sie für Twitter Faustgruß-Selfies mit den couragierten Teens machen. 2019 schloss sich der kanadische Premierminister Justin Trudeau gar dem großen Klimastreik an, mit dem gegen die Politik der von ihm geführten Regierung protestiert wurde, als hätte er völlig vergessen, dass er die Macht besaß, mehr zu tun, als nur zu demonstrieren.

Ich war dankbar für Gretas »bla, bla, bla«-Reden, weil sie präzise das allgegenwärtige Gefühl der Sprachlosigkeit einfingen, viel besser als mein eigenes ohnmächtiges und verdrossenes Schweigen in dieser Zeit. Greta hatte einen Weg gefunden, Sprache nicht nur zu kritisieren, sondern auch zu schützen: Sie machte sich über die Worte der Politiker und über das Schicksal ihrer eigenen Worte in deren Ohren lustig, sparte sich ihre Worte aber zugleich für Räume auf, in denen sie vielleicht noch immer wichtig sind, in denen sie noch immer mit Prinzipien und Aktionen verbunden werden können, in denen Menschen nicht nur für Kameras performen. Etwa ein Jahr später wurde sie von der Polizei in Gewahrsam genommen, als sie zusammen mit anderen Aktivisten bei Lützerath die Erweiterung des Braunkohletagebaus Garzweiler zu verhindern suchte.

Obwohl ich zögere, es vorzuschlagen: Hier könnten wir ein wenig von Steve Bannon lernen. Von seinem konsequenten strategischen Denken, seinem Aufbau siegreicher Koalitionen trotz Differenzen. Von der Art und Weise, wie er seine Zuhörer und Zuschauer in gut organisierte Tatmenschen verwandelt. Von seiner Konzentration auf »Action! Action! Action!«.

Es ist wahrscheinlich zu spät, um uns alles zurückzuholen, was an die Kräfte des Pipikismus verlorengegangen ist – aber eines dürfen wir niemals aufgeben, und das ist die Sprache des Antifaschismus. Die wahre Bedeutung von »Genozid«, »Apartheid« und »Holocaust« und die klare Benennung des suprematistischen Denkens, das all dies erst möglich macht. Diese Worte brauchen wir, so präzise wie möglich, um das zu bezeichnen und zu bekämpfen, was in der Spiegelwelt rasant Gestalt annimmt: eine ganze Kosmologie, gegründet auf vermeintlich überlegene Körper, überlegene Immunsysteme und überlegene Babys; eine Kosmologie, deren finanzielle Basis durch den Verkauf von Nahrungsergänzungsmitteln, durch Bitcoins und pränatales Yoga gesichert wird.

Es wäre alles so lächerlich – wenn es nicht so ernst wäre.

9

Die extreme Rechte trifft auf den Eso-Extremismus

Als der Wahltermin feststand und der Krieg der Schilder begann, jubelte unser Sohn T. jedes Mal, wenn wir an einem orangefarbenen Wahlplakat mit dem Namen seines Vaters vorbeikamen. Ich erwähnte gegenüber Avi und seinem Team, dass meine Recherchen zur Spiegelwelt für ihre Kampagne eine gewisse Relevanz haben könnten, aber das war im Sommer 2021, und sie taten das Ganze als typisch amerikanische Spinnerei ab.

Ich war mir da nicht so sicher. In einem der Verschwörungs-Podcasts, die ich hörte, hatte ich kurz vorher erfahren, dass eine Frau namens Romana Didulo, die nicht weit von uns wohnte, als selbsternannte »Königin von Kanada, Staatsoberhaupt und Oberbefehlshaberin« fleißig Dekrete erließ, in denen Geschäfte aufgerufen wurden, auf die Vorlage eines Impfnachweises zu verzichten, da ihnen sonst die Todesstrafe drohe (die es in Kanada gar nicht gibt). Das war schon seltsam genug. Noch bizarrer war, dass sie offenbar Tausende treuer Untertanen hatte, von denen einige diese Abmahnungen persönlich überbrachten und Geschäften, Schulen und sogar der Polizei mitteilten, sie seien an »Menschheitsverbrechen beteiligt« und würden von »We The People« vor Militärtribunale gestellt werden. Ich hatte auch bemerkt, dass sich an der verkehrsreichsten Kreuzung der Stadt regelmäßig ein Grüppchen Demonstranten versammelte. Sie trugen Schilder mit Aufschriften, die ich von den Aktivitäten der Anderen Naomi kannte: ICH STIMME NICHT ZU; PLANDEMIE; und:

ANGST IST DAS VIRUS. Damals jedoch, kaum ein Jahr nach Ausbruch der Pandemie, war die einzige mir bekannte Person, die wie ich der Ansicht war, dass Kanada geradewegs auf das südlich der Grenze herrschende Spiegelwelt-Chaos zusteuerte, meine Fitnesstrainerin. Seitdem sie angefangen hatte, von den Besuchern ihres Fitnessstudios einen Impfnachweis zu verlangen, wurde sie mit Drohungen überhäuft.

Ich konnte die Skepsis von Avis Wahlkampfteam nachvollziehen: Die kanadische Selbstgefälligkeit ist eine starke Droge. Hier in British Columbia, der westlichsten Provinz Kanadas, hatte die Regierung fast die gesamte Kommunikation rund um Covid an die Ärztin Bonnie Henry delegiert, eine äußerst vernünftig wirkende Gesundheitsbeauftragte. Sie war ein Art Anti-Trump. Mit beruhigender Stimme übermittelte sie uns fast im Flüsterton täglich die neuesten Daten und beschwor uns: »Bleiben Sie freundlich, bleiben Sie gelassen, bleiben Sie gesund.« Das Infektionsniveau verharrte in jenem ersten Jahr auf einem niedrigen Stand, und eine Zeitlang war das »Dr. Bonnie«-Fieber so heftig, dass Künstler ihr Porträt mit dem blondierten Bob auf Hauswände malten und John Fluevog ihr zu Ehren ein Paar lacklederne Mary-Jane-Schuhe entwarf.

Coronaleugnung und Great-Reset-Hysterie kursierten zwar auch in Kanada, waren aber offenbar immer noch auf die politische Rechte beschränkt. Viele Wähler kehrten der biederen Conservative Party den Rücken und liefen zur People's Party über, einer Partei am rechten Rand, die ihre migrationsfeindlichen Wahlkampfparolen direkt aus der Spiegelwelt übernommen hatte. »Sagt Nein zu Impfpässen!« hieß es in einem Pamphlet, das in meinem Briefkasten steckte. Macht Front gegen »die tyrannischen Diktate des Establishments«. Avi glaubte, dass diese Slogans auf die progressiven Wähler, die er zu erreichen hoffte, keinen großen Eindruck machen würden. Er kandidierte für die einst stolze sozialistische New Democratic Party (NDP) Kanadas, die sein Großvater und sein Vater mitgegründet hatten und die im Einklang mit globalen Trends lange Zeit zwar links angesiedelt, aber nicht wirklich links war. Bei diesen Wahlen versprach die Partei, die Sozialprogramme zu stärken, die das Land vergleichsweise gut durch die ersten Covid-Wellen gebracht hatten. Avi setzte darauf, dass viele Kanadier einen noch aktiveren Einsatz der Regierung gegen Klimakrise und Wohnungsnot befürworten würden. Anknüpfend an die großen Hoffnungen, die viele von uns damals noch hegten, entschied er sich für den Slogan: »Die Erholung von der Pandemie muss ein Green New Deal für alle sein!«

Ich versuchte, ihn zu warnen, ich versuchte es wirklich. Ich gab zu bedenken, dass sich die Covid-Leugnung quer durch alle politischen Lager zog und auf der alten Links-rechts-Achse nur schwer einzuordnen war. Ich erklärte ihm, dass es in der Gemeinde, in der wir leben, wo Energieheiler und Life Coach mindestens ebenso beliebte Berufe sind wie Krankenschwester und Lehrer und wo Alleingeburten und Vollmond-Raves im Wald angesagt sind, Wähler geben würde (seine potenziellen Wähler), die Leuten wie meiner Doppelgängerin in die Spiegelwelt gefolgt waren. Ich empfahl ihm dringend, sich mit den Verschwörungstheorien zu Impfpässen zu befassen, sich mit dem Konzept des Großen Neustarts vertraut zu machen und zu all dem sorgfältig durchdachte Positionen zu entwickeln.

Er hatte keine Zeit dafür. Er war zu sehr damit beschäftigt, politische Positionen zu realen Krisen zu formulieren: Wasserknappheit aufgrund chronischer Dürren, rasant steigende Mieten und hohe Wohnkosten, unzureichend ausgebauter öffentlicher Nahverkehr, Abholzung unserer letzten Urwälder. Rührend irgendwie: Er dachte immer noch, die Wahlen seien eine Abstimmung über die Realität.

Dann begannen wir, an Türen zu klopfen.

Politisches Klinkenputzen ist nie besonders angenehm; aber siebzehn Monate nach einem surrealen globalen Ereignis, das Angst vor der Atemluft unserer Mitmenschen gesät hatte, war es eine fast gruselige Erfahrung. Für einige von denen, die an die Sprechanlage gingen oder durch den Vorhang schauten, wirkten Fremde vor der Haustür vermutlich wie eine Erscheinung aus einer anderen Welt.

Nach einer Stunde hatten mein Mitstreiter Tak und ich an vielen Türen geklingelt, aber nur ein einziges positives Gespräch auf unserem

Klemmbrett vermerkt. Meistens öffneten die Leute gar nicht, obwohl wir manchmal hörten, wie sie drinnen einander anschrien. Dann kamen wir zu einem Haus mit einer Solaranlage auf dem Dach und einem Elektroauto in der Einfahrt, das an der Ladestation stand.

»Unsere Leute«, meinte Tak zuversichtlich.

Es war gegen drei Uhr nachmittags, und die etwa vierzigjährige Frau, die uns die weiße Haustür öffnete, wirkte etwas daneben.

»Sorry, ich bin noch gar nicht angezogen«, sagte sie sichtlich verlegen und deutete auf ihre mit Bären verzierte Pyjamahose.

»O mein Gott, ich bin die Letzte, die daran was auszusetzen hätte«, erwiderte ich und hoffte, das breite Lächeln unter meiner Maske würde an meinen Lachfältchen um die Augen sichtbar werden. »Ich kann gar nicht glauben, dass ich im Moment keinen Schlafanzug anhabe! Mein Sohn hat seit über einem Jahr keine richtigen Klamotten mehr getragen.«

Wir lachten. Ihr schwarzer Labradoodle stürmte aus dem Haus, bellte und umkreiste uns.

»Achten Sie nicht auf ihn. Er ist nicht mehr an Menschen gewöhnt. Genau wie ich.«

Wir lachten wieder. Ich erzählte ihr von meiner menschenscheuen dusseligen Cockapoo-Dame, die mit ihrer Doppelgängerin auf Kriegsfuß stand, beruhigte den Labradoodle und gratulierte der Frau zu ihrer Solaranlage. Das fing ja ganz gut an.

»Wir möchten herausfinden, welche Themen Sie vor der Parlamentswahl beschäftigen«, erklärte ich ihr. »Wir sind von der NDP –«

Die Stimmung schlug schlagartig um. Sie trat einen Schritt zurück und fixierte mich mit Überwachungskamera-Augen.

»Ich habe mein Leben lang für die NDP gestimmt. Meine Eltern haben für euch gestimmt. Meine Großeltern haben für euch gestimmt. Aber ich muss sagen, dass ich von eurem Vorsitzenden und der Art und Weise, wie er sich an die Globalisten verkauft hat, tief enttäuscht bin.«

Die Globalisten? Mir sträubten sich die Nackenhaare, als ich das Codewort für »Juden« hörte. Doch ich war hier, um Wählerstimmen zu gewinnen, nicht um mir Freunde zu machen. Ich versuchte »eine Brücke zu bauen«, wie es in Wahlkampfschulungen heißt.

»Ich bin Schriftstellerin. Ich habe sogar mal ein Buch über die wirtschaftliche Globalisierung geschrieben. Und die NDP hat sich immer gegen Big Business und nachteilige Handelsabkommen ausgesprochen. Sie wollen eine Vermögenssteuer –«

»Nein, mir reicht es«, sagte sie, rief ihren Hund herbei und zog sich zurück. »Diesmal wähle ich die People's Party.«

Und damit verschwanden sie und der schwarze Labradoodle hinter einer weißen Tür, die mit einem lauten Knall ins Schloss fiel.

Tak und ich waren wie vor den Kopf geschlagen.

»Ich habe schon einige Wahlkämpfe mitgemacht«, sagte er zögernd. »Aber das ist die erste Wählerin, der ich je begegnet bin, die von der NDP zur People's Party gewechselt ist.«

Damit hatte sie einen Expresszug bestiegen: In Kanada gibt es zwei etablierte Parteien, die Liberalen und die Konservativen. Beide umwerben die politische Mitte und schieben traditionell die Macht zwischen sich hin und her. Doch diese Wählerin war von links nach ganz rechts gewechselt, von der New Democratic Party zur People's Party, ohne bei einer der beiden Parteien in der Mitte auch nur einen Zwischenstopp einzulegen. Ich konnte nachvollziehen, dass sie von der NDP frustriert war; ich war es auch. Vom Klimaschutz bis zur rapide wachsenden Ungleichheit konnte die Partei in den letzten Jahren keine wirklich linke Alternative anbieten. Deshalb kandidierte Avi: um sie zu drängen, ihren ursprünglichen Idealen gerecht zu werden. Aber aus Enttäuschung über die kompromittierte Linke übergangslos auf die Seite der Rechtsextremen wechseln? Was zum Teufel war da los?

Wir klopften an ein paar weitere Türen, wurden von Kanadiern aus dem Punjab, die die Unterstützung der NDP für die indischen Bauern und ihren Massenprotest zu schätzen wussten, herzlich empfangen, und Tak und ich fühlten uns allmählich nicht mehr ganz so, als wären wir in ein Reddit-Thread-Kaninchenloch gefallen.

Mit unserem Klemmbrett, das jetzt mit Wählerdaten und den Namen von ein paar potenziellen »Super-Freiwilligen« gefüllt war, machten wir uns auf den Weg zur Nachbesprechung im Haus eines Parteimitglieds. Avi, der ein paar Straßen weiter Klinken geputzt hatte, traf kurz nach uns ein. Er wirkte regelrecht geschockt und stotterte, er habe »das Sandelholz riechen« können. Nachdem er seine Maske abgenommen und einen Schluck Wasser getrunken hatte, erzählte er uns die ganze Geschichte. Er war auf ein Haus zugegangen, dessen Eingangstür halb offen stand; der Duft besagter Räucherstäbchen wehte bis zum Bürgersteig hinaus. Auf den Fensterbrettern waren Bronzestatuetten aufgereiht, und er identifizierte Buddha und Ganesha. Wie wir bei den Sonnenkollektoren dachte auch er, dass in einem solchen Haus der Green New Deal nicht allzu schwer vermittelbar sein dürfte. Auch er irrte sich gewaltig.

Eine muskulöse Weiße in Yogaklamotten hatte die Veranda betreten, bereit für einen Kampf. Statt einer Maske hielt sie sich die Hand vor den Mund und hatte nur eine Frage an ihn: »Wie stehen Sie zu den Impfpässen?«

Avi antwortete, die Partei sei dafür, bei Aktivitäten in geschlossenen Räumen den Impfstatus zu überprüfen, was in dieser Phase der Pandemie aus epidemiologischer Sicht sinnvoll sei, und fragte nach ihrer Position.

Sie fing an, über ihr »Recht auf körperliche Autonomie« und über »Bürgersouveränität« zu sprechen, und betonte, dass sie »ein starkes Immunsystem« habe.

»Das ist super«, sagte Avi und baute seine Brücke zu ihr. »Toll, dass Sie gesund sind. Die Sorge ist wohl, dass nicht jeder ein starkes Immunsystem hat. Manche Menschen haben ein geschwächtes Immunsystem und gesundheitliche Probleme, die sie für das Virus anfällig machen, so dass sie schwer krank werden oder sogar sterben können.«

Die Antwort dieses Mitglieds einer hippiemäßig abgedrehten Westküstengemeinde lautete: »Ich finde, diese Leute *sollten* sterben.«

Und damit verschwand sie in einer Wolke aus Sandelholzduft.

Nach diesen erschütternden Begegnungen sahen wir beide plötzlich überall in unserem Umfeld Belege für die Ausbreitung des Querdenkertums. Auf Anschlagtafeln. Bei Gemeinderatssitzungen. Und dieses kleine Grüppchen von Demonstranten in der Stadt? Sie wurden schnell mehr. Ein paar Wochen nach Beginn der Kampagne fuhr ich an dem verschlafenen Krankenhaus vorbei, in dem T. geboren worden war, und sah, dass sich vor dem Gebäude rund dreihundert Leute versammelt hatten – der größte Protest, an den ich mich in dieser ländlichen Gemeinde erinnern konnte. Deutlich mehr als bei der Irak-Invasion und wahrscheinlich auch bei den Klimastreiks 2019.

Die Demonstranten behinderten Patienten auf dem Weg in die Notaufnahme und beschimpften Krankenschwestern. Die Aktion war Teil eines koordinierten »World Wide Walkout«-Tags gegen die Impfpflicht, für den meine Doppelgängerin auf ihrem neuen Gettr-Account geworben hatte.[1] Irgendwann sang die Menge eine weitgehend genuschelte Version des Women's Warrior Song, eine sakrale Hymne für viele Indigene Gemeinschaften dieser Region, darunter die Shíshálh Nation, deren Verwaltung gleich gegenüber auf der anderen Straßenseite lag. Der Rat gab sofort eine Erklärung heraus, in der er diese kulturelle Aneignung als Beleidigung verurteilte. Am anderen Ende des Landes sagte Trudeau unterdessen eine geplante Kundgebung ab, weil Impfgegner mit Gewalt drohten, ihn beschimpften und neue Nürnberger Prozesse forderten.

»Was würdest du zum Thema Impfpässe sagen?«, fragte mich Avi an diesem Abend beiläufig.

»Ich würde erst mal Verständnis für ihre Ängste bezüglich der Daten zeigen. Ihnen sagen, dass der Schutz ihrer Privatsphäre oberste Priorität für dich hat und dass ihre persönlichen Daten nicht in die Hände privater Technologiefirmen gelangen dürfen. Dann würde ich das Gespräch auf die Notwendigkeit lenken, diese Konzerne zu regulieren, zu zerschlagen und in öffentliche Versorgungsunternehmen umzufunktionieren, und sagen, dass jeder das Recht haben müsse, Teil eines digitalen Marktplatzes zu sein. Zeig ihnen, dass es einen Weg gibt, es Big Tech heimzuzahlen, ohne ihr Leben und das Leben anderer Menschen in Gefahr zu bringen.«

Er hörte zu.

»Dasselbe gilt für Big Pharma. Vergiss nicht, dass die Leute gute

Gründe haben, diese Unternehmen zu hassen. Ich würde versuchen, eine gemeinsame Basis zu finden: dass lebensrettende Therapien und Medikamente nicht in erster Linie auf Profit ausgerichtet sein sollten. Dass die allgemeine Gesundheitsversorgung auf alle rezeptpflichtigen Medikamente ausgeweitet werden muss. Wie wir gute Jobs im öffentlichen Gesundheitswesen und in der Präventivmedizin schaffen können.«

Er kannte diese Argumente in- und auswendig, er trug sie seit Jahren vor. Es waren nur Neuformulierungen, um ein wenig Terrain aus der Spiegelwelt zurückzugewinnen. Diese Strategie hatte, wie ich fand, eine gute Chance bei Wählern, die nur gelegentlich in den Spiegel geschaut hatten. Aber ich hegte kaum Hoffnung, dass Avi, so charmant er ist, diejenigen zurückholen konnte, die den Spiegel durchschritten hatten.

In den kommenden Wochen ergriffen einige die Gelegenheit, ihn davon zu überzeugen, dass er komplett falschliege, und schrieben ihm Briefe, die sehr geschickt meine Bücher gegen ihn ins Feld führten:

> Ich habe viel darüber recherchiert, womit wir es zu tun haben, und gehofft, dass Naomi eine Fortsetzung der *Schock-Strategie* schreiben würde, in der sie darauf eingeht, was in unserer Welt gerade passiert. Dass wir unsere Freiheiten verlieren, dass wir diskriminiert werden, wenn wir die experimentelle »Spritze« ablehnen … Diese »Plandemie« ist unsere Welt teuer zu stehen gekommen, und ich möchte, dass der Gerechtigkeit Genüge getan wird und die Verantwortlichen zur Rechenschaft gezogen werden, nämlich Anthony Fauci, Bill Gates, Big Pharma und die Medien.

Die meisten wollten nicht einmal auf diesem Niveau diskutieren.

Selbst nach Monaten im Sumpf der Spiegelwelt war ich geschockt über manche Dinge, die Avi und ich von unseren Nachbarn zu sehen und zu hören bekamen. Zu Beginn der Pandemie gab es Stimmen, die lautstark forderten, Kranke und ältere Menschen sollten geopfert werden, damit die Wirtschaft am Laufen gehalten werden konnte. Aber das waren schmierige Republikaner gewesen; solche Grausamkeiten passten zu ihrem Image. Was ich nicht erwartet hatte, war, dass lebenslange Wähler der NDP – der Partei, die in Kanada maßgeblich zur Durchsetzung eines Systems der allgemeinen öffentlichen Gesundheitsversorgung beigetragen hatte – das Massensterben mit einem Achselzucken abtun würden. Ich hatte auch nicht erwartet, dass eine Person, bei der ich einen Vinyasa-Kurs hätte machen können, ganz offen den Tod der körperlich Schwachen befürwortet (»Ich finde, diese Leute *sollten* sterben«). Oder dass ein Plakat der People's Party direkt neben einer Werbung für »Bliss or Bust«-Tiefenmeditation und für Tiefengewebsmassage hängt. Oder dass langjährige Umweltschützer im privaten Gespräch äußern, das Recht, sich nicht impfen zu lassen, sei ihr einziges Thema bei diesen Wahlen und Ausdruck des Widerstands gegen Big Pharma. (Später erfuhren wir, dass der Mann, der Nancy Pelosis zweiundachtzigjährigen Ehemann Paul in ihrem gemeinsamen Haus in San Francisco gewaltsam angegriffen hatte, nur ein paar Straßen von hier entfernt aufgewachsen war.)

Was auch immer ich einst als die Trennlinie zwischen »ihnen« und »uns« betrachtet hatte, sie existierte nicht mehr. Gewiss, ein Gift war in die Kultur eingesickert, doch dank ein paar liberaler Crossover-Stars zirkulierte es nun nicht mehr nur unter den Rechten. Etwas Neues war entstanden: ein giftiges Gebräu, in das machtvolle Vorstellungen von natürlicher Lebensweise, körperlicher Stärke, Fitness, Reinheit und Göttlichkeit eingeflossen waren. Auf der Gegenseite standen Unnatürlichkeit, körperliche Schwäche, Trägheit, Verseuchung und Verdammnis.

Die Subkulturen der Fitness und der alternativen Gesundheit vermischen sich schon sehr lange mit faschistischen und suprematistischen Bewegungen. In den Vereinigten Staaten begeisterten sich Bodybuilding- und Fitnessfreaks schon früh für Eugenik und die Züchtung eines ihren Vorstellungen nach überlegenen Menschen. Die NS-Propaganda verbreitete Bilder junger Männer beim Wandern, und für Hitler war eine »natürliche« Ernährung auschlaggebend für den Erfolg des »Dritten Reiches« (auch wenn sein Vegetarismus vermutlich überbewertet wurde). In der Nazipartei gab es Strömungen, die einem regelrechten Gesundheitswahn verfallen waren und zu extremen okkultistischen Vorstellungen neigten und beides in den Dienst der Schaffung einer arischen Superrasse gottgleicher Menschen stellten. Mit anderen Worten: Die ganze Mission der Züchtung einer überlegenen »Rasse« trug okkultistische Züge, weshalb sich diese Idee auch so leicht mit dem Gesundheitswahn des New Age und mit allen möglichen Fetischen des Körperkults verschmelzen ließ.

Nach den Schrecken des Zweiten Weltkriegs zerbrach die Allianz aus Faschismus, Fitness und New Age. Als New Age in den 1960er Jahren seine nächste große Popularitätswelle erlebte, war es mit den Hippies, mit Umweltschützern und den Beatles verbunden, die sich mit transzendentaler Meditation beschäftigten. Heute scheint es, als würden die älteren, suprematistischen Wurzeln der Bewegung erneut die Oberhand gewinnen.

Die Leute, denen Avi und ich am äußersten Rand dieses Spektrums begegneten, leugneten Covid nicht rundweg. Doch sie schrieben dem Virus die Aufgabe einer Säuberung oder »Herdenkeulung« zu, der Vernichtung eines Teils des Gesamtbestandes. Einige ließen ökofaschistisches Gedankengut einfließen und betrachteten die Pandemie als ein Mittel, um die natürliche Welt von menschlicher Überbeanspruchung zu entlasten und zu sanieren. Diese Vorstellung war in der Anfangsphase der Lockdowns weit verbreitet, als das Internet von Memes wie »Die Erde heilt« und »Wir sind das Virus« und von (oftmals gefälschten) Videos mit wilden Tieren überflutet wurde, die angeblich unsere Geisterstädte zurückeroberten. Jetzt aber wurde eine gewisse Zahl von Covid-Toten immer unverhohlener begrüßt und ausdrücklich mit der Ablehnung der Impfstoffe verknüpft. Etwa zu dieser Zeit sagte Rob Schmitt, ein ehemaliger Fox-News-Moderator, der zu Newsmax gewechselt war, in einer Sendung: »Ich finde, eine Impfung ist irgendwie widernatürlich. Wenn es da draußen eine Krankheit gibt, dann ist es vielleicht einfach nur die Ebbe und Flut des Lebens, die eine bestimmte Zahl von Menschen auslöscht, das ist der Lauf der Evolution. Impfstoffe stehen dem im Weg.«[2]

Solche Ideen haben auf dem amerikanischen Kontinent eine blutige Geschichte. Sie reicht zurück bis zu den Erzählungen europäischer Eroberer und Kolonisatoren darüber, wie die Indigenen Bevölkerungen – bereits geschwächt, nachdem die Siedler ihnen ihr Land gestohlen und ihre Nahrungsquellen dezimiert hatten – von Infektionskrankheiten dahingerafft wurden. Den Eroberern zufolge waren die Krankheiten Gottes Werk, ein Zeichen dafür, dass diese Kontinente für die weißen Christen bestimmt waren. »Eine wunderbare Seuche« nannte König Jakob von England 1620 in der Charta von Neuengland die Pandemie, die »der allmächtige Gott in seiner großen Güte und Gnade für uns den Wilden geschickt« habe.[3] Über die Krankheiten, die die Algonkin sprechenden Völker heimsuchten, schrieb John Winthrop, der erste Gouverneur der Massachusetts Bay Colony, 1634 in ähnlichen Worten: »Die Eingeborenen dieser Gegend hat Gott so verfolgt, dass im Umkreis von dreihundert Meilen fast alle an den Pocken gestorben sind, die immer noch unter ihnen wüten. Damit hat Gott uns die Besitzurkunde für dieses Land überlassen.«[4] Und 1707 bezeichnete der damalige Gouverneur von Carolina, John Archdale, das Massensterben gleichfalls als vom Himmel geschickt und schrieb über »die Indianer«, es habe »dem allmächtigen Gott gefallen, ihnen ungewöhnliche Krankheiten wie die Pocken etc. zu schicken, um ihre Zahl zu verringern, so dass die Engländer im Vergleich zu den Spaniern nur für wenig indianisches Blut verantwortlich sind«.[5] Das ist nicht wahr – es wurde viel Blut vergossen, und Krankheit war in diesen aufeinanderfolgenden Wellen des Völkermords nur einer von vielen Killern. Aber der Gedanke, dass Pandemien im Dienst einer höheren Macht stünden – ob man sich diese Macht nun als Gott oder als Natur vorstellt –, ist integraler Bestandteil des Ursprungsmythos der modernen Welt.

Dass ökofaschistisches Gedankengut gerade heute vermehrt in Erscheinung treten würde, war leider vorhersehbar. Wir leben in einer Zeit, in der zwei Jobs keine Garantie dafür sind, dass man sich eine Wohnung leisten kann, und viele unserer Regierungen es für eine praktikable politische Lösung halten, Obdachlosencamps mit Bulldozern niederzuwalzen. Gleichzeitig bringt uns jeder Tag dem Klimakollaps näher. Wenn diese Entwicklung nicht verlangsamt und rückgängig gemacht wird, werden große Teile unserer und anderer Spezies vom Erdboden verschwinden, und die Schwächsten wird es zuerst und am härtesten treffen. Diese Keulung ist bereits in vollem Gang. In einem so kritischen Moment der Geschichte zu leben, in dem wir alle zwangsläufig mitschuldig werden, während gleichzeitig die sogenannten politischen Führer so kläglich versagen, bringt alle möglichen morbiden Symptome hervor. Die Menschen suchen notgedrungen nach Narrativen, um sich auf das Geschehen einen Reim zu machen.

Zu diesen Narrativen gehört eines, das die Bewegung für Klimagerechtigkeit seit Jahren verbreitet und mit dem auch Avi angetreten ist: dass sich verantwortungsbewusste Menschen über alle trennenden Grenzen hinweg zusammenschließen, zu einer Macht werden und unsere Gesellschaften in letzter Sekunde gerechter und grüner machen können. Doch mit jedem Tag, der vergeht, wird es schwieriger, daran zu glauben. Und so entsteht ein anderes Narrativ, das sich sehr viel schneller verbreitet. Es lautet: Mir wird nichts passieren, ich bin mit meinen Nahrungsmittelkonserven, Sonnenkollektoren und meinem relativ privilegierten Platz auf diesem Planeten gut gerüstet – es sind andere, die leiden werden. Das Problem ist nur, dass man mit diesem massenhaften Leid anderer irgendwie klarkommen und sich eine Begründung zurechtlegen muss, um damit leben zu können. Und genau hier kommen Erzählungen und Logiken ins Spiel, die den Tod anderer Menschen als eine Form der natürlichen Auslese, ja sogar als Segen darstellen.

Wie die Faschismus / New-Age-Allianz bewegt sich auch dieses Narrativ in einer Art historischer Dauerschleife. Wann immer in der Vergangenheit eine Gruppe zuließ, dass einer anderen Gruppe entsetzliche Gewalt angetan wurde, gab es Erzählungen und Logiken, die es den Nutznießern der Gewalt gestatteten, an diesem Geschehen aktiv (und sogar freudig) mitzuwirken – oder demonstrativ wegzuschauen. Narrative wie diese: Menschen, die geopfert / versklavt / inhaftiert / kolonisiert / dem Tod überlassen werden, damit andere ein behagliches Leben führen können, stehen nicht auf derselben Stufe der Menschheit. Sie sind anders / unterdurchschnittlich / minderwertig / dunkler / eher tierhaft / krank / kriminell / faul / unzivilisiert. Diese Logiken sind bei den Rechten schon seit Jahren wieder auf dem Vormarsch, das zeigt der Aufstieg protofaschistischer und autoritärer politischer Führer unter anderem in Brasilien, Indien und Ungarn, auf den Philippinen, in Russland und in der Türkei. Im Wahlkampf jedoch konnten wir beobachten, dass sich diese Logik auf ausgetretenen neuronalen Pfaden mit einer langen, unheilvollen Geschichte quer durch alle politischen Lager ausgebreitet hat, von den Autoritär-Konservativen bis hin zu Teilen der grünen und New-Age-Linken.

Das Band zwischen ihnen ist einfach und stark: Sie haben mit dieser Keulung kein Problem.

Das Who's Who der Desinformation

Als wir noch in New Jersey lebten, nach New York damals der Staat mit den meisten Covid-Toten, kam der Widerstand gegen die Lockdowns zunächst hauptsächlich aus zwei Gruppen. Die erste waren die extrem Religiösen: evangelikale Christen, von denen viele trotz der Lockdowns in Megakirchen strömten, sowie unsere jüdisch-orthodoxen Nachbarn, die mit den lokalen Behörden in Konflikt gerieten, weil sie entgegen den Gesundheitsvorschriften weiterhin zu großen Beerdigungen und Gottesdiensten zusammenkamen. Das war nicht anders zu erwarten: Viele Ultrareligiöse sind überzeugt, ihr Glaube wirke wie ein Kraftfeld gegen Ansteckung, oder sie betrachten die Erkrankung als einen geringen Preis, den sie für die Erfüllung ihrer religiösen Pflichten zu bezahlen hätten. Dieser Logik zufolge stellte die Nichtbefolgung von Gottes Anweisungen für das gemeinsame Gebet ein größeres Risiko dar, als sich in der Kirche oder Synagoge den Aerosolpartikeln ihrer Mitgläubigen auszusetzen. Eines Abends, als ich in diesen ersten Wochen des Lockdowns die Nachrichten im Kabelfernsehen verfolgte, kam ein Bericht über Tausende Menschen, die sich, meist ohne Maske, zu einem unerlaubten Gottesdienst in einer Megakirche drängten. Auf die Frage, ob sie keine Angst habe, sich mit Covid anzustecken, erwiderte eine Besucherin strahlend: »Überhaupt nicht! Ich bin im Blut des Herrn gebadet!«

Bei der zweiten Gruppe, die sich in jenen Wochen hartnäckig den Gesundheitsvorschriften widersetzte, hätte man es weniger erwartet. Es waren Fitnessfreaks, von denen einige kaum zwei Monate nach Ausbruch der Pandemie Demonstrationen organisierten. Sie machten Sit-ups und Liegestütze auf der Straße und forderten das Recht, in geschlossenen Räumen Gewichte zu stemmen. Der Betreiber des Atilis Gym in Bellmawr, New Jersey, brach das Gesetz und öffnete sein Fitnessstudio – ein Akt des Trotzes, der den tätowierten und bärtigen Ex-Straftäter bei Fox News zu einem kuriosen Helden machte. (Später kandidierte er bei den Vorwahlen für den Kongress erfolglos aufseiten der Republikaner.)

Zunächst konnte ich die Verbindung zwischen diesen beiden Gruppen und ihren sehr unterschiedlichen Aktivitäten nicht erkennen. Was hatten extreme Religiosität und extreme Fitness, die Anbetung des Herrn und die Anbetung des Körpers gemeinsam? Ich sah klarer, als ich anfing, mehr Zeit in der Spiegelwelt zu verbringen, insbesondere auf den Kanälen, wo New-Age-Wellness-Influencer krude Covid-Verschwörungsmythen verbreiteten. Es handelte sich um die Weiterentwicklung einer Geisteshaltung, die erstmals 2011 in einem wissenschaftlichen Aufsatz als »Konspiritualität«[6] beschrieben wurde (der Begriff bezeichnet die Synthese von Verschwörungsdenken und New-Age-Spiritualität); populär wurde der Begriff durch das Buch und den Podcast gleichen Namens (den ich viel zu oft höre). Wie die Ultrareligiösen, die keine Angst hatten, sich mit Covid anzustecken, war auch diese Untergruppe der Ultrafitten überzeugt, sie verfüge über einen besonderen Schutz vor dem Virus und ihr Tempel – ihr eigener entgifteter und gestählter Körper – werde sie gesund erhalten. Wellness und Fitness waren ihr Kraftfeld, das schienen sie jedenfalls zu glauben.

Damit wird die überragende Rolle einer Gruppe innerhalb der

Querdenker-Bewegung begreiflich, die ich als *body people* bezeichnen möchte. Natürlich sind wir alle Körpermenschen, denn wir leben in unserem Körper und versuchen, uns an ihm zu erfreuen und ihn vor Schaden zu bewahren. Aber ich spreche hier von Menschen, die im Body-Business tätig sind. Ich meine nicht die Ärzte (auch wenn es unter ihnen einige gibt) und schon gar nicht die Epidemiologen, die sich mit Infektionskrankheiten wirklich auskennen. Ich meine Menschen, die – wie die Betreiber von Fitnessstudios und fortgeschrittene Yoginis – für sich in Anspruch nehmen können zu wissen, was für den Körper anderer Menschen richtig ist: Trainer, Yoga- und CrossFit-Lehrerinnen, Masseusen, Mixed-Martial-Arts-Kämpfer, Chiropraktiker, Stillberaterinnen, Geburtsbegleiterinnen (Doulas), Ernährungsberaterinnen, Kräuterkundige, Menopausen-Coaches und zertifizierte Saft-Therapeuten.

Viele, die in diesen Bereichen tätig sind, haben eine exzellente Ausbildung, sie verfügen über solides Wissen zur Physiologie des Menschen und haben Covid ernst genommen; Betreiber von Fitness- und Yogastudios unternahmen oft große (und kostspielige) Anstrengungen, um ihre Kundinnen und Kunden zu schützen. Fakt jedoch ist, dass einige der prominentesten Figuren in dieser lukrativen Branche zu bedingungslosen Anhängern der Covid-Verschwörungsideologie von QAnon wurden. Auf der vom Center for Countering Digital Hate veröffentlichten Liste mit dem sogenannten »Desinformations-Dutzend«[7] – jenen zwölf Personen, die dieser Untersuchung zufolge für rund 65 Prozent der Falschbehauptungen über Covid und Impfstoffe verantwortlich sind – standen nicht, wie man hätte erwarten können, die Namen der bekannten rechten Medienstars. Vielmehr gehörten ein Chiropraktiker und drei Osteopathen dazu, von denen einer in Florida ein florierendes Geschäft mit Nahrungsergänzungsmitteln betreibt; ein Ehepaar, das ätherische Öle zur Krebsheilung und DVDs zur »Rückholung« der Gesundheit verkauft; die Herausgeberin von *Health Nut News*, die antisemitische Memes darüber postet, dass die Rothschilds und »die globale Elite den Ton angeben … #NewWorldOrder #TruthTeller«; sowie der Guru hinter dem Newsletter *GreenMedInfo*, der zwischen Ratschlägen zur Selbstheilung durch Superfood Memes postet, denen zufolge Bill Gates den Impfstoff einsetzt, um die Erde zu entvölkern.

Auf der Liste standen auch ein paar Frauen, die wie Wolf mit ihren Büchern über natürliche Schönheit, natürliche Geburt und lebensverändernde Orgasmen eine persönliche Marke als Expertinnen insbesondere für den weiblichen Körper aufgebaut haben. Christiane Northrup, eine ehemalige Gynäkologin, die den von Oprah Winfrey gefeierten Bestseller *Women's Bodies, Women's Wisdom*[8] schrieb, schaffte es auf die Liste des Desinformations-Dutzends, nachdem sie begonnen hatte, ihre Ratschläge zu ungiftigen Reinigungsprodukten und »strahlender Gesundheit« durch QAnon-gefärbte Covid-Leugnung zu ergänzen.[9] Das Gleiche gilt für Kelly Brogan, eine »ganzheitliche Psychiaterin« und Bestsellerautorin, die ein Video von sich selbst beim Poledance ebenso gern postet wie die Aufforderung, »deinem Körper zu danken«, weil er Covid ohne Impfstoffe oder Masken bekämpft (sie forderte ihre Anhängerinnen und Anhänger auf, als einen Akt der Befreiung ihre Masken abzunehmen, vergleichbar den BH-Verbrennungen in der zweiten Feminismus-Welle).

Es war, kurz gesagt, ein Who's Who der Desinformation – Leute aus dem Bereich der alternativen Gesundheit, der Frauen-Wellness und der spirituellen Ernährung und Fitness. Sie alle waren jetzt hoffnungslos mit der aufstrebenden extremen Rechten verbandelt und hatten sich als Bewohner der Spiegelwelt zu erkennen gegeben.

Oft wird behauptet, das Phänomen sei bloß Ausdruck der Hufeisentheorie: der Vorstellung, dass die Rechte und die Linke an ihrem äußersten Ende so nah beieinanderliegen, dass sie sich fast berühren. Aber damit verwechselt man die extreme Linke – den Ort, an dem die Sozialisten und Revolutionäre angesiedelt sind – mit dem Eso-Extremismus, dem Tummelplatz der Wellness- und New-Age-Spiritualisten. Darüber hinaus wissen jene Angehörigen dieser Subkulturen, die das Desinformations-Dutzend bilden, wie man den Eso-Extremismus zu Geld machen kann – sie haben einige der größten Onlineplattformen und die stärksten persönlichen Marken, mit deren Hilfe sie hochpreisige Retreats und Seminare, Mitgliedschaften, Newsletter und Tinkturen verkaufen. Sie sind Influencer mit einem großen Namen und zahllosen weniger erfolgreichen Followern.

Hat man das einmal verstanden, ergeben die neuen Allianzen mehr Sinn. Kleinunternehmer und Freiberufler, die mit oder an Körpern arbeiten, waren von den Pandemie-Lockdowns mit am stärksten betroffen. Dafür gab es epidemiologisch vertretbare Gründe: Mit Social Distancing ist keine Physiotherapie möglich, und in Fitnessstudios muss man in geschlossenen Räumen notgedrungen schwer atmen. Doch diese Branche wurde besonders benachteiligt. Die ersten Covid-Hilfsprogramme waren auf größere Betriebe mit vielen Mitarbeitern ausgerichtet. Kleine, inhabergeführte Fitnessstudios, wo das Personal meist auf Vertragsbasis arbeitete, fielen oft durch das Raster der staatlichen Unterstützung, obwohl die hohen städtischen Mieten weiter fällig waren.

Zahlreiche Inhaber von Fitnessstudios nahmen hohe Schulden auf, um den Betrieb auch unter den strengen neuen Vorschriften aufrechtzuerhalten – Vorschriften, die sich im Verlauf der Pandemie immer wieder und oft willkürlich änderten. An meinem kanadischen Wohnort zum Beispiel wurden im Jahr 2022 Fitnessstudios als Reaktion auf die Omikron-Variante geschlossen, während Fastfood-Restaurants und Stripclubs nicht als Problem gesehen wurden (darauf wiesen viele Fitnessbegeisterte hin, völlig zu Recht). Kleinere Fitnessstudios sahen sich zudem mit weitaus mehr Einschränkungen konfrontiert als riesige Sportstadien und Skiresorts, die sich gut bezahlte Lobbyisten leisten konnten, um ihre Interessen zu schützen.

Das Ergebnis war ein wirtschaftliches Massaker. Nach Angaben der International Health, Racquet & Sportsclub Association mussten in den Vereinigten Staaten bis Anfang 2022 fast zehntausend Fitnessstudios schließen. Justin Grover, Miteigentümer eines Fitnessstudios in Kamloops, British Columbia, brachte die Empörung der Branche auf den Punkt: »Man darf frittierte Gewürzgurken essen gehen und sich in einer Kneipe mit billigem Bier besaufen, und das ist wichtig; aber für jemanden, der zwanzig Jahre bei den Anonymen Alkoholikern war und ins Fitnessstudio geht, um den Kopf frei zu bekommen, haben sie kein Verständnis.«[10]

Solche Missstände sind der Grund dafür, dass viele in der Wellness-Branche bei allem, was mit dem Virus zu tun hat, finstere Machenschaften der Elite am Werk sehen. Aber kann die Tatsache, dass die Wellness-Welt von den Schließungen besonders hart getroffen wurde, eine solche Virulenz von Verschwörungstheorien in diesem Milieu erklären? Warum sind die Besitzer kleiner Theaterhäuser nicht ausgerastet? Wie konnte der Wunsch nach optimaler Fitness und »strahlender Gesundheit«, wie Northrup es nennt, derart krasse Folgen haben?

Körperdoubles

In *Der Mythos Schönheit* behauptete Wolf, die gestiegenen Erwartungen an die weibliche Schönheit in den 1980er Jahren seien der Tribut gewesen, den das Patriarchat für die Erfolge des Feminismus gefordert habe. Zu den beruflichen Anforderungen und den Pflichten von Hausarbeit und Kinderbetreuung trat jetzt »eine dritte Arbeitsschicht nach Feierabend« hinzu. »Die Superfrau musste jetzt … auch noch ›Schönheitsarbeit‹ auf ihren Terminplan setzen«.[11]

Drei Jahrzehnte nach Wolf untersuchte eine andere feministische Autorin, die mehr die politische Ökonomie im Blick hatte, das wachsende Interesse an Fitness und Schönheit in den 1980er Jahren, kam jedoch zu einem anderen Schluss. In *Wollen wir ewig leben? Die Wellness-Epidemie, die Gewissheit des Todes und unsere Illusion von Kontrolle* zeichnete die im September 2022 verstorbene Barbara Ehrenreich nach, wie das Streben nach Gesundheit und Wohlbefinden in der Reagan- und Thatcher-Ära geradezu obsessiv wurde und seither weiter an Einfluss gewonnen hat. Ihrer Ansicht nach war dieser Wandel nicht auf die Erfolge des Feminismus, sondern auf das Scheitern revolutionärer Bewegungen zurückzuführen, als die großen Hoffnungen der 1960er und 70er Jahre gegen die Mauer des Neoliberalismus der 80er Jahre prallten.

Nachdem die Träume von Gerechtigkeit geplatzt und die kollektiven Visionen eines guten Lebens zerstört waren, sah sich jeder auf sich allein gestellt – eine Welt atomisierter Individuen, die mit allen Mitteln versuchten, sich auf den nunmehr deregulierten, prekären Arbeitsmärkten einen Vorteil zu verschaffen. In dieser Situation, so Ehrenreich, wandten viele ihre Aufmerksamkeit der Perfektionierung ihres Körpers zu: Laufbänder ersetzten die Protestmärsche und Hanteln die freie Liebe. Anfangs war der Druck auf die Frauen ungleich größer, doch schon bald sahen sich auch heterosexuelle Cis-Männer mit unerreichbaren Fitness- und Schönheitsstandards und -mythen konfrontiert. Für Ehrenreich gehörte es »in gewisser Weise zu einem allgemeinen Trend, sich auf individuelle Anliegen zurückzuziehen, nachdem in den 1960er Jahren kurz das Interesse für gemeinschaftliche Anliegen aufgeflammt war ... Wenn man schon nicht die Welt verändern und nicht einmal die eigene Karriere steuern konnte, so konnte man doch wenigstens den eigenen Körper kontrollieren – was in ihn hineinkommt und wofür die Muskelkraft eingesetzt wird«.[12] In diesem Kontext wurde Jerry Rubin, einst Yippie-Provokateur und als einer der Chicago Seven vor Gericht gestellt, in den 1980er Jahren zu einem stolzen Yuppie und Fitness-Prediger.

Über ihr eigenes langjähriges, oft zwiespältiges Verhältnis zum Fitnessstudio schrieb Ehrenreich: »Ich kann vielleicht nichts an der großen Ungerechtigkeit auf der Welt ändern, zumindest nicht allein und kurzfristig, aber ich kann beschließen, dass ich 10 Kilo mehr Gewicht an der Beinpresse schaffen will, und das in wenigen Wochen erreichen.«[13] Ich selbst war nie eine Fitnessfanatikerin, aber ich kann das nachvollziehen. Es gab lange Phasen, in denen mir nur noch Yoga das Gefühl vermittelte, überhaupt etwas im Griff zu haben. Ich konnte den amerikanischen Einmarsch in den Irak nicht verhindern – obwohl Millionen von uns es mit aller Macht versuchten –, aber ich konnte meinen Körper in die Krähen-Position bringen und an einem sehr guten Tag einen Handstand machen. Jahre später, als ich eine Krebsdiagnose erhielt, wurde mein Training obsessiver: Mich zu neuen Höchstleistungen an Kraft und Elastizität anzutreiben, schien das Einzige zu sein, wo mein Körper mir gehorchte. Angesichts der sich verschärfenden Klimakrise, während der Boden unter unseren Füßen schwankt und die Wälder brennen, werden wohl viele von uns Trost darin finden, sich ihren Körper zumindest ein klein wenig gefügig zu machen. Das kann beruhigend sein.

Aus eigener Erfahrung als jugendliche Bulimikerin, die süchtig war nach *Jane Fonda's Workout*, weiß ich allerdings auch, dass dieses Optimierungsstreben in seinen extremen und ungesunden Formen selbst eine Art Verdopplung ist. Denn wer sich mit Hilfe von Diät und Fitness verändern will, sieht sich einerseits so, wie er jetzt ist, hat zugleich aber ein Bild vor Augen, wie er sein könnte – mit genügend Selbstverzicht und Selbstdisziplin, Hungerkuren und Übungen. Ein besseres, anderes Ich, in greifbarer Nähe und doch unerreichbar. Eindrucksvoll beschrieb Ehrenreich die merkwürdige Stille in Fitnessstudios, wo Menschen auf engstem Raum zusammenkommen, aber kaum ein Wort miteinander wechseln, außer wenn es um den Zugang zu den Geräten geht. Das, so meinte sie, liege daran, dass es primär nicht um die Beziehung zwischen verschiedenen Personen geht, die im Fitnessstudio trainieren, sondern um die Beziehung des einzelnen Trainierenden zu sich selbst, zu der Person, die er sein möchte, seinem Körperdouble.

In *Ihr Körper und andere Teilhaber* untersucht Carmen Maria Machado die Beziehung zwischen dem dünnen und dem dicken Ich als eine Form des inneren Doppelgängers. In der Erzählung »Acht Bissen« verachtet Machados Erzählerin ihren Körper so, wie er ist – seine Schwere, Weichheit und Schlaffheit: »Ich war das kalte, unvorteilhafte Licht in Umkleidekabinen leid; ich war es leid, in den Spiegel zu schauen und in die Partien zu greifen, die ich hasste, sie anzuheben, die Finger tief hineingegraben, und sie dann fallen zu lassen, dass alles wehtat.«[14] Also unterzieht sie sich einer bariatrischen Operation und schrumpft auf eine gesellschaftlich akzeptable Körperform. Doch dann wird sie von etwas heimgesucht, das sie zunächst für ein Gespenst hält, bevor sie entdeckt, dass es etwas noch viel Unheimlicheres ist: das Fett, das sie durch die Operation verloren hat, fünfzig Kilo

Fett, das eine gesichtslose menschliche Gestalt angenommen hat. Es ist ein fetter Golem, das Ich, das sie nicht lieben konnte und deshalb wegschneiden ließ. »Ich knie mich daneben«, sagt die Erzählerin. »Es ist ein Körper ohne alles, was ein Körper braucht: kein Magen, keine Knochen, kein Mund. Nur weiche Dellen. Ich beuge mich vor und streichle seine Schulter, oder das, was ich für seine Schulter halte. Es dreht sich um und schaut mich an. Es hat keine Augen, aber dennoch, es schaut mich an. *Sie* schaut mich an. Sie ist widerlich, aber ehrlich. Sie ist grotesk verzerrt, aber sie ist real.«[15] Dann traktiert die Erzählerin ihr Double mit Fußtritten, greift nach einem Besen, holt aus und schlägt immer wieder zu.

Hass und Wut auf das nicht perfekte, unfitte Ich kann die Kehrseite des Strebens nach einem perfekten, kontrollierten Körper sein, den man durch die richtige Kombination von Workouts, Hungerkuren, Operationen und Wellness-Anwendungen zu erreichen hofft. Und diese Gefühle können sich verstärken, wenn wir es mit einer anderen Art der Körperverdopplung zu tun haben: dem Prozess des Alterns, wenn sich unser Gesicht und unser Körper im Zuge der Schwangerschaft, der schlaflosen Jahre der Elternschaft, durch Stress, Umwelteinflüsse oder einfach nur genug Sonnenumläufe verändern. »Das Alter ist kein Kampf, das Alter ist ein Massaker«, sagte Philip Roth, mein problematischer König der Doppelgänger.[16]

Je länger wir auf dieser Welt sind, desto fremder können wir uns selber werden. Jede neue aus der Form geratene Version unseres jüngeren Ichs, des Ichs unserer besten Jahre, erscheint uns noch etwas weniger wiederkennbar als die vorige. Wer sich zu sehr an sein jugendliches Double klammert, riskiert, zu einer operierten, aufgespritzten Parodie seiner selbst zu werden. Oder Schlimmerem. Das ist die Warnung des *Bildnis des Dorian Gray*: Wenn du nach ewiger Jugend strebst und deinem alternden Doppelgänger seine Realität verweigerst, werdet ihr beide sterben.

Der Wunsch nach vollkommenem Wohlbefinden und ewiger, strahlender Jugend ist gewiss ein Grund für die Anziehungskraft von Influencerinnen wie Christiane Northrup, der Martha Stewart der konspiritualistischen Welt, die unerschöpfliche Vitalität verspricht, wenn man ihre Bücher und Menopausen-Präparate, ihr Augenserum und ihre Vaginalfeuchtigkeitscreme kauft, die sie auf ihrer Website anbietet. Es gibt weitere Gründe für die Verführungskraft dieser Milieus, nicht zuletzt liegen sie in den Grenzen und Fehlleistungen der Schulmedizin. Fachärzte und Pharmafirmen lassen Menschen mit komplizierten Krankheiten und Störungen oft allein. Und wie ich schon früh aus den unpassenden Gesprächen beim Abendessen über die Forschungen meines Vaters gelernt habe, wird die reproduktive Gesundheit von der Wissenschaft sträflich vernachlässigt, und die Beschwerden, an denen Frauen leiden, werden allzu oft ignoriert oder als Hypochondrie abgetan. Eine Entbindung kann eine Erfahrung extremer Entmachtung sein, und für Schwarze und Indigene Frauen, die durchweg als unzuverlässige Erzählerinnen ihres eigenen Körpers betrachtet werden, sind diese Versäumnisse der konventionellen Medizin noch weitaus gravierender. Laut den amerikanischen Centers for Disease Control ist die Wahrscheinlichkeit, dass »Schwarze Frauen an einer schwangerschaftsbedingten Komplikation sterben, dreimal so hoch wie bei weißen Frauen«. Und eine Studie aus dem Jahr 2021 ergab, dass die Säuglingssterblichkeit bei Babys Schwarzer Frauen mehr als doppelt so hoch ist wie bei Babys weißer Frauen.[17]

All dies und mehr hat Millionen Menschen zu dem Versuch bewogen, sich selbst zu heilen, zu therapieren und zu kontrollieren – unterstützt von einer wachsenden Zahl von Anleitungen zur Selbsthilfe und durch Wellness-Präparate, von denen viele durchaus nutzbringend sein können. Das ist das Problem mit der Spiegelwelt: In die Lügen mischt sich immer auch ein Quäntchen Wahrheit, immer auch ein verheerendes kollektives Versagen, das die Spiegelwelt erkannt hat und opportunistisch ausnutzt.

Von schwierigen Entbindungen zu Covid-Verschwörungstheorien

Nehmen wir Glowing Mama, die Influencerin aus Toronto, die von der Angst geplagt wurde, ihre Tochter könnte von ihren liebevollen Großeltern mit imaginären Impfstoffpartikel-Ausscheidungen »überschüttet« werden. Vor Covid konzentrierte sich Glowing Mama darauf, Frauen zu coachen, wie sie vor, während und nach der Schwangerschaft fit werden können. (»Ich zeige euch, wie einfach es sein kann, eure Gesundheit und Fitness zu optimieren und euch in diesem verrückten #Momlife bestens zu fühlen.«)[18] In der Covid-Zeit schwenkte sie um und setzte sich an die Spitze einer Bewegung maskenloser Mütter, die Einkaufszentren besetzten und ein Ende der Gesundheitsvorschriften forderten.

Dieser Entwicklungsweg, so extrem er auch erscheinen mag, besaß eine gewisse Logik. Herauszufinden, wie man während der Schwangerschaft und in der Stillzeit maximal gesund bleibt, kann eine zutiefst radikalisierende Erfahrung sein. Viele, die noch nie auf Umweltgifte geachtet haben, lernen in einem Crashkurs, dass so manches von dem, was sie in, auf oder auch nur nah bei ihrem Körper zur Anwendung bringen, mit Chemikalien belastet ist, die in ausreichend großer Menge ein Gesundheitsrisiko für die Entwicklung eines Fötus oder eines Kindes darstellen können. Wenn sich die werdenden Mütter über die verschiedenen Möglichkeiten der Entbindung informieren, werden sie oft mit Horrorgeschichten bombardiert – mit Geschichten über ungeduldige Ärzte, die die Geburt medikamentös einleiten und damit eine Kaskade weiterer Eingriffe auslösen, an deren Ende ein Notkaiserschnitt und bleibende gesundheitliche Probleme stehen. Vielleicht haben sie sogar das Buch meiner Doppelgängerin aus dem Jahr 2001 überflogen: *Misconceptions: Truth, Lies, and the Unexpected on the Journey to Motherhood* (Fehlvorstellungen: Wahrheiten, Lügen und das Unerwartete auf dem Weg zur Mutterschaft) in dem sie ihre eigenen Erfahrungen und Gefühle von Wut und Ohnmacht beschreibt.

Da die westliche Medizin diese Bedenken oft abtut, suchen viele

Schwangere anderswo nach Information und Unterstützung – an Orten, wo man ihnen sagt, der Arztberuf sei darauf angelegt, Gefühle der Hilflosigkeit, Abhängigkeit und Schwäche in ihnen zu wecken. Dabei seien die Frauen doch imstande, ihre intuitive Kraft und ihre angeborene Stärke zu mobilisieren und vielleicht sogar, wie es in einem Dokumentarfilm mit Christiane Northrup aus dem Jahr 2008 heißt, einen »Geburtsorgasmus« zu haben. Vieles davon kann positiv und gesundheitsfördernd sein: Es ist großartig, selbst entscheiden zu können, wie eine Geburt ablaufen soll. Aber genau an diesem Punkt kann die weiße, wohlhabende, libertäre Strömung der Wellness-Industrie tödlich sein. Es stimmt zwar, dass viele Ärzte vaginale Geburten zu früh aufgeben, zu sehr auf chirurgische Eingriffe setzen oder sich skeptisch über risikoarme Hausgeburten äußern, aber es stimmt auch, dass Komplikationen bei Schwangerschaft und Geburt nach wie vor zu den häufigsten Todesursachen weltweit zählen. Selbst in einem so reichen Land wie den Vereinigten Staaten benötigen viele Frauen und Personen, die aufgrund ihres Geschlechts ausgegrenzt werden, nicht eine geringere, sondern eine umfassendere (und sensiblere) Gesundheitsversorgung.

Michelle Cohen, Hausärztin und Assistenzprofessorin im Fachbereich Familienmedizin an der kanadischen Queen's University, hat die oft gefährliche Rolle pseudowissenschaftlicher Frauen-Wellness-Influencerinnen während der Covid-Ära untersucht. Ohne die Versäumnisse ihres Berufsstandes zu verkennen, legt sie dar, dass diese Influencerinnen »den Sexismus der Medizin ausnutzen, um einen neuen, geschlechtsspezifischen Markt für Quacksalberprodukte zu schaffen«.[19] Statt sich für die Verbesserung des Systems einzusetzen, profitieren sie von dessen Versäumnissen. »Die Wellness-Industrie drängt nicht auf mehr und bessere wissenschaftliche Forschung zur Frauengesundheit, sie will vielmehr eine zweite Schiene für Frauenthemen abseits des Mainstreams schaffen. Die subtilere Gefahr ist, dass sich Wellness immer mehr in eine genderspezifische Richtung entwickelt und Frauen in unverhältnismäßiger Weise den Risiken der Kurpfuscherei aussetzt.«

Hier liegt ein markanter Unterschied zu den Anfängen der feministischen Gesundheitsbewegung der 1970er Jahre, die gemäßigt antikapitalistisch war und sich auf Aktionen wie den Boykott von Nestlé konzentrierte, weil das Unternehmen Milchpulver für Säuglinge an arme Mütter im globalen Süden verkaufte. Frauengesundheit war damals eine Bewegung, die für Veränderungen auf kollektiver und institutioneller Ebene kämpfte – etwa für Geburtshilfezentren in Krankenhäusern, für die Zertifizierung von Hebammen und Doulas, für den Zugang zu einem gefahrlosen Schwangerschaftsabbruch und für den Aufbau von Forschungseinrichtungen zu lange ignorierten Aspekten der Frauengesundheit. Es ging auch um das Recht auf bezahlten Mutterschaftsurlaub und das Recht zu stillen, ohne kriminalisiert zu werden. Da ich dank der medizinischen Forschung meines Vaters und des Engagements meiner Mutter mit dieser Bewegung aufgewachsen bin, kann ich bestätigen, dass nichts daran glamourös war. Hebammen und Doulas wurden bezahlt (nicht besonders gut); Hausärzte bekamen mehr Geld, aber immer noch weit weniger als Geburtshelfer. Der Verkauf des Buches *Our Bodies, Ourselves*[20] half, das Boston Women's Health Book Collective zu finanzieren, aber reich wurde dabei niemand.

Im Übrigen hat das, was gemeinhin als »Wellness« bezeichnet wird, immer noch einen hohen Wert. Viele von uns führen eine gesundheitsschädigende sitzende Lebensweise; unsere Arbeit verlangt es. Körperliche Bewegung in der uns verbliebenen Freizeit ist unserer Gesundheit und unserem Wohlbefinden zuträglich. Mahlzeiten mit frischen Zutaten sind nahrhafter als hastig verzehrtes Fastfood. Nichts davon verhindert unseren Tod oder beschert uns ewige Jugend, aber es ist gut, aktiv und stark zu sein; es ist gut, nährstoffreiche Lebensmittel zu essen; es ist gut, den Horizont der Gesundheit über die von Big Pharma abgesteckten Grenzen hinaus zu erweitern. Alle Menschen, egal, wo sie leben, sollten solche Möglichkeiten wie auch die Zeit und die Mittel haben, sie zu nutzen, was heute längst nicht überall der Fall ist.

In der Pandemiezeit gab es Ärzte und Naturheilkundler, die diese Forderungen nicht als Alternative zu Impfstoffen, Masken und verschreibungspflichtigen Medikamenten betrachteten, sondern als wichtige Ergänzung dazu. Rupa Marya zum Beispiel äußert sich sehr kritisch gegenüber Covid-Verschwörungstheoretikern und nennt wissenschaftsfeindliche Einstellungen »eine der häufigsten Todesursachen in den Vereinigten Staaten«.[21] Doch muss ihrer Ansicht nach auch am medizinischen Status quo vieles verändert werden, weshalb sie zusammen mit Raj Patel *Inflamed: Deep Medicine and the Anatomy of Justice* geschrieben hat. Die Autoren geben den Wellness-Gurus recht, wenn sie sagen, dass wir in einer Kultur leben, die Menschen krank macht. Aber statt kostspieliger individueller Exklusiv-Wellness schlagen sie »deep medicine« als Lösung vor: strukturelle Veränderungen, die unsere Welt entgiften und es allen Menschen ermöglichen, gesund zu leben.

Viele weitere Personen mit Kenntnissen in den Bereichen der alternativen Gesundheit und der Präventivmedizin hätten wie Marya und Patel ihre Expertise nutzen können, um während der Pandemie kollektive und strukturelle Antworten auf unsere kollektiven Gesundheitskrisen zu suchen. Antworten, wie sie zur Zeit der Großen Depression in den Vereinigten Staaten gefunden wurden, als im Zuge des New Deal mit dem Bau öffentlicher Schwimmbäder und Hunderter Parks Millionen von Arbeitsplätzen geschaffen wurden. Der Leitgedanke dieser ehrgeizigen öffentlichen Projekte war, dass sportliche Betätigung und der Zugang zur Natur Rechte sind, die nicht nur den Reichen vorbehalten sein sollten. Heute könnten ähnliche Programme aufgelegt werden, vorrangig zugunsten Schwarzer und Brauner Communitys, denen die Teilhabe an dieser Infrastruktur des New Deal nie zugestanden oder wieder entzogen wurde, als Weiße gegen die Integration revoltierten. Statt Krankenschwestern und Lehrkräfte zu attackieren, hätten sich Wellness-Experten mit ihnen verbünden und gemeinsam für Unterricht im Freien und Outdooraktivitäten für Kinder, aber auch für kürzere Arbeitszeiten bei besserer Bezahlung und gewerkschaftlichen Schutz für deren Eltern kämpfen können – Maßnahmen, die es uns erleichtern, ein aktives Leben zu führen und gesündere Lebensmittel zu kaufen und zuzubereiten.

Doch das ist nicht der Einfluss, den die meisten prominenten Wellness-Influencer ausüben möchten. Sie versprechen lieber ein perfektes Leben, das uns erwarte, wenn wir unser perfektes Körperdouble geworden sind. *Our Bodies, Ourselves*, die Gesundheitsbibel, die meine Mutter regelmäßig zu Rate zog, wurde durch ein allgegenwärtiges Ethos des »Mein Körper, mein Wert« ersetzt, dessen logische Schlussfolgerung »Dein Körper, dein Problem« zu sein scheint.

Wie dieser Sektor aussieht und wie er sich präsentiert, ist bekannt. Es sind überwiegend weiße, hyperfitte Frauen, deren Äußeres konventionellen Schönheitsmaßstäben entspricht, fotografiert oder gefilmt vor grellweißem Hintergrund. Dank Fotofilter und injizierbaren Füllstoffen sind ihre Gesichter makellos glatt, wie in einem Zeichentrickfilm. Enganliegende Tanktops mit ermächtigenden Slogans, dazu gemusterte Leggings. Und dann gibt es noch die Momfluencerinnen mit lockigen Haaren, die aus der Kindererziehung eine bunte Abfolge von gesponserten Bioprodukten machen. Diese Influencerinnen blicken uns durch die Kameralinse mit so viel Herzenswärme an, dass man leicht vergessen kann, dass sie nur ihr eigenes Gesicht auf dem Handy betrachten – ihre digitale Doppelgängerin –, während sie uns darauf trainieren, in dem unendlichen Spiegelkabinett unser eigenes bestes Ich, unser Körperdouble, zu suchen.

Wie so vieles andere, was online passiert, schien auch die Kultur der enthusiastischen Influencerinnen und Influencer eine Zeitlang eher harmlos zu sein. Klar, Instagram und TikTok konnten das Selbstwertgefühl brutal verletzen, und natürlich wurden auch jede Menge Quacksalberprodukte und fragwürdige Entwässerungstees verkauft. Aber es gab auch gesunde Rezepte, kostenlose Übungstipps und einige wirklich hilfreiche Informationen.

Dann kam Covid – und diese boomende, unregulierte Branche selbsternannter Gesundheitsexperten kollidierte mit einer globalen Gesundheitskrise, die uns so ziemlich alle in Angst und Schrecken versetzte, auch die professionell Gesunden. Schließlich waren ihre Yogastudios, CrossFit-Boxen und Massagepraxen zum ersten Mal dicht und ihr Einkommen und ihre Zukunft plötzlich höchst ungewiss. Wie uns Barbara Ehrenreich gelehrt hat, wenden wir uns unserem Körper zu, wenn wir das Gefühl haben, unser Leben gerät außer Kontrolle. In dieser Zeit hörten viele dieser fitten und schönen Influencerinnen auf, nur beruhigend zu gurren und uns mit aufmunternden Worten zu motivieren, zu Hause Workouts zu machen und grüne Säfte zu trinken. Sie fingen an, uns alarmiert einzuflüstern, finstere Mächte seien dabei, uns zu vergiften und dann zu knebeln, zu stechen und zu beherrschen. Das war der Moment, als die Querlinien aufeinander zuzulaufen begannen.

Geeint durch Abzocke

Steve Bannon ist ganz bestimmt kein Gesundheitsfanatiker; Donald Trump ist ein trotziger Fastfood-Fan; bei Fox News zieht man gern gegen Liberale zu Felde, die Amerikaner auffordern, Gemüse zu essen (Michelle Obamas Garten im Weißen Haus war eine bevorzugte Zielscheibe). Dennoch gab es jede Menge Gemeinsamkeiten.

Was extreme Rechte und Eso-Extremisten eint, ist einerseits die Abzocke und andererseits der Glaube an den Hyperindividualismus. In der Welt der alternativen Gesundheit verkauft jeder irgendetwas: Kurse, Retreats, Klangbäder, ätherische Öle, Sprays gegen Metallgifte, Himalayasalz-Lampen, Kaffeeeinläufe. Allein mit Nahrungsergänzungsmitteln wurden im Jahr 2022 weltweit schätzungsweise 155 Milliarden Dollar umgesetzt.[22] Ähnlich verhält es sich mit Bannons *War Room* oder Alex Jones' *Infowars* und ihren Nahrungszusätzen für virile Männlichkeit, ihrer Überlebensausrüstung, ihren Freiheitsfesten und Edelmetallangeboten, ihrer Zahnpasta mit kolloidalem Silber und ihrem Schießtraining – nicht zu vergessen Tucker Carlsons Trailer von 2022, in dem er Männern empfahl, ihre Hoden regelmäßig mit einem speziellen Infrarotlicht zu bestrahlen, um ihren Testosteronspiegel zu erhöhen und sich damit auf die bevorstehenden »harten Zeiten« vorzubereiten.

Der Ton der Werbung dieser beiden Gruppen ist sehr unterschiedlich: intim der eine, schroff und rüpelhaft der andere. (Als Jones juristisch in immer größere Bedrängnis geriet, pries er seine Produkte an, indem er sein Publikum anschrie: »Wenn ihr nicht uns unterstützt, helft ihr dem Feind.«)[23] Aber die zugrunde liegende Botschaft ist stets dieselbe: Die Gesellschaft bricht zusammen, und du als Individuum (nicht als Mitglied einer Gesellschaft) musst dich darauf vorbereiten und dich ertüchtigen, sei es, indem du deinen Körper optimierst, deinen Schutzbunker mit Vorräten bestückst oder beides. Die erfolgreichsten Influencer der Wellness- und Fitnesswelt – Leute, die ein Vermögen machen mit dem Verkauf idealisierter Versionen ihrer selbst und der Vorstellung, dass auch du im Zuge permanenter Selbstoptimierung das Nirwana erreichen kannst – passen in vieler Hinsicht perfekt zu den rechtsextremen Wirtschaftslibertären und Anarchokapitalisten, die gleichfalls das Individuum als den einzig relevanten sozialen Akteur zum Fetisch erheben. Ihr Weltbild kennt keine kollektiven Lösungen oder strukturellen Veränderungen, die allen ein gesundes Leben ermöglichen.

Haben Rechtsextreme und Eso-Extremisten gegenüber Impfstoffen dieselbe Haltung? Carlson behauptet, nicht gegen Covid-19 geimpft zu sein, und Bannon deutet dies gleichfalls an, doch nachprüfen lässt sich das nicht. Wir wissen aber, dass sie einen enormen politischen Vorteil darin sahen, ein Regierungsprogramm zu torpedieren, das hochgradig erfolgreich und populär hätte sein können: die Verteilung kostenloser, lebensrettender Impfstoffe während einer Pandemie.

Das hatte sicherlich auch damit zu tun, dass das Impfprogramm eingeführt wurde, nachdem Trump 2020 die Wahl verloren hatte und die Demokraten noch alle drei Staatsgewalten kontrollierten. Ein reibungsloser Ablauf mit einer hohen Impfquote hätte viele Leben gerettet, aber auch einen großen Sieg für die Demokraten bedeutet. Doch aufgrund der pausenlosen Verbreitung medizinischer Falschinformationen hatten Bundesstaaten wie Wyoming und Mississippi Mühe, auch nur die Hälfte der Anspruchsberechtigten vollständig zu impfen.[24]

Der Widerstand gegen die Impfstoffe mag auch tiefer liegende ideologische Ursachen haben. Ein Erfolg der Bemühungen, Covid durch kostenlose Impfungen und Lohnersatzleistungen zu bekämpfen, hätte gezeigt, dass die US-Regierung, wenn sie sich einmal zu etwas entschlossen hatte, immer noch imstande war, eine zügige, allgemeine und humane Versorgung der Bevölkerung sicherzustellen. Doch das wirft einige Fragen auf: Wenn sie es bei Covid-19 schaffte, warum sollte sie dann an diesem Punkt aufhören? Warum sollte sie nicht ähnlich ehrgeizige öffentliche Programme zur Bewältigung anderer humanitärer Krisen auflegen? Konnte die Regierung dann nicht auch etwas gegen den Hunger und die steigenden Wohnkosten und für die Förderung einer allgemeinen Gesundheitsversorgung unternehmen? Eine erfolgreiche Antwort auf Covid hätte einen Präzedenzfall für eine moderne, aktivistische Regierung geschaffen, den viele aufseiten der Rechten für gefährlich halten. Womöglich standen die staatlichen Gesundheitsmaßnahmen gegen Covid aus einem frappierend einfachen Grund im Fadenkreuz von Leuten wie Bannon und Carlson: weil sie staatlich waren.

Auch die Wellness-Gurus und -Geschäftemacher auf der Liste des Desinformations-Dutzends (und diejenigen, die einen solchen Einfluss anstreben) sehen sich im Krieg mit den Gesundheitsbehörden, wenn auch eher aus Profitgier. »Gesundheit ist NICHT DAS ZIEL des medizinischen Establishments. Abonnieren Sie meinen Newsletter und erfahren Sie die Wahren Gründe für Gesundheit!«,[25] verkündet Christiane Northrup auf ihrer Website neben Fotos ihres seltsam alterslosen Gesichts. Oder, um ein oft geteiltes Meme zu zitieren: »Ich habe mich nicht gegen Grippe impfen lassen! Denn ich bin klug genug, um zu erkennen, dass die Medizinbranche eine chronisch kranke Bevölkerung einer gesunden vorzieht.« (An der zweiten Behauptung ist etwas dran, aber das hat nichts damit zu tun, ob man sich eine kostenlose Grippeimpfung geben lässt oder nicht.)

Diese Statements folgen einer in den unternehmerisch aktiven Bereichen des Wellness-Sektors weit verbreiteten Logik: Ärzte und Pharmafirmen wollen, dass wir krank sind, damit sie uns Wundpflaster verkaufen können, Fitness- und Wellness-Profis dagegen wollen, dass es uns gut geht – aber zuerst müssen wir kaufen, was sie zu verkaufen haben. Je größer und profitabler die Wellness-Industrie wird, desto härter wird diese Konkurrenzperspektive. Das geht so weit, dass selbst der Gang zum Arzt oder die Einlösung eines Rezepts bedeuten kann, dass unsere Wellness-Bemühungen gescheitert sind – dass wir nicht genug Saft getrunken oder nicht ausdauernd genug trainiert haben. Sich mit all jenen normalen (sprich toxischen, nicht fitten) Leuten in eine Reihe zu stellen, um sich etwas spritzen zu lassen, was jedem, ob verdient oder nicht, zugänglich ist und das auch noch kostenfrei (was in einem Marktsystem besonders verdächtig ist), kann ausreichen, um eine regelrechte Identitätskrise auszulösen.

Als Covid auftrat, erreichte die Konkurrenz zwischen vielen auf Wellness spezialisierten Prominenten und denen, die von diesen Wellness-Gurus als Spezialisten fürs Kranksein abgetan wurden (also Ärzte und Wissenschaftler), ein neues Niveau, und zwar aus einem einfachen Grund. Die konventionelle Medizin hatte uns monatelang nichts anzubieten. Es war die Zeit, in der Ärzte bei Covid-Verdacht den alles andere als beruhigenden Rat erteilten: »Versuchen Sie, niemanden anzustecken.« »Bleiben Sie zu Hause, es sei denn, Sie bekommen kaum mehr Luft.« »Wenn Sie keine Luft bekommen, rufen Sie einen Krankenwagen und versuchen Sie Ihr Glück im örtlichen Krankenhaus, aus dem Sie mit großer Wahrscheinlichkeit nie wieder herauskommen werden.«

Das war keine Verschwörung, und in der Regel war es nicht einmal ein Versagen. Es stimmt, unsere Gesundheitssysteme hätten besser vorbereitet sein können, mit größeren Vorräten an Masken, mehr Beatmungsgeräten, mehr Betten und mehr Pflegepersonal. Aber an dem eigentlichen Problem hätte das nichts geändert: dass es Zeit braucht, um ein neues Virus zu verstehen; Zeit für die Forschung, damit seriöse Wissenschaftler Vorschläge zum Umgang mit der Krankheit machen können.

In diesem Vakuum erkannten viele Wellness-Abzocker ihre Chance. Natürlich verstanden auch sie das Virus nicht, doch das hielt viele aus diesem unregulierten Sektor nicht davon ab, überzogene Behauptungen über die Wirkung eines bestimmten Krauts oder einer bestimmten Ernährung zu verbreiten. Anders als die Epidemiologen, die sich bemühten, SARS-CoV-2 zu verstehen, priesen viele Wellness-Gurus sofort alle möglichen Nahrungsergänzungsprodukte, Tinkturen und Wundermittel an, die angeblich das bewirkten, was die Ärzte nicht schafften: uns zu schützen. Es war eine Goldgrube – bis die Impfstoffe auftauchten und den Spaß zu verderben drohten.

Ist es da ein Wunder, dass Wellness in den Krieg zog?

Die Schwarze Pest

Bisher habe ich das Querdenkerbündnis als Zweckbündnis beschrieben. Propagandisten der extremen Rechten und die Influencer des Eso-Extremismus hatten jeweils gute Gründe, sich gegen die Einführung des Impfstoffs zu stemmen. Erstere fürchteten den Präzedenzfall eines funktionierenden, fürsorglichen Staates (und einen politischen Vorteil für ihre Konkurrenten). Letztere fürchteten ein Ende des explosiven Wachstums ihrer Branche. Ich bin jedoch zu der Überzeugung gelangt, dass ein stärkeres und sehr viel beunruhigenderes Band zwischen ihnen besteht – dass es in diesen aufeinander zulaufenden Welten immer explizitere gemeinsame Überzeugungen gibt, wessen Leben am meisten zählt und wessen Tod als das Werk der »Natur« in Kauf genommen werden kann.

Körperliche Bewegung und andere Aspekte der Wellness können ein tiefes Gefühl des Wohlbefindens und der Gesundheit vermitteln. Für viele Prediger der Wellness- und Fitness-Welt jedoch sind Fitness und Ernährung stark mit Werten verbunden. Ein Ziel zu erreichen bedeutet, sich rigorosen Vorgaben und einer strengen Disziplin zu unterwerfen (man muss »sich reinhängen«). Auf diese Weise erreicht man sein ideales Körperdouble. Das ist alles schön und gut, wenn es dabei bleibt. Nur leider ist es oft nicht so. Wie Carmen Maria Machado in ihrer Doppelgänger-Erzählung darlegt, kann der weniger kontrollierte Körper von einst als stets präsentes Schatten-Ich fortbestehen, wenn man den schlanken, perfekten Körper erreicht hat – und dieses ausgemusterte Double ist einem zutiefst verhasst. In »Acht Bissen« ist die Tochter der Erzählerin gekränkt und wütend über die Operation und die damit verbundene Verwandlung ihrer Mutter. Sie empfindet das als einen Angriff auf sich selbst. »Hasst du meinen Körper, Mom?«, fragt sie mit schmerzerfüllter Stimme. »Deinen hast du ja eindeutig gehasst, aber meiner sieht doch genauso aus wie deiner vorher, also …«[26] Und das ist das Problem mit solchen privateren Doppelgängern: Wenn die Körper-Manie beginnt, gibt sich das fitte Ich möglicherweise nicht damit zufrieden, sein eigenes nicht fittes Ich zu vernichten, sondern hält Ausschau nach anderen Zielen. Der Selbsthass dringt nach außen und projiziert sich auf die weniger fitten, nach konventionellen Maßstäben weniger tüchtigen Körper anderer Menschen.

Solche moralischen Urteile über den Körper haben sich während der Pandemie noch verstärkt, vor allem als klarwurde, dass neben Faktoren wie dem Alter auch Fettleibigkeit, Diabetes und einige Formen der Sucht das Risiko einer Covid-19-Erkrankung erhöhen.[27] Der Druck, eine Maske zu tragen und sich impfen zu lassen, wurde vorrangig als Fürsorgepflicht gegenüber denjenigen dargestellt, die in höherem Maße gefährdet waren. Ab da begann die Wellness-Kultur mit ihrer kaum verhohlenen Feindseligkeit gegenüber konventionellen Maßstäben zufolge weniger perfekten Körpern und weniger »cleanen« Lebensstilen, die Zähne zu fletschen.

Die vielen unschönen Beispiele kann man gar nicht alle aufzählen, aber eine Äußerung bringt es für mich auf den Punkt: Sie stammt von unserer alten Freundin Glowing Mama, die in ihren zahlreichen Videos über Covid-Verschwörungen auf Instagram oft zugibt, dass ihr ein bisschen schwindelig ist. »Sorry Leute, heute ist Tag drei meiner Fastenkur«, sagt sie dann. Gewiss, dass sie hungert, verleiht den Videos einen gewissen Reiz. Im zweiten Jahr der Pandemie ereiferte sie sich vor der Kamera über den Vorwurf, mit ihrer Weigerung, eine Maske zu tragen oder sich impfen zu lassen, gefährdeten sie und ihre Tochter die Gesundheit anderer Menschen. Dass ihr gesunder Körper etwas anderes sein konnte als eine Quelle strahlender Positivität, erschien ihr unvorstellbar, und ihre Antwort an ihre imaginierten Kritiker lautete: »Esst verdammt noch mal eine Karotte und springt auf ein Laufband.« Diese Bemerkung wurde von einer anderen Trainerin bejubelt, die schrieb: »Ich stelle gerade fest, dass es mir egal ist, ob jemand mit einem ungesunden Stoffwechsel sich heilt oder überhaupt seinen Zustand verbessert … Mir ist klargeworden, dass seine Gesundheit in seine Verantwortung und meine Gesundheit in meine Verantwortung fällt … Basta!«[28] Dann machte sie mit ihren Postings über Paleo-Muffins (#CleanEating) weiter.

Aus diesen Kommentaren geht hervor, dass man, zumindest nach Ansicht dieser Trainerinnen, nicht das Recht hat, zu irgendeinem Gesundheitsaspekt eine Meinung zu äußern, wenn man nicht so fit ist wie sie – und schon gar nicht das Recht, gesundheitsbezogene Forderungen an sie zu stellen. Die Kernbotschaft des öffentlichen Gesundheitswesens aus der Covid-Ära – dass wir für unsere kollektive Gesundheit individuelle Unannehmlichkeiten in Kauf nehmen müssen – fand die Unterstützung der Mehrheit. Doch das war schlichtweg unvereinbar mit der übergreifenden Botschaft der Wellness-Industrie: dass der Einzelne sich selbst um seinen Körper kümmern muss, den er wie nichts anderes beeinflussen und kontrollieren kann und der ihm den größten Wettbewerbsvorteil verschafft. Und dass diejenigen, die diese Kontrolle nicht ausüben, ihr Schicksal verdient haben. Neoliberalismus des Körpers, in Reinkultur.

Einen Monat nach Ausbruch der Pandemie wussten wir immer noch sehr wenig über das Virus. Eines aber wussten wir: Es stellte für Schwarze eine größere Bedrohung dar als für Weiße. Die Princeton-Historikerin Keeanga-Yamahtta Taylor nannte im April 2020 in der Zeitschrift *The New Yorker* Covid-19 die »Schwarze Pest« und schrieb: »Auch Tausende weiße Amerikaner sind an dem Virus gestorben, doch die Geschwindigkeit, mit der Afroamerikaner sterben, hat aus dieser öffentlichen Gesundheitskrise ein Lehrstück über Rassen- und Klassenungleichheit gemacht.«[29] Doch das ist nicht die Lehre, die viele konspirationalistische Gesundheitsinfluencer daraus gezogen haben. Ihre Lehre aus den Rassen- und Klassenunterschieden bei den frühen Covid-Todesfällen lautete vielmehr: »Dieses Virus wird Menschen töten, die nicht so aussehen wie ich«. (Anfangs stimmte das, aber es änderte sich im Verlauf der Pandemie, nicht zuletzt aufgrund der Falschmeldungen über Impfstoffe und das Tragen von Masken.)[30]

Diese Bereitschaft, weite Teile der Menschheit abzuschreiben, die in suprematistischen Narrativen als minderwertig dargestellt werden, hält die pastellfarbene, selbstverliebte Welt der Frauen-Wellness und die gegen Migranten geifernde, Hass versprühende Welt von Bannons Rechten am stärksten zusammen. Ich bezweifle, dass die dünnen weißen Fitnesstrainerinnen, die Impfwillige beschimpften und ihnen rieten, »eine Karotte zu essen und auf ein Laufband zu springen«, darüber nachdachten, dass überwiegend arme, Schwarze und Braune Personen zu diesem Zeitpunkt den höchsten Preis für die unkontrollierte Ausbreitung von Covid zahlten. Fakt jedoch ist, dass diese Welt anschlussfähig ist für das Ziel einer weißen Vorherrschaft, wie sie die rechtsextremen Mitglieder des Querdenkerbündnisses anstreben. Die vulnerabelsten Personen gehörten denselben Gruppen an, die Bannon in seinen »Grenzkrieg«-Beiträgen als Invasoren bezeichnet, und sie stammten aus denselben Wohnvierteln, die Trump in seiner Rede zur Amtseinführung als Kriegsgebiete bezeichnete (diese »American Carnage«-Rede wurde, wie es heißt, von Bannon unter Mithilfe weiterer Berater verfasst).

Es gibt weitere Gemeinsamkeiten. Als die transnationale extreme Rechte – von Giorgia Meloni bis Jair Bolsonaro – auf transfeindliche Panikmache als starkes verbindendes Element für ihre Frankenstein-Vision eines »inklusiven Nationalismus« setzte, begannen viele in der Wellness-Welt, die gegen die Unnatürlichkeit von Covid-Impfstoffen wetterten, offener über die vermeintliche Natürlichkeit der Gender-Binarität und der traditionellen Rolle der Familie zu sprechen. Weite Teile der modernen Wellness-Industrie, die zunächst nicht unbedingt als Verbündete wahrgenommen wurden, erweisen sich inzwischen als äußerst kompatibel mit rechtsextremen Vorstellungen von natürlichen Hierarchien, genetischer Überlegenheit und Menschen, die als entbehrlich betrachtet werden.

Gelbe Sterne und wilde Projektionen

In der Impfgegner-Szene setzte Wolf als eine der Ersten die Masken- und Impfpflicht mit den gelben Sternen gleich, die Juden in dem von den Nazis besetzten Europa tragen mussten. Dies ist nur eine von vielen Analogien zum Holocaust, die bei der Bewegung hoch im Kurs stehen: Justin Trudeau und Emmanuel Macron werden regelmäßig mit Hitler, Anthony Fauci mit Josef Mengele und Quarantäne-Hotels mit Konzentrationslagern verglichen; die Liste könnte man fortsetzen. Diese irrwitzigen Vergleiche sind so populär, dass ein Hutgeschäft in Nashville, Tennessee, gelbe Aufnäher in Form eines Davidsterns verkaufte, auf denen »nicht geimpft« aufgestickt war. (»Sie waren ein voller Erfolg! 5 $ pro Stück … wir werden bald auch Trucker-Caps anbieten«, prahlte der Ladenbesitzer auf Instagram.)[31] Aber ich kenne niemanden, der so begeistert die Nazianalogien bemüht wie meine Doppelgängerin.

Neben den direkten Nazivergleichen behauptete sie immer wieder, wir hätten einen »biofaschistischen« Staatsstreich erlebt. Und warum? Weil ihrer Ansicht nach die Impfpflicht auf der faschistischen Vorstellung beruht, bestimmte (geimpfte) Körper seien anderen (ungeimpften) Körpern überlegen. Wie so oft bei Wolf sind die Projektionsebenen aufschlussreich. Erstens waren die Nazis bei der Impfpflicht in Deutschland recht locker und lehnten sie in den von ihnen annektierten Gebieten komplett ab, weil sie den Tod nicht arischer Bevölkerungsgruppen befürworteten. (»Die Slawen sollen für uns arbeiten. Soweit wir sie nicht brauchen, mögen sie sterben. Impfzwang und deutsche Gesundheitsfürsorge sind daher überflüssig«, schrieb 1942 Martin Bormann, de facto Hitlers Stellvertreter und Leiter der Partei-Kanzlei der NSDAP.)[32] Genau besehen sind Impfprogramme, die von starken, gesunden Menschen verlangen, kleine Unannehmlichkeiten in Kauf zu nehmen, um sich selbst und Menschen, die kränker, älter und vulnerabler sind als sie selbst, zu schützen, das genaue Gegenteil von Biofaschismus. Man könnte sie vielmehr als Akte der biologischen Gerechtigkeit bezeichnen.

Wenn wir uns gegen Krankheiten impfen lassen, die für andere Mitglieder unserer Gemeinschaft eine größere Bedrohung darstellen als für uns selbst, bekunden wir, dass alle Menschen, unabhängig von ihren körperlichen Beeinträchtigungen oder Herausforderungen, grundsätzlich gleichwertig sind und ein Recht auf gleichen Zugang zum öffentlichen Raum und auf ein gutes Leben haben. Dieses Prinzip hat sich die Bewegung für Behindertengerechtigkeit auf die Fahnen geschrieben, und es ist nach jahrzehntelangem Kampf in der Gesetzgebung der meisten konstitutionellen Demokratien verankert, wenigstens zum Teil. Diesem Kampf ist es zu verdanken, dass Gebäude über Rampen und Aufzüge verfügen und öffentliche Schulen verpflichtet sind, psychisch und physisch atypische Kinder mit eigenen Programmen zu unterstützen. Doch diese Errungenschaften stehen unter ständigem Beschuss, weil die Vorstellung von Gemeinschaften miteinander verwobener und interagierender Körper mit unterschiedlichen Bedürfnissen und Verwundbarkeiten einer Kernbotschaft des neoliberalen Kapitalismus zuwiderläuft: dass jeder auf sich allein gestellt ist und sein Los im Leben verdient hat, im Guten wie im Schlechten. Dieser Gemeinschaftsgedanke widerspricht auch einer Kernbotschaft der neoliberalen Wellness-Kultur: dass unser Körper unser primärer Ort der Kontrolle ist und uns in dieser grausamen und verunreinigten Welt Vorteile verschaffen kann. Fangt also an, ihn zu optimieren!

Beatrice Adler-Bolton, Anwältin für Behindertengerechtigkeit und Autorin, beschreibt die der Covid-Leugnung in vieler Hinsicht zugrunde liegende Denkweise mit dem Satz, der Tod durch die Pandemie sei ein »aus der Zukunft geholter Tod«: der Tod durch Covid-19 sei »irgendwie vorherbestimmt«, weil die meisten, die an Covid starben, wahrscheinlich ohnehin vorzeitig gestorben wären.[33] Covid habe diesen Zeitpunkt nur um ein paar Jahre vorverlegt. Was sei daran so schlimm? Und das ist noch die gemäßigte Seite des Spektrums. Auf der nach Sandelholz duftenden extremen Seite wird dieser aus der Zukunft geholte Tod sogar begrüßt. Wie die Yoga-Frau sagte: »Ich finde, diese Leute *sollten* sterben.«

Auf die Gefahr hin, noch mehr Verwirrung zu stiften und wie

meine Doppelgängerin zu klingen, nenne ich dieses Denken faschistisch. Oder genauer: genozidal. Es erinnert an die Rationalisierung kolonialer Massaker, weil in der von pseudowissenschaftlichen Rassisten geschaffenen Rangordnung des menschlichen Lebens Indigene Völker wie zum Beispiel die Ureinwohner Tasmaniens als »lebende Fossilien« galten. Der britische Premierminister Lord Salisbury erklärte 1898 in einer Rede, man könne »die Nationen der Welt grob in die Lebenden und die Sterbenden einteilen«.[34] Indigene Bevölkerungsgruppen waren aus dieser Sicht die zum Tod Bestimmten, deren Vernichtung ihr unvermeidliches Ende lediglich beschleunigte.

Das ist der historische Kontext, der von der heutigen Mainstream-Wellness-Kultur heraufbeschworen wird. Sie hat den Gedanken der Selbstoptimierung vom Silicon Valley übernommen, einen Gedanken, der seinerseits eine Begleiterscheinung der Personal-Branding-Kultur ist, von der so viele junge Menschen heute gepeinigt werden. Jeder Schritt muss gezählt und jeder Schlaf gemessen werden, und jede Mahlzeit muss »sauber« sein. Dieser Kontext ist es, der einer Wiederbelebung der Faschismus / New-Age-Allianz der 1930er Jahre den Boden bereitet hat. Schon die Idee, dass Menschen »optimiert« werden können und sollten, ist für eine faschistische Weltanschauung geradezu prädestiniert. Denn wenn die eigene Ernährung besonders sauber ist, liegt die Schlussfolgerung nahe, dass die Ernährung anderer Leute besonders schmutzig ist. Wenn man selbst geschützt ist, weil das eigene Immunsystem stark ist, kann das im Umkehrschluss bedeuten, dass andere ungeschützt sind, weil sie schwach sind. Wenn man selbst optimiert ist, sind andere per Definition suboptimal. Defizitär. Fast schon entbehrlich. Im selben Kontext bezeichnen sich einige prominente Impfverweigerer als »Reinblüter«, weil ihr Blut durch die Impfungen nicht kontaminiert sei; die zutiefst verstörenden suprematistischen Anklänge des Begriffs stören sie nicht.

Womit wir bei der am häufigsten gepipikten Projektion der Spiegelwelt wären. Von den ersten Kräuselungen der Covid-Verschwörungstheorien bis zu den Flutwellen von Lügen, die uns später überschwemmen sollten, tauchte eine Behauptung sehr viel öfter auf als jede andere: dass der Plan hinter all dem darin bestehe, große Teile der Menschheit zu keulen wie überschüssige Tierbestände. Zuerst hieß es, das Virus sei eine von den Chinesen entwickelte Biowaffe, um unseren Bestand auszudünnen; dann war es Bill Gates, angeblich ein verkappter Eugeniker, der das Virus erfand, um den Impfstoff zu pushen, das eigentliche Instrument zu dieser Bestandsminderung. Aber wessen Verhalten hat denn tatsächlich zu dieser massenhaften und unnötigen Opferung von Menschenleben beigetragen? Es waren die Querdenker selbst – indem sie sich einfachen und sicheren Maßnahmen systematisch verweigerten, die am besten hätten verhindern können, dass eine hochansteckende Krankheit die vulnerableren Mitglieder unserer Gemeinschaften ausmerzt: die bereits Kranken, die Behinderten, die immungeschwächten älteren Menschen. Die Keulung der schwächeren Mitglieder der Herde zur Stärkung des genetischen Bestands ist das zentrale Ziel der Eugenik. Und dies ist zu einem großen Teil geschehen. Von den ersten 800 000 Personen, die in den Vereinigten Staaten an Covid-19 starben, waren drei Viertel älter als fünfundsechzig. Und einer Analyse der Poor People's Campaign zufolge starben in armen Bezirken des Landes fast doppelt so viele Personen wie in wohlhabenden;[35] nach Ausbruch der Delta-Variante gab es in den ärmsten Bezirken *fünfmal so viele* Tote wie in den wohlhabendsten. Diese Zahlen erzählen eine Geschichte von Covid als Klassenkampf.

*

So ist das also, oder? Die Schuld für diese monströse Opferung von Menschenleben tragen diejenigen, die wir an die Spiegelwelt verloren haben. Alle anderen können zufrieden sein mit dem, was sie getan haben, als sie von diesem gefährlichen Virus auf die Probe gestellt wurden. Wir haben unsere Masken getragen, wir haben uns impfen lassen, und wir haben versucht, Kurve um Kurve zu nehmen.

Die schwierigere Wahrheit jedoch ist, dass dies eine Doppelgänger-Geschichte ist, und Doppelgänger-Geschichten handeln nie nur von *ihnen*; sie handeln immer auch von *uns*. Die Literatur lässt daran keinen Zweifel. Der Schriftsteller Jean Paul, der den Begriff *Doppelgänger* in seinem Roman *Siebenkäs* von 1796/97 geprägt hat, definierte Doppelgänger als »Leute, die sich selber sehen«.[36]

Habe ich das? Habe ich mir selbst in die Augen gesehen und alle meine Fehler, Schwächen und Schwerfälligkeiten unerschrocken zur Kenntnis genommen? Wenn ich die Andere Naomi und ihre neuen Verbündeten genau betrachte – was ist es dann, was ich an mir und den Meinen immer noch nicht wahrhaben will? An den Menschen, an die ich denke, wenn ich »wir« und »uns« sage?

Was würden wir sehen, wenn wir uns selbst im Wald begegneten wie das Paar in dem präraffaelitischen Gemälde? Ich fürchte, viele von uns würden vor Schreck gleichfalls in Ohnmacht fallen. Denn wenn ich die Konturen der Spiegelwelt nachzeichne, muss ich erkennen, dass die Gesinnung, die das Gift im Herzen dieses seltsamen und tragischen Kapitels ist, weit über die Achse des Querdenkertums hinausreicht. Wie viel haben wir auf unserer Seite des Spiegels getan, um unsere Regierungen zu drängen, die Maskenpflicht zum Schutz der Immungeschwächten beizubehalten? Oder saubere, gefilterte Luft in Innenräumen als verbrieftes Recht an jedem Arbeitsplatz zu etablieren? Oder die Impfstoffe an andere Länder weiterzugeben? Unsere Regierungen in Nordamerika und Europa wollten, dass wir uns zum zweiten und dritten Mal impfen ließen. Was, wenn wir dies verweigert hätten, bis die ganze Welt ihre erste Impfung erhalten hatte? Welche Körper haben wir stillschweigend geopfert, indem wir mit dem Strom geschwommen sind? Und was haben diejenigen von uns, die das Glück hatten, von zu Hause aus arbeiten zu können, dafür getan, dass die von uns als »unentbehrlich« gefeierten Arbeitskräfte entsprechend bezahlt und geschützt werden? Haben wir für ihr Recht gekämpft, sich zu organisieren? Oder haben wir weiter bei Amazon bestellt, weil es so bequem war? Die Wahrheit ist, dass die meisten von uns viel mehr hätten tun können.

Und hier liegt, glaube ich, die Herausforderung, wenn wir versuchen wollen, die Menschen aus der Spiegelwelt zurückzuholen: Welche Alternative haben wir auf dieser Seite des Spiegels zu bieten?

Haben wir einen Plan für eine Welt, in der keine Menschen geopfert werden? Und ist dieser Plan glaubwürdig, auf konkretes Handeln ausgerichtet – oder klingt er wie noch mehr Bla, bla, bla? Anders ausgedrückt: Wie überzeugen wir Menschen, die sich von Phantastereien verführen lassen, dass wir immer noch die Macht haben, die Wirklichkeit in grundlegender und bedeutsamer Weise zu verändern? Als Avi, Tak und ich Klinken putzten, um mit unseren pandemiegeplagten Nachbarn zu sprechen, baten wir sie genau darum: zusammen mit uns daran zu glauben, dass wir den Kampf gegen Klimaverschmutzung und systemische Armut zu einer übergreifenden gesellschaftlichen Aufgabe machen können. Einige waren mehr als bereit, zusammen mit uns diesen Sprung ins Ungewisse zu wagen – sie sehnten sich geradezu danach, als hätten sie nur auf eine Einladung gewartet. Aber wir trafen auch Menschen, die vielleicht einmal für diese kollektive Mission offen gewesen, jetzt aber an neue und deutlich gefährlichere narrative Frequenzen verloren waren.

Und ich wurde das Gefühl nicht los, dass dies nur der Anfang einer geistigen Massenabwanderung war, falls sich nicht gewaltig etwas änderte.

*

Das Wahlergebnis entsprach dem, was wir an den Haustüren erlebt hatten: Trudeau, der vorgezogene Neuwahlen ausgerufen hatte, weil er sicher war, Kanadas Kampf gegen Covid in eine parlamentarische Mehrheit ummünzen zu können, landete genau da, wo er angefangen hatte: Er war immer noch Premierminister, aber mit einer parlamentarischen Minderheit. Avi konnte zwar die Zahl der NDP-Stimmen in seinem Wahlkreis verdoppeln, aber die Trudeau-Liberalen behielten den Sitz (keine Überraschung). Zugleich konnte die rechtsextreme People's Party ihre Stimmenzahl auf nationaler Ebene verdreifachen. Es hätte schlimmer kommen können, aber es war schlimm genug.

Ein Jahr später trafen sich die Querlinien erneut, diesmal deutlich näher an dem Ort, an dem wir lebten. Im Oktober 2022 fanden in

Vancouver Kommunalwahlen statt, und der Stadtrat, der lange in den Händen grün eingefärbter, gemäßigt Progressiver gelegen hatte, rückte plötzlich nach rechts, und zwar mit unschönen Begleiterscheinungen. Vancouver ist die drittteuerste Stadt im Norden des amerikanischen Kontinents, noch vor San Francisco und Los Angeles,[37] aber auch das Epizentrum einer durch besonders gefährliche Drogen ausgelösten Krise. Statt Lösungen für die Wohnungsnot und die Drogenproblematik vorzuschlagen, schürten die Kandidaten der siegreichen Liste die Angst vor den Obdachlosen und psychisch Kranken und versprachen, hundert zusätzliche Polizisten zu rekrutieren.

Viele Beobachter mutmaßten, ausschlaggebend für den Wahlausgang könnte ein bedeutender Geldzufluss vom drittreichsten Mann der Stadt gewesen sein: Chip Wilson, Gründer des Yogabekleidungsriesen Lululemon.[38] 2013 hatte sich Wilson den Zorn vieler seiner Kundinnen zugezogen, als er auf Beschwerden über die Qualität der Leggings seiner Firma mit den Worten reagierte: »Zu manchen Frauenkörpern passen sie einfach nicht ... Das liegt an der Reibung zwischen den Oberschenkeln.«[39] Er zog sich aus der Unternehmensführung zurück, ist aber immer noch Großaktionär. Eine Zeitlang verbreitete er in seinem Blog bizarre Ansichten, so in einem inzwischen gelöschten Beitrag mit dem Titel »Sind Erektionen wichtig?«, in dem er behauptete, »der Fortbestand der menschlichen Rasse« sei bedroht, weil Frauen nicht ausreichend »weiblich« seien und damit die sexuelle Lust der Männer schwächten.[40]

Neuerdings nutzt Wilson seinen enormen Reichtum, um rechtsgerichtete Politiker und spektakuläre Medienoperationen zu finanzieren, unter anderem im Vorfeld ebenjener Wahlen in Vancouver.[41] Garth Mullins, Moderator des Podcasts *Crackdown*, stellte fest: »Bei den Wahlen ging es um die durch Yoga-Schattengeld geschürte Angst vor Kriminalität.«[42]

Hundert zusätzliche Polizisten, finanziert von einem Yogaleggings-Imperium, dessen Gründer ein fettphobischer Milliardär war, der sich um die Zukunft der Männlichkeit sorgte? Die Spiegelwelt gewann definitiv an Raum, und sie wurde noch bizarrer. Im Dezember 2022 gab es Berichte über einen - vereitelten - Plan, die deutsche Bundesregierung durch einen gewaltsamen Staatsstreich zu stürzen und die Monarchie wiedereinzuführen. Es war das Komplott einer Querdenkerkoalition aus schwer bewaffneten Rechtsextremisten, die sich Reichsbürger nennen, und Verschwörungsphantasten in der Art der Gefolgsleute der kanadischen QAnon-Königin, die überzeugt waren, die derzeitige Regierung sei selbst ein illegitimes Phantasiegebilde. Einen Monat später kam es in Brasilien zu einem - gescheiterten - Aufstand, bei dem die Anhänger des besiegten rechtsextremen Präsidenten Jair Bolsonaro zu einem Militärputsch aufriefen und die Regierungsgebäude stürmten. Wochenlang hatten Bannon und die *War Room*-Truppe falsche Behauptungen verbreitet, die brasilianischen Wahlen seien manipuliert worden und Lula plane auf Geheiß der chinesischen KP eine marxistische Übernahme des Kontinents.

Während die starken Männer und gesunden Frauen zunehmend den Schulterschluss übten und immer ehrgeizigere Ziele verfolgten, bekam ich einen Vorgeschmack darauf, was ihre Schema-F-Version von Perfektion für die zahllosen Menschen bedeuten würde, die aus ihrem Raster herausfielen. Ich fühlte mich auch persönlich bedroht, denn diese Obsession von reinen Kindern und perfektionierten Körpern empfand ich als einen unmissverständlichen, wenn auch impliziten Angriff auf mein eigenes Kind.

10

Autismus und Impfgegnerschaft

Die Zeit geht weiter, selbst wenn man in ein Kaninchenloch fällt. So ist T. kürzlich zehn geworden, und wenn diese Worte in die Welt gelangen, wird er elf sein. Ich habe mich von Anfang an entschieden, in meinen Publikationen weder detailliert zu schildern, wie man ein neurodivergentes Kind großzieht, noch mich über Sinn und Unsinn der Etiketten auszulassen, die ihm ein Arzt nach zwei Stunden angeklebt hat, als er vier war. T. dergestalt zu definieren, würde ihn – ein bisschen wie eine persönliche Marke – an einem bestimmten zeitlichen Punkt fixieren, und zwar so, wie jemand anders ihn sah. Die Entscheidung, wann (und ob) er seine private Welt mit jemandem teilt, muss T. selbst treffen. Also habe ich ein paar heitere Anekdoten über seine Liebe zu Raubtieren und hie und da eine ungemein kluge Bemerkung von ihm eingestreut. Letztere habe ich so ausgewählt, dass sie von so gut wie jedem Kind stammen könnten.

Ich werde jedoch, weil es leider relevant geworden ist, über meine eigenen Erfahrungen in einer sehr speziellen Subkultur schreiben: der Gemeinschaft der »Autismuseltern«, wie sie sich oftmals nennen.

Es gab eine Zeit, da wollte ich diese Eltern unbedingt finden – um mit jemandem zu reden, mit irgendwem, der nachvollziehen konnte, was meine Familie durchmachte. T. kam in British Columbia zur Welt, wo wir jetzt leben, doch als er ein paar Monate alt war, zogen wir nach Toronto, um in der Nähe von Avis Familie zu sein und großstädtische Dienstleistungsangebote nutzen zu können. Allerdings stellte sich heraus, dass solche Angebote für Kinder wie T. außerordentlich rar gesät waren. Der Arzt, der ihm seine Diagnose gestellt hatte, wies uns darauf hin, dass wir möglicherweise jahrelang auf eine staatlich finanzierte Therapie warten müssten; er sagte aber auch, eine frühzeitige Intervention sei »entscheidend«. Die Vorschule unserer lokalen staatlichen Schule hätte uns fast den Rest gegeben: dreißig Kinder in der Klasse, fünf davon mit Entwicklungsproblemen; eine Lehrerin; und lediglich eine Hilfslehrerin. Die Lehrerin ließ sich krankschreiben und kam nicht mehr zurück; in dieser aussichtslosen Lage geriet die Hilfslehrerin unter solchen Stress, dass sie sich in einen anderen Bezirk versetzen ließ. »Ich hätte das Leben dieser fünf Kinder verändern können«, erklärte sie mir später. »Aber nicht das von fünf plus den anderen fünfundzwanzig.« Es gab nur ein einziges »Autismus-Team« für Hunderte von Schulen; in T.s Klasse kam es zehn Tage vor Ende des Schuljahrs.

Ich musste also andere Eltern kennenlernen, die es irgendwie geschafft hatten, diesen kaputten Systemen im Interesse ihrer Kinder Beine zu machen. Ich dachte an Unterstützungsgruppen, in denen wir, vielleicht mit Hilfe von Alkohol, miteinander lachen und einander bemitleiden würden, während wir Tipps austauschten, wie man an die notorisch knappen Finanzmittel der zuständigen Schulausschüsse herankam. Ich fand tatsächlich einige Weggefährten in dieser neuen und unbekannten Welt, und ein paar von ihnen halfen mir sehr. Doch als ich mich eingehender mit alldem beschäftigte, stieß ich noch auf etwas anderes: auf eine Industrie seltsamer, magischer Heilmethoden – unter der Hand beschaffte und verabreichte Vitaminspritzen für Kinder; extreme und äußerst schädliche Diäten; immersive Rund-um-die-Uhr-Therapien; Schallwellen und unterschwellige Botschaften, die eine Neuprogrammierung des Gehirns versprachen und mich an meine Recherchen zu den MKUltra-Experimenten der CIA an Psychiatriepatienten erinnerten. Im Netz fand ich Leute, die sich als Autism Warrior Parents bezeichneten, weil sie »Krieg« gegen den Autismus ihres Kindes führten; manche coachten sich gegenseitig in schrecklichen »Behandlungen«, zu denen es auch gehörte, ihren Kindern Chlordioxid zu verabreichen, ein Bleichmittel, das für gewöhnlich in Zellstoff-

und Papierfabriken benutzt wird.[1] Mehrere Leute erzählten mir, nach der Diagnose hätten sie ihre Jobs aufgegeben und seien Vollzeit-Therapeuten ihres Kindes auf Basis der Angewandten Verhaltensanalyse (Applied Behavior Analysis) geworden. Das ist ein System von Belohnungen und Strafen mit einer finsteren Geschichte, zu der auch Elektroschocks gehört hatten; es wird heute noch auf oftmals grausame Weise angewendet, um alle Anzeichen autistischer Andersartigkeit bei kleinen Kindern »auszulöschen«. »Eine energische frühzeitige Intervention ist das A und O«, erklärte mir eine Mutter. »Wenn man nicht sofort eingreift, ist es zu spät.«

Nicht lange nach der Diagnose war ich beim YMCA, wo ich ansonsten neunzigminütige Yogakurse machte. Nun stand ich am Rand einer riesigen Turnhalle und sah T. dabei zu, wie er große Schaumstoffblöcke herumschleifte. Ich kam mit einem Strafverteidiger ins Gespräch, den ich aus einer anderen Phase meines Lebens kannte. Er hatte dunkle Ringe unter den Augen und erzählte mir, bei seinem Kleinkind sei Autismus festgestellt worden. Mit dem Kind sei alles in Ordnung gewesen, sagte er, aber nach der Impfung habe es sich verändert, es habe sich zurückgezogen und zurückentwickelt. Das käme eindeutig von dem Impfstoff, erklärte er und empfahl mir, meine eigenen Recherchen anzustellen, dann könnten wir darüber reden. Im Lauf der folgenden Jahre wurde dieser Mann zu einem der prominentesten Anwälte der Impfgegner-Bewegung (und in der Covid-Ära unterstützte er die Kampagne gegen angeblich tyrannische obligatorische Gesundheitsmaßnahmen).

Nichts von alledem hatte mir vorgeschwebt, als ich meine Fühler nach Eltern autistischer Kinder ausstreckte. Ich suchte nicht nach jemandem, dem ich die Schuld geben oder den ich verklagen konnte. Ich suchte nur nach Mitstreitern bei der Navigation durch eine Welt, die nicht für Kinder wie unsere gemacht war; mir hätte schon ein Tipp für einen Musiktherapeuten oder einen Zahnarzt gereicht, der Verständnis für die Schwierigkeiten der sensorischen Verarbeitung aufbrachte. 2018 nahm ich, teils aus Verzweiflung, einen Lehrstuhl an der Rutgers University in New Jersey an. Die Universität ist für ihre Forschungen im Bereich der Neurodiversität bekannt, und die staatlichen Schulen von New Jersey bieten mit die besten Bedingungen für Kinder wie T. Als Kanadierin war ich naturgemäß ziemlich stolz auf unser Gesundheits- und Bildungssystem; nun stellte ich zu meiner Überraschung fest, dass die US-amerikanischen Gesetze zur Gleichstellung und zur schulischen Bildung von Menschen mit Behinderungen deutlich effizientere Instrumente waren als alles, was wir nördlich der Grenze hatten, und dass Eltern in New Jersey die lokalen Schulen mit Hilfe dieser Gesetze gezwungen hatten, ihren Kindern angemessene Zugangsmöglichkeiten zu bieten.

Als wir im Sommer vor T.s Einschulung ankamen, war der Unterschied verblüffend: In unserer neuen Schule gab es eine Krankenschwester, eine Psychologin, eine Sprachtherapeutin und eine Beschäftigungstherapeutin, die sie sich nur mit zwei anderen Schulen teilen musste. Als diese Leute sich wie eine Ocean's-Eleven-Truppe für behinderte Kinder auf T. stürzten, weinte ich vor Erleichterung. Nach zwei aufeinanderfolgenden Testtagen präsentierten sie uns einen detaillierten Bildungsplan, demzufolge T. in eine Klasse mit nur fünf Schülern kommen sollte, alle aus dem Autismus-Spektrum, unterstützt von drei Lehrkräften. Außerhalb der Schulzeit probierten wir eine überwältigende Zahl auf neurodiverse Kinder zugeschnittener extracurricularer Aktivitäten aus – Musikunterricht, adaptierte Theaterstücke und Buddy Ball, ein tolles wöchentliches Sportprogramm, bei dem neurotypische Teens und Kinder aus dem Spektrum Tandems bildeten. Es schien wirklich eine neue Welt zu sein.

Eines war jedoch gleich geblieben: die Suche nach Therapien. Keine fünf Minuten nach der Ankunft beim Buddy Ball traf ich einen Vater, der mir eine Hochglanzbroschüre über den angeblichen Zusammenhang zwischen Impfstoffen und Autismus in die Hand drückte. Er legte mir seine Beweise dar, die sich auf eine Stichprobe aus zwei Kindern beschränkten. Das ältere sei im Ausland zur Welt gekommen und nicht geimpft, sagte er. Dieses Kind sei neurotypisch. Das jüngere sei in den Vereinigten Staaten geboren, geimpft und autistisch. »Also liegt es eindeutig am Impfstoff!«

So groß ist die Macht des »Vakzin-Autismus-Mythos«, wie Ärzte es nennen – jenes viralen Narrativs, dem zufolge die nach dem ersten Geburtstag verabreichte Immunisierung gegen Masern, Mumps und Röteln die Ursache von Autismus ist. Dieses Narrativ legte in vieler Hinsicht die Grundlagen für die spätere Bewegung gegen die Covid-Impfung. Es beruhte auf einem 1998 in der renommierten britischen Wissenschaftszeitschrift *The Lancet* erschienenen und inzwischen vollständig diskreditierten Aufsatz, in dem die Ansicht vertreten wurde, der Kombinationsimpfstoff gegen Masern, Mumps und Röteln (MMR) könnte mit Autismus (und Darmerkrankungen) in Zusammenhang stehen. Zwölf Jahre später wurde er vom Verlag zurückgezogen, der die Behauptungen als »erwiesenermaßen falsch« bezeichnete.[2] Zehn der dreizehn ursprünglichen Co-Autoren hatten sich schon Jahre zuvor, 2004, von dem Aufsatz distanziert und eine fehlerhafte »Interpretation« der Studiendaten bemängelt.[3] Der Hauptautor, der Gastroenterologe Andrew Wakefield, wurde wegen nicht offengelegter Interessenkonflikte und seiner »gefühllosen Missachtung« der von ihm untersuchten Kinder vom General Medical Council – der britischen Ärztekammer – mit einem Berufsverbot belegt.[4]

Doch fast ein Vierteljahrhundert nach der Erstveröffentlichung von Wakefields Aufsatz ist der Mythos mehr denn je im Umlauf, ohne dass es neue Belege gäbe. Er wird weiterhin von einem globalen Netzwerk aus Facebook-Gruppen und YouTube-Kanälen verbreitet, und es gibt clever produzierte Dokumentarfilme, die einem in der Lektüre wissenschaftlicher Aufsätze ungeübten Publikum vormachen, sie betrieben investigativen Journalismus. Dieses Netzwerk hat seine eigenen medizinischen Pseudo-Experten, Celebritys, Influencer und Anwälte; der prominenteste von ihnen ist Robert F. Kennedy Jr. Die widerlegten Behauptungen haben zum Wiederaufleben einiger Krankheiten beigetragen, zu denen auch die Masern gehören.[5] Sie waren im Jahr 2000 in den Vereinigten Staaten für ausgerottet erklärt worden, sind inzwischen jedoch mit voller Wucht zurückgekehrt. 2019 hat die Weltgesundheitsorganisation von einer globalen Masern-Welle mit »der höchsten Anzahl gemeldeter Fälle seit 23 Jahren« gesprochen.[6] Diese

Welle hat 207 500 Todesopfer gefordert – ein Anstieg um 50 Prozent in nur drei Jahren.

Die Schuld an der zunehmenden Verbreitung der Falschinformation, dass Impfstoffe Autismus verursachen, wird für gewöhnlich dem Aufstieg der sozialen Medien zugeschrieben, in denen die Impfstoff-Pseudowissenschaft jahrelang ungehindert zirkulieren konnte. Dass Routineimpfungen bei Kindern Schäden fürs Leben verursachen, ist sicherlich eine Sensationsmeldung, wie geschaffen für die Aufmerksamkeitsökonomie. Aber wie bei den Falschinformationen bezüglich Covid haben die sozialen Medien auch hier nur bereits vorhandene Tendenzen verstärkt. Bei meinen Gesprächen mit Autismuseltern, die sich darauf versteift haben, den Impfstoffen die Schuld zu geben, fällt mir immer wieder auf, dass sie sich betrogen oder ungerecht behandelt fühlen, als hätte ihnen jemand oder etwas ihre rechtmäßigen, neurotypischen Kinder geraubt und sie durch andersartige oder defizitäre ersetzt; als wäre jemand irgendwie in ihre Familie eingedrungen.

Meine Doppelgängerin ist inzwischen tief in die Autismusfalschinformationsbewegung verstrickt: Sie gibt deren Schlüsselfiguren ein Podium, und diese revanchieren sich begeistert; sie postet stolz Fotos, die sie mit Robert F. Kennedy Jr. zeigen, und erklärt ihm mit Bezug auf seinen fanatischen Impfgegner-Verein Children's Health Defense: »Meine Hochachtung für die ganzen Forschungen, die Ihre Organisation betreibt. Sie scheint mir über unglaublich gute Quellen zu verfügen.«[7] Beider Verlage haben sich sogar zusammengetan, um ihre letzten Titel zum Thema Pandemie als Bücherpaket anzubieten. (»Die Weihnachtsgabe für dieses Jahr: das Geschenk der Wahrheit!«)[8] Außerdem hat sie ignorante Verunglimpfungen geteilt, in denen die Kultur in Covid-Zeiten als »nahezu autistisch« bezeichnet wurde, und behauptet, mit dem Versuch, die Ausbreitung des Virus zu verhindern, würden Schulen »autistisches Verhalten bei ansonsten normalen Kindern« befördern.[9]

Das Kind als Doppelgänger

Dieser Teil unserer Doppelgänger-Geschichte hat jedoch nur wenig mit Wolf zu tun. Hier geht es um eine andere Form des Doppelgängertums, wie es zwischen Eltern und ihren Kindern vorkommen kann. Insbesondere in wohlhabenden Kreisen ist die Fortpflanzung lange als eine Form der weltlichen Verdopplung betrachtet worden. Das Kind bekam dabei manchmal denselben Namen wie der Vater oder die Mutter, um das Vermächtnis und das Vermögen des betreffenden Elternteils in die Zukunft zu verlängern (zum Beispiel RFK Jr.). In unserer Zeit des Personal Branding und des optimierten Ichs braucht man keinen ererbten Reichtum und auch keinen Titel mehr, um etwas Ähnliches zu erreichen. Man kann sein Kind einfach als Spin-off oder Markenerweiterung behandeln – Sie und Ihr kleines Mini-Ich können bei Instagram im Partnerlook auftreten oder hinreißende Tänzchen auf TikTok teilen.

Glowing Mama macht das mit ihrer ausgesprochen niedlichen Tochter – sie postet süße Videos von Tanzpartys in ihrem Wohnzimmer. Sie postet aber auch deutlich weniger süße Videos. »Erzählt mir bloß nicht, dass unsere gesunden Kinder *euch* in Gefahr bringen«, faucht sie zornig in die Kamera, während ihre Tochter auf dem Rücksitz ihres Wagens schläft. »Kümmert euch lieber mal um eure eigene Lebensweise, okay? Hört auf, euch Müll in den Mund zu stopfen, auf eurem Hintern zu hocken und die Scheißmedien zu konsumieren … Und dann sagt mir, dass mein wunderschönes, lebenssprühendes Kind eine Gefahr für euren ungesunden, dummen, unmotivierten Arsch ist. Fuck you. Fuck you, okay?«[10]

Das, denke ich, ist eine logische Folge all der Schamgefühle, die andersartige Kinder auslösen, und der Pathologisierung solcher Kinder in unserer Kultur – ein übergroßer Stolz auf Kinder, die scheinbar allen Erwartungen entsprechen und sämtliche sozialen Normen erfüllen, die eben perfekte kleine Kinder sind. Kinder, die vor allen Übeltätern geschützt werden müssen und deren Reinheit nicht befleckt werden darf. Bei so vielen der in der Spiegelwelt ausgefochtenen

Schlachten – die »Anti-woke«- und »Don't say gay«-Gesetze, die pauschalen Verbote von gender-affirmativen Behandlungen, die Kriege in Schulausschüssen um Impfstoffe und Masken – geht es letztendlich um ein und dieselbe Frage: Wozu sind Kinder da? Sind sie eigenständige Menschen, so dass unsere Aufgabe als Eltern darin besteht, sie auf der Suche nach ihrem eigenen Weg zu unterstützen und zu schützen? Oder sind sie unsere Anhängsel, unsere Erweiterungen, unsere Spin-offs, unsere Doppelgänger, die wir formen und gestalten und von denen wir letztlich profitieren können? So viele dieser Eltern scheinen davon überzeugt zu sein, dass sie das Recht haben, ohne jede Einmischung oder Vorgabe die absolute Kontrolle über ihre Kinder auszuüben: Kontrolle über ihren Körper (indem sie Masken und Impfstoffe als Vergewaltigung oder Vergiftung des Kindes darstellen); Kontrolle über ihren Geist (indem sie antirassistische Erziehung als Oktroyierung fremdartigen Gedankenguts darstellen); Kontrolle über ihr Geschlecht und ihre Sexualität (indem sie jeden Versuch, über die Bandbreite möglicher geschlechtlicher Ausdrucksformen und sexueller Orientierungen zu sprechen, als »Grooming« darstellen).[11]

Diese Unfähigkeit, Kinder als autonome Wesen zu betrachten, hat mit dazu geführt, dass behinderte Kinder so lange in unmenschlichen Einrichtungen versteckt wurden. Wenn viele Eltern einen kleinen Doppelgänger haben wollen, der ein gutes Licht auf sie wirft, dann ist jede Form von Behinderung eine unliebsame Störung solcher Pläne. Oder in der heutigen Sprache: Wenn dein Kind eine Markenerweiterung ist, dann könnte ein Kind, das nicht den sozialen Standards der Normalität entspricht, ein Zeichen dafür sein, dass deine ganze persönliche Marke in der Krise ist.

Dies ist kein parteipolitisch aufgeladenes Thema. Es gibt Konservative, die größere Fürsprecher für Kinder mit Behinderungen sind als manche Liberale. Und ich kenne niemanden, der mit solchen Belastungen nicht zu kämpfen hätte. In unserer Kultur ernten Eltern viel Anerkennung für die Erfolge ihrer Kinder, müssen sich dafür aber auch die Schuld an deren Problemen zuschreiben lassen; ich bin dagegen gewiss nicht immun. Seltsamerweise haben mir meine langjährigen ambivalenten Gefühle zum Thema Mutterschaft geholfen. Ich war nie einer jener Menschen mit einem festen Bild im Kopf, wer ich als Mutter sein würde und wer meine Kinder für mich sein würden; das war einfach nicht Teil meiner Phantasiewelt. Wahrscheinlich fehlte mir deshalb auch ein wenig der mütterliche Instinkt, aber es hat vielleicht auch meine ehrliche Neugier auf die Person geweckt, die zum Vorschein kommen würde. Ich sage das, weil ich bei meinen Gesprächen mit Eltern autistischer Kinder bemerkt habe, dass sie oft eine Phase schweren Kummers durchleben, in der sie um die Phantasien trauern, die tiefe Wurzeln in ihrem Herzen geschlagen hatten. Sie trauern so sehr um den kindlichen Doppelgänger, den es nicht gibt, dass sie das einzigartige Kind, das es gibt, gar nicht richtig wahrnehmen können. Manche Eltern von Transkindern machen etwas ganz Ähnliches durch: Sie glaubten, eine Tochter oder einen Sohn zu haben, und brauchen nun oft ein wenig Zeit für die Trauer, bevor sie die Genderidentität ihres Kindes vollständig akzeptieren können.

Manchmal ist das nur eine kurze, schmerzliche Phase, ob die Eltern nun um das genderkonforme oder um das neurotypische Kind trauern (oder, was nicht selten vorkommt, um beide). Zu unserem Glück reagieren Kinder meist ziemlich verständnisvoll auf diese schwierigen Phasen ihrer Eltern. Das Problem ist, wie ich in der Szene der Autismuseltern gelernt habe, dass es jede Menge Mütter und Väter gibt, die offenbar nicht über ihre geplatzten Träume hinwegkommen und sich darin verbeißen, nach Heilmitteln und Verschwörungen zu suchen und extreme Therapien anzuwenden, die Verhaltensformen »auslöschen« wollen, statt sie zu verstehen und zu unterstützen.[12]

2018 veröffentlichte die *Washington Post* einen Auszug aus Whitney Ellenbys Memoir als Mutter eines autistischen Kindes, *Autism Uncensored: Pulling Back the Curtain*. Darin schildert Ellenby in herzzerreißenden Details, wie sie ihren autistischen Fünfjährigen dazu gezwungen hat, sich in einem lauten, riesigen Saal *Sesame Street Live!* anzusehen, trotz »seiner großen Angst vor Innenräumen«.[13] Ihr Sohn tritt um sich und schreit, aber sie hält gewaltsam seine Arme und Beine fest und ringt mit ihm auf dem Fußboden, bis sie den »geballten Widerstand« dieses Fünfjährigen schließlich bricht. Im Saal verfällt der Junge, dessen Namen sie nennt, den ich jedoch nicht nennen werde, in einen friedlichen Zustand und sieht sich die Show an. Ellenby triumphiert; sie erklärt seine Phobie für überwunden und bezeichnet ihre Handlungsweise als liebevolle Strenge.

Viele Autisten lasen den Artikel ganz anders. Aaden Friday, der Autist und nicht-binär ist, erwiderte:

> Sehr viele autistische Kinder wachsen in einer Umgebung auf, in der es ständig zu physischen Konfrontationen wie der von Ellenby beschriebenen kommt, oder in einem Elternhaus, das elementare, wissenschaftlich bestätigte medizinische Erkenntnisse ablehnt, oder mit Eltern, die eine vollständige, totale Missachtung der Autonomie ihrer autistischen Kinder an den Tag legen – und all das wird als Liebe bezeichnet.
>
> Aber es ist keine Liebe; es ist Misshandlung ... Wir sind Überlebende, die nicht wollen, dass autistische Kinder jedweden Alters misshandelt werden. Hört uns zu. Glaubt uns. Euer Kind muss nicht geheilt werden, es muss respektiert werden, man muss ihm zuhören, und vor allem muss es geliebt werden – wirklich geliebt.[14]

Der verräterischste Satz in Ellenbys Schilderung ist vielleicht derjenige, in dem sie ihren Sohn beschreibt, wie er nach seiner Niederlage im offenen Kampf still im Saal sitzt. In diesen »kostbaren Momenten«, schreibt sie, sei er »nicht von seinen Altersgenossen zu unterscheiden«[15] – ein direktes Echo einer berüchtigten Behauptung jenes Psychologen, der als Erfinder der Angewandten Verhaltensanalyse (ABA) gilt, Ole Ivar Lovaas: In einem Artikel von 1987 schrieb er, fast die Hälfte der mit seiner ABA-Version behandelten Kinder seien ihren Lehrern zufolge »nicht mehr von ihren normalen Freunden zu unterscheiden«.[16]

Das ist eine ungemein schmerzliche Botschaft für junge Menschen, die anders ticken: dass schon ihre Existenz an sich ein Problem ist, das andere lösen müssen, eine Störung, die geheilt oder zumindest verborgen werden muss. Ein Kind zu haben, das konventionellen Definitionen von Normalität nicht entspricht, das sich von seinen Altersgenossen unterscheidet, kann ein außerordentliches Geschenk sein. Und es ist auch schwer – für Eltern, für Lehrer und am allermeisten für das Kind, das sich in einer Welt voller surrender Maschinen, summender Lichter und *Sesame Street Live!* zurechtfinden muss, die allesamt entstanden sind, ohne dass jemand dabei an dieses Kind gedacht hätte. Diese Erfahrung, dass ihr Kind sich nicht einfügt, dass es sich von anderen auf extreme, sehr auffällige und nicht gerade statusfördernde Weise unterscheidet, löst bei manchen Eltern offenbar tiefsitzende Ängste aus, im Rennen um Perfektionierung in dieser Welt so vieler kleiner Spiegel zurückzufallen.

Und so beginnt ein anderes Rennen: um Wunder wirkende Heilmittel, Auslöschungstherapien und oftmals auch jemanden, dem man die Schuld geben kann.

Obwohl Milliarden für die Autismusforschung ausgegeben wurden, wissen wir nicht, warum manche Gehirne anders verschaltet sind.[17] Wir haben jedoch ein paar Antworten auf die Frage, wieso es in den letzten zwanzig bis dreißig Jahren eine dramatische Zunahme diagnostizierter Fälle von Autismus gegeben hat; so berichtet das von den US-amerikanischen Centers for Disease Control finanzierte Autism and Developmental Disabilities Monitoring Network, dass 2018 bei einem von 44 Achtjährigen Autismus festgestellt wurde, während es im Jahr 2000 nur bei einem von 150 der Fall war.[18] Eine Erklärung lautet, dass sich die klinische Definition von Autismus in den 1990er Jahren signifikant erweitert hat, so dass nun auch viele neuroatypische Menschen darunterfallen, die früher nicht erfasst worden wären.[19] Das wiederum hat dazu geführt, dass sich viel mehr Menschen testen ließen, was dazu beitrug, dass die Anzahl der Diagnosen einen Spitzenwert erreichte und das Verständnis für die verschiedenen Ausprägungen von Autismus wuchs.[20] In jüngerer Zeit ist es den Ärzten immer erfolgreicher gelungen, Autismus bei Mädchen zu erkennen, die ihn für gewöhnlich besser verbergen, und in geringerem Ausmaß auch bei Schwarzen, Indigenen und Latino-Jungen, die immer noch mit zu hoher Wahrscheinlichkeit diszipliniert und / oder als »Unruhestifter« abgeschrieben statt aufgrund ihrer Neurodiversität unterstützt und versorgt werden.[21] Möglicherweise gibt es noch einen weiteren wichtigen Faktor für die steigenden Zahlen. Eltern wie ich bekommen später Kinder. Mehrere wissenschaftlich begutachtete Studien zeigen, dass bei Kindern älterer Eltern mit höherer Wahrscheinlichkeit Autismus diagnostiziert wird.[22]

Die unverminderte Anziehungskraft des Vakzin-Autismus-Mythos – ganz gleich, wie oft und auf wie viele Weisen er widerlegt worden ist – besteht darin, dass er Eltern, die Differenz für eine Tragödie halten, einen externen Schuldigen präsentiert. *Es liegt nicht an der genetischen Lotterie. Es liegt nicht am Alter der Eltern. Es liegt an der Spritze*, reden sie sich ein, und damit ist ihr Ego in Sicherheit. Frischgebackenen Eltern, die sich von gertenschlanken Momfluencerinnen Hilfe bei der Perfektionierung und Optimierung dieses neuen und beängstigenden Lebensabschnitts erwarten, vermittelt die Entscheidung, ihre Kinder nicht impfen zu lassen, ein ganz ähnliches Gefühl, etwas unter Kontrolle zu haben, was in Wahrheit völlig außerhalb unserer Kontrolle liegt. Das gilt weitgehend auch für das Versprechen von Wellness selbst.

Es ist daher keine Überraschung, dass die Leute, die am meisten dazu beigetragen haben, den Vakzin-Autismus-Mythos am Leben zu erhalten, keine ihres Amtes enthobenen Ärzte sind, sondern nebenher als Wellness-Influencerinnen und Momfluencerinnen tätige Celebritys. Es sind Leute (meistens Frauen), die offenbar nicht glauben können, dass in ihrem rigoros optimierten Leben etwas nach konventionellen Maßstäben nicht ganz Perfektes aufgetaucht ist; die sich an die Wunschvorstellung klammern, dass ihre Kinder das spiegeln werden, was sie an sich selbst am meisten schätzen. Das zur Wellness-Influencerin gewordene Model Elle Macpherson (Produktlinie: WelleCo) hatte angeblich eine Liebesbeziehung mit Andrew Wakefield und half ihm, seinen Impfgegner-Propaganda-Film zu promoten. Und Byron Bay, ein als Australiens »Influencer-Hauptstadt« bekannter New-Age-Luxusbadeort, gilt nicht zufällig auch als »Impfgegner-Hauptstadt« des Landes. 2021 waren in diesem Bundesstaat durchschnittlich 94,8 Prozent der Einjährigen vollständig geimpft, in

Byron dagegen nur 66,8 Prozent, was zur Rückkehr von Krankheiten wie der Diphtherie beitrug.[23]

Am meisten hat jedoch Jenny McCarthy – Model, Schauspielerin und Fernsehmoderatorin – für die Popularität des Mythos getan. In ihren vielen öffentlichkeitswirksamen Interviews zu dem Thema hat sie den Autismus ihres Sohnes mehrfach als eine Katastrophe bezeichnet, die in ihr ansonsten perfektes Leben eingebrochen sei. In dem Moment, als ein Arzt ihr die Diagnose mitteilte, so McCarthy, »bin ich gestorben«.[24] Mehr als zehn Jahre lang hat sie Falschinformationen verbreitet. 2015 behauptete sie in der Fernsehsendung *Frontline*: »Wenn man uns Eltern mit autistischen Kindern fragen würde, was uns lieber wäre, die Masern oder Autismus, würden wir uns zu 99,9 Prozent für die Masern entscheiden.«[25]

Heute ist uns dieses Argument von der Covid-Ära her geläufig: Ich hätte lieber ein Virus, das zwar für viele potenziell tödlich sein mag, meiner Überzeugung nach aber für mich und meine gesunde Familie nichts Schlimmeres als eine heftige Erkältung bedeutet. Es gibt einen Grund, weshalb die Argumente für Masern und Covid derart ähnlich klingen: Das eine war der Prototyp für das andere. Lange bevor Warrior Moms in Bannons Sendung auftraten, um über Covid-Impfstoffe und die Critical Race Theory zu schimpfen, war McCarthy in all den reichweitenstarken Sendungen unterwegs und warb für ihr Buch mit dem Titel *Mother Warriors: A Nation of Parents Healing Autism Against All Odds.*

Eric Garcia, Autor von *We're Not Broken: Changing the Autism Conversation*, erkannte diese Zusammenhänge schon früh. »Die Welt, in der wir leben, ist von jahrelanger Autismus-Panikmache geprägt«, sagt er und fügt hinzu: »Viele der Leute, die jetzt alles in Frage stellen, von der Wirksamkeit von Covid-19-[Impfungen] bis zur Integrität US-amerikanischer Wahlen, haben sich ihre ersten Sporen mit der Verbreitung von Verschwörungstheorien und kompletten Unwahrheiten über Autismus erworben.«[26]

Das ist ein topographisches Hauptmerkmal der Landkarte der Gegenwart. Was uns hierhergeführt hat, ist nicht zuletzt die Angst davor, ein autistisches Kind zu bekommen, und die Angst vor Behinderung im Allgemeinen. Um den Ökonomen und Verfechter der freien Marktwirtschaft Milton Friedman zu zitieren, meinen alten Erzfeind aus der Zeit meiner *Schock-Strategie*: »Die Ideen lagen herum«, sie warteten nur auf den richtigen Schock – und das galt auch für die digitalen Informationswege, auf denen man diese Ideen in die Welt hinaustragen konnte.[27] Alles war bereit: die kompetenten Kommunikatoren; die vagen Appelle ans »Natürliche«; die zweifelhaften Techniken, mit denen sich ausschließlich auf eigenen Angaben beruhende, unbelegte Behauptungen über Schäden und Todesfälle durch Impfstoffe aufblähen ließen; die Verschwörungserzählungen über Big Pharma und Big Government, die sich insgeheim zusammengetan hätten, um einen Krieg gegen ansonsten gesunde Körper zu führen; die Pseudo-Heilmittel, zu denen auch das Bleichen gehörte. (Donald Trump hatte lange mit dem Vakzin-Autismus-Mythos geliebäugelt, bevor er die Covid-Quacksalbereien unterstützte.)

Dass *Plandemie*, jener pseudowissenschaftliche Dokumentarfilm, der schon früh immensen Schaden angerichtet hat, so schnell herauskommen konnte, liegt eben daran, dass die bereits vorhandenen Behauptungen der Impfgegner-Bewegung einfach nur neu zusammengemixt werden mussten. Gleichzeitig saßen viele Mitglieder des Covid-»Desinformations-Dutzends« mit ihren Argumenten gegen die Impfung bereits in den Startlöchern, weil sie sie schon jahrelang gegen andere Impfstoffe ins Feld geführt hatten und genau wussten, wie man sie einsetzen musste – sie hatten ja oft versucht, verzweifelte und verängstigte Eltern damit zu überzeugen, dass sie lieber zu den von ihnen angebotenen teuren Nahrungsergänzungsmitteln, Seminaren oder Therapieplänen greifen sollten. (Der Schwindel fing schon mit dem ursprünglichen Aufsatz von Wakefield an: Er legte weder offen, dass seine Forschungen teilweise von Richard Barr finanziert worden waren, einem Anwalt für Leute, die Schäden durch den MMR-Impfstoff geltend machten, noch dass er selbst ein Patent für einen anderen Impfstoff beantragt hatte und folglich wohl von der Diskreditierung des MMR-Impfstoffs profitiert hätte.[28])

In dieser Konvergenz der Welten lässt sich nicht nur eine gemeinsame Infrastruktur der Falschinformation ausmachen: Es gibt auch ein gemeinsames Weltbild, eine gemeinsame Mentalität, eine gemeinsame Sichtweise, der zufolge Menschen entweder normal oder deviant, rein oder kontaminiert, erfolgreich oder Versager sind. Und sogar, wie in allen Doppelgänger-Geschichten, entweder echt oder Hochstapler.

»Bumm – die Seele ist aus seinen Augen verschwunden.«[29] Mit diesen Worten hat Jenny McCarthy die Wirkung einer Impfung auf ihren autistischen Sohn beschrieben. Sie war nicht die Erste, die so über ein behindertes Kind sprach.

»Hol deins und bring mir meins!«

Die Erweiterung der Autismus-Definition, die zu einer enormen Zunahme der Diagnosen führte, geht auf die englische Kinderpsychiaterin Lorna Wing zurück. Als sie Ende der 1950er Jahre mit ihrer Arbeit auf diesem Gebiet begann, hielt man Autismus für ein derart seltenes, extremes und kräftezehrendes Leiden, dass nur zwei bis vier von zehntausend Kindern diese Diagnose erhielten.[30] Das Syndrom wurde erstmals 1943 von dem Psychiater Leo Kanner beschrieben. Seiner Definition zufolge lebten autistische Kinder, obwohl »zweifellos mit guten kognitiven Fähigkeiten ausgestattet«, in ihrer eigenen Welt, vollzogen repetitive Bewegungsabläufe, entwickelten obsessive Beziehungen zu Objekten, besaßen oftmals begrenzte Sprachfähigkeiten und kamen schon mit der elementarsten Selbstfürsorge nur schwer zurecht.[31]

Für Wing war diese Definition zu eng, weil sie viele neuroatypische Kinder ausschloss, die ebenfalls Unterstützung brauchten. In ihrem Konzept war Autismus kein Bündel von Symptomen, sondern ein Spektrum, eine ganze Reihe individuell unterschiedlicher abweichender Verhaltensweisen, die auch bei Menschen mit sehr guten sprachlichen und körperlichen Kompetenzen anzutreffen sein konnten. Ihre Forschungen führten schließlich dazu, dass Autismus als »Spektrum-Störung« bezeichnet wurde.[32] Um ihre Argumentation zugunsten einer weiter gefassten Definition zu stützen, machte Wing auf die damals noch unbekannten Schriften eines österreichischen Kinderarztes namens Hans Asperger aufmerksam, der zur selben Zeit wie Kanner Forschungen auf dem Gebiet des Autismus betrieben hatte, aber in Wien, auch als Österreich unter der Naziherrschaft stand. Vor allem dank Wings Arbeit wurde das »Asperger-Syndrom« in den 1990er Jahren als Sonderform des »hochfunktionalen« Autismus ins *Diagnostic and Statistical Manual of Mental Disorders* der American Psychiatric Association aufgenommen, eine Unterscheidung, die später in Frage gestellt wurde.[33]

Neben ihrer klinischen Arbeit interessierte sich Wing, deren Tochter autistisch war, für die Darstellung autistischer Menschen in Volksmärchen, Religion und Literatur, lange bevor es medizinische Begriffe für die Störung gab. Sie spürte die frühesten Beschreibungen autistischer Menschen in irischen und keltischen Sagen und im »Mythos der Wechselbälger« auf, »die anstelle echter, von Feen gestohlener menschlicher Babys dagelassen wurden«.[34]

Interessanterweise sind Wechselbälger auch frühe Formen von Doppelgängern. Der Sage zufolge raubten Feen gesunde Säuglinge und Kleinkinder aus ihren Betten und versteckten sie im Feenreich. Dafür schoben sie den Eltern die magischen Wechselbälger unter, identische Doubles der entführten Kinder, nur mit körperlichen Deformationen oder »Trickster«-haften Verhaltensweisen; so wirkten sie etwa in sich gekehrt oder entrückt. Für Wing und ihren Co-Autor, den Autismus-Fürsprecher David Potter, stand fest, dass diese Sagen von Feen-Doppelgängern als Erklärung für eine Behinderung dienten: »In manchen Versionen dieser [Wechselbalg-] Mythen klingt die Beschreibung des schönen, aber seltsamen und unnahbaren Wechselbalgs sehr nach einem Kind mit Autismus.«[35] Versionen der Wechselbalg-Mythologie gibt es unter anderem in der deutschen, ägyptischen, skandinavischen und englischen Kultur.

In manchen dieser Geschichten ziehen Familien den Wechselbalg aus Furcht vor den Strafen der Feenwelt als ihr eigenes Kind auf. In anderen wird empfohlen, den Doppelgänger zu quälen – manchmal bis zum Tod –, um die Feen-Eltern dazu zu bringen, ihren Nachwuchs zurückzunehmen und das vermeintlich gestohlene Menschenkind herauszugeben.[36] Carl Haffter, ein Schweizer Psychiater und Professor an der Universität Basel, schildert in einem Aufsatz von 1968 en détail die in den Sagen beschriebenen Methoden, mit denen der Doppelgänger vertrieben werden soll:

> [Der Wechselbalg] musste neunmal mit Birkenzweigen geschlagen werden, bis er blutete, während die Eltern ausriefen: »Hol deins und bring mir meins!« Man sollte ihn über kochendes Wasser halten und damit drohen, ihn hineinzuwerfen. Der Ofen sollte mit neun verschiedenen Sorten Holz angeheizt werden, dann sollte das Kind auf die Schaufel gesetzt werden, als wollte man es ins Feuer schieben … Man sollte es mit Leder und glühend heißem Eisen füttern und ihm Gift zu trinken geben.[37]

Waren die Quälereien erfolgreich, so hieß es in den Geschichten, würde der Wechselbalg durch den Schornstein aus dem Haus getrieben und wieder ins Feenreich verschwinden. In einigen Geschichten bekamen die Eltern das »echte« Kind zurück; in anderen genügte es ihnen, den Doppelgänger loszuwerden.

Zu der Zeit, als man sich solche Geschichten erzählte, galten sie nicht als Fiktion; die meisten, darunter einige grausige Märchen der Gebrüder Grimm, erhoben den Anspruch auf Wahrheit. Überdies verstanden manche Eltern sie eindeutig als Handlungsanweisungen im Umgang mit behinderten oder auf andere Weise divergenten Kindern. D.L. Ashliman, ein führender Sagenforscher, der sich mit den Ursprüngen und Auswirkungen der Wechselbalg-Mythologie beschäftigt hat, schreibt, dass sie oftmals auf realen Ereignissen basierten – auf den sadistischen Methoden, mit denen Familien unter Anleitung anderer Mitglieder der Gemeinschaft Kindern mit Behinderungen zu Leibe rückten. »Es gibt hinreichende Belege dafür«, bemerkt er, »dass diese als Sagen daherkommenden Berichte die wahre Misshandlung als Wechselbälger verdächtigter Kinder weder falsch noch übertrieben darstellen.«[38]

Ashliman fährt fort: »Geschichten mit einem derart phantastischen Ende boten in einer von Geburtsfehlern und schwächenden Kinderkrankheiten geplagten Zeit Hoffnung, Wunscherfüllung und einen Fluchtweg.«[39] Bei der Lektüre dieser Berichte musste ich unwillkürlich an die Eltern denken, denen ich am Rand von Fußballplätzen oder im YMCA begegnet war. Die Geschichten, die sie mir als Erklärung für das plötzlich so seltsame Verhalten ihres Kindes erzählten, entsprechen fast genau denen vom Wechselbalg: Mein Kind war perfekt und normal, bis es durch ein Ereignis (die Impfung) in eine entstellte Doppelgänger-Version seiner selbst verwandelt wurde. Um noch einmal McCarthy zu zitieren: »Bumm – die Seele ist aus seinen Augen verschwunden.«

In seinem 2015 erschienenen Buch *Geniale Störung: Die geheime Geschichte des Autismus und warum wir Menschen brauchen, die anders denken* schreibt Steve Silberman: »Parallel zu den steigenden Fallzahlen tauchten im damals aufkommenden Internet Meldungen über Babys auf, die sich normal zu entwickeln schienen, bis sie routinemäßig … geimpft wurden … Eltern sprachen davon, ihre Kinder seien gleichsam gekidnappt worden, so als habe ein Dieb – im weißen Kittel eines Kinderarztes – sie nachts entführt.«[40]

Auch die Reaktionen mancher Eltern auf diesen angeblichen Kindertausch sind ein unheimliches Echo der Wechselbalg-Sagen. Nein, die heutigen Autism-Warrior-Eltern verbrühen ihre Kinder nicht mit kochendem Wasser, aber zu viele von ihnen misshandeln sie im Namen einer Heilung weiterhin auf vielfältige Weise. Und zweifellos rufen sie dabei metaphorisch, wenn auch nicht wortwörtlich, die alte Wechselbalg-Zauberformel: »Hol deins und bring mir meins!«

Das ist die verstörende Konsequenz bei vielen Eltern, die unter dem Einfluss von Betrügern diverser Couleur zu der Überzeugung gelangen, dass die Behinderung ihres Kindes nicht zu ihm gehört, sondern vielmehr wie eine äußere böse Kraft von ihm Besitz ergriffen hat. Wenn die Behinderung ein Eindringling ist, ein Outsider, ein Seelendieb, dann lässt sich wie bei einem Wechselbalg fast jede Grausamkeit der Eltern als Versuch rechtfertigen, den Eindringling auszutreiben und sich das normale, perfekte Leben zurückzuholen, das sie sich erträumt hatten. Wie die kaum unterdrückte Wut in Teilen der Wellness-Welt auf dicke und weniger vom Fitnesswahn befallene Menschen ist auch dies eine ausgesprochen gefährliche Haltung. Sie entfaltet ihre Wirkung im Innern der Familie und fügt wehrlosen Kindern körperlichen und geistigen Schaden zu. Und sie ist mit einer anderen Art von Doppelgängertum verbunden, das ganze Gesellschaften befällt, deren Stimmung und Charakter unter gewissen extremen Umständen plötzlich umschlagen kann. Wie es zum Beispiel in Wien geschehen ist.

Paläste für Kinder

In den Anfangsjahren der Naziherrschaft entwickelte eine Gruppe von Ärzten in Österreich großes Interesse an der Untersuchung von Kindern, die nicht der homogenen und suprematistischen Version der arischen »Volksgemeinschaft« entsprachen, die im Zentrum des suprematistischen Projekts stand. Darin lag eine schmerzliche Ironie, weil einige dieser Ärzte noch ein paar Jahre zuvor im sogenannten Roten Wien dazu beigetragen hatten, dass die Förderung der kindlichen Entwicklung unter progressiven Vorzeichen eine Blütezeit erlebte.

Am Ende des Ersten Weltkriegs befand sich Wien in einer verzweifelten Lage: Hunderttausende verarmter Flüchtlinge, viele von ihnen Juden, drängten sich unter unhygienischen Wohnverhältnissen zusammen, so dass Infektionskrankheiten um sich griffen; Kriegswaisen streiften auf den Straßen umher, während auf dem Schlachtfeld verstümmelte Kriegsveteranen einer düsteren Zukunft entgegenblickten. In diesem Klima wurde 1919 die Sozialdemokratische Arbeiterpartei Deutschösterreichs an die Regierung gewählt und verwandelte die Stadt bis zur Machtübernahme der Faschisten im Jahr 1934 in ein Laboratorium für eine sozialistische und humanistische Politik, einen Zufluchtsort für Kirchengegner und jüdische Intellektuelle in einem von konservativen katholischen Politikern dominierten Land.

Das Rote Wien führte radikal neue und inklusive Lebensformen ein und errichtete elegante Sozialwohnungsblocks mit viel natürlichem Licht und luftigen Höfen. Rund 200 000 Menschen aus der Arbeiterklasse – elf Prozent von Wiens damaliger Einwohnerschaft – erhielten eine Wohnung im Rahmen dieses Projekts, das auch heute noch als leuchtendes Vorbild für einen fortschrittlichen sozialen Wohnungsbau gilt.[41]

Tamara Kamatovic, eine in Wien lebende Expertin für diese Zeit, schreibt: »Die Wiener Sozialisten gehörten zu den Ersten in Europa, die umfassende Wohlfahrtsprogramme auflegten, mit denen auf systematische Weise die Kinderarmut gelindert und die Ungleichheit beseitigt werden sollte.« In vielen der neuen Wohngebäude gab es grundlegende Dienstleistungseinrichtungen wie zum Beispiel Müttergesundheitszentren, erläutert Kamatovic, so dass »Frauen in unmittelbarer Nähe ihres Wohnorts von Mitarbeitern des Gesundheitswesens Informationen über Säuglingskrankheiten und Säuglingsernährung bekommen konnten – einer von vielen mutigen Versuchen, das öffentliche Gesundheitswesen ins Alltagsleben von Arbeitern einzubinden«.[42]

Im Zentrum dieses demokratischen, sozialistischen Experiments stand die radikale neue Idee, dass Kinder nicht nur Anhängsel ihrer Eltern waren, dass ihre Zukunft nicht durch ihre Klassenzugehörigkeit vorherbestimmt war und dass Bildung und Erziehung nicht auf die Einübung von Gehorsam oder die Vorbereitung armer Kinder auf ein Leben in Knechtschaft abzielen sollten. Auf der Grundlage bahnbrechender neuer Erkenntnisse über das komplexe Innenleben von Kindern (dies war immerhin Freuds Heimatstadt) bekannten sich Wiener Politiker zu dem Gedanken, dass Kinder eigene Rechte hatten und dass die Aufgabe der Erziehung darin bestand, ihr volles Potenzial freizusetzen. Wie der sozialistische Bildungstheoretiker Otto Felix Kanitz 1925 schrieb: »Nicht mehr geknechtet, nicht mehr um die Freuden der Kindheit gebracht, nicht mehr von der Lüge, sie wären Almosenempfänger, bedroht, werden sie zu stolzen, freien, vollwertigen und schöpferischen Persönlichkeiten heranwachsen.«[43]

Im Roten Wien begann das schon bei der Geburt. Arme Mütter bekamen sogenannte Säuglingswäschepakete, damit sie ihre Neugeborenen nicht in Zeitungspapier einwickeln mussten. »Kein Wiener Kind darf auf Zeitungspapier geboren werden«, stand auf einem Plakat.[44] Im Gesundheitssektor, im Bildungsbereich und bei den Sozialdiensten wurden Heerscharen von Fürsorgerinnen eingestellt; prächtige Parks, Erholungs- und Ferienheime für die Arbeiterklasse und öffentliche Schwimmbäder entstanden; zahlreiche neue Kindergärten öffneten ihre Pforten, und es gab eine breite Palette außerschulischer Freizeitaktivitäten. Experimentelle neue Formen von Erlebnispädagogik und Kunsterziehung hielten Einzug in die Schulen, sehr zum Gespött von Konservativen, die behaupteten, die Kinder würden niemals lesen und schreiben lernen.

Sie irrten sich. Die Kinder im Roten Wien gediehen prächtig, und diese kindzentrierte Gesellschaft war in vieler Hinsicht ein europäischer Prototyp des New Deal, wenn auch mit deutlich egalitärerem Ziel. Viele der sozialen Wohlfahrtsprogramme wurden unter der Ägide des Mediziners und sozialistischen Politikers Julius Tandler eingeführt, der begriffen hatte, dass sich mit solchen Investitionen in junge Menschen eine spätere Kriminalisierung vermeiden ließ. Von ihm stammt der prägnante Satz: »Wer Kindern Paläste baut, reißt Kerkermauern nieder.«[45]

Es war nicht das Paradies. In jenen Jahren erlebte das eugenische Denken auf beiden Seiten des Atlantiks einen Aufschwung und stieß sowohl bei Progressiven als auch bei Konservativen auf offene Ohren. In etlichen Bundesstaaten der Vereinigten Staaten existierten bereits Programme zur zwangsweisen Sterilisierung der sogenannten Schwachsinnigen und anderer, die als Gefahr für den Genpool betrachtet wurden. Einige der führenden sozialistischen Politiker im Roten Wien, darunter auch der hochgeachtete Tandler, sahen wenig Platz für schwerbehinderte und psychisch beeinträchtigte Menschen und äußerten sich positiv über die US-amerikanischen Sterilisierungsprogramme, obwohl sie nie ein eigenes auflegten.

Stattdessen entschieden sich die Wiener Ärzte, Psychiater und Sozialarbeiter bei ihrem Versuch, die kindzentrierte Vision der Stadt in die Praxis umzusetzen, für einen aktivistischen und interventionistischen Ansatz im Umgang mit entwicklungsgestörten Kindern. Viele wurden in Rehabilitations- und Pflegeeinrichtungen unterschiedlicher Qualität untergebracht. Wie die Historikerin Edith Sheffer in *Aspergers Kinder: Die Geburt des Autismus im »Dritten Reich«* schreibt, war es eine Zeit der Experimente: »Wien hatte sich in einen Schmelztiegel für Ideen verwandelt, in dem eine Vielzahl von Pädagogen, Kinderärzten, Psychiatern und Psychoanalytikern in Schulen, Gerichten, Kliniken und einem wachsenden Sozialsystem unterschiedliche Theorien anwandte.«[46]

Das Aushängeschild der Wohlfahrtseinrichtungen für Kinder war die Heilpädagogische Abteilung der Wiener Universitäts-Kinderklinik. Dorthin wurden Kinder zur Beurteilung, Erziehung und Behandlung überwiesen, die zuvor vielleicht in gefängnisartigen Anstalten verwahrt worden wären oder die Peitsche der Disziplin zur Ausmerzung abweichender Verhaltensweisen zu spüren bekommen hätten. Dort trafen sie auf therapeutische Ansätze, die für die damalige Zeit ungemein fortschrittlich waren: eine Mixtur aus Musik, Kunst, Natur, Sport, Sprachtherapie und Spielen, neben den herkömmlichen schulischen Bildungsinhalten. Wie Silberman in *Geniale Störung* belegt, reagierten Psychiater aus den Vereinigten Staaten, die der Klinik einen Besuch abstatteten, mit Verblüffung auf das Fehlen jener strikt reglementierten Prüfungs- und Disziplinierungsmethoden, die in ihrer Heimat gang und gäbe waren.[47] Viele junge Menschen in der Klinik wiesen Eigenschaften auf, die die Ärzte als »autistisch« bezeichneten – vom griechischen *autos*, »selbst«, im Sinne von nach innen gerichtet –, und hatten Schwierigkeiten mit sozialen Normen. Die Wiener Klinik lehnte es jedoch jahrelang ab, diesen Kindern diagnostische Etiketten anzuheften oder sie auch nur als »anomal« einzustufen. Die Erzieher stellten fest, dass viele jener Wesenszüge, die soziale Probleme verursachten, in der Geschichte häufig aufgetreten waren; sie hatten sich in Archetypen wie dem hyperfokussierten Künstler oder dem zerstreuten Professor ausgedrückt und mussten folglich nicht als Krankheiten behandelt werden. Stattdessen betrachteten sie diese Verhaltensweisen im Einklang mit dem Ethos der kindzentrierten Politik des Roten Wien einfach als eine von vielen Formen des Menschseins und entwickelten maßgeschneiderte Förderungen für die Kinder in ihrer Obhut. Aber das sollte nicht so bleiben.

Hans Asperger entdeckt seine Schattenseite

Anfang der 1930er Jahre, als die Sozialdemokratische Arbeiterpartei in Wien schon seit über einem Jahrzehnt die Regierung stellte, gewannen faschistische Kräfte in den ländlichen Regionen Österreichs an Boden. 1933 ergriffen diese Kräfte schließlich die Macht und gingen sofort daran, konkurrierende politische Parteien wie auch Gewerkschaften zu verbieten. Viele leisteten Widerstand, um die Errungenschaften des Roten Wien zu verteidigen, aber nach einem kurzen Bürgerkrieg nahmen die Austrofaschisten die Stadt ein. Im Mai 1934 stand das gesamte Land unter der Kontrolle der Vaterländischen Front, und vier Jahre später erfolgte der »Anschluss« Österreichs an Nazideutschland. Das Rote Wien mit seinen fortschrittlichen Experimenten war Geschichte. Führende sozialistische Politiker, viele von ihnen jüdisch, flohen ins Exil. Manche von denen, die blieben, darunter der utopistische Theoretiker der befreiten Kindheit Otto Felix Kanitz, wurden später in den Todeslagern der Nazis ermordet.

Unter der Naziherrschaft wurde das Kind nun anders betrachtet: nicht mehr als komplexes Individuum mit Rechten, sondern als zentrales Element für den Aufbau einer Herrenrasse – ein Projekt, für das die Zeugung wünschenswerter arischer Babys gefördert und zugleich verhindert werden sollte, dass Babys und Kinder, in denen die Nazis eine Gefahr für die Reinheit des »Volkskörpers« sahen, geboren wurden oder am Leben blieben.

In Wien schafften die Nazis all die sozialistischen, auf Kinder und Familien ausgerichteten Programme und politischen Konzepte nicht einfach ab, sondern drehten sie um und verwandelten sie in deren finstere Doppelgänger. Programme, mit denen alle Mütter und Kinder unterstützt worden waren, darunter auch viele jüdische Flüchtlinge, wurden nun dafür genutzt, ausschließlich arische Mütter und Kinder zu unterstützen und zu betreuen – Bestandteil der zentralen Mission der Nazis, eine Herrenrasse aufzubauen. Kamatovic schreibt, dass »›Familienwohlfahrt‹ unter den Nazis in ein System rassisierter Wohlfahrt umgestaltet wurde«.[48] Programme, die im Roten Wien dazu gedacht gewesen waren, Kinder mit Verhaltensauffälligkeiten und Entwicklungsstörungen besser zu verstehen und zu unterstützen, wurden in Diagnosemaschinen verwandelt, mit denen Ärzte diejenigen, die als nützlich für das Naziprojekt erachtet wurden, von denjenigen trennten, die im Parteijargon »lebensunwert« waren.[49]

Lange bevor die Nazis begannen, Juden in den Todeslagern im industriellen Maßstab zu ermorden, probierten sie ihre Methoden an den behinderten Menschen in den Anstalten aus und verfeinerten sie. Im Rahmen des 1939 eingeleiteten Euthanasieprogramms »Aktion T4« wurden mehr als 200 000 behinderte Menschen ermordet. Einige starben in den ersten Gaskammern; viele weitere wurden wahrscheinlich durch Akte »wilder Euthanasie« von Mitarbeitern der Heil- und Pflegeanstalten getötet, gemäß dem Naziprinzip, dass die Pflege behinderter Menschen eine zu große finanzielle Belastung für ein Land darstelle, das sich im Krieg befinde. Die Leichen warf man in Massengräber oder äscherte sie ein. Den Angehörigen wurde meistens gesagt, ihre Verwandten seien einer Infektionskrankheit erlegen.

In Wien fanden fast achthundert Morde in der Kinderfachabteilung der bekannten Nervenklinik für Kinder Am Spiegelgrund statt, wo die Gräueltaten auch nach dem Tod weitergingen: Hunderte von Kindergehirnen wurden in Gefäßen mit Formaldehyd konserviert und für Experimente benutzt. Forschungen anhand von Präparaten mit den Überresten der Opfer wurden in der Klinik Am Spiegelgrund noch lange nach dem Krieg weitergeführt und erst in den 1980er Jahren eingestellt.

Einer derjenigen, die von der doppelgängerischen Zeitenwende in Österreich profitierten, war Hans Asperger. Der junge Arzt leitete die

Heilpädagogische Abteilung der berühmten Universitäts-Kinderklinik, in der so viele junge Menschen mit Autismus und anderen Entwicklungsstörungen behandelt worden waren. Er hatte in der idealistischen Blütezeit des Roten Wien Medizin studiert und arbeitete mit jüdischen Psychiatern wie Georg Frankl zusammen, deren fortschrittlichen theoretischen Ansätzen wir heute eine zentrale Bedeutung für das Verständnis der Neurodiversität beimessen – des Konzepts, dass Gehirne auf viele verschiedene Arten verschaltet sind und Differenz nicht mit Pathologie gleichzusetzen ist. Bis ein Jahr vor Österreichs Eingliederung ins Deutsche Reich hielt sich auch Asperger an diese Analyse, der zufolge es für seine jungen Patientinnen und Patienten mit autistischen Zügen keine einfache und klare Diagnosekategorie gab. »Es gibt viele andere Wege [zur Beurteilung der kindlichen Entwicklung], so viele als es verschiedene Persönlichkeiten gibt. Es ist unmöglich, von einem starren System aus Forderungen für die Diagnose … aufzustellen«, schrieb er 1937.[50] Schon Monate später hatten sich seine Ansichten grundlegend geändert, und er übernahm den eugenischen Diskurs der Nazis; nun schrieb er, dass es nötig sei, »die Weitergabe kranken Erbguts« zu vermeiden.[51] Kinder mit autistischen Zügen, die er zuvor nicht unter einer einheitlichen Diagnose hatte zusammenfassen wollen, stellte er nun als eine »wohl charakterisierte Gruppe von Kindern« dar, die er als »autistische Psychopathen« bezeichnete.[52]

Schon diese Diagnose selbst war von der Naziideologie eingefärbt, derzufolge der Wert jedes Individuums von seinem *Gemüt* bestimmt wurde, wie Sheffer darlegt – ein Begriff, der sich zur damaligen Zeit auf das Gefühl einer Person bezog, der »Volksgemeinschaft« anzugehören, dem vom NS-Staat organisierten und militarisierten arischen Kollektiv. Autisten, deren Blick nach innen gerichtet ist statt nach außen, denen es häufig schwerfällt, soziale Signale zu erkennen, und die oftmals weniger Wert auf soziale Anerkennung legen als andere, litten Asperger zufolge unter »Gemütsarmut«[53]; sie könnten nie ein brauchbarer Teil der »Volksgemeinschaft« werden. Die meisten, schrieb er, hätten nicht den geringsten gesellschaftlichen Wert: Sie würden sich später einmal »als komische Originale auf den Straßen« herumtreiben, »grotesk verwahrlost, laut mit sich selber redend, unbekümmert nach der Art der Autistischen die Leute anredend«.[54] Eine kleine Untergruppe jedoch, die er seine »kleinen Professoren« nannte, sei zu außergewöhnlichen Leistungen fähig.[55] 1941, als die Nazis noch immer fest im Sattel saßen, schrieb er: »[Wir] wissen … wie viele von unseren ehemaligen Kindern, auch von großen Sorgenkindern, ihren Platz im Beruf, in der Wehrmacht, in der Partei voll und ganz, nicht wenige an hervorragenden Stellen ausfüllen. Von da aus wissen wir, dass der Erfolg unserer Arbeit den Einsatz lohnt.«[56]

Während behinderte Menschen im Rahmen des Euthanasieprogramms bereits in Massen ermordet wurden, sagte er damit letztendlich, die meisten autistischen Menschen verdienten den Tod – aber die wenigen besonders begabten könnten von der Partei nutzbringend eingesetzt werden (vielleicht als Code-Knacker oder in anderen Bereichen des faschistischen Projekts, in denen ungewöhnliche Konzentrationsleistungen erforderlich waren). Neuere Forschungen haben ergeben, dass Asperger sogar zweijährige Kinder in die Klinik Am Spiegelgrund überstellte, wo sie umgebracht wurden.[57] Mit anderen Worten: Asperger war eine Schlüsselfigur in dem System, das entschied, wer am Leben bleiben durfte und wer ermordet werden sollte – ein Apparat, der bald zu einer Mordmaschinerie für Millionen von Menschen ausgebaut wurde, die dem arischen Ideal auf andere Weise nicht entsprachen.

Für Sheffer liegt damit ein Schatten auf der Diagnose des Asperger-Syndroms und vielleicht sogar auf der viel weiter gefassten Diagnose der Autismus-Spektrum-Störung, zu der Asperger so viel beigetragen hat. Nach diesen Schriften zu urteilen, hatte die Diagnose weniger mit Medizin als vielmehr mit faschistischem Gedankengut zu tun: Die Nazis forderten die Unterwerfung unter ein suprematistisches Gruppendenken, um die arische Rasse zu schaffen. Aspergers Behauptung, autistische Kinder seien pathologisch, weil ihnen die Fähigkeit zum *Gemüt* fehle, war keine medizinische, sondern eine hochgradig ideologische Aussage darüber, wie normales Verhalten aussehen sollte: Er bescheinigte ihnen buchstäblich ein Faschismus-Defizit. »Das Urteil darüber, ob der Charakter eines Kindes den vom Regime vorgegebenen Normen entsprach, oblag nationalsozialistischen Kinderpsychiatern wie Hans Asperger«, schreibt Sheffer.[58]

Indem er seine »kleinen Professoren« von ihren anderen autistischen Altersgenossen abgrenzte und behauptete, nur sie seien es wert, gerettet zu werden, schuf Asperger die umstrittene Unterscheidung zwischen »hochfunktionalem« und »niedrigfunktionalem« Autismus. Das ist sein Vermächtnis: Er hob eine kleine Gruppe neuroatypischer Kinder als angeblich allen anderen überlegen heraus, während er zugleich einem Apparat angehörte, der Kinder ohne diesen Wettbewerbsvorteil in den Tod schickte.

Aspergers irritierende Entwicklung zeigt, dass ein und dieselben Institutionen und Personen bei ihrem Umgang mit einer vulnerablen Gruppe binnen weniger Jahre von einem Ethos der Fürsorge und Neugier zu Gefühlskälte und genozidaler Säuberung umschwenken können. Als hätte man einen Schalter umgelegt.

Während ein Covid-Jahr aufs andere folgte und meine Doppelgängerin sowie die auch von ihr aufgehetzten Kräfte immer wieder Panikstimmung verbreiteten, dass wir Geimpfte unsere Seele verloren hätten wie diese Wechselbälger oder unreines Blut hätten, beschäftigte mich diese Form des Doppelgängertums in zunehmendem Maße: die Frage, auf welche Weise eine Gesellschaft in ihr faschistisches Double umschlägt. Wolf behauptet seit langem, jeder Tyrann vollzöge diese Veränderung in zehn Schritten. Ich glaube nicht, dass es auch nur annähernd so einfach ist, und es geht auch keineswegs bloß um den Tyrannen an der Spitze. Es geht ebenso um den Hunger und den Appetit der ganz normalen Leute auf solch erregende Überlegenheits- und Reinheitsgefühle. Obwohl der Doppelgänger-Archetyp über die Zeiten hinweg benutzt wurde, um die verschiedensten Themen zu verhandeln – Leben und Tod, Körper und Seele, Ich und Es, echtes und falsches Kind –, dient die Figur des Doppelgängers oder »bösen Zwillings« auch schon lange als Warnung vor noch etwas anderem: dem Schatten-Tyrannen, der in uns allen lebt und in jeder Nation auf der Lauer liegt.

Zugleich jenes und dieses

Auch zu diesem Aspekt hat Philip Roth wieder einiges zu bieten. Trotz aller oberflächlichen Lächerlichkeit geht es in *Operation Shylock* schlussendlich um diese weitreichenderen und weitaus ernsteren Formen der Verdopplung. Das Buch spielt im Jahr 1988 vor dem Hintergrund des realen Prozesses gegen John Demjanjuk, einen in der Ukraine geborenen Automechaniker aus Cleveland, Ohio, der festgenommen, nach Israel ausgeliefert und beschuldigt wurde, Iwan der Schreckliche zu sein, jener berüchtigte sadistische Wärter der Gaskammern in Treblinka, der es genossen hatte, maximales Leiden zu verursachen, als er Hunderte jüdischer Häftlinge auf einmal vergaste. Als ich das Buch las, ging mir allmählich auf, dass Roths scheinbar alberne Doppelgänger-Eulenspiegelei in Wahrheit nur ein Kunstgriff war, um uns in dieses weitaus wichtigere Gebiet zu führen.

Während also der echte und der falsche Roth ihre kleinkarierten Ego-Kämpfe ausfechten, sieht sich der Mann, der beschuldigt wird, Iwan der Schreckliche zu sein, in einem Jerusalemer Gerichtssaal mit einer Abfolge traumatisierter Holocaustüberlebender konfrontiert. Der echte Roth ist unter den Zuschauern und hört den Anklägern und Verteidigern zu. Demjanjuk, zu diesem Zeitpunkt schon Ende sechzig, beharrt darauf, dass es sich um eine schreckliche Verwechslung handle, dass sein Dienstausweis für das Todeslager von den Sowjets gefälscht worden sei. Er sei kein Monster, sondern ein frommer Familienmensch, ein liebevoller Vater und Großvater, ein großer Gärtner und eine Stütze seiner Vorort-Gemeinde. Der echte Roth beobachtet ihn im Zeugenstand und stellt sich seine Verteidigung vor: »In meinem Herzen bin ich mit euch wegen alldem, was ihr erlitten habt, doch der Ivan, den ihr wollt, war nie im Leben ein so schlichter und unschuldiger Kerl wie der gute alte Johnny, der Gärtner aus Cleveland, Ohio. … All diese Harmlosigkeit widerlegt tausendfach diese verrückten Anschuldigungen. Wie kann ich zugleich jenes und dies sein?«[59]

Für den Schriftsteller Philip Roth war Demjanjuks gewöhnliches häusliches Leben kein Alibi. Das Erschreckende war ja gerade, dass jemand zugleich jenes und dieses sein konnte – die monströse Mordmaschine und der liebevolle Familienvater. Die Doppelgänger existieren nebeneinander; sie löschen einander nicht aus. »Die Deutschen haben der ganzen Welt endgültig bewiesen«, bemerkt der echte Roth, »dass die Aufrechterhaltung zweier radikal divergenter Persönlichkeiten, einer sehr netten und einer nicht gar so netten, nicht länger allein das Vorrecht von Psychopathen ist.«[60]

Auch Asperger hatte zwei scheinbar divergente Persönlichkeiten – der Mann, der geduldig beobachtete und sensible, humane Porträts seiner faszinierenden »kleinen Professoren« zeichnete, um sich für ihr Lebensrecht einzusetzen, und der Mann, der ohne jede Gefühlsregung Verlegungsanordnungen für sprachlich nicht so begabte, nicht so auf konventionelle Weise bezaubernde Kinder unterschrieb. »Das janusköpfige Verhalten Aspergers«, so Sheffer, »offenbart auch den Charakter des Dritten Reichs«[61] – eines Systems, das im Namen der kollektiven Gesundheit und des kollektiven Wohlbefindens unfassbare Grausamkeiten beging.

Aspergers zwiespältiger Charakter spukt nun auch in der Autismus-Literatur herum: War er Jekyll oder Hyde? Retter oder Nazi? Licht oder Schatten? Die Wissenschaftler diskutieren weiterhin darüber, aber es besteht keine Notwendigkeit, sich zu entscheiden: Er kann zugleich jenes und dieses gewesen sein; die beiden Seiten stehen nicht im Konflikt miteinander. Die autistische Wissenschaftlerin Anna de Hooge schreibt über die beiden Gesichter von Asperger, dem Mann, dessen Name viele Menschen wie sie gebrandmarkt hat, bis das »Asperger-Syndrom« aus den diagnostischen Handbüchern gestrichen wurde: »Ich interessiere mich für die Ideologie, auf deren Grundlage er entschied, welche Kinder gerettet und welche zum Spiegelgrund geschickt werden sollten. Darüber hinaus interessiert es mich, in welcher Form diese Ideologie weiterlebt.«[62]

Das interessiert mich auch. Wenn ich abends durch die üblichen schlechten Nachrichten surfe, treffe ich auf immer mehr Menschen, die sich in einer erschreckenden Sprache über ihre guten Gene, ihr starkes Immunsystem, ihr »reines Blut« und ihre perfekten Kinder auslassen, um zu begründen, warum sie so einfache Dinge wie das Tragen einer Maske ablehnen, obwohl sie damit Menschen schützen würden, die nicht ganz so stark und perfekt sind, wie sie selbst sich sehen. Meist ohne es zu wissen, sind sie die Erben jener barbarischen Traditionen, die früher einmal die Welt von Kindern wie meinem zu befreien versuchten. Wenn enthusiastische Influencer ihrer Fettphobie freien Lauf lassen und Gift und Galle gegen Leute spucken, die sich erdreisten, sie zu bitten, über die Auswirkungen ihrer Äußerungen auf andere nachzudenken, klingt darin eine zutiefst suprematistische Logik an, die bestimmen will, welches Leben wertvoll und welches entbehrlich ist. Diese Logik wird von Eltern gestützt, die Angst haben, ihr Kind könne sich zu einem von den Nazis als lebensunwert deklarierten Geschöpf entwickeln, wenn sie ihm die Impfstoffe verabreichen, mit denen Viruskrankheiten wie die Masern für Generationen eingedämmt werden konnten.

Aus dieser Ecke kommen die heutigen Impfgegner. Doch in ihrer gepipikten Spiegelwelt scheinen viele von ihnen felsenfest überzeugt zu sein, dass sie es sind, die gezwungen werden, das heutige Pendant des gelben Sterns zu tragen, und dass sie schon auf dem Weg in die Konzentrationslager sind.

Spiegelt er?

Ich weiß nicht, ob meine Erfahrungen in der Community von Eltern autistischer Kinder repräsentativ sind – nach einer Reihe zufälliger Begegnungen am Rand von Sportplätzen und in den Wartezimmern diverser Therapeuten habe ich die Flucht ergriffen. Ich kann aber bestätigen, dass die Impfstoff-Falschinformationsindustrie echtes Leiden ausnutzt. Familien mit entwicklungsgestörten Kindern leben in derselben Welt wie wir alle – in einer Welt, die sehr großzügig mit Diagnosen und furchtbar knauserig mit echter Hilfe ist. Einer Welt, in der man wegen der Behauptung, die Errichtung von Palästen für arme Kinder sei gleichbedeutend mit dem Niederreißen von Kerkermauern, verlässlich mit lautem Gelächter aus jedem Raum voller selbst ernannter ernsthafter Menschen gejagt würde. Sich um ein Kind mit schweren Behinderungen zu kümmern, kann trotz einer »guten« Krankenversicherung leicht zum Bankrott führen. Und selbst dort, wo die Behindertengerechtigkeitsbewegung dafür gesorgt hat, dass Kinder im Schulalter umfassend gefördert werden, versiegen viele dieser Programme, sobald aus den Kindern junge Erwachsene werden.

Selbst an jenen Schulen, die ihre Anstrengungen in dieser Hinsicht verstärken mussten – Schulen, die sich mehrheitlich in eher weißen und reichen Stadtteilen befinden, wo Eltern es sich leisten können, vor Gericht zu ziehen –, ist die Angewandte Verhaltensanalyse noch immer die vorherrschende Unterrichtsmethode, in der Praxis oftmals ein System von Zuckerbrot und Peitsche, nicht viel anders als beim Hundetraining. In New Jersey war ich anfangs begeistert gewesen, dass verhaltensatypische Kinder in der Schule nicht einfach links liegen gelassen wurden; doch meine Euphorie ließ bald nach, und ich hatte oft das Gefühl, dass es bei der Auslagerung der atypischen Kinder in Sonderklassen, wo sie mit ABA-Training bombardiert wurden, weniger darum ging, ihren Bedürfnissen gerecht zu werden, sondern vielmehr darum, bei der endlosen Abfolge von Tests eindrucksvolle Ergebnisse zu erzielen. Diese Tests bildeten die Grundlage für die Einstufung der Schulen, die sich auf die Immobilienwerte in der Umgebung auswirkte, von denen wiederum die Grundsteuern abhingen, mit denen die Schulen finanziert wurden. Und vom Beginn des Diagnoseprozesses an werden die Kinder in ein Raster von Normalität und Abweichung einsortiert.

»Spielt er auf die richtige Weise mit seinen Spielsachen?«, wollte der erste Arzt wissen.

Auf die richtige Weise? Nun, wer kann sagen, dass es richtiger ist, mit Spielzeugautos Rennen zu fahren, als sie an der Wand zu einer abstrakten Skulptur aufzustapeln? Ich nicht.

»Spiegelt er?«, fragte eine Therapeutin, die zu uns nach Hause kam.

»Was heißt spiegeln?«, fragte ich zurück.

»Ahmt er nach, was Sie machen, wie bei ›Alle Vögel fliegen hoch‹?«

Oh. Darauf hatte ich noch nie geachtet. Aber es warf eine andere Frage auf: Wollte ich, dass er spiegelte? Und wenn ja, wen? Mich? Andere Kinder? Zeichentrickfiguren? Hat der Reflex, etwas zu kopieren, was jeder macht, nicht dazu beigetragen, dass wir nun in diesem Schlamassel stecken? Klar, es würde das Leben einfacher machen. Aber ist es so schlimm, wenn unter den Kindern auch ein paar sind, die auf ihre eigene innere Musik hören?

Brauchen wir wirklich noch mehr Spiegel? Wie wär's mal mit ein paar Toren, durch die wir an einen neuen Ort gelangen können?

Die Erfahrungen meiner Familie mit Behinderung bestanden so oft aus Konflikten mit Denkweisen, die etwas benennen, heilen und kontrollieren wollen. Aber wie immer gibt es auch andere Denkweisen, wie wir zu unserer Überraschung feststellten, als wir auf die Felsklippe zogen. In Wahrheit sind wir deshalb dortgeblieben. Anfangs war ich sicher, dass es eine Katastrophe geben würde, wenn wir T. in eine Regelschule auf dem Land schickten, ohne die beeindruckende Unterstützung, die wir in New Jersey genossen hatten. Wie sich herausstellte, war es die beste Erfahrung seines jungen Lebens, und zwar aus einem einfachen Grund: Es gibt dort sehr wenig Druck, sehr wenige Messungen oder Tests.

Es gibt auch keine spezialisierten Autismus-Therapeuten, aber wenn mein Sohn gestresst ist, geht er mit einer liebevollen Schulbegleiterin im Wald spazieren, und sie sprechen über Themen, die mal von ihm und mal von ihr kommen, damit er sich an den Meinungsaustausch in einer Welt mit anderen Menschen gewöhnt. Seine unglaublich kreative Lehrerin nimmt sich irgendwie die Zeit, um sein Interesse am jeweils neuesten Raubtier in den Unterricht einzubauen. T. versichert mir, dass er von niemandem gemobbt wird. Das könnte und wird sich wahrscheinlich auch ändern. Ich habe Leute kennengelernt, die hier nicht so glücklich waren. Aber im Augenblick wird ihm in dieser Gemeinschaft mit mehr als dem üblichen Anteil an Aussteigern und Eigenbrötlern (in der auch, klar, einige seltsame politische Ansichten die Runde machen) fast so etwas wie das zuteil, was alle Kinder verdienen: Akzeptanz.

Der Ausweg

Nicht lange nach Avis Wahlkampfsommer stand ich im Drugstore an, um ein Rezept einzulösen, als eine junge Frau von vielleicht achtzehn Jahren ein Gespräch über die Vorteile von Stoffmasken gegenüber Wegwerfmasken anfing.

»Ich hasse die blauen Masken«, sagte sie. »Die machen viel zu viel Müll.«

»Lass sie in Ruhe«, sagte die Frau (Mutter? Großmutter?), die bei ihr war. Sie packte das Mädchen am Arm und zog es weg. »Sie« – also ich – »will nicht mit dir reden.«

Ich weiß nicht, welches Etikett ein Arzt diesem jungen Menschen angeheftet hat, aber ich vermute, es unterschied sich nicht sehr von dem, das meinem Sohn angeheftet wurde.

»Nein, nein, ich unterhalte mich gern«, sagte ich. »Was soll ich denn sonst hier tun? Ich warte ja bloß.«

Und so redeten wir miteinander. Über die Vorzüge von Stoffmasken (weicher, hübscher, besser für die Umwelt). Darüber, wie viele Geschwister ich habe (einen Bruder und eine Schwester). Darüber, wie alt ich bin. Und dabei sah ich, wie ihre Begleiterin sich merklich entspannte und ihre Zurückhaltung aufgab.

Ich hatte mehrere solcher Erlebnisse, für gewöhnlich, während ich irgendwo Schlange stand, und sie nehmen immer denselben Verlauf: Zuerst kommt die Freundlichkeit der neuroatypischen Person, die meine kleine Isolationsblase (in der Regel mit Kopfhörern) durchstößt, dann die Scham und Panik des Eltern- oder Großelternteils, und schließlich die Erleichterung, von diesen schmerzlichen Gefühlen in Bezug auf jemanden entlastet zu werden, den sie lieben, und einen sicheren kleinen Hafen in einem unaufhörlichen Sturm gefunden zu haben.

Das kann ich ziemlich gut nachempfinden. Ich war noch ein Teenager, als meine Mutter einen schweren Schlaganfall erlitt und viele ihrer physischen wie auch einige ihrer kognitiven Fähigkeiten unwiederbringlich verlor. Als jemand, der ihr nahestand und sich um sie kümmerte, bekam ich einen Crashkurs über den Mangel an Sensibilität in unserer Welt und lernte, die angewiderten, ungeduldigen Blicke von Leuten zu lesen, die offensichtlich fanden, dass Behinderung versteckt werden sollte. Trotzdem schämte ich mich und war nicht immer imstande zu erkennen, wie schön es ist, dass menschliche Gehirne und Körper auf so viele verschiedene Arten der Welt begegnen und mit ihr interagieren können.

Der Wendepunkt kam, als T. in der Vorschule war und ich beobachtete, wie er sich mit einem simplen Spielgerüst auf dem Gelände unserer örtlichen Schule abmühte. Ein Mädchen aus seiner Klasse tauchte auf und begann, wie eine professionelle Turnerin zu springen und zu schwingen; ihre langen Haare streiften den staubigen Boden, während sie kopfüber dahing. Wie mochte es sein, fragte ich mich, ein derart talentiertes – und obendrein auch noch so süßes – Kind zu haben? Sie hielt inne und versuchte, T. dabei zu helfen, sich an dem Klettergerüst entlangzuhangeln. Ich habe eine Schwäche für selbstbewusste Mädchen, die sich Zeit für meinen Sohn nehmen.

Kurz darauf tauchte ihr Vater auf, und ich machte ihm Komplimente über seine begabte Tochter und ihre Freundlichkeit im Umgang mit einem anders tickenden Kind. Das löste einen geradezu manischen Schwall von Prahlereien aus, und ich erfuhr in rascher Folge, dass seine Fünfjährige neben ihren offenkundigen Fähigkeiten als Turnerin auch komplette Monologe aus *Romeo und Julia* aufsagen konnte, an Schachturnieren teilnahm, mit Begeisterung Geige spielte und noch nie, aber wirklich nie etwas gegessen hatte, was Kristallzucker enthielt.

Ich konnte es nicht mehr hören. Die Perfektions-Olympiade, bei der sich dieses Vater-Tochter-Duo offensichtlich hervorragend schlug, schien mir ein schrecklich trauriges Attentat auf die Kindheit zu sein. Diese Kleine war ohnehin schon brillant – sie brauchte nicht noch zu einer Trophäe aufpoliert zu werden. Aber wenn ich ehrlich war, konnte ich ihren Vater auch verstehen: Hätte ich ein Kind, das sich mit solcher Leichtigkeit in der Welt zurechtfände, könnte auch ich kaum der Versuchung widerstehen, durch dieses Kind zu leben und alles einzuheimsen, was unsere brutale Wirtschaftsordnung den wenigen zu bieten hat, die es in ihren Augen verdienen. In diesem Moment erkannte ich, was für ein Geschenk es war, ein Kind zu haben, das wegen seiner angeborenen Unterschiede zu anderen Kindern bei diesem Rennen niemals mithalten könnte. Damals stand T. schon auf seinem eigenen Spielfeld und machte seine eigenen Regeln – coole Regeln, die ihn vielleicht an sehr interessante Orte führen werden, wenn er älter ist –, die jedoch nur er allein dekodieren konnte.

Ich sah T. zu, wie er vergnügt, wenn auch unbeholfen die Plastikrutsche heruntersauste, und dankte ihm stumm dafür, dass er uns beiden diesen Ausweg bot.

Geheimnisse und Schatten

Es ist mir nicht leichtgefallen, auch nur diese wenigen Dinge über T. zu erzählen, dieses wunderbare Geschöpf, das ohne den schützenden Panzer geboren wurde, den so viele von uns für selbstverständlich halten. Ich hoffe, wenn er älter ist, wird er mir zustimmen, dass es in Ordnung war, um ein wenig Licht in die dunkleren Winkel der Welt der Autismuseltern zu werfen. Ich habe auch lange überlegt, ob ich diese Geschichte mit dem stolzen Vater erzählen sollte, in der er sich vielleicht auf schmerzliche Weise wiedererkennt. Verdient er das, obwohl er sich womöglich nur ein bisschen zu sehr bemüht hat, eine neue Bekannte zu beeindrucken? Vielleicht nicht. Trotzdem lohnt es sich, über seine Haltung nachzudenken, finde ich, denn anders als bei so vielem, was ich sonst geschrieben habe, geht es dabei nicht um die aberwitzigen Vorgänge in der Spiegelwelt. Es geht darum, was in Kreisen passiert, die sich etwas auf ihre Vernunft und ihren Humanismus zugutehalten und sich damit brüsten, auf die Wissenschaft zu hören und etwas für die weniger Glücklichen zu tun – Kreise, die sich dadurch definieren, dass sie nicht so sind wie *die.*

Es sind wohlhabende liberale Eltern, die die Kindheit in ein Leistungswettrüsten verwandelt haben, bei dem die Aufnahme an einer Eliteuniversität nur die erste von vielen Ziellinien ist, aber eine so wichtige, dass ihre Kinder dazu gedrängt werden, ihre intimsten Traumata in Geschichten vom Triumph über eine Tragödie zu verwandeln (während die reichsten Familien sich diesen Zugang durch Bestechung und Betrug verschaffen, wie wir alle aus noch nicht lange zurückliegenden Skandalen gelernt haben). Mich quält auch der Gedanke, dass sich Angehörige dieser Schicht liberaler Eltern in ein paar Jahren einreden werden, ein paar kleine Eingriffe ins Erbgut menschlicher Embryonen zwecks Steigerung des IQs, der sportlichen Leistungsfähigkeit oder der Körpergröße ihres künftigen Kindes seien nicht nur ihr Vorrecht, sondern auch ihre Pflicht.

Die Welt gerät außer Kontrolle, werden sie sich sagen. *Da verdienen meine Kinder natürlich einen Wettbewerbsvorteil.* Oder wie Bill McKibben neulich zu mir sagte: »Statt sich darüber Gedanken zu machen, wie wir eine Welt erschaffen können, in der jeder wachsen und gedeihen kann, möchten sie, dass ihre Kinder in einer Welt wachsen und gedeihen, die in die Binsen geht.«

Das stört mich am meisten an diesem Rennen um Perfektion in den miteinander verwobenen Welten von Wellness und Kindererziehung: die allgegenwärtige strukturelle Nichtwellness, vor der die Hypergesunden und unaufhörlich nach Perfektion Strebenden so offenkundig fliehen. Die Nichtwellness überall um uns herum. Vermutlich geht es bei all den Spiegelungen und Verdopplungen, die wir sehen, großenteils darum, vor welchen für uns unerträglichen Dingen – in unserer Mitte, in unserer Vergangenheit und in der turbulenten Zukunft, die auf uns zurast – wir die Augen verschließen. Es gibt viele Möglichkeiten, vor unseren Schatten zu fliehen. Das Abtauchen in Verschwörungswelten ist eine davon. Doch meine Vermessung des Geländes führte mich als Nächstes unweigerlich zur Konfrontation mit solchen Schatten.

TEIL DREI

Schattenzonen

(Partitionierung)

Wir hissten viele Fahnen,
sie hissten viele Fahnen.
Damit wir denken, dass sie fröhlich sind.
Damit sie denken, dass wir fröhlich sind.
Jehuda Amichai, »*Jerusalem*«

»Es muss jetzt wehtun«, sagte Amy.
»Alles was tot ist und wieder zum Leben erwacht, tut weh.«
Toni Morrison, *Menschenkind*

11

Ruhe, Verschwörung … Kapitalismus

Es war das Jahr 2007, ich befand mich mit der *Schock-Strategie* auf Lesereise, und die Station an diesem Tag war Portland, Oregon. Die freundliche, grauhaarige Organisatorin, die mich am Flughafen abholte, zitterte vor Anspannung. Sie erklärte mir, dass es in der Stadt eine sehr aktive »Truther«-Gruppe gebe und dass sie von einem Plan erfahren habe, meine Veranstaltung an diesem Abend zu stören.

Und sie schafften es tatsächlich. Mitten in meiner Lesung in der örtlichen Kirche entrollten zwei Typen in Kapuzenjacken auf der Empore ein Transparent mit der Aufschrift: 9/11 WAS AN INSIDE JOB. Die US-Regierung habe von den Anschlägen gewusst, sie aber nicht verhindert, oder sei sogar selbst daran beteiligt gewesen.

Die Truther-Szene florierte in jenen Jahren, und von einigen Linken wurde sie toleriert oder sogar umworben. Angespornt durch den rasch viral gehenden Low-Budget-Dokumentarfilm *Loose Change*, den seinerzeitigen *Plandemie*, bestand die Strategie der Bewegung in erster Linie darin, prominente Kritiker der Bush-Regierung zu dem »Eingeständnis« zu zwingen, genau gewusst zu haben, dass Dick Cheney und George W. Bush sich verschworen hatten, die Zwillingstürme in die Luft zu jagen und es wie einen Terroranschlag aussehen zu lassen. Bei vielen meiner Lesungen rissen sie die Diskussion an sich. Meinem Freund Jeremy Scahill erging es genauso, als sein Buch *Blackwater. Der Aufstieg der mächtigsten Privatarmee der Welt* herauskam.

Etliche solche Vorfälle über all die Jahre brachten mich zu dem Schluss, dass die Grenze zwischen haltlosen Verschwörungsbehauptungen und zuverlässiger investigativer Recherche keineswegs so unverrückbar und stabil ist, wie wir gern glauben. Es gibt Leute, die investigative journalistische Recherchen, faktengestützte Analysen und faktenfreie Verschwörungstheorien konsumieren, alles miteinander vermischen und zu ganz eigenen Schlussfolgerungen gelangen.

Für jemanden, der gewissenhaft recherchiert, sind die Unterschiede zwischen diesen Genres eklatant. Verantwortungsbewusste Investigativjournalisten halten sich an gemeinsame Standards: Sie ziehen zwei oder drei Quellen heran, überprüfen geleakte Dokumente, zitieren Studien, die von Fachleuten geprüft sind, geben Unsicherheit offen zu und legen anerkannten Experten Textpassagen vor, um sicherzustellen, dass Fachbegriffe und Forschungsmethoden korrekt verstanden wurden. Sie machen vor der Veröffentlichung einen Faktencheck und übergeben den Text dann einem Anwalt (oder im Fall meiner Bücher mehreren Anwälten in verschiedenen Ländern). Es ist ein langwieriges und kostspieliges Verfahren, aber die einzige Möglichkeit, um dem nahe zu kommen, was wir einmal als Wahrheitsbeweis betrachtet haben.

Verschwörungsinfluencer betreiben das, was ich für einen Doppelgänger des investigativen Journalismus halte. Sie imitieren viele seiner stilistischen Konventionen, setzen sich aber gleichzeitig über Grundregeln der journalistischen Genauigkeit hinweg. Wolf beherrscht diese Technik perfekt: Immer wieder behauptet sie, einen unumstößlichen Beweis oder einen absoluten Knüller in Händen zu haben. Sie nimmt Bezug auf Zehntausende Seiten wissenschaftlicher Dokumente und auf Metadaten, die niemand daraufhin überprüft, ob sie auch wirklich das aussagen, was Wolf behauptet (in der Regel, dass durch Covid-Impfstoffe ein »Genozid« stattgefunden habe – und nein, die von ihr zitierten Dokumente, die ich mir angesehen habe, belegen diese These natürlich nicht).

Wie das Häufchen professioneller Klimaleugner, die behaupten, sie könnten die erdrückenden wissenschaftlichen Beweise für die Erwärmung unseres Planeten mit aus dem Kontext gerissenen Klimadiagrammen, veralteten Daten und einer Flut komplizierter wissenschaftlicher Begriffe »widerlegen«, verfährt auch Wolf nach einer Methode, die man gepipikte Wissenschaftlichkeit nennen könnte. Sie spickt ihre Kommentare mit medizinischer Terminologie, die sie hemmungslos missbraucht, und rattert so schnell und unverständlich etwas über »Lipid-Nanopartikel«, »Spikeproteine« und die »Blut-Hirn-Schranke« herunter, dass selbst Steve Bannon sie anflehen muss: »Langsamer! Langsamer!«

Wenn man an allen Ecken und Enden einem solchen Diskurs ausgesetzt ist, glaubt man am Ende gar nichts mehr. Der brasilianische Philosophieprofessor Rodrigo Nunes spricht von Denialismus, von einer grundsätzlichen Leugnungshaltung. Wie alles andere in dieser verkehrten Welt der Spiegelbildlichkeit spielt auch diese Haltung den Rechten in die Hände und schwächt die Linke, weil sie, wie Nunes schreibt, »die realen Bedrohungen, die sich am Horizont abzeichnen, durch verzerrte Spiegelkabinett-Versionen ihrer selbst ersetzt. Das Problem der Demokratie besteht aus dieser Perspektive nicht darin, dass politische Eliten den Interessen von Unternehmen und Finanzmärkten verpflichtet sind, sondern dass eine geheim operierende Clique von Pädophilen eine Weltregierung installieren will«. Und »das Problem der Umwelt ist nicht der Klimawandel, sondern die Instrumentalisierung der Wissenschaft durch eine politische Agenda, die unseren Lebensstil verändern und Wachstum verhindern will«.[1] Dem können wir jetzt hinzufügen, dass das Problem bei Covid aus dieser Sicht keine hochansteckende Krankheit war, die profitorientierte Pharmakonzerne und ausgehöhlte Staaten nur halbherzig bekämpften, sondern eine App, die uns zu Sklaven machen wollte.

Das ist gewiss der Grund, warum die von einer wechselnden Milliardärsriege finanzierten Bannons dieser Welt Verschwörungstheorien lieben, ob sie nun persönlich daran glauben oder nicht. Verschwörungstheorien lenken die Aufmerksamkeit zuverlässig von den Skandalen ab, die wir kennen und die sorgfältig belegt sind, und richten sie auf etwas Brisanteres, für das der Beweis zum Greifen nahe scheint (Die Wahl wurde tatsächlich gestohlen! Die Impfstoffe töten tatsächlich Babys! Und Ärzte!), aber dann doch nie erbracht wird.

Seit der durch Covid-19 verursachten globalen Gesundheitskrise haben wir von zahlreichen Unternehmen erfahren, die aus dem Virus Profit schlugen, und von politischen Führern, die mit zynischen Schachzügen unter dem Deckmantel des Notstands unsere überlebensnotwendigen öffentlichen Dienstleistungen verhökerten. Billionen wurden ausgegeben, um die Märkte zu stützen und multinationale Konzerne zu retten, nur damit anschließend Arbeitskräfte in Scharen entlassen wurden; Milliardäre konnten ihren Reichtum rasend schnell vermehren, während sie die Verbraucher abzockten und die Lebenshaltungskosten drastisch in die Höhe trieben. All dies hätte – auch ohne phantasievolle Ausschmückungen – ausgereicht, um einen demokratischen Volksaufstand zu rechtfertigen (dasselbe gilt für die illegale Irak-Invasion mit Hunderttausenden Toten, ohne dass man »Inside Jobs« hätte bemühen müssen). Man hätte nicht von »Apartheid« gegenüber Ungeimpften schwadronieren müssen, während es in Wahrheit eine Impfstoff-Apartheid zwischen reichen und armen Ländern gab; oder Phantasiegeschichten über Covid-»Internierungslager« zu erfinden brauchen, während man zusah, wie das Virus in Gefängnissen, Fleischverarbeitungsbetrieben und Amazon-Lagerhallen wütete, als wäre das Leben der Menschen in diesen Einrichtungen nichts wert. In einer gerechten Welt hätten wir über diese realen und erwiesenen Skandale rund um die Uhr gesprochen. Die meisten von uns taten das nicht, auch deshalb, weil wir angesichts des gewaltigen Fallouts all der Verschwörungserzählungen kaum noch Zeit dafür fanden.

Ruhe als Widerstand gegen Schocks

»Mustererkennung« – so beschreibe ich oft meine Arbeit. Ich erinnere mich noch an den Moment, als es »klick« machte: den Moment, in dem ich erkannte, dass es einen Zusammenhang gibt zwischen der zunehmenden Prekarisierung von Arbeit, der Unternehmenskonsolidierung in Schlüsselindustrien und den exponentiell steigenden Marketingbudgets, von denen die hohlen Unternehmensstrukturen der ersten Lifestyle-Marken gekennzeichnet waren. Es handelt sich nicht um einen Masterplan, den eine verschwörerische Clique ausgeheckt hatte, sondern um etwas Fließendes, ein Muster, das scheinbar disparate Trends zu einer in sich stimmigen Geschichte über eine neue Ausprägung des Kapitalismus verwob. Das war der Moment, als ich beschloss, *No Logo* zu schreiben, und das Gefühl war so stark, dass ich mich noch mehr als fünfundzwanzig Jahre später daran erinnere, wo ich saß und was ich tat, als die Puzzleteile plötzlich ein Muster ergaben (auf dem Boden; und ich sprach am Festnetztelefon mit einem Journalistik-Studenten).

Die Schock-Strategie schrieb ich in der Hoffnung, eine ähnliche Orientierung zu vermitteln. Es waren die Jahre nach den Anschlägen vom 11. September, als die politischen Signale durcheinandergerieten und das Selbstvertrauen vieler meiner Freunde und Kollegen erschüttert wurde. Und ich war erneut einer Geschichte von Zusammenhängen auf der Spur: diesmal den Zusammenhängen zwischen dem Schockmoment nach den Terroranschlägen und der Nutzbarmachung anderer Schocks im Verlauf der letzten fünfzig Jahren für eine Politik, die andere Länder und Völker ihrer Rechte, ihrer Ruhe und ihrer gemeinsamen Ressourcen beraubte.

In der Sturzflut unverbundener Fakten, aus denen unsere »Feeds« bestehen, ist die Rolle der recherchierenden Analytikerin klar: Sie muss versuchen, einen Sinn, eine Ordnung der Ereignisse zu schaffen und Landkarten der Macht zu zeichnen. Die für mich als Autorin bedeutsamste Reaktion kam von John Berger, dem wunderbarsten aller literarischen Kartographen, als ich ihm die Druckfahnen der *Schock-Strategie* schickte. Viele sagten, das Buch mache einen wütend, er aber meinte, das Buch »erzeugt Gelassenheit und lässt einen zur Ruhe kommen«. Wenn Menschen und Gesellschaften in einen Schockzustand gerieten, verlören sie ihre Identität und ihren Halt, schrieb Berger. »Daher ist Ruhe eine Form des Widerstands.«[2]

Ich denke oft über diese Worte nach. Ruhe ist kein Ersatz für Wut und Empörung über Ungerechtigkeit, die starke Triebkräfte für notwendige Veränderungen sind. Aber Ruhe ist die Voraussetzung dafür, den Blick schärfen und Prioritäten setzen zu können. Während ein Schock zu Identitätsverlust führt, ist Ruhe der Zustand, in dem wir zu uns selbst zurückkehren. Berger half mir zu erkennen, dass ich schreibe, weil ich nach Ruhe suche: um das Chaos in meinem Umfeld, in meinem Kopf und – wie ich hoffe – auch im Kopf meiner Leserschaft zu bändigen. Die Informationen sind fast immer verstörend und für viele schockierend – doch meiner Ansicht nach sollte das Ziel niemals sein, die Leserschaft in einen Schockzustand zu versetzen, sondern aus einem Schockzustand herauszuholen.

Nachdem ich mich über einen so langen Zeitraum hinweg in die Worte und Taten meiner Doppelgängerin vertieft habe, fällt mir auf, dass ihr Ziel offenkundig ein ganz anderes ist. Wolf beschreibt ihren psychischen Zustand regelmäßig mit dem Wort »Entsetzen«. Ihre Recherchen über Covid-Impfstoffe sind »auf schockierende Weise schockierend«, so Wolf, und die öffentlichen Gesundheitsmaßnahmen, die sie bekämpfen will, sind nicht falsch oder gefährlich, sondern »jagen einem schreckliche Angst ein«.[3]

»Ich möchte nicht übertreiben«, sagte sie zu Steve Bannon in einem Gespräch über Mitarbeitende der Gesundheitsbehörden, die den Leuten Basisinformationen zu den Impfungen vor die Haustür legten. Und prophezeite dann: »Sie nehmen dir dein Kind weg, wenn du es nicht impfen lässt, das ist der nächste Schritt. Oder sie bringen dich in ein Quarantänelager, wenn du keinen Impfpass vorzeigen kannst. Ich meine, das klingt vielleicht ein kleines bisschen … besorgt oder übertrieben …«[4] Ganz recht. So klingt es immer. Und das soll es auch. Der Effekt der Verschwörungskultur ist das Gegenteil von Ruhe; sie zielt darauf ab, Panik zu verbreiten.

Die Verschwörung ist … der Kapitalismus

Und hier werden die Dinge komplizierter, wie immer im Reich der Doppelgänger. Wenn radikale und establishmentkritische Autoren und Wissenschaftler die Entstehung und Erhaltung der Machtstrukturen unserer Welt und die nachweislich zum Schutz dieser Strukturen durchgeführten verdeckten Operationen zu analysieren versuchen, werden sie in der Regel als Verschwörungstheoretiker abgetan. Tatsächlich ist dies eine altbekannte Taktik, um Ideen zu unterdrücken und zu marginalisieren, die für all jene unbequem sind, die wirtschaftliche und politische Macht ausüben oder sich von konzernkritischen, antikapitalistischen oder antirassistischen Analysen persönlich angegriffen fühlen, weil sie mitverantwortlich gemacht werden. Jeder ernsthafte linke Analytiker der Macht seit Marx war mit dieser Verleumdung konfrontiert.

Um der Spirale der Falschinformationen über Covid entgegenzuwirken, griffen viele etablierte Institutionen auf diese Taktik zurück. Die Europäische Kommission veröffentlichte beispielsweise einen Leitfaden, in dem Verschwörungstheorien als »die Überzeugung« definiert werden, »dass bestimmte Ereignisse oder Situationen von geheimen Mächten in negativer Absicht manipuliert werden«.[5] Okay, aber das lässt das Wichtigste außer Acht: die Frage, ob die betreffende Theorie falsch oder zumindest unbewiesen ist. Denn viele Ereignisse und Situationen wie Finanzkrisen, Energiekrisen oder Kriege sind tatsächlich »von geheimen Mächten manipuliert«, und die Auswirkungen dieser Manipulationen auf die normale Bevölkerung sind extrem negativ. Wer das glaubt, ist kein Verschwörungstheoretiker, sondern ein ernsthafter Beobachter von Politik und Geschichte.

Wenn ich über wirtschaftliche und soziale Systeme recherchiere, lese und schreibe und die ihnen zugrunde liegenden Muster zu erkennen versuche, dann deshalb, weil es mir Stabilität verleiht. Diese systembasierte Arbeit ist, als würde man ein starkes Fundament für ein Gebäude legen. Ist das Fundament fertig, wird alles, was später obendrauf kommt, stabiler sein; ohne dieses Fundament gibt es keinen Schutz vor Sturmböen. Gewiss, auch wenn wir das erkannt haben, ist unsere Welt noch verwirrend, aber unverständlich ist sie nicht mehr. Systemische Kräfte sind immer im Spiel, und sie haben oft mit dem zentralen kapitalistischen Imperativ zu tun: zu expandieren und zu wachsen, indem neues Grenzland erschlossen und eingehegt wird.

Dieser Imperativ ist für die bisher erörterten Formen der Verdopplung in vieler Hinsicht aufschlussreich. Mit dem beschleunigten Bedürfnis nach Wachstum ist unsere ökonomische Existenz prekärer geworden. Wir wurden dazu gedrängt, unsere Identität zu einer Marke und zu einer Ware zu machen und unser Ich, unseren Körper und unsere Kinder zu optimieren. Derselbe Imperativ hat die Regeln (oder den Verzicht auf Regeln) bestimmt, die es einer Gruppe von Tech-Milliardären ermöglicht haben, unsere gesamte Informationsökologie zu kapern und mit unserer Aufmerksamkeit und Empörung eine neue Ökonomie aufzubauen. Derselben Logik folgte das Bestreben, den Kampf gegen Covid dem Einzelnen zu überantworten (trag deine Maske und lass dich impfen), statt in die – sehr viel kostspieligere – Stärkung von öffentlichen Schulen, Krankenhäusern und Verkehrssystemen zu investieren. Die Eliten, die von dieser Prioritätensetzung besonders profitieren, sind dieselben, die politische und mediale Projekte finanzieren, um die Nicht-Reichen aufgrund ihrer Race, ihrer ethnischen und ihrer Gender-Zugehörigkeit gegeneinander auszuspielen und damit die Wahrscheinlichkeit zu verringern, dass sie sich auf der Basis gemeinsamer ökonomischer und Klasseninteressen zusammenschließen.

Es besteht natürlich ein Unterschied zwischen einem System, das tut, wofür es geschaffen wurde, ungeachtet der daraus erwachsenden »Humankosten«, und geheimen Machenschaften bösartiger Gestalten, die eine ansonsten faire und gerechte Demokratie beschädigen. Hierin lag für mich schon immer einer der Hauptgründe, warum es eine Linke geben muss: Ihre Aufgabe ist die strukturelle Analyse von Reichtum und Macht, um einem vorherrschenden (und richtigen) Gefühl Ordnung und Stringenz zu verleihen: dem Gefühl, dass die Gesellschaft gegen den Willen der Mehrheit manipuliert wird und grundlegende Wahrheiten hinter zweckdienlicher politischer Rhetorik versteckt werden. Denn was wir nicht verstehen, können wir auch nicht verändern. Und weil das System tatsächlich manipuliert wird und die meisten Menschen tatsächlich betrogen werden – ohne dass sie verstehen, in welchem Ausmaß der Kapitalismus nach immer neuen Profitquellen sucht, um sie einzuhegen und auszubeuten –, glauben viele, dass eine Clique besonders übler Gestalten die Fäden zieht.

Das glaubt mit Sicherheit meine Doppelgängerin, und zwar schon seit ihrem Buch *Der Mythos Schönheit*. »Warum steht nirgends, dass die wirklich ausschlaggebende Funktion, die Frauen als ›Schönheiten‹ haben, die ist, dass sie mehr Dinge für ihren Körper kaufen?«, schrieb sie damals. »Irgendwie, irgendwo hat irgendjemand herausgefunden, dass Frauen mehr kaufen, wenn man sie in dem unausgefüllten, namenlosen Status der Hausfrauen hält, in dem sie mit ihren Energien nichts anfangen können.«[6] Eine fundamentale Logik der Werbeindustrie, besonders wenn sie auf Frauen abzielt, lautet, dass wir mehr kaufen, wenn wir uns unsicher fühlen. Aber diese Unsicherheiten auszunutzen ist kein Komplott, um uns kleinzuhalten, wie Wolf andeutet, es ist nur ein Beispiel für den guten alten Kapitalismus, der immer neue Wege findet, alle Aspekte des Lebens zu kommerzialisieren.

Aus demselben Grund hatte Wolf die polizeilichen Repressionen während Occupy Wall Street so gründlich missverstanden. Als die Parks geräumt wurden, sah sie eine Verschwörung und einen »Krieg« gegen das amerikanische Volk auf höchster Ebene.[7] Tatsächlich teilte die Polizei bundesweit Tipps zur Räumung der Camps aus demselben Grund, aus dem sie zehn Jahre zuvor Tränengas und Pfefferspray bei Demonstrationen gegen die Welthandelsorganisation und den Internationalen Währungsfonds eingesetzt hatte – oder ein paar Jahre später bei den Black-Lives-Matter-Aufständen einsetzen sollte: weil wir in einem System leben, das strukturell so angelegt ist, dass es die besitzenden Klassen gegen alle Herausforderungen von unten schützt, manchmal durch gewaltsame Repression, manchmal durch symbolische Aneignung und oftmals durch eine Kombination aus beidem.

Von den diversen Unterschieden zwischen mir und Wolf finde ich diesen am wichtigsten, denn er ist meines Erachtens der Hauptgrund dafür, dass sie und viele andere so weit abgedriftet sind. Als Linke konzentriere ich mich auf die durch das Kapital angerichtete Verwüstung unserer Körper, unserer demokratischen Strukturen und der Lebenssysteme, die unsere kollektive Existenz tragen. Wolf ist eine Liberale, die das Kapital nie kritisiert hat; sie wollte nur, dass Frauen wie sie frei von Vorurteilen und Diskriminierung in dem System leben und als Individuen aufsteigen können. »Ich glaube daran, dass Frauen so ausgestattet werden müssen, dass sie in der Marktwirtschaft nicht entmachtet werden«, sagte sie vor vielen Jahren zu Katharine Viner vom *Guardian*.[8]

Wolf glaubte fest an das Versprechen der liberalen Meritokratie: Wenn man den Menschen die erforderlichen Mittel an die Hand gebe, könnten sie als Individuen aufsteigen. Die Entwicklung universeller Programme, die allen ein besseres Leben garantieren, ist nicht vorgesehen. Meine Doppelgängerin folgte den Regeln der Leistungsgesellschaft und fuhr mit deren Fahrstuhl Stockwerk für Stockwerk nach ganz oben: Debattierklub an der High School, Yale, dann Oxford, Darling der liberalen Medien, Beraterin einiger der mächtigsten Männer der Welt, Dinnerpartys mit der Davoser Prominenz. Sie bezeichnete sich selbst als »ein Kind des Narrativs« und als »Darling der … Meinungsführer der Nordost- und der Ost- und Westküsten-Elite«.[9] Was also war passiert? Entdeckte sie irgendwann, dass diese elitäre liberale Ordnung, die sie so hoch hinaufgetragen hatte, nicht das war, was sie zu sein schien? Dass sie nicht wirklich fair war, sondern voller manipulierter Regeln, falscher Versprechungen und Grausamkeiten? Sah sie, nachdem ihr bisheriges Weltbild zusammengebrochen war, nur noch ein Labyrinth aus Komplotten und Verschwörungen?

Jack Bratich, Kommunikationswissenschaftler an der Rutgers University mit Forschungsschwerpunkt Verschwörungen, erklärte mir diese Entwicklung folgendermaßen: »Die liberale Unterstützung des Individualismus führt dazu, dass man die Macht eher bei Individuen und Gruppen als in Strukturen verortet. Ohne eine Analyse des Kapitals oder der Klasse verfällt man den Geschichten, die der Westen sich darüber erzählt: dass das Individuum die Macht besitzt, die Welt zu verändern. Aber aus Heldengeschichten können leicht Schurkengeschichten werden.«[10] Das ist ein wichtiger Punkt: Die Verschwörungskultur stellt nicht den Hyperindividualismus in Frage, der so vielen eskalierenden Krisen zugrunde liegt. Die Verschwörungskultur ist vielmehr der Spiegel dieses Hyperindividualismus, wälzt sie doch alle Schuld an den Missständen in der Gesellschaft auf einzelne mächtige Individuen ab: Fauci. Gates. Schwab. Soros.

Wolf behauptet, die Covid-Gesundheitsmaßnahmen hätten sie dazu gebracht, an die Existenz eines satanischen Bösen zu glauben. Schade, dass sie nicht wenigstens ein Stück weit ihren Glauben an den Kapitalismus verloren hat.

Der Schock der Verflechtung

Dieser Wechsel von der Helden- zur Schurkengeschichte erklärt bis zu einem gewissen Grad, wie es dazu kommen konnte, dass so viele scheinbar unpolitische Leute von beängstigenden Covid-Verschwörungstheorien geradezu besessen sind. Viele hatten – wie Wolf – die Regeln befolgt, um in diesem kaputten System voranzukommen, und es hatte für sie funktioniert. Sie gründeten ihr eigenes Unternehmen, sparten ein wenig Geld, nahmen Kredite auf, verdienten vielleicht als Vermieter ein bisschen dazu. Sie gingen davon aus, dass ihr Job sie und ihre Familie ernähren würde, ohne dass man sonst noch etwas von ihnen verlangte (selbst dann noch, als steigende Wohn-, Studien-, Arzt- und Energiekosten die Logistik dieses Versorgungskonzepts außer Kraft setzten). Sie hatten die Geschichte geglaubt, ihr Wohlbehagen und ihr Erfolg seien allein ihrer Findigkeit und harten Arbeit zu verdanken (nicht ihren Beschäftigten, nicht ihren Eltern, nicht der Handelspolitik, die reiche Länder begünstigt, und schon gar nicht ihrer Race oder ihrer Klasse). Und dann sahen wir uns plötzlich alle mit einer Krise konfrontiert, die von uns verlangte, nicht nur als Individuen, nicht nur als Familie, nicht nur als Nationen zu agieren, weil wir tatsächlich alle miteinander verflochten sind. Dieser Schock war größer als Covid selbst.

Es genügt nicht, sich die Frage zu stellen, warum alles plötzlich so seltsam geworden ist – wir müssen auch fragen, warum vorher schon alles so seltsam war. In der neoliberalen Ära, die in den 1970er Jahren begann und bis heute andauert, wird jede Krise und jede Schwierigkeit – von Armut über die Verschuldung von Studenten und die Zwangsräumung von Wohnungen bis hin zur Drogenabhängigkeit – als persönliches Versagen pathologisiert. Zugleich wird jeder Erfolg als Beweis für die relative Überlegenheit derjenigen gefeiert, die es aus eigener Kraft geschafft haben. Natürlich reicht dieser Irrglaube eines robusten Individualismus sehr viel weiter zurück als das halbe Jahrhundert neoliberaler Zerstörung. Als Bewohner der Vereinigten Staaten, Kanadas, Australiens und anderer kolonialer Siedlerstaaten haben sich die meisten von uns nie ernsthaft mit der Tatsache auseinandergesetzt, dass unsere Staaten nur aufgrund eines zweifachen Diebstahls – von Land und von Menschen – existieren; dass Sklaverei und Völkermord die blutigen Stützen waren, die den Siedlern, von denen viele selbst in Schuldknechtschaft lebten, ihre Selfmademan-Abenteuer ermöglichten. Auch in den europäischen Staaten, die diese kolonialen Kreuzzüge initiiert haben, fand diese Auseinandersetzung nicht statt.

Jetzt fahren wir die verdorbene Ernte eines jahrzehntelang bewusst gesäten Misstrauens ein – Misstrauen gegenüber der Vorstellung, dass wir Mitglieder von Gemeinschaften und Gesellschaften sind, Misstrauen gegenüber jeglicher Erwartung, dass der Staat etwas Positives für uns tun kann und tun sollte. »So etwas wie Gesellschaft gibt es nicht«, erklärte Margaret Thatcher einmal.[11] Kann es uns wirklich überraschen, dass so viele Menschen ihr geglaubt haben? Diese verkümmerte Sicht auf die Welt, auf uns selbst und auf andere Menschen gibt es schon so lange, und sie hat in so vielen Bereichen ihren Ausdruck gefunden (systematisches Vorgehen gegen gewerkschaftliche Interessenvertretung, brutale Grenzpolitik, marode öffentliche Krankenhäuser und Schulen und so weiter), dass uns heute sogar die Idee des öffentlichen Wohls fremd geworden ist. Buchstäblich fremd in dem Sinn, dass politische Maßnahmen, die dem Einzelnen irgendetwas abverlangen – sei es angesichts von Covid, des Klimakollapses oder der Ungleichheitskrise –, in der Spiegelwelt als Teil eines chinesischen Komplotts dargestellt werden, das dem Westen die Werte der chinesischen KP aufzwingen will.

Hervorgegangen aus der engsten Definition der Freiheit als »Tritt mir nicht auf die Füße« und in der beharrlichen Weigerung, das, was direkt vor unseren Augen liegt, wahrzunehmen und als Chance zu begreifen, hatten unsere Gesellschaften natürlich Mühe, den Covid-Schock zu verarbeiten. Diese Krise konnte nur dadurch bewältigt werden, dass wir einander wirklich sahen, auch diejenigen, die in den Schattenzonen arbeiteten und lebten. Nur durch kollektives Handeln und die Bereitschaft zu individuellen Opfern für das Gemeinwohl konnte diese Krise gemeistert werden. Wer kann die ersten heiklen Wochen vergessen, als alles erstarrte? Als viele Menschen allein, aber dennoch in vieler Hinsicht miteinander verbunden waren. Jeder Atemzug außerhalb der Wohnung drängte uns den Gedanken auf: Wer hat in dieser Luft sonst noch ausgeatmet? Wenn wir etwas berührten – eine Türklinke, einen Aufzugsknopf, eine Parkbank, eine Lebensmittelkiste, eine Lieferbox –, mussten wir daran denken, wer es sonst noch berührt hatte. Ging es den Betreffenden gut? Wenn nicht, hatten sie das Recht, sich krankzumelden? Hatten sie Zugang zu medizinischer Versorgung? Die Illusion unseres Getrenntseins von allen anderen Menschen verschwand. Wir waren keine Selfmademen und -women, sind es nie gewesen. Was wir sind oder nicht sind, verdanken wir einander.

Unsere Regierungen haben nicht annähernd so viel getan, wie sie hätten tun können und müssen, um während der Pandemie eine wirklich gute Infrastruktur der Versorgung und Solidarität aufzubauen – kein Vergleich zu dem, was im New Deal und bei der Mobilisierung der Heimatfront im Zweiten Weltkrieg unternommen wurde. Dennoch waren die Entschädigungszahlungen, damit die Leute zu Hause blieben, sowie kostenlose Coronatests und Impfungen in vielen Ländern eine radikale Abkehr von der staatlichen Politik der letzten fünfzig Jahre, in denen die Vorstellung, dass wir einander aufgrund unseres gemeinsamen Menschseins etwas schulden, ad acta gelegt worden war. Wir hatten keine andere Wahl. Ohne diese Maßnahmen wären weitere Millionen Menschen sinnlos gestorben, und ganze Volkswirtschaften wären zusammengebrochen.

Vergessen wir nicht, dass es Jahrzehnte gedauert hat, die Menschen so zu desozialisieren, dass sie die Grausamkeiten des Neoliberalismus akzeptierten. Rassismus gegenüber Schwarzen und migrantenfeindliche Hysterie spielten dabei eine große Rolle: Politiker und Mediengiganten verunglimpften Sozialprogramme, die allen Bedürftigen zugutekommen sollten; für sie waren solche Menschen gleichbedeutend mit Schwarzen »Sozialschmarotzern«, »Superpredators« und »Illegalen«. Wir wollen die 1980er und -90er Jahre nicht noch einmal aufleben lassen. Aber wenn wir die Konturen und Geschehnisse der Spiegelwelt nachzeichnen, müssen wir uns eines klarmachen: Die Botschaften, mit denen über Generationen hinweg gesellschaftliche Gruppen gegeneinander ausgespielt wurden, verschwinden nicht einfach über Nacht, nur weil es eine Pandemie gibt. Und doch war es genau das, was die meisten gemäßigten Politiker nach Ausbruch von Covid-19 erwarteten. Aber das war selbst eine Form des magischen Denkens.

Die Botschaft eines Großteils unserer politischen und unternehmerischen Klasse verkehrte sich ohne jede Vorwarnung in ihr Gegenteil. Jetzt stellte sich heraus, dass wir doch eine Gesellschaft waren; dass die Jungen und Gesunden für die Alten und Kranken Opfer bringen sollten; dass wir Masken tragen sollten, zu unserem eigenen Schutz, aber auch als Akt der Solidarität mit ihnen; und dass wir genau den Menschen Beifall spenden und danken sollten – unter ihnen viele Schwarze, viele Frauen und viele, die aus ärmeren Ländern stammten –, deren Leben und Arbeitsleistung vor der Pandemie systematisch abgewertet und herabgewürdigt worden waren.

Diese Solidaritätsbekundungen waren das wirklich Schwindelerregende, die wirklich verkehrte Welt, denn sie besaßen keine Ähnlichkeit mit dem, was der Kapitalismus uns die ganze Zeit beigebracht hatte: einander zu übersehen und zu vernachlässigen. Im Rückblick überrascht es nicht, dass eine Untergruppe der Bevölkerung sagte: *Ihr könnt uns mal! Wir tragen keine Maske, wir lassen uns nicht impfen, und wir bleiben nicht zu Hause, um Menschen zu schützen, die uns ohnehin nichts angehen.* Es ist auch plausibel, dass die Kostenfreiheit der Impfstoffe bei vielen Misstrauen weckte – insbesondere in den Vereinigten Staaten, wo die Gesundheitsversorgung als Profitcenter gilt und gute Arzneimittel oft gleichbedeutend sind mit »vergoldeten« Privatversicherungen. Kevin Newman, ein einunddreißigjähriger Immobilienmakler aus Arkansas, meinte: »Wenn Covid wirklich etwas Ernstes wäre, müssten wir für den Impfstoff bezahlen. Alles andere ist teuer, warum geben sie ihn dann umsonst her? Das ist verdächtig.«[12]

Bemerkenswert ist auch, dass sich die Corona-Proteste gegen Symbole kollektiven Handelns richteten – in Italien und Australien gegen Gewerkschaftszentralen, die von Querdenker-Demonstranten angegriffen und geplündert wurden. »FREIHEIT« grölten sie auf den Straßen. Dieses leere, gewichtige Wort. Freiheit, um was zu tun? Proteste sind gewöhnlich ein Ausdruck kollektiver Macht, basierend auf dem Grundprinzip, dass wir vereint stärker sind. Aber dies war etwas anderes: eine vorübergehende Ansammlung von atomisierten Individuen, die alles Kollektive als Feind betrachteten, der sich gegen ihren individuellen Körper und ihre individuelle Familie richtete. Es war in gewisser Weise eine Revolte gegen das Miteinander, ein Aufschrei gegen die Lektionen, die uns das Virus auf so schmerzliche Weise beigebracht hatte: dass wir dieselbe Luft mit Menschen teilen, die wir nicht kennen, dieselben Krankenhäuser, dasselbe Biom. Dass wir miteinander verwoben sind, ob es uns gefällt oder nicht. Nein, sagten die Demonstranten, wir sind lauter Inseln, die wir mit unseren eigenen Händen gestaltet haben; wir sind niemandem Rechenschaft schuldig. Wir sind »souveräne Bürger«, erklärten sie, und man kann uns nicht dazu zwingen, einer Gemeinschaft oder Gesellschaft anzugehören.[13]

Das alles sollte uns nicht schockieren. Überraschend und, offen gesagt, ermutigend ist, dass nach jahrzehntelangen Frontalangriffen auf die Vorstellung, dass wir Mitglieder einer Gesellschaft sind, eine kritische Masse von uns sich so viel Bürger- und Gemeinsinn bewahrt hatte, dass sie diese neuen Regeln fast zwei Jahre lang befolgte und dass sich so viele von uns freuten, als plötzlich der Sozialstaat in Erscheinung trat. Es stimmt, als unsere Regierungen ihre Corona-Politik aufgaben, fielen wir wieder in den Krisenzustand zurück, der als »normal« bezeichnet wird. Doch eine Zeitlang hatten wir eine andere Welt gesehen, eine neue Art des kollektiven Handelns und des kollektiven Umschwungs erlebt.

Einige Verschwörungen sind real

Die Erkenntnis, wie der Kapitalismus in seinem jüngsten Entwicklungsstadium unsere Welt formt und verformt, kann eine gewisse Stabilität vermitteln. Aber das heißt nicht, dass es in der realen Welt keine Verschwörungen gibt. Wenn wir »Verschwörung« als eine geheime Absprache zwischen Mitgliedern einer Gruppe definieren, die ein perfides Komplott durchführen wollen, dann sind Vertreter des Kapitals – im staatlichen wie im unternehmerischen Sektor – selbstverständlich an Verschwörungen beteiligt. Mit Sicherheit gab es Anfang der 1970er Jahre eine von der CIA unterstützte Verschwörung, um den demokratisch gewählten sozialistischen chilenischen Präsidenten Salvador Allende zu stürzen, nachdem er die Kupferminen verstaatlicht hatte. Dasselbe gilt für den Sturz des iranischen Premierministers Mohammad Mossadegh im Jahr 1953 nach der Verstaatlichung der Ölgesellschaft, aus der dann British Petroleum wurde.

In *Die Schock-Strategie* erzählte ich anhand vieler solcher gut dokumentierter Komplotte eine Gegengeschichte vom Aufstieg des Neoliberalismus, und ich zweifle nicht daran, dass es weitere, bis heute unentdeckte Verschwörungen gab. Wir kennen auch viele aktuelle Beispiele für Verschwörungen mächtiger Leute gegen die Öffentlichkeit. Dass in Flint, Michigan, vergiftetes Wasser aus der Leitung kam, wurde von den Behörden Jahr um Jahr vertuscht. British Petroleum und Halliburton sparten beim Betrieb der Bohrinsel Deepwater Horizon an der Sicherheit; das Ergebnis war die größte Ölpest in der Geschichte des Golfs von Mexiko, doch die Unternehmen taten alles, um das wahre Ausmaß der Katastrophe zu verschleiern. In einer internen Verschwörung verheimlichte Volkswagen jahrelang, wie viel umweltschädliches CO_2 seine Dieselfahrzeuge ausstießen (die Autos waren so manipuliert, dass die Prüfer getäuscht wurden). Exxon und einige andere große Ölkonzerne nahmen sich ein Beispiel an den Tabakkonzernen und verschworen sich, um jahrzehntelang die Realität des Klimawandels in Zweifel zu ziehen. Dies sind nur die offenkundigsten Beispiele.

Die Räume, in denen diese Entscheidungen getroffen wurden, mögen oft nur unzureichend ausgeleuchtet gewesen sein. Doch anders als in den satanischen Phantasien von QAnon waren die Motive für diese Verschwörungen ziemlich banal: ein US-amerikanisches Bergbauunternehmen wollte die Kontrolle über eine lukrative Kupfermine nicht verlieren; ein Ölgigant wollte in einem ölreichen Land, wo er Fuß gefasst hatte, seinen Einfluss behalten. Gewinnmaximierung ist schlicht und einfach ein Grundprinzip des Kapitalismus, ob mit oder ohne Verschwörung. Damit sind wir bei einem weiteren Opfer des Pipikismus: dem Begriff »tiefer Staat«. Er wurde zuerst von den türkischen Linken zur Beschreibung der verdeckten Aktivitäten eines Netzwerks von Akteuren aus Militär und Eliten benutzt und populär gemacht.[14] Bannon und Trump jedoch verwendeten *deep state* zur Beschreibung jedweder Form von Macht – in Wirtschaft, Justiz, Journalismus und Geheimdiensten –, die der unkontrollierten und oft verfassungswidrigen Ausübung ihrer eigenen Macht einen Riegel vorschob. Gleichzeitig diente ihnen der Terminus als bequemer Sündenbock für ihr eigenes Versagen. Sie waren nie für irgendetwas verantwortlich, alles war die Schuld des »tiefen Staates«.

In seinem 1776 veröffentlichten Werk *Der Wohlstand der Nationen* schrieb Adam Smith: »Geschäftsleute des gleichen Gewerbes kommen selten, selbst zu Festen und zur Zerstreuung, zusammen, ohne dass das Gespräch in einer Verschwörung gegen die Öffentlichkeit endet oder irgendein Plan ausgeheckt wird, wie man die Preise erhöhen kann.«[15] Der englische Autor und Verleger Mark Fisher ging noch einen Schritt weiter und bemerkte 2013, dass vieles von dem, was heute als Verschwörung präsentiert wird, »die herrschende Klasse ist, die Klassensolidarität bekundet«.[16] Ihm zufolge sind es meist die Ultrareichen in Wirtschaft und Staat, die einander den Rücken freihalten.

Diese Formen der Verschwörung sind real – und es gibt weitere, die gleichfalls real und eindeutig schmutziger sind als jene, die in aseptischen Vorstandsetagen in New York und London ausgebrütet werden, um Preise zu manipulieren, Regulierungsbehörden zu täuschen oder eine neu gewählte sozialistische Regierung im globalen Süden zu sabotieren. Denn die an der Oberfläche liegenden Ebenen der Märkte, mit denen die Mittelschicht der reichen Länder direkt zu tun hat – hell erleuchtete Lebensmittelgeschäfte und Tankstellen, schicke Websites und öde Büros –, sind nicht die ganze Geschichte des Kapitalismus. Sie sind sein Schaufenster. Auch hier werden Arbeitskräfte, Käufer und Nutzer bis zu einem gewissen Grad ausgebeutet, aber sie bilden zugleich die oberste Ebene, unterhalb deren die versteckteren Teile der Versorgungskette liegen: die Zonen der Hyperausbeutung, der Freiheitsberaubung, der Vergiftung von Ökosystemen. Dies sind keine Pannen im System, sondern integrale Bestandteile dessen, was unsere Welt am Laufen hält.

Im Rahmen unserer Kartierung können wir sie die Schattenzonen nennen. Sie bilden die zerstörte und undurchdringliche Unterseite unserer vermeintlich reibungslosen globalen Wirtschaft. Die jahrzehntelange gnadenlose Steigerung der Effizienz auf allen Ebenen hat dazu geführt, dass jedes Glied der Kette seine eigene und doch bis zum Überdruss bekannte Geschichte des Raubbaus in sich trägt: die Minen und die landwirtschaftlichen Großbetriebe, in denen Rohstoffe gewonnen werden; die Fabriken und Schlachthöfe, die diese Rohstoffe in Teil- und Fertigprodukte umwandeln; die Züge und Schiffe, die sie über Kontinente und Ozeane transportieren; die Lagerhallen, in denen sie sortiert und bereitgehalten werden, damit sie per Mausklick zur Verfügung stehen; die Lkws und Autos, die sie ausliefern, sobald der Klick erfolgt ist; die Müllberge und die verseuchten Wasserwege, in denen der Abfall aus jeder Stufe der Produktion und Vermarktung landet; die glitzernden Vergnügungsorte, an denen die Ultrareichen ihre Beute genießen.

Schockierender als die Geschichten selbst ist, dass sie kaum noch zu schockieren scheinen. Fünfundzwanzig Jahre nach der Veröffentlichung von *No Logo* betrachten wir es als selbstverständlich, dass für ein von einer jungen Frau in New York, London oder Toronto getragenes Fast-Fashion-Kleidungsstück andere junge Frauen an ihrem Arbeitsplatz – den Textilfabriken von Dhaka, Bangladesch – Gefahr laufen, bei einem Brand ums Leben zu kommen. Dass Auffangnetze zur Verhinderung des Selbstmords verzweifelter Elektronikarbeiter ein normaler Bestandteil der Fabrikarchitektur von Shenzhen, China, sind, wo unsere Handys hergestellt werden. Dass Städte wie Dubai und Doha durch Heerscharen von Migranten errichtet und instand gehalten werden, die unter so erbärmlichen Bedingungen leben und arbeiten, dass ihr Tod am Arbeitsplatz für ihre Arbeitgeber folgenlos bleibt. Dass Lagerarbeiter in New Jersey sich mit einem der drei reichsten Männer der Welt auseinandersetzen müssen, um ausreichend lange Toilettenpausen zugestanden zu bekommen. Dass Content-Moderatoren in Manila sich den ganzen Tag Bilder von Enthauptungen und dem sexuellen Missbrauch von Kindern anschauen müssen, um unsere Social-Media-Feeds »sauber« zu halten. Oder dass unser frenetischer Konsum und Energieverbrauch Waldbrände in den schicken Vororten von Los Angeles und Sonoma fördert, zu deren Bekämpfung Gefängnisinsassen herangezogen werden, die für diese gefährliche Arbeit nur ein paar Dollar erhalten, während Migranten aus mittelamerikanischen Ländern, die selbst von Klimakatastrophen gebeutelt sind, in der giftigen Luft Avocados und Erdbeeren pflücken – und wenn sie krank werden oder für fairere Arbeitsbedingungen protestieren, sofort und ohne Bezahlung nach Hause geschickt werden, weggeworfen wie angestoßenes Obst.

Das sind noch die glücklicheren Bewohner der Schattenzonen, die relativen Gewinner. Sie haben Jobs, die es ihnen erlauben, ihren Familien Geld nach Hause zu schicken oder sich im Gefängnis kleine Vergünstigungen zu erkaufen. Zahllose andere wurden in noch dunklere Winkel unserer Welt abgedrängt – in Auffanglager und Abschiebezentren für Migranten; in klapprige Boote, die nicht einmal einen leichten Sturm überstehen, oder in Zeltstädte, die in unseren glitzernden Städten wachsen, während Immobilien zu immer profitableren Spekulationsobjekten werden. Reibungslosigkeit ist das große Versprechen unserer Zeit. Aber die Reibung verschwindet nicht, nur weil wir sie nicht sehen – sie wird lediglich in die Schattenzonen verlagert, auf Menschen, deren Leben aus nichts anderem als Reibung besteht.

Auch dieser unausgeleuchtete Bereich ist ein Ort realer Verschwörungen. Die dortigen Arbeits- und Lebensbedingungen sind kaum erträglich, aber um die Illusionen der Moderne zu wahren, hält man sie absichtlich im Dunkeln, und deshalb bieten sie Raum für extremen Sadismus. Körperliche Gewalt und sexueller Missbrauch durch Aufseher, Wachen und Soldaten sind an der Tagesordnung. Diese Übergriffe sind in das System eingebaut, weil das Leben der Betroffenen – die arm sind, ohne Papiere, rechtlich ungesichert, überwiegend Schwarz und Braun – ohnehin nichts mehr wert ist. Missbrauch gedeiht in den Schattenzonen, weil er dort gedeihen kann. Und das muss mit Hilfe einer Verschwörung vertuscht werden, um nicht nur die Täter zu schützen, sondern auch uns als Konsumenten, die wir uns unsererseits miteinander verschwören, um unwissend und unschuldig durch die besser beleuchteten Bereiche der Versorgungskette schlendern zu können.

Und es gibt eine weitere, damit verwandte Art der kapitalistischen Verschwörung, die es aufzudecken gilt: Wenn dank dieser Schattenzonen ein extrem kleiner Teil der Bevölkerung reicher werden darf als die Monarchen der viktorianischen Ära, werden einige dieser Superprivilegierten glauben, sie stünden über dem Gesetz. Anders gesagt: Ich glaube, dass mit Jeffrey Epsteins Tod im Gefängnis viele Geheimnisse mächtiger Männer begraben wurden, und ich bin mir nicht sicher, ob wir jemals das ganze Ausmaß erfahren werden. Was meinen Sie?

Macht und Reichtum verschwören sich, um sich selbst zu schützen. Es geschieht in der Öffentlichkeit, und es geschieht im Privaten. Es geschieht im Rampenlicht, und es geschieht im Dunklen. Wenn wir also die aberwitzigen Theorien zu verstehen suchen, die in der Spiegelwelt kursieren, sollten wir vorsichtig sein und nicht vorschnell sagen, Sadismus und Depraviertheit gebe es nicht und nur ein verrückter Verschwörungstheoretiker könne etwas dermaßen Abartiges glauben. Eine Wirtschaftsordnung mit so krassen Ungleichheiten wie die unsrige – in der die Raketen eitler Milliardäre über das Meer des menschlichen Elends hinweggleiten – ist nämlich selbst eine Form der Depraviertheit, und diese Ungerechtigkeit führt naturgemäß zu noch mehr Depraviertheit.

Das Problem besteht nicht mehr darin, dass wir diese maßgeblichen Wahrheiten nicht kennen, sondern darin, dass zu viele von uns nicht wissen, wie wir mit ihnen umgehen sollen. Uns allen ist klar, dass unsere Welt auf den Schattenzonen ruht. Aber was fangen wir mit diesem Wissen an? Wohin verschwindet es? Wohin werden Empörung, Scham und Betroffenheit umgelenkt?

Nachdem ich fünfundzwanzig Jahre lang über die Verbrechen unserer oligarchischen Eliten berichtet habe, gibt es Phasen, in denen ich am Boden zerstört bin, weil sie straflos davonkommen. Die Sweatshops und die Ölkatastrophen. Die Irak-Invasion. Die Finanzkrise 2008. Die Staatsstreiche, bei denen in Lateinamerika eine ganze Generation von Idealisten aus Hubschraubern geworfen wurde. Washingtons koordinierte Attacke auf Russlands neu entstehende postsowjetische Demokratie, die Oligarchen hervorbrachte und Wladimir Putin den Weg ebnete. Es ist für mich unerträglich, dass diese Leute mit alldem davongekommen sind. Keiner hat dafür bezahlt. Alle stehen heute mit weißer Weste da. Henry Kissinger konnte weiterhin Präsidenten beraten. Dick Cheney wird als besonnener Republikaner bejubelt. Robert Rubin – einer derjenigen, die persönlich mithalfen, die Derivate-Blase aufzublähen, die 2008 die Weltwirtschaft an den Rand des Zusammenbruchs brachte – empfiehlt jetzt eine schnellere Bekämpfung der Klimakatastrophe. Mir schnürt sich die Kehle zu. Mein Atem wird flach. An schlechten Tagen habe ich das Gefühl, gleich zu explodieren. Straflosigkeit kann einen in den Wahnsinn treiben. Vielleicht kann sie eine ganze Gesellschaft in den Wahnsinn treiben. »Machtmissbrauch erzeugt Verschwörungsvorwürfe, und die Männer und Frauen des konspirativen Kapitals sind zumindest teilweise selber schuld an den ungeheuerlichen und falschen Vorwürfen, die gegen sie erhoben werden«, schreibt Marcus Gilroy-Ware, Spezialist für digitalen Journalismus, in *After the Fact? The Truth About Fake News*.[17] Auch Sarah Kendzior untersucht in ihrem 2022 erschienenen Buch *They Knew: How a Culture of Conspiracy Keeps America Complacent*, wie die Tatsache, dass so viele an realen Verschwörungen Beteiligte straflos davonkommen, die Entstehung abstruser Überzeugungen schürt.[18]

Die Verschwörungstheorien im Zusammenhang mit dem Great Reset, der großen Neugestaltung der Welt nach dem Ende der Pandemie, sind dafür ein gutes Beispiel. Als sie bei den ersten Protesten gegen den Lockdown auftauchten, wurden sie als Enthüllung eines großen Geheimnisses präsentiert. Tatsächlich war der Große Neustart aber gar nicht geheim. Es handelte sich um eine Marketingkampagne des Weltwirtschaftsforums, mit der es viele seiner seit langem propagierten Ideen neu verpackte: biometrische Ausweise, 3D-Drucker, grüne Energie für Unternehmen, Sharing Economy. All dies wurde eilig als Blaupause für die Wiederbelebung der Weltwirtschaft nach der Pandemie ausgegeben: als »Suche nach einer besseren Form des Kapitalismus«. In Videos zum Großen Neustart tauschten sich die Chefs transnationaler Ölgiganten über die Dringlichkeit der Bekämpfung des Klimawandels aus, und Politiker versprachen einen »Rückbau hin zum Besseren« und einen »gerechteren, grüneren und gesünderen Planeten«. Es waren die üblichen Davoser Standardthemen – arrogant, gewiss, und vieles davon war sogar brandgefährlich. Aber es war nichts Neues oder Geheimes daran.

Und doch taten Journalisten und Politiker der Rechten und »unabhängige Rechercheure« der Linken immer wieder so, als hätten sie eine Verschwörung aufgedeckt, die die abgefeimten Eliten vor ihnen zu verbergen suchten. Wenn das stimmt, dann war es die erste Verschwörung mit einer eigenen Marketingagentur und Erklärvideos.

Eine Phantasie der Gerechtigkeit

Woher kommt dieser seltsame Drang, das nicht Verborgene aufzudecken? Vielleicht liegt es daran, dass es in liberalen Demokratien, die immer noch Lippenbekenntnisse zur sozialen Gleichheit (oder zumindest »Gerechtigkeit«) ablegen, eine tiefe Unzufriedenheit darüber gibt, wie offen unsere globalen Eliten mit der Macht umgehen, die sie glauben über uns ausüben zu dürfen. Die Mechanismen der Oligarchie sind nicht geheim; sie werden mit einem Stolz zur Schau gestellt, der die Zuschauer regelrecht demütigt. Milliardäre, Staatsoberhäupter, A-Promis, Journalisten und Mitglieder königlicher Familien treffen sich jedes Jahr beim Weltwirtschaftsforum im schweizerischen Davos und in Aspen, Colorado, so wie sie sich bei der Clinton Global Initiative in Manhattan getroffen hatten. Google veranstaltet für geladene Gäste sogar ein jährliches »Sommercamp« auf Sizilien, bei dem man Mark Zuckerberg ebenso treffen kann wie Katy Perry. Bei diesen Treffen machen sie sich anheischig, Probleme der Welt wie Klimakatastrophe, Infektionskrankheiten und Hunger zu lösen – ohne ein Mandat, ohne Beteiligung der Öffentlichkeit und vor allem ohne Scham über ihre eigene zentrale Rolle bei der Entstehung und Aufrechterhaltung dieser Krisen.

Dass diese Form der unverhohlenen Plutokratie in demokratischen Gesellschaften Wurzeln schlagen kann, ohne dass sich die Beteiligten auch nur die Mühe machen, sie zu verbergen, ist, als würde der eigene Ehepartner fremdgehen und man müsste ihm bei sexuellen Praktiken zuschauen, auf die man selbst nicht steht. Vielleicht sollten wir die Verschwörungskultur mit ihrem Theater der Aufdeckung von Dingen, die gar nicht verborgen sind, als den verqueren Versuch betrachten, Selbstachtung zurückzugewinnen.

Das könnte sogar eine der Kräfte sein, die QAnon antreiben. Im Zentrum dieser Verschwörungstheorie steht eine sensationsheischende Gerechtigkeitsphantasie – der »große Sturm« oder das »große Erwachen«, wenn die »white hats«, also die Guten und Unbescholtenen, plötzlich alle bösen Pädophilen, Satanisten und Diebe verhaften und nach Guantánamo schicken. Das ist rührend naiv, denn, wie Mark

Fisher es formulierte: »Ist wirklich jemand der Ansicht, dass sich die Verhältnisse zum Besseren wenden würden, wenn wir die gesamte Klasse von Bankern und Managern durch andere (›bessere‹) Menschen ersetzen?«[19] Aber wissen Sie was? *Ich kann es nachvollziehen.* Es ist auf jeden Fall besser, als zuzuschauen, wie Michelle Obama von George W. Bush ein Bonbon zugesteckt bekommt – oder das wissende Gelächter des Publikums zu hören, wenn der ehemalige Präsident sich verspricht und die »völlig ungerechtfertigte und brutale Invasion des Irak. Ich meine … der Ukraine« anprangert, wie es im Mai 2022 geschah.[20]

Das wirft eine akute Frage auf: Hat irgendjemand außerhalb der Spiegelwelt eine Vision von Gerechtigkeit und Verantwortlichkeit? Die Liberalen hegen immer noch den Traum, dass Donald Trump endlich für eine oder mehrere seiner Straftaten zur Rechenschaft gezogen wird, ob er nun im Amt ist oder nicht. Aber wer fordert darüber hinaus aktiv, dass unsere noch lebenden Kriegsverbrecher vor den Internationalen Strafgerichtshof gestellt werden? Wie sieht der Plan zur Beschlagnahmung der Vermögen von Unternehmen aus, die die Klimakrise verschärfen? Es ist extremer Pipikismus, wenn MAGA-Republikaner die Scheinprozesse im Repräsentantenhaus als ein neues »Church-Comittee« bezeichnen – in Anspielung auf den Sonderausschuss des US-Senats, der 1975 unter Vorsitz des demokratischen Senators Frank Church einberufen wurde, um einige der schmutzigsten Machenschaften der US-Geheimdienste im In- und Ausland zu untersuchen. Aber was unternahmen die Demokraten, als sie das Repräsentantenhaus kontrollierten, um zu untersuchen, wie Geheimdienste und Tech-Riesen zusammenarbeiteten mit dem Ziel, in unsere Privatsphäre einzudringen und uns auf vielfältige Weise zu überwachen? Oder um Whistleblower wie Snowden zu begnadigen? Haben wir das Streben nach Gerechtigkeit auf dieser Ebene schon aufgegeben? Wenn dem so ist, kann es kaum überraschen, dass dieser Impuls in verzerrter Form in der Spiegelwelt wiederauftaucht. Es ist ein Vakuum entstanden, und wenn meine Doppelgängerin mich etwas gelehrt hat, dann, dass ein Vakuum danach strebt, gefüllt zu werden.

Es gibt noch etwas, das heute die Verschwörungskultur zu befeuern scheint. Die extreme Konsolidierung in der Unternehmenswelt im Lauf der letzten drei Jahrzehnte hat zu einer so massiven Benachteiligung der Konsumenten geführt, dass sich die Beschaffung der lebensnotwendigen Dinge so anfühlen kann, als müsste man sich seinen Weg durch eine endlose Abfolge von Betrügereien bahnen. Es ist, als würden alle versuchen, uns beim Kleingedruckten der seitenlangen Allgemeinen Geschäftsbedingungen auszutricksen, weil sie wissen, dass wir sie nie lesen werden. Die Black Box, das sind nicht nur die Algorithmen, die unsere Kommunikationsnetze steuern – fast alles ist eine Black Box, ein undurchschaubares System, das irgendetwas zu verbergen trachtet. Auf dem Immobilienmarkt geht es nicht um Häuser und Wohnungen, sondern um Hedgefonds und Spekulanten. An den Universitäten geht es nicht um Bildung, sondern darum, junge Menschen zu lebenslangen Schuldnern zu machen. Bei Langzeitpflegeeinrichtungen geht es nicht um Pflege, sondern um die Ausbeutung älterer Menschen in ihren letzten Lebensjahren und um Immobilientricksereien. Auf vielen Nachrichtenwebsites geht es nicht um Nachrichten, sondern darum, dass wir automatisch ablaufende Werbespots und Advertorials anklicken, redaktionell gestaltete Anzeigen, die die untere Hälfte fast jeder Seite einnehmen. Nichts ist so, wie es scheint. Dieser räuberische, extraktive Kapitalismus führt zwangsläufig zu Misstrauen und Paranoia. Vor diesem Hintergrund ist es nicht verwunderlich, dass QAnon viral ging, eine Verschwörungstheorie, der zufolge die Eliten Kindern ihren Lebenssaft (Adrenochrom) abzapfen. Die Eliten saugen uns aus – unser Geld, unsere Arbeitskraft, unsere Zeit, unsere Daten. Sie saugen uns so gründlich aus, dass große Teile unseres Planeten vertrocknen und spontan zu brennen anfangen. Die Davos-Elite verschlingt zwar nicht unsere Kinder, aber sie verschlingt die Zukunft unserer Kinder, und das ist schlimm genug. QAnon-Gläubige imaginieren geheime Tunnel unter Pizzerien und unter dem Central Park, von wo aus Kinderhandel betrieben wird. Das ist reine Phantasie. Doch unter einigen Großstädten gibt es tatsächlich Tunnel, Schattenzonen im wahrsten Sinn des Wortes, und sie beherbergen und verstecken tatsächlich Menschen: die Armen, die Kranken, die Drogenabhängigen, die Ausgemusterten. Unter den funkelnden Lichtern von Las Vegas leben Hunderte oder gar Tausende von Menschen in einem ausgedehnten Netz von Tunneln, in die nach einem Unwetter das Regenwasser abgeleitet wird.

Wie meine Doppelgängerin, die alle unsere Überwachungsängste auf eine Impf-App projiziert, liegen Verschwörungstheoretiker zwar mit den Fakten falsch, aber mit den *Gefühlen* oft richtig – mit dem Gefühl, in einer Welt voller Schattenzonen zu leben; dem Gefühl, dass von menschlicher Not immer irgendjemand profitiert; dem Gefühl, von Raubbau und Ausplünderung erschöpft zu sein; dem Gefühl, dass entscheidende Wahrheiten vertuscht werden. Das Wort für das System, das diese Gefühle auslöst, beginnt mit *K*, aber wenn einem nie beigebracht wurde, wie der Kapitalismus funktioniert, sondern einem stattdessen erzählt wurde, es ginge nur um Freiheit, Sonnenschein und Big Macs und darum, sich an die Regeln zu halten, um das Leben führen zu können, das man verdient – dann ist verständlich, dass man dieses Wort mit einem anderen *K*-Wort verwechselt: Konspiration, Verschwörung.

Wie Gilroy-Ware es ausdrückt: »Verschwörungstheorien sind die Fehlzündung eines gesunden und gerechtfertigten politischen Instinkts: Misstrauen.«[21]

Aber Misstrauen, das auf ein falsches Ziel gelenkt wird, ist etwas sehr Gefährliches.

Vor unseren Schatten fliehen

Jordan Peeles Doppelgänger-Horrorfilm *Us (Wir)* aus dem Jahr 2019 zeigt eine Welt, die aussieht wie unsere eigene und auf einer schattenhaften Unterwelt aufgebaut ist, die von den Doppelgängern aller oberirdisch lebenden Menschen bewohnt wird. Gleichzeitig sind die Doppelgänger auf unsichtbare Weise miteinander verbunden. Alles, was oben geschieht, muss unten gespiegelt werden, in Dunkelheit und

Elend. Leid und Not der Menschen im Untergrund ermöglichen überhaupt erst die Bequemlichkeit des Lebens über der Erde – eine Dynamik, die als Analogie zu den Schrecknissen der Klassengesellschaft im Rassenkapitalismus interpretiert wurde. Aber in *Us* sind die Menschen der Unterwelt es leid, ein deformiertes Schattendasein zu führen, sie kommen ans Licht und richten Unheil an.

Wer sind diese Schattenmenschen?

»Wir sind *Amerikaner*«, lautet die Antwort, und sie ist wie ein Schlag in die Magengrube.

Auch der südkoreanische Regisseur Bong Joon-ho arbeitet in seinem Film *Parasite* von 2019 mit einer oberirdischen und einer unterirdischen, schattenhaften Welt. Die arbeitende Klasse (in Gestalt einer vierköpfigen Familie), die wie in unterirdischen Höhlen lebendes Ungeziefer behandelt wird, kommt nach oben, um sich das Luxusleben der Reichen anzueignen, denen sie nicht mehr dienen will. Dies ist mehr als *Upstairs, Downstairs (Das Haus am Eaton Place)*. Es ist eine Metapher für alle Schattenzonen des Kapitalismus und Imperialismus: für die Jugendlichen in den Sweatshops Chinas; für die Kinder in den Kobaltminen des Kongo; für die Ölkriege, die geführt werden, um unsere Tanks zu füllen; für die Migranten, die man ertrinken lässt, um das Hirngespinst einer »Festung Europa« zu schützen. Wir können jetzt die Milliarden Menschen hinzufügen, denen eine Covid-Impfung verweigert wurde, während die Bewohner der reichen Länder bereits für ihre dritte und vierte Auffrischungsimpfung antraten (sofern sie nicht wegen herbeiphantasierter Bedrohungen durch eine »Tyrannei« leichtfertig auf ihre Privilegien verzichteten).

Die Romanautorin Daisy Hildyard beschreibt unsere Verstrickung in diese Schattenzonen als eine Form des Doppelgängertums. In ihrem 2017 erschienenen Buch *The Second Body* legt sie dar, dass es zum Menschsein grundlegend dazugehört, zwei Körper zu besitzen: einen, in dem wir bewusst leben – unseren Hunger stillen, zur Arbeit pendeln, im Fitnessstudio trainieren, Kinder machen –, und einen zweiten, ein Schatten-Ich, das alle diese Aktivitäten trägt und stützt, indem es beharrlich geleugnete Parallelwelten durchquert und die Ressourcen und Güter, die das alles möglich machen, für uns extrahiert und verarbeitet. Hildyard schreibt:

> Du steckst hier in deinem Körper fest, aber eigentlich könnte man sagen, du bist in Indien und im Irak, du bist am Himmel und verursachst Stürme, und du bist im Meer und treibst Wale auf den Strand zu. Wahrscheinlich spürst du deinen Körper an diesen Orten nicht: Es ist, als hättest du zwei verschiedene Körper. Du hast einen individuellen Körper, in dem du existierst, isst, schläfst und dein alltägliches Leben führst. Aber du hast einen zweiten Körper, der Wirkungen auf fremde Länder und auf Wale ausübt … einen Körper, der nicht stofflich ist wie der andere, aber sehr viel größer.[22]

Unsere Verstrickung in Kriege, die mit unseren Steuergeldern geführt werden, um das Öl und Gas zu schützen, das unsere Häuser wärmt, unser Essen erhitzt, unsere Fahrzeuge antreibt und selbst wiederum das Artensterben befördert, ist nichts von uns Getrenntes; sie ist eine Erweiterung unseres physischen Seins. »Dieser zweite Körper«, schreibt Hildyard, »ist deine ganz konkrete und physische biologische Existenz – er ist eine Version von dir«. Eine weniger sichtbare Dimension unseres verkörperlichten Ichs.

Dies ist keine Abnormität der Spiegelwelt, es handelt sich nicht um *sie,* um die anderen. Es handelt sich um unsere Welt und um jeden von uns. Eine Welt, die seit eh und je auf den Schattenzonen aufbaut. Und das bringt uns zu dem Dualismus im Zentrum unserer Gesellschaften in der reichen Welt – nicht zu dem leicht erkennbaren, im Stechschritt marschierenden Nazi, sondern zu zerstörerischer Gewalt und rücksichtsloser Ausbeutung, die schon immer die dunkle Kehrseite des Projekts »Zivilisation« waren. Der Philosoph Walter Benjamin schrieb kurz vor seinem Tod im Jahr 1940: »Es ist niemals ein Dokument der Kultur, ohne zugleich ein solches der Barbarei zu sein.«[23] Zwei Jahrzehnte später schrieb der ebenso brillante Romancier, Essayist und Dramatiker James Baldwin: »Es steht, glaube ich, außer Frage, dass wir uns weniger Schaden zufügen würden, wenn wir uns selbst besser verstünden. Doch die Hürde zwischen uns und dem Wissen über uns ist wirklich hoch. Es gibt so vieles, was man lieber nicht wissen möchte!«[24]

Die Covid-Ära hat uns gezwungen, uns allen möglichen Wahrheiten zu stellen, vor denen viele von uns lieber die Augen verschließen: der Wahrheit über unsere gegenwärtige Wirtschaftsordnung und über den herzlosen Umgang mit älteren Menschen und mit vielen, die elementar wichtige Arbeit leisten; und der Wahrheit über unsere kollektive Vergangenheit: über die zentrale Bedeutung geraubter afrikanischer Menschen und geraubten Indigenen Landes für die Entstehung der modernen Welt. Diese Auseinandersetzung mit der Vergangenheit und ihren Folgen für die Gegenwart möchten viele im Umkreis meiner Doppelgängerin aus den Schulbüchern und den Regalen der Schulbibliotheken verbannen. Zusätzlich zu all dem müssen wir uns auch noch mit einer Zukunft auseinandersetzen, die immer schneller auf uns zurast, nachdem Regierungen und Unternehmen mehr als drei Jahrzehnte lang genau das Gegenteil von dem getan haben, wozu Klimawissenschaftler sie aufgefordert haben: die Treibhausgasemissionen zu reduzieren. Wir spüren die brutale Zukunft, die hinter unseren leuchtenden Bildschirmen, unseren surrenden Motoren und unseren schnellen Lieferdiensten lauert. Wir wissen, dass unsere Mitmenschen in nah und fern, aber auch zahllose nicht menschliche Lebewesen und Ökosysteme einen tödlichen Preis werden bezahlen müssen. Einen Vorgeschmack darauf haben wir im Herbst 2022 bekommen, als bei Überschwemmungen in Pakistan die Ernte einer ganzen Saison vernichtet und fast ebenso viele Menschen vertrieben wurden, wie in meinem Land leben. Dennoch verschwanden die Fluten von unseren Bildschirmen, lange bevor das Wasser zurückging.

In den verhältnismäßig wohlhabenden Regionen dieses Planeten sind diese schattenhaften Parallelwelten unser persönliches und planetares Unterbewusstes, und sie suchen uns heim. Die Geister der Vergangenheit, der Gegenwart und der Zukunft rasen alle gleichzeitig auf uns zu. Wir spüren, dass die Barrieren, die diese Welten voneinander trennen, nicht mehr lange standhalten können. Dass der Vorhang, der Leid und Hässlichkeit verbirgt, selbst für die Wohlhabendsten von uns arg löchrig geworden ist. Dass nicht nur Gesellschaften kippen und in ihre monströsen Doppelgänger umschlagen können, sondern dass auch die Bewohnbarkeit der Erde in Unbewohnbarkeit umschlagen kann. Dass die Brände im Amazonas-Regenwald und die ins Meer stürzenden Eisberge der Antarktis uns zeigen: Dieser Prozess hat bereits begonnen.

»Wenn man auf einem ehemaligen Schlachtfeld oder einem Massengrab steht, weiß man es«, schreibt Deena Metzger in ihrem 2022 erschienenen Buch *La Vieja: A Journal of Fire.*[25]

Man weiß es. Wir alle wissen es. Und wir spüren, dass die Schatten immer näher rücken.

12

Umkehr ist der einzige Ausweg

»Eines Tages werden unsere Kinder und Enkelkinder jeden von uns ohne Umschweife fragen …: ›Papa, Mama – Oma, Opa –, werden sie fragen: Was habt ihr im Krieg gemacht?‹«[1]

Als Naomi Wolf diese Sätze am 2. März 2022 in ihrem Newsletter veröffentlichte, tobte gerade ein Krieg; es war der katastrophalste Angriff auf ein europäisches Land seit dem Zweiten Weltkrieg. Eine Woche lang hatte Russland die Hauptstadt der Ukraine, Kyjiw, und deren Vororte unter Beschuss genommen, und die Belagerung der Hafenstadt Mariupol hatte gerade erst begonnen; den damaligen Schätzungen der Vereinten Nationen zufolge waren eine Million Ukrainer aus ihrem belagerten Land geflohen. Von diesem Krieg sprach Wolf jedoch nicht, als sie sich ausmalte, wie Kinder und Enkelkinder ihre älteren Angehörigen befragten. Sie sprach auch nicht von dem Krieg gegen unseren Planeten, obwohl der Weltklimarat drei Tage zuvor einen Bericht fertiggestellt hatte, der sich – mit den Worten von UN-Generalsekretär António Guterres – las wie ein »Atlas des menschlichen Leids und eine vernichtende Anklage gegen die verfehlte Klimapolitik«.[2]

Nein, meine Doppelgängerin sprach in einem Post mit der Überschrift »Ich bin nicht ›mutig‹; du bist bloß ein Schlappsch…z« von einem Krieg im Walker Hotel im wohlhabenden Stadtviertel Tribeca in Manhattan, einem Krieg, in dem Wolf selbst, ihrem Bericht zufolge, eine nachgerade heldenhafte Rolle gespielt hatte.

Der Fall der Overnight Oats

Wolf schrieb, sie sei in dem Hotel abgestiegen und habe in der Kaffeebar ein Schild gesehen, auf dem stand, die Sitzplätze seien »nur für Geimpfte«. Die Kaffeebar gehörte zur Blue-Bottle-Kette, bei der eine Tasse Kaffee vier Dollar und Overnight Oats – kalter, über Nacht eingeweichter Haferbrei mit frischem Obst – sechs Dollar kosten. Wolf beschloss, sich dieser Tyrannei mit vollem Körpereinsatz entgegenzustellen:

> Am dritten Tag meines Aufenthalts teilte ich dem Personal im Blue-Bottle-Café höflich mit, dass ich ungeimpft sei und mit meinem kleinen Kaffee und meinen Overnight Oats jetzt am verbotenen Lunch Counter Platz nehmen und dort friedlich sitzen bleiben, mich dem diskriminierenden Erlass der Stadt also nicht fügen würde.
>
> Das Personal erklärte mir streng – wie es seine Aufgabe war –, dass ich damit gegen die »Verordnung« von New York City verstieße. Ich sagte, das sei mir klar, ich würde mich aber trotzdem nicht daran halten … Dann setzte ich mich an den illegalen Lunch Counter, schrieb meinem Anwalt per SMS, dass er sich bereithalten sollte, schickte einen öffentlichen Post an Gouverneurin [Kathy] Hochul und Bürgermeister [Eric] Adams, dass ich gerade absichtlich gegen die diskriminierende städtische Verordnung verstieße, der zufolge ungeimpfte Personen in Cafés und Restaurants keinen Sitzplatz bekommen dürften, und dass ich jetzt gerade am Lunch Counter des Cafés im Walker Hotel von Tribeca säße, falls sie mich festnehmen wollten.
>
> Dann wartete ich mit klopfendem Herzen eine Stunde lang auf die Festnahme.
>
> Und wisst ihr, was passiert ist?
>
> *Nichts.*[3]

Genau. Rein gar nichts. Die Polizei kam nicht, und sowohl die Gouverneurin als auch der Bürgermeister schienen anderweitig beschäftigt zu sein.

Unbeeindruckt begab sich Wolf, deren Social-Media-Feeds sich nun in höchster Alarmbereitschaft befanden, zur Grand Central Station und zog dort in einem Wartebereich, für den ein Impfnachweis erforderlich war, noch einmal die gleiche Show ab. Diesmal »erschienen sofort zwei Cops«. Laut Wolfs Bericht brachten diese sie höflich zu einem anderen Wartebereich, der für ungeimpfte Personen reserviert war:

> Ich wies darauf hin, dass die Stärke von New York City und von Amerika überhaupt in der Diversität und der allgemeinen Gleichbehandlung liegt und dass diskriminierende Bestimmungen eher abgeschafft worden wären, wenn die Leute Widerstand gegen andere Formen von Diskriminierung und zwangsweise getrennte Einrichtungen geleistet hätten. Ich erklärte zum zweiten Mal an diesem Tag, dass ich die Absicht hätte, mich auf friedliche Weise zu widersetzen.

Wolf wartete darauf, für ihren zweiten mutigen Akt des Widerstands an diesem Tag festgenommen zu werden. »Ich war wieder auf die Handschellen vorbereitet«, schrieb sie. »Mein Herz raste erneut.« Aber genau wie im Blue Bottle geschah auch diesmal nichts. Null. »Als ich fragte, ob ich jetzt gehen und meinen Zug nehmen könne, hielt mich niemand auf.«

Aus diesen eher profanen Erlebnissen – sie hatte Kaffee getrunken und war mit dem Zug gefahren – zog Wolf einige sehr weitreichende Schlussfolgerungen:

> Als ich mich weigerte, mich diesen unrechtmäßigen »Verordnungen« zu fügen, die einer einstmals großartigen Stadt die Seele ausgebrannt haben, *geschah nichts* … Aber diese schrecklichen, beängstigenden Momente, in denen ich mich gegen diese furchteinflößend

klingenden »Verordnungen« gestemmt habe, waren nötig, um zumindest mir selbst zu beweisen, dass sie sinnlos waren.
Der Mut anderer Menschen schafft Möglichkeiten in dieser Welt.

Das, schrieb Wolf, sei »die Botschaft«.[4]

Die vergeblichen Versuche meiner Doppelgängerin, sich in New York City festnehmen zu lassen, legen allerdings noch eine ganz andere Botschaft nahe, nämlich dass es entgegen ihren ständigen Behauptungen nie einen Staatsstreich gegeben hat, mit dem unter dem Deckmantel einer Pandemie die Freiheit abgeschafft werden sollte, und dass sie nie unter einem biofaschistischen Regime gelebt hat. Wie Wolf bei der Inszenierung ihres Protests gewusst haben muss, hatte New Yorks Bürgermeister Eric Adams bereits angekündigt, dass die Stadt die Impfpflicht für Restaurantbesuche aufheben werde, solange die Covid-Zahlen niedrig blieben.[5] Ein paar Tage später geschah das auch.[6] Trotz einiger tatsächlich über das Ziel hinausschießender Regulierungen war eine zeitlich begrenzte Gesundheitsmaßnahme eben wirklich nur von begrenzter Dauer.

Wie gesagt, ich war hin und her gerissen, was die Impf-Apps betraf: Die immer weiter voranschreitende Digitalisierung des täglichen Lebens verstärkt vorhandene Ungleichheiten, aber dasselbe gilt auch für ein Virus, dem man freie Bahn lässt, während sich die Leichen stapeln. Als das Virus dann mutierte und klarwurde, dass die Wirksamkeit der Impfung für die Infektionsabwehr nachließ, ergab die Aufrechterhaltung der Impfpflicht nicht mehr so viel Sinn. Darum wurde sie in New York und anderswo ja auch aufgehoben. (Die Wirksamkeit von Masken und Schnelltests war nach wie vor sehr groß, aber die für sie geltenden Vorschriften wurden leider ebenfalls aufgehoben.)

Abgesehen von alldem: Was mir an Wolfs überdrehtem Bericht von einem letztendlich ereignislosen Tag in der Großstadt am meisten auffiel, war ihre seltsame Wortwahl. Blue Bottle ist in erster Linie eine Kette, in deren Läden man sich einen Kaffee oder ein paar Snacks zum Mitnehmen holt; hie und da gibt es zwar ein paar Sitzplätze, aber keinen »Lunch Counter«, ein anachronistischer Begriff, den sie dreimal benutzte. Damit spielte sie ganz offensichtlich auf die blutigen und mutigen Sit-ins an solchen Imbisstheken Anfang der 1960er Jahre an; das bekannteste Beispiel ist das Sit-in in einem Woolworth in Greensboro, North Carolina, wo vier Schwarze Bürgerrechtsaktivisten auf ihrem Recht bestanden, bedient zu werden, obwohl der Imbiss Weißen vorbehalten war. Die Aktionen der Greensboro Four lösten weitere Akte zivilen Ungehorsams im ganzen segregierten Süden aus; häufig wurden die Teilnehmer für ihren Mut verprügelt und verhaftet.

Die »Jim Crow« genannte Rassentrennung in den Südstaaten war in der Tat ein tyrannisches System, mit dem der Status Schwarzer Menschen als Bürger zweiter Klasse aufrechterhalten werden sollte. Durch die Anspielung auf Lunch Counters und den Verweis auf frühere Phasen der US-amerikanischen Geschichte mit »zwangsweise getrennten Einrichtungen« und »diskriminierenden Bestimmungen« beanspruchte Wolf dreist einen Platz in derselben Liga wie die Greensboro Four oder wie Rosa Parks, die sich bekanntermaßen 1955 in Montgomery, Alabama, weigerte, einem weißen Fahrgast ihren Sitzplatz im Bus zu überlassen.[7] (Wolf bewundert sie immerhin so sehr, dass sie ihre Tochter nach ihr benannt hat.)[8] Später schrieb sie, das Leben im Bundesstaat New York in der Covid-Zeit sei so gewesen, »als lebten wir alle unter Jim-Crow-Gesetzen«.[9]

Rollenspiele

Diese Berufung auf historische Ereignisse war keine Ausnahme. Neben ihren wirren Nazi-Vergleichen zieht Wolf in ihren Interviews immer wieder Parallelen zwischen der Impfpflicht und sehr realen Strukturen rassistischer Unterdrückung. Zugleich hat sich die umfassendere Bewegung gegen Impfungen, Masken und Lockdowns durchweg mit Schwarzen Befreiungsbewegungen gleichgesetzt und bedient sich großzügig an deren Wortschatz. Steve Bannon erzählt seinem aktivistischen Publikum, durch die Stürmung von Schulausschuss-Sitzungen und die Übernahme lokaler republikanischer Parteiorganisationen würde man »den Bogen krümmen« – eine Anspielung auf einen berühmten Satz aus der Zeit der Sklavenbefreiung, den Martin Luther King bereits so aufgegriffen hatte: »We shall overcome because the arc of the moral universe is long but it bends towards justice.« (»Der Bogen des moralischen Universums ist lang, aber er neigt sich zur Gerechtigkeit.«) Ob in New York oder in Sydney, in Paris oder in Rom, weiße Menschen – die überwältigende Mehrheit der Protestierenden und ihrer Anführer – bezeichneten sich selbst als Teil einer »neuen Bürgerrechtsbewegung«, weil sie Opfer einer neuen Hierarchie seien, in der sie als »Bürger zweiter Klasse« einer »medizinischen Apartheid« ausgesetzt seien. Manche hielten Schilder hoch, auf denen stand: IMPFZWANG = SKLAVEREI. Im September 2021 ging eine Hilfslehrerin an einer Grundschule in Newberg, Oregon, so weit, aus Protest gegen die Impfpflicht in ihrem Bezirk mit schwarz gefärbtem Gesicht zur Arbeit zu kommen. »Ich stehe hier für Rosa Parks«, erklärte sie einem Talkmaster.[10] Alles in allem hat diese Bewegung zu unterschiedlichen Zeiten behauptet, so ziemlich gegen alle Verbrechen an rassifizierten und religiösen Minderheiten seit den Kreuzzügen aufzustehen: Sklaverei, Völkermord, Holocaust, Jim Crow, Apartheid und mehr.

Eine der enthusiastischen Influencerinnen, denen ich folge, sagte zum Beispiel, sie habe es satt, für ihr »Recht zu atmen« zu kämpfen – ein Verweis auf ihre Weigerung, beim Einkaufen eine Maske zu tragen, als es noch Pflicht war. Eine Gruppe von Müttern in San Diego, die nicht wollten, dass ihre Kinder in der Schule Masken tragen mussten, nannte ihre Organisation Let Them Breathe.[11] Es ist eigentlich kaum denkbar, dass diese gebildeten weißen Mütter aus der oberen Mittelschicht nicht wussten, dass ihr Slogan einem anderen ähnelte – den »I can't breathe«-Rufen, die sich 2014 in den Straßen erhoben, nachdem ein Polizist in New York City Eric Garner in einen Würgegriff genommen hatte; Garner konnte diese schicksalhaften Worte noch hervorstoßen, bevor der Polizist sein Leben beendete. Sie mussten gewusst haben, dass dieselben Worte auch 2020 wieder in Sprechchören auf den Straßen ertönten, als George Floyd sie aussprach, bevor er in Minneapolis von einem Polizisten ermordet wurde. Doch weniger als ein Jahr, nachdem das Land von den Protesten gegen Floyds Ermordung – und gegen die Ermordung von Ahmaud Arbery und Breonna Taylor und vielen anderen davor und danach – erschüttert worden war, tauchten diese Worte in geringfügig abgewandelter Form erneut auf. Diesmal richteten sie sich gegen die öffentliche Gesundheitspolitik, mit der die Ansteckungsgefahr durch Covid-19 verringert werden sollte, jenes Virus, das noch immer überproportional in Schwarzen Communitys wütete.

Solche Rollenspiele sind bei den Querdenkern üblich. Im Frühjahr 2021 sollte Wolf bei einer für Juneteenth geplanten Impfgegner-Veranstaltung über ihre »Fünf Freiheiten«-Kampagne sprechen. Juneteenth ist der Tag, an dem in den Vereinigten Staaten des Endes der Sklaverei gedacht wird. Der Journalist Eoin Higgins fragte die Veranstalterin, ob sie es für angemessen halte, einen derart zentralen Feiertag zur Befreiung der Schwarzen für diese Zwecke zu vereinnahmen. Die Antwort: »Wir sind von unserer Regierung versklavt worden.«[12]

Die Veranstaltung wurde offenbar abgesagt, aber das ursprüngliche Vorhaben wirft ein Schlaglicht auf einen auffälligen blinden Fleck in Wolfs unablässigen Behauptungen, die Covid-Maßnahmen hätten eine neue Ära politischer Unterwürfigkeit eingeleitet, gegen die nur sie und ihre Mitstreiterinnen und Mitstreiter mutig Widerstand leisteten. Dabei fällt nämlich komplett unter den Tisch, dass in jenem Sommer des Jahres 2020 Millionen Menschen trotz Maskenpflicht und Abstandsregeln Tag für Tag und Nacht für Nacht auf die Straße gingen, um gegen Polizeimorde an Schwarzen Menschen zu demonstrieren und eine radikale Umverteilung finanzieller Mittel zu fordern, weg von Masseninhaftierungen und der Militarisierung der Polizeiarbeit und hin zu Infrastrukturmaßnahmen und Dienstleistungen im Bildungs-, Wohnungsbau- und Gesundheitssektor. Das wäre immerhin ein Ansatz, um die Kluft zwischen Arm und Reich wie auch die Investitionslücke ein Stück weit zu schließen – beides Gründe dafür, dass die Mitglieder Schwarzer Communitys de facto Bürger zweiter Klasse sind, auch wenn es keine legalisierte Rassentrennung mehr gibt.

Wenn jemanden die Sorge umtriebe, Covid könnte den Anbruch eines neuen Zeitalters des Massengehorsams nach dem Vorbild der KP Chinas markieren, wäre es doch wohl erwähnenswert gewesen, dass die größten Proteste in der Geschichte der Vereinigten Staaten ausgerechnet in der Covid-Ära stattfanden und dass Millionen Menschen bereit waren, trotz Tränengas- und Pfefferspraywolken ihr Recht auf Meinungs- und Versammlungsfreiheit in Anspruch zu nehmen. Und wenn jemanden die Sorge umtriebe, der Staat könnte zu tyrannischen Maßnahmen greifen, hätte diese Sorge auch den Morden und dem massenhaften Freiheitsentzug für Inhaftierte gelten müssen, der Triebkraft dieser Unruhen. Doch in all ihren Videos mit den düsteren Warnungen, die Vereinigten Staaten verwandelten sich in eine Nation von Schlafschafen, hat Wolf diesen real stattfindenden Kampf gegen rassistische Diskriminierung keines Wortes gewürdigt, ebenso wenig wie die Tatsache, dass eine Schwarze Person, die im Blue Bottle oder in der Grand Central Station dieselbe Show abgezogen hätte wie sie, höchstwahrscheinlich in Handschellen und mit dem Gesicht nach unten auf dem Boden gelandet wäre – nicht weil die Impfvorschriften tyrannisch wären, sondern wegen des systemischen Schwarzen-feindlichen Rassismus bei der Polizei, der die von Wolf geflissentlich ignorierten Proteste ausgelöst hat.

Das alles wurde nur noch lächerlicher / ernster, als Wolf im Juni 2022, drei Monate nach der Schlacht von Little Blue Bottle, während ihres Aufenthalts in Salem, Oregon, eine erfolgreichere Publicity-Show inszenierte. Sie fand eines der wenigen Restaurants in der Stadt, die noch einen Impfnachweis verlangten, wenn man drinnen essen wollte – Epilogue Kitchen and Cocktails, einen von Schwarzen betriebenen Laden, in dessen Fenstern Porträts von George Floyd und Breonna Taylor wie auch Schilder mit der Aufschrift BLACK LIVES MATTER und NO PLACE FOR HATE hingen. Obwohl sie sich so gut wie jedes andere Restaurant in Salem hätte aussuchen können – und obwohl sie woanders reserviert hatte –, marschierte Wolf ins Epilogue und inszenierte eine Konfrontation, bis sie aufgefordert wurde, das Restaurant zu verlassen. Dann filmte sie sich dabei, wie sie dem

Schwarzen Geschäftsführer eine Strafpredigt hielt: »In der Geschichte dieser Nation haben viele Menschen auf diese Weise Grenzen verschoben. Und wie sich herausgestellt hat, war das gut so. In diesem Land sind die Leute nämlich wirklich gleichberechtigt, wissen Sie.« Außerdem behauptete sie, die Aufforderung zur Vorlage eines Impfnachweises sei »totale Diskriminierung«.[13]

So ging es quälend lange weiter, während Wolf die Behandlung, die ihr zuteilwurde, als »wichtigen Moment in der Geschichte dieser Nation« bezeichnete.[14] Nachdem sie die Videos stolz auf Gettr gepostet hatte, überzogen ihre Follower, wie nicht anders zu erwarten, das Restaurant mit rassistischen Beschimpfungen – per Telefon, E-Mail und über die sozialen Medien. Viele meinten, Fake-Reservierungen vornehmen zu müssen (teilweise unter dem Namen Donald Trump), und verschlechterten absichtlich die Bewertungen des Restaurants. »Wir hatten mehr als 150 gefakte Ein-Stern-Bewertungen«, berichtete Jonathan Jones, Miteigentümer von Epilogue, eine Woche später. »Die meisten rutschten recht schnell in Rassismus ab. In ziemlich ungezügelten, primitiven Rassismus.«[15] In vielen Reaktionen fanden sich sogar gleich mehrere Themen wieder, denen wir auf dieser Reise schon öfter begegnet sind: Fettphobie, Schwarzen-feindlicher Rassismus, Verschwörungstheorien und angebliche genetische Überlegenheit, wobei die Black-Lives-Matter-Plakate im Fenster besonderen Hass auf sich zogen.

All dies wirft die Frage auf, welche Beziehung zwischen den Querdenkern und den anderen großen Bewegungen unserer Zeit besteht. Laufen sie einfach nur nebeneinanderher? Wird gar mit zweierlei Maß gemessen, wie viele Querdenker behaupten, indem die Proteste gegen Lockdowns verurteilt, die Erhebungen für Rassengerechtigkeit jedoch gefeiert werden? Oder haben wir es mit einer komplexeren Dynamik zu tun, bei der die eine Bewegung in einer zerrspiegelartigen Dialektik mit der anderen verbunden ist?

Ich zweifle nicht daran, dass Ungeimpfte sich wie Diskriminierungsopfer und eine Zeitlang sogar wie soziale Parias fühlten, als man noch einen Impfpass vorweisen musste. Und es hätte klarere Ausnahmen für Menschen mit gesundheitlichen Problemen geben können und müssen, für die das Maskentragen und die Impfung mit höherem Risiko verbunden waren. Sehr oft reklamierten jedoch gerade gut situierte weiße Frauen wie ich diese vermeintliche Diskriminierung am lautesten für sich. Deshalb wurde ich das Gefühl nicht los, dass sie es nicht zuletzt deshalb taten, weil sie glaubten, eine Position außerhalb des Covid-Gesundheitskonsenses verliehe ihnen so etwas wie einen machtvollen Opferstatus – und das zu einer Zeit, als die rassistisch motivierte Gewalt im Scheinwerferlicht stand und wir weißen Frauen uns vielfach veranlasst sahen, uns selbst und unsere Rolle in Frage zu stellen. Konnte man sich in einer Zeit, in der jeder über die archetypische weiße Mittelstands-»Karen« herzog, als weiße Frau diskriminiert fühlen? Nun ja, vielleicht – wenn eine Karen sich einreden kann, dass sie in Wahrheit eine verkappte Rosa ist, der man keinen Zugang zu Restaurants und Beförderungsmitteln gewährt und die von Freunden und Angehörigen gemieden wird. Die Klage über einen solch abrupten Statusverlust würde ihren Status natürlich erhöhen – wie man ehrlicherweise zugeben muss, kein ganz abwegiger Gedanke in diesem Stadium des neoliberalen Kapitalismus, dem es hervorragend gelungen ist, die auf Identität basierende Unterdrückung von einem Ausgangspunkt für Solidarität und gemeinsame Analyse (die ursprüngliche Intention der Identitätspolitik) in eine eigene Währung zu verwandeln.

Als Wolf dem Schwarzen Geschäftsführer des Restaurants in Salem vorhält, welche Ironie darin liege, dass er Schwarzen-feindlicher Gewalt entgegentrete und gleichzeitig die Ungeimpften diskriminiere, gibt es einen besonders aufschlussreichen Moment: »Schade, dass Sie sich selbst derart in den Mittelpunkt stellen«, erwidert er ruhig.[16] Der Eigentümer und der Geschäftsführer des Restaurants sagten hinterher, sie hätten zum Zeitpunkt der Begegnung keine Ahnung gehabt, wer Wolf war. Aber auf einer anderen Ebene wussten sie genau, wer sie war.

In Staaten, deren Wirtschaft auf dem Rücken versklavter Schwarzer Menschen aufgebaut wurde und deren Existenz sich dem Diebstahl des Landes Indigener Völker durch Feldzüge voller horrender Gewalt, durch Folter, Hungersnöte und Zwangsumsiedlungen verdankt, ist die Vergangenheit unser kollektiver, unentrinnbarer, allgegenwärtiger Schatten. Nur in kurzen Aufarbeitungsphasen wie nach George Floyds Ermordung schafft es die herrschende Kultur, mehr als ein paar verstohlene Blicke auf diese Gründungsverbrechen zu werfen – oder auf die heutige Realität der weiter bestehenden Rassentrennung in unseren Wohnvierteln und Schulen, in den Systemen der Gesundheitsversorgung und der Justiz. Das gilt erst recht für die stark rassistisch geprägten Bruchlinien zwischen denjenigen, die während der Pandemie zu Hause bleiben und sich darüber beklagen durften, und denen, die in Krankenhäusern, Pflegeheimen, Auslieferungslagern, in der Abfallentsorgung und an vielen anderen unterbezahlten, aber für die Aufrechterhaltung der Infrastruktur des heutigen Lebens unentbehrlichen Arbeitsplätzen dem Virus ohne angemessene Schutzausrüstung die Stirn bieten sollten.

So wie Konservative und Liberale einander spiegeln und jeweils für sich beanspruchen, rechtschaffen und im Besitz der Wahrheit zu sein, so ist diese nicht aufgearbeitete Geschichte und Gegenwart ein großer Teil der Schattenwelt des Weißseins, die Wahrheit, die gleichzeitig bekannt ist und verdrängt wird. In *Zwischen mir und der Welt* bezeichnet Ta-Nehisi Coates die Verleugnung dieses Schattens seitens weißer Menschen als »der Traum«, eine Kurzform des amerikanischen Traums, die weniger Gewicht auf das Amerikanische als auf den Traumaspekt legt.[17] Das Entscheidende ist, der Traum weiß, dass er ein Traum ist, er weiß, dass er nicht real ist, dass die Realität an die Tür hämmert und ihn aus dem Schlummer zu reißen droht. Darum müssen gewaltige Anstrengungen unternommen werden, damit die Vorhänge geschlossen bleiben und kein Licht hereinfällt.

Das ist die grausamste Ironie an Wolfs Auftritten in Manhattan und Salem. Zur selben Zeit, als sie sich die Sprache der Bürgerrechtsbewegung aneignete, versuchten viele ihrer Mitstreiter in der Spiegelwelt mit aller Kraft zu verhindern, dass eine wahrere Geschichte über Amerikas Vergangenheit erzählt wurde. Sie behaupteten, Schülern im

Unterricht etwas über die Realität des Rassismus in ihrem Land beizubringen, sei ebenso eine Form von Kindesmisshandlung wie Impfungen und Masken. Diese Leute rufen nun nach Gesetzen, die nur »patriotischen« Geschichtsunterricht zulassen und Bücher verbieten – denn wie die Historikerin Keeanga-Yamahtta Taylor schreibt, ergibt sich aus der Kenntnis der Geschichte der Anspruch, in der Gegenwart etwas gegen ihre Hinterlassenschaften zu tun:

> Diese kollektiven Bemühungen sprechen dem öffentlichen Diskurs über die Geschichte des amerikanischen Rassismus und der amerikanischen Fremdenfeindlichkeit Hohn – und haben ihn in manchen Zusammenhängen so gut wie unmöglich gemacht. Die Befassung mit Amerikas rassistischer Geschichte liefert jedoch wichtige Erkenntnisse über heute existierende Muster von Armut, Arbeitslosigkeit und sozialer Benachteiligung. Auf diesen Erkenntnissen basieren die Argumente für die Einrichtung oder Ausweitung staatlicher Programme, die rassistische Ausgrenzung abbauen sollen.[18]

Dieser Diskurs sei der Rechten offensichtlich ein Dorn im Auge, merkt Taylor an. Er werde aber »sogar von manchen Liberalen gemieden, die Angst haben, sonst als Befürworter eines ›starken Staates‹ zu gelten«.

Während Wolf also Rosa Parks spielte, setzten sich einige ihrer neuen Mitstreiter im Kampf für »Freiheit« energisch für ein Verbot von Büchern über eben jene Geschichte ein, die sie plünderten. Dabei geriet auch ein kleines Bilderbuch mit dem Titel *I am Rosa Parks* auf die Verbotsliste eines Schulausschusses in Pennsylvania. Ich habe viele Dutzend Auftritte Wolfs bei rechten Medien verfolgt, aber kein einziges Mal gehört, dass sie sich gegen die im ganzen Land eskalierenden Bücherverbote ausgesprochen hätte, obwohl sie sich über ihre eigene Verbannung von manchen Plattformen als eine der »von Shadowbans Betroffenen« beklagt.[19]

Es ist, als wollten die Querdenker mit der Übernahme der Sprache und Haltungen der Unterdrückten dem langen Schatten der Vergangenheit entrinnen – auch der Tatsache, dass unsere jungen Länder auf niedergebrannten Dörfern und auf Friedhöfen gegründet wurden, deren Geister noch immer keine Ruhe gefunden haben.

Eine Geschichte zweier Lkw-Konvois

Im Mai 2021 gab die Tk'emlúps te Secwépemc First Nation, eine Indigene Gemeinschaft im Landesinneren von British Columbia, eine Erklärung heraus, die weltweit Erschütterung auslöste. Darin hieß es, man habe die mutmaßlichen Grabstellen von nicht weniger als zweihundertfünfzehn Kindern auf dem Gelände der ehemaligen Kamloops Indian Residential School ausfindig gemacht, einer Art Internatsschule für Indigene Kinder, die fast hundert Jahre lang in Betrieb war. Einige der Kinder schienen gerade einmal drei Jahre alt gewesen zu sein, als sie verscharrt wurden.[20] Aus ganz British Columbia und auch aus anderen Provinzen waren Indigene Schülerinnen und Schüler dorthin geschickt worden.

Die Residential Schools waren nur eine – relativ moderne – Waffe des Genozids, mit dem die Indigene Bevölkerung des amerikanischen Kontinents nach dem Kontakt mit Europa um insgesamt mehr als neunzig Prozent dezimiert wurde. Überlebende der Schulen hatten über lange Zeit hinweg Erinnerungen an geheime Gräberfelder ausgetauscht. An Kinder, die nachts verschwanden und nicht mehr zurückkehrten. An von Geistlichen gezeugte Babys, die auf mysteriöse Art und Weise verlorengingen. Es war ein derart offenes Geheimnis, dass die kanadische Regierung in einem 2015 erschienenen offiziellen Bericht der Wahrheits- und Versöhnungskommission (Truth and Reconciliation Commission, TRC) aufgefordert wurde, eine umfassende Untersuchung der Todesfälle und möglichen Morde an den Schulen in die Wege zu leiten.

In dem Bericht wurden die als »kultureller Genozid«[21] eingestuften Vorgänge akribisch untersucht: Zwischen den 1880er Jahren und den späten 1990er Jahren waren mindestens 150 000 Kinder der First Nations, Métis und Inuit ganz Kanadas aus ihren Familien und ihrer

Kultur herausgerissen[22] und gezwungen worden, diese sogenannten »Internatsschulen« zu besuchen, die auf Geheiß der Bundesregierung und der Provinzregierungen von der katholischen Kirche und anderen Organisationen betrieben wurden.[23] Nach Tausenden von Interviews identifizierte die Kommission die Namen von 3201 Kindern, die in Residential Schools starben, eine Zahl, die sich mittlerweile auf 4117 erhöht hat.[24] Richter Murray Sinclair, Vorsitzender der Kommission, schätzte später, dass die wahre Anzahl wohl eher bei 25 000 lag, und drängte die Regierung beharrlich, das Erdreich auf den Grundstücken der ehemaligen Schulen zu untersuchen.[25]

Aber Ottawa ließ sich Zeit. Vor diesem Hintergrund führten einige First Nations ihre eigenen Suchaktionen durch, die sie auch in der unheimlichen Stille der Covid-Isolation fortsetzten. Und dank Bodenradar gab das Erdreich nun seine Geheimnisse preis, womit die westliche Wissenschaft die bitteren Wahrheiten bestätigte, die die Überlebenden und ihre Nachkommen bereits kannten. Die Schulen hatten es nicht nur darauf angelegt, die Indigene Kultur zu zerstören; sie töteten auch Indigene Kinder. Viele Kinder. Durch medizinische Vernachlässigung, Mangelernährung, Misshandlungen und manchmal offenbar auch durch Mord. Das griechische Wort »Apokalypse« bedeutete ursprünglich Aufdeckung, Enthüllung oder Offenbarung. Dies war eine.

Nachdem sich bestätigt hatte, dass in Kamloops Kinder begraben lagen – eine Materialisierung des kollektiven Unbewussten durch Radar-»Reflektionen« –, ließ sich die genozidale Gewalt, durch die Kanada erst möglich geworden war, endgültig nicht mehr abstreiten. Und das war nur der Anfang. Die Tk'emlúps te Secwépemc First Nation korrigierte die Zahl der Grabstellen schließlich von 215 auf 200, aber in den folgenden Wochen wurden viele hundert weitere anonyme Gräber auf dem Gelände anderer ehemaliger Schulen gefunden; während ich dies schreibe, wird nur ein paar Minuten von meinem Wohnort entfernt eine entsprechende Untersuchung durchgeführt. Jetzt schon sind dort mehrere Dutzend verscharrte Leichen gefunden worden. Bislang hat man mehr als zweitausend mutmaßliche anonyme

Gräber auf ehemaligem Schulgelände in Kanada ausfindig gemacht.[26] Es besteht kaum ein Zweifel, dass wir weitere derart makabre Bestätigungen zu erwarten haben.

In diesen Einrichtungen ging es nicht um Bildung und Erziehung, sondern darum, die Indigene Identität auszulöschen. Offiziell bestand Kanadas Zielvorgabe für die Schulen darin, »den Indianer im Kind zu töten«[27] – also alle Verbindungen zwischen Indigenen Völkern und ihren mit dem Land verwobenen Traditionen, Zeremonien, Sprachen und Verwandtschaftsbeziehungen zu zerstören. Manchmal wird dafür ausschließlich der Rassismus verantwortlich gemacht, aber das ist nur die halbe Wahrheit: Das weiße, christliche Vorherrschaftsdenken, das dem System der Residential Schools zugrunde lag, diente auch nationalen wirtschaftlichen und politischen Interessen. Kanada, anfangs nur eine Ansammlung von Pelzhandelsunternehmen und anderen Rohstoffindustrien, brauchte diese Schulen, weil sein Hunger auf Land unersättlich war und weil die zerrissenen Verbindungen – die entwurzelten und von Traumata belasteten Beziehungen zwischen Eltern und Kindern, zwischen dem Land und den Menschen – es ermöglichten, nicht abgetretenes Indigenes Land zur uneingeschränkten Ausbeutung und Besiedlung durch Kolonisten an sich zu reißen.

Wie bei der durch den Mord an George Floyd im Jahr 2020 ausgelösten Auseinandersetzung mit der eigenen Geschichte löste die Wahrheit über die anonymen Gräber, die 2021 ans Licht kam, Wellen von Zorn, Trauer und Solidarität in ganz Kanada aus. Statuen von Akteuren aus der Kolonialzeit, die an der Konzeption dieser pervertierten Einrichtungen beteiligt gewesen waren, wurden vom Sockel gestürzt; eine große Universität änderte ihren Namen; Kirchen wurden niedergebrannt. Schließlich kam Papst Franziskus zu einer »Bußwallfahrt«, wie er es nannte, nach Kanada und stellte anschließend fest: »Ja, es war Völkermord.«[28] Kanadas Parlament verabschiedete daraufhin einstimmig eine Erklärung, derzufolge das System der Residential Schools unter die Völkermord-Definition der Vereinten Nationen fiel.[29]

Schon bevor die Existenz der Gräber per Radar bestätigt worden war, gab es ein Symbol der Bewegung, die Gerechtigkeit für die Opfer dieser Verbrechen fordert: ein orangefarbenes T-Shirt mit dem Slogan EVERY CHILD MATTERS. In jenem Frühling flatterten orangefarbene Fahnen mit diesen Worten vor Tausenden von Wohnhäusern und Betrieben im Wind; in Institutionen von Banken bis zu Universitäten fanden »Orange Shirt Days« statt, und orangefarbene Bänder – 215 Stück – wurden an Maschendrahtzäune vor nahezu jeder Schule und jedem Spielplatz gebunden. Öffentliche Plätze füllten sich mit Mahnmalen aus Kinderschuhen und Teddybären. Zeitungen brachten Artikel über die juristischen Fiktionen der weißen Suprematisten, die als Deckmantel für das Auseinanderreißen von Familien und den Diebstahl von Land dienten – absurde, unilaterale Dekrete, auf denen Gedankengut wie »Manifest Destiny«, also die »offenkundige Bestimmung« der Weißen, ganz Amerika in Besitz zu nehmen, und die »Doktrin der Entdeckung« basierte; Dekrete, mit denen europäische Monarchen und Päpste verkündeten, sie hätten ein gottgegebenes Recht, bereits bewohnte, aber neu »entdeckte« Länder auszuplündern.

Hier in British Columbia (einer Provinz, deren Name an sich schon ein beschämender kolonialistischer Mischmasch aus britischer Krone und Christoph Kolumbus ist) hatte es den Anschein, als strebten die begrabenen Welten, auf denen unser Siedlerstaat aufgebaut wurde, nun mit Macht an die Oberfläche. Der Tod dieser Kinder und die anschließenden Vertuschungen waren echte Verschwörungen, und jetzt ließen sie sich nicht länger leugnen. Grand Chief George Manuel, einer der Mitbegründer der heutigen Bewegung für die Rechte der Indigenen, hatte die Kamloops-Schule besucht. »Hunger ist das Erste und das Letzte, woran ich mich bei dieser Schule erinnere«, schrieb er in seinen Erinnerungen. »Nicht nur ich, jeder indianische Schüler roch nach Hunger.«[30] Der geschwächte Körper machte Indigene Jugendliche anfälliger für Krankheiten; Manuel selbst bekam im Alter von zwölf Jahren Tuberkulose und hatte sein Leben lang mit deren Folgen zu kämpfen.

Seine Enkelin Kanahus Manuel gehörte zu den Wortführern einer Bewegung, die jahrelang gegen eine geplante Ölpipeline durch British

Columbia kämpfte. Für sie dienten die Schulen, in denen so viele ihrer Angehörigen misshandelt worden waren, einem bestimmten Zweck: »Sie stahlen die Kinder, um das Land zu stehlen.«[31] Als ich Kanahus kurz nach der Entdeckung der Gräber interviewte, erklärte sie mir, Gerechtigkeit könne es nur zusammen mit einer bedeutsamen Wiedergutmachung geben. Sie forderte »land back«, die Rückgabe des Landes, ein Schlachtruf, der große Teile der Bewegung für die Rechte der Indigenen hinter sich versammeln konnte. Es folgten schwierige Gespräche darüber, was das bedeuten könnte.

Als die Gründungsverbrechen des kolonialen Projekts aus der Schattenzone ans Licht kamen, war vielen klar: Die beruhigenden Mythologien der offiziellen Geschichtsschreibung würden ihren Zweck nicht mehr erfüllen. Nur ein Jahr nach dem Beginn der öffentlichen Debatten im Anschluss an George Floyds Ermordung – Aufarbeitungsbemühungen, die auch kanadische Einrichtungen jeglicher Art erschüttert hatten – forderten diese monströsen, lange vertuschten Verbrechen, die von Kirche und Staat an Körper und Geist junger Menschen begangen worden waren, von den Kanadiern eine neue Erzählung darüber, wer wir sind, wie wir so wurden und wer wir künftig sein wollen.

Die Bekanntgabe der Gräberfunde erfolgte Ende Mai. Normalerweise feiert Kanada am 1. Juli – dem Tag, an dem drei britische Kolonien seinerzeit eine Konförderation gegründet hatten – seinen Nationalfeiertag. Im Jahr 2021 – die Suche war noch nicht abgeschlossen – bildete sich ein nüchterner Konsens heraus, dass die übliche stolze Zurschaustellung rot-weißer Fahnen mit dem Ahornblatt samt Feuerwerk in diesem Jahr nicht angemessen war. Die Hauptstadt von British Columbia, Victoria, sagte den Canada Day ganz ab. Andere Städte gaben dem Tag mit »Every Child Matters«-Wandgemälden ein eigenes Gepräge und bekundeten offiziell ihre Trauer und ihre Reue, und Premierminister Justin Trudeau rief das Land auf, »ehrlich mit uns selbst [zu sein], was unsere Geschichte betrifft«.[32] An der Küste, wo ich lebe, war die Menschenmenge am Canada Day ein orangefarbenes Meer, und es war keine einzige rot-weiße Fahne zu sehen.

»Nationen sind selbst Erzählungen«, schrieb Edward Said in *Kultur und Imperialismus*.[33] Unsere Erzählung ließ sich nicht aufrechterhalten. Dieser Frühling und Frühsommer waren wie eine Zeit nationaler Ausgrabungsarbeiten, die tiefer gingen, als ich es je erlebt hatte. Interessanterweise fand ich es nicht schwindelerregend, im Gegenteil. Anstelle der Selbstbeweihräucherungen, der Beschwörung nationaler Mythen und der offiziellen Geschichtsdarstellungen schien sich eine klare Vorstellung davon herauszubilden, wo wir leben und wie es kam, dass dieses Land für Siedler wie mich verfügbar war – und was erforderlich wäre, damit wir endlich gute Gäste und Nachbarn sein könnten, ohne die Scheuklappen, die man braucht, wenn das eigene Leben darauf aufgebaut ist, nichts sehen und nichts wissen zu wollen. »Eine erfundene Vergangenheit lässt sich nicht nutzen, sie bricht und bröckelt unter dem Druck des Lebens wie Lehm in der Dürre«, schrieb James Baldwin. Doch »die eigene Vergangenheit – die eigene Geschichte – anzunehmen bedeutet nicht, darin zu ertrinken; es bedeutet, sie zu nutzen.«[34]

Viele Indigene Freunde und Nachbarn, mit denen ich gesprochen habe, brachten trotz ihrer Trauer und ihrer Wut die vorsichtige Hoffnung zum Ausdruck, dass es wirklich einen solch tiefgreifenden Lernprozess geben könnte. In einem Interview mit *The Globe and Mail* bemerkte Norman Retasket, ein Überlebender der Kamloops-Schule: »Hätte ich vor drei Jahren dieselbe Geschichte [über die Vorgänge in der Schule] erzählt, wäre es als Fiktion abgetan worden«. Jetzt glaube man ihm seine Geschichten. »Die Geschichte hat sich nicht verändert«, sagte er. »Der Zuhörer hat sich verändert.«[35]

Eine solche Veränderung lösten die neuen Erkenntnisse bei Mike Otto aus, einem weißen Lastwagenfahrer, Besitzer eines Kleinunternehmens und Vater, der ein paar Stunden Fahrt auf dem Highway 97 von diesen ersten Grabstellen entfernt lebt. Otto versuchte sich vorzustellen, was Indigene Familien, die nicht wussten, was »diesen verschwundenen Kleinen«, zugestoßen war, in all den Jahren durchgemacht haben mussten.[36] Als er den Schmerz seiner Indigenen Nachbarn miterlebte, fand Otto, dass er etwas tun musste, um zu zeigen, dass nicht-Indigene Kanadier wie er ihnen bei ihrem Kampf um Gerechtigkeit vonseiten der Regierung, der Justiz und der Kirche solidarisch zur Seite standen.

Die Pandemie wütete immer noch, und die Gemeinde, in der die Gräber gefunden worden waren, hatte klargemacht, dass sie keine Scharen fremder Leute in ihrem Territorium haben wollte. Otto hatte eine Idee für eine kraftvolle Aktion, die den Distanzwunsch der Gemeinde respektierte: einen Lkw-Konvoi, der an den Grabstellen vorbeifahren, zum Gedenken an die Opfer Blumen niederlegen und dann wieder verschwinden würde. Er nannte ihn den »We Stand in Solidarity Convoy«.

Otto postete auf Facebook Einladungen an diverse Trucker-Gruppen und wandte sich auch an einflussreiche Leute in der Branche. Sein Ziel war es, den Konvoi auf zweihundertfünfzehn Wagen anwachsen zu lassen; letztendlich versammelten sich fast vierhundert Trucks, zusammen mit vielen Motorrädern und Pkws. Die Fahrer schmückten ihre Fahrzeuge mit Liebesbotschaften, hängten orangefarbene T-Shirts an ihren Kühlergrill und ließen EVERY CHILD MATTERS-Fahnen im Wind flattern. Der Konvoi wurde überall auf seiner Route bejubelt; manchmal waren ganze Städte auf den Beinen, um die Fahrer zu begrüßen und mit Speis und Trank zu versorgen. Als die Trucks zu der ehemaligen Residential School kamen und beim Vorbeifahren ihre Drucklufthörner ertönen ließen, wurden sie von vielen Angehörigen der Secwépemc Nation mit zeremoniellem Getrommel, Kampfgesängen und brennendem Salbei empfangen. Fäuste wurden in die Höhe gereckt, und man sah tränennasse Gesichter.

Ich erwähne diese Ereignisse, weil sie in dem Teil der Welt, in dem ich lebe, bedeutsam waren – ein allzu seltenes Beispiel dafür, dass Nichtindigene den Tod von Indigenen als echte kollektive Krise begriffen, statt die Suche nach Gerechtigkeit und Wiedergutmachung denjenigen aufzubürden, die ohnehin schon eine schwere Last tragen. Aber ich erwähne den aus vierhundert Fahrzeugen bestehenden Konvoi vom Juni 2021 auch, weil er selbst in Kanada weitgehend in Vergessenheit geraten ist und weil Mike Otto und seine von Herzen kommende Organisations-Großtat in der öffentlichen Wahrnehmung vollständig von einem viel lauteren Konvoi kanadischer Trucker verdrängt worden sind, der nur acht Monate später stattfand.

Fanfaren, die in aller Welt gehört wurden

Vielleicht erinnern Sie sich noch. Im Winter des Jahres 2022 konnten die internationalen Medien gar nicht genug bekommen von den Bildern stämmiger Kanadier, deren riesige, mit FUCK TRUDEAU-Aufschriften verzierte Sattelschlepper fast einen ganzen Monat lang das Zentrum unserer Hauptstadt Ottawa abriegelten. Oder von den Bildern der Brückenblockaden, die wichtige Handelsstraßen zwischen Kanada und den Vereinigten Staaten in Parkplätze verwandelten. Dieser zweite Konvoi wurde durch eine neue Bestimmung ausgelöst, derzufolge die Trucker einen Covid-Impfnachweis vorzeigen mussten, wenn sie die Grenze überqueren wollten. Der Protest dagegen wuchs sich jedoch rasch zu einer umfassenderen Forderung nach der Aufhebung sämtlicher »Verordnungen« aus, zu denen auch die Maskenpflicht und alle anderen Restriktionen aus Gesundheitsgründen gehörten.

Die meisten kanadischen Trucker waren vollständig geimpft und hatten kein Problem mit den Gesundheitsmaßnahmen. Aber eine von Querdenker-Rhetorik geprägte Minderheit behauptete, die Impfpflicht sei eine neue Form der Tyrannei, und verbündete sich mit einer bunten Mixtur verärgerter Kleinunternehmer, ehemaliger Cops und Soldaten, der Autorin der veganen *Oh She Glows*-Kochbücher und vielen evangelikalen Christen, um »das Land stillzulegen« – mit dem ehrgeizigen Ziel, die Generalgouverneurin als Vertreterin der Queen in Kanada dazu zu bringen, Trudeaus wiedergewählte Regierung aufzulösen.

Der Konvoi hatte zahlreiche Fans. Donald Trump und Elon Musk feierten die »kanadischen Trucker« als Helden der Arbeiterklasse; Steve Bannon und Tucker Carlson widmeten ihnen jede Menge

Sendezeit; meine Doppelgängerin bejubelte sie als moderne Freiheitskämpfer. Ziemlich bald waren von Washington, D.C., bis Wellington in Neuseeland ähnliche Konvois unterwegs. Nachdem die Trudeau-Regierung wochenlang eine erstaunlich passive Haltung zu der Besetzung eingenommen hatte, vollzog sie schließlich eine abrupte Kehrtwendung und rief zum ersten Mal in unserer Geschichte den Ausnahmezustand aus. Damit machte sie den Weg frei für eine Reihe repressiver Maßnahmen; zum Beispiel fror sie die Bankkonten von Unterstützern ein. Die Begründung für die Ausrufung des Ausnahmezustands war so vage, dass sie einen gefährlichen Präzedenzfall für jede künftige Aktion schuf, die wichtige wirtschaftliche Aktivitäten stört, sei es ein Streik oder eine Indigene Blockade. Und das plumpe Vorgehen der Regierung steigerte die Beliebtheit der Konvoi-Fahrer bei Leuten wie Bannon und dem Podcast-Superstar Joe Rogan, die sie mehrfach in ihre Sendungen einluden.

Die Proteste lieferten natürlich gute Bilder. Es gab Schneeballschlachten und Fassbier, Pot-Wolken hingen in der Luft, und überall wehten kanadische Fahnen. Es gab Gebetsmärsche der christlichen Trump-Freunde vom Jericho March und Straßenpredigten, und es gab Leute, die behaupteten, sie bekämen ihre Befehle direkt von Gott. Fremde wurden umarmt, Passanten mit Masken beschimpft. Es gab sogar ein aufblasbares Warmwasserbecken. Und es gab auch all die unverkennbaren, für die Welt der Querdenker typischen Anzeichen politischer Konfusion: Jemand schwenkte allen Ernstes eine riesige Hakenkreuzfahne, andere trugen Konföderiertenflaggen an der Seite demonstrierender Impfgegner mit gelbem Stern, die auf ihren Schildern erklärten, sie lebten unter der Apartheid oder in einem Jim-Crow-Staat. Waren diese Leute Nazis oder Nazigegner? Befürworter oder Gegner der Rassentrennung? Waren sie stolze Patrioten oder Aufständische, die entschlossen waren, die Ergebnisse unserer kürzlich abgehaltenen Wahlen zu kippen? Es schien kaum eine Rolle zu spielen – der Konvoi war bis ins Innerste gepipikt, ein unentwirrbares Knäuel aus Ernsthaftigkeit und Lächerlichkeit.

Viele Unterstützer des Konvois versuchten, die offenkundig rassistischen Elemente als Einzelfälle herunterzuspielen. Sie behaupteten, dahinter stecke wahrscheinlich eine verdeckte Operation der Geheimpolizei oder eine Aktion von Antifa-Demonstranten, um den Konvoi zu diskreditieren. Doch dafür sind die Verflechtungen leider viel zu eng. Einer der Anführer des Konvois war Pat King, der über seine Facebook-Seite mit damals rund 350 000 Followern den Protestierenden logistische Unterstützung anbot. King ist ein offener Rassist[37] und nimmt kein Blatt vor den Mund; er hat die Indigene Kultur als »Schande« bezeichnet und 2019 einen ähnlichen, wenn auch kleineren Konvoi gegen Einwanderung und Klimaschutz organisiert, die er als doppelte Bedrohung für die kanadische Lebensweise darstellte. »Man nennt es Entvölkerung der kaukasischen oder angelsächsischen Rasse«, behauptete King. »Und das Ziel ist, die angelsächsische Rasse zu entvölkern, weil sie diejenige mit den stärksten Blutlinien ist.«[38] Er sprach auch von einem Plan, die westliche Welt »nicht nur durch die Überflutung mit Flüchtlingen zu infiltrieren, [sondern auch] das Bildungssystem zu infiltrieren, um es zu manipulieren.«[39]

King plapperte damit natürlich die Theorie vom Großen Bevölkerungsaustausch nach, die hinter so vielen blutigen Anschlägen weißer Suprematisten steckte. Und er war bei weitem nicht der einzige Konvoi-Anführer mit eindeutig rassistischen Ansichten und Verbindungen. Das Canadian Anti-Hate Network berichtete, dass praktisch jede von der Organisation beobachtete Gruppe eine führende Rolle spielte,[40] darunter auch ein Netzwerk namens Diagolon; es möchte ein gleichnamiges neues Land gründen, das sich von Alaska über die kanadischen Prärien und Alberta bis nach Florida erstrecken soll. Dem Anti-Hate Network zufolge »wird Diagolon zusehends zu einem Netzwerk von Milizen. Seine Ziele sind letztendlich faschistisch: Es will gewaltsam die Macht ergreifen und all jenen, die seine auf Ideologie, ›Rasse‹ und Geschlecht basierenden Reinheitstests nicht bestehen, Rechte entziehen … Sein Motto lautet ›Kugel oder Strick‹.«[41]

Angesichts dieser Tatsachen sollten wir vielleicht einen Moment innehalten. Die Entdeckung der anonymen Gräber weniger als ein Jahr zuvor hatte eine öffentliche Debatte darüber erzwungen, dass diese

Schulen Bestandteil einer offiziellen staatlichen Politik waren, die darauf abzielte, Indigene Nationen, Sprachen und Kulturen durch die englisch- und französischsprachige christliche Kultur zu ersetzen. Die Residential Schools waren Maschinen, deren Zweck ausdrücklich darin bestand, Kosmologien auszulöschen, in denen die natürliche Welt heilig, lebendig und interdependent ist – Lehren, die für unsere gegenwärtige planetare Krise zutiefst relevant sind. Und da war nun ein Konvoi, dessen Wortführer behauptete, seine christliche, weiße Kultur liefe Gefahr, im Rahmen des sogenannten Großen Austauschs durch eine Kultur dunklerer, minderwertiger Menschen ersetzt zu werden. Für den prominenten Ojibwe-Schriftsteller Jesse Wente, Vorsitzender des Canada Council for the Arts, war die Spiegelung unübersehbar. Es sei »kein Zufall, dass dies geschieht, während weitere historische Wahrheiten aufgedeckt werden«, schrieb Wente über den Konvoi, den er als »einen Wunsch« bezeichnete, »angesichts der Notwendigkeit, sich [diesen Wahrheiten] zu stellen, die koloniale Dominanz zurückzugewinnen und ein Gemeinschaftsgefühl zu erzeugen, das in der Pandemie kaum noch vorhanden war«.[42]

Im Versuch, die Besetzer von Ottawa als einen Haufen patriotischer Durchschnittsbürger zu zeichnen, beschrieb ein konservativer Abgeordneter die Stimmung auf den Straßen als »tausendfachen Canada Day«.[43] In gewisser Weise stimmte das. Es sah tatsächlich so aus, als wären all die rot-weißen Fahnen, die an unserem traurigen, besinnlichen Canada Day zu Hause geblieben waren, wieder voll da. Sie flatterten an jedem Truck, seltsamerweise oftmals zusammen mit dem amerikanischen Sternenbanner, als wären unsere beiden Länder nach zwei Jahren antirassistischer Aufarbeitungsbemühungen in einem einzigen Projekt des kollektiven Vergessens verschmolzen.

Die Integration der Schattenzonen, des Fundaments der modernen Welt, gibt uns die Chance, so etwas wie festen Boden zu erreichen. Nur wenn wir uns den Schrecken der Vergangenheit stellen, können wir die Geschichte für uns alle nutzbar machen, wie Baldwin schrieb – und so vielleicht sogar eine neue Basis für Einheit herstellen. Aber niemand hat gesagt, dass diese Integration schmerzlos vonstattengehen würde.

Also kann man den Sattelschlepper-Konvoi, der bis nach Ottawa kam, als wütende Bekräftigung der Unschuld betrachten, als Versuch, diese schwierigen Wahrheiten noch tiefer in den Schatten zurückzudrängen und zugleich jenen tröstlichen Traum von Rechtschaffenheit und Vorherrschaft wiederzubeleben – als Einzelne und als Nation.

Der Konvoi, der Ottawa stilllegte, stand in krassem Gegensatz zu dem weniger bekannten Konvoi acht Monate zuvor. Wo Mike Ottos Demonstration von der seltenen Bereitschaft geprägt war, einen ungeschminkten Blick auf den Völkermord zu werfen, aus dem unsere Nation hervorging, verkörperte dieser neue Konvoi eine aggressive Gegenwartsbezogenheit – eine Weigerung, über unbequeme Wahrheiten nachzudenken, sei es Kanadas gewalttätige Geschichte, sei es die Tatsache, dass Covid-Infektionen noch immer zunahmen (viele Konvoi-Fahrer wurden krank), sei es die planetare Erwärmung, zu der sie beitrugen, indem sie ihre riesigen Trucks einen Monat lang vor sich hindieseln ließen (das inoffizielle Symbol des Konvois war der eingeschmuggelte gefüllte Benzinkanister). Binnen weniger als einem Jahr waren wir vom We Stand in Solidarity Convoy mit seiner Anerkennung und Bejahung unserer Verflechtungen zum Freedom Convoy übergegangen, einer Zurückweisung des Gedankens der gegenseitigen Abhängigkeiten zugunsten hyperindividualistischer Unabhängigkeit. Ein Teil der Bevölkerung meines Landes wollte eindeutig seine Unschuldsphantasien zurückhaben – und war bereit, uns andere zu diesem Zweck in Geiselhaft zu nehmen.

Auch ich bin ein Opfer, das größte Opfer!

Da wir es mit einer Doppelgänger-Politik zu tun haben, reicht die schlichte Ablehnung dessen, was man fürchtet, nicht aus – es muss eine Spiegelung geben, eine Imitation, ein Pipiken. Außer den Schneeburgen und Druckluftfanfaren in Ottawa hatte der Freedom Convoy darum auch eine Friedenspfeife und ein Tipi im Angebot (was von drei lokalen Algonquin-Chiefs verurteilt wurde). Manche Konvoi-Fahrer schwenkten von ihren Trucks aus orangefarbene EVERY CHILD MATTERS-Fahnen – damit wollten sie aber offenbar nicht auf die Indigenen Kinder hinweisen, die in den Residential Schools vergewaltigt, gequält und getötet worden waren und deren sterbliche Überreste noch immer freigelegt wurden, sondern auf ihre eigenen Kinder, die im permanent eskalierenden Querdenker-Diskurs aufgrund des Masken- und Impf-Zwangs vor einem »zweiten Genozid« standen, wie es einige Demonstranten nannten. Diese Spiegelwelt-Äquivalenz hatte sich monatelang aufgebaut: Keine zwei Wochen nach der Entdeckung der ersten anonymen Gräber verkaufte eine Gruppe weißer Impfgegner-Mütter schon orangefarbene Sweatshirts und andere Dinge mit der Aufschrift COVID 19 IS CANADA'S SECOND GENOCIDE.[44]

Die Versuche von Indigenen und Schwarzen, das Schweigen über rassistische Ungerechtigkeit zu brechen, haben unsere nationalen Mythen und unser Selbstverständnis in diesen Jahren der Pandemie tiefgreifend erschüttert. Wollten die Trucker diese Versuche in den Hintergrund drängen, zunichtemachen oder vereinnahmen? Sicher nicht bewusst. Es gab kein abgedunkeltes Hinterzimmer, in dem Steve Bannon und die Proud Boys sich mit meiner Doppelgängerin und Pat King getroffen hätten, um diesen hinterhältigen Plan zu schmieden. Ich denke vielmehr, wir sehen hier eher so etwas wie einen Reflex, einen Selbsterhaltungsinstinkt – oder zumindest etwas, was sich für die Beteiligten so anfühlt.

Es ist hart, in einer Zeit zu leben, in der so viele als unumstößlich verkaufte Wahrheiten plötzlich unter unseren Füßen ins Wanken geraten. Und es ist besonders hart, wenn es zugleich auch so viele andere Ungewissheiten gibt: ob man ein Haus kaufen oder genug Geld für rapide steigende Mieten zusammenkratzen kann, ob man seinen Job behalten wird oder sich auch nur absehen lässt, wie viel die lebensnotwendigen Dinge von einer Woche zur nächsten kosten werden. Alles gerät in Schieflage und ins Rutschen, und so vieles, wie die Vorhersagbarkeit der Jahreszeiten, wird nie wieder sicher sein, zumindest nicht für einige Generationen, und selbst das nur in einem Best-Case-Szenario. Diese ganze Destabilisierung stellt Anforderungen an uns: Wir müssen uns verändern, müssen Dinge neu bewerten und uns ein neues Bild davon machen, wer wir werden müssen. Es dürfte keine Überraschung sein, dass diese Anforderungen einige extreme Verhaltensweisen und Phänomene heraufbeschwören. Es dürfte auch keine Überraschung sein, dass viele den Blick lieber von dem abwenden, was in immer neuen Enthüllungswellen aufgedeckt worden ist – die Krankenschwestern, die sich in Müllsäcke wickeln mussten, weil es keine geeignete Schutzkleidung gab; der kalte Hass in Derek Chauvins Augen, als er sich mit seinem ganzen Gewicht auf George Floyds Nacken legte; die Perversion der Geistlichen; der von Waldbränden orangerot gefärbte Himmel –, und zu teils recht spektakulären Ablenkungen greifen. Auch zu der Ablenkung, sich zu kosmischen Opfern aller Verbrechen gegen die Menschheit in den letzten fünfhundert Jahren zu stilisieren.

Das könnte erklären, warum die Verschwörungsbehauptungen in der Spiegelwelt einander so oft zu widersprechen scheinen. Dieser neuen politischen Konfiguration ging es in Wirklichkeit niemals darum, andere von ihren unbewiesenen Theorien zu überzeugen – das war immer nur Mittel zum Zweck. Stattdessen geht es (bewusst oder nicht) darum, der Verleugnung und Vermeidung Vorschub zu leisten. Es geht darum, angesichts der harten und unangenehmen Realitäten – sei es Covid, sei es der Klimawandel oder die Tatsache, dass unsere Nationen durch Völkermord geschaffen wurden und nie einen auch nur ansatzweise ernsthaften Prozess der Wiedergutmachung eingeleitet haben – nichts Schwieriges und Unangenehmes tun zu müssen. Etwas nicht wahrhaben zu wollen ist so viel einfacher, als den Blick nach innen, zurück oder nach vorn zu richten; so viel einfacher als Veränderung. Aber die Leugnung braucht Narrative, Verschleierungsgeschichten, und die liefert die Verschwörungskultur.

Dennoch stört mich das Beruhigende an dieser Analyse, die die Realitätsverweigerung ausschließlich bei den Bewohnern der Spiegelwelt verortet. Es ist so ähnlich wie bei der Leugnung des Klimawandels: Es gibt die leicht erkennbaren harten Leugner, für die alles ein Schwindel ist. Aber das größere Hindernis sind vielleicht schon immer die weichen Leugner gewesen, der Rest von uns: Wir wissen, dass der Klimawandel real ist, tun aber so, als wäre er es nicht, und vergessen ihn beharrlich, auf jede erdenkliche Art und Weise, im Großen wie im Kleinen.

Wie ich zuvor schon angemerkt habe, schießt Bannon unermüdlich gegen den Großen Diebstahl, wie er es nennt – die Behauptung, Biden habe die Wahl von 2020 gestohlen –, während die Demokraten das als die Große Lüge bezeichnen. Und es ist wirklich eine große, gefährliche Lüge. Aber ist es *die* Große Lüge? Größer, sagen wir, als die Trickle-down-Ökonomie? Größer als »Steuersenkungen schaffen Arbeitsplätze«? Größer als unendliches Wachstum auf einem endlichen Planeten? Größer als Thatchers Doppelschlag »Es gibt keine Alternative« und »So etwas wie Gesellschaft gibt es nicht«? Sogar größer als Konzepte wie Manifest Destiny, Terra Nullius und die Doktrin der Entdeckung – jene Lügen, die das Fundament der Vereinigten Staaten, Kanadas, Australiens und jedes anderen kolonialen Siedlerstaates bilden? Wenn wir den Blick in die Schattenzone auch nur einen Moment lang aushalten, merken wir, dass wir in einem Netz lebenszerstörender Lügen gefangen sind und dass das, worüber sich die Spiegelwelt gerade ereifert, weder die größte noch die gefährlichste Lüge ist. Durchaus möglich, dass Bannons und Wolfs Krieg gegen die Realität eine Reaktion darauf ist, dass so viele der großen Lügen, auf denen die heutige Welt aufgebaut ist, sichtbar zerbröckeln. Wenn das Haus einstürzt, suchen manche Menschen Zuflucht in wilden Phantastereien, klar – aber das heißt nicht, dass wir anderen, ebenfalls in diesem Haus Geborenen und Aufgewachsenen die Hüter der Wahrheit sind.

Was also sehen viele von uns in diesem von Schatten erfüllten Wald immer noch nicht, wovon wenden sie nach wie vor den Blick ab?

13

Der Nazi im Spiegel

Eines Abends, während sich die Trucker auf der anderen Seite des Landes Schneeballschlachten lieferten, beschloss ich, mir etwas anzuschauen, was mir vielleicht helfen würde, diesen merkwürdigen Ereignissen einen Sinn abzugewinnen: die vierteilige Miniserie *Exterminate All the Brutes (Rottet die Bestien aus!)* des haitianischen Filmemachers Raoul Peck. Ein langsamer und bedächtiger Filmessay, der viel Zeit zum Nachdenken lässt. An einer Stelle sagt Peck im Voiceover: »Allein die Existenz dieses Films ist ein Wunder.«[1] Der Vierteiler ist auf jeden Fall ein Zeichen dafür, dass sich in den Schattenzonen immer mehr Risse auftun und immer mehr Geheimnisse und Geister aus ihren Gräbern steigen.

Wie Peck darlegt, hatte er in seinen früheren Filmen – *Lumumba* über die Ermordung des kongolesischen Befreiungsführers und Ministerpräsidenten Patrice Lumumba, *I am Not Your Negro* über das Leben und Denken von James Baldwin und *Der junge Karl Marx* – jeweils ein Kapitel der gewalttätigen Geschichte von der Entstehung unserer Welt erzählt. Jetzt suchte er nach einer diese und andere Kapitel verbindenden Theorie, einem Weltbild, das allen diesen Gräueltäten zugrunde lag: den Massakern, Holocausts und politischen Morden, die den europäischen Siedlern auf dem amerikanischen Kontinent Land verschafften; der Ausplünderung Afrikas und der Apartheid in den Vereinigten Staaten.

»Der Grundgedanke«, sagt Peck, sei schon im Titel seines Filmessays enthalten, der von einem 1992 erschienenen Buch des schwedischen Autors Sven Lindqvist mit dem Titel *Rottet die Bestien aus!* inspiriert ist.[2] Der Buchtitel wiederum zitiert einen schicksalhaften Satz aus Joseph Conrads 1899 veröffentlichter Erzählung *Herz der Finsternis*, der Geschichte einer kolonialen Handelsstation in Zentralafrika zur Ausbeutung von Elfenbein. Conrad griff auf zahlreiche Beispiele von Europäern zurück, die sich aufmachten, »die Wilden zu zivilisieren« – eine prätentiöse Ausrede, um einen Anspruch auf ihr Land, ihren Reichtum und ihre Körper zu begründen. Dieser Zivilisierungsimpuls kippte zwangsläufig in den blindwütigen Trieb, die Urbevölkerung auszurotten – eine Entwicklung, die sich immer dann abzeichnet, wenn sich eine Gruppe von Menschen allen anderen biologisch überlegen fühlt.

»Rottet die Bestien aus« – dieser Satz beschreibt den mörderischen Impuls, die eigenen Interessen um jeden Preis zu verfolgen. Es ist das suprematistische Denken, das die Auslöschung ganzer Völker und Kulturen nicht nur als unvermeidlich für den Fortschritt, sondern auch als eine heilsame Stufe in der Evolution der menschlichen Spezies betrachtet. »Und wenn die minderwertigere Rasse zugrunde geht, so ist das nur ein Gewinn, ein Schritt vorwärts zur Vervollkommnung der Gesellschaft, der ja aller Fortschritt zustrebt«, erklärt Mr. Travers in Conrads Roman *Die Rettung*.[3] Dies ist ein Destillat jenes Denkens, das ganze Kontinente in Blut ertränkte und auch hier in Kanada in den sogenannten Schulen mit ihren geheimen Friedhöfen sein Unwesen trieb. Nach dieser Logik ist Genozid kein Verbrechen, sondern eine zwar schwierige, aber notwendige Stufe, die (für die Gläubigen) den Segen Gottes und (für die Rationalisten) den Segen Charles Darwins hatte. Darwin schrieb in *Die Abstammung des Menschen*: »In einer künftigen Zeit, die, nach Jahrhunderten gemessen, nicht einmal sehr entfernt ist, werden die zivilisierten Rassen der Menschheit wohl sicher die wilden Rassen auf der ganzen Erde ausgerottet und ersetzt haben.«[4] Eine Theorie des Großen Austauschs par excellence.

Ich hatte allerdings nicht erwartet, dass Pecks Dokumentarserie eine Doppelgänger-Geschichte ist. Seine These lautet, dass das dominierende Narrativ über Hitler und den Holocaust – dem zufolge es für diesen ungeheuerlichen Rausch des Todes keinen historischen Präzedenzfall oder Vorläufer gibt – schlichtweg falsch ist. Für Peck war der Holocaust ein verschärfter und verdichteter Ausdruck jener gewalttätigen kolonialen Ideologie, die zu anderen Zeiten andere Kontinente verwüstete. Die Nazis wandten diese Ideologie nur in Europa selbst an. Im Mittelpunkt von *Exterminate All the Brutes* steht die These, dass Hitler – der meistverachtete Schurke des 20. Jahrhunderts – nicht der böse »Andere« des zivilisierten, demokratischen Westens war, sondern dessen Schatten, dessen Doppelgänger. Diese Argumentation stützt sich auf Lindqvist, dem zufolge das Ausrottungsdenken »das Kernstück des europäischen Gedankens« ist und »die Geschichte unseres Kontinents, unserer Menschheit, unserer gesamten Biosphäre vom Holozän bis zum Holocaust« zusammenfasst.[5]

Die Geschichte, die Peck und Lindqvist erzählen, beginnt nicht in Amerika, sondern in Europa, in den Jahrhunderten vor der spanischen Inquisition, bei den Verbrennungen auf den Scheiterhaufen und den blutigen Vertreibungen von Juden und Muslimen. Dann überquert sie den Atlantik und wiederholt sich in sehr viel größerem Maßstab mit dem Genozid an den Indigenen Völkern des amerikanischen Kontinents und dem sogenannten Wettlauf um Afrika, bevor sie im Holocaust nach Europa zurückkehrt. Dies stellt die gemeinhin erzählte Geschichte des Zweiten Weltkriegs in Frage: eine Geschichte von heroischen antifaschistischen Alliierten, die vereint gegen die monströsen Nazis in den Kampf zogen. Gewiss, Hitlers Niederlage und die Befreiung der Konzentrationslager, so spät sie erfolgte, war der gerechteste Sieg der Moderne. Kompliziert wird diese Erzählung dadurch, dass Hitler viel darüber sprach und schrieb, wie sehr er sich für sein genozidales Regime vom britischen Kolonialismus und von den zuerst in Nordamerika etablierten Strukturen der Rassenhierarchie inspirieren ließ.

So erklärte er am 30. Januar 1941 in einer Rede zum achten Jahrestag der Machtübernahme: »Konzentrationslager sind nicht in Deutschland erfunden worden, sondern Engländer sind ihre Erfinder, um durch derartige Institutionen anderen Völkern allmählich das Rückgrat zu zerbrechen.«[6] Eine propagandistische Äußerung, die jedoch auch ein Körnchen Wahrheit enthielt. Tatsächlich waren Konzentrationslager in vielen kolonialen Kontexten geschaffen worden – von den Spaniern in Kuba; von deutschen Siedlern in Südwestafrika zur Internierung der Herero und der Nama; oder von den Briten im heutigen Südafrika während des Zweiten Burenkriegs, als in den Lagern Zehntausende an Hunger und Krankheiten starben. Bevor Hitler den Massenmord an genetisch »Minderwertigen« als Maßnahme zum Schutz der »Erbgesundheit« der »Rasse« beschrieb, hatte der britische Afrikareisende und Rassentheoretiker William Winwood Reade im Jahr 1866 vor der Anthropologischen Gesellschaft Londons erklärt, Indigene Völker sollten getötet werden, denn es liege »Erbarmen in einem Massaker«.[7]

Es gab jedoch auch jüngere und zeitgenössische Einflüsse. Bei ihrer Entscheidung, welche behinderten Menschen am Leben bleiben durften und welche »lebensunwert« waren, orientierten sich Hans Asperger und andere Ärzte in Deutschland und Österreich stark am Vorbild der Vereinigten Staaten. Dort war 1907 in Indiana das weltweit erste auf Eugenik basierende Gesetz zur Zwangssterilisation erlassen worden, das als Vorbild für ähnliche Gesetze in anderen Bundesstaaten diente.[8] Für solche Gesetze, die zur Zwangssterilisation Zehntausender potenzieller Eltern führten, deren Gene man als eine Gefahr für den Gesamtpool betrachtete, hatte die amerikanische Eugenik-Bewegung eine pseudowissenschaftliche Begründung geliefert, doch das Projekt selbst war von tief verankerten Vorstellungen einer überlegenen Intelligenz von Menschen englischer und nordischer Abstammung durchdrungen. Die Nazis griffen diesen Präzedenzfall auf und erweiterten ihn radikal: Unter ihrer Herrschaft wurden schätzungsweise 400 000 Personen sterilisiert; innovativ war das Ausmaß und die Geschwindigkeit, nicht die Art der Maßnahmen.

James Q. Whitman, Autor des 2017 erschienenen Buches *Hitlers amerikanisches Vorbild. Wie die USA die Rassengesetze der Nationalsozialisten inspirierten*, dokumentiert in erschütternden Details, wie viel die Nazis den Amerikanern verdankten. Whitman, Rechtsprofessor an der Yale University, legt dar, dass die 1935 erlassenen Nürnberger Gesetze von den juristischen Verrenkungen inspiriert waren, mit denen die Vereinigten Staaten Menschen aufgrund ihrer »Rasse« die vollen Staatsbürgerschaftsrechte verweigerten. Die NS-Rassengesetze schufen die rechtliche Grundlage dafür, dass den deutschen Juden die Staatsbürgerschaft entzogen wurde und sie ihre politischen Rechte verloren (mit dem »Reichsbürgergesetz«) und dass Eheschließungen, sexuelle Beziehungen und die Fortpflanzung zwischen Ariern und Juden verboten wurden (mit dem »Gesetz zum Schutze des deutschen Blutes und der deutschen Ehre«). Vorlagen für die Schaffung neuer jüdischer Ghettos fanden die Nazis nicht zuletzt in den Systemen der legalisierten Rassentrennung, die im Rahmen der Jim-Crow-Gesetze und der Gesetze zur Schaffung von »Indianerreservaten« entwickelt worden waren; auch das südafrikanische Apartheidsystem lieferte wichtige Anregungen.

Vor allem aber studierten und bewunderten viele Nazis den amerikanischen Frontier-Mythos – das vermeintliche Recht, in Richtung Westen vorzudringen, um sich immer mehr Territorien zur Besiedlung anzueignen. Das deutsche Pendant war das »Lebensraum«-Programm, das Hitler mit der Eroberung und Inbesitznahme von Gebieten im Osten zu verwirklichen suchte. Wie im amerikanischen Westen lebten in diesen Territorien viele, die als Hindernis für dieses Projekt betrachtet wurden: Slawen und Juden. Hitler äußerte Bewunderung für die europäischen Siedler – dafür, dass sie »die Millionen Rothäute auf ein paar Hunderttausend zusammengeschossen« hätten – und erklärte, nun sei Deutschland an der Reihe, an seiner eigenen Grenze Säuberungen und Massenumsiedlungen durchzuführen.[9]

»Es gibt nur eine Aufgabe: eine Germanisierung durch Hereinnahme der Deutschen vorzunehmen und die Ureinwohner als Indianer zu betrachten«, äußerte Hitler 1941.[10] Und im selben Jahr an anderer Stelle: »Ich gehe an diese Sache eiskalt heran. … Noch nie habe ich gehört, dass ein Deutscher, der ein Stück Brot isst, sich darüber Gedanken macht, dass der Boden, auf welchem es gewachsen ist, mit dem Schwert erobert werden musste. Wir essen auch kanadischen

Weizen und denken nicht an die Indianer.«[11] Er beanspruchte das Recht auf ukrainisches Getreide und scherzte: »Den Ukrainern liefern wir Kopftücher, Glasketten als Schmuck und was sonst Kolonialvölkern gefällt.«[12]

Für die Nazis waren einige Bevölkerungsgruppen in den von ihnen besetzten Gebieten als Zwangsarbeiter zu gebrauchen, die Juden dagegen galten als hoffnungsloser Fall und waren daher zur Vernichtung bestimmt, auch um Platz für deutsche Siedler zu schaffen. Das Ausmaß und die Geschwindigkeit des Tötens waren beispiellos – niemand hatte zuvor Gaskammern oder Krematorien gebaut und Tag um Tag zur Ermordung zahlloser Menschen eingesetzt. Doch auch wenn der staatlich geförderte Hass im Vernichtungsrausch der Nazis neue Extreme erreichte, war die Vernichtung zur Aneignung von Land keine Erfindung Hitlers. »Auschwitz war die moderne, industrielle Umsetzung einer Vernichtungspolitik, auf der die europäische Weltherrschaft bereits seit langem ruht«, schreibt Lindqvist[13] und fährt fort: »Und als sich das, was im Herzen der Finsternis getan worden ist, im Herzen Europas wiederholte, gab es kein Wiedererkennen – bei niemandem. Niemand wollte wahrhaben, was alle wussten.«[14]

Das ist unzutreffend. Führende Schwarze Intellektuelle sahen die Parallelen damals schon mit großer Klarheit. W. E. B. Du Bois schrieb in seinem kurz nach Ende des Zweiten Weltkriegs erschienenen *The World and Africa*: »Es gab keine Gräueltat der Nazis – Konzentrationslager, massenhafte Verstümmelung und Mord, Schändung von Frauen oder die entsetzliche Zerstörung der Kindheit –, die von der christlichen Zivilisation Europas nicht schon lange zuvor an Farbigen in allen Teilen der Welt verübt worden wäre, im Namen und zum Schutz einer überlegenen Rasse, die sich zur Weltherrschaft geboren glaubte.«[15] Neu war, dass es jetzt Europäer wie sie selbst waren, die als die minderwertige Rasse betrachtet wurden.

In seiner Rede *Über den Kolonialismus* warf der Autor und Politiker Aimé Césaire aus Martinique den Europäern vor, den Nazismus toleriert zu haben, »bevor man ihn am eigenen Leib zu spüren bekam, dass man ihm die Absolution erteilt, dass man die Augen vor ihm verschlossen, dass man ihn legitimiert hat, weil er bis dahin nur nichteuropäischen Völkern verabreicht wurde«.[16] Césaire zufolge bestand in den Augen der Alliierten Hitlers Verbrechen darin, dass er den Juden und Slawen das antat, was bis dahin nur nicht weißen Kolonisierten in fremden Ländern angetan worden war.[17] Doch aus karibischer Perspektive war das alles eine einzige lange, kontinuierliche und verschlungene Geschichte.

Césaire ließ keinen Zweifel daran, dass Hitler nicht nur der Feind der Vereinigten Staaten und des Vereinigten Königreichs war, sondern auch ihr Schatten, ihr Zwilling, ihr entstellter Doppelgänger: »Ja, es wäre schon die Mühe wert, klinisch genau und in allen Einzelheiten die Methode Hitlers und des Hitlerismus zu untersuchen und dem ach so distinguierten, ach so humanistischen, ach so christlichen Bourgeois des 20. Jahrhunderts begreiflich zu machen, dass er selbst einen Hitler in sich trägt, ohne es zu wissen, dass Hitler ihn *bewohnt*, dass Hitler sein innerer *Dämon* ist.«[18]

Der Spiegel zerspringt

Diese Analyse bringt so ziemlich alle Narrative ins Wanken, mit denen ich aufgewachsen bin und die den Holocaust als ein singuläres, präzedenzloses Ereignis der Menschheitsgeschichte darstellen, das über alles bisher Dagewesene so weit hinausging, dass es letztlich unbegreiflich blieb. Wir lernten auf vielfältige Weise, dass es ein Sakrileg war, den Holocaust der Nazis in einem Atemzug mit anderen Verbrechen zu nennen, weil er dadurch weniger entsetzlich, weniger schockierend, irgendwie gewöhnlich werden würde. Was aber, wenn das Gewöhnliche das Entsetzliche ist? Was, wenn genau das der Punkt ist: dass der Nazismus keine Verirrung in einer ansonsten erbaulichen Erzählung der Aufklärung und der Moderne ist, sondern deren gar nicht so weit entferntes Double, ihr anderes Gesicht?

»Der Satz ›Rottet die Bestien aus‹«, schreibt Lindqvist, »liegt nicht weiter vom Herzen des Humanismus entfernt als Buchenwald vom

Goethehaus in Weimar«. Und er fährt fort: »Diese Einsicht ist beinahe völlig verdrängt worden – auch von den Deutschen, die alleine ihren Kopf für einen Vernichtungsgedanken hinhalten mussten, der im Grunde europäisches Allgemeingut ist.«[19]

Es gibt viele bekannte Argumente für die Ansicht, dass der von den Nazis verübte Holocaust anders war. Die Techniken der Vernichtung waren ausgeklügelter. Der Tod kam schneller. Das Morden hatte industrielle Ausmaße. Das alles stimmt. Aber es stimmt auch, dass jeder Holocaust anders ist. Jeder Genozid hat seine Besonderheiten, und jede verhasste Gruppe wird auf besondere Weise gehasst. In der Zahl der Toten übertrifft der Genozid an den Indigenen Völkern des amerikanischen Kontinents alle anderen. Der transatlantische Handel mit entführten und versklavten Afrikanern und die Plantagenwirtschaft in den amerikanischen Südstaaten und in der Karibik vor dem amerikanischen Bürgerkrieg waren für ihre Zeit technologisch hochmodern. Sie waren, wie Wissenschaftler nachgewiesen haben, so avanciert, dass die Systeme für den Transport, für Versicherung, Abschreibung, Beaufsichtigung, Kontrolle und maximale Auspressung dieser Sklavenarbeiter viele Aspekte der modernen Buchhaltung und des modernen Personalmanagements geprägt haben. Rinaldo Walcott, der Race- und Genderfragen untersucht, schreibt in seinem Manifest *On Property*: »Die Ideen, die in der Plantagenwirtschaft entstanden sind, prägen unsere sozialen Beziehungen bis heute.«[20] Zu diesen sozialen Beziehungen gehören die moderne Polizeiarbeit, die Massenüberwachung und die Masseninhaftierung.

Worauf stützt sich die These von der Einzigartigkeit des Holocaust sonst noch? Auf die Tatsache, dass das europäische Judentum tiefgreifend assimiliert und in die europäische Kultur eingebettet war und in dem Sinn »zivilisiert« sein wollte, wie man es auf dem europäischen Kontinent damals verstand. Viele der Ermordeten waren sogar reich. Aber was ist mit den etablierten japanischen Familien, die zur selben Zeit in den Vereinigten Staaten und in Kanada in Internierungslager geschickt wurden? Was ist mit dem »Black Wall Street«-Massaker von Tulsa, Oklahoma, im Jahr 1921, also lange vor dem Krieg, als ein weißer Mob ein afroamerikanisches Wohn- und Geschäftsviertel in Brand steckte? Gewiss, es sind Verbrechen unterschiedlichen Ausmaßes, und doch zeigen sie die Grenzen der Assimilation als Schutzmechanismus auf. Dass sie nicht glauben wollten, sie könnten zum Ziel des NS-Massenmords werden, wurde vielen Juden in Deutschland und Österreich zum Verhängnis. Viel zu lange sagten sie sich, dass sie viel zu kultiviert und zu gebildet waren, um jemals zu Bestien herabgewürdigt zu werden. Du Bois und Césaire versuchten uns zu sagen, dass Kultur, Sprache, Wissenschaft und Wirtschaft keinen Schutz gegen den Genozid bieten – es genügt eine ausreichend große militärische Gewalt in den Händen einer Macht, die bereit ist, eine Kultur als unzivilisiert zu brandmarken und deren Angehörige zu Bestien zu erklären. Das ist die Geschichte kolonialer Gewalt überall auf der Welt. Menschen als »landlos« zu betrachten – weil sie eine andere Form der Landwirtschaft betreiben, im jahreszeitlichen Wechsel umherziehen oder was auch immer –, war seit jeher eine Vorstufe des Genozids. Juden wurden zu »Wurzellosen« erklärt, bevor sie abgeschlachtet wurden, so wie die Kolonialmächte Indigene Völker als Nomaden und damit als unzivilisiert deklarierten, um ihnen anschließend auf allen Kontinenten der Erde unter Androhung der Vernichtung ihr Land zu stehlen.

Viele, deren Kultur, deren Land und deren Körper auf diese Weise zum Angriffsziel wurden, erkannten die Logik hinter Hitlers politischem Projekt, weil sie ihnen vertraut war. Nach der Reichspogromnacht im November 1938 schrieb beispielsweise eine Delegation der Australischen-Aborigines-Liga einen Protestbrief, in dem sie »die grausame Verfolgung des jüdischen Volkes durch die nationalsozialistische Regierung in Deutschland« verurteilte,[21] um ihn – ein wenig bekanntes Kapitel der Geschichte – dem deutschen Generalkonsul in Melbourne persönlich zu übergeben (das Konsulat weigerte sich, ihn anzunehmen). Das geschah lange bevor westliche Regierungen bereit waren, sich Hitler entgegenzustellen; doch diese Indigenen Wortführer, die selbst immer noch für ihre Grundrechte kämpfen mussten, erkannten den Ernst der Bedrohung. Die industrielle Tötungsmaschinerie der Nazis war neu, und der jüdische Fall liegt anders. *Aber jeder Fall liegt anders.* Und einige Dinge ähneln sich nur allzu sehr.

Die Kehrseite der »Nie wieder«-Rufe nach dem Zweiten Weltkrieg war ein unausgesprochenes »Nie zuvor«. Das Beharren darauf, den Holocaust aus der Geschichte herauszuheben, das Versäumnis, diese Muster zu erkennen, und die Weigerung zu sehen, wie sich die Nazis in die Abfolge der kolonialen Völkermorde einreihten – der Preis für all das war hoch. Die Länder, die Hitler besiegten, brauchten sich nicht mit der unangenehmen Tatsache auseinandersetzen, dass Hitler von ihnen Tipps und Anregungen zur Konstruktion von »Rassen« und zur Einrichtung von Reservaten und Internierungseinrichtungen erhielt. Auf diese Weise blieb ihre Unschuld nicht nur unangetastet, sie wurde durch den in der Tat gerechten Sieg sogar noch erheblich bekräftigt.

Für Lindqvist ist genau das der Punkt. »Gewiss«, schrieb er, »jeder Völkermord weist unvergleichbare Merkmale auf. Und doch kann ein Ereignis zu einem anderen beitragen, ohne dass die beiden identisch sind. Die europäische Expansionspolitik mit ihrer schamlosen Rechtfertigung des Völkermords hat Denkgewohnheiten und politische Präzedenzfälle geschaffen, die den Weg frei gemacht haben für immer neue Gewalttätigkeiten. Ihr vorläufig grauenvollster Höhepunkt war der Holocaust.«[22] Und eine der hartnäckigsten Denkgewohnheiten ist der Reflex wegzuschauen, nicht zu sehen, was vor unseren Augen liegt, und nicht zur Kenntnis zu nehmen, was wir längst wissen.

Als Lindqvist Anfang der 1990er Jahre *Rottet die Bestien aus!* schrieb, war die Klimakrise noch kaum in sein Blickfeld getreten. Er wusste noch nicht, dass in den nachfolgenden drei Jahrzehnten die europäischen Mächte und ihre kolonialen Siedlerstaaten weitgehend tatenlos zusehen würden, wie die Kontinente, auf denen diese »minderwertigen Rassen« leben, von Bränden und Überschwemmungen heimgesucht werden; alles andere hätte den Fluss der grenzenlosen Akkumulation von Reichtum unterbrochen. Wir müssen nun die Frage stellen: Was wäre, wenn der ausgewachsene Faschismus nicht das Monster vor der Tür ist, sondern das Monster im Haus, das Monster in uns – auch in denjenigen von uns, deren Vorfahren Opfer eines Genozids wurden?

Dies, so fürchte ich, ist die größte Gefahr, die von der Spiegelwelt und ihrem zunehmend aggressiven Krieg gegen die Geschichte ausgeht. Die Tür zu den Schattenzonen wurde aufgestoßen; Wahrheiten kamen ans Licht, die sich nicht mehr zurückhalten ließen. Die am schlimmsten ausgebeuteten Schattenarbeiter unserer Wirtschaft – eingewanderte Frauen und Männer mit befristeten Arbeitsvisa, die täglich in vier verschiedenen Pflegeheimen schufteten oder in eiskalten, blutbespritzten Hallen Hühnerteile verpackten – waren endlich auf unseren Fernsehschirmen. Nicht, weil sie als Heldinnen und Helden bejubelt worden wären, sondern weil sie an den sogenannten Hotspots tätig waren: Ihre toten Körper stapelten sich in Leichenhallen und Kühltransportern. Wir hatten keine Wahl, wir mussten hinsehen und uns dem stellen, was so lange versteckt und verdrängt worden war. Als dann in jenem ersten Covid-Frühling viele von uns auf die Straßen strömten und die Namen der Ermordeten riefen, und als wir dann ein Jahr später, in Trauer um die verschwundenen Kleinen, die nicht mehr zurückkehrten, die Köpfe senkten, traten weitere Wahrheiten zutage.

Wie das Paar auf dem präraffaelitischen Gemälde begannen immer mehr von uns, wenn auch zunächst nur vage und schemenhaft, sich selbst und ihren Platz in einer größeren, von geisterhaften Erscheinungen bevölkerten Welt zu erkennen. Einige von uns erlitten einen Ohnmachtsanfall, andere verloren den Verstand. Sehr viele von uns wollten sich ändern: das Monster im kollektiven Unbewussten vertreiben oder es zumindest versuchen. Sie wollten die Art von Menschen sein, deren tägliches Leben nicht die Vernichtung anderer Leben und anderer Lebensweisen bedingt.

»Kräfte, die sich der Gerechtigkeit widersetzen, stehen bereit, die Errungenschaften der Kämpfe von gestern komplett rückgängig zu machen, sobald sich die Gelegenheit bietet«, schrieb Olúfẹ́mi O. Táíwò 2022 in *Reconsidering Reparations.*[23] Zu diesem Zeitpunkt waren die Kräfte des Vergessens bereits wieder erstarkt und kamen zurück, um diese Tür zuzuschlagen und unsere Länder erneut in Unschuld und Selbstgerechtigkeit zu hüllen. »In der Erinnerung selbst gibt es einen Widerstand gegen das Erinnern«, erklärt die Psychoanalyse-Historikerin Jacqueline Rose.[24]

Ein Jahr nach Bekanntgabe des Funds anonymer Kindergräber auf dem Gelände der Kamloops Indian Residential School veröffentlichte die *New York Post* einen Artikel, in dem Tom Flanagan zitiert wurde, ein einflussreicher konservativer Ideologe und seit langem bekannter Gegner Indigener Rechte. Er bezeichnete die Entdeckung der Gräber als »die größte Fake-News-Story in der kanadischen Geschichte« und als Fall von »moralischer Panik«.[25] Offenbar empfinden viele die wahrheitsgemäße Darstellung historischer Fakten als Verrat – als etwas, das unbedingt verhindert werden muss. Aber wenn diese Wahrheiten zurückgedrängt werden, suchen sie uns immer wieder heim und tauchen in verzerrter, deformierter Form in der Spiegelwelt wieder auf.

Am 14. Mai 2022 fuhr ein achtzehnjähriger weißer Rassist, besessen von der Theorie des Großen Austauschs und den niedrigen Geburtenraten der Weißen, in Buffalo, New York, zu einem Supermarkt der Ladenkette Tops, um dort so viele Schwarze wie möglich zu töten. Er erschoss zehn Menschen mit einem legal erworbenen AR-15-Sturmgewehr. Wie andere vor ihm übertrug er das Massaker per Livestream im Internet – eine Performance, wie es seiner Generation beigebracht worden war. Er hinterließ ein langes, konfuses Manifest, in dem er Nazis lobte und sich unter anderem als »Ökofaschisten« bezeichnete.[26] Julian Brave NoiseCat, ein Schriftsteller und Mitstreiter aus der Bewegung für Klimagerechtigkeit, entdeckte unheimliche Parallelen:

> Mich überrascht die Ähnlichkeit rechter Verschwörungstheorien mit den aktuellen Strategien gegenüber Indigenen Völkern.
>
> »Replacement-Theorie« – Manifest Destiny
>
> QAnon (institutionalisierter massenhafter Kindesmissbrauch) – Internatsschulen und Residential Schools
>
> »Plandemie« – Pocken, Alkohol, Bioterrorismus

> Das ist alles so freudianisch. Die Angst, dass es ihnen selbst passieren könnte, entspringt dem unausgesprochenen Eingeständnis, dass sie es anderen angetan haben.
>
> Als ob die Schwarzen, Braunen und Indigenen Unterdrückten genauso hasserfüllt wären wie sie und ihnen dasselbe antun würden, was sie uns angetan haben.[27]

Passt das in das Bild, das wir sehen? Haben die zunehmend gewalttätigen Verschwörungstheoretiker in der Spiegelwelt Angst, zusammengetrieben, als Menschen zweiter Klasse behandelt, unterworfen und ausgemerzt zu werden, weil sie unterschwellig wissen, dass solche genozidalen Verhaltensweisen ihre eigenen relativen, aber zunehmend gefährdeten Privilegien geschaffen haben und bis heute stützen? Haben sie Angst, dass es zu einem dramatischen Rollentausch kommen wird und die Opfer zu Tätern werden, wenn die Wahrheiten aus den Schattenzonen der Vergangenheit, Gegenwart und Zukunft jemals vollständig aufgedeckt und aufgearbeitet werden?

Nun, das ist zuvor schon geschehen. Und es geschieht hier und jetzt, an einem Ort, wo alles verdoppelt ist, wo die Doppelgänger-Politik jeden Aspekt des Lebens bestimmt. Es geschieht in Israel und in seinem abgetrennten Schattenland Palästina: unsere letzte Station und der Ort, wo viele Kräfte, denen wir auf dieser verschlungenen Reise begegnet sind, konvergieren und kollidieren.

14

Der unentrinnbare ethnische Doppelgänger

»Es ist Antisemitismus.«

Zum fünften Mal in diesem Winter rekordverdächtiger Stürme und Schlammlawinen ist der Strom ausgefallen, und ich bin zu meinen Eltern geflüchtet, um in deren Wohnung meinen Laptop aufzuladen. Ich bin allein mit Mom, und sie nutzt diese seltene Gelegenheit, um mich davor zu warnen, auf dem Wolf-Thema herumzureiten. (Ein bisschen spät dafür!)

»Sie betrachten euch beide als Typus«, sagt sie über eine Schüssel aufgetauter Gemüsesuppe hinweg. »Wozu die Aufmerksamkeit darauf lenken?«

Sie wirkt dabei traurig und desillusioniert. Wenn ich mich in mein Doppelgänger-Problem verbeiße, um dieses Netz aus Theorien über digitale Doubles, persönliche Marken, die Spiegelwelt und die Schattenzone zu spinnen, errege ich damit in ihren Augen nur noch mehr von dieser gefährlichen Aufmerksamkeit, die der wahre Grund für die ganze Verwirrung ist. Für sie liegt das auf der Hand. Es ist das Juden-Ding.

Andere argumentieren ganz in ihrem Sinn. Jeet Heer, Kolumnist von *The Nation* und eifriger Wolf-Beobachter, schrieb nach einer ihrer krasseren Serien von Covid-Falschinformationen: »Unter diesen Umständen ist es nur noch Antisemitismus, wenn man Naomi Klein mit Naomi Wolf verwechselt. Sorry, ich mache die Regeln nicht. Euer Gehirn sollte imstande sein, mit mehr als einer Naomi klarzukommen.«[1]

Ich mache die Regeln auch nicht. Aber Hannah Arendt hatte einen

Leitsatz. »Wenn man als Jude angegriffen wird, muss man sich als Jude verteidigen«, schrieb sie. »Nicht als Deutscher, nicht als Weltbürger, nicht als Verteidiger der Menschenrechte.«[2] Muss ich also tun, wovor ich mich die ganze Zeit gedrückt habe? Muss ich mich gegen all das *als Jüdin* verteidigen?

Willkommen im Club, weiße Lady, höre ich einige von euch sagen.

Das ist nur fair. Zahllose Menschen auf diesem von rassistisch geprägten Hierarchien zerrissenen Planeten haben mit weit abscheulicheren Formen ethnischer und rassistischer Projektionen zu kämpfen und werden von Weißen immer nur als Vertreter ihrer Hautfarbe wahrgenommen. In den sozialen Medien stellen sie fest, dass ihnen Worte und Handlungen anderer zugeschrieben werden, im positiven wie im negativen Sinn. Der australische Dichter Omar Sakr teilt regelmäßig empörende Geschichten über TV-Disponenten und Leser, die ihn mit diversen anderen braunhäutigen Figuren des öffentlichen Lebens verwechseln. Einmal bekam er sogar einen kompletten Reiseplan für einen Gastauftritt bei einer Heimwerker-Sendung zugeschickt, zu der er zuvor keinerlei Kontakt gehabt hatte. Denselben Fehler machten die Verantwortlichen der Sendung auch bei dem Schriftsteller Osman Faruqi.

»Warum schickt ihr uns die Reisepläne anderer Leute?«, fragte Sakr. »Seid ihr wirklich unfähig, Braune Männer auseinanderzuhalten??«[3]

Oder man denke an all jene, die an ihrem Arbeitsplatz ständig mit ihrem »Job-Zwilling« verwechselt werden, einer anderen Person of Color mit halbwegs ähnlichem oder sogar völlig anderem ethnischen Hintergrund – eine zermürbende Erfahrung. Natürlich sind das keine Doppelgänger. Es gibt keine unheimlichen Ähnlichkeiten zwischen den Beteiligten – das Ganze zeigt nur, wie viel Unheil der Rassismus nach wie vor in den Köpfen anrichtet.

Ich dagegen konnte mir in aller Regel sagen, dass diese Art der Verdopplung kein Kreuz war, das ich zu tragen hatte. Ich bewegte mich unbekümmert durch die Welt und ging davon aus, dass die Leute, denen ich begegnete, die charakteristischen Eigenarten in der spezifischen Anordnung meiner Gesichtszüge mühelos dekodieren, mich korrekt als »mich« identifizieren und keine mutmaßliche Identität aufgrund meiner Hautfarbe, Haarstruktur und Augenform auf mich projizieren würden. Jetzt aber behauptete meine Mutter beim Essen, dass ich mir gründlich in die Tasche gelogen hatte und dass Wolf und ich stets gemeinsam in den Topf eines bestimmten kulturellen Stereotyps – die ehrgeizige Jüdin – geworfen worden waren.

»Die einen werfen mir vor, dass ich ein Jude sei; die andern verzeihen es mir; der dritte lobt mich gar dafür; aber alle denken daran«, klagte der deutsche politische Schriftsteller Ludwig Börne im Jahr 1832.[4] (Die Änderung seines Namens – Löb Baruch – und der Übertritt zum Protestantismus reichten nicht aus, um ihn zu schützen.) Auch dieses Thema taucht in Roths *Operation Shylock* auf: der scheinbar ewige Judenhass. Am Ende des Buches stellt sich heraus, dass Roths wahrer Doppelgänger gar nicht der falsche Roth ist. Wir erfahren, dass es in gewissem Sinn keinen echten Roth gibt, den Mann des Wortes und des Geistes, so wie es auch keinen falschen Roth gibt, den eifrigen Aktivisten und Prediger des Diasporismus. Im Roman werden am Ende beide zu Philip Roth, dem Juden. Und das heißt, sie sind beide Shylock, der Geldverleiher in Shakespeares *Kaufmann von Venedig*, der bereit ist, andere zu verstümmeln, um sich sein Pfund Fleisch zu holen. Für Roth ist Shylock der ewige Doppelgänger der Juden.

So funktioniert das Vorurteil. Wer es hegt, erschafft unbewusst einen Doppelgänger jedes Angehörigen der verabscheuten Gruppe. Dieser pervertierte Zwilling ragt über all denen auf, die die Kriterien erfüllen, und droht permanent, sie zu verschlingen. Einen solchen Doppelgänger zu haben bedeutet: Wer immer du bist, welche Identität du dir auch zurechtgelegt hast, so neu und einzigartig deine persönliche Marke ist und sosehr du dich von den Stereotypen abgrenzt, die mit Leuten wie dir verbunden werden, für die Hater wirst du immer nur ein Repräsentant deiner verabscheuten Gruppe sein. Du bist nicht du; du bist dein ethnisches, rassifiziertes oder religiöses Double, und du kannst dieses Double nicht loswerden, weil du es nicht erschaffen hast.

»Der Jude ist ein Mensch, den die anderen Menschen für einen Juden halten … Der Antisemit *macht* den Juden«, schrieb Jean-Paul

Sartre in seinem umfangreichen Essay *Überlegungen zur Judenfrage.*[5] Das war eine bewusst provokative Bemerkung, weil viele Juden ihre Jüdischkeit natürlich durch die Ausübung ihrer Kultur und ihres Glaubens erschaffen – das geschieht nicht durch den Hass anderer Menschen. Aber Sartre schrieb das unmittelbar nachdem Paris von der NS-Besatzung befreit worden war, als die Erinnerungen an eine Zeit noch frisch waren, in der die französischen Juden – viele von ihnen so assimiliert, dass sie sich kaum als Juden betrachteten oder auch nur wussten, dass ihre Eltern oder Großeltern jüdisch waren – systematisch auf verräterische semitische Merkmale hin untersucht und inspiziert wurden. Das ist die Prämisse von Joseph Loseys gruseligem Doppelgänger-Film *Monsieur Klein* von 1976. Er erzählt die Geschichte eines reichen Pariser Kunsthändlers, der irrtümlich für einen Juden gleichen Namens gehalten wird und sich auf der Suche nach seinem Doppelgänger zunehmend in dessen Leben verstrickt. Der Film beginnt in einer Klinik, wo ein Arzt emotionslos eine Frau mittleren Alters untersucht: Zahnfleisch, Nasenlöcher, Kiefer, Gang – alles wird peinlich genau und auf demütigende Weise gemessen und abgetastet, um der im Innern lauernden Jüdin auf die Schliche zu kommen. Der Antisemit macht den Juden und erschafft den tödlichen Doppelgänger mit klinischer Präzision.

Alle Angehörigen von Gruppen, denen in der Vergangenheit immer wieder Hass entgegenschlug, schleppen Versionen dieses unsichtbaren Doppelgängers mit sich herum, und manche Verdopplungen sind weitaus gefährlicher als andere. In den Vereinigten Staaten Schwarz zu sein, schrieb W. E. B. Du Bois 1897, führe zu einem »Doppelbewusstsein«, dem permanenten Gefühl der »Zweiheit«, das die Sehnsucht wecke, »das eigene Doppel-Ich zu einem besseren und wahreren Ich verschmelzen zu lassen«, bei dem eine solche Trennung nicht erforderlich ist.[6] Bis auf den heutigen Tag bringt Schwarzsein einen Doppelgänger hervor, der so unerbittlich die Jahrhunderte überdauert hat und so tückisch für jene ist, auf die er projiziert wird, dass keine Tätigkeit davor gefeit ist, von diesem tödlichen rassifizierten Double übernommen zu werden – nicht das Autofahren, nicht der Fünf-Kilometer-Lauf, nicht der Fußmarsch vom Einkaufen nach Hause, nicht der Kampf mit dem Schloss an der verklemmten Haustür. (»Ich habe vor, euch Gründe für eure nervösen Anfälle und eure Gesichtszuckungen zu geben«, schrieb June Jordan 1976 in ihrem Gedicht »I must become a menace to my enemies«.)[7] Gesichtserkennungssoftware wurde ursprünglich mit dem Versprechen eingeführt, derartige von Vorurteilen geprägte Verdopplungen in der Polizeiarbeit zu reduzieren. Stattdessen hat sie diese Verdopplungen automatisiert, denn die Künstliche Intelligenz identifiziert Schwarze Gesichter immer wieder falsch, was oftmals unrechtmäßige Festnahmen und ein zerstörtes Leben zur Folge hat. In Europa lässt man derweil ein Boot voller Schwarzer Migranten nach dem anderen sinken, weil diese Boote von gefährlichen Doppelgängern der Passagiere übernommen werden, bevor sie auch nur das Festland erreichen.

Der Künstler François Brunelle aus Montreal, der Hunderte von Doppelgängern fotografiert hat, erläutert, was ihn daran fasziniert, frappierend ähnliche Gesichter abzulichten: »Das Gesicht ist das beste Kommunikationsmittel, das wir haben, um Beziehungen zwischen uns als Menschen aufzubauen und zu erhalten.«[8] Genau. Und die Kommunikationsfähigkeit des Gesichts sehr vieler Menschen wird durch die beschädigten Rezeptoren anderer Menschen *permanent* sabotiert.

Andere Formen rassifizierter Verdopplung folgen dem Auf und Ab der geopolitischen Gezeiten. Nach den Anschlägen vom 11. September in New York und Washington wurde die Gestalt des muslimischen Terroristen als Double für sämtliche muslimischen Männer derart bedrohlich, dass alles, vom Ingenieursstudium bis zur Fahrt zum Flughafen, plötzlich gefährlich wurde. Denn was ist ein auf Basis vermeintlich »rassischer« Merkmale erstelltes Profil anderes als ein vom Staat generierter Doppelgänger? In der Praxis bedeutete das, dass Fahrgäste mit gängigen Namen wie Mohammed (ganz zu schweigen von Osama) mit der sehr realen Möglichkeit rechnen mussten, auf irgendeiner von Fehlern wimmelnden Flugverbotsliste der höchsten Geheimhaltungsstufe zu landen, aus dem Flugzeug gezerrt und zum Spezialverhör gebracht oder, noch schlimmer, mit einer Haube über dem Kopf in eine der neuen »Black Sites«, der Geheimgefängnisse der Bush-Regierung,

»überstellt« zu werden. Die chinafeindliche Sündenbocksuche der Covid-Ära (bei der meine Doppelgängerin mit ihren immer neuen angeblichen Biowaffen-Komplotten der KP Chinas keine geringe Rolle spielte) hat das Leben von Asiaten so bedrohlich überschattet, dass in einer Umfrage von Pew Research im Frühjahr 2022 ungefähr ein Drittel der Amerikaner asiatischer Herkunft berichteten, sie würden ihren Tagesablauf ändern, um keinen Hassverbrechen zum Opfer zu fallen.

Wie passt nun der jüdische Doppelgänger in dieses Bild böswilliger Paarungen? Mit ihren schwarzen Hüten und langen Mänteln sind chassidische Juden natürlich leichte Opfer von Straßengewalt. Aber eine säkulare Jüdin wie ich? Offen gestanden kämpfe ich gegen das Gefühl an, mich irgendwie unredlich zu verhalten, wenn ich das auch nur im selben Atemzug erwähne. Zum Zeitpunkt meiner Geburt waren die schulische Aufklärung über den Holocaust und die kollektive Zerknirschung in meinem Land auf einem Höhepunkt, so dass ich so gut wie nie mit Judenhass konfrontiert war. Eine denkwürdige Ausnahme bildete ein Jahr, das ich im englischen Oxford verbrachte, als ich zehn war. Dort war »Jude« auf dem Schulhof eine so häufige Schmähung, dass ich meine religiöse Identität verheimlichte und mich durch die morgendlichen Kirchenlieder mogelte (»Shine, Jesus, shine! Fill this land with the Father's glory!«). Trotzdem hätte ich nie gedacht, dass der Antisemitismus mehr als meine Gefühle verletzen könnte: Meine größte Sorge war, dass die Enttarnung mich die Freundschaft mit Katie Bennett kosten würde, der Tochter des Vikars. (Was nicht der Fall war. »Frohes Chanukka, Naomi!«, sagte ihr Vater in jenem Dezember beiläufig zu mir – ich gab eine lausige Undercover-Jüdin ab, wie man sieht.)

Für Avi ist es ein bisschen anders. Er hat klassischere jüdische Gesichtszüge und Eigenheiten als ich, und nach einem Vierteljahrhundert des Zusammenlebens mit ihm erkenne ich inzwischen die instinktive Reaktion, die er hin und wieder auslöst. Dieselbe Verdopplung fiel mir auf, als ich 2020 mit Bernie Sanders auf Wahlkampftour war: Manche Leute kamen einfach nicht über den aufdringlichen, zornigen, ungehobelten Juden hinweg, den sie aufgrund seiner Redeweise und seiner Eigenheiten in ihm sahen, da konnte er noch so sanft und mitfühlend sein.

Aber ich? Ich hatte doch meine ethnischen Ränder geglättet; ich hatte mich gegen solche instinktiven Reaktionen anderer geschützt. Aber selbst während ich dies jetzt schreibe, weiß ich plötzlich nicht mehr so genau, ob ich es wirklich jemals geglaubt habe. Ist die Angst vor meinem jüdischen Schatten nicht der wahre Grund, weshalb ich mich so bitter über meinen allzu jüdischen Namen mit dem eingebauten lang gezogenen, weinerlichen Laut beklagt habe? Weshalb ich wie besessen meine welligen Haare glätte und stolz darauf bin, dass sie nicht so auffällig sind wie beispielsweise die der Person, die ich mehr als einmal »meine Doppelgängerin mit der Löwenmähne« genannt habe? Zeigt sich darin nicht ein von Selbsthass erfüllter Wunsch, der beständigen Verunglimpfung jüdischer Frauen als jüdisch-amerikanische Prinzessinnen durch Juden wie Nichtjuden zu entgehen? Ist die biblische Noomi mit ihrer Entschlossenheit, alles Erforderliche für das Überleben ihrer Angehörigen zu tun, nicht die ethnische Doppelgängerin, mit der ich keinesfalls verwechselt oder gar verschmolzen werden wollte? Nichts von alledem ist gänzlich von der Hand zu weisen.

Und es kann auch sein, dass der Rückgang des offenen Judenhasses nach dem Holocaust nun an sein Ende gelangt. Seit Trump nehmen judenfeindliche Hassverbrechen zu. Juden spielen eine bedeutende Rolle in der Theorie vom Großen Bevölkerungsaustausch – wir ewigen Shylocks sind vermeintlich der Grund, warum so viele Immigranten aufgenommen werden: weil wir durch ihre Ausbeutung mehr Kohle machen können. Diesem Glaubenssystem hing der bewaffnete Täter an, der 2018 beim Samstagvormittags-Gottesdienst in der Tree-of-Life-Synagoge in Pittsburgh, Pennsylvania, elf Menschen tötete. Kanye Wests Drohung, er werde in »death con 3 on JEWISH PEOPLE« gehen – also in erhöhte Einsatzbereitschaft oder sogar auf »Todesstufe« gegenüber Juden, die angeblich seine Welt beherrschen –, hat die Schleusen vielleicht noch weiter geöffnet. Aber es gibt nach wie vor viele Unterschiede zwischen den diversen derzeit zunehmenden Formen der Verdopplung, die sich auf Hautfarbe und Geschlechtsidentität beziehen. Wegen meines jüdischen Schattens gehen die Leute nicht schneller, und sie verschließen auch ihre Wagentüren nicht; Ärzte behaupten nicht, ich könnte keinen Schmerz empfinden, und Angreifer gehen nicht davon aus, dass keine offizielle Suche nach mir stattfinden wird, wenn sie mir etwas antun. Aber wie wir gesehen haben, kann das Bedürfnis, alles über einen Kamm zu scheren, leicht Gemeinsamkeiten überdecken – und, was nicht weniger wichtig ist, Solidaritäten verhindern.

Satans Heer der bösen Zwillinge

Antisemitismusforscher verorten die Ursprünge des Judenhasses in der Antike, bei hellenistischen Ressentiments gegen die Selbstabschottung und den als zu stark empfundenen Zusammenhalt der Juden. Erst in der christlichen Welt gab es vor ihm jedoch kein Entrinnen mehr. Das Neue Testament ist eine machtvolle Kosmologie der Doubles: Gott / Satan, Christ / Antichrist, Engel / Dämonen, Himmel / Hölle. Da Juden in den Evangelien mit dem Teufel im Bunde stehen, waren Juden und Christen von Anfang an in einer Zwillingsbeziehung verbunden, und die Juden wurden permanent als dämonische Doppelgänger der treuen Jünger Jesu dargestellt. Nicht nur, dass wir den wahren Messias nicht erkannten, als wir die Chance dazu hatten – man gibt uns auch die ewige Schuld an Jesu Tod. (Um also meine vorherige Aussage zu korrigieren: Genau dieses Kreuz müssen wir tragen.) Es ist eine Erzählung, die die Bühne für jahrhundertelange Verunglimpfungen und Verleumdungen bereitet hat.

Viele dieser Verleumdungen beinhalten grausige Vorwürfe, Juden würden christliche Kinder entführen, um ihnen für geheime Rituale das Blut abzuzapfen. Solche Beschuldigungen dienten als Vorwand für die Gewalttaten judenfeindlicher Mobs. In polnischen Kathedralen gibt es noch immer Fresken mit Darstellungen dicker Babys voller blutiger Wunden zu Füßen von Juden, die sich über sie beugen. Diese alte Form des Judenhasses erreichte ihren Höhepunkt mit der Reconquista auf der Iberischen Halbinsel und der Vertreibung von Juden und Muslimen im Jahr 1492 im Gefolge von Massakern, Judenverbrennungen und erzwungenen Massenkonversionen zum Katholizismus (was wenig Schutz davor bot, zur Zeit der Inquisition als Kryptojude »entlarvt« zu werden). Als Reaktion auf die Vertreibung erhielten viele jüdische und muslimische Flüchtlinge – damals Verbündete – sicheres Geleit ins Osmanische Reich.

Dies war nicht der erste Gewaltausbruch, bei dem Gruppen von Menschen andere Gruppen im Kampf um Land und Rohstoffe abschlachteten. Aber diese Epoche, so Sven Lindqvist und Raoul Peck, habe einen Impuls ausgelöst, der in den folgenden Jahrhunderten immer wieder auftrat: im Namen von Zivilisation, Fortschritt und Frömmigkeit »die Bestien auszurotten«. Und es ist vielleicht kein Zufall, dass Christoph Kolumbus' Schiffe in jenem Jahr die Segel setzten, um den Atlantik zu überqueren und die Vernichtung im Namen der Religion in die ganze Welt zu tragen.

Die gedankliche Verknüpfung von Juden und Satanismus lieferte während des ganzen Mittelalters und noch lange danach die Rechtfertigung dafür, dass man den Juden als Bürgern zweiter Klasse Einschränkungen auferlegte, sie in Ghettos zusammenpferchte und ihnen verbot, Ackerland zu erwerben oder wichtige Handwerksberufe auszuüben. Deshalb waren Juden oft als Hausierer, Kaufleute und Geldverleiher tätig. Letzteres wurde ihnen vor allem deshalb erlaubt, weil die christliche herrschende Klasse sich dieses gottlose Treiben damit vom Hals halten konnte. Im 18. Jahrhundert wurden aus kleinen Verleihern dann größere Banken. Diese ihrerseits aus dem Antisemitismus hervorgehende Entwicklung förderte jene moderneren und bis heute bestehenden Formen des Antisemitismus, bei denen die Figur des geldgierigen jüdischen Bankiers im Mittelpunkt steht, der für alle Nöte und Bedrängnisse der arbeitenden Bevölkerung verantwortlich gemacht wird – und zusammen mit einem internationalen Klüngel ähnlich intriganter Juden noch viel Schlimmeres im Schilde führt.

Von den Illuminaten bis zu den *Protokollen der Weisen von Zion*, von der Bankiersfamilie der Rothschilds bis zu George Soros' Philanthropie – Juden waren Gegenstand und Zielscheibe der langlebigsten Verschwörungstheorie der letzten zweihundertfünfzig Jahre. Die Namen und die Akteure haben sich geändert, aber das Drehbuch ist erstaunlich gleich geblieben: Eine internationale jüdische Verschwörung wird beschuldigt, christliche Werte zu untergraben, christliche Staaten zu schwächen, christliches Eigentum an sich zu bringen und, in späteren Versionen, die Medien zu kontrollieren. Von Revolutionen über Pandemien bis hin zu terroristischen Anschlägen: Es scheint immer unsere Schuld zu sein.

Was die QAnon-Bewegung auszeichnet, ist nicht die Originalität ihrer Geschichten, sondern ihre Fähigkeit, den moderneren Topos einer jüdischen Weltherrschaftsclique mit der sehr viel älteren Ritualmordlegende von entführten und ausgebluteten christlichen Kindern zu vermischen. In der QAnon-Version gibt es eine internationale Verschwörerbande, zu der viele prominente Juden, aber auch Nichtjuden gehören und die Kinder entführt, um ihnen Adrenochrom abzuzapfen; anscheinend hoffen die Verschwörer, ihr eigenes Leben auf diese Weise verlängern zu können. Diese Geschichten kursieren derzeit in unserer Kultur, sie verbinden und verändern sich dabei und laden den unsichtbaren ethnischen Doppelgänger, den wir Juden mit uns herumschleppen, mit einer uralten, finsteren Energie auf.

Schaut euch mal das da an!

In der Spiegelwelt lenken Verschwörungstheorien die Aufmerksamkeit von den Milliardären ab, die die Netzwerke der Falschinformation finanzieren, aber auch von der Wirtschaftspolitik – Deregulierung, Privatisierung, Austerität –, die in der neoliberalen Ära auf so verheerende Weise für eine ungleiche Verteilung des Reichtums gesorgt hat. Sie fachen die Wut auf die Davos-Eliten, auf Big Tech und Big Pharma an – aber diese Wut scheint ihr Ziel niemals zu erreichen. Stattdessen wird sie in Kulturkämpfe um antirassistischen Schulunterricht und geschlechtsneutrale Toiletten umgelenkt und nährt Ängste vor dem Großen Austausch, wobei Schwarze, nicht-weiße Einwanderer und Juden ins Visier geraten. Derweil können sich die Milliardäre als Finanziers dieser ganzen Farce sicher sein, dass sie von den Unterströmungen der Wut in unserer Kultur verschont bleiben. Weder Steve Bannon noch Tucker Carlson haben dieses Spiel erfunden.

Über die Jahrhunderte hinweg haben judenfeindliche Verschwörungstheorien für die Machteliten einen ganz bestimmten Zweck erfüllt: Sie fungierten als Puffer, als Stoßdämpfer. Bevor der Volkszorn die Könige, Königinnen, Zaren und den alten, begüterten Landadel erreichen konnte, nahmen die Verschwörungstheorien ihn auf und lenkten ihn auf die mittleren Ebenen – auf den Hofjuden, den intriganten Juden, unter dessen Käppchen sich womöglich Hörner verbargen. Auf Shylock.

Der in den 1890er Jahren in sozialdemokratischen Kreisen populär gewordene Ausspruch, der Antisemitismus sei »der Sozialismus der dummen Kerle«, geht auf den österreichischen Demokraten Ferdinand Kronawetter zurück.[9] Während eine sozialistische, auf den materiellen Gegebenheiten basierende Analyse den Kapitalismus als ein System beschreibt, das von einer ihm innewohnenden Logik der Enteignung und Ausbeutung geleitet wird, bieten die Verbreiter antisemitischer Verschwörungstheorien reißerische Geschichten von satanischen Bösewichten, die außerhalb der normalen Grenzen von Gesellschaften und Wirtschaftssystemen agieren. Und da sie außerhalb dieser Strukturen stehen, können sie aus dem Gemeinwesen einfach entfernt werden – man kann sie aus der Stadt vertreiben oder, mit Lindqvists und Pecks Worten, ausrotten wie Bestien.

Wann immer multiethnische Gruppen von Arbeitern und Bauern in Europa mit dem Aufbau einer Macht von unten begannen und den etablierten Reichtum bedrohten, kam es bald zu Schüben antisemitischer Propaganda. Immer wieder wurden wurzellose jüdische Teufel gegen die eingewurzelten, ethnisch reinen christlichen Bürger der Nationalstaaten – von Spanien über Frankreich bis Polen – ausgespielt, in denen Juden nie vollständig akzeptiert wurden. Der ewige böse Zwilling.

Diese Methoden wurden durch die Jahrhunderte hindurch aus einem einfachen Grund immer wieder angewandt: Sie funktionieren. Sie haben sich als zuverlässige Instrumente erwiesen, neu entstehende Bündnisse und Koalitionen der arbeitenden Bevölkerung zu sprengen und die Interessen der Reichen und Mächtigen zu schützen.

Die gescheiterte Russische Revolution von 1905 war ein besonders tragischer Fall. Im Januar jenes Jahres organisierten Arbeiter und Bauern im gesamten russischen Reich Streiks und Aufstände, auch im Militär, und sagten damit der Monarchie und der Herrschaft von Nikolaus II. den Kampf an. Die Revolution wurde von einem multiethnischen und diversen Bündnis angeführt. Eine der wichtigsten Fraktionen war der Jüdische Arbeiterbund, eine in Polen und der Ukraine besonders starke sozialistische Partei mit mehreren zehntausend Mitgliedern, Hunderten Gemeinderäten und Verteidigungsmilizen. Eines der Kernprinzipien des Bundes war *Doikayt* oder »Hiersein«, der Gedanke, dass Juden dorthin gehörten, wo sie lebten – im sogenannten »Ansiedlungsrayon« –, und dort als Juden und Arbeiter zusammen mit nicht-jüdischen Angehörigen ihrer Klasse für mehr Rechte und mehr Gerechtigkeit kämpfen sollten, statt ihre Hoffnungen auf eine ferne jüdische »Heimstatt« zu setzen, wie es die frühen Zionisten ungefähr zur selben Zeit zu propagieren begannen. Sie sollten auch nicht wie Hunderttausende deutscher und osteuropäischer Juden nach Nordamerika fliehen müssen. *Doikayt* besagte, dass Bundisten hierbleiben und dieses Hier besser machen würden.

Die russischen Eliten, darunter der Zar, schlugen auf zweifache Weise gegen das aufstrebende revolutionäre Bündnis zurück: Erstens boten sie Konzessionen an, darunter die Einrichtung eines schwachen parlamentarischen Mehrparteiensystems. Zweitens starteten sie zeitgleich eine bösartige antisemitische Hetzkampagne, in der die Revolte von 1905 als Komplott umstürzlerischer Juden dargestellt wurde, um die Herrschaft über die Christen an sich zu reißen. Diese Kombination geringfügiger Reformen mit einem großen Ablenkungsmanöver erfüllte ihren Zweck. Kaum waren die Reformen verkündet worden, inszenierten judenfeindliche Mobs in sechshundertsechzig kleineren und größeren Städten blutige Pogrome; das schlimmste fand in Odessa statt.[10] Bei den Ausschreitungen kamen schätzungsweise achthundert Jüdinnen und Juden ums Leben. In der *Russian Review* schilderte der Historiker Robert Weinberg einige der Gräuel: »Sie warfen Juden aus dem Fenster, vergewaltigten schwangere Frauen und schnitten ihnen den Bauch auf, schlachteten Kleinkinder vor den Augen ihrer Eltern ab. In einem besonders grausigen Fall hängten Pogromisten eine Frau kopfüber an den Beinen auf und verteilten die Leichen ihrer sechs toten Kinder auf dem Boden unter ihr.«[11]

Dieses Bild erinnert auf unheimliche Weise an zweihundert Jahre ältere Ölgemälde mit Darstellungen jüdischer Ritualmorde – nur dass die Morde diesmal real waren und *an Juden* begangen wurden. Weinberg zufolge war »die ethnische Spaltung eine Zentrifugalkraft, die es den Arbeitern von Odessa erschwerte, geeint zu agieren«.[12] Eine Lektion für den Zaren und eine Lektion für die Zukunft: Wenn man eine revolutionäre Volksbewegung zerschlagen will, funktioniert nichts so gut wie eine antisemitische Verschwörungstheorie; sie weckt einen Hass, der älter ist als Jesus Christus.

Tatsächlich lassen sich zahlreiche identitätsbasierte Spaltungen zu diesem Zweck einsetzen: Juden gegen Schwarze, Schwarze gegen Asiaten, Muslime gegen Christen, »genderkritische« Feministinnen gegen Transpersonen, Migranten gegen Staatsbürger. Nach diesem Drehbuch verfahren Trump und anderen pseudopopulistische starke Männer in aller Welt: Man wirft der Basis ein paar minimale wirtschaftliche Zugeständnisse hin (oder behauptet es zumindest), entfesselt die Hunde des Rassen- und Geschlechterhasses und sorgt für eine rasche Umverteilung des Reichtums nach oben sowie für eine autoritäre Konzentration der Macht.

Der Sozialismus der Tatsachen

Wenn man sich mit der Geschichte des Judenhasses beschäftigt, stößt man schnell auf die Widersprüchlichkeit der dazugehörigen Theorien: Sind Juden gierige Bankiers, die den Christen nach ihrem Eigentum trachten, um sich die Taschen zu füllen? Oder sind wir aufwieglerische Kommunisten, die den Kapitalismus ganz und gar abschaffen wollen? Eine weit verbreitete NS-Karikatur stellt den »ewigen Juden« als bucklige Gestalt mit Goldmünzen in der einen und einer Deutschlandkarte mit Hammer und Sichel in der anderen Hand dar; er schafft es irgendwie, zugleich Erzkapitalist und revolutionärer Marxist zu sein. Verschwörungstheorien brauchen keine innere Konsistenz, um Zugkraft zu entwickeln (siehe: Covid ist eine leichte Erkältung – regt euch ab! Covid ist eine Biowaffe – regt euch auf!). Trotzdem fällt auf, dass die beiden zählebigsten Diffamierungen, mit denen die Juden über alle Generationen hinweg konfrontiert waren – der Ränke schmiedende jüdische Bankier und der Ränke schmiedende jüdische Marxist –, beständig auf einem logischen Kollisionskurs liegen.

Wie immer gibt es ein Körnchen Wahrheit, dem solche Phantasien entsprießen. So wie die Juden im Finanzwesen überrepräsentiert waren, weil sie nur so wenige andere Tätigkeiten ausüben durften, waren sie auch unter revolutionären Sozialisten und Kommunisten überrepräsentiert. Und zwar d*eutlich*. Zu ihnen gehörten unter anderem Leo Trotzki und ein großer Teil der menschewistischen und bolschewistischen Führung in der Russischen Revolution; Rosa Luxemburg und viele ihrer Genossinnen und Genossen vom Spartakusbund, die hofften, in Deutschland eine demokratischere Revolution durchführen zu können; Wladimir Medem und die gesamte Führung des Jüdischen Arbeiterbundes; Emma Goldman und die New Yorker anarchistische Linke; außerdem Walter Benjamin, Theodor W. Adorno und andere Vertreter der Frankfurter Schule. Und natürlich der Urvater: Karl Marx. Er wurde zwar nicht jüdisch erzogen, stammte aber väterlicher- wie mütterlicherseits von Rabbinern ab; Marx' Vater trat zum Protestantismus über und änderte seinen Namen von Herschel zu Heinrich.

Wenn man nach Gründen für die Anziehungskraft der kommunistischen und sozialistischen Ideologie auf Juden sucht, könnte man natürlich sagen: »Wow, die Linke ist tatsächlich eine jüdische Verschwörung!« Man könnte aber auch sagen, dass Juden als Zielscheibe von so viel Hass und Diskriminierung einen besonders starken Drang verspüren, sich jeder Form von Ungerechtigkeit zu widersetzen (eine der schmeichelhaften linken Geschichten, mit denen ich aufgewachsen bin). Aber es gibt noch eine andere, damit verwandte Möglichkeit: Vielleicht ist das jüdische Interesse an der theoretischen Seite dessen, was wir heute Marxismus nennen, mit seinen weitreichenden wissenschaftlichen Erklärungen und Analysen des globalen Kapitalismus gleichbedeutend mit einem Versuch, den Verschwörungstheorien, die unser Volk durch die Jahrhunderte verfolgt haben, etwas entgegenzusetzen. Dann wären die vielen tausend Seiten theoretischer Abhandlungen und Manifeste zumindest teilweise wie eine lange Prozession von Juden, die mit dem Kopf gegen die Mauer der Geschichte schlagen und sagen: Nein, eure Geldprobleme rühren nicht von jüdischen Ganoven her, die hart arbeitende »Gojim« übers Ohr hauen – sie entspringen einem System, mit dem maximaler Gewinn aus der arbeitenden Bevölkerung herausgeholt werden soll. Und dieses System heißt nicht »Illuminaten« oder »die Weisen von Zion« – es heißt Kapitalismus. Und nur wenn die Angehörigen der Arbeiterklasse sich vereinigen – ungeachtet ihrer Hautfarbe, ihrer ethnischen Zugehörigkeit, ihres Geschlechts oder ihrer Religion –, werden wir jemals die Chance haben, eine fairere Welt zu erschaffen. Und außerdem: Bitte bringt uns nicht um.

Diese Theoretiker waren schließlich keine bloßen Zuschauer. In unterschiedlichem Maße riskierten all die jüdischen Sozialisten und Kommunisten, die im 19. und frühen 20. Jahrhundert schrieben und sich und andere organisierten, ihre eigene Haut. Der Marxismus wuchs im selben Humus wie die *Protokolle der Weisen von Zion*, einem Humus, der schließlich Weimar und dann Nazideutschland hervorbrachte. Niemand blieb von alldem unberührt; niemand war sicher vor seinem Shylock-Double, nicht einmal die Konvertiten und Atheisten. Marx' Vater konvertierte nicht aus Glaubensgründen, sondern weil er Advokat war und nach den gesetzlichen Bestimmungen in der preußischen Rheinprovinz Juden die Zulassung zur Anwaltschaft verwehrt war. Karl Marx' Tochter Eleanor besann sich wieder auf das jüdische Erbe ihrer Familie und brachte sich Jiddisch bei, um die jüdischen Textilarbeiter im Londoner East End besser organisieren zu können. Dabei erklärte sie – inmitten einer europaweiten Aufwallung von Antisemitismus – unmissverständlich: »Ich bin eine Jüdin.«[13] Rosa Luxemburgs Partei war ihren Worten zufolge Zielscheibe eines »ausgesprochenen Taumels des Antisemitismus« in der Presse.[14] Trotzki berichtete zu Beginn seiner journalistischen Tätigkeit über antisemitische Massenausschreitungen; er schilderte eine Szene, in der sich »die Menge in bluttrunkenem Rausch durch die Straßen der Stadt wälzt«.[15] Er selbst wurde von seinen politischen Gegnern regelmäßig als jüdischer Teufel dargestellt (mit Hörnern und allem). Und 1940, im Jahr seines Todes, schrieb er eindringlich: »In der Epoche seines Aufstiegs holte der Kapitalismus die Juden aus dem Ghetto und benutzte sie als ein Instrument in seiner Handelsexpansion. Heute bemüht sich die niedergehende kapitalistische Gesellschaft, die Juden bis zum letzten Tropfen auszupressen«.[16]

Diese Revolutionäre hatten größere Ziele, als ihren Feinden nur die mächtige Waffe der antisemitischen Verschwörungstheorie aus der Hand zu schlagen. Sie widmeten ihr Leben der Realisierung des Sozialismus in der wirklichen Welt. Trotzdem denke ich, dass man angesichts ihrer unerschütterlichen Entschlossenheit, arbeitenden Menschen den Zugang zu politischer Bildung zu ermöglichen, den Kampf gegen Erzählungen von einer jüdischen Verschwörung mit Fug und Recht als Subtext, wenn nicht als Text betrachten kann. Geht es doch darum, den irrationalen Hass auf die Verwundbaren in eine begründete Wut umzuwandeln, die sich auf lohnendere Ziele richtet – auf Wirtschaftssysteme, Ideologien, strukturelle Ungleichheiten: den Sozialismus der dummen Kerle durch den Sozialismus der Tatsachen zu ersetzen.

Eine mitten im Satz abgebrochene Debatte

All das heißt nicht, dass sich die jüdischen Intellektuellen jener turbulenten Zeit darin einig gewesen wären, wie man den scheinbar unausrottbaren Antisemitismus bekämpfen sollte. In den Jahrzehnten vor dem Trauma der Vernichtung des europäischen Judentums unter Hitler und bevor in vielen Bereichen der Dissens ängstlicher Konformität wich, gab es in jüdischen Intellektuellenkreisen zermürbende Debatten über »die jüdische Frage«, wie man damals euphemistisch sagte. (Das heutige Äquivalent wäre vielleicht »die Frage der Identitätspolitik« oder »die ›Rasse‹-versus-Klasse-Frage«.) Enzo Traverso, Professor an der Cornell University, hat sich ausführlich mit diesem Bereich der Geistesgeschichte beschäftigt. Er beschreibt die jüdische Frage als ein Spektrum von Problemen im Zusammenhang mit Emanzipation und Antisemitismus, kultureller Assimilation und Zionismus[17] – und unter jüdischen Marxisten und Sozialisten gab es nicht einmal ansatzweise einen Konsens, was mögliche Lösungen betraf.

Sollten die Juden nach vollständiger Gleichheit in christlichen Gesellschaften streben – mit allen Stimmrechten und Zugang zu allen Berufen (die Position der Sozialdemokraten)? Oder sollten sie sich die revolutionäre Transformation dieser Gesellschaften zum Ziel setzen und dann im befreiten Proletariat aufgehen, weil die Religion als Quelle des Trostes an Bedeutung verlieren würde (»Die Religion ist der Seufzer der bedrängten Kreatur, das Gemüt einer herzlosen Welt, wie sie der Geist geistloser Zustände ist. Sie ist das Opium des Volkes«, schrieb Marx, ein Standpunkt, den auch Trotzki und Luxemburg vertraten)?[18] War das Judentum ein Gefängnis, aus dem die Revolution Befreiung versprach (wie die Bolschewiki behaupteten, obwohl viele einräumten, dass das Recht auf Religionsausübung im privaten Bereich geschützt werden müsse)? Oder war die jüdische Assimilation auch in einer sozialistischen Gesellschaft eine Falle, weil damit die Notwendigkeit entfiele, in einer multiethnischen, multinationalen Arbeitergesellschaft die charakteristische Kultur und Sprache der europäischen Juden zu schützen (die »Hiersein«-Position der Bundisten)? Oder war der Judenhass auf dem europäischen Kontinent schon zu alt und zu tief verwurzelt, um ihn erfolgreich bekämpfen zu können, so dass die jüdische Befreiung nur in den Arbeiterbewegungen auf dem amerikanischen Kontinent zu finden war, wo alle Erinnerungen ausgelöscht waren (der Standpunkt vieler meiner Angehörigen, als sie den Atlantik überquerten)? Oder war selbst das reines Wunschdenken, insbesondere angesichts der harten, offen rassistischen und antisemitischen Einwanderungsgesetze, die in den 1920er und 1930er Jahren in den Vereinigten Staaten und Kanada eingeführt worden waren, so dass als einzige Hoffnung für die Sicherheit der Juden ein eigener Nationalstaat übrig blieb, in dem die Wanderschaft enden und der Sozialismus Wirklichkeit werden konnte (der Standpunkt der Linkszionisten)?

Und so diskutierten die Bundisten mit ihren zigtausend Mitgliedern aus der Arbeiterklasse, die sich dem »Hiersein« verschrieben hatten, regelmäßig über die Zionisten und verspotteten sie für ihr »Dortsein«. Der Bund hielt an der Überzeugung fest, dass die Juden erst frei sein würden, wenn alle frei waren, und dass dies nicht durch den Bau eines letztendlich militarisierten Ghettos auf palästinensischem Land bewerkstelligt werden konnte. »Eure Befreiung kann nur ein Nebenprodukt der allgemeinen Befreiung der Unterdrückten sein«, schrieb der bundistische Führer Wiktor Alter 1937.[19] Und Walter Benjamin meinte: »Auch stünde es schlimm um Europa, wenn die kulturellen Energien der Juden es verließen.«[20]

Rosa Luxemburg hatte sich Jahre zuvor mit dem Jüdischen Arbeiterbund auseinandergesetzt und sich dabei für einen von ihrer jüdischen Identität losgelösten Universalismus ausgesprochen. »Was willst du mit den speziellen Judenschmerzen?«, schrieb sie 1917 an eine Freundin. »Mir sind die armen Opfer der Gummiplantagen in Putumayo, die Negerin in Afrika, mit deren Körper die Europäer Fangball spielen, ebenso nahe. Ich habe keinen Sonderwinkel im Herzen für das [jüdische] Ghetto. … Ich fühle mich in der ganzen Welt zu Hause, wo es Wolken, Vögel und Menschentränen gibt.«[21] Aufgrund dieser Sätze behaupteten ihre Kritiker, sie rede das jüdische Leid in schweren Zeiten klein. Ich sehe sie lieber – wie idealistisch auch immer – nach einer Vision menschlicher Solidarität greifen, die identitäre und nationale Grenzen transzendierte.

Die heftigen Debatten über die jüdische Frage hörten nicht deshalb auf, weil eine Fraktion dank der größeren Überzeugungskraft ihrer Ideen den Sieg davongetragen oder Herz und Verstand einer jüdischen Mehrheit gewonnen hätte. Sie endeten, weil das Terrain, auf dem sie stattfanden, vom Terror zerstört wurde, so wie das Rote Wien, und weil Verrat und Auswanderung alle Möglichkeiten zunichtemachten. Dort, wo die Nazis die Macht ergiffen und jüdische Arbeiterbewegungen in revolutionärem Elan Streiks und Selbstverteidigungsligen organisiert hatten, wurden die Juden ausgelöscht. Als Stalin in der Sowjetunion das Kommando übernahm, zentralisierte er die Macht noch stärker; er führte einen erbarmungslosen Krieg gegen seine Rivalen und versuchte, seine Gräueltaten zu vertuschen, indem er ein weiteres Mal die Hunde des Antisemitismus von der Leine ließ (und Trotzki zufolge sogar die uralte Ritualmordlegende reaktivierte, als er dessen Sohn Sergei beschuldigte, die massenhafte Vergiftung von Arbeitern geplant zu haben). Gleichzeitig boten die Vereinigten Staaten und Kanada wie auch zahlreiche andere Staaten den Schiffen voller verzweifelter jüdischer Flüchtlinge aus Europa kaum mehr einen sicheren Hafen. (Mit den berüchtigten Worten eines kanadischen Bürokraten: »Selbst keiner ist schon zu viel.«[22]) So viel zum Thema Sicherheit in New York und Montreal mit ihrem Erinnerungsverlust und ihrem Optimismus.

Bei meiner Beschäftigung mit den damaligen wilden Debatten über die jüdische Frage innerhalb der europäischen jüdischen Linken fällt mir auf, wie viele der zentralen Figuren, die eine andere Vision für unser Volk zu formulieren und umzusetzen versuchten, ein gewaltsames Ende fanden. Rosa Luxemburg wurde 1919 von deutschen Freikorps-Offizieren erschossen und in den Berliner Landwehrkanal geworfen – der für ihren Tod verantwortliche Offizier wurde später ein Gefolgsmann Hitlers. Zahllose Führer des Jüdischen Arbeiterbundes wurden in Hitlers Lagern ermordet, andere bei Stalins Säuberungen. Trotzki wurde von einem Agenten Stalins mit einem Eispickel getötet; zuvor hatte er eingestanden, dass die Assimilation als Ansatz zur Lösung des jüdischen Problems gescheitert war. Dennoch war er ein Kritiker des Zionismus geblieben. Walter Benjamin nahm sich in dem spanisch-katalanischen Küstenort Portbou das Leben, nachdem er aus Vichy-Frankreich hatte fliehen müssen und die Ausreise aus Europa gescheitert war.

Am meisten beschäftigt mich jedoch das Schicksal eines belgischen

Linken namens Abraham Léon. Während des Krieges noch in seinen Zwanzigern, hätte er als junger Trotzki durchgehen können: ein rundes Babygesicht mit einem Schopf welliger schwarzer Haare und einer schweren Brille mit schwarzem Gestell. Als Jugendlicher hatte er mit seiner Familie in Palästina gelebt. Zurück in Belgien wurde er, enttäuscht von Zionismus, ein überzeugter Trotzkist. Zur Zeit der NS-Besatzung musste er in den Untergrund gehen, organisierte jedoch weiterhin klandestine Treffen und veröffentlichte illegale Pamphlete und Zeitungen. Außerdem arbeitete er an einem Projekt, das man als Versuch bezeichnen könnte, seinen eigenen jüdischen Doppelgänger zu verstehen: Während des Krieges schrieb er nach gründlichen Recherchen eine wissenschaftliche Abhandlung über den Nutzen des Antisemitismus für das globale kapitalistische Projekt, vom Römischen Reich bis in die Nazizeit. Man kann sich kaum vorstellen, wie es ihm gelang, im Untergrund derart tiefgreifende Untersuchungen durchzuführen, aber er schaffte es und stützte sich dabei auf ein breites Spektrum von Quellen.

Léons Analyse der Instrumentalisierung antisemitischer Verschwörungstheorien durch die Nazis scheint mir für unsere heutige Zeit besonders relevant zu sein. Er beschreibt, wie Hitler sich das wirtschaftliche Elend der Unter- und Mittelschichten – verarmt durch den Ersten Weltkrieg, gebeutelt von den darauffolgenden Sanktionen und von der Weltwirtschaftskrise – zunutze machte und ihre Unzufriedenheit auf eine Schimäre lenkte, die die Nazis »jüdischen Kapitalismus« nannten.[23] Dieser jüdische Kapitalismus wurde dem angeblich gesunden und anständigen Kapitalismus gegenübergestellt. Er war ein mythisches Konstrukt, ein Schreckgespenst mit einem bekannten Zweck: »Mit dem Mythos des ›jüdischen Kapitalismus‹ versuchte das Großkapital den Kapitalistenhass der Massen von sich abzulenken.«[24] Auf ganz ähnliche Weise wütet Bannons international vernetzte Rechte gegen »Globalisten«, um den Volkszorn vom Kapitalismus als System abzulenken und auf eine imaginäre Clique zu richten, die ausgeschaltet werden kann, damit die Strukturen, die eine globale Milliardärsklasse erschaffen haben und schützen, intakt bleiben.

Léon schilderte auch, wie die Nazipartei nach der erfolgreichen Arbeiterrevolution in Russland und angesichts des erstarkenden Kommunismus in Deutschland daran ging, das Klassenbewusstsein deutscher Arbeiter gezielt zu schwächen. Dies geschah, indem Klassensolidarität durch Rassensolidarität ersetzt wurde, so dass an die Stelle des gemeinsamen Interesses aller Arbeiter die Annehmlichkeiten und Belohnungen der Zugehörigkeit zur arischen Rasse traten – ein Band, das die ärmsten christlichen Arbeiter mit den reichsten Industriellen verknüpfen sollte. Da die Arbeitenden und die Besitzenden im Kapitalismus jedoch vollkommen unterschiedliche Interessen haben, brauchte man für dieses Manöver einen Schatten, einen bösen Zwilling. »Ebenso, wie es nötig ist, die verschiedenen Klassen in einer Rasse aufgehen zu lassen«, schrieb Léon, »muss diese Rasse auch einen gemeinsamen Feind haben; den internationalen Juden. Der Rassenmythos ist konsequenterweise von einem Gegenmythos begleitet: dem der Antirasse, des Juden.«[25] Das war eine äußerst prägnante Analyse der dialektischen Beziehung zwischen Rasse und Klasse in einem weißen suprematistischen Regime – Léon zufolge stellte die Klassensolidarität zwischen den Arbeitern über ethnische Grenzen hinweg die größte Konkurrenz und Gefahr für die Pläne der Nazis dar.

Seine Forschungsergebnisse und Erkenntnisse versammelte Léon in einem wichtigen, wenn auch kaum bekannten Buch, *Die jüdische Frage. Eine marxistische Darstellung*, das 1946 zuerst auf Französisch erschien. Léon bekam das Endprodukt seiner wissenschaftlichen Arbeit jedoch nicht mehr zu sehen, weil ihn jene Dynamik einholte, die er analysiert hatte. 1944 wurde er als Angehöriger der »Antirasse« der selbsternannten Herrenrasse festgenommen, von der Gestapo gefoltert und nach Auschwitz geschickt, wo er in den Gaskammern ermordet wurde. Er war sechsundzwanzig Jahre alt.

Was mich in dieser Zeit des großen Pipikens an Léons kurzem Leben am meisten bewegt, ist sein fester Glaube an Ideen. Obwohl um ihn herum ein Massenmord stattfand, blieb er selbst unter diesen extremen Lebensumständen seiner Überzeugung treu, dass Worte, Analysen und Forschung wichtig waren, dass sie trotz allem die Macht besaßen, einen bösen Zauber zu brechen. Auch wenn diese Worte ihm selbst nicht mehr helfen konnten.

Léons Geschichte bringt das Schicksal der Debatte über die jüdische Frage innerhalb der jüdischen Linken auf den Punkt: Sie wurde mitten im Satz liquidiert. Traverso schreibt, dass »der Krieg und der Holocaust … durch die Vernichtung der meisten Wortführer [der Debatte] die Bedingungen für eine solche Debatte zerstörten«.[26] Und das war noch nicht alles. Vielen der Überlebenden raubte Stalin anschließend auch noch ihren Glauben an die Möglichkeit – und sogar *Wünschbarkeit* – einer revolutionären Veränderung. Je brutaler und totalitärer das sowjetische Experiment wurde, umso weniger schien der Sozialismus – anders als beim leuchtenden Vorbild des Roten Wien – eine moralische Alternative zur Barbarei zu bieten. Das war Stalins größter Verrat.

Zwillinge in ewigem Kampf

Obwohl Vertreter aller Richtungen in den Trümmern überlebten, setzte sich schließlich nur eine einzige, sehr zuversichtliche Antwort auf die jüdische Frage durch: der Zionismus. Israel als territoriale Heimat für die Juden, ein Staat, der bewaffnet und vor allen möglichen Gefahren geschützt werden konnte, kristallisierte sich als die einzige verbliebene Option heraus – die einzige, die nicht von der einen oder anderen Form des Totalitarismus zunichtegemacht worden war.

Und so schienen die meisten jener früheren Diskussionen in dem nunmehr sehr realen Kampf um Land und Grenzen zu verebben. In dem jungen Staat und besonders nach dem Krieg von 1967 und der anhaltenden Besetzung der Westbank und Gazas wurde der Antisemitismus nicht mehr als eine Frage behandelt, die geschichtsbewusste Antworten brauchte, sondern als etwas Ewiges und Außergeschichtliches. In dieser pessimistischen Erzählung erschien der Judenhass so mächtig, so tief im kollektiven Unterbewusstsein der Menschheit verwurzelt, dass alle Versuche, ihn durch eine Politik auf Grundlage des

Prinzips der universellen Gleichheit aller Menschen und durch den Zusammenschluss mit den vielen anderen Gruppen zu bekämpfen, die im Namen rassischer oder religiöser Reinheit und/oder Überlegenheit terrorisiert und abgeschlachtet worden waren, von israelischen Politikern und vielen Juden in Führungspositionen nicht nur als naiv, sondern auch als sehr gefährlich betrachtet wurden.

Das Angebot des Zionismus nach der radikalen Schwächung seiner ideologischen Konkurrenten lautete schlicht und einfach so: Wir versuchen nicht mehr, den Antisemitismus zu besiegen, indem wir ihn an der Wurzel packen, sondern wir halten ihm eine Pistole an den Kopf und zwingen ihn zur Kapitulation. Und angesichts des gespenstischen Shylock, des ewigen Juden und schattenhaften Doppelgängers aller Juden, reagiert Israel mit einem eigenen Doppelgänger: dem sonnenverbrannten, muskelbepackten, landhungrigen Neuen Juden mit dem Maschinengewehr in der Hand – dem entfesselten Alter Ego des blassen, gelehrten, melancholischen Alten Juden.

Das war die Verdopplung, mit der Philip Roth sich herumschlug, aber dabei blieb es natürlich nicht. So wie die europäischen Christen in ihrem ewigen Bruderzwist mit den Alten Juden diese als Teufel darstellten, auf die man alles Böse projizierte, so brauchten nun auch die Neuen Juden ein Anti-Ich: den Palästinenser, eine permanente Bedrohung im Innern Israels und an dessen Grenzen.

Um zu erklären, wie wir in diese verfahrene Situation geraten sind, ist ein kleiner historischer Rückblick nötig – kein leichtes Unterfangen in einem Teil der Welt, in dem rivalisierende Versionen der Vergangenheit ein undurchdringliches Dickicht bilden. In den 1930er Jahren gab es eine Reihe arabischer Revolten gegen den Zustrom jüdischer Einwanderer nach Palästina, das damals unter britischer Kontrolle stand. Für viele Palästinenser war diese Einwanderungswelle eine kolonialistische Zumutung – eine Wahrnehmung, die sich verfestigte, als britische Soldaten und lokale Polizeikräfte den arabischen Aufstand mit brutaler Gewalt niederschlugen und dem Groll dadurch neue Nahrung gaben. Nach der Teilung Palästinas im Jahr 1947, die auf heftigen arabischen Widerstand stieß, und nach Ausrufung eines unabhängigen israelischen Staates im Jahr darauf kam es zum ersten arabisch-israelischen Krieg. Die Palästinenser nennen die Geschehnisse dieser Jahre Nakba, Katastrophe: Ungefähr 750 000 Palästinenser wurden vertrieben, Hunderte palästinensische Dörfer zerstört und Tausende Menschen getötet. Viele der schrecklichen Wahrheiten über diese Gräueltaten kamen erst in den letzten Jahren aus Israels eigener Schattenzone ans Licht.

Die Palästinenser setzten sich gegen eine solche ethnische Säuberung natürlich gewaltsam zur Wehr. Doch statt den arabischen Widerstand als das zu sehen, was er war – ein nationalistischer, antikolonialistischer Kampf um Land und Selbstbestimmung (mit einigen antisemitischen Elementen, gar keine Frage) –, stellten viele einflussreiche zionistische Führer die gesamte palästinensische Sache nur als eine weitere Manifestation von irrationalem Judenhass dar, als nahtlose Fortsetzung desselben Antisemitismus, der zum Holocaust geführt habe und deshalb mit militärischer Gewalt unterbunden werden müsse, wozu die Juden unter der Herrschaft der Nazis in Europa nicht imstande gewesen seien. In dieser Vorstellungswelt war der Palästinenser als neuer ewiger Feind des Juden derart illegitim, derart irrational, derart anders, dass die Israelis sich für berechtigt hielten, selbst zu Formen jener Gewalt, jener entmenschlichenden Propaganda und jener Vertreibungen zu greifen, die sich jahrhundertelang in Europa gegen die Juden gerichtet und sie entwurzelt hatten. Dieser Prozess hält bis zum heutigen Tag an: Häuser werden zerstört, israelische Siedlungen ausgebaut, es gibt gezielte Tötungen, Ausschreitungen von Siedlern gegen palästinensische Gemeinschaften, offen diskriminierende Gesetze und ummauerte Ghettos, in denen Palästinenser zusammengepfercht werden.

*

An meiner jüdischen Schule in Montreal mussten wir – nicht anders als an vielen ähnlichen Schulen – die Fakten des nationalsozialistischen Völkermords wie Zahlenkolonnen in Rechentabellen pauken:

die Zahl der Toten, die pervertierten Formen von Folter, die Gaskammern, die erbarmungslos geschlossenen Grenzen. Das war Ende der 1970er, Anfang der 1980er Jahre – bevor die immersiven Holocaustmuseen mit begehbaren Viehwaggons gebaut wurden, bevor Hunderttausende junger Jüdinnen und Juden beim »Marsch der Lebenden« Auschwitz besuchten –, aber für uns gab es schlichtere Versionen derselben Erfahrungen, und unsere entsetzte Phantasie füllte die Lücken.

Wenn ich jetzt als Mutter eines Kindes zurückblicke, das älter ist als wir damals, wird mir bewusst, was bei diesen seltsam mechanischen Nacherzählungen fehlte. Es gab Raum für oberflächliche Emotionen: Entsetzen über die Gräueltaten, Zorn auf die Nazis, Rachedurst. Aber nicht für die komplexeren und verstörenderen Scham- und Schuldgefühle oder für das Nachdenken über die Frage, ob es nicht die Aufgabe von Völkermord-Überlebenden wäre, jedweder Form einer genozidalen Logik entgegenzutreten. Mir fällt auf, dass wir nie richtig getrauert haben, und wir wurden auch nicht aufgefordert, unsere Wut zuzulassen und sie in ein Instrument zur Herstellung von Solidarität zu verwandeln.

Viele Jahre später sagte meine Freundin Cecilie Surasky, damals eine führende Vertreterin der Jewish Voice for Peace, über diese Art Pädagogik: »Das ist Retraumatisierung, kein Gedenken und Erinnern. Da gibt es einen Unterschied.« Ich wusste, dass sie recht hatte. Das Erinnern (remembering) setzt die zerbrochenen Stücke unseres Ichs wieder zusammen (re-member-ing); es ist eine Suche nach Ganzheit. Im besten Fall gibt es uns die Chance, durch Trauer und Verlustgefühle verändert und verwandelt zu werden. Retraumatisierung dagegen hält uns im Zustand der Zerbrochenheit fest; sie ist ein Regime ritueller Reinszenierungen, das die Verlustgefühle so frisch und schmerzlich wie möglich erhalten will. Wir wurden nicht dazu angehalten, jene Teile unseres Ichs zu erforschen, die anderen großes Leid zufügen könnten, und herauszufinden, wie wir das verhindern können. Stattdessen sollten wir so empört und aufgebracht über das Schicksal unserer Vorfahren sein, als wären wir selbst davon betroffen – und in diesem Gemütszustand sollten wir verharren.

Wie ich heute weiß, hatte diese Form des Erinnerns ihren Grund darin, dass der Holocaust ein Wendepunkt in einer größeren, vorgegebenen Geschichte war, die wir nicht nur erzählt bekamen, sondern in der wir auch gefangen waren: ein Phönix-aus-den-Flammen-Narrativ, das in den Gaskammern des von den Nazis besetzten Europas begann und auf den Hügeln um Jerusalem endete. Obwohl es sicherlich Ausnahmen gab, bestand das Lernziel meist nicht darin, uns zu Menschen zu machen, die gegen den nächsten Genozid kämpfen würden, wo immer er sich ereignete. Es bestand darin, uns zu Zionisten zu machen.

Von den schrecklichen Geschichten, wie unser Volk gejagt und ausgerottet wurde, führte in dieser Lesart eine gerade Linie zur Existenz dieses Staates am anderen Ende der Welt. Wenn der faschistische Furor jemals wieder hochschlüge und Männer mit Schaftstiefeln es sich in den Kopf setzten, ihren Volkskörper von jüdischen Genen zu säubern, würden wir nicht noch einmal hilflos und unbewaffnet sein und um unser Leben betteln müssen; wir würden nicht aus jedem Land ausgeschlossen sein, das uns retten könnte, würden nicht vom Gespenst unseres Shylock-Doppelgängers verschlungen werden. Und warum nicht? Weil wir das nächste Mal Israel hätten – die weiß-blaue Fahne, die bei jeder Schulversammlung flatterte, den Ort, wo die von unserem gespendeten Taschengeld bezahlten, neu gepflanzten Bäume über palästinensischen Dörfern aufragten, von deren Existenz man uns nie etwas gesagt hatte.

Wie die Kinder vieler linker jüdischer Familien lernte ich eine andere Version von »Nie wieder« – dass es eine Direktive war, eine heilige Pflicht, Widerstand gegen alle Formen von Hass und Diskriminierung zu leisten, ganz gleich, wen sie trafen. Aber aus denselben Gründen, aus denen sie einen biblischen Namen für mich gewählt hatte, bestand meine Mutter darauf, dass ich die jüdische Schule besuchte: um das Band zu unserem Volk zu festigen, die Lieder, Rituale und Sprachen (sowohl Hebräisch als auch Jiddisch) zu lernen, die unsere Feinde schon vor der Inquisition auszulöschen trachteten. Und an dieser Schule bedeutete »Nie wieder« nicht »Nie wieder sollte das irgendjemandem angetan werden«, wie bei uns zu Hause – es bedeutete »Nie wieder sollte das den Juden angetan werden«. Es bedeutete »Nie wieder wegen Israel«. Es bedeutete »Nie wieder, weil wir, die unaufhörlich von Shylock Heimgesuchten, nun unseren eigenen Doppelgänger haben – und der ist bis an die Zähne bewaffnet«.

Doppelgänger-Nation

»Doppelgänger-Politik.«[27] So charakterisiert Caroline Rooney, Professorin für African and Middle Eastern Studies an der Universität Kent, den Staat Israel und den komplexen psychologischen Raum, den er sowohl als Opfer wie auch als Täter einnimmt. Die Doppelgänger-Identität des Landes ist in die dualistische Sprache eingebettet, die zu seiner Beschreibung benutzt wird. Alles kommt immer im Doppel, aber nie einzeln vor: Israel-Palästina, Araber und Jude, zwei Staaten, der Konflikt. Basierend auf einem Hirngespinst der Machtsymmetrie, impliziert diese Verklammerung zweier Völker das Bild miteinander verwachsener Zwillinge in einem nicht enden wollenden Kampf, eine unauflösliche Geschwisterrivalität zwischen den beiden von Abraham abstammenden Völkern.

Für Rooney existiert Israel als Doppelgänger auf zwei Ebenen. Erstens ist es ein Doppelgänger jener chauvinistischen europäischen Nationalismen, von denen die Juden schon lange vor der Inquisition auf dem Kontinent zu Parias gemacht worden waren. Der an die antisemitischen europäischen Mächte gerichtete Win-win-Vorschlag des Zionismus lautete: Ihr werdet euer »Judenproblem« los (mit anderen Worten: die Juden, weil sie eure Länder verlassen und nach Palästina auswandern werden), und die Juden bekommen einen eigenen Staat, um ebenjene Formen des militanten Nationalismus nachzuahmen / zu duplizieren, durch die sie jahrhundertelang unterdrückt wurden. (Deshalb wehrten sich die Mitglieder des Jüdischen Arbeiterbundes so vehement gegen den Zionismus: Sie betrachteten den Nationalismus als ihren Feind und als Quelle des Rassenhasses.)

Zweitens wurde Israel zum Doppelgänger des kolonialen Projekts, insbesondere des Siedlerkolonialismus. Viele Grundprinzipien des Zionismus waren kaum verhüllte Judaisierungen zentraler christlich-kolonialistischer Vorstellungen: Aus Terra Nullius, der Behauptung, Kontinente wie Australien seien praktisch leer, weil ihre Indigenen Einwohner keine vollwertigen Menschen seien, wurde »ein Land ohne Volk für ein Volk ohne Land« – ein Slogan von Christen im 19. Jahrhundert, der von vielen Zionisten aufgegriffen wurde.[28] »Manifest Destiny« wurde zum »Land, das den Juden von Gott zugedacht war«. Und anstatt »das wilde Grenzland zu zähmen« ließ man nun »die Wüste erblühen«.[29]

Wie die Siedler in allen kolonialen Projekten mussten auch die israelischen Siedler vor vielem die Augen verschließen. Der legendäre US-amerikanische Investigativjournalist I. F. Stone unterstützte die Gründung einer »jüdischen Heimstatt« in Palästina und ging selbst an Bord eines der geheimen Schiffe voller Holocaustüberlebender, die 1946 im »stuckfarbenen Haifa« schließlich einen sicheren Hafen fanden.[30] Aber nach dem Krieg von 1967 gab er zu: »Für die Zionisten war der Araber der *Invisible Man*. Psychologisch gesehen, war er nicht da.«[31] Oder wie es die israelische Ministerpräsidentin Golda Meir ausdrückte: »So etwas wie Palästinenser gab es nicht … Ein palästinenisches Volk existierte nicht.«[32] Der große palästinensische Dichter Mahmoud Darwish erkundet diesen gespenstischen Zustand – anwesend und abwesend zugleich zu sein – in seinem Buch *In the Presence of Absence*.[33] Es kostete viel Mühe, die aus allen siedlerkolonialistischen Projekten bekannte Lüge von der Indigenen Abwesenheit aufrechtzuerhalten. Der Jüdische Nationalfonds pflanzte Kiefern auf dem Boden palästinensischer Dörfer und jahrhundertealter Terrassenfelder. Arabische Ortsnamen wurden durch hebräische ersetzt. Nach wie vor werden teils jahrtausendealte Olivenbäume entwurzelt. »Israelische Siedler fahren unvermindert damit fort, palästinensische Olivenbäume zu entwurzeln«, schreibt der Journalist Yousef Al Jamal, »weil dieser Baum sie an die Existenz der Palästinenser erinnert.«[34]

Diese Doppelgänger-Version des Siedlerkolonialismus wies allerdings auch erhebliche Unterschiede auf. Einer war der Zeitpunkt. Nach dem Zweiten Weltkrieg kam es zu einer Welle antikolonialistischer Bewegungen im globalen Süden; nationale Bewegungen bekämpften koloniale Mandate und forderten das Recht auf Selbstbestimmung ein. In den Jahren nach dem Krieg erklärten ehemalige Kolonien im Umfeld des späteren Staates Israel ihre Unabhängigkeit: Die Franzosen mussten ihre Mandatsherrschaft über Syrien und Libanon 1946 endgültig aufgeben und ihre Truppen abziehen; im selben Jahr erlangte Jordanien seine Unabhängigkeit von Großbritannien; in Ägypten kam es zur offenen Revolte gegen die Anwesenheit der Briten. Israel, das 1948 zum Staat wurde, war sowohl ein Produkt dieser Kräfte als auch eine krasse Ausnahme. Großbritannien gab sein koloniales Mandat im Zuge der umfassenden Schrumpfung seines einstmals globalen Imperiums zurück. Da in Palästina stets eine kleine jüdische Bevölkerung gelebt hatte, definierten sich die Zionisten als nationale Befreiungsbewegung: Wie andere unterdrückte Völker bekamen nun auch die Juden einen eigenen Staat. Aus der Perspektive der viel größeren Bevölkerung der Palästinenser, die von ihrem Grund und Boden, aus ihren Häusern und Dörfern vertrieben wurden, um Platz für ein brandneues Land zu schaffen, war Israel natürlich alles andere als ein antikolonialistisches Projekt. Es war eine Siedlerkolonie, gegründet zu einer Zeit, in der die restliche Welt die entgegengesetzte Richtung einschlug. Das konnte nur zu einem Flächenbrand führen.

Israels Siedlerkolonialismus unterschied sich noch auf andere Weise von dem seiner Vorgänger. Während europäische Mächte aus einer Position der Stärke und mit dem Anspruch gottgegebener Überlegenheit Gebiete kolonialisiert hatten, war der zionistische Post-Holocaust-Anspruch auf Palästina genau umgekehrt begründet: mit der Viktimisierung und Verwundbarkeit der Juden. Das unausgesprochene Argument vieler Zionisten lautete, die Juden hätten sich das Recht auf eine Ausnahme vom dekolonialistischen Konsens verdient – auf eine Ausnahme, die sich von ihrer noch nicht lange zurückliegenden, fast vollständigen Vernichtung herleitete. Die zionistische Version der Gerechtigkeit lautete mit Blick auf die Westmächte: Wenn ihr eure Imperien und eure kolonialen Siedlerstaaten durch ethnische Säuberung, Massaker und den Diebstahl von Land errichten konntet, ist es diskriminierend, es uns zu verbieten. Wenn ihr eure Länder oder Kolonien von den Indigenen Bewohnern »gereinigt« habt, ist es antisemitisch, es uns zu verbieten. Es war, als würde das Prinzip der Gleichheit neu formuliert, nicht mehr als das Recht auf Freiheit von Diskriminierung, sondern als *Recht zur Diskriminierung*. Kolonialismus als Wiedergutmachung für den Völkermord.

Es war jedoch alles andere als eine Wiedergutmachung. Es war eine Fortsetzung der kolonialistischen Logik, aber nun wurden gebrochene und traumatisierte Menschen auf ein Volk losgelassen, das noch ohnmächtiger war als sie selbst. Dabei wurden die Palästinenser, wie der antikolonialistische Wissenschaftler Edward Said es ausdrückte, »die Opfer der Opfer«[35], oder mit den Worten des Politikwissenschaftlers Joseph Massad: »Die neuen Juden.«[36]

Andere dergestalt zu »othern«, ihnen also das anzutun, was einem selbst angetan wurde, ist natürlich psychologisch unerträglich. Tatsächlich widerspricht es den jüdischen Werten in einem solchen Maße, dass es nur mit extremer Verdrängung und Projektion möglich ist. In der Literatur verkörpern Doppelgänger oftmals ein gespaltenes Ich, und wie Rooney schreibt, ist »Doppelgänger-Politik … zuallererst eine Politik der Selbstaufspaltung«, bei der sämtliche Dinge, deren Anblick wir nicht ertragen können, auf den anderen projiziert werden.[37] Wenn Israel eine Doppelgänger-Politik praktiziert, indem es europäische Nationalismen nachahmt, tut es das auch auf diese zweite Weise: Alle Kriminalität und Gewalt wird auf den palästinensischen Anderen projiziert, um sich nicht mit den Gründungsverbrechen des eigenen Staates auseinandersetzen zu müssen. Dabei tritt das kolonialistische Wesen des Projekts mit der Zeit nur immer unverhüllter zutage, wenn offen rassistische politische Akteure mit jüdisch-suprematistischer Agenda ihre Macht auf allen Ebenen festigen. Als sich Ende 2022 Israels neue rechtsextreme Regierung bildete, forderte sie nicht nur die Beibehaltung der Besatzung in der Westbank, sondern deren Annexion. In der Koalitionsvereinbarung ist ausdrücklich festgehalten, dass

»das jüdische Volk ein ausschließliches und unanfechtbares Recht auf alle Gebiete des Landes Israel hat. Die Regierung wird Siedlungen in allen Teilen des Landes Israel fördern und ausbauen – in Galiläa und in der Negev-Wüste, auf dem Golan, in Judäa und Samaria«.[38] Die Grenze verschob sich, wie alle Grenzen.

Den anderen ausblenden

Die anfängliche Attraktivität des zionistischen Versprechens ist nicht schwer zu verstehen. Nach so vielen traumatischen Erfahrungen muss es äußerst verführerisch gewesen sein, eine Fahne, eine Uniform und eine Waffe angeboten zu bekommen – andere Perspektiven zu haben, als immer nur ein Angriffsziel oder ein Empfänger von Wohltätigkeiten zu sein. Hätte ich als Passagier auf einem dieser Schiffe voller Flüchtlinge, die niemand haben wollte, die Kraft und den Weitblick besessen, dem Versprechen eines eigenen, zur Festung ausgebauten Staates zu widerstehen? Ich würde nicht darauf wetten.

Von den Israelis unsichtbar und unsehbar gemacht, reagieren viele Palästinenser mit der Weigerung, den Staat zu sehen, der sie nicht sehen will. Manche bezeichnen ihn noch immer als »das zionistische Gebilde«, siebzig Jahre nach seiner Entstehung. »Erkennt ihr das Existenzrecht Israels an oder nicht?«, fragen führende Politiker und Verteidiger Israels und behaupten hartnäckig, das Nein beweise, dass die Palästinenser einen zweiten Holocaust wollten. Aber viele Palästinenser und ihre Unterstützer weigern sich, dem Druck nachzugeben, weil sie wissen, dass die Anerkennung von Israels Existenzrecht nichts an Israels Politik ändern, aber die Idee eines ausschließlich jüdischen Heimatlandes bestätigen würde, die sie grundsätzlich ablehnen. Ich verstehe ihre Weigerung – sie gehört zu den wenigen Mitteln, die einem militärisch weit unterlegenen, unter einem Besatzungsregime lebenden Volk zur Verfügung stehen. Dennoch sollte man akzeptieren, dass die Bezeichnung »Gebilde« für Jüdinnen und Juden, die einen Großteil ihrer Geschichte hindurch als Untermenschen behandelt wurden, etwas Verletzendes hat, und das auf vielleicht nicht sonderlich konstruktive Weise.

Es wäre hilfreich, wenn all jene, die nicht direkt von diesem Kampf betroffen sind, differenzierter miteinander ins Gespräch kommen und anerkennen könnten, dass die Israelis, die in den 1940er Jahren nach Palästina kamen, Überlebende eines Völkermords waren, verzweifelte Flüchtlinge, denen oft gar keine andere Wahl blieb – dass sie aber zugleich kolonialistische Siedler waren, die sich an einer ethnischen Säuberung, der Vertreibung eines anderen Volkes, beteiligten. Dass sie Opfer des weißen Vorherrschaftsdenkens in Europa waren, in Palästina aber als Weiße galten. Dass die Israelis selber Nationalisten sind und dass ihr Land lange als eine Art fremdvergebener Militärbasis der Vereinigten Staaten in der Region fungierte. All das ist gleichzeitig wahr. Solche Widersprüche passen nicht so recht in die Binaritäten des Antiimperialismus (Kolonisator / Kolonisierter) oder der Identitätspolitik (weiß / rassifiziert) – aber wenn Israel-Palästina uns etwas lehrt, dann vielleicht, dass wir mit binärem Denken nie über unser gespaltenes Ich oder unsere gespaltenen Nationen hinauskommen werden. Nichts von alledem soll eine Rechtfertigung des israelischen Siedlerkolonialismus sein. Es ist vielmehr ein Versuch, »das Gedankengebäude des Zionismus zu betreten, ohne den Ausgang zu versperren«, wie es die britische Wissenschaftlerin Jacqueline Rose in Bezug auf ihr Buch *The Question of Zion* ausgedrückt hat.[39]

In China Miévilles unheimlichem Roman *Die Stadt und die Stadt* nehmen zwei Metropolen denselben physischen Raum ein, aber die Bewohner der einen dürfen die Existenz der anderen nicht zur Kenntnis nehmen. Wenn diese sorgfältig gehütete Täuschung durchbrochen wird und ein Bewohner einer der beiden Städte die Doppelgänger-Stadt wahrnimmt oder mit ihr interagiert, ist das ein »Grenzbruch«, ein schwerwiegendes Vergehen. Viele haben das Buch als Allegorie auf Israel-Palästina gelesen, obwohl man sich ja vor allem auf israelischer Seite weigert, den Anderen im alltäglichen Leben zu sehen. (Die Palästinenser können die Augen nicht vor den Mauern verschließen, hinter denen sie eingesperrt sind, und vor den Soldaten, die sie überwachen.) Trotzdem hilft der Roman, sich ein Bild von der Merkwürdigkeit der Situation in diesem Gebiet zu machen, insbesondere in der von rasch wachsenden, illegalen israelischen Siedlungen gesprenkelten Westbank.

Wie alle segregierten, übereinandergeschichteten Gesellschaften sind Israel und Palästina keine unterschiedlichen geographischen Räume. Sie bilden vielmehr eine einzige Doppelgänger-Gesellschaft, in der alles verdoppelt werden muss: Schulen, Straßen, Gesetze, Gerichte. Für die in einer Festung der Angst und Verleugnung eingeschlossenen jüdischen Israelis ist sie ein psychologisches, für die Palästinenser hingegen ein echtes Gefängnis: Die Einkerkerung in einem Labyrinth von Mauern und Checkpoints in der Westbank, in dem Freiluftgefängnis namens Gaza und in den überall vorhandenen Gefängniszellen ist zu einem derart normalen Bestandteil des Alltagslebens geworden, dass rund zwanzig Prozent der palästinensischen Bevölkerung in den besetzten Gebieten schon einmal irgendeine Form der Festnahme und / oder Inhaftierung durch israelische Soldaten erlebt haben – rund 800 000 Menschen, laut einer Studie der palästinensischen Gefangenenhilfsorganisation Addameer.[40]

In Interviews bringt Miéville sein Unbehagen über die Deutung seines Buches als Allegorie zum Ausdruck: Eine solche Lesart sei zu wörtlich; der Roman erkunde die willkürliche Logik von Grenzen in einem allgemeineren Sinn, von Grenzen zwischen, aber auch innerhalb von Staaten. Die Israelis sind gewiss nicht die Einzigen auf diesem von brutalen Spaltungen geprägten Planeten, die ein sorgenfreies Leben führen und nicht über anonyme Gräber, gestohlenes Land, vollgestopfte Gefängnisse und geisterhafte Präsenzen nachdenken möchten, ohne die es ihr Land gar nicht gäbe. Und Israel ist nicht der einzige Staat, der nach »Sicherheit« strebt, indem er Menschen einsperrt und Waffen auf sie richtet. Es ist auch kaum der einzige Staat, dessen Schattenzonen nicht im Schatten bleiben wollen. Doch auf diesem winzigen Stück Land wurden zwei zwillingshaft miteinander verbundene Völker zusammengepfercht, und die Folgen – die schmerzliche Intimität der Durchsuchung und Zerstörung von Häusern, die rituelle

Regelmäßigkeit der Angriffe auf Gaza, das Schauspiel, wie einst staatenlose Flüchtlinge andere Menschen ins Meer der Staatenlosigkeit verbannen – führen uns in hyperkonzentrierter Form vor Augen, in welche Sackgasse jenes Projekt geraten ist, das es wagte, sich »Zivilisation« zu nennen.

Denn so verlockend es sein mag: Israel-Palästina lässt sich nicht als verwirrender ethnischer Konflikt zwischen zwei unversöhnlichen semitischen Zwillingen abtun. Vielmehr ist es das bisher letzte Kapitel der Entstehungsgeschichte der heutigen Welt, einer Welt, die jetzt in Flammen steht. Einer Welt, die im Feuer geboren wurde. In diese Geschichte sind wir alle verstrickt, wo auch immer wir leben. Sie begann im Vorfeld der Inquisition mit Folterungen, Verbrennungen und der Vertreibung von Muslimen und Juden; setzte sich mit der blutigen Eroberung des amerikanischen Kontinents und der Plünderung Afrikas fort, wo man sich Reichtümer aneignen und menschlichen Treibstoff für die neuen Kolonien beschaffen konnte; verwüstete Asien im Zuge der Kolonialisierung und kehrte dann nach Europa zurück, wo Hitler die in den vorausgehenden Geschichtskapiteln entwickelten Methoden – wissenschaftlicher Rassismus, Konzentrationslager, Völkermord in den neuen Siedlungsgebieten – zu seiner Endlösung destillierte.

Aber damit war die Geschichte noch nicht zu Ende. Denn als die Alliierten es endlich für angebracht hielten, Hitler zu stoppen, beschlossen sie, ihre Grenzen nicht für seine noch lebenden Opfer zu öffnen. Stattdessen luden sie ihr jüdisches Problem zusammen mit ihren kollektiven Scham- und Schuldgefühlen bezüglich des Holocaust auf die arabische Welt ab.

Wenn man sich mit der Ausprägung des Zionismus beschäftigt, die 1948 zur Gründung des Staates Israel geführt hat, muss man akzeptieren, dass nicht nur ein Mensch, sondern auch ein Volk Opfer und Täter zugleich sein kann, dass sie sowohl Traumatisierte als auch Traumatisierer sein können. Die neuzeitliche Geschichte handelt in weiten Teilen von traumatischen Ereignissen, die um den Globus wandern und menschliches Leid hervorbringen, so dass die Opfer von gestern zur Besatzungsarmee von heute werden. In der Geschichte, in der wir gefangen sind, geht es nicht um ein oder zwei Völker oder um Zwillinge. Es geht um eine bestimmte Logik, um *die* Logik, die unsere Welt schon so lange verwüstet.

Daran liegt es, denke ich, dass ich mich nach all diesen Vermessungen von gespiegelten Ichs, von Spiegelwelten und faschistischen Doppelgängern zu diesem Ort hingezogen fühle, der für einen Großteil meines Lebens meine eigene Schattenzone war – einem Ort, mit dem ich mich öffentlich und privat und in meiner zutiefst gespaltenen Familie (das komplette Spektrum von überzeugten Antizionisten bis zu orthodoxen Siedlern) herumgeschlagen habe. Obwohl Israel ein Ort ist, war es für mich auch immer eine Warnung. Eine Warnung vor den Gefahren einer Identität, die auf Retraumatisierung aufgebaut ist statt auf der Konfrontation mit unserer kollektiven Trauer; vor den Gefahren einer Gruppenidentität, die auf Zugehörigkeit und Nichtzugehörigkeit beruht; vor dem, was geschieht, wenn eine lebendige Debatte einem von Kontrollinstanzen umstellten Sprechen weicht.

Wo Wolf richtig lag

Und damit wären wir wieder bei … ihr.

Bevor meine Doppelgängerin vollständig in der Verschwörungswelt verschwand – vor dem *Outrages*-Debakel, vor all den Wolkenfotos –, tat sie kurzzeitig etwas Bewundernswertes. Ich hätte vielleicht nicht genau dieselben Worte oder dieselbe Diktion gewählt wie sie, aber ich erinnere mich, dass ich damals ein paar Mal mit ihr verwechselt wurde und es völlig in Ordnung fand.

Es war 2014, und Israel hatte gerade einen besonders tödlichen Angriff auf Gaza geführt, um die Tunnelsysteme zu zerstören, durch die Waffen (und vieles andere) über die Grenzen gebracht wurden, und um die palästinensischen Raketenangriffe zu stoppen. Aus den Opferzahlen spricht eine schockierende Asymmetrie zwischen Besatzern und Besetzten. Einem Bericht der Vereinten Nationen zufolge wurden in jenem Sommer 1462 palästinensische Zivilisten getötet, gegenüber sechs israelischen Zivilisten; 789 palästinensische Kämpfer fielen, gegenüber 67 israelischen Soldaten.[41] Die israelische Menschenrechtsorganisation B'Tselem berichtete, dass von den nicht an den Feindseligkeiten Beteiligten »526 – ein Viertel aller bei der Operation getöteten Palästinenser – Kinder unter achtzehn Jahren waren«.[42]

Davor war mir nicht aufgefallen, dass Wolf sich zu israelischen Verbrechen geäußert hätte. Wie viele liberale nordamerikanische Juden hatte sie in Israel gelebt, sprach Hebräisch und glaubte an eine Zwei-Staaten-Lösung. Aber dieser neueste Angriff ergab für sie einfach keinen Sinn. Die vielen toten Zivilisten schockierten sie, insbesondere die Kinder. Wolf schrieb, der Angriff verstoße gegen jüdische Werte und die Lehren aus dem Holocaust. Dann tat sie etwas Erstaunliches: Sie machte ihre Facebook-Seite zu einer Anlaufstelle für »Bürgerjournalisten«, um das menschliche Gesicht des Angriffs auf Gaza zu zeigen.[43] Eine Zeitlang wurde die Seite zu einer wichtigen Informationsquelle. Sie schrieb auch einen vielfach geteilten Post:

> Ich werde manchmal gefragt, warum ich mich auf diese »Seite« stelle. Es gibt keine Seiten. Ich trauere um alle Opfer. Aber wenn Zivilisten in Gaza zur Zielscheibe gemacht werden, ist das ein Verstoß gegen das Kriegsrecht und das Völkerrecht. Ich stehe den Menschen in Gaza bei, weil es vielleicht anders gekommen wäre, wenn mehr Menschen den Juden in Deutschland beigestanden hätten.[44]

Anschließend schilderte sie, wie sie die Synagoge besuchte, in der vergeblichen Hoffnung, ihre spirituelle Gemeinde würde auf die tiefe moralische Krise zu sprechen kommen, die Wolf in alldem sah. »Ich … musste gehen«, schrieb sie, »nachdem ich lange darauf gewartet hatte, dass das Massaker von Gaza angesprochen werden würde … nichts. Wo ist Gott? Gott ist immer nur dort, wo wir unserem Nächsten bei seinen Problemen und gegen Ungerechtigkeit beistehen. Ich kündige mit sofortiger Wirkung meine Mitgliedschaft wegen unseres überwältigenden Schweigens als Juden … zum gegenwärtigen Völkermord in Gaza.«

Das Wort »Völkermord« löste Wut und Empörung aus, aber Wolf ist ja nun nicht gerade für Untertreibung bekannt. Und sie begründete, weshalb das Wort passte: der Angriff auf die zivile Infrastruktur, das Fehlen eines humanitären Korridors, die offensichtliche kollektive Bestrafung. Sie hielt auch eine Reihe viel beachteter Vorträge zu dem Thema, darunter einen besonders bemerkenswerten bei der Oxford Union Society, einem studentischen Debattierclub in England. Als ich mir das Video neulich ansah, fiel mir vor allem die Abwesenheit jenes auftrumpfenden, übersteigerten Selbstbewusstseins auf, das sie beim Thema Epidemiologie mit so katastrophaler Wirkung zur Schau stellte. Stattdessen zittert ihre Stimme, und sie gesteht, dass sie Angst davor hat, sich in diesem aufgeladenen Konflikt zu positionieren. Doch im Gegensatz zu anderen Themengebieten, wo sie meistens zu bluffen scheint, kennt Wolf ihr Altes Testament und argumentiert überzeugend, dass im Buch Genesis Israel niemals ausschließlich den Juden versprochen wird, dass es immer auf richtiges Verhalten ankommt, wozu auch ein freundlicher Umgang mit Fremden gehört.

Für Wolf ging die Sache sehr schlecht aus. »Naomi Wolfs Behauptungen, Israel verübe einen Völkermord, nähren den Antisemitismus«, lautete eine typische Schlagzeile in der israelischen Presse.[45] In den Vereinigten Staaten legte sich insbesondere ein prominenter Rabbiner namens Shmuley Boteach mit ihr an. Wolf sagte dem *Guardian*, sie habe wegen der Angelegenheit ihre Stellung an der Universität verloren. »Ich unterrichtete am Barnard College, und die Mitglieder des Stiftungsrats meinten, ihnen sei nicht wohl dabei, dass meine politischen Ansichten das Gesicht der Universität prägten«, so Wolf. »Dabei wollte ich nur unterrichten und Forschungsarbeit machen.«[46] Sie erhielt auch »massive Drohungen online« – so viele, dass sie eine private Sicherheitsfirma zu Rate zog. Dabei lernte sie ihren Mann kennen, einen ehemaligen Soldaten der US-amerikanischen Special Forces, der Striker Pierce Investigations gegründet hatte.[47]

Nachdem ich in den letzten dreißig Jahren mit vielen dieser Hüter des offiziellen Judentums in Konflikt geraten bin, zweifle ich nicht daran, dass diese Ereignisse für Wolf beängstigend und schmerzlich waren. Ihre Freunde, ihre Angehörigen und ihre Kollegen wandten sich gegen sie. Darüber hinaus war der Zionismus immer ein Grundpfeiler ihrer politischen Heimat gewesen. Nun geriet dieser Pfeiler ins Wanken. Was eine Frage aufwirft: Hat diese Erfahrung – gefolgt von öffentlichen Exkommunikationen – dazu beigetragen, dass sie in den folgenden Jahren derart den Halt verlor? Erklärt der Verlust ihrer politischen Heimat nicht zumindest teilweise, wie sehr sie sich auf der Suche nach einer neuen Heimat verirrte?

Wolfs Erfahrung, angegriffen, bedroht und für die Infragestellung der zionistischen Orthodoxie beruflich bestraft zu werden, ist alles andere als singulär. Sie ist Teil einer viel größeren Geschichte, die erzählt, wie eine Kultur der offenen Debatten über diese Fragen – von unseren Pflichten zur Wahrung universell gültiger Rechte bis zu den Möglichkeiten einer Solidarität über alle »Rassen«-Schranken hinweg – in ihr spiegelbildliches Gegenteil kippen konnte. Früher konnte man auf viele verschiedene Arten jüdisch sein und gegen Antisemitismus kämpfen; jetzt soll es nur noch eine einzige Antwort geben.

Dieser Konsens war schon immer eine Illusion, und in den letzten Jahren wurde die Fassade von einer neuen Generation jüdischer Schriftsteller und Aktivisten im Umfeld von Zeitschriften wie *Jewish Currents* und von Organisationen wie IfNotNow und Jewish Voice for Peace niedergerissen. Sie kehren zur alten bundistischen Idee, dem »Hiersein«, zurück und verbünden sich zugleich mit Palästinensern, um der kolonialistischen Gewalt Israels Einhalt zu gebieten. Aber es sind immer noch wenige – zumindest im Vergleich zu den Gruppen, die behaupten, im Namen aller Juden zu sprechen: jene Leute, die das kollektive, transgenerationale Trauma unserer Gemeinschaft schon seit langer Zeit dadurch überwinden wollen, dass sie Feindeslisten erstellen, Treueschwüre fordern und dafür sorgen, dass Vorträge, Theaterstücke und Filme von Palästinensern und ihren Unterstützern gecancelt, Artikel zurückgezogen und Jobangebote widerrufen werden. Diese selbsternannten Sprecher haben ehrlich ausgetragene politische Meinungsverschiedenheiten zu existenziellen Krisen unserer gesamten Identitätsgruppe hochstilisiert, und nun verlangen viele von ihnen Gesetze zur Bestrafung derjenigen, die friedliche Boykotte als unverzichtbares politisches Druckmittel unterstützen.

In diesen Gegebenheiten wurzelt mein Unbehagen über jene progressiven Tendenzen, die es bejubeln, wenn die Zensur unsere politischen Gegner trifft, oder in Ehrfurcht erstarren, bloß weil jemand den Opferstatus für sich reklamiert: Ich habe zu oft gesehen, dass beides furchtbar schiefgehen kann.

Das fehlende Kapitel

Wie nicht anders zu erwarten, hatte Philip Roth zu all dem eine Menge zu sagen. Ihn interessierten unvollkommene Opfer und die Missbrauchsmöglichkeiten von Traumata. »Die Nazis sind eine Rechtfertigung für alles, was in diesem Haus geschieht!«, sagt Portnoy in dem Buch, das Roth berühmt gemacht hat, zu seiner Schwester.[48] Und wie der Politikwissenschaftler Corey Robin 2021 in einem Essay bemerkt hat, »spricht Roth nicht nur von seiner Familie; er spricht über das Haus Israel.«[49]

Roth behagte es überhaupt nicht, dass der israelische Militarismus den kulturellen Judaismus zu verschlingen drohte. In *Gegenleben* und in *Operation Shylock* geißeln sich etliche Figuren wegen des moralischen Verfalls des Landes. In *Shylock* bezeichnet eine Figur, die sich als Mossad-Agent entpuppt, Israel als »ein jüdisches Land ohne eine jüdische Seele«.[50] Der falsche Roth wirft Israel vor, es hätte »auf vielerlei, vielerlei schreckliche Weise die Juden deformiert und entstellt, wozu einst nur unsere antisemitischen Feinde die Macht hatten«.[51] Und eine weitere Figur, ein alter palästinensischer Freund von Roth (der nach Ansicht einiger Rezensenten auf dem palästinensisch-amerikanischen Wissenschaftler Edward Said basiert), beschreibt die Kultur der jüdischen Diaspora als »ganz und gar menschlich, elastisch, anpassungsfähig, humorvoll, kreativ«, erklärt jedoch, in Israel habe man »all das … durch einen Knüppel ersetzt!«[52]

War Roth also ein Antizionist? Er ließ uns im Unklaren. Nachdem es so viele alte Argumente des Jüdischen Arbeiterbunds für den Diasporismus wiederbelebt hat, endet das Buch damit, dass der echte Roth darin seiner ethnischen Urangst erliegt. Er nimmt einen Undercover-Auftrag für den Mossad an, Erkenntnisse über »›antizionistische jüdische Elemente, die eine Bedrohung für die Sicherheit Israels darstellten‹, zu sammeln«.[53] Als der Mossad ihn bestechen will, das letzte Kapitel des Buches zu streichen, in dem die Geschichte dieser hochgeheimen Operation geschildert wird, lässt sich der echte Roth darauf ein. Das Buch endet abrupt, und der Leser kann sich vorstellen, wie die letzten Seiten in den Shredder wandern.

Nach all diesen antizionistischen Ausbrüchen scheint Roths ultimative Botschaft klar zu sein. Ja, er war sein ganzes Leben lang ein Israel-Kritiker und ein respektloser Provokateur. Aber wenn es ums Ganze ging, war auch er bereit, seine persönlichen Überzeugungen zurückzustellen und seine Pflicht zu tun, um seinem verbarrikadierten, militarisierten Volk zu helfen. Sein Stellvertreter im Roman, der »echte Roth«, agiert nicht als Schriftsteller, nicht als eingefleischter Einzelgänger, der anderen eine lange Nase dreht, sondern als wahrer Jude (nach Mossad-Definition), der sich zu der allgemeinen, kollektiven Identität unterhalb seiner spezifischen individuellen Identität bekennt, zu jener kollektiven Identität, die nicht in dem wurzelt, was ein einzelner Jude sein oder tun will oder auch nicht, sondern in der tiefen und beständigen Furcht vor dem, was nicht-jüdische Menschen uns antun könnten. Angesichts seines unentrinnbaren ethnischen Doppelgängers akzeptiert der »echte Roth« Israels Angebot und wird ein Doppelgänger anderer Art: ein Neuer Jude. (»Ich bin ein Stammesangehöriger, der zu seinem Stamm gehalten hat«, sagt der Mossad-Agent im Buch.)[54]

In einem flammenden Essay mit dem Titel »Writing About Jews« in der Zeitschrift *Commentary* schrieb Roth 1963, es sei nicht die Aufgabe eines Romanautors, Propaganda für seine ethnische Gruppe zu betreiben oder sich mit kleinkarierten Fragen wie »Was werden die *Gojim* denken?« herumzuschlagen.[55] Erklärte er uns nun, dreißig Jahre später, er habe seine Meinung geändert und sei bereit, seine Pflichten gegenüber seinem Stamm zu erfüllen? Oder ist das Ende des Romans eine Parodie – Roth, der mit seinen jüdischen Kritikern spielt, indem er sagt: *Sehen Sie, Rabbi, ich mache Propaganda für den Staat, wie Sie es immer wollten – ich lasse sogar zu, dass der Mossad mein Buch verstümmelt! Bin ich jetzt ein guter Jude?* Aber vielleicht wollte sich Roth auch bloß um eine Entscheidung drücken: Vielleicht erzählte er uns, dass er zugleich jenes und dieses war.

Bewaffnet und gefährlich

Und was ist mit ihr? Mit der Anderen Naomi? Was ist sie?

Mitte Mai 2022 postete meine Doppelgängerin eine Woche lang Fotos von ihrem neuen Gewehr – in Abständen, um sich die maximale Aufmerksamkeit ihrer Fans auf Gettr zu sichern. Zu Beginn stellte sie ein Foto der Waffe in einer großen Schachtel ins Netz: »Jetzt ist es endlich so weit; ich habe heute meine erste Schusswaffe gekauft. Ich bin die stolze, wenn auch ein bisschen nervöse Besitzerin eines Randfeuergewehrs im Kaliber .22. Ladylike und handlich, für den Anfang.«[56] Es folgte ein Bild von ihrem Mann, wie er es zusammenbaut: »Wer hätte gedacht, dass der perfekte Ehemann für eine Feministin ein Mann ist, der seiner Frau hilft, ihr erstes Gewehr zusammenzubauen.«[57] Schließlich postete sie ein Foto der fertig montierten Schusswaffe auf ihrem Schreibtisch. »Vielleicht sollte jeder Schriftsteller und Regimekritiker in solchen Zeiten ein Zweibein zu Hause haben. Mag sein, dass die Feder mächtiger ist als das Schwert, aber heutzutage, wo uns das Wahrheitsministerium ins Visier nimmt, brauchen Schriftsteller vielleicht sowohl die Feder als auch das (defensiv eingesetzte) Schwert.«[58]

Das war am selben Tag, an dem ein achtzehn Jahre alter weißer Suprematist in einem Supermarkt in Buffalo, New York, mit einem legal erworbenen halbautomatischen Gewehr zehn Menschen ermordete.

In der Woche darauf teilte Wolf ein Video, in dem sie sagte: Der einzige Grund, weshalb die Vereinigten Staaten »nicht vollständig versklavt sind wie Australien oder Schanghai oder Kanada … ist, dass es bei uns Millionen von Waffenbesitzern gibt … Es ist schwerer, eine bewaffnete Bevölkerung zu unterjochen. Deshalb haben unsere Gründerväter uns den zweiten Verfassungszusatz gegeben. Genau für Zeiten wie diese.«[59]

Auch an jenem Tag gab es ein Massaker, diesmal an einer Grundschule in Uvalde, Texas. Der Killer, ebenfalls achtzehn Jahre alt, ermordete neunzehn Kinder und zwei Lehrer mit einem legal erworbenen Sturmgewehr.

In ihrem Newsletter äußerte sich Wolf ausführlicher. Sie schrieb eine Art feministischen Liebesbrief an ihre neue Schusswaffe: »Wieso habe ich diesem Thema so lange keine Beachtung geschenkt, als Vergewaltigungsopfer und Feministin? Das Vergewaltigungsopfer in mir sehnte sich instinktiv nach einer Waffe. Sehnte sich instinktiv danach, jeden künftigen Angreifer abschrecken zu können. Das Vergewaltigungsopfer in mir wollte eine Waffe haben, so wie eine verwundete Kreatur Zähne und Klauen haben will.« Sie fragte sich: »War es tatsächlich schon immer so einfach? Konnten Frauen sich dagegen wehren, dass sie zum Opfer gemacht wurden, und die Täter abschrecken – einfach, indem sie eine Schusswaffe besaßen und damit umgehen konnten?« Ihre Antwort? »Offensichtlich.«[60]

Wolf ist gewiss nicht das erste ehemalige Opfer, das den Verheißungen der Waffe erlegen ist, obwohl sie früher einmal wusste, dass so etwas nur selten gut ausgeht, sei es für das Opfer oder den Täter. Aber wenn man so lange in der Opposition war und dann so lange gedemütigt wurde, ist es bestimmt befreiend, endlich auf der zwar faktenarmen, aber dafür waffenstarrenden Seite zu sein.

Heute spricht oder schreibt sie nicht mehr über die Rechte der Palästinenser; für ihre neuen Freunde vom War Room hat das keine Priorität. Und es scheint auch nicht mehr zu Wolfs Definition von Gott zu gehören, »unserem Nächsten bei seinen Problemen und gegen Ungerechtigkeit« beizustehen.[61] Im Gegenteil, sie liegt im Schützengraben von Bannons »Grenzkrieg« und plappert seine Lüge über »Präsident Bidens sperrangelweit offene Grenzen« nach. Das sei »der Traum eines Tyrannen«, und »Verräter eliminieren die Grenzen unseres Landes«.[62]

Der Bürgerkrieg sei bereits im Gange, warnt sie düster: »Ich bin ein friedlicher Mensch. Ich will keinen Krieg. Aber gegen uns wird Krieg geführt.«[63] Und wie so viele andere macht sie sich bereit – nicht nur mit Worten.

Erez von Erez

Ich hatte meine eigenen Begegnungen mit Israels Doppelgänger-Politik – zu viele, um sie an diesem späten Punkt unserer Reise zu schildern. Aber für eine reicht die Zeit vielleicht.

Es war 2009, und die hebräische und arabische Ausgabe der *Schock-Strategie* war soeben erschienen. Ein paar Monate zuvor hatte das israelische Militär einen schrecklichen Angriff auf den Gazastreifen durchgeführt, dabei schätzungsweise 1400 Palästinenser getötet und lebenswichtige Infrastruktur zerstört. Ich gelangte in jenem Jahr zu dem Schluss, dass mir nichts anderes übrigblieb, als dem »Boycott, Divestment and Sanctions«-Aufruf (BDS) einer breiten Koalition zivilgesellschaftlicher palästinensischer Gruppen Folge zu leisten – aber ich wollte auch, dass das Buch in Israel und Palästina erschien, weil es darin ein Kapitel über die dortige florierende Katastrophenkapitalismusindustrie gab. In Kooperation mit Aktivisten in Ramallah und Jerusalem fand ich einen Weg, das Buch zu veröffentlichen, ohne gegen den Aufruf zu verstoßen; dazu gehörte, dass ich mit einer aktivistischen israelischen Presse zusammenarbeitete, die sich schon seit langem für die Rechte der Palästinenser einsetzte.

Vor der Buchpremiere in Israel fuhr ich nach Gaza, um die Folgen des Angriffs mit eigenen Augen zu sehen. Avi und unsere Freundin Cecilie Surasky von Jewish Voice for Peace begleiteten mich. Wir waren nicht sicher, ob man uns die Grenze passieren lassen würde – Israel kontrolliert den Zugang nach Gaza durch den Checkpoint Erez sehr streng, und einen Presseausweis als ausländische Journalisten bekamen wir nur über die israelische Presseagentur. Bei jedem von uns hätte dort ein rotes Lämpchen aufleuchten können. Aber im Pressebüro machte man sich – wahrscheinlich wegen unserer jüdischen

Namen – nicht die Mühe, uns genauer zu überprüfen, und wir erhielten die erforderliche Akkreditierung. Am Checkpoint Erez aktivierten unsere jüdischen Namen erneut unsere ethnischen Doppelgänger, und man nahm an, dass wir mit der israelischen Besatzung sympathisierten. Während also Palästinenser in langen Schlangen zur Befragung anstanden, kamen wir nach einer raschen Überprüfung unserer Ausweise und einer Durchleuchtung ungehindert durch. Dann standen wir plötzlich auf der anderen Seite der Betonmauer, umgeben von Wachtürmen.

In Gaza sprachen wir drei mit Dutzenden von Palästinensern aus verschiedenen Bereichen, um so viel wie möglich über das Leben im Belagerungszustand in Erfahrung zu bringen. Wir trafen uns mit Bauern, einem Imker und einem Arzt, die alle beim letzten Luftangriff Kinder verloren hatten. Wir sahen die von weißem Phosphor verbrannten Körper junger Menschen. Wir wateten durch den Schutt von Wohnhäusern, die nicht wiederaufgebaut werden konnten, weil wegen der Belagerung Baustoffe wie Zement fehlten. Wir trafen die palästinensische Frauenrechtsaktivistin Mona Al Shawa. »Während der Angriffe hatten wir mehr Hoffnung«, erzählte sie mir. »Da glaubten wir zumindest, dass sich etwas ändern würde.« Jetzt, sagte sie, sei die internationale Aufmerksamkeit schon wieder weitergewandert, und die Bewohner von Gaza fühlten sich erneut von aller Welt im Stich gelassen. Die Vorstellung, dass es während der Luftangriffe mehr Hoffnung gegeben hatte, verfolgt mich noch immer.

An unserem letzten Nachmittag saßen wir auf Plastikstühlen im schattigen Hof einer prominenten palästinensischen Familie, die darauf bestand, uns ein üppiges Mahl mit Sachen aus ihrem Garten aufzutischen – ungemein großherzige Menschen, die sich weigerten, uns wegen unserer ethnischen Doubles zu hassen. Der Vater, ein Arzt, erzählte uns, er sei froh darüber, dass seine Kinder jüdische Menschen kennenlernten, die Frieden und Gerechtigkeit wollten, weil die einzigen Juden, mit denen sie sonst Kontakt aufnehmen könnten, die Soldaten an den Checkpoints seien.

»Ich möchte nicht, dass sie mit Judenhass aufwachsen«, sagte er.

»Aber was soll ich machen, wenn die einzigen Juden, die sie zu Gesicht bekommen, Waffen auf uns richten?«

Am späten Nachmittag wurde es Zeit, nach Jerusalem zurückzukehren, und da fingen die Probleme an. Eine Menschenrechtsgruppe in Gaza-Stadt hatte anlässlich meiner Reise eine Pressekonferenz organisiert, und die Nachricht war am Checkpoint Erez eindeutig bis ganz nach oben vorgedrungen; diesmal war man auf uns vorbereitet.

Statt uns die Wiedereinreise zu gestatten, ließen die Israelis uns drei – und nur uns drei – stundenlang auf der Gaza-Seite der Mauer warten. Der Abend brach herein, die Ausgangssperre begann, und wir fragten uns, ob wir überhaupt noch durchkommen würden. Der Checkpoint befindet sich in einer Pufferzone mit einem langen, tristen Außengang und Sicherheitsleuten der Hamas; dort ohne Fahrzeug und ohne Freunde festzusitzen war also nicht gerade ideal.

Schließlich öffnete sich eine ferngesteuerte Tür in der Mauer, und nachdem wir gründlich durchsucht und durchleuchtet worden waren, trat ein stämmiger, muskulöser Offizier mit schwarzen Haaren und Bürstenschnitt auf uns zu, der sich als Erez vorstellte.

»Erez von Erez«, sagte ich im Versuch, die Stimmung aufzulockern. Er lächelte nicht, sondern schaute an mir vorbei zu Avi und befahl ihm, mit nach oben zu kommen, zu einer weiteren Überprüfung. Cecilie und ich warteten, während er vernommen wurde. Als Avi herauskam, ging er schnell und gab uns ein Zeichen, uns zu beeilen, damit wir von all den Erezen wegkamen.

Im Colony Hotel in Jerusalem erfuhren wir, dass er in ein Eckbüro zu einem hochrangigen Kommandeur der israelischen Streitkräfte gebracht worden war. Der Mann trat mit Avi ans Fenster und zeigte auf ein Panzerbataillon, das in der Nähe Übungen durchführte.

»Sehen Sie das? Ich war kurz davor, die reinzuschicken, um euch zu retten. Haben Sie eine Ahnung, in welcher Gefahr ihr geschwebt habt? Was die Hamas mit euch anstellen wollte? Wir sehen und hören alles, was da drüben vorgeht.« (Das ist die für eine Doppelgänger-Gesellschaft zentrale Kehrseite des Nichtsehens von Palästinensern: das alles sehende Auge des Überwachungsstaates.)

Dann kam Erez dazu. Er erklärte Avi, er habe einige meiner Äußerungen über BDS gehört, und er hatte einen Rat, von Mann zu Mann: »Sagen Sie Ihrer Frau, was passiert ist. Sagen Sie ihr, was die Hamas mit euch machen wollte. Kriegen Sie Ihre Frau in den Griff.«

Mit Hilfe etlicher Biere dekonstruierten wir drei die Ebenen des Gaslightings, der psychischen Manipulation, die Erez von Erez eingesetzt zu haben schien. Nein, wir nahmen es ihnen nicht ab, dass das israelische Militär drauf und dran gewesen war, eine Bodenoffensive in Gaza zu starten, um drei Juden zu retten, die gar nicht vermisst wurden. Wir glaubten auch nicht, dass wir durch die Hamas unmittelbar bedroht gewesen waren. Deren Leute hatten Avi ungefähr fünfzehn Minuten lang in einem provisorischen Checkpoint in einem Transportcontainer befragt, hauptsächlich um herauszufinden, wieso er einen israelischen Vornamen hatte, wo er doch Kanadier war (der jugendliche Linkszionismus seiner Mutter). Aber sie gaben sich mit seinem Presseausweis zufrieden – und es waren die Israelis, die uns auf der Gaza-Seite stundenlang allein gelassen hatten, bevor sie uns den Checkpoint passieren ließen.

Klar, sie wollten, dass wir ins Schwitzen gerieten, dass wir uns fragten, ob wir hinter den »feindlichen« Linien im Stich gelassen worden waren. Und dann wollten sie eine klare und unmissverständliche Botschaft übermitteln: Für wen auch immer wir uns hielten und was auch immer wir hier auf diesem blutgetränkten Boden taten, wir waren nichts als unsere ethnischen Doppelgänger, nichts als unsere Jüdischkeit. Wegen dieser Jüdischkeit würden wir in Gaza von der Hamas entführt oder getötet werden, meine törichte Unterstützung der Rechte der Palästinenser hin oder her, und dann käme uns nur die israelische Armee zu Hilfe. Dabei würden die Soldaten ihr Leben für uns aufs Spiel setzen, obwohl sie nur tiefste Verachtung für uns übrighatten. Denn wie der Hamas war es auch ihnen völlig egal, für wen wir uns als Individuen hielten; es ging ihnen nur um unsere jüdischen Doppelgänger. Wenn die Hamas uns also als Juden angriffe, wäre Israel zur Stelle, um uns als Juden zu retten.

Mit diesem Theater hatten sie mich also in den Griff bekommen wollen. Das ist eine Momentaufnahme des schäbigen Deals, den Israel allen Juden anbietet, heute mehr denn je: Mag ja sein, dass euch nicht gefällt, wie es bei uns zugeht – die palästinensischen Jugendlichen im Gefängnis, die Ermordung von Journalisten, die offen rassistischen, antiarabischen Parteien, die vom politischen Rand an die Regierung gekommen sind und einige der mächtigsten Ämter besetzen. Aber ihr werdet es akzeptieren, denn wenn die Welt sich erneut gegen die Juden wendet – und das wird sie, weil Shylock unsterblich ist –, werdet ihr zu uns gerannt kommen mit unseren Panzern, unseren Kampfflugzeugen und dem Atomwaffenarsenal, das wir weder bestätigen noch dementieren, denn dies ist für euch der einzige sichere Ort auf der Welt.

Ich verstehe die Urangst, die viele aus meinem Volk dazu bringt, sich auf einen solchen Deal einzulassen, denn dieses Trauma ist durch die Generationen auch an mich weitergereicht worden. Aber ich kann es trotzdem nicht; der Preis ist zu hoch. Und nicht nur für die Palästinenser und die Juden. Der Deal, den Erez uns angeboten hat, ist nämlich eine Variante jenes vergifteten Deals, den alle angeboten bekommen, die auf diesem gespaltenen Planeten in einer relativ glücklichen Lage sind: Greif zur Waffe. Akzeptiere die Käfige. Bau deine Rettungskapsel zu einem Bollwerk aus und befestige deine Grenzen. Perfektioniere deine Kinder. Schütze deine Marke. Ignoriere die Schattenzonen. Spiel das Opfer.

Aber Partitionierung, Performance und Projektion funktionieren nicht mehr. Die Grenzen und die Mauern schützen uns nicht vor steigenden Temperaturen, vor dem Ansturm von Viren oder vor verheerenden Kriegen. Und die Mauern um uns selbst und unsere Kinder werden auch nicht standhalten. Denn wir sind durchlässig und miteinander verbunden, wie so viele Doppelgänger-Geschichten uns lehren könnten.

Es muss also einen anderen Weg geben. Ein anderes Tor zu einer anderen Geschichte über uns selbst.

TEIL VIER

Der Realität ins Auge sehen

(Integration)

Wenn das Wort *Integration* überhaupt etwas bedeutet, dann, dass wir unsere Brüder mit Liebe dazu zwingen werden, sich selbst so zu sehen, wie sie sind, dass wir nicht länger vor der Wirklichkeit davonlaufen, sondern sie nach und nach ändern.
James Baldwin, *Nach der Flut das Feuer*

Sucht die Träume eurer Genossen heim und die Albträume eurer Feinde; lebt in einer Zukunft, die nie eintrat – seid Gespenster, Erinnerungen, Vorboten. Gemahnt sie, dass der Jetztzustand nicht unausweichlich war, bevor er es wurde. Haltet euch nicht mit der Frage auf, warum eine sehr mögliche Zukunft scheiterte, überlasst das Stochern nach Antworten den Siegern. Seid die Frage und sorgt euch nicht um eure Ohnmacht. Ein Gespenst braucht keine materielle Präsenz oder Handlungsmacht, ihr müsst nur schimmern.
Alaa Abd el-Fattah, *Ihr seid noch nicht besiegt*

15

Entselbstung

Ich habe in meinem Leben schon ein paar Mal das Bewusstsein verloren, aufgrund von Fieber, Hunger oder Alkohol. Aber einen Ohnmachtsanfall hatte ich nur ein einziges Mal.

Ich war siebzehn, und es geschah ein paar Wochen nach dem ersten Schlaganfall meiner Mutter. Ich war direkt von der Schule ins Krankenhaus gegangen und fand sie zum ersten Mal außerhalb ihres Betts vor. Unterstützt von einer Physiotherapeutin machte sie die ersten Schritte mit einer Gehhilfe (nach dem zweiten Schlaganfall wenig später konnte sie auch das nicht mehr). Ich beobachtete sie durch eine Glasscheibe im Wartebereich, als wäre sie die Mutter von jemand anderem: ihre wackligen, ungleichmäßigen Schritte, das schiefe Gesicht, die Infusionsschläuche und die Magensonde. Das Nächste, woran ich mich erinnern konnte, war, dass ich mit dem Gesicht nach unten auf dem kalten Vinylfußboden lag.

Schwindelgefühle treten auf, wenn die Welt, die wir zu kennen glaubten, nicht mehr trägt.

Die Welt gibt keinen Halt mehr. Die Lebenssysteme, die unsere Existenz stützen, sind krank. Sie wanken. Sie zittern. Sie bedürfen dringend unserer Fürsorge.

*

Ein Bekenntnis. In der Zeit, die ich damit verbrachte, über meine Doppelgängerin und die Spiegelwelt zu schreiben, hatte ich ursprünglich über eine andere Art von Schwindelgefühl schreiben wollen, das mit meiner realen Arbeit zu tun hat, was auch immer »real« heutzutage meint. Fast zwei Jahrzehnte lang, seit in New Orleans nach dem Hurrikan Katrina die Dämme brachen, hatten sich meine Recherchen, mein Schreiben und Filmemachen, mein politischer Aktivismus und mein öffentliches Auftreten fast ausschließlich auf Aspekte der sich verschärfenden Klimakrise konzentriert. Dabei folgte ich meist einem Narrativ, das mir sehr am Herzen lag: Es steht schlimm. Und es wird noch sehr viel schlimmer werden. Aber wir können dieses »sehr viel schlimmer« abwenden, wenn wir eine Mobilisierung von der Größenordnung des Marshall-Plans / des New Deal / des Zweiten Weltkriegs in die Wege leiten, die unsere gesamte Wirtschaft so umgestaltet, dass sie hauptsächlich von Wind und Sonne angetrieben wird und uns gleichzeitig eine historische Chance bietet, die verschiedenen Formen der Ungleichheit unter dieser Sonne zu bekämpfen.

Der Haken an der Sache war, dass wir uns beeilen mussten. »Dekade Null« nannte man es, als ich 2009 zum ersten Mal an einer Klimakonferenz der Vereinten Nationen teilnahm. 2014, als *Die Entscheidung. Kapitalismus vs. Klima* herauskam, war die Hälfte der Zeit schon um. Dann ging die Dekade Null vorüber. 2020 sagten wir auf Grundlage der besten verfügbaren wissenschaftlichen Erkenntnisse, dass es zwar zu spät war, um die gefährliche Erwärmung zu stoppen, aber immer noch Zeit blieb, um den katastrophalen Klimawandel zu verhindern; allerdings würden wir die globale Umweltverschmutzung binnen einer Dekade erneut um die Hälfte verringern müssen.[1] Die gute Nachricht war, dass es zu diesem Zeitpunkt eine wachsende, generationenübergreifende Klimabewegung gab und sich die Einsicht durchzusetzen begann, dass ein Systemwandel der einzig glaubwürdige Weg in die Zukunft war.

Im selben Jahr, noch vor Ausbruch der Pandemie, hatte ich mit manischer Intensität an der Kampagne mitgearbeitet, die Bernie Sanders zum Kandidaten der Demokraten für das Amt des US-Präsidenten machen sollte. Ich engagierte mich hauptsächlich deshalb, weil Sanders mit einem disruptiven Programm antrat, das die Dringlichkeit transformativer Klimamaßnahmen betonte – und weil er bereit war, die notwendigen Auseinandersetzungen mit den großen Umweltverschmutzern zu führen. In den Monaten vor und nach Ausbruch der Pandemie war ich in fünf Bundesstaaten als Wahlkämpferin für seine Klimapolitik unterwegs und brachte bei Dutzenden Kundgebungen und Freiwilligentreffen die Mannschaft in Schwung. An erhebenden Tagen – etwa als die glitzernde Trump-City Las Vegas mit überwältigender Mehrheit für Bernie stimmte[2] – dachte ich, wir könnten es tatsächlich schaffen und Bernie ins Oval Office bringen, so unwahrscheinlich das sogar uns vorkam.

Wir haben es nicht geschafft (natürlich nicht). Und jetzt lassen wir eine weitere »letzte Dekade zur Rettung der Welt« ungenutzt verstreichen.

In den ersten Monaten der Pandemie, als ich noch in New Jersey lebte, machte ich einen dieser gespenstischen Spaziergänge durch leere Straßen und sah eine Nachbarin, die ein langes Gespräch mit einem Eichhörnchen führte. Sie wirkte glücklich, wie sie da im Bademantel auf ihrer Veranda saß und sich kein bisschen daran störte, dass sie bei einer artenübergreifenden Kommunikation beobachtet wurde. Wie viele von uns hegte auch ich in jenen halluzinatorischen Tagen die Hoffnung, wir würden trotz all unserer Fehler und Versäumnisse eine weitere Chance bekommen, unsere kollektiven Prioritäten und unseren frenetischen, ressourcenhungrigen Lebensstil zu überdenken, und vielleicht verändert aus der Pandemie gehen.

Doch nach einem Jahr dieser elenden Krankheit veränderte sich etwas in mir. Vielleicht hatte es damit zu tun, dass in China – wie bald überall auf der Welt – die Emissionen erneut stiegen. Oder mit Joe Bidens Bereitschaft, Tausende neue Genehmigungen für Öl- und Gasbohrungen zu erteilen.[3] Oder damit, dass vor der Küste, wo ich jetzt lebe, erneut Kreuzfahrtschiffe voller Touristen auftauchten, die Alaskas Gletscher sehen wollten, bevor sie verschwanden.

Der Hauptgrund für meine wachsende Verzweiflung war jedoch die Schwächung der Massenbewegungen, die mit den Klimastreiks, der Unterstützung für Sanders und andere rebellische Kandidaten und dem Ruf nach Rassengerechtigkeit auf den Straßen in den Jahren zuvor so schnell gewachsen waren und die sich jetzt zu spalten und zu zerfleischen begannen, oft unter Federführung von Leuten, die bestrebt waren, damit ihre persönliche Marke aufzubauen. Da die Führungspositionen in Bewegungen allzu oft von Online-Clout bestimmt werden und es kaum Möglichkeiten gibt, diese Leute zur Rechenschaft zu ziehen, nahmen Konflikte und Misstrauen zu. Sie wurden durch wutsüchtige Algorithmen geschürt und durch gefälschte Accounts und russische Bots angestachelt, die Salz in unsere offenen Wunden streuten. Die räuberische Unternehmenslogik, von der Linken einst als unser Feind erkannt, steckte jetzt tief in uns drin: in den Arterien, die uns miteinander verbanden, in unseren Denkgewohnheiten, sogar in unseren Zellen. Wir hatten das Gefühl, dass wir nichts und niemandem mehr trauen konnten, schon gar nicht uns selber.

Für mich bedeutete dies, dass ich keine halbwegs glaubwürdigen Wege aus der Katastrophe mehr anzubieten hatte. Ich sah nicht mehr, wie sich die sozialen und ökologischen Folgeerscheinungen vermeiden ließen, die viele von uns so sehr fürchten. Das war die eigentliche Ursache meines Schwindelgefühls. Wer war ich, wenn ich keine Geschichte einer möglichen Rettung mehr mit anderen teilen konnte?

In dieser Situation traf ich die absonderliche Entscheidung, meiner Doppelgängerin in ihre diversen Kaninchenlöcher zu folgen. Ich wollte mich wohl hauptsächlich davon ablenken, dass ich eigentlich über etwas schreiben sollte, was sich nicht länger leugnen ließ: Wir waren drauf und dran, unsere allerletzte Chance auf einen Wandel zu verspielen. Ich konnte das nicht schreiben, nicht ich. Und so fand ich etwas anderes.

Doch je länger meine Reise in diese Welt der Doppelgänger dauerte, desto beharrlicher führte sie mich zu meinem Ausgangspunkt zurück. Je mehr ich mich mit Doppelgängern und ihren sowohl persönlichen als auch politischen Botschaften befasste, desto bedeutsamer schienen mir die dabei gewonnenen Erkenntnisse zu sein, wenn wir Menschen werden wollten, denen es gelingen könnte, unseren bisherigen gefährlichen Weg zu verlassen.

Das Ich als perfektionierte Marke, das Ich als digitaler Avatar, das Ich als Datenmine, das Ich als idealisierter Körper, das Ich als rassistische und antisemitische Projektion, das Kind als Spiegel des Ichs, das Ich als ewiges Opfer. Diese Doubles haben eines gemein: Sie sind Strategien des Nichtsehens, des Vermeidens. Wir vermeiden es, uns selbst klar zu sehen (weil wir so sehr damit beschäftigt sind, eine idealisierte Version von uns zu präsentieren); wir vermeiden es, einander klar zu sehen (weil wir so sehr damit beschäftigt sind, die Aspekte von uns, deren Anblick wir nicht ertragen können, auf andere zu projizieren); und wir vermeiden es, die Welt und unser Miteinander-verbunden-Sein klar zu sehen (weil wir uns aufgespalten und die Augen verschlossen haben). Das erklärt, denke ich, mehr als alles andere, warum sich dieser Moment der Geschichte so unheimlich anfühlt – mit all seinen Spiegelungen, synthetischen Ichs und fabrizierten Realitäten. Letztlich geht es um all die Dinge, deren Anblick wir nicht ertragen können – in unserer Vergangenheit, in unserer Gegenwart und in der Zukunft, die auf uns zurast.

Performance, Partitionierung und Projektion sind die Schritte, aus denen der Tanz des Vermeidens besteht. Was wird vermieden? Ich denke, die Begegnung mit unserem wahren Doppelgänger. Mit unserem »zweiten Körper«, wie Daisy Hildyard es nennt,[4] der in Kriege verstrickt ist und Wale stranden lässt, der von den Genoziden der Vergangenheit profitiert und mit kleinen Tropfen Gift zum großen Sterben der Zukunft beiträgt: dem zweiten Körper, der die Schattenzonen ausbeutet, um ein bequemes und angenehmes Leben zu führen.

Wir vermeiden die Begegnung mit ihm, weil wir keine solchen Körper sein wollen. Wir wollen nicht, dass unsere Körper etwas mit dem massenhaften Artensterben zu tun haben. Wir wollen nicht, dass die Kleidungsstücke, in die wir unsere Körper hüllen, von anderen Körpern hergestellt werden, die erniedrigt, missbraucht und bis zur Erschöpfung ausgebeutet werden. Wir wollen keine Lebensmittel essen, die mit Erinnerungen an menschliches und nicht menschliches Leid belastet sind. Wir wollen nicht auf gestohlenem, von den Geistern der Vergangenheit heimgesuchtem Land leben. Wir wollen nicht, dass die Kinder, die wir lieben, in einer Welt leben müssen, die weniger lebendig und weniger wunderbar, aber sehr viel beängstigender ist.

Wie könnten wir auch! Es ist unerträglich. Kein Wunder, dass wir so angestrengt wegschauen. Kein Wunder, dass wir diese Mauern errichten, reale und psychologische. Kein Wunder, dass wir lieber unsere Spiegelbilder anstarren oder uns an unsere Avatare verlieren, statt unseren Schatten gegenüberzutreten.

Der Doppelgänger, der auf ihn als Schwarzen in den Vereinigten Staaten projiziert wurde, hatte James Baldwin zufolge ausschließlich mit der Person zu tun, die diese Projektion vornahm. Was sah ein Weißer, wenn er Baldwin sah? »Er sah nicht mich«, schrieb er, »er sah etwas, das er nicht sehen wollte. Und wissen Sie, was das war? Es war letztlich, ja, sein eigener Tod. Man kann es auch Misere [*trouble*] nennen. Misere ist eine exzellente Metapher für den Tod.«[5]

Viele Formen der Verdopplung sind Versuche, den Tod / die Misere nicht zu sehen. Und der Tod erscheint heutzutage furchtbar nah – so nah wie eine Fentanyl-Pille, wie eine Hitzeglocke, ein Hassverbrechen, ein Atemzug in virenbelasteter Luft. Wie üblich ist für einige von uns der Tod näher als für andere, aber er ist, fürchte ich, für niemanden weit genug entfernt. Wie können wir also aufhören, den Blick abzuwenden? Wie können wir uns unserem zweiten Körper und unserem sterblichen Körper wirklich zuwenden, ohne uns hinter Partitionierungen, Performances und Projektionen zu verstecken? Was bräuchte es, damit wir nicht mehr weglaufen? Damit wir endlich zur Kenntnis nehmen, was wir längst wissen?

Sich wie eine Koralle oder ein Fisch fühlen

Die kaum verschleierte Klima-Allegorie *Don't Look Up* (2021) des Regisseurs und Drehbuchautors Adam McKay handelt von diesem Nichthinsehen. Bei der Beobachtung des nächtlichen Himmels entdeckt die von Jennifer Lawrence gespielte Doktorandin Kate Dibiasky von der Michigan State University einen Kometen, der auf die Erde zurast. Der Komet wird nach ihr benannt, und ihre Kollegen gratulieren ihr zu diesem großartigen Erfolg des Personal Branding in ihrer Nische der akademischen Welt. Das Problem besteht natürlich darin, dass der Komet sich als ein »Planetenkiller« erweist, der das Leben auf der Erde auslöschen wird, und damit ist der Komet Dibiasky die allerletzte Marke, mit der sich irgendjemand identifizieren möchte (oder jemals identifizieren wird).

Vor dem Hintergrund des Zusammenbruchs meiner eigenen persönlichen Marke fiel mir auf, dass Kates Dilemma die bizarren Widersprüche dieses Moments in der Geschichte unseres Planeten, da so vieles auf dem Spiel steht, perfekt widerspiegelt: Wir alle sind in ökonomischen und sozialen Strukturen gefangen, die uns animieren, unser winziges Ich zwanghaft zu perfektionieren, auch wenn wir unterschwellig wissen, dass dies die allerletzten Jahre sind, um eine existenzielle planetare Krise vielleicht doch noch abzuwenden. Der Spielraum für Veränderungen wird immer kleiner, während unsere Probleme immer größer werden.

Einige Klimaforscher, deren Arbeit ich sehr schätze, sind sich einig, dass es zwischen unserem hypertrophen Ich und unserem vernachlässigten Planeten eine enge Beziehung gibt. Professor David Bowman vom Buschfeuerzentrum der Universität Tasmanien, wo Waldbrände und Dürren einzigartige Waldökologien vernichtet haben, sagt, die Menschen müssten dringend eine einfache Lektion lernen: »Wir sind nicht der Mittelpunkt des Universums. Diese Welt wurde nicht nur für uns geschaffen.«[6] Charlie Veron, ein führender Korallenexperte, der sein Leben der Erforschung des sterbenden Great Barrier Reef gewidmet hat, beschreibt seinen Lebensweg als einen Lernprozess, bei dem er aufhören musste, sich selbst als Mittelpunkt zu betrachten, um den Kopf freizubekommen, andere – menschliche und nicht-menschliche – Lebensformen wirklich wahrzunehmen. Es war eine harte Lektion, die damit begann, dass seine kleine Tochter Fiona (oder Noni) ertrank, eine Tragödie, die ihn erkennen ließ, dass ihr Leben für ihn wichtiger war als sein eigenes. Niedergedrückt von persönlicher Trauer und der

»ökologischen Trauer« über den Verlust unserer Lebensgrundlagen, sehnte er sich danach, sich in dem Riff aufzulösen, das er untersuchte, um »sich wie eine Koralle oder ein Fisch zu fühlen«.[7] Das erinnert an die Romanautorin und Philosophin Iris Murdoch, die die Wahrnehmung von etwas Schönem – sei es ein Vogel oder ein Gemälde – als »einen Anlass zum ›Entselbsten‹« *(unselfing)* bezeichnete.[8]

Viel Zeit haben wir nicht mehr, betont Veron. Denn »die Leute, die diesen Planeten ausplündern, sind diejenigen, die sich selbst an die erste Stelle setzen«[9] – unfähig, sich auch nur für einen Moment zu entselbsten. Anders ausgedrückt: Die Klimakrise kann als ein Zuviel an wärmespeichernden Gasen in der Atmosphäre verstanden werden; sie kann aber auch als ein Zuviel an Ich verstanden werden – als Folge all der Energie im wörtlichen wie im übertragenen Sinn, die nötig ist, um das eigene Ich ins rechte Licht zu rücken und zu perfektionieren, wenn man das Glück hat, außerhalb der Schattenzonen zu leben.

Wenn der Komet Dibiasky die Denkweise symbolisiert, die uns in diesem Kreislauf gefangen hält, könnte Vernons demütige Reise zur Entselbstung der Schlüssel für unser kollektives Überleben sein. Denn Entselbstung besagt, dass unsere Aufgabe hier auf dieser Erde nicht darin besteht, unseren Vorteil, den wir im Leben haben, zu maximieren (oder unser Ich durch »Grief Tech«-Avatare unsterblich zu machen). Sie besteht darin, alles Leben zu maximieren (zu schützen, zu regenerieren). Wir sind nicht hier, um sicherzustellen, dass nur wir als Individuen überleben, sondern dass das Leben überlebt; wir sind nicht hier, um nach Clout zu streben, sondern nach Leben.

Auch das können wir von unseren Doppelgängern lernen: Die Vorstellung, dass jeder von uns einen hat, bedeutet, dass niemand von uns so besonders oder einzigartig ist, wie wir es vielleicht gern hätten. Im Spiegelkabinett des Kapitalismus wird diese Erkenntnis meist als Horrorgeschichte erzählt. Im Film *The Double* jammert die von Jesse Eisenberg gespielte Figur: »Ich hätte sehr gern, ich wär einzigartig.«[10] Diese Reaktion auf einen Doppelgänger durchzieht die Literatur, den Film und die monotheistische Religion des Westens: den Kampf aufzunehmen und ihn zu gewinnen. Wir könnten unsere Doppelgänger aber auch so sehen wie der falsche Roth: *Hurra! Ich bin nicht allein in dieser grausamen Welt!*

Das sehe ich, wenn ich François Brunelles Doppelgänger-Kunstprojekt *I'm Not a Look-Alike!* betrachte. Er hat Hunderte von Paaren fotografiert, bei denen die Personen häufig miteinander verwechselt werden. Doch das Faszinierendste ist nicht ihre verblüffende Ähnlichkeit, sondern dass sie darüber alles andere als entsetzt sind. Brunelles Bilder sind auf berührende Weise intim, und die identischen Fremden fühlen sich ausgesprochen wohl dabei: Einige umarmen einander oder schmiegen sich aneinander, einige schauen sich in die Augen, andere scheinen zu Scherzen aufgelegt zu sein. Ihr Mangel an Individualität stört sie nicht, vielmehr interessieren sie sich für diese andere Person, die wie ein Spiegel ihrer selbst ist. Das erinnert mich an einen Satz der Philosophin Helena de Bres, die eine Zwillingsschwester hat und »Mitleid mit denen« bekundete, »die das fast unvorstellbare Pech haben, allein auf diese Welt zu kommen«.[11]

Aber wir sind nicht allein, jedenfalls nicht so allein, wie es sich manchmal anfühlt. Den meisten von uns fehlt zwar die Intimität der Zwillingsexistenz, aber Verbundenheit, Solidarität und Verwandtschaften stehen uns allen zur Verfügung, wenn wir die Grenzen unseres Ichs nicht mehr ganz so eifersüchtig bewachen. Wir haben überall Verwandte. Einige haben Ähnlichkeit mit uns, viele sehen uns überhaupt nicht ähnlich und sind dennoch mit uns verbunden. Einige sind nicht einmal Menschen, sondern Korallen. Oder Wale. Und wir können mit ihnen in Verbindung treten, wenn es uns gelingt, uns nicht immer nur um uns selbst zu drehen.

Um es klipp und klar zu sagen: Ich habe nicht vor, meine Doppelgängerin als eine verschollene Verwandte in die Arme zu schließen. Aber indem Doppelgänger unser Denken und unsere Illusion von Souveränität stören, können sie uns helfen, eine Lektion zu lernen: dass wir nicht so scharf voneinander getrennt sind, wie wir denken. Nicht als Individuen und vielleicht nicht einmal als Gruppen von Individuen, die in scheinbar ewige Bruderkämpfe hineingeboren sind.

Was ich auf den Fotos von *I'm Not a Look-Alike!* sehe, ist ein Modell für Hingabe – nicht an etwas Identisches, sondern an Verbundenheit und Verflechtung. Das war die Lektion, die uns die Pandemie in jenen frühen Tagen zu erteilen versuchte. Wir sind keine Selfmademen und -women. Was wir sind, sind wir nicht durch uns selbst, sondern durch andere. Wer sich dieser Wahrheit lange genug verweigert, landet in der Spiegelwelt und grölt »FREIHEIT« in die eisige Winterluft, während er auf die Hupe drückt und sich zum »souveränen Bürger« erklärt, der nichts und niemandem Rechenschaft schuldig ist.

Apropos, mir ist in letzter Zeit aufgefallen, dass ich nicht mehr so oft mit der Anderen Naomi verwechselt werde. Offenbar ist die waffenschwingende, im Schulterschluss mit Bannon agierende, auf Kommunisten schimpfende Naomi Wolf jetzt ein unverwechselbares und eigenständiges Phänomen. Das ist natürlich eine Erleichterung; und doch bedauere ich jetzt nicht mehr, dass es zu dieser Verwechslung gekommen ist. Wenn ich auf die Zeit zurückblicke, in der ich mich mit meiner Doppelgängerin herumgeschlagen habe, stelle ich fest, dass sie mir trotz der Momente unbestreitbarer Selbstinvolvierung letztlich half, mich ein Stück weit von der Tyrannei meines Ichs zu befreien. Was als Selbstverteidigung begann (ich werde mich als Besitzerin meiner Ideen, meiner Identität, meines Namens behaupten!), wurde immer mehr zu einer Selbstbefreiung. Indem die Andere Naomi meine persönliche Marke (die ich stets geleugnet habe) in eine Krise stürzte; indem sie meinem ernsthaften Umgang mit meiner öffentlichen Person eine kräftige Dosis Lächerlichkeit beimischte und mir zeigte, wie entsetzlich trostlos es ist, sein Leben mit dem Streben nach Clout zu verbringen, zwang sie mich, diese inszenierte und gespaltene Version meiner selbst weniger verbissen zu verteidigen. Das machte mich wesentlich ruhiger. Und wie John Berger mich vor langer Zeit gelehrt hat, ist Ruhe »eine Form des Widerstands«.

Selbstinvolvierung, wie auch immer sie sich manifestiert – als Megalomanie meiner Doppelgängerin, als meine diversen Neurosen, als euer Versuch, die Lücken zu füllen –, ist eine Geschichte, in der das Ich zu viel Raum einnimmt. Dasselbe gilt für die Geschichte der jüdisch-christlichen abendländischen Zivilisation, die den Menschen (den weißen, männlichen, mächtigen Menschen) in den Mittelpunkt der Geschichte des Lebens auf diesem Planeten stellt: unsere Spezies, für die angeblich all dies geschaffen wurde. Nichts davon ist wahr. Ob wir uns nun zu sehr lieben oder zu sehr hassen – oder beides, was wahrscheinlicher ist: wir stehen nach wie vor im Mittelpunkt jeder Geschichte. Wir verdunkeln immer noch die Sonne.

All das ist der Grund, warum ich im Verlauf dieser nun zu Ende gehenden Reise dahin gekommen bin, die Naomi-Verwechslung als eine unkonventionelle buddhistische Übung zur Auslöschung des Egos zu begreifen. Loslassen war nie meine Stärke, aber ich glaube, dank der Anderen Naomi kann ich es jetzt.

*

Zugegeben, das ist ein allzu schöner Schluss für diese Geschichte. Wenn Performance, Partitionierung und Projektion Techniken sind, um die Schattenzonen auf Abstand zu halten, dann kann uns weder buddhistische Distanzierung noch Freuds Integration des Unbewussten befähigen, uns den Dingen zu stellen, denen wir aus dem Weg gegangen sind. Unsere Krisen sind materielle und zutiefst kollektive Krisen, und deshalb können wir eine unerträgliche Realität letztlich nur dann ertragen, wenn wir zugleich versuchen, sie zu ändern. Wir müssen also handeln (Action! Action!), um die Welt anders zu machen, als sie jetzt ist. Wir müssen dringend versuchen, uns eine Welt vorzustellen, *die keine Schattenzonen benötigt*; eine Welt, die nicht auf geopferten Menschen, geopferten Ökologien und geopferten Kontinenten errichtet ist. Und wir müssen uns diese Welt nicht nur vorstellen, sondern sofort anfangen, sie aufzubauen.

Das beginnt damit, dass wir, wie bell hooks, die Systeme benennen, die diese Schattenzonen geschaffen und als bedeutungslos und auslöschbar betrachtet haben: die Systeme des Kapitalismus und des Imperialismus, der weißen Suprematie und des Patriarchats. Diese Begriffe und ihre wahre Bedeutung müssen wir den Menschen in unserem Umfeld beibringen, damit sie nicht mehr darauf hereinfallen, wenn ihnen das nächste Mal jemand sagt, an ihrem Leid und ihren Problemen seien die Kinder stehlenden Globalisten, die Jobs stehlenden Einwanderer, wohlmeinende Lehrer, die Juden, die Chinesen oder die Drag Queens in der Bibliothek schuld. Dann werden sie in der Lage sein, besser zu kämpfen. »Wir können ein Umfeld schaffen, in dem wir hart und kritisch sind gegenüber den Strukturen, aber nachsichtig gegenüber den Menschen«, sagt der Rechtsprofessor und Bürgerrechtsexperte john a. powell.[12] Dies ist das Gegenteil des heute vorherrschenden Diskurses, der sehr hart gegenüber den Menschen und viel zu nachsichtig gegenüber den Strukturen ist.

Wenn wir uns mit den Strukturen auseinandersetzen und sie umgestalten wollen, brauchen wir noch etwas: die Erkenntnis, dass wir das nicht allein schaffen, als Einzelne, etwa mit der Spende für eine Wohltätigkeitsorganisation, mit einem Gerechtigkeits- und Diversitätstraining oder mit der Zurschaustellung unserer Tugendhaftigkeit in den sozialen Medien. Ein Hauptgrund, warum so viele von uns den Anblick der Schattenzonen nicht ertragen können, ist ja, dass wir in einer Kultur leben, die uns sagt, schwere Krisen müssten wir dadurch lösen, dass wir uns selbst verbessern: Wenn wir in einem anderen Geschäft bestellen, unterstützen wir die Arbeitnehmerrechte. Wenn wir unsere persönliche *white fragility* bekämpfen (oder unsere marginalisierte Identitätsgruppe in einem elitären Umfeld vertreten), setzen wir dem Rassismus ein Ende. Mit einem Elektroauto stoppen wir den Klimawandel, und mit einer Meditations-App überwinden wir unser Ego.

Einiges davon wird helfen – ein bisschen. Aber die Wahrheit ist, dass wir angesichts unserer manipulierten Systeme nichts von großer Tragweite im Alleingang erreichen können – weder mit unserem eigenen kleinen Ich noch mit unserer Identitätsgruppe. Veränderung erfordert Kooperation und Koalitionen, auch (und ganz besonders) unbequeme Koalitionen. Mariame Kaba, die sich seit langem für die Abschaffung von Gefängnissen einsetzt und sich wie kaum sonst jemand mit der Frage beschäftigt hat, wie eine Welt aussehen könnte, in der Sicherheit nicht gleichbedeutend ist mit Polizei und Gefängniszellen, fasst die

Lektion, die sie von ihrem Vater gelernt hat, so zusammen: »Alles, was der Mühe wert ist, tun wir zusammen mit anderen.«[13]

Wenn unsere Situation besonders herausfordernd (und an schlechten Tagen geradezu hoffnungslos) erscheint, hat das vermutlich mit unseren hohen Erwartungen an unser individuelles Ich und mit zerbrochenen Strukturen zu tun – Gewerkschaften, Nachbarschaften mit engem Zusammenhalt, funktionierende lokale Medien und so weiter, die es früher leichter machten, gemeinsam zu handeln. Unsere Fragmentierung ist nicht weniger entmutigend als die Herausforderungen selbst.

Und doch glaube ich, dass es sogar in diesen instabilen Zeiten möglich ist, die Fragmentierung ein Stück weit zu überwinden und uns auf neue Weise miteinander zu verbinden. Die wachsende Zahl von unkonventionellen Formen der gewerkschaftlichen Organisation in Unternehmen wie Amazon und Starbucks zeigt, dass viele junge Arbeitnehmerinnen und Arbeitnehmer diese neuen Wege bereits beschreiten. Das Gleiche gilt für Bewegungen wie das Debt Collective, eine quasi-gewerkschaftliche Organisation, die für den Schuldenerlass von Millionen US-Haushalten kämpft, oder die Zusammenschlüsse von Mietern und Wohnungslosen in vielen gentrifizierten Städten, wo die Mieten unbezahlbar geworden sind. Dass Elon Musk aus Twitter über Nacht sein persönliches Rachewerkzeug machen konnte, hat anschaulich gezeigt, dass wir unsere vitale Informationsökologie nicht den Launen von Milliardären überlassen dürfen, sondern in gemeinschaftliche Alternativen investieren müssen – digitale Netzwerke, die nicht an unsere Daten herankommen wollen, indem sie die schlechtesten Seiten unseres Ichs verstärken. Es gibt ermutigende Zeichen. Aber ausreichend rasche Veränderungen werden wir nur dann schaffen, wenn mehr von uns herausfinden, wie wir die Grenzen unseres individuellen Ichs und unserer Identitätsgruppen durchlässig machen können, um uns zu einer gemeinsamen Sache zusammenzuschließen.

Sind wir dazu in der Lage? Wenn Doppelgänger widersprüchliche Gefühle in uns wecken, warnen sie uns, dass es ohne Kampf nicht gehen wird. Einerseits befürchten wir, unsere Besonderheit, unsere Einzigartigkeit zu verlieren, andererseits verspüren wir eine tiefe Sehnsucht, miteinander in Kontakt zu treten, mit anderen zu verschmelzen und zu spüren, wie sich die Ränder unseres Ichs auflösen. Doppelgänger hin oder her, die meisten von uns erleben diese widerstreitenden Gefühle als Einzelne, aber auch als Angehörige von Gruppen: Wir möchten Abgrenzung und Unterscheidbarkeit, und wir möchten Einheit und Gemeinschaft. Eine fruchtbare Spannung, die nicht aufgelöst werden muss. Das Problem ist nur, dass unsere Kultur die erstere Tendenz sehr viel stärker unterstützt. In unserer Nullsummenökonomie wird das Bestreben, sich abzugrenzen, ermuntert und reich belohnt, während der Wunsch nach Solidarität und gegenseitiger Unterstützung herabgewürdigt und unterdrückt, wenn nicht sogar bestraft wird.

Diese Diskreditierung von Solidarität ist heute, da unsere faschistischen Doppelgänger von Tag zu Tag kühner werden, besonders gefährlich. Die Vernichtungslogik des weißen Suprematismus blieb weitgehend unangefochten, so dass jetzt Supermärkte und Walmarts, Moscheen und Synagogen zu Schlachthäusern werden, angegriffen von bewaffneten jungen Männern, die sich einbilden, irgendjemand wolle sie »austauschen«. Das lässt sich überall entlang der Querverbindungen zwischen den Leuten beobachten, die von der Überlegenheit ihrer »Rasse« überzeugt sind, und denen, die auf die Überlegenheit ihres Immunsystems und die Perfektionierung ihrer Kinder fixiert sind.

Angesichts dieser sehr greifbaren Bedrohungen nützt es uns wenig, wenn wir die Grenzen unserer individuellen Identität und die Grenzen unserer größeren Identitätsgruppe auf der Basis von Ethnie, Race oder Gender erbittert verteidigen. Ein Blick in die Geschichte zeigt, dass uns dies zum Verhängnis werden wird. Denn wann immer die faschistische Rechte triumphierte, gab es Fragmentierung und Sektierertum, und die antifaschistische Linke weigerte sich hartnäckig, strategische Allianzen einzugehen.

Verschwörungstheorien sind, wie wir gesehen haben, sowohl Symptome der Verwirrung und Ohnmacht als auch Instrumente der Spaltung und Ablenkung, und davon profitieren die Eliten. Doch solche Theorien sind keineswegs das Einzige, was diese Spaltung aufrechterhält. Uns entzweit auch, in welcher Weise wir unsere eigene Viktimisierung zu verstehen gelernt haben und wie sie mit der Viktimisierung anderer zusammenhängt – oder auch nicht. Arielle Angel, Chefredakteurin von *Jewish Currents* und Nachfahrin von Holocaustüberlebenden, hat vor Kurzem eindringlich darüber geschrieben:

> Dieser Tage spüre ich, wie die faschistische Bedrohung in meinem Körper kribbelt wie ein gebrochener und wieder zusammengewachsener Knochen bei einem Wetterumschwung. Das ist ein Erbe des Schmerzes meiner Großeltern, im Guten wie im Schlechten, und vielleicht noch anderer Vorfahren von mir, die vor den fanatischen spanischen Königen und Priestern geflohen sind. In Wohnzimmern und bei Strategietreffen, wenn der Protest oder die Party zu Ende geht, diskutieren meine Freunde und ich über die Vorzüge der verschiedenen Vorgehensweisen, und wir müssen zugeben, dass keine besonders vielversprechend ist. Aber eins ist klar: Wir werden einander brauchen. Und deshalb müssen wir die Möglichkeit kollektiver Macht im Blick haben, statt an einem persönlichen Schmerz festzuhalten.[14]

Diese übergreifende Botschaft möchte ich von meiner Doppelgänger-Reise mitnehmen: Es ist an der Zeit, unseren persönlichen Schmerz und unsere Ichbezogenheit ein wenig in den Hintergrund treten zu lassen und uns den vielen unterschiedlichen Formen der Verbundenheit und Verwandtschaft mit all jenen zuzuwenden, die den Kräften der Vernichtung und Ausrottung und deren Vorstellungen von Reinheit und Perfektion entgegentreten wollen. Angesichts der fundamentalen Bedrohung durch Doppelgänger – des Umkippens in den Faschismus, das in vielen Teilen der Welt bereits stattfindet – müssen wir ein paar harte, eisige Kanten unserer Identität zum Schmelzen bringen, auch wenn sie wohlverdiente Schutzmechanismen sein mögen. Sonst können wir jede Hoffnung auf Erfolg begraben. Es wird nicht ausreichen, »unsere Leute« zu schützen; wir werden die Beharrungskraft echter Solidarität brauchen, die »unsere Leute« als »alle Menschen« definiert.

Dieser Universalismus ist nicht einfach. Es gibt viele wirklich gute Gründe dafür, dass Leute aufseiten der Linken die Nase voll haben; dass sie wütend sind und voneinander enttäuscht und mit dieser Enttäuschung ihre Zersplitterung in immer kleinere Gruppen rechtfertigen. Aber wenn sich Macht und Reichtum, Waffen und Informationstechnologie in den Händen so weniger Personen konzentrieren, die bereit sind, sie für die korruptesten und rücksichtslosesten Ziele einzusetzen, kommt Zersplitterung der Kapitulation gleich. Die einzige Macht, die wir gegen die Oligarchie in Händen haben, liegt in unserer Fähigkeit zusammenzustehen. Race, Gender, sexuelle Orientierung, Klasse und Nationalität prägen unsere unterschiedlichen Bedürfnisse und Erfahrungen und unsere jeweilige historische Schuld. Wir dürfen diese Gegebenheiten nicht aus dem Auge verlieren, müssen aber gleichzeitig auf unserem gemeinsamen Anliegen aufbauen, uns der Konzentration von Macht und Reichtum zu widersetzen und neue Strukturen zu schaffen, die unendlich gerechter und erfreulicher sind.

Das meiste davon ist leichter gesagt als getan. Über scheinbar unüberwindliche Hindernisse hinweg zusammenzukommen könnte trotzdem leichter getan als gesagt sein. Solange wir um Worte streiten, werden uns die Argumente für einen Bruch nie ausgehen. Aber wenn wir etwas tun, um die materiellen Bedingungen zu ändern – sei es, dass wir versuchen, uns am Arbeitsplatz gewerkschaftlich zu organisieren, Zwangsräumungen zu stoppen, politische Gefangene zu befreien, Alternativen zur polizeilichen Überwachung zu schaffen, den Bau einer Pipeline zu verhindern oder einem rebellischen Kandidaten zur Wahl zu verhelfen –, werden diese Spannungen zwar nicht verschwinden, aber sie werden oft ausgeglichen durch die Wertschätzung gemeinsamer Anliegen, ein wohltuendes Gemeinschaftsgefühl und manchmal auch durch die Euphorie des Sieges.

Aber es geht um mehr als das, wie Keeanga-Yamahtta Taylor kürzlich zu mir sagte. Ausgehend von ihren Forschungen als Historikerin und ihren Erfahrungen als Aktivistin wies sie darauf hin, dass eine Bewegung die Menschen verändere, die sich ihr angeschlossen haben. »Der Kampf hilft uns, einander zu sehen«, sagte sie. »Er hilft uns, aus unserem Individualismus und den Partikularismen unserer Identität auszubrechen.«[15] Wenn Individuen sich organisieren, um ein gemeinsames Ziel zu erreichen, entdecken sie nicht nur, dass sie Interessen mit Menschen teilen, die anders aussehen (und politisch anders wählen) als sie selbst, sondern auch, dass aus dieser Allianz ein neues Gefühl der Macht erwächst. »Die Kämpfe, die wir führen, schaffen das Potenzial und die Möglichkeiten zur Vereinigung, weil sie uns klarmachen, was auf dem Spiel steht und wie wir es meistern können«, erklärte Taylor.

Hier klingt ein wichtiges Argument von John Berger an, der 1968 in einem Essay über die Alchemie großer Proteste, Streiks, Kundgebungen und Sit-ins schrieb, diese Demonstrationen demonstrierten nicht nur denen etwas, die an der Macht sind (zum Beispiel, dass Leute wütend sind und die Macht besitzen, den reibungslosen Geschäftsablauf zu stören). Sie demonstrierten auch denen etwas, die sich auf den Straßen versammeln, weil sie erkennen, dass sie nicht nur Einzelne mit der begrenzten Macht ihres individuellen Ichs sind, sondern dass »sie einer Klasse angehören. Die Zugehörigkeit zu dieser Klasse bedeutet nun nicht mehr ein gemeinsames Schicksal, sondern eine gemeinsame Chance«.[16] Diese Chancen manifestieren sich auf unterschiedliche Weise: Wenn einzelne Mieter, Schuldner oder Arbeiter ihre Rechnungen nicht mehr bezahlen können, ist das eine Krise für sie und ihre Familie. Wenn Gruppen von Mietern, Schuldnern oder Arbeitern sich weigern, die Rechnungen zu bezahlen, oder beschließen, gemeinsam die Arbeit niederzulegen, ist das eine Krise für ihre Gläubiger, ihre Vermieter und ihre Chefs.

Das ist die Stärke kollektiver Organisation: Sie erweitert den Sinn für das Mögliche, indem sie das mögliche »Wir« erweitert. Sie überzeugt die Teilnehmer davon, dass ihre Not nicht die Folge von Charakterschwäche oder mangelnder harter Arbeit ist, wie man ihnen eingeredet hat. Sondern die Folge ökonomischer und sozialer Systeme, die so konzipiert sind, dass sie immer neue Grausamkeiten produzieren. Diese Systeme können nur geändert werden, wenn die Menschen ihre Scham ablegen und sich für ein gemeinsames Ziel zusammenschließen. Wenn genügend Leute anfangen, daran zu glauben, ist es ein Erwachen im wahrsten Sinn des Wortes: In Echtzeit entsteht eine neue Gruppenidentität, die breiter und umfassender ist als alles, was es vorher gab.

Freud schrieb, dass eine Person sich selber fremd wird, wenn sie mit ihrem Doppelgänger konfrontiert ist. Auf individueller Ebene ist das zutiefst destabilisierend, das habe ich selbst erfahren. Aber als Aktivistin, die im Kampf für bestimmte Anliegen in Menschenmassen aufgegangen ist, weiß ich auch, dass es nicht erschreckend sein muss, sich selbst fremd zu werden; für mich war es eine transzendente Erfahrung. Wenn wir uns in Bewegungen zusammenfinden, die sich für ein Ausmaß an Veränderung einsetzen, wie es unsere Zeit verlangt (und das ist nicht grüner Saft zum Trinken, sondern ein Globaler Green New Deal), so verändert uns das, und wir werden Menschen, die nicht unbedingt fremd, aber doch anders sind als erwartet. Mutiger. Hoffnungsvoller. Verbundener. Eher imstande, Zuneigung zu Menschen zu empfinden, die wir kaum kennen.

Und noch etwas ändert sich: Wenn wir anfangen, unseren Überzeugungen gemäß zu handeln, wenn wir etwas tun, von dem wir wissen, dass es getan werden muss, brauchen wir diese Doppelgänger, die unsere Kultur uns als »gutes Leben« getarnt anbietet, sehr viel weniger. Die Verlockung, in unseren digitalen Avataren zu verschwinden, verliert ihren Reiz – sei es Bannons Idee von Ajax, der im realen Leben Gestalt annimmt, seien es all die enthusiastischen Influencer, die sich in den Äther hineinperformen. Was Marx über die Religion gesagt hat, gilt auch für Doppelgänger: Sie sind unsere Opiate; wir brauchen weniger davon, wenn es weniger Schmerz und weniger Dissonanz gibt, denen wir entfliehen müssen.

Obwohl es selten vorkommt, habe ich es schon erlebt: Ich war in Fabriken, die von den Arbeitern übernommen wurden, auf Plätzen, die vom Volk besetzt wurden, und in Städten, die vom Feuer revolutionärer Begeisterung erfasst waren – Momente, in denen jeder, dem du begegnest, dein politischer Genosse und ein Freund ist, den du schon dein Leben lang kennst. So war es auch in jenem amerikanischen Präsidentschaftswahlkampf, der Millionen Menschen durch drei Worte einte, einen Slogan, der zu einer Art Gebet für soziale Gerechtigkeit wurde: »Not me. *Us*«. Nicht ich. *Wir.* Der Schlüsselmoment der Kampagne war eine Kundgebung im Oktober 2019 in Queens, New York, als Bernie Sanders vor fünfundzwanzigtausend Menschen etwas tat, was er noch nie zuvor getan hatte. Er forderte die Leute auf, sich umzusehen und in ihrer Mitte jemanden zu finden, den sie nicht kannten: »Vielleicht jemanden, der oder die nicht so aussieht wie ihr selbst, einer anderen Religion angehört oder aus einem anderen Land kommt als ihr … Ich frage euch nun: Seid ihr bereit, für diese Person, die ihr nicht einmal kennt, so zu kämpfen, wie ihr für euch selber kämpfen würdet?«[17]

Würden sie für die Abschaffung von studentischen Schulden kämpfen, obwohl sie selbst keine hatten? Würden sie für die Rechte von Migranten kämpfen, obwohl sie selbst Staatsbürger waren? Würden sie für die Rechte derjenigen kämpfen, die noch nicht geboren sind, damit sie ohne die Bedrohung eines Klimakollapses leben könnten? Die Menge jubelte. Die Menschen waren nicht nur bewegt – sie waren verändert. Verändert durch die Kraft, die darin liegt, aufzustehen und zu kämpfen, über die engen Vorstellungen von sich selbst und der eigenen Identität hinaus.

Das Dumme ist, dass eine Präsidentschaftskampagne ein solches Versprechen nicht einlösen kann. Ein Wahlkampf dauert naturgemäß nur eine begrenzte Zeit und endet, wenn der Kandidat gewonnen oder verloren hat. Als Bernie verlor und dieses Ende kam, schien die Entselbstung, die wir im Wahlkampf so stark spürten, gleichfalls zu enden. Durch die erste Welle strikter Lockdowns zu Hause eingesperrt, abgekoppelt von der Bewegung, die uns zusammengehalten hatte, fühlten sich viele von uns, die von der Macht des »Wir« überwältigt worden waren, als wären sie in ein tiefes Meer des »Ich« gestürzt.

Dennoch hatten wir eine Ahnung davon bekommen, was möglich ist, und eine wichtige Lektion gelernt: Eine politische Wahl ist etwas viel zu Flüchtiges und Instabiles, um eine so wichtige Botschaft wie »Nicht ich. *Wir*« bewahren zu können. Aber das heißt nicht, dass die Botschaft falsch war.

Die nicht beschrittenen Wege wiederentdecken

Und vielleicht können Doppelgänger uns eine weitere Botschaft übermitteln, die hilfreich ist bei der schwierigen kollektiven Arbeit, die vor uns liegt. Freud spekulierte, dass die Figur des Doppelgängers in der Kultur nicht zuletzt deshalb immer wieder auftaucht, weil die Vorstellung eines doppelten Ichs für die enormen Möglichkeiten steht, die unser Leben bereithält. Wir sind das Produkt von Entscheidungen, die von uns und von anderen getroffen werden. Doch dem Doppelgänger können auch »alle unterbliebenen Möglichkeiten der Geschicksgestaltung einverleibt werden«, schreibt Freud, »an denen die Phantasie noch festhalten will, und alle Ichstrebungen, die sich infolge äußerer Ungunst nicht durchsetzen konnten, sowie alle die unterdrückten Willensentscheidungen, die die Illusion des freien Willens ergeben haben«.[18]

So gesehen steht die Vorstellung, dass irgendwo unsere Doppelgänger herumlaufen, für die Wege, die wir nicht beschritten haben. Wer könnten wir sein, wenn die Entscheidungen, die unser Leben bestimmt haben, geringfügig – oder radikal – anders ausgefallen wären? Welche verborgenen Versionen von uns selbst existieren, die nie eine Chance hatten, sich zu verwirklichen, weil wir diesen und nicht jenen Weg gegangen sind? Oder weil wir dieser und keiner anderen Gesellschaft zugehörig sind?

Das ist die Art Doppelgänger, die in Multiversum-Geschichten wie *Everything Everywhere All at Once* erkundet wird. In dem Film spielt Michelle Yeoh eine völlig überforderte Einwanderin in die Vereinigten Staaten, deren Ehemann ihr die Scheidungspapiere vorlegt. Sie hat eine Tochter, die zu lieben ihr schwerfällt, einen Vater, dessen Erwartungen sie enttäuscht, und einen Waschsalon, der ins Visier der Steuerbehörde geraten ist. Doch dann entpuppt sich diese leidgeprüfte Frau als Superheldin, die in mehreren Paralleluniversen existiert und in einem davon ein glamouröser Filmstar ist, wie Yeoh selbst (die Regisseure verwendeten Archivmaterial, das Yeoh bei realen Auftritten auf dem Roten Teppich zeigt). Der Film und vor allem dieses dokumentarische Material verdeutlichen, wie dünn die Membran zwischen dem Leben ist, das wir tatsächlich führen, und dem, das wir unter anderen Umständen führen würden. Ein Kind zu bekommen ist eine Entscheidung, die einige Lebensmöglichkeiten ausschließt und andere eröffnet. Dasselbe gilt für die Übernahme eines Jobs oder den Verzicht darauf.

Doch wir alle wissen (oder sollten wissen), dass die Möglichkeiten, die uns zur Verfügung stehen, keineswegs vom Zufall abhängig sind. Sie erweitern sich radikal oder schrumpfen, je nachdem, in welches Land wir hineingeboren wurden, in welchen Körper, welches Geschlecht, welche Race, welche Familie. Nicht nur die individuelle Existenz birgt Doppelgänger-Möglichkeiten, sondern auch die Existenz ganzer Gesellschaften. Denn wir alle verkörpern Philip Roths Jenes-und-dies-Sein: Wir sind gut und herzlos. Empathisch und nur auf unsere eigenen Interessen bedacht. Offen füreinander und erschütternd unzugänglich.

Mein Eintauchen in die Doppelgänger-Kultur hat mich für viele Beispiele des Jenes-und-dies-Seins sensibilisiert, bei mir selbst und bei anderen. Für Extrembeispiele wie Hans Asperger, der ein aufgeschlossener Arzt war und sich fürsorglich um Menschen mit Symptomen wie bei meinem Sohn kümmerte, später aber Kinder in den Tod schickte, die ein klein wenig von der Norm abwichen. Und sogar für meine eigene, jüdische Kultur, die von einem Raum mutiger und offener Debatten in die starren Orthodoxien eines »Mit Israel oder gegen uns« gekippt ist, die erst jetzt langsam ins Wanken geraten. Oder für die vielen, die sich 2020 den Antirassismus-Protesten anschlossen, erfüllt von revolutionärer Hoffnung auf eine Gesellschaft, die auf Gleichheit und Fürsorge beruht. Doch dann, ein Jahr später, waren einige derselben Leute für all das unzugänglich, drifteten in Verzweiflung und manchmal in Verschwörungstheorien ab. »Wenn man nie geglaubt hat, dass einem etwas zusteht, wendet man sich nicht gegen andere, sondern gegen sich selbst«, sagte Keeanga-Yamahtta Taylor zu mir.[19] Jeder Umschwung ist anders, aber um uns herum gibt es viele Beispiele für Menschen, die unter geringfügig anderen Umständen wir selbst hätten sein können – oder vielleicht noch werden können.

Nehmen wir die beiden Truckerkonvois: den lauten und den leiseren acht Monate vorher, der aus Solidarität mit den Indigenen Gemeinschaften organisiert wurde, die um ihre gestohlenen Kinder trauerten. Der Kontrast war so stark, dass es naheliegend scheint, den einen Konvoi als gut und den anderen als böse zu betrachten. Den einen als Ausdruck des Fortschritts, den anderen als Whitelash, einen Backlash wütender weißer Männer. Das sind irgendwie beruhigende Gegensätze, zwischen denen man sich entscheiden kann, und in gewisser Weise habe ich die Geschichte auch so erzählt. Aber hier beginnt der Boden unter unseren Füßen zu wanken, denn einige Trucker nahmen an beiden Konvois teil. Im Juni 2021 empfanden sie Trauer und Solidarität, im Februar 2022 dominierten Wut und Selbstgerechtigkeit. Sie waren, wie jeder von uns, zugleich jenes und dieses. Und nur geringfügig abweichende soziale, politische oder ökonomische Umstände brachten unterschiedliche Seiten an ihnen zum Vorschein.

Wenn ich versuche, die Andere Naomi zu verstehen, sehe ich etwas Ähnliches. Auch sie ist zugleich jenes und dieses. Als junge Autorin inspirierte sie unzählige Frauen, Feministin zu werden. In ihren mittleren Jahren bezog sie Positionen, die echte Zivilcourage erforderten, zum Beispiel, als sie ihre Synagoge aus Protest verließ oder als sie ihre Plattform mit Leuten teilte, die von Raketen beschossen wurden. Vor allem in letzter Zeit tat sie aber auch vieles, was großen Schaden angerichtet hat, und die Gründe dafür finde ich ziemlich banal: der Wunsch nach Aufmerksamkeit, nach Befriedigung des Egos, nach Geld; vielleicht der Drang zu beweisen, dass sie recht hatte und alle, die sie jemals angegriffen haben, im Unrecht waren. Doch diese niederen Impulse werden massiv verstärkt durch eine Kultur, die Aufmerksamkeit und Geld über alles schätzt, während sie gleichzeitig Informationswerkzeuge geschaffen hat, um Menschen schon für ein geringfügiges Fehlverhalten an den Pranger zu stellen und zum Gespött zu machen, sie fallen zu lassen und in einem früher unvorstellbaren Ausmaß zu demütigen.

Was vermutlich nichts anderes heißt, als dass meine Doppelgängerin nicht nur *mir* ähnelt. Um es mit Jordan Peele zu sagen: Sie ist so wie *Wir*.

Ein Kampf zwischen Fürsorge und Lieblosigkeit

Für mich ergibt sich daraus eine andere Frage als die, die ich so oft mit Blick auf meine Doppelgängerin höre: Wie konnte aus *jener* Person *diese* Person werden? Meine Frage lautet: Welches System ist am ehesten in der Lage, unsere besten Seiten hervorzulocken und zum Leuchten zu bringen – und dieses Feuer über einen Protest, ein Summer Uprising oder eine Präsidentschaftskampagne hinaus zu bewahren?

»Ich glaube, dass der Ausgangspunkt für den Aufbau einer fürsorglicheren Gesellschaft darin besteht, nie zu vergessen, dass Kümmern und Lieblosigkeit in uns allen vorhanden sind und dass jede Seite versucht, sich auszudrücken und die Vorherrschaft über die andere Seite zu erringen«, schreibt die Psychoanalytikerin Sally Weintrobe, die sich auf die Klimakrise spezialisiert hat.[20] Anders gesagt: Wir (nicht nur diese bösen *Anderen*) liegen in einem ständigen Kampf mit unserem Jenes-und-dies-Sein. Das Problem ist, dass wir in einer Gesellschaft leben, die unsere lieblosen Seiten fördert und belohnt, während sie es uns schwer macht, uns um Menschen außerhalb (und oft auch innerhalb) unseres engsten Familienkreises nachhaltig zu kümmern. Wenn wir also wollen, dass mehr Menschen bessere Entscheidungen treffen – dass sie keine nutzlosen Dinge kaufen, um sich zu trösten, keine Desinformationen verbreiten, um Klicks und Clout zu generieren, und die Verletzlichkeit und Bedürfnisse anderer nicht als Bedrohung ihrer eigenen Interessen ansehen –, dann, so Weintrobe, brauchen wir bessere Strukturen und Systeme.

Ich persönlich denke, und das wird niemanden überraschen, dass der Kapitalismus schuld ist: Er bringt unsere lieblosen, kompetitiven Seiten zum Vorschein und lässt uns in allen anderen, wichtigen Bereichen im Stich. Was wir brauchen, sind Systeme, die unser besseres Ich hervorlocken und zum Leuchten bringen, die Seiten von uns, die nach außen blicken und mithelfen möchten, diese krisengeschüttelte Welt zu reparieren. Wir brauchen Systeme, in denen die Fürsorglichkeit im Großen wie im Kleinen den Kampf gegen die Lieblosigkeit gewinnen kann.

Wo finden wir Modelle für eine solche Gesellschaft? Wenn Doppelgänger uns an das Leben erinnern, das wir hätten führen können, an die Menschen, die wir hätten sein können, lohnt es sich vielleicht, die Wege zu betrachten, die wir nicht beschritten haben.

Das Rote Wien lebt

Ein Weg aus der Welt der Doppelgänger hinaus sind Formen der sozialen Organisation, die bereits in der Vergangenheit diskutiert und sogar ausprobiert wurden. Wir könnten sie erneut ausprobieren. Wenn wir nur tief genug in einer Kultur graben, werden wir alternative Möglichkeiten des Widerstands und des Lebens finden – und sogar Modelle, die vor der Dampfwalze des sogenannten Fortschritts und der sogenannten Zivilisation sorgsam geschützt wurden. In diesem Buch habe ich versucht, einige dieser vergessenen Wege wieder freizulegen, die in meiner eigenen (jüdischen, linken) Tradition nicht beschritten wurden. Es sind Modelle wie der Jüdische Arbeiterbund, der sich als Teil einer multiethnischen Allianz der Arbeiter begriff. In ihrem Kampf für Gerechtigkeit verschrieben sich die Bundisten dem »Hiersein«, wo immer sie sich befanden – ein Konzept, das sich auch auf unsere Zeit übertragen lässt, in der viele Millionen Menschen gezwungen sind, sich auf den Weg zu machen, um sich ein neues Zuhause zu suchen. Sie brauchen einen Bezugsrahmen, um ihr Recht auf ein »Hier« einzufordern, wo immer es ist. Oder das Modell des demokratischen Sozialismus, den Rosa Luxemburg als die einzige Alternative zur Barbarei betrachtete.[21] Die Ideen, auf denen unsere Welt aufgebaut ist, lassen uns im Stich, aber es gibt andere Logiken und Ideen, die man aufgreifen kann: Wie sich Kulturen, Sprachen und Identitäten schützen lassen, ohne sie mit befestigten Staatsgrenzen zu umgeben. Wie man Einheit und Solidarität unter jenen Völkern schaffen kann, die gezwungen sind, tückische Schatten-Doubles mit sich herumzuschleppen. Eine neue Geschichte, die auf einem Flickenteppich älterer Geschichten basiert.

Ich denke an Abraham Léon, der *Die jüdische Frage* schrieb, als die Nazis immer näher rückten, und darin sorgfältig darlegte, dass rassistische Verschwörungserzählungen vom Kapitalismus auf Komplotte von Cliquen ablenken. Léon war Mitte zwanzig, als er sein Buch schrieb, im Bewusstsein, dass Millionen Menschen seines Volkes bereits gestorben waren und dass von ihm selbst bald nur noch seine Ideen übrig bleiben würden. Diese Ideen existieren immer noch, und sie können aufgegriffen werden.

Es geht nicht um die Frage »Was wäre, wenn?« Was wäre, wenn die Erkenntnis, dass Hitler ein Doppelgänger des kolonialen Projekts war – wie von W. E. B. Du Bois und Aimé Césaire, von Walter Benjamin und Abraham Léon dargelegt –, vor achtzig Jahren ernst genommen worden wäre? Sie wurde nicht ernst genommen. Aber es ist nicht zu spät, jetzt zuzuhören und dann entsprechend zu handeln. Man redet uns ein, die Dinge könnten nicht anders sein, als sie sind, weil alle anderen Modelle bereits ausprobiert worden und gescheitert seien. Aber diese Ideen über andere Formen des Seins, Denkens und Lebens sind nicht alle gescheitert, oft wurden sie mit politischer Gewalt und rassistisch motiviertem Terror zerschlagen. Zerschlagen werden ist nicht dasselbe wie scheitern, denn was zerschlagen wurde, kann neu belebt und neu gedacht werden. Für Freud standen Doppelgänger für nicht beschrittene Wege und nicht getroffene Entscheidungen. Wir können sie aber auch als eine Erinnerung an Wege betrachten, die *immer noch* beschritten werden können, an Vergangenheiten, die auch für unsere Gegenwart relevant sind.

Dabei denke ich vor allem an das Rote Wien mit seinen auf das Kindeswohl ausgerichteten Gesellschaftsstrukturen, wie sie nach den Verheerungen des Ersten Weltkriegs errichtet wurden. Dieses Experiment wurde durch faschistische Gewalt beendet, aber der Geist, der den Kindern Paläste baute, um Kerkermauern niederzureißen, feierte große Erfolge. Die demokratischen Sozialisten organisierten sich auf allen Ebenen – in den Betrieben, in den Stadtteilen und in der Kommunalpolitik – und verwirklichten Maßnahmen, die äußerst populär und effektiv waren. Mit Heerscharen von Pflegekräften; mit kostenlosen Babywindeln und Babykleidung. Mit für Arbeiter erbauten lichtdurchfluteten Sozialwohnungen, von denen viele heute noch existieren. Mit öffentlichen Parks und Schwimmbädern, begrünten Innenhöfen mit Licht, Sonne und frischer Luft. Mit künstlerischen und kreativen Ansätzen bei der Kindererziehung. Der besonderen Fürsorge für arme und neurodiverse Kinder. Der Bereitschaft, Flüchtlinge und Opfer von ethnischem Hass aufzunehmen. Dem Bestreben, den Übeln des Nationalismus, der den Kontinent überflutete, etwas entgegenzusetzen.

Der Erste Weltkrieg hatte eine Generation von Soldaten zu Krüppeln gemacht und unzählige Waisen hervorgebracht. Doch mit der Vision des Roten Wien wurde eine verarmte, von Seuchen und Krankheiten heimgesuchte Stadt zum strahlenden Modell einer anderen Lebensweise. Trotz oder vielmehr wegen all der Unvollkommenheiten und Hindernisse.

Die Schriftstellerin und Künstlerin Leanne Betasamosake Simpson aus der Indigenen Gemeinschaft der Michi Saagiig Nishnaabeg sagte vor mehr als zehn Jahren etwas zu mir, an das ich immer noch oft denke. Sie sprach darüber, dass sie in einem industriell stark verseuchten Teil von Ontario lebe und gern in eine »unberührte« Wildnis ziehen würde. Aber, fuhr sie fort, »wenn ich das Land als meine Mutter betrachte oder mich in einer familiären Beziehung zu ihm sehe, dann kann ich meine Mutter nicht hassen, nur weil sie krank ist oder weil sie missbraucht wurde. Ich höre nicht auf, sie zu besuchen, nur weil sie in einer missbräuchlichen Beziehung gelebt und Narben und blaue Flecken hat. Wenn überhaupt, dann muss man eine solche Beziehung vertiefen.«[22] Man besucht sie noch öfter. Als Tochter einer körperlich schwerbehinderten Mutter und als Mutter eines Kindes, dessen Beeinträchtigung offiziell als Behinderung eingestuft wird (obwohl wir es lieber als eine andere Art des Menschseins verstehen), konnte ich mich auf vielen verschiedenen Ebenen damit identifizieren. Simpson fordert uns auf, den kranken und beeinträchtigten Zustand unserer Welt in den Blick zu nehmen und nicht als Ausrede zu benutzen, um auf der Suche nach Perfektion vor den Problemen wegzulaufen. Im Gegenteil: Angesichts von Not und Bedürftigkeit sind wir aufgerufen, uns noch besser um sie zu kümmern. Die Theoretikerin für Behindertenrechte Sunaura Taylor hat viel darüber nachgedacht und geschrieben, wie eine auf Fürsorge und Zuwendung basierende Gesellschaft in unserer Zeit der planetaren Schocks und vielfältigen Katastrophen aussehen könnte. Taylor sieht zahlreiche Parallelen zwischen dem Zustand unserer natürlichen Welt und dem Zustand so vieler Menschen, die körperlich und geistig behindert sind und herauszufinden suchen, wie sie in dieser Welt leben können. Die ökologische Krise stelle uns nicht vor die simple Alternative Gesundheit oder Tod, sagt Taylor. Ja, einige Arten würden sterben und einige Ökosysteme keine Lebensgrundlage mehr bieten. Aber unsere ausgelaugten Böden, ausgetrockneten Flussbetten, dezimierten Wildtiere und abgeholzten Wälder seien chronisch beeinträchtigt, und diese beeinträchtigte Umwelt sei »in ihrer Stabilität gefährdet und abhängig, geplagt von Verlusten und Kämpfen und angewiesen auf Unterstützung, Schutz und kreative Formen der Fürsorge«. Sie fährt fort:

> Als Behinderte erkenne ich darin eine Behinderung … Selbst im Best-Case-Szenario müssen wir jetzt und in den kommenden Jahrzehnten mit einer massenhaften ökologischen Behinderung der nichtmenschlichen Welt leben, die mit der Behinderung von Menschen aufs Engste verknüpft ist. Angesichts dessen kommen wir nicht umhin, darüber nachzudenken, welche Formen der Fürsorge, Pflege und Hilfe dieses Zeitalter der Behinderung benötigen wird.[23]

Ihr Appell ist das Gegenteil des Strebens nach individueller Perfektion und optimierter Stärke, das in der Covid-Ära so viel Schaden angerichtet hat. Er unterscheidet sich auch grundlegend von der Art, wie

Schmerz und Trauma in der Aufmerksamkeitsökonomie als Währung eingesetzt werden – als etwas, das uns trennt statt verbindet. Taylors Ansatz erscheint besonders dringlich, wenn man bedenkt, dass Long Covid, vor allem nach mehreren Neuinfektionen, zu einer massenhaften Behinderung führen kann, die sehr viele bis dahin gesunde und leistungsfähige Menschen mit Einschränkungen konfrontiert, für die es keine schnellen Lösungen gibt.

Taylor bestreitet nicht, dass Behinderung einen realen Verlust bedeuten kann – für menschliche wie für nicht menschliche Lebewesen. Aber sie fordert einen »Umweltschutz für die Verletzten« und ruft auf zum Kampf »für eine Welt, in der sich die Verletzten entfalten können«.[24] Es geht nicht um Wohltätigkeit oder gute Werke; niemand von uns bleibt von Verletzungen verschont. Wir alle sind bereits oder werden bald in irgendeiner Weise durch diese Welt geschädigt und / oder verursachen Schäden. Wie alles, was wir auf andere projizieren, werden wir auch Verletzungen und Behinderungen dadurch nicht los; sie holen uns am Ende ein – unsere Körper, unsere Familien, die Orte, die wir lieben. Wenn es uns nicht gelingt, Infrastrukturen der Fürsorge aufzubauen, werden die Grausamkeiten und Verwirrungen der Covid-Ära nur ein Vorgeschmack auf die kommende Barbarei sein. Taylors Vision weist uns einen Weg, der aus der Doppelgänger-Kultur hinausführt: in eine Gesellschaft, in der keine Menschen und keine Orte geopfert werden; in eine Welt, die keine Schattenzonen mehr braucht, so dass wir vor unserem zweiten Körper nicht mehr weglaufen müssen. Wahre Integration.

Doppelsehen

In diesem Buch habe ich den Siedlerkolonialismus als gewalttätig und auf Vernichtung ausgerichtet beschrieben. Für die frühen europäischen Siedler muss es aber auch beängstigend gewesen sein, an Orte zu kommen, die sie nicht kannten oder verstanden und die für sie keine Geschichten, keine Mythen, nichts Heiliges hatten. Um sich irgendwie zu orientieren, gaben sie diesen für sie neuen Orten die Namen anderer, vertrauterer Orte oder ihren eigenen Namen. Die Ortschaften in dem Teil der Welt, in dem ich lebe, tragen zumeist die Namen von Männern, die Mitte des 19. Jahrhunderts mit ihren Familien ankamen und die Dreistigkeit besaßen, ganze Landstriche nach sich selbst zu benennen. Gibsons. Roberts Creek. Wilson Creek.

Heute werden die ursprünglichen Namen dieser Orte allmählich sichtbar, die Namen hinter und unter diesen Namen. Auf den grünen Verkehrsschildern entlang des Highways stehen jetzt oft zwei Ortsbezeichnungen: Ts'ukw'um (Wilson Creek) oder Xwesam (Roberts Creek): zwei Welten, die denselben Raum einnehmen. Diese Doppelung stellt eine Herausforderung dar, will man beide Namen im Bewusstsein behalten: den der Kolonisten für einen Ort, den sie kaum kannten, und den, mit dem die Shíshálh Nation seit jeher diesen Ort bezeichnet. Für die Nichtindigenen sind die Schilder die Aufforderung, ein Doppelbewusstsein zu entwickeln – um nicht zu vergessen, dass wir in einer Nation leben, die sich anderen Nationen aufgezwungen und versucht hat, sie – ihre Menschen, Sprachen, Kulturen, Wissensformen – in die Schattenzonen zu verbannen.

Die grünen Verkehrsschilder sollen »Versöhnung« bekunden, wie es unsere Regierung nennt. Sie sind ein bescheidenes Arbeitsergebnis der Wahrheits- und Versöhnungskommission, die die verstörenden Verbrechen der sogenannten Residential Schools untersucht hat. Diese Realitäten sind bisher alles andere als versöhnt, doch die Verkehrsschilder machen die Abwesenheit von Versöhnung immerhin sichtbar. Wir stehen noch ganz am Anfang, aber dies ist ein kleiner Schritt in die richtige Richtung, eine Andeutung, auf welche Weise wir uns den schwierigsten und hartnäckig ausgeblendeten Wahrheiten stellen könnten.

*

Während ich dieses Buch zum Abschluss brachte, starb Königin Elizabeth II. im Alter von sechsundneunzig Jahren. Es war ein guter Tod, ein unvermeidbarer, nicht tragischer Tod. In weiten Teilen der englischsprachigen Welt herrschte eine seltsam herzzerreißende Trauer, eine kollektive Trauer, wie sie unsere Kultur bei vielen anderen Todesfällen nicht bekundet hat: bei Menschen, die einen schrecklichen, vermeidbaren, viel zu frühen und tragischen Tod starben. Ich machte mit Londoner Freunden geschmacklose Scherze darüber, dass wenigstens wir in Kanada noch eine Königin haben – die sogenannte QAnon-Königin, die bei mir in der Nähe wohnt und alle möglichen lächerlichen Dekrete erlässt.

Aber eigentlich war es kein Scherz. Ich bin mir, ehrlich gesagt, nicht sicher, warum man die eine Königin als absurd, die andere als ganz und gar vernünftig erachten sollte. Meiner Ansicht nach ist immer die Phantasie im Spiel, wenn jemand es wagt, sich eine Krone aufzusetzen oder auf dem Boden eine Linie zu ziehen, um ein neues Land auszurufen (vor allem wenn das Land anderen gehört, was stets der Fall ist). In diesen Territorien, die zu Doppelgängern anderer Territorien (*New* York, *New* England, *Nouvelle* France, *New* South Wales und so weiter) erklärt und per Dekret von weit entfernt agierenden Männern in zeremoniellen Gewändern geschaffen wurden, wird es lange dauern, bis wir festen Boden erreichen, wenn wir anfangen, die Fakten von der Fiktion, die Phantasie von der Realität zu trennen. Wenn ich an den Querdenkern und anderen Bewohnern der Spiegelwelt etwas bewundere, dann, dass sie immer noch daran glauben, die Wirklichkeit verändern zu können – ein Ehrgeiz, den, wie ich fürchte, zu viele auf dieser Seite des Spiegels verloren haben. Wir sollten nicht wie sie »Fakten« erfinden, aber wir sollten aufhören, von Menschen geschaffene Systeme wie Monarchien und Oberste Gerichtshöfe, Grenzen und grenzenlosen Reichtum als unveränderbar und endgültig zu betrachten. Denn was Menschen geschaffen haben, kann von anderen Menschen verändert werden. Und wenn unsere derzeitigen Systeme das Leben in seinem Kern bedrohen, dann müssen sie geändert werden.

Ein Schwindelgefühl entsteht, wenn die Welt, die wir zu kennen glaubten, nicht mehr trägt. Die uns vertraute Welt bricht zusammen, was völlig in Ordnung ist. Sie war ein Gebäude, das aus Leugnen und

Nichtanerkennen, aus Nichtsehen- und Nichtwissenwollen, aus Spiegeln und Schatten zusammengestückelt war. Es musste einstürzen. Aus seinen Trümmern können wir etwas erschaffen, das zuverlässiger ist, unser Vertrauen verdient und die kommenden Schocks besser überstehen kann.

Epilog

Wer ist das Double?

Ein metaphysischer Zweifel packte mich.
War *ich* vielleicht die ganze Zeit der Hochstapler?
War ich der andere?
Graham Greene, *Fluchtwege*

Ich habe Fragen an meine Doppelgängerin, viele Fragen. Zu ihrem Bündnis mit Steve Bannon und zu seinen Bündnissen mit offenen Faschisten. Zu den Tausenden, die an Covid gestorben sind, weil sie befürchteten, der Impfstoff würde sie oder ihr Baby töten oder verhindern, dass sie ein Baby bekommen. Zu der Schusswaffe, die meine Doppelgängerin besitzt, und dazu, wie sie diese Waffe mit den vielen anderen Waffen in Einklang bringt. Dazu, was ihre Follower dem von Schwarzen betriebenen Restaurant in Oregon angetan haben. Warum sie die Aufhebung der Grundsatzentscheidung zum Abtreibungsrecht (Roe v. Wade) offenkundig nicht beunruhigt. Wie es kam, dass sie sich erst zu Palästina äußerte und dann schwieg.

Diese Fragen wollte ich ihr unbedingt stellen. Ich machte eine Liste und fügte die Bitte um ein Interview hinzu. Dann schickte ich E-Mails an ihre Website, ihren Verlag und ihren persönlichen Account. Ich bat einen gemeinsamen Freund um Hilfe, einen der wenigen, die sich nicht von ihr abgewandt hatten. Ich schrieb ihr, wir seien zwar politisch nicht einer Meinung, ich verspräche aber eine respektvolle

Debatte. Ich schlug vor, die Debatte auf *The Intercept* zu führen, in der Hoffnung, dass sie darin eine Chance erkannte, für ihr Buch zu werben.

Ich erhielt keine Antwort. Zu der Zeit trat sie in Dutzenden rechtsextremen Sendungen auf, in denen sie so behandelt wurde, wie sie sich selbst zu sehen scheint: als Prophetin, als Kassandra, als verfolgtes Opfer mächtiger Kräfte, als Heldin, die trotz allem bereit ist, ihre Wahrheit zu sagen. Offenbar hatte ich nichts für sie im Angebot.

Das ist sehr schade. Hätte sie dem Interview zugestimmt, hätte ich ihr alle diese Fragen gestellt – und noch eine: Ich hätte sie gefragt, ob sie sich an mich erinnert.

Es war im Januar 1991, ich war zwanzig, sie achtundzwanzig. *Der Mythos Schönheit* war gerade erschienen und sorgte im Vereinigten Königreich für großes Aufsehen. Ein Mitglied des Lehrkörpers an meinem College war beeindruckt und lud diese aufstrebende junge Feministin zu einem Vortrag in den Gemeinschaftsraum eines unserer Studentenwohnheime ein, Monate bevor ihr Buch in Nordamerika zur Supernova wurde. Als Nachwuchs-Feministin auf dem Campus fragte man mich, ob ich Wolf für die Uni-Zeitung *The Varsity* interviewen wolle. Ich hatte noch nie eine Autorin oder einen Autor interviewt. Ich sagte zu.

Wir waren gerade mal dreißig Leute im Raum, sie stand also noch ganz am Anfang ihres Ruhms. Wir saßen im Schneidersitz auf einem billigen Teppichboden und hörten zu, als Wolf uns erzählte, mächtige Kräfte hätten unerreichbare Schönheitsideale geschaffen, und zwar genau in dem Moment, da junge Frauen wie wir endlich im Begriff stünden, die gläserne Decke zu durchbrechen, die unsere Mütter am beruflichen Aufstieg gehindert hatte. Das sei der Grund, warum so viele von uns hungerten, sich den Finger in den Hals steckten, um zu erbrechen, und wertvolle Gehirnkapazitäten darauf verschwendeten, ihren Körper zu hassen oder von Schönheitsoperationen zu träumen, statt das zu tun, wofür wir da seien. Das erschöpfe uns, lenke uns ab und beraube uns unserer rechtmäßigen Macht und des uns zustehenden Platzes in der Welt.

Ich saß in der ersten Reihe und war wie gebannt. Nicht vom Inhalt ihres Vortrags, auf den ich mich kaum konzentrieren konnte. Meine flüchtige Lektüre des *Mythos Schönheit* hatte mir als Tochter einer Feministin der zweiten Welle, die elf Jahre zuvor einen Dokumentarfilm über Pornographie gedreht hatte, nichts Neues offenbart. Anfang des Jahres hatten meine Freunde und ich eine Vorführung des Dokumentarfilms *Killing Us Softly* organisiert, der die Darstellung weiblicher Schönheit und Fügsamkeit in der Werbung akribisch dekonstruierte – ähnlich wie Wolf es im *Mythos Schönheit* getan hatte.[1] In der anschließenden Fragerunde wollte eine Freundin von mir leicht provokativ wissen, warum Wolf so wenig darüber zu sagen habe, dass Schwarze und asiatische Frauen unter so großem Druck standen, ihre Haut zu bleichen und ihre Augenlider chirurgisch zu liften, um eurozentrischen Schönheitsidealen zu entsprechen. Wir waren schon sehr viel weiter als Wolf.

All das tat jedoch ihrer Strahlkraft keinen Abbruch. Denn die eigentliche Offenbarung war Wolf als Person: die Tatsache, dass hier eine Frau über Schönheit sprach, die so jung, so selbstbewusst und so schön im herkömmlichen Sinn war. Sie kam mir vor wie eine kiffende ältere Schwester, die in den ungezwungenen 1970er Jahren groß geworden war, während wir die erstickenden Achtziger mit ihrer glänzenden Oberfläche als Teenager durchlebt hatten. Es klingt vielleicht wie ein nicht weiter bedeutsames Detail, aber Wolf kleidete sich nicht wie eine Power-Autorin. Sie trug ausgeblichene Jeans und T-Shirts, und ihr Autorinnenfoto zeigte sie in einer Lederjacke. Und das alles, obwohl sie ein Buch geschrieben hatte, dem die Leute Beachtung schenkten. Ein großes Buch über große Ideen.

Ich hätte nie gedacht, dass so etwas möglich sein könnte. Ich gehörte nicht zu denen, die schon in der Pubertät ihre Karriere planten. Ich trat keinem Club bei, ich hatte keine Ziele. Einmal flog ich von der Highschool, und als meine Mutter krank wurde, rasselte ich im Junior College durch, bevor ich es schließlich auf die Universität schaffte, wo ich das Studium erneut abbrach. Ich hatte keine Vorstellung davon, wie mein Leben als Erwachsene aussehen könnte, abgesehen von der vagen Idee, etwas mit Sprache zu machen, das es mir ermöglichen würde, zu reisen und mir ein Loft wie in der Fernsehserie *Moonlighting (Das Model und der Schnüffler)* zu leisten. Aber was Wolf getan hatte – ein Buch voller Ideen zu schreiben, ein internationales Publikum anzusprechen, noch bevor sie dreißig war, und das alles, indem sie das Patriarchat heruntermachte? Das erschien mir erstrebenswert.

Nachdem die Fragerunde beendet war und der zwanglose Teil begann, stellte ich mich als die studentische Journalistin mit dem gemeinsamen Vornamen vor, die sie interviewen sollte.

Wolf sah mir in die Augen. »Ich wusste, dass du es bist«, sagte sie. »Du siehst aus, als wärest du gerade vergewaltigt worden.«

Ich spüre immer noch, wie ich bei dieser Bemerkung innerlich zusammenzuckte. Es war völlig unangebracht von ihr, so etwas zu sagen, das weiß ich jetzt. Rückblickend war es auch ein frühes Anzeichen dafür, dass sie zu voreiligen Schlüssen neigte. Wenn ich daran zurückdenke, mit welcher Bestimmtheit sie diese Worte sprach, spüre ich ihren Hunger nach Vertrautheit, aber auch ihren Zwang, gut informiert und in jeder Kommunikation die Expertin zu sein. Seither habe ich einiges über die Techniken charismatischer Führungsfiguren in den sich vermischenden Welten der Spiritualität, der Frauen-Wellness und der Verschwörungstheorien gelernt und betrachte daher ihre damalige Bemerkung als ein lehrbuchmäßiges Machtspiel: Wolf tat so, als hätte sie Zugang zu einer besonderen Wissensquelle, um mein Vertrauen zu gewinnen.

All das kam mir damals überhaupt nicht in den Sinn. Damals hatte ich das Gefühl, Naomi Wolf blicke direkt in meine Seele.

Im Foyer des Gemeinschaftsraums interviewte ich sie also zum *Mythos Schönheit*, und der Artikel nahm in *The Varsity* eine ganze Seite ein; auf der gegenüberliegenden Seite war ein Text abgedruckt, der den Ersten Golfkrieg anprangerte (»U.S. Out of the Gulf: No More Vietnams!« – Amerika raus aus dem Golf. Keine neuen Vietnams). Und wir sprachen nicht nur über das Buch. Ihr Trick, um Vertrautheit zwischen uns zu schaffen, hatte funktioniert, und ich schüttete ihr mein Herz aus. Nein, ich war nicht gerade erst vergewaltigt worden, auch nicht vor einiger Zeit. Aber ich war mit einem anderen Angriff konfrontiert. Die erste Intifada hatte begonnen, und eine Woche zuvor hatte ich in unserer Uni-Zeitung einen wutentbrannten Artikel über israelische Menschenrechtsverletzungen veröffentlicht. Wie Wolfs Artikel fünfundzwanzig Jahre später entfachte auch mein Artikel einen Feuersturm. Mich erreichten Ächtungen und Morddrohungen, und Tausende Exemplare der Studentenzeitung wurden in den Müllcontainer vor unseren Büros geworfen. Es gab eine Kampagne, mit der die Geldgeber der Universität dazu gebracht werden sollten, ihre Unterstützung zurückzuziehen, falls die Zeitung nicht sanktioniert würde; und zumindest einer von ihnen versuchte es, wenn auch ohne Erfolg. Das war meine erste Erfahrung mit dem, was man heute Cancel Culture nennt.

Wolf hatte vielleicht tatsächlich eine traumatische Erfahrung bei mir erspürt, sie hatte nur eine falsche Ursache vermutet. Als ich ihr die Situation erklärte, tröstete sie mich. Sie sagte, ich hätte eine Geschichte zu erzählen, und ermutigte mich, sie zu schreiben. Sie sagte, sie würde mir helfen, sie in der *New York Times* zu veröffentlichen, ihr Freund sei dort Redakteur. Ich schrieb die Geschichte, und die *Times* lehnte sie (natürlich) ab, aber sie wurde in einer kleinen feministischen Zeitschrift namens *Fireweed* veröffentlicht, in einer Sondernummer, die sich gegen die israelische Besetzung und Kolonisierung Palästinas wandte. Es war meine erste professionelle Veröffentlichung, und ich strich ungläubig staunend über das glatte Hochglanzcover.

Nach unserer Begegnung blieben Wolf und ich noch eine Weile in Kontakt. Ich erinnere mich an ein Gespräch mit ihr spätabends, in dem ich ihr meine Unfähigkeit gestand, meine Befangenheit abzulegen, das Gefühl, als schwebte ich über mir und beobachtete mich, selbst in den intimsten Momenten. Als gäbe es ein Double von mir, das mich ständig kritisierte und meine Fehler korrigierte. (»Ich schaffe es nicht, ich selbst zu sein. Es ist, als stünde ich die ganze Zeit neben mir«, sagt Simon in *The Double* zu seinem Doppelgänger.)[2] Wolf hatte eine Erklärung für mich, die meiner wachsamen Selbstbeobachtung einen Sinn zu geben schien. »Das ist der männliche Blick«, sagte sie, und ich war sicher, dass sie recht hatte.

Bald darauf verloren wir uns aus den Augen, und ich verfolgte ihre Arbeit nur noch sporadisch – ihr Powerfeminismus-Manifest *Die Stärke der Frauen. Gegen den falsch verstandenen Feminismus*, ihren Ratschlag für Al Gore, zu einem Alpha-Typ zu werden. Ich konnte mit dieser Kraftmeierei, die sie nun an den Tag legte, nichts anfangen; für mich war sie eine Frau, die hinter der falschen Art Macht her war.

Kann sein, dass Wolf sich an all das nicht mehr erinnert. Emotionale Reaktionen von Studentinnen zu provozieren war für sie offenbar nichts Ungewöhnliches. In einem Artikel des *San Francisco Chronicle* aus dem Jahr 2005 heißt es: »Ihre geballte Energie, die mit hohen Erwartungen an ihre Studentinnen einhergeht, kann junge Frauen zum Weinen bringen.«[3] Ich frage mich, ob sie diesen Spruch über eine gerade erlittene Vergewaltigung auch bei einer von ihnen angewandt hat.

Doch selbst nachdem sich Wolf als feministisches Rollenmodell für mich erledigt hatte, blieb das Gefühl, das ich in jenem Gemeinschaftsraum auf dem Campus hatte – die Offenbarung, was eine Autorin schon in so jungen Jahren sein kann. Mit sechsundzwanzig brach ich mein Studium ab (zum zweiten Mal), um ein Buch über die antidemokratische Macht der Konzerne und die neu entstehenden Bewegungen zu schreiben, die sich dagegen zur Wehr setzten. Mein Vater war entsetzt, dass ich (erneut) auf einen Hochschulabschluss verzichtete, aber ich war überzeugt, dass dieses Buch, wenn ich es jetzt sofort schriebe, in der Welt Spuren hinterlassen würde, ähnlich wie ich es beim *Mythos Schönheit* gesehen hatte.

Dieser Glaube geriet auch dann nicht ins Wanken, als ich von amerikanischen Verlagen einen Stapel Ablehnungsschreiben erhielt. Selbst als sich eine Lektorin in einem verglasten Eckbüro mit Blick auf den Hudson River in ihrem Sessel zurücklehnte und erklärte: »*Ich* würde dieses Buch ja gern lesen, aber die Leserinnen wollen Erlebnisberichte über Essstörungen.« Ich war wütend über die Vorstellung, dass das einzig akzeptable Thema für junge Autorinnen ihr eigener Körper sein sollte. Als ich ging, drückte sie mir die Druckfahnen eines solchen

Memoir über Essstörungen in die Hand, ein Buch, von dem sie offensichtlich hoffte, es würde der nächste *Mythos Schönheit* werden. Das wurde es nicht, aber *No Logo* wurde es irgendwie schon.

Manchmal frage ich mich, wie ich auf die Idee kam, dass ich das Recht hatte, so viel Platz zu beanspruchen und so große und kühne Behauptungen aufzustellen, und das in meinem jugendlichen Alter. Woher kam diese Kühnheit? Meine Mutter verdient mehr Anerkennung dafür, als ich ihr jemals zeigen kann: Ich wuchs auf, umgeben von mutigen, kreativen Feministinnen, auch wenn sie nicht groß daran dachten, über die Bewegung hinaus Wirkung zu erzielen. Ich hatte ein paar wirklich gute Lehrerinnen und Lehrer. Aber wenn ich ehrlich bin, hat auch Wolf für mich eine Rolle gespielt – rein zufällig geriet ich genau zu dem Zeitpunkt in ihren Orbit, als ich bereit war, mir für mich selbst eine andere Zukunft vorzustellen.

Wenn ich mir mein erstes Autorinnenfoto mit langen, gewellten braunen Haaren auf der hinteren Umschlagklappe von *No Logo* ansehe, zucke ich innerlich zusammen: Wie sehr muss ich – unbewusst – versucht haben, ihrem Pressefoto zu ähneln, das zehn Jahre zuvor in *The Varsity* erschienen war. Wenn sie diesen Satz läse, würde sie vermutlich – und völlig zu Recht – so reagieren wie der falsche Roth, der vom echten Roth behauptet: »*Er* ist der Betrüger, *darin* liegt die Ironie – *er ist das beschissene Double*, ein verlogener Hochstapler und beschissen heuchlerischer Betrüger.«[4]

Ich habe darüber nachgedacht und versucht, meine Dankbarkeit für die Rolle, die sie damals spielte, von den Gefühlen – Angst, Abscheu, Faszination, Wut, Sorge – zu trennen, die ihre jetzige Rolle in mir hervorruft. Wenn sie vor all diesen Jahren als ein ganz anderer Spiegel fungierte – einer, der mir half zu sehen, wer ich werden könnte –, was schulde ich ihr dann heute? Schweigen? Respekt? Lebenslange Loyalität?

Ich glaube nicht. Wenn mich diese Reise etwas gelehrt hat, dann, dass Identitäten nicht festgelegt sind. Nicht meine. Nicht die von Wolf. Nicht einmal die Grenze zwischen unseren beiden Identitäten ist unverrückbar. Alles ist fließend, verschiebt und verdoppelt sich ständig.

Der Umgang mit dieser Verdopplung – die Vermittlung zwischen unserem jüngeren und unserem älteren Ich, zwischen unserem öffentlichen und unserem privaten Ich, zwischen unserem lebenden und unserem sterbenden Ich – ist ein Teil dessen, was es heißt, ein Mensch zu sein. Ein größerer Teil des Menschseins und gewiss auch eines guten Lebens besteht jedoch nicht darin, wie wir in diesem Treibsand des Ichs uns selbst gestalten. Er besteht darin, was wir gemeinsam gestalten.

Außerdem bin ich nicht nach Rut benannt, die wegen ihrer Treue mehr wert war als sieben Söhne. Ich bin nach Naomi benannt, die tat, was notwendig war, um zu überleben.

Danksagung

Wenn man fünfundzwanzig Jahre lang Bücher in einem bestimmten politischen und redaktionellen Stil geschrieben hat, kann es schwierig sein, einen anderen Gang einzulegen. Ich hatte das Glück, mit einem brillanten Team zu arbeiten, das diesen Schwenk begeistert mitmachte. Kimberly Witherspoon von InkWell Management, meiner jetzigen Agentur, war von unserem ersten Telefonat an aus voller Überzeugung mit an Bord. Sie machte sich souverän und zuversichtlich ans Werk, und seither arbeiten wir mit einer seltenen Wärme und Kollegialität zusammen. Ich werde Sue Halpern für immer dankbar sein, dass sie uns einander vorgestellt hat.

Kim war entschlossen, einen Lektor und einen Verlag zu finden, die bereit waren, die Regeln des Corporate Publishing so weit zu brechen, dass dieses Buch zu dem werden konnte, was es sein wollte. Wir fanden, was wir suchten, in Gestalt von Alexander Star und dem gesamten Team von Farrar, Straus & Giroux. Nachdem ich mich eine Stunde lang mit Alex über literarische Doppelgänger und Verschwörungstheorien unterhalten hatte, wusste ich, dass er willens war, sich mit mir in das Kaninchenloch zu stürzen – und mich notfalls wieder herauszuholen. An den besten Tagen erschien mir die Arbeit an diesem Buch wie ein Spiel. In enger Zusammenarbeit mit meiner langjährigen kanadischen Lektorin Louise Dennys, die nach ihrem Ausscheiden bei Penguin Random House Canada dem Verlag auch künftig verbunden bleiben wird, mit Martha Kanya-Forstner von Knopf Canada und Thomas Penn von Penguin Books UK gab Alex meinem Text in vieler Hinsicht Schliff und Schärfe. Mein tiefer Dank gilt Mitzi Angel und Stefan McGrath, dass sie mir ihr Vertrauen geschenkt haben.

Noch vor den Agenten und Lektoren gab es Harriet Clark. Als mir das pandemische Schwindelgefühl einmal besonders schwer zu schaffen machte, beschloss ich, die Reisebeschränkungen und das Wunder der Videoplattform Zoom zu nutzen, um erstmals in meinem Leben eine Schreibschule zu besuchen. Meine Schule war Harriet. Schon nach ein paar Monaten, in denen ich mich wie eine unbeholfene Erstsemesterstudentin fühlte, schlug die Idee zu diesem Projekt Wurzeln. Während es wuchs und gedieh, unterrichtete Harriet mich weiter, und ich verdanke dieser literarischen Geburtshelferin unendlich viel.

Großer Dank gebührt auch Kendra Jewell, die bei diesem Projekt hauptverantwortlich für die Recherchen war. Während sie ihre Doktorarbeit an der University of British Columbia im Fachbereich Anthropologie fertigstellte, fand sie Zeit, sich mit einem breiten Spektrum von Themen zu befassen, von psychoanalytischen Theorien über Doppelgänger bis zu Charter-Schulen in Florida. Kendras Verstand ist bewundernswert, und ich habe mit den beiden sehr gern zusammengearbeitet. Glücklicherweise wurden wir von Isabella Pojuner und JJ Mazzucotelli unterstützt, auch sie erstklassige Rechercheurinnen, die an derselben Universität ihren Master machten. Dieses Team unterstützte mich monatelang mit großem Engagement, sichtete Literatur, checkte immer wieder die Fakten und überarbeitete die Anmerkungen. Für die vielen *War Room*-Episoden, die sie transkribieren mussten, hätten die drei eine Gefahrenzulage verdient. Ich danke auch Nicole Weber, meiner ehemaligen wissenschaftlichen Mitarbeiterin an der Rutgers University, die mir in der Anfangsphase dieses Buches eine wunderbare Kollegin war.

Entwürfe des Manuskripts gab ich Freunden, Kollegen und Familienmitgliedern zu lesen: Bill McKibben, Alex Kelly, Harsha Walia, Cecilie Surasky, Jacqueline Rose, Johann Hari, Katharine Viner, Rajiv Sicora, Celeste Lecesne, Larry Zuckerman, Nancy Friedland, MJ Shaw, Christine Boyle, Michele Landsberg und Stephen Lewis sowie Seth, Bonnie, Michael und Misha Klein. Von allen erhielt ich kluge und hilfreiche Feedbacks. Die Ergebnisse meiner endlosen Gespräche mit Kyo Maclear und mit V haben auf jeder Seite ihren Niederschlag gefunden.

Besonderen Dank schulde ich zwei hochproduktiven Schriftstellern und Intellektuellen: Keeanga-Yamahtta Taylor und China Miéville. Sie haben sich intensiv mit frühen Fassungen dieses Manuskripts beschäftigt und in erheblicher Weise Einfluss genommen. Ein Gespräch mit Molly Crabapple über den Jüdischen Arbeiterbund, aber auch ihre späteren Hinweise haben den Text an entscheidenden Stellen beeinflusst. Herzlich danken möchte ich auch meinem lieben Freund und Weggefährten Anthony Arnove, dessen Agentur nach wie vor mehrere Titel aus meiner Backlist vertritt. Anthonys Feedback zu diesem Manuskript war für mich eine wertvolle Hilfe, ebenso seine Hinweise auf Schlüsseltexte zur »Judenfrage« im marxistischen Denken. Roger Hodge von *The Intercept* redigierte sorgfältig mehrere in diesem Text erwähnte Artikel von mir; und wie Betsy Reed unterstützte auch er dieses Projekt, auch wenn sie dafür viel Zeit opfern mussten.

Wie immer weiß ich nicht, wie ich der großartigen Jackie Joiner danken soll, die seit 2005 mein berufliches und privates Leben managt. Mit unermüdlicher Freundlichkeit und guter Laune macht sie alles möglich – und nebenbei ist sie auch noch in verlegerischen Dingen bewandert.

In einer frühen Phase der Recherchen zu diesem Buch hatte ich mit Gage Averill, inzwischen Provost der University of British Columbia, ein Gespräch, das mein Leben veränderte. Ich bin sehr froh, dass er mich an seine Universität geholt hat, und ich danke allen meinen Kollegen im Fachbereich Geographie und im Zentrum für Klimagerechtigkeit, besonders Geraldine Pratt und Jessica Dempsey (beide zählten zu meinen ersten Leserinnen) sowie Mohammed Rafi Arefin, Sara Nelson, Alec Blair und Jarrett Martineau. Die Studentinnen und Studenten meiner Seminare an der Rutgers University und an der University of British Columbia waren in turbulenten Zeiten eine stabilisierende Kraft für mich: Unsere wöchentlichen dreistündigen Diskussionen haben mir immer wieder den Glauben an das Mögliche zurückgegeben. Ich danke auch der wundervollen Barbara Ransby, die mich als Fellow in das Social Justice Portal Project der University of Illinois aufgenommen hat, einen Raum für den interdisziplinären Austausch zwischen Aktivisten und Wissenschaftlern, der mich herausgefordert und inspiriert hat.

Zeitweise musste ich mich zum Schreiben für ein paar Wochen von zu Hause zurückziehen, und ich hatte einige wirklich wunderbare Gastgeber: das Indigo Cottage in Pender Harbour, Jane Walker in Squamish, Nancy und Craig in Sechelt. Aber nichts war aufbauender als mein Aufenthalt bei V und Celeste im frühlingshaften Hudson Valley. In diesem Buch habe ich über die Lehrkräfte und Tutoren geschrieben, die Neurodivergenz unterstützen und feiern. Sie haben mir auch das Schreiben ermöglicht: Jeannette Lewis, Erin Wilson, Nikki Underwood, Robin Hansen und Tania Obalek. Care-Arbeit ist wirklich das Fundament der kommenden Welt.

Es ist ungeheuer bereichernd, Teil eines Netzwerks zu sein, das vor Kreativität, Engagement und Großzügigkeit nur so vibriert – und all dies zusätzlich zu der sehr viel persönlicheren Unterstützung durch meine engste Familie: Avi, mein ewiger Fels auf der Felsklippe, und T., mein Licht in der Dunkelheit. Dies ist ein Buch über die Instabilität des Ichs, aber solange ich euch beide habe, werde ich immer wissen, wer ich bin.

Anmerkungen

Einleitung Off-brand me

1 *Mehr als sechshundert zumeist ältere Menschen starben:* Michael Egilson, »Extreme Heat and Human Mortality: A Review of Heat-Related Deaths in B. C. in Summer 2021«, Report to the Chief Coroner of British Columbia, 7. Juni 2022, S. 4; Stefan Labbé, »Heat Dome Primed B. C. Coastlines to Resemble Subtropical East Asia, Says Researcher«, *North Shore News*, 29. April 2022.

2 *»jene Art des Schreckhaften«:* Sigmund Freud, »Das Unheimliche«, in *Imago. Zeitschrift für Anwendung der Psychoanalyse auf die Geisteswissenschaften V* (1919), S. 297–324, hier S. 298; online unter: https://www.gutenberg.org/files/34222/34222-h/34222-h.htm

3 *»Identifizierung mit einer anderen Person«:* Freud, »Das Unheimliche«, S. 309.

4 *»Eine Seinsweise«: Emilio Uranga's* Analysis of Mexican Being: *A Translation and Critical Introduction*, ins Englische übersetzt von Carlos Alberto Sánchez (1952; Nachdruck London: Bloomsbury Academic, 2021), S. 180.

5 *»Es ist zu lächerlich«*: Philip Roth, *Operation Shylock. Ein Bekenntnis,* übersetzt von Jörg Trobitius (München: Hanser, 1994), S. 58.

6 *»Das Chaos ist eine Ordnung«*: José Saramago, *Der Doppelgänger*, übersetzt von Marianne Gareis (Reinbek bei Hamburg: Rowohlt, 2004), S. 7.

Teil eins Doppelleben

1 *»Ich habe einen Weg gefunden«*: Jules Gleeson, »Judith Butler: ›We Need to Rethink the Category of Woman‹ «, *The Guardian*, 7. September 2021.

1 In Besitz genommen

1 *Man kann sie nachlesen*: Naomi Klein, »Occupy Wall Street: The Most Important Thing in the World Now«, *The Nation*, 6. Oktober 2011.

2 *»Ich fand heraus«*: Naomi Wolf, »The Shocking Truth About the Crackdown on Occupy«, *The Guardian*, 25. November 2011.

3 *»aufgrund des Rechts auf freie Meinungsäußerung«:* Naomi Wolf, »Naomi

Wolf: How I Was Arrested at Occupy Wall Street«, *The Guardian*, 19. Oktober 2011.

4 *Wenn man die Punkte miteinander verbinde*: Wolf, »The Shocking Truth About the Crackdown on Occupy«.

5 *»Leider sind diese Woche die Amerikaner«*: Wolf, »The Shocking Truth About the Crackdown on Occupy«.

6 *»Ihr Partner, der Filmproduzent Avram Ludwig«*: Matt Wells, »Occupy Wall St: Naomi Wolf Condemns ›Stalinist‹ Erosion of Protest Rights«, *The Guardian*, 19. Oktober 2011.

7 *»nicht der, für den er sich ausgibt«*: Joe Coscarelli, »Naomi Wolf Thinks Edward Snowden and His Sexy Girlfriend Might Be Government Plants«, *New York Magazine*, 14. Juni 2013; Naomi Wolf, »My Creeping Concern That the NSA Leaker Is Not Who He Purports to Be …«, Facebook Notes, gepostet am 15. Juni 2013, aktualisiert am 14. März 2021.

8 *»Massen-Lockdowns«*: Naomi Wolf, Facebook-Post, 30. September 2014.

9 *möglicherweise keine wirklichen Morde*: Max Fisher, »The Insane Conspiracy Theories of Naomi Wolf«, *Vox*, 5. Oktober 2014.

10 *Eine »geheimdienstliche« Operation*: Naomi Wolf, »A Tale of Two Rape Charges«, *The Great Debate* (Blog), Reuters, 23. Mai 2011.

11 *womöglich gefälscht*: »Naomi Wolf Compiles Ballot Paper Complaints«, *The (Glasgow) Herald*, 27. September 2014.

12 *nicht den Forderungen der Graswurzelbewegung für Klimagerechtigkeit*: »Progressive Feminist Naomi Wolf Rips the Green New Deal as ›Fascism‹ – ›I WANT a Green New Deal‹ but ›This One Is a Straight Up Power Grab‹ «, *Climate Depot*, 21. Februar 2021.

13 *um »in globalem Maßstab Aluminium« am Himmel zu versprühen*: Tim Skillet @Gurdur, Tweet, 24. März 2018, Twitter.

14 *»Es war unglaublich, Belfast zu erleben«*: Naomi Wolf @naomirwolf, Tweet, 5. Juli 2019, 1.13 Uhr, in Séamas O'Reilly @shockproofbeats, Tweet, 5. April 2020, 4.27 Uhr, Twitter.

15 *»Kleine Mädchen lernen nicht«*: Naomi Wolf, *Der Mythos Schönheit*, übersetzt von Cornelia Holfelder-von der Tann (Reinbek bei Hamburg: Rowohlt, 1991), S. 220.

16 *Das Buch enthielt einige grobe statistische Fehler*: Casper Schoemaker, »A Critical Appraisal of the Anorexia Statistics in the Beauty Myth: Introducing Wolf's Overdo and Lie Factor (WOLF)«, *Eating Disorders* 12, Nr. 2 (2004), S. 97–102.

17 *zur »wichtigsten feministischen Veröffentlichung«*: Alice Steinbach, »WOLF VS. ›BEAUTY MYTH‹ Feminist Sees Conspiracy in Stress on Appearance«, *Baltimore Sun*, 23. Juni 1991.

18 *Die »herrschende Elite«*: Wolf, *Der Mythos Schönheit*, S. 31.

19 *»sich zu ihrer Macht zu bekennen«*: Naomi Wolf, *Die Stärke der Frauen. Gegen*

den falsch verstandenen Feminismus, übersetzt von Andrea Galler, Sonja Göttler und Enrico Heinemann (München: Droemer Knaur, 1991), S. 24.

20 *»Denkerin auf dem Niveau«*: Camille Paglia, »Hillary, Naomi, Susan and Rush. Sheesh!«, *Salon*, 17. November 1999.

21 *von einem »Beta-Mann« zu einem »Alpha-Mann«*: Michael Duffy und Karen Tumulty, »Campaign 2000: Gore's Secret Guru«, *Time*, 8. November 1999.

22 *»das moralische Äquivalent eines Armani-T-Shirts«*: Maureen Dowd, »Liberties; The Alpha-Beta Macarena«, *New York Times*, 3. November 1999.

23 *von »einem chaotischen Jahr, kurz nachdem ich vierzig geworden war«*: Naomi Wolf, *The Treehouse: Eccentric Wisdom from My Father on How to Live, Love, and See* (New York: Simon & Schuster, 2005), S. 13.

24 *»Mein Vater hatte mich dazu erzogen«*: Wolf, *The Treehouse*, S. 25.

25 *mehr zählt »als Fakten, Zahlen und Gesetze«*: Wolf, *The Treehouse*, S. 27.

26 *angesichts ihres kreativen Umgangs mit Fakten*: Naomi Wolf, »Dr. Naomi Wolf Confronts Yale for Crimes Against Students«, *DailyClout* (Video), 5. Dezember 2022.

27 *»die Schubladen zu zerstören«*: Wolf, *The Treehouse*, S. 9.

28 *»Bevor du auch nur daran denken kannst«*: Wolf, *The Treehouse*, S. 72.

29 Deutsch unter dem Titel *Wie zerstört man eine Demokratie. Das 10-Punkte-Programm*, übersetzt von Thomas Pfeiffer (München: Riemann, 2008).

30 *Wolf als »Cloud Truther« zu bezeichnen*: Eve Andrews, »The Real Fear Behind Climate Conspiracy Theories«, *Grist*, 6. April 2018.

31 *»Jemand da draußen in der Welt«*: Grace Ebert, »I'm Not a Look-Alike: Hundreds of Unrelated Doppelgängers Sit for François Brunelle's Uncanny Portraits«, *Colossal*, 9. Februar 2022.

32 *»abscheuliche Übereinstimmung«*: Edgar Allan Poe, »William Wilson«, übersetzt von Ekkehard Schöller, in *Erzählungen* (Stuttgart: Reclam, 1989), S. 102.

33 *»über ein sehr leises Flüstern erheben« und seinen »Erzfeind und bösen Geist«*: Poe, »William Wilson«, S. 101 und 116.

2 Bühne frei: Covid, der Gefahrenmultiplikator

1 *»der Urin und die Fäkalien von Geimpften«*: Naomi Wolf @naomirwolf, Tweet, 4. Juni 2021, Twitter.

2 *»Verschwörungstheorie, nur ohne die Theorie«*: Russell Muirhead und Nancy L. Rosenblum, *A Lot of People Are Saying: The New Conspiracism and the Assault on Democracy* (Princeton, N. J.: Princeton University Press, 2019), S. 19.

3 *»ein Genozid«*: Naomi Wolf, »Dear Friends, Sorry to Announce a Genocide«, *Outspoken with Dr Naomi Wolf*, Substack, 29. Mai 2022.

4 *hatte die Anzahl ihrer Follower nahezu verdoppelt*: Vor Covid hatte Wolf rund 70 000 Follower; als sie im Mai 2021 gesperrt wurde, waren es 138 000. Naomi Wolf @naomirwolf, Screenshot des Twitter-Accounts, 15. Mai 2021.

5 *»auch lokale Entscheidungsträger sterben«*: Naomi Wolf @DrNaomiRWolf, Gettr-Post, 16. Mai 2022.

6 *»teuflisch«*: Steve Bannon, Moderator, »Chris Wray Lies on 60 Minutes«, *War Room: Pandemic* (Podcast), Folge 1808, 25. April 2022, 33:59–34:06, gepostet auf Apple Podcasts.

7 *»transnationale Gruppe krimineller Akteure«*: Naomi Wolf, »Facing the Beast«, *Outspoken with Dr Naomi Wolf*, Substack, 17. Juli 2022.

8 *»Hunderte von Frauen«*: Geoff Brumfiel, »The Life Cycle of a Covid-19 Vaccine Lie«, National Public Radio, 20. Juli 2021.

9 *»Influencerin mit sehr großer Gefolgschaft«*: Brumfiel, »The Life Cycle of a Covid-19 Vaccine Lie«.

10 *»Zwischenblutungen«*: Morgan Yew @weynagrom, Tweet, 23. Mai 2021, Twitter, Video 9 von 25, 00:24.

11 *»Sie sterilisieren eine komplette Generation«*: Yew, Tweet, 23. Mai 2021.

12 *»mit einem Fuß im Grab«*: Yew, Tweet, 23. Mai 2021.

13 *»autokratische Tyrannen«*: »Naomi Wolf Sounds Alarm at Growing Power of ›Autocratic Tyrants‹«, *Tucker Carlson Tonight*, Fox News, 22. Februar 2021.

14 *»meine regelmäßige Erinnerung«*: Naomi Klein @NaomiAKlein, Tweet, 23. Februar 2021, Twitter.

15 *»Leider immer noch da«*: Naomi Klein @NaomiAKlein, Tweet, 5. Juni 2021, Twitter.

16 *»stark aufgebauschte medizinische Krise«*: Naomi Wolf, Einleitung zu *The End of America: Letter of Warning to a Young Patriot* (White River Junction, Vt.: Chelsea Green Publishing, 2021), S. XV.

17 *unter dem »Vorwand« eines medizinischen Notfalls*: »Naomi Wolf Sounds Alarm at Growing Power of ›Autocratic Tyrants‹«.

18 *»Ich habe Naomi Klein …«*: Richard Gillard @RickyBaby321, Gettr-Post, 26. Februar 2022.

19 *»Es kann auf Dauer nicht zwei von Ihnen geben«*: *Dual*, Regie: Riley Stearns (RLJE Films, 2022).

20 *»oft und leicht unheimlich«*: Sigmund Freud, »Das Unheimliche«, in: *Imago. Zeitschrift für Anwendung der Psychoanalyse auf die Geisteswissenschaften* V (1919). S. 297–324, hier S. 317; online unter: https://www.gutenberg.org/files/34222/34222-h/34222-h.htm.

21 *»Ich bin gar nicht ich, sehen Sie«*: Lewis Carroll, *Alice im Wunderland*, übersetzt von Christian Enzensberger (Frankfurt am Main: Büchergilde Gutenberg / Insel Verlag, 1963), S. 38.

22 *»Diese Ängste führen dazu«*: Benedict Carey, »A Theory About Conspiracy Theories«, *New York Times*, 28. September 2020.

23 *»Ach herrje«*: Tahar @laseptiemewilay, Tweet, 30. März 2021, 19:12 h, Twitter.

24 *»unsere Freunde und Kollegen«*: Richard Seymour, *The Twittering Machine* (London: Indigo Press, 2019), 1. Kapitel, Teil III.

25 »*Wer auf einer Website wie Facebook*«: Zadie Smith, »Facebook – Generation Warum?«, übersetzt von Matthias Fienbork, Frankfurter Allgemeine Zeitung, 9. Dezember 2010.

26 »*Nennt mich nicht Noomi*«: Rut 1,20.

27 »*Wo du hingehst, da will ich auch hingehen*«: Rut 1,16.

3 Meine gescheiterte Marke oder: Call Me by Her Name

1 »*Naomi Klein sollte klagen*«: Dan Hon @hondanhon, Tweet, 8. Mai 2021, Twitter.

2 »*Überdehnung der Kapazität*«: »Brand Dilution: Definition, Causes and Examples«, *MediaValet*, 2. März 2021.

3 »*verwässern und Verwirrung stiften*«: »›Satan Shoes‹ to Be Recalled as Nike Agrees to Settle Lawsuit«, BBC News, 9. April 2021.

4 »*Egal, wie alt wir sind*«: Tom Peters, »The Brand Called You«, *Fast Company*, 31. August 1997.

5 *Die Zeitschrift veröffentlichte sogar eine Entschuldigung*: David Lidsky, »Me Inc.: The Rethink«, *Fast Company*, 1. März 2005.

6 »*jede Menge Fernseh- und Printwerbung*«: Peters, »The Brand Called You«.

7 »*historischer Anachronismus*«: Stuart Hall, *The Hard Road to Renewal: Thatcherism and the Crisis of the Left* (London: Verso, 1988), S. 276

8 »*eine bestimmte Spielart*«: Wendy Brown, »Resisting Left Melancholy«, *boundary 2* 26, Nr. 3 (Herbst 1999), S. 26, zitiert in: Mark Fisher, *Gespenster meines Lebens*, übersetzt von Thomas Atzert (Berlin: Edition Tiamat, 2015), S. 37.

9 »*das (arbeitstaugliche) Ich*«: Alice Marwick, *Status Update: Celebrity, Publicity, and Branding in the Social Media Age* (New Haven, Conn.: Yale University Press, 2013), S. 163.

10 »*eine Wunschabwehr*«: Otto Rank, Der Doppelgänger – eine psychoanalytische Studie (Leipzig / Wien / Zürich: Internationaler psychoanalytischer Verlag, 1925) S. 117.

11 »*Der Doppelgänger war ursprünglich eine Versicherung*«: Sigmund Freud, »Das Unheimliche«, in: Imago. Zeitschrift für Anwendung der Psychoanalyse auf die Geisteswissenschaften V (1919). S. 297–324, hier S. 309.

12 »*wird zum unheimlichen Vorboten des Todes*«: Freud, »Das Unheimliche«, S. 310.

13 »*Es gibt eine falsche ›Naomirwolf‹ auf Telegram*«: Naomi Wolf, »Pixels, Bots and Human Cruelty«, *Outspoken with Dr Naomi Wolf*, Substack, 13. Januar 2023.

14 »*Wer ist nun realer*«: *American Dharma*, Regie: Errol Morris (Utopia, 2018).

15 »*Die Leute machen sich dieses digitale Ich zu eigen*«: *American Dharma*.

16 »*Ich möchte, dass Dave aus der Buchhaltung*«: Jennifer Senior, »American Rasputin«, *The Atlantic*, 6. Juni 2022.

17 *»Lee Seong-yoon«*: Timothy W. Martin und Dasl Yoon, »These Campaigns Hope ›Deepfake‹ Candidates Help Get Out the Vote«, *Wall Street Journal*, 8. März 2022.

18 *»ein bisschen unheimlich«*: Martin und Yoon, »These Campaigns Hope ›Deepfake‹ Candidates Help Get Out the Vote«.

19 *»Diese digitalen Doppelgänger«*: Mark Sutherland, »ABBA's ›Voyage‹ CGI Extravaganza Is Everything It's Cracked Up to Be, and More: ›Concert‹ Review«, *Variety*, 27. Mai 2022.

20 *»dem Tod seinen Stachel nehmen«*: Anjana Ahuja, »›Grief Tech‹ Avatars Aim to Take the Sting Out of Death«, *Financial Times*, 20. Dezember 2022.

21 *richtungsweisendes Buch von 2015*: Simone Browne, *Dark Matters: On the Surveillance of Blackness* (Durham, N. C.: Duke University Press, 2015).

22 *»Es ist schwierig, über diese historischen Fakten zu schreiben«*: Browne, *Dark Matters*, S. 91 f.

23 *»biometrische Technologie«*: Browne, *Dark Matters*, S. 91.

24 *»Im transatlantischen Sklavenhandel«*: Browne, *Dark Matters*, S. 91.

25 *»als Objekt inmitten anderer Objekte«*: Frantz Fanon, *Schwarze Haut, weiße Masken*, übersetzt von Eva Moldenhauer (Wien: Turia+Kant, 2016), S. 93.

26 *»sich zu seinem Ich in der dritten Person zu verhalten«*: Nancy Colier, »The Branding of the Self«, *Psychology Today*, 15. August 2012.

27 *»Eine unvernünftige Konsequenz«*: Ralph Waldo Emerson, »Selbstständigkeit«, in Emerson, *Selbstständigkeit und andere Essays*, übersetzt von Dr. Karl Federn (Wiesbaden: marix, 2015), S. 20 f.

28 *»eine Maschine«*: Lilly Singh, »I'll See You Soon …«, YouTube, 12. November 2018, 2:43.

29 *»Kommt, um euch am Nektar der Zustimmung zu laben«*: Richard Seymour, *The Twittering Machine* (London: Indigo Press, 2019), 2. Kapitel, Teil IX.

30 *»mehrere Dutzend Hinrichtungen«*: Alison Flood, »Naomi Wolf Accused of Confusing Child Abuse with Gay Persecution in Outrages«, *The Guardian*, 8. Februar 2021.

31 *In Universitätsseminaren, die den Studierenden*: Matthew Sweet, »Blind to Bestiality and Paedophilia: Why Naomi Wolf's Latest Book Is Its Own Outrage«, *The Telegraph*, 5. Februar 2021.

32 *»vom Schachbrett«*: Ankita Mukhopadhyay, »Naomi Wolf Talks Homophobia, Feminism and ›Outrages‹«, *Fair Observer*, 8. Januar 2020.

33 *»Dialog zwischen mir und mir selbst«*: Hannah Arendt, »Wahrheit und Politik«, in: dies., *Wahrheit und Lüge in der Politik*: zwei Essays (München: Piper 1972), S. 34.

34 *»die Standpunkte der Abwesenden«*: Hannah Arendt, »Wahrheit und Politik«, S. 31.

4 Selbstbegegnung im Wald

1 *Es zeigt ein Paar in mittelalterlicher Tracht*: Es gibt mehrere Versionen von *How They Met Themselves*: eine Zeichnung von 1851 (die mutmaßlich verschollen oder zerstört ist), eine ins Jahr 1860 datierte Tuschfederzeichnung der Fassung von 1851 und ein ins Jahr 1864 datiertes Aquarell, das eine Kopie der Zeichnung von 1860 ist. Ich beziehe mich hier auf das Aquarell von 1864. Siehe Ford Madox Hueffer, *Rossetti: A Critical Essay on His Art* (London: Duckworth, 1902).

2 *»Menschen mit einem gesunden Selbstwertgefühl«*: bell hooks, *Rock My Soul: Black People and Self-Esteem* (New York: Atria Books, 2003), S. 92.

3 *»In meinem alltäglichen Leben«*: George Yancy und bell hooks, »bell hooks: Buddhism, the Beats and Loving Blackness«, *New York Times*, 10. Dezember 2015.

4 *dass es um den »Inhalt von Büchern geht«*: Heather Williams, »bell hooks Speaks Up«, *The Sandspur* (Rollins College, Winter Park, Fla.), 26. März 2013, S. 1.

5 *»das weiße suprematistische kapitalistische Patriarchat«*: bell hooks, *Feminist Theory: From Margin to Center* (Boston: South End Press, 1984), S. 51.

6 *»die Formulierung ›Ich bin eine Feministin‹ zu vermeiden«*: bell hooks, *Feminist Theory*, S. 29.

7 *»was passiert, wenn wir nicht für uns selbst Sorge tragen«*: »bell hooks & john a. powell: Belonging Through Connection«, Othering & Belonging Conference, April 2015, YouTube, 6:00–6:40.

8 *»zu lächerlich«*: Philip Roth, *Operation Shylock. Ein Bekenntnis*, übersetzt von Jörg Trobitius (München: Hanser, 1994), S. 58.

9 *»der Staat gegen den Willen der Betroffenen in ihren Körper eindringt«*: Jeffrey Tucker, »The Pathogenic Excuse for Attacking Liberty: An Interview with Naomi Wolf«, *Brownstone Institute* (Video / Podcast), 9. Mai 2022, 10:31–11:21.

10 *bei Charlie Chaplins kühner Satire: Der große Diktator*, Regie: Charles Chaplin (United Artists, 1940).

Teil zwei Spiegelwelt

5 Wenn die wüssten, was Handys können

1 *durch das erzwungene Tragen von Masken den Reflex zu lächeln verloren:* Matthew Gertz, »Fox Keeps Hosting Pandemic Conspiracy Theorist Naomi Wolf«, Media Matters for America, 20. April 2021.

2 *»Nanopartikel in Impfstoffen«:* Matthew Gertz @MattGertz, Tweet, 26. Februar 2021, Twitter.

3 *die Fäkalien von Geimpften im Abwasser zu trennen:* David Connett, »Naomi Wolf Banned from Twitter for Spreading Vaccine Myth«, *The Guardian*, 5. Juni 2021.

4 *was mit Naomi Wolf los sei:* Liza Featherstone, »The Madness of Naomi Wolf«, *New Republic,* 10. Juni 2021; Ian Burrell, »Naomi Wolf's Slide from Feminist, Democratic Party Icon to the ›Conspiracist Whirlpool‹«, *Business Insider,* 5. Jumi 2021; Rebecca Onion, »A Modern Feminist Classic Changed My Life. Was It Actually Garbage?«, *Slate,* 30. März 2021.

5 *Great-Reset-Kampagne*: »CommonPass – Travelling the World in the Covid Era«, World Economic Forum, Video, 24. August 2020.

6 *damit nähere sich die Welt einer »Klippe«:* »Watch Dr Naomi Wolf Discuss ›Why Vaccine Passports Equal Slavery Forever‹«, DailyClout-Kanal auf YouTube, 30. März 2021, 15:30.

7 *Great Replacement-Theorie*: Brian Stelter, »ADL Calls on Fox News to Fire Tucker Carlson Over Racist Comments About ›Replacement‹ Theory«, CNN, 9. April 2021.

8 *Vor extremer Rhetorik*: »Naomi Wolf on the New American Coup«, Big-Think-Kanal auf YouTube, 23. April 2012; Naomi Wolf, »Fascist America, in 10 Easy Steps«, *The Guardian,* 24. April 2007.

9 *»eine tyrannische totalitäre Plattform«:* »Watch Dr Naomi Wolf Discuss ›Why Vaccine Passports Equal Slavery Forever‹«, 15:22.

10 *»bisher ernstesten Warnung«:* »Watch Dr Naomi Wolf Discuss ›Why Vaccine Passports Equal Slavery Forever‹«, 0:53; Paul Vallely, Moderator, »The Stand Up America US Show«, *Don Smith Show* (Podcast), Folge 35, 16. Mai 2022, 40:01, gepostet auf Rumble.

11 *das »eine Milliarde Menschen versklavt«:* »Watch Dr Naomi Wolf Discuss ›Why Vaccine Passports Equal Slavery Forever‹«, 4:23.

12 *Sie gäben einem »tyrannischen« Staat:* »Watch Dr Naomi Wolf Discuss ›Why Vaccine Passports Equal Slavery Forever‹«, 1:58, 2:58 und 15:21.

13 *»Wenn Sie über die Organisation eines Protests sprechen«:* »Watch Dr Naomi Wolf Discuss ›Why Vaccine Passports Equal Slavery Forever‹«, 7:57.

14 *»Zweiklassengesellschaft« mit »zweitrangigen Bürgern«:* Tim Hains, »Naomi Wolf: Mandatory Vaccine Passport Could Lead to the End of Human Liberty in the West,« *RealClearPolitics,* 29. März 2021, 2:45; »Watch Dr Naomi Wolf Discuss ›Why Vaccine Passports Equal Slavery Forever‹«, 7:57.

15 *in anderer Weise »Dissidenten«:* »Watch Dr Naomi Wolf Discuss ›Why Vaccine Passports Equal Slavery Forever‹«, 6:55.

16 *»Biowaffe«*: »His Glory Presents: Take FiVe w/ Dr. Naomi Wolf«, *His Glory,* 28. Juli 2022, 28:54.

17 *»Es geht nicht um den Impfstoff«*: Hains, »Naomi Wolf: Mandatory Vaccine Passport«, 2:06.

18 *dass »die Maschine auswertet«:* »Watch Dr Naomi Wolf Discuss ›Why Vaccine Passports Equal Slavery Forever‹«, 5:37–5:58.

19 *sogar unsere Suchverläufe im Internet tracken:* »Watch Dr Naomi Wolf Discuss ›Why Vaccine Passports Equal Slavery Forever‹«, 8:27.

20 *besitzt sie »die Macht, Ihr Leben abzuschalten«*: Hains, »Naomi Wolf: Mandatory Vaccine Passport«, 3:05.

21 *»IBM hat auf erschreckende Weise mit Nazideutschland kooperiert«*: Hains, »Naomi Wolf: Mandatory Vaccine Passport«, 3:12.

22 *»eine geringfügige Veränderung im Back End«*: »Watch Dr Naomi Wolf Discuss ›Why Vaccine Passports Equal Slavery Forever‹«, 5:26.

23 *»geolokalisieren«*: »Watch Dr Naomi Wolf Discuss ›Why Vaccine Passports Equal Slavery Forever‹«, 8:23.

24 *»die Technologie selbst«*: Alexis Hancock, E-Mail an die Autorin, 26. August 2022.

25 *einige Fälle*: Kenith Png, »Police Would Not Agree to Stop Accessing COVID SafeWA App Data, Premier Mark McGowan Says«, ABC News, 15. Juni 2021.

26 *»Wir dürfen uns nicht allein auf die pharmazeutische Technologie verlassen«*: Beatrice Adler-Bolton und Death Panel, »Mask Off«, *New Inquiry*, 28. April 2022.

27 *dass die gesamte Weltbevölkerung für 50 Milliarden Dollar hätte geimpft werden können:* William Horobin, »It Would Cost $50 Billion to Vaccinate the World, OECD Says«, *Bloomberg*, 1. Dezember 2021.

28 *Pfizer allein 37 Milliarden Dollar mit dem Covid-Impfstoff*: Julia Kollewe, »Pfizer Accused of Pandemic Profiteering as Profits Double«, *The Guardian*, 8. Februar 2022.

29 *nur 7,5 Prozent der Afrikaner*: Maggie Fick und Edward McAllister, »COVID Shots Are Finally Arriving, but Africa Can't Get Them All into Arms«, Reuters, 6. Dezember 2021.

30 *»ein Versagen katastrophalen Ausmaßes«*: »COVID-19: Pfizer Reports Massive Revenues Whilst Failing to Vaccinate Billions«, Amnesty International, 2. November 2021.

31 *»Es wird nicht funktionieren«*: Stephanie Nebehay und Josephine Mason, »WHO Warns Against Vaccine Hoarding as Poorer Countries Go Without«, Reuters, 9. Dezember 2021.

32 *als eine »virale Unterschicht«*: Steven W. Thrasher, *The Viral Underclass: The Human Toll When Inequality and Disease Collide* (New York: Celadon Books, 2022).

33 *die Kooperation von IBM*: Hains, »Naomi Wolf: Mandatory Vaccine Passport«, 3:12.

34 *»Ich spreche als Tech-CEO«*: »Watch Dr Naomi Wolf Discuss ›Why Vaccine Passports Equal Slavery Forever‹«, 5:06; Hains, »Naomi Wolf: Mandatory Vaccine Passport«, 2:01.

35 *im Durchschnitt nur ein paar tausend Besucher*: Domain-Übersicht für Daily-Clout, Januar 2017 – April 2021, Semrush, aufgerufen im Juli 2022.

36 *»Die Gründerväter haben die Freiheit nicht für Amerika geschaffen«*: Naomi Wolf, »Fake Patriotism«, *Huffington Post*, 2. November 2008.

37 *erwähnte sie »die KPCh« fünfmal:* »Watch Dr Naomi Wolf Discuss ›Why Vaccine Passports Equal Slavery Forever‹«.

38 *»bedeutet dies buchstäblich das Ende der Freiheit im Westen«:* Hains, »Naomi Wolf: Mandatory Vaccine Passport«, 1:47.

39 *»das Ende des Kapitalismus«:* »Watch Dr Naomi Wolf Discuss ›Why Vaccine Passports Equal Slavery Forever‹«, 13:35.

40 *»KPCh-typische Konditionierung«:* »Watch Dr Naomi Wolf Discuss ›Why Vaccine Passports Equal Slavery Forever‹«, 12:57.

41 *»den Westen zu schwächen«:* »Watch Dr Naomi Wolf Discuss ›Why Vaccine Passports Equal Slavery Forever‹«, 10:22.

42 *Das sei »unamerikanisch«:* »Robert Kennedy Jr Slams the Corrupt System of Big Pharma, Dr Fauci and the F.D.A. – Video«, DailyClout, 26. Mai 2022, 9:36.

43 *»Mustergesetzgebung«:* Steve Bannon, Moderator, »The Dirty Dozen: 12 Most Dangerous People in America«, *War Room: Pandemic* (Podcast), Folge 1,120, 24. Juli 2021, 18:32.

44 *drängte, es zu »studieren«:* Korrespondenz mit der Autorin, 3. April 2021.

45 *für diese »Kriegerin«, für ihren »Mut«:* Mehrere Kommentatoren, »Watch Dr Naomi Wolf Discuss ›Why Vaccine Passports Equal Slavery Forever‹«.

46 *zum »Zeichen des Tieres«:* Mehrere Kommentatoren, »Watch Dr Naomi Wolf Discuss ›Why Vaccine Passports Equal Slavery Forever‹«.

47 *der Impfpass sei »NICHT ›dieselbe Plattform‹«:* Matthew Giffin, Kommentar, »Watch Dr Naomi Wolf Discuss ›Why Vaccine Passports Equal Slavery Forever‹«.

48 *»Für mich ist klar«:* Matthew Giffin, Kommentar, »Watch Dr Naomi Wolf Discuss ›Why Vaccine Passports Equal Slavery Forever‹«.

49 *»Geh nach China und bleib dort«:* @Scipio, Kommentar, »Watch Dr Naomi Wolf Discuss ›Why Vaccine Passports Equal Slavery Forever‹«.

50 *Im Repräsentantenhaus von Maine:* Representative Shelley Rudnicki, Facebook-Post (Bild), 10. Mai 2021; Associated Press, »Republican Barred from Inviting Guests into State House«, *Associated Press News*, 11. Mai 2021.

51 *einer der Bundesstaaten mit den meisten Coronafällen … die Impfpässe seien … vergleichbar:* Craig Mauger, »Michigan Leads the Nation in New COVID Cases, According to CDC Data«, *Detroit News*, 16. November 2021; Bruce Walker, »Michigan House Oversight Committee Considers Legislation to Ban Vaccine Passports«, *Center Square*, 6. Mai 2021; Dave Boucher, »Michigan Lawmakers Invite COVID-19 Conspiracy Theorist to Testify on Bill to Ban Vaccine Passports«, *PolitiFact*, 6. Mai 2021.

52 *»die globale Infrastruktur«:* Jason Horowitz, »Steve Bannon Is Done Wrecking the American Establishment. Now He Wants to Destroy Europe's«, *New York Times*, 9. März 2018.

53 *»völlig ausreichend«:* Jennifer Senior, »American Rasputin«, *The Atlantic*, 6. Juni 2022.

54 *»Überwachungskapitalismus«*: Shoshana Zuboff, *Das Zeitalter des Überwachungskapitalismus*, übersetzt von Bernhard Schmid (Frankfurt und New York: Campus, 2018).

55 *die von Israel entwickelte Spionagesoftware*: Stephanie Kirchgaessner u. a., »Revealed: Leak Uncovers Global Abuse of Cyber-surveillance Weapon«, *The Guardian*, 18. Juli 2021.

56 *»Nanny Cams« … Videosprechanlage der Firma Ring … »God View«-Software … Milliarden privater Fotos … Apps zur Aufzeichnung des Menstruationszyklus*: Allyson Chiu, »She Installed a Ring Camera in Her Children's Room for ›Peace of Mind.‹ A Hacker Accessed It and Harassed Her 8-Year-Old Daughter«, *Washington Post*, 12. Dezember 2019; Alfred Ng, »Amazon Gave Ring Videos to Police Without Owners‹ Permission«, *Politico*, 13. Juli 2022; Alex Hern, »Uber Employees ›Spied on Ex-partners, Politicians and Beyoncé‹ «, *The Guardian*, 13. Dezember 2016; Johana Bhuiyan und Charlie Warzel, »›God View‹: Uber Investigates Its Top New York Executive for Privacy Violations«, *BuzzFeed News*, 18. November 2014; Kashmir Hill, »The Secretive Company That Might End Privacy as We Know It«, *New York Times*, 18. Januar 2020; Rina Torchinsky, »How Period Tracking Apps and Data Privacy Fit into a Post-Roe v. Wade Climate«, National Public Radio, 24. Juni 2022.

57 *»Replikation als Travestie«*: The Red Hand Files, Nick Cave, Issue #218, Januar 2023.

58 *»Sozialkreditsystem nach Art der KP Chinas«*: Paul Vallely, Moderator, »The Stand Up America US Show«, *Don Smith Show* (Podcast), Folge 35, 16. Mai 2022, 40:01, gepostet auf Rumble.

59 *dass »sie zuerst deine Feinde und dann dich selbst löschen«*: Adam Creighton, »The Plague Afflicting Liberal Democracy«, *The Australian*, 5. Juni 2021.

60 *»Entprivatisierung«*: Ben Tarnoff, *Internet for the People: The Fight for Our Digital Future* (London: Verso Books, 2022).

61 *»Um ein besseres Internet aufzubauen« … »Was auf dem Spiel steht«*: Tarnoff, *Internet for the People*, S. xv und 33.

62 *Von einem »digitalen Marktplatz«*: Jean Burgess, »The ›Digital Town Square‹? What Does It Mean When Billionaires Own the Online Spaces Where We Gather?«, *The Conversation*, 27. April 2022.

63 *»Von den Rändern bis zum Kern«*: Tarnoff, *Internet for the People*, S. 58.

64 *»der Zensur einen Schritt voraus«*: Steve Bannon, Moderator, »Breaking Down the Data That the Establishment Fears«, *War Room: Pandemic* (Podcast), Folge 143, 22. September 2022, gepostet auf Amazon Music.

6 Querverbindungen

1 *»mehr wert … als sieben Söhne«*: Rut 4,15.

2 *»seine Füße aufzudecken«*: Rut 3,4.

3 »*schrecklichen Menschen*«: Adam Creighton, »The Plague Afflicting Liberal Democracy«, *The Australian*, 5. Juni 2021.

4 »*Ding dong, die Hex ist tot*«: Jet @Jet0o, Tweet, 5. Juni 2021, Twitter.

5 »*Twitter-Killer*«: Steve Bannon @SteveBannon, Gettr-Post, 4. Juli 2021.

6 *Soldaten seiner »Kavallerie«*: Steve Bannon @SteveBannon, Gettr-Post, 29. Oktober 2022.

7 *grundlegend anderer Meinung zu sein als Trump*: Adam Rawnsley, »Anti Vaxxer Naomi Wolf Joins Trump's Doomed Tech Suit«, *Daily Beast*, 28. Juli 2021, aktualisiert am 30. Juli 2021.

8 »*mit Juden zur Schule*«: Nancy Dillon, »Anti-Semitic Trump Campaign CEO Stephen Bannon Not a Big Fan of ›Whiny Brat‹ Jews, Ex-wife Says«, *New York Daily News*, 27. August 2016.

9 »*Verschwörungssingularität*«: Anna Merlan, »The Conspiracy Singularity Has Arrived«, *Vice News*, 17. Juli 2020.

10 »*Die Querdenker sind nicht zuletzt*«: William Callison und Quinn Slobodian, »Der Aufstand des Mittelstands«, übersetzt von Michael Adrian, in Zeit online, 3. April 2021. Online unter: https://www.zeit.de/kultur/2021–04/querdenker-corona-politik-protest-regierung-verschwoerung-esoterik-rechtsextremismus.

11 »*Darling der liberalen Medien*«: Naomi Wolf, »The Last Stage of a Tyrannical Takeover – Interview with Naomi Wolf«, Interview von Joseph Mercola, 1. Juni 2022.

12 »*Ich hätte nie gedacht, dass ich mal mit Ihnen reden würde*«: Tucker Carlson, »Naomi Wolf Sounds Alarm at Growing Power of ›Autocratic Tyrants‹ «.

13 *einem von Großbritanniens lautstärksten Klimaleugnern*: James Delingpole, »›Climategate Was Fake News,‹ Lies the BBC …«, *Breitbart*, 11. Juli 2019, gepostet auf der Wayback Machine des Internet Archive.

14 »*Das ist so unwahrscheinlich*«: James Delingpole, »Naomi Wolf«, The James Delingpole Podcast, 3. Mai 2021, 0:25 – 1: 04.

15 »*Ich habe Sie jahrelang für den Teufel gehalten*«: Steve Bannon, Moderator, »Not Science Fiction … Dr. Naomi Wolf Reveals Dangers of Vaccine Passports«, *War Room: Pandemic* (Podcast), Folge 874, 14. April 2021, 13:43 – 14: 03, gepostet auf Rumble.

16 *vergleicht die gesundheitspolitischen Covid-Maßnahmen*: Joseph Mercola, Moderator, »Best of Series – Ten Tyrannical Steps«, *Take Control of Your Health* (Podcast), 4. Mai 2022; Bannon, »Not Science Fiction … Dr. Naomi Wolf Reveals Dangers of Vaccine Passports«.

17 »*Warnung*«: Rachel Cooke, »Naomi Wolf: ›We're in a Fight for Our Lives and for Democracy‹ «, *The Guardian*, 19. Mai 2019.

18 »*Manche Schriftsteller flüchten sich in den Alkohol*«: Michiko Kakutani, »Vidal: ›I'm at the Top of a Very Tiny Heap‹ «, *New York Times*, 12. März 1981.

19 »*Premium*«*-Mitgliedschaft*: »Become a DailyClout Member«, DailyClout (Website), aufgerufen am 2. November 2022.

20 *»die erste virale Pandemie«*: Steven W. Thrasher, *The Viral Underclass: The Human Toll When Inequality and Disease Collide* (New York: Celadon Books, 2022), S. 4.

21 *»Na klar, das Branding war verschwörerisch«*: Josh Rottenberg und Stacy Perman, »Meet the Ojai Dad Who Made the Most Notorious Piece of Coronavirus Disinformation Yet«, *Los Angeles Times*, 13. Mai 2020.

22 *»politischen Ansatz«*: Callison und Slobodian, »Der Aufstand des Mittelstands«.

23 *»umfassendste Ausgabe«*: Leonard Wolf, Hg., *The Essential Dr. Jekyll & Mr. Hyde: The Definitive Annotated Edition of Robert Louis Stevenson's Classic Novel* (New York: Plume, 1995), Coverrückseite.

24 *»eine neue Welt für sich finden«*: Ian Burrell, »Naomi Wolf's Slide from Feminist, Democratic Party Icon to the ›Conspiracist Whirlpool‹ «, *Business Insider*, 5. Juni 2021.

25 *»das Land grußlos verlassen«*: Naomi Wolf, »A Lost Small Town«, *Outspoken with Dr Naomi Wolf*, Substack, 26. Oktober 2022.

26 *»Im Gegensatz zu den Silicon-Valley-Oligarchen«*: Gettr @GETTRofficial, Tweet, 23. September 2021, Twitter.

27 *»Sag offen deine Meinung«*: »Parler: About This App«, Google Play, aktualisiert am 28. August 2022.

28 *»macht euch tagtäglich das Leben schwer«*: Steve Bannon, Moderator, »Independence Day!!; Naomi Wolf's Coup«, *War Room: Pandemic* (Podcast), Folge 1506, 23. Dezember 2021, 24:55, gepostet auf Rumble.

29 *»Massenformationspsychose«*: »No Evidence of Pandemic ›Mass Formation Psychosis,‹ Say Experts Speaking to Reuters«, Reuters Fact Check, 7. Januar 2022.

30 *»Meine Aufgabe … besteht darin«*: James Pogue, »Inside the New Right, Where Peter Thiel Is Placing His Biggest Bets«, *Vanity Fair*, 20. April 2022.

31 *»ruhig gestellt … wie die Kinder von Stepford«*: Naomi Wolf, @DrNaomiRWolf, Gettr, 16. April 2022.

32 *»neuesten Überlegungen«*: »Dr Naomi Wolf on Kristina Borjesson Show«, *Today's News Talk* (Audio), 24. Juli 2022, 26:46.

33 *»Man kann die menschliche Energie nicht so wahrnehmen«*: »Dr Naomi Wolf on Kristina Borjesson Show«, 26:58–28:26.

34 *»Lipid-Nanopartikel«*: »Dr Naomi Wolf on Kristina Borjesson Show«, 30:23, 29:30.

35 *»So wirken diese Lipid-Nanopartikel«*: »Dr Naomi Wolf on Kristina Borjesson Show«, 30:21.

36 *die Entdeckung dieses Syndroms*: Paul Meehan, *The Ghost of One's Self: Doppelgangers in Mystery, Horror and Science Fiction Films* (Jefferson, N.C.: McFarland, 2017), S. 28.

37 *»besser … Herr der Hölle zu sein«*: John Milton, *Das verlorene Paradies. Erster Gesang*, aus dem Englischen von Karl Eitner (Leipzig: Bibliographisches In-

stitut, o. J.), online unter: https://www.projekt-gutenberg.org/milton/paradies/chap002.html.

7 MAGA Plus

1 *Trump habe die Menge zum Aufruhr am 6. Januar angestiftet … die Demokraten hätten es Randalierern ermöglicht*: Patricia Zengerle, Richard Cowan und Doina Chiacu, »Trump Incited Jan. 6 Attack After ›Unhinged‹ White House Meeting, Panel Told«, Reuters, 12. Juli 2022; Dan Friedman und Abigail Weinberg, »Here's the Whole Transcript of That Leaked Steve Bannon Tape, Annotated«, *Mother Jones*, 17. August 2022.

2 *Als Russland im Oktober 2022 … Teil eines Musters der »spiegelbildlichen Projektion«*: »Putin Accuses Ukraine of ›Dirty Bomb‹ Plans, Says Risks of World Conflict High«, Reuters, 26. Oktober 2022; »Ukraine Says Russian Troops Will Fight for Key City as Proxy Government Flees«, *New York Times*, 24. Oktober 2022.

3 *Sie täuschte Empörung … nicht zu vergessen die massive Einmischung*: Julian Barnes, »Russian Interference in 2020 Included Influencing Trump Associates, Report Says«, 16. März 2021; Elaine Sciolino, »U. S. to Back Yeltsin If He Suspends Congress«, *New York Times*, 13. März 1993.

4 *»Laborleck-Theorie«*: Rob Kuznia u. a., »Weird Science: How a ›Shoddy‹ Bannon-Backed Paper on Coronavirus Origins Made Its Way to an Audience of Millions«, CNN Politics, 21. Oktober 2020; »His Glory Presents: Take FiVe w/ Dr. Naomi Wolf«, *His Glory*, 28. Juli 2022, 28:54.

5 *Monsanto gegen das Verbot seines Herbizids Roundup*: Zach Boren und Arthur Neslen, »How Lobbyists for Monsanto Led a ›Grassroots Farmers‹ Movement Against an EU Glyphosate Ban«, *Unearthed*, 17. Oktober 2018; »IARC Monograph on Glyphosate«, WHO International Agency for Research on Cancer; »Roundup Weedkiller ›Probably‹ Causes Cancer, Says WHO Study«, *The Guardian*, 21. März 2015.

6 *Johnson & Johnson*: Edward Helmore, »Lawsuits, Payouts, Opioids Crisis: What Happened to Johnson & Johnson?«, *The Guardian*, 18. Oktober 2019.

7 *seltene Fälle von Herzmuskelentzündung*: »Myocarditis and Pericarditis After mRNA COVID-19 Vaccination«, Centers for Disease Control and Prevention, 27. September 2022, https: //www.cdc.gov/coronavirus/2019-ncov/vaccines/safety/myocarditis.html.

8 *ein möglicher leichter Anstieg von Schlaganfällen*: »CDC & FDA Identify Preliminary COVID-19 Vaccine Safety Signal for Persons Aged 65 Years and Older«, Centers for Disease Control and Prevention, 13. Januar, 2023, https:/www.cdc.gov/coronavirus/2019-ncov/vaccines/safety/bivalent-boosters.html.

9 *ein Impf-»Genozid«*: Naomi Wolf, »Dear Friends, Sorry to Announce a Genocide«, *Outspoken with Dr Naomi Wolf*, Substack, 29. Mai 2022.

10 *»durch eine Erstimpfung hätten gerettet werden können«*: Krutika Amin u.a., »COVID-19 Mortality Preventable by Vaccines«, Health System Tracker, 21. April 2022.

11 *Ungeimpfte seien keine vollwertigen Bürger:* Jon Henley, »Macron Declares His Covid Strategy Is to ›Piss Off‹ the Unvaccinated«, *The Guardian*, 4. Januar 2022.

12 *einen eigenen »Transhumanismus«-Korrespondenten*: Steve Bannon, Moderator, »The Transhumanist Revolution,« *War Room: Pandemic* (Podcast), Folge 1,394, 6. November 2021; Charlie Kirk, Moderator, »Transgenderism to Transhumanism with ›Detransitioner‹ Ritchie Herron and Tech Writer Joe Allen«, *Charlie Kirk Show* (Podcast), 15. September 2022.

13 *»Ich bin eine Frau, ich bin Mutter«:* Benjamin Dodman, »›Mother, Italian, Christian‹: Giorgia Meloni, Italy's Far-Right Leader on the Cusp of Power«, France24, 24. September 2022.

14 *»perfekte Konsumsklaven«*: Ian Schwartz, »Italy's Giorgia Meloni: We Are the Enemy to Those Who Would Like Us to Have No Identity, Be the Perfect Consumer Slaves«, *RealClearPolitics*, 26. September 2022.

15 *gegen die »großen Finanzspekulanten«*: Amy Kazmin, »Giorgia Meloni Faces Economic Storm as She Prepares to Take Helm in Italy«, *Financial Times*, 18. Oktober 2022.

16 *»Der* War Room *ist eine Geldmaschine«*: Jennifer Senior, »American Rasputin«, *The Atlantic*, 6. Juni 2022.

17 *»Redet Umgangssprache«*: Mike Davis, »Ten Immodest Commandments: Lessons from a Fumbling-and-Bungling Lifetime of Activism«, *Truthout*, 20. November 2011.

18 *»Bedauernswerte«*: Steve Bannon, Moderator, »Biden Chaos; Easy Money Destroys the Deplorable's«, *War Room: Pandemic* (Podcast), Folge 1,517, 28. Dezember 2021, gepostet auf Rumble.

19 *»Nie wieder werden sie in der Lage sein«*: Steve Bannon, Moderator, »Independence Day!!; Naomi Wolf's Coup«, *War Room: Pandemic* (Podcast), Folge 1,506, 23. Dezember 2021, 17:30, gepostet auf Rumble.

20 *seine »Community«*: Bannon, »Independence Day!!«, 19:53.

21 *»Köpfe aufzuspießen«*: Dan Mangan, »Steve Bannon's Podcast Barred from Twitter After He Made Beheading Comment About Fauci, FBI Director Wray«, CNBC, 5. November 2020.

22 *»Grenzkrieg« … »inklusiven Nationalismus«*: Screencapture von *War Room*, gepostet auf der Wayback Machine des Internet Archive, 22. Oktober 2022; Steve Bannon @SteveBannon, Post, Gettr, 9. Juni 2022.

23 *Umfragen stützen diese Behauptung:* Joshua Jamerson und Aaron Zitner, »GOP Gaining Support Among Black and Latino Voters, WSJ Poll Finds«, *Wall Street Journal*, 7. November 2022.

24 *»dieses Land hundert Jahre regieren«:* Steve Bannon, Moderator, gelöschte Folge, *War Room: Pandemic* (Podcast); Bannon, »Biden Chaos«, 13:56.

25 *»wahre amerikanische Patrioten«*: »Competing Visions of America: An Evolving Identity or a Culture Under Attack? Findings from the 2021 American Values Survey«, Public Religion Research Institute, 1. November 2021.

26 *»Muskelgedächtnis«*: Steve Bannon, Moderator, gelöschte Folge, *War Room: Pandemic* (Podcast).

27 *»Schritt 3: Einen Schlägertrupp aufbauen«*: Naomi Wolf, »Fascist America, in 10 Easy Steps«, *The Guardian*, 24. April 2007.

28 *»Warrior Moms« … »Army of Moms«*: Steve Bannon, Moderator, »Parents Are Still Taking to the Streets«, *War Room: Pandemic* (Podcast), Folge 1,387, 3. November 2021, gepostet auf Rumble; Steve Bannon, Moderator, »Army of Moms Have Been Mobilized«, *War Room: Pandemic* (Video), 29. Oktober 2021, 0:45.

29 *Sie warnt Bannon eindringlich … einem Präsidenten treu gedient hat*: Bannon, »Independence Day!!«, 43:50; Myah Ward, »At Least 3,900 Children Separated from Families Under Trump ›Zero Tolerance‹ Policy, Task Force Finds«, *Politico*, 6. August 2021.

30 *»Shortlist für die Frau des Jahres«*: Steve Bannon, Moderator, *War Room: Pandemic* (Podcast), 21. Mai 2021, Clip gepostet auf Media Matters for America.

31 *und es offenbar nicht mag, wenn er als »Söldner« bezeichnet* wird: Brian W. O'Shea, Kommentare, Dr Naomi Wolf, Facebook-Post, 22. November 2014.

32 *»Viele Grüße«:* Naomi Wolf @naomirwolf, Tweet, 20. Dezember 2022, Twitter.

33 *es sei ein »notwendiger« Schritt:* »US Abortion: Best Selling Author Dr Naomi Wolf Discusses Leaked US MAISupreme Court Documents«, GB News-Kanal auf YouTube, 3. Mai 2022, 4:14–4:27.

34 *»Ich habe es verdammt nochmal SATT«:* Naomi Wolf @DrNaomiRWolf, Gettr Post, 13. Mai 2022.

35 *»ein historischer Tag«*: Bannon, »Parents Are Still Taking to the Streets«, 24:58.

36 *hatte Wolf die Angriffe einiger Feministinnen*: Rachel Savage, »INTERVIEW –U.S. Author Naomi Wolf Condemns UK's ›Moral Panic‹ on Trans Issues«, Reuters, 27. November 2020.

37 *»gewaltige Sieg«*: Bannon, »Parents Are Still Taking to the Streets«, 20:50–24:58.

38 *»Du hast so viel getan«*: Bannon, »Parents Are Still Taking to the Streets«, 20:50.

39 *»aus tiefstem Herzen«*: Naomi Wolf, »Dear Conservatives, I Apologize«, *Outspoken with Dr Naomi Wolf*, Substack, 9. März 2023.

40 *»jene Art des Schreckhaften«*: Sigmund Freud, »Das Unheimliche«, in *Imago. Zeitschrift für Anwendung der Psychoanalyse auf die Geisteswissenschaften V* (1919), S. 297–324, hier S. 298; online unter https://www.gutenberg.org/files/34222/34222-h/34222-h.htm.

41 *»Beide sind Zerrspiegel«*: »Two Birthdays«, *The Spectator*, 12. April 1939, S. 5.

42 *»Soldaten! Vertraut euch nicht Barbaren an«*: Schlussrede aus *Der große Diktator*, Regie: Charles Chaplin (United Artists, 1940), 2:43–3:15; online unter https://www.youtube.com/watch?v=PpkP0aUldUs.

43 *sich der »Sklaverei« zu widersetzen*: »Watch Dr Naomi Wolf Discuss ›Why Vaccine Passports Equal Slavery Forever‹«, DailyClout-Kanal auf YouTube, 30. März 2021.

44 *»Vernunft« und »Demokratie«*: *Der große Diktator*, 4:02–4:40.

8 Lächerlich ernst, ernsthaft sprachlos

1 *einen Satz geleakter Dokumente der Carlyle Group*: Naomi Klein, »James Baker's Double Life«, *The Nation*, 12. Oktober 2004.

2 *»Sie haben diese Schockstrategie umzusetzen versucht«*: Alexis Tsipras und Slavoj Žižek, »The Role of the European Left«, Subversive Festival, Zagreb, Kroatien, SkriptaTV-Kanal auf YouTube, 15. Mai 2013, 9:16.

3 *»Mit Bailey hat Roth einen Biographen gefunden«*: Laura Marsh, »Philip Roth's Revenge Fantasy«, *New Republic*, 22. März 2021.

4 *»Wo ist Philip?«*: Philip Roth, *Operation Shylock. Ein Bekenntnis*, übersetzt von Jörg Trobitius (München: Hanser, 1994), S. 18.

5 *»›Ich erblicke mich selbst‹«*: Roth, *Operation Shylock*, S. 77.

6 *»Ihr Name! Ihr Name!«*: Roth, *Operation Shylock*, S. 110.

7 *»Philip, mir ist«*: Roth, *Operation Shylock*, S. 30.

8 *»alle zusammen in einem«*: Roth, *Operation Shylock*, S. 33.

9 *»Es ist zu lächerlich, um es ernst zu nehmen«*: Roth, *Operation Shylock*, S. 58.

10 *»lachhafte Ersatzfigur«*: Roth, *Operation Shylock*, S. 129.

11 *»antitragische Kraft«*: Roth, *Operation Shylock*, S. 445.

12 *»unverhohlener Rassenhass« … »völkermörderisches Geschwätz«*: Tucker Carlson, »Open Race Hate Forms Much of MSNBC's Substance«, 20. Oktober 2022.

13 *»Irgendwann in den letzten fünf Jahren«*: Sarah Ditum, »Naomi Wolf Is Not a Feminist Who Became a Conspiracy Theorist – She's a Conspiracist Who Was Once Right«, *New Statesman*, 7. Oktober 2014.

14 *»Es ist eindeutig so«*: Naomi Klein, »Screen New Deal«, *The Intercept*, 8. Mai 2020.

15 *»CEO eines Technologieunternehmens«*: »Watch Dr Naomi Wolf Discuss ›Why Vaccine Passports Equal Slavery Forever‹«, DailyClout-Kanal auf YouTube, 30. März 2021.

16 *eine globale Katastrophe*: Arundhati Roy, »Durch das Tor des Schreckens«, in: Die Zeit, 8. April 2020.

17 *»diejenigen, die wollen, dass wir Insekten, Kakerlaken essen«*: Ben Blanchet, »Newsmax TV Bans Reporter over Wacky Rant About Satan, Insects and Drinking Blood«, *HuffPost*, 20. Oktober 2022.

18 *»ICH BIN DAS DU, DAS NICHT AUS WORTEN BESTEHT«*: Roth, *Operation Shylock*, S. 97.

19 *die zehn reichsten Männer der Welt*: Nabil Ahmed u.a., »Inequality Kills: The Unparalleled Action Needed to Combat Unprecedented Inequality in the Wake of COVID-19«, Oxfam International, Januar 2022.

20 *fast mit Sicherheit von der Kugel eines israelischen Soldaten getötet*: Agence-France-Presse, »Shireen Abu Aqleh Killed by ›Seemingly Well-Aimed‹ Israeli Bullet, UN Says«, *The Guardian*, 24. Juni 2022.

21 *»In vieler Hinsicht hat sich eigentlich gar nichts verändert«*: Angela Davis im Interview mit Alonzo King (Audio-Aufzeichnung), *City Arts & Lectures*, 24. Mai 2022.

22 *»Build back better. Bla, bla, bla«*: »Greta Thunberg Mocks World Leaders in ›Blah, Blah, Blah‹ Speech«, BBC News-Kanal auf YouTube, 28. September 2021, 0:06–0:52.

23 *»Sie haben es sogar noch geschafft«*: »Greta Thunberg: ›COP26 Even Watered Down the Blah, Blah, Blah‹«, BBC News, 15. November 2021.

24 *»Irgendwann muss man so leben«*: Tamara Lindeman, »Loss«, auf dem Album *Ignorance* (Fat Possum Records, 2021).

9 Die extreme Rechte trifft auf den Eso-Extremismus

1 *eines koordinierten »World Wide Walkout«-Tags*: Naomi Wolf, @DrNaomiRWolf, »#walkoutwednesday«, Gettr Post, 3. November 2021.

2 *»Ich finde, eine Impfung ist irgendwie widernatürlich«*: »Newsmax Host Suggests Vaccines Are ›Against Nature‹, and Some Diseases Are ›Supposed to Wipe Out a Certain Amount of People‹«, Media Matters for America, 12. Juli 2021 (Video und Transkript von *Rob Schmitt Tonight*, Newsmax, 9. Juli 2021).

3 *»Eine wunderbare Seuche«*: »The Charter of New England: 1620«, *The Avalon Project: Documents in Law, History, and Diplomacy*, Yale Law School.

4 *»Die Eingeborenen dieser Gegend«*: Howard Simpson, *Invisible Armies: The Impact of Disease on American History* (New York: Bobbs-Merrill, 1980), S. 7.

5 *schrieb über »die Indianer«*: »A New Description of That Fertile and Pleasant Province of Carolina, by John Archdale, 1707«, in *Original Narratives of Early American History: Narratives of Early Carolina 1650–1708*, hg. von Alexander Salley Jr. (New York: Charles Scribner's Sons, 1911), S. 282–311.

6 *»Konspiritualität«*: Charlotte Ward und David Voas, »The Emergence of Conspirituality«, *Journal of Contemporary Religion* 26, Nr. 1 (2011), S. 103–121.

7 *»Desinformations-Dutzend«*: »The Disinformation Dozen: Why Platforms Must Act on Twelve Leading Online Anti-Vaxxers«, Center for Countering Digital Hate, 24. März 2021.

8 Deutsch unter dem Titel *Frauenkörper – Frauenweisheit. Wie Frauen ihre ursprüngliche Fähigkeit zur Selbstheilung wiederentdecken können*, übersetzt von Irmgard Hölscher und Sabine Schulte, komplett überarbeitete Neuauflage (München: ZS Verlag, 2017).

9 *Christiane Northrup*: Sam Kestenbaum, »Christiane Northrup, Once a New Age Health Guru, Now Spreads Covid Disinformation«, *Washington Post*, 3. Mai 2022 (aktualisiert am 9. Mai 2022).

10 *»Man darf frittierte Gewürzgurken essen gehen«*: Jessica Wallace, »Kamloops Gym Owners Explain Why They Remain Open Despite Public Health Order Mandating They Close«, *Kamloops This Week*, 23. Dezember 2021.

11 *»eine dritte Arbeitsschicht nach Feierabend«*: Naomi Wolf, *Der Mythos Schönheit*, übersetzt von Cornelia Holfelder-von der Tann (Reinbek bei Hamburg: Rowohlt, 1991), S. 33.

12 *»In gewisser Weise gehörte das zu einem allgemeinen Trend«*: Barbara Ehrenreich, *Wollen wir ewig leben? Die Wellness-Epidemie, die Gewissheit des Todes und unsere Illusion von Kontrolle*, übersetzt von Ursel Schäfer und Enrico Heinemann (München: Kunstmann, 2018), S. 70–72.

13 *»Ich kann vielleicht nichts an der großen Ungerechtigkeit auf der Welt ändern«*: Ehrenreich, *Wollen wir ewig leben?*, S. 73.

14 *»Ich war das kalte, unvorteilhafte Licht in Umkleidekabinen leid«*: Carmen Maria Machado, *Ihr Körper und andere Teilhaber*, übersetzt von Anna-Nina Kroll (Stuttgart: Tropen, 2019), S. 190.

15 *»Ich knie mich daneben«*: Machado, *Ihr Körper und andere Teilhaber*, S. 204.

16 *»Das Alter ist kein Kampf, das Alter ist ein Massaker«*: Philip Roth, *Jedermann*, übersetzt von Werner Schmitz (München: Hanser, 2006), S. 148.

17 *»Schwarze Frauen an einer schwangerschaftsbedingten Komplikation« … dass die Sterblichkeit*: »Working Together to Reduce Black Maternal Mortality«, Centers for Disease Control and Prevention, 3. April 2023; Danielle M. Ely und Anne K. Driscoll, »Infant Mortality in the United States, 2019: Data from the Period Linked Birth/Infant Death File«, *National Vital Statistics Reports* 70, Nr. 14 (8. Dezember 2021), S. 1–17.

18 *»Ich möchte euch zeigen, wie einfach«*: »About: A Note from Steph«, Glowing Mama (Website), aufgerufen am 13. Oktober 2022.

19 *»den Sexismus der Medizin«*: Michelle Cohen, »Goop Has Exploited the Medical Establishment's Failures on Women's Health«, CBC News, 27. August 2018.

20 Deutsch unter dem Titel *Unser Körper, unser Leben. Ein Handbuch von Frauen für Frauen* (Reinbek bei Hamburg: Rowohlt, 1980).

21 *»eine der häufigsten Todesursachen«*: Rupa Marya @DrRupaMarya, Tweet, 15. Mai 2022, Twitter.

22 *schätzungsweise 155 Milliarden Dollar*: »Dietary Supplements Market Report till 2027«, MarketsandMarkets, April 2022.

23 *»Wenn ihr nicht uns unterstützt«*: Alex Jones, »The Alex Jones Show«, *Infowars*, 11. Mai 2022.

24 *Bundesstaaten wie Wyoming und Mississippi*: John Elflein, »Percentage of U.S. Population Who Had Been Given a COVID-19 Vaccination as of Oktober 5, 2022, by State or Territory«, Statista, Oktober 2022.

25 *»Gesundheit ist NICHT DAS ZIEL des medizinischen Establishments«*: »Homepage«, Christiane Northrup M.D. (Website), aufgerufen am 3. Januar 2023.

26 *»Hasst du meinen Körper, Mom?«*: Machado, *Ihr Körper und andere Teilhaber*, S. 203.

27 *Fettleibigkeit, Diabetes und einige Formen der Sucht*: »People with Certain Medical Conditions«, Covid-19, Centers for Disease Control and Prevention, aktualisiert am 10. Februar 2023.

28 *»Esst verdammt noch mal eine Karotte und springt auf ein Laufband«*: @glowing mamafit, Instagram Reel, 13. September 2021.

29 *»Auch Tausende weiße Amerikaner«*: Keeanga-Yamahtta Taylor, »The Black Plague«, *New Yorker*, 16. April 2020.

30 *doch es änderte sich im weiteren Verlauf der Pandemie*: Akilah Johnson und Dan Keating, »Whites Now More Likely to Die from Covid Than Blacks«, *Washington Post*, 19. Oktober 2022.

31 *»Sie waren ein voller Erfolg!«*: »Nashville Hat Shop Faces Backlash for Selling Anti-vaccine Nazi Jewish Star«, BBC News, 30. Mai 2021.

32 *»Die Slawen sollen für uns arbeiten«*: Der Prozess gegen die Hauptkriegsverbrecher vor dem Internationalen Militärgerichtshof Nürnberg, 14. November 1945–1. Oktober 1946, S. 557 (amtlicher Wortlaut in deutscher Sprache); online unter http://www.zeno.org/Geschichte/M/Der+N%C3%BCrnberger+Proze%C3%9F/Hauptverhandlungen/Einhundertachtundachtzigster+Tag.+Samstag,+27.+Juli+1946/Vormittagssitzung.

33 Ein *»aus der Zukunft geholter Tod«*: Beatrice Adler-Bolton, »Deaths Pulled from the Future«, *Blind Archive*, Substack, 3. Januar 2022.

34 *man könne »die Nationen der Welt«*: »Living and Dying Nations: From Lord Salisbury's Speech to the Primrose League, May 4«, *New York Times*, 18. Mai 1898.

35 *Von den ersten 800 000 Personen … starben in armen Bezirken des Landes*: Julie Bosman, Amy Harmon und Albert Sun, »As U. S. Nears 800,000 Virus Deaths, 1 of Every 100 Older Americans Has Perished«, *New York Times*, 13. Dezember 2021; »A Poor People's Pandemic Report: Mapping the Intersections of Poverty, Race and COVID-19«, Executive Summary, Poor People's Campaign, April 2022.

36 »Leute, die sich selber sehen«: Andrew J. Webber, *The Doppelgänger: Double Visions in German Literature* (New York: Oxford University Press, 1996), S. 3.

37 *Vancouver ist die drittteuerste Stadt*: Tom Huddleston Jr., »These Are the 5 Most Expensive Cities in the U. S. and Canada – and Los Angeles Isn't One of Them«, CNBC News, 6. Juli 2022.

38 *Viele Beobachter mutmaßten*: Jen St. Denis, »The Billionaire and the Mayor«, *The Tyee*, 24. Oktober 2022.

39 *»Zu manchen Frauenkörpern passen sie nicht«*: Harry Bradford, »Lululemon's Founder Blames Yoga Pants Problem on Women's Bodies«, *HuffPost*, 6. November 2013.

40 *»Sind Erektionen wichtig?«*: Bob Kronbauer, »Here's the Weird Essay Chip Wilson Just Wrote About Erections«, *Vancouver Is Awesome*, 29. Mai 2019.

41 *um rechtsgerichtete Politiker und aufsehenerregende Medienoperationen zu finanzieren*: Marc Fawcett-Atkinson, »Right-Wing Populist Group Fined for Ads Targeting Left-Leaning Politicians«, *National Observer*, 7. Oktober 2022; Dan Fumano, »Lululemon Founder Gives $380,000 to Boost B.C.'s Right-Leaning Candidates, Asks Others to Donate«, *Vancouver Sun*, 3. August 2022.

42 *»Bei den Wahlen ging es um die Angst vor Kriminalität«:* Garth Mullins @garth mullins, Tweet, 16. Oktober 2022, Twitter.

10 Autismus und Impfgegnerschaft

1 *Chlordioxid*: siehe z. B. Kerri Rivera mit Kimberly McDaniel und Daniel Bender, *Healing the Symptoms Known as Autism*, 2. Auflage, E-Book (Kerri Rivera, Selbstverlag, 2014), S. 81.

2 *»erwiesenermaßen falsch«*: »Retraction – Ileal-Lymphoid-Nodular Hyperplasia, Non-Specific Colitis, and Pervasive Developmental Disorder in Children«, *The Lancet* 375, Nr. 9713, 6. Februar 2010, S. 455.

3 *Fehlerhafte »Interpretation«*: Simon H. Murch u. a., »Retraction of an Interpretation«, *The Lancet* 363, Nr. 9411, 6. März 2004, S. 750. Von den zwölf Co-Autoren, mit denen die Zeitschrift Kontakt aufnehmen konnte, zogen zehn den Aufsatz zurück. Der dreizehnte Co-Autor, John Linnell, war nicht zu erreichen. Andrew Wakefield und Peter Harvey lehnten den Rückzug des Aufsatzes ab.

4 *»gefühllose Missachtung«*: »Fitness to Practise Panel Hearing«, General Medical Council (UK), 28. Januar 2010.

5 *Wiederaufleben einiger Krankheiten*: Manisha Patel u. a., »Increase in Measles Cases: United States, January 1–April 26, 2019«, *Morbidity and Mortality Weekly Report*, Centers for Disease Control and Prevention, 3. Mai 2019. »Ausrottung« (Elimination) definiert als »Unterbrechung einer kontinuierlichen Masern-Infektionskette über einen Zeitraum von mindestens zwölf Monaten in einer bestimmten geographischen Region«.

6 *»höchste Anzahl gemeldeter Fälle seit 23 Jahren«*: »Worldwide Measles Deaths Climb 50 % from 2016 to 2019 Claiming over 207,500 Lives in 2019«, Pressemitteilung der World Health Organization, 12. November 2020.

7 *»Meine Hochachtung für die ganzen Forschungen«*: Naomi Wolf, »›TRUTH‹ with Robert F. Kennedy, Jr. Featuring Naomi Wolf – Season 2 Episode 21«, Children's Health Defense (Video), 8. März 2021, 06:20.

8 *»Die Weihnachtsgabe für dieses Jahr«*: »The Real Anthony Fauci and The Bodies of Others Boxed Set«, All Seasons Press, https: //www.allseasonspress.com/store/p/the-real-anthony-fauci-and-the-bodies-of-others-boxed-set, aufgerufen am 12. Januar 2023.

9 *»nahezu autistisch« …»autistisches Verhalten«*: Naomi Wolf, *The Bodies of Others: The New Authoritarians, COVID-19 and the War Against the Human* (Fort Lauderdale, Fla.: All Seasons Press, 2022), S. 97; deutsch unter dem Ti-

tel *Im Grunde böse. COVID-19, die neuen Machteliten und ihr Krieg gegen die Menschlichkeit*, übersetzt von Ottilie Bauer (Rottenburg: Kopp, 2022); Naomi Wolf, »Global Predators and the Assault on Human Freedom: The Naomi Wolf Interview«, *The Monica Crowley Podcast*, 25. Mai 2022, 27:42–29:12, gepostet auf Apple Podcasts.

10 »Erzählt mir bloß nicht«: @glowingmamafit, Instagram-Video, 13. September 2021.

11 *Masken und Impfstoffe … antirassistische Erziehung … geschlechtliche Ausdrucksformen*: »›This Is Rape‹: Protesters Yell at Parents Walking with Masked Kids at School Event«, CNN News (Video), 8. Oktober 2021; Andrew Guttman, »Dad Who Decried Antiracism Initiatives at Brearley Urges Parents to Join Fight«, *New York Post*, 8. Mai 2021; »Digital Hate: Social Media's Role in Amplifying Dangerous Lies About LGBTQ+ People«, Center for Countering Digital Hate and Human Rights Campaign, 10. August 2022.

12 *Verhaltensformen »auslöschen«*: »Auslöschung bezieht sich auf ein grundlegendes Verhaltensmuster und soll unerwünschtes Verhalten auslöschen oder beenden. Einfach ausgedrückt: Wenn ein Verhalten verstärkt wird, setzt es sich fort. Die Auslöschung beseitigt die verstärkenden Faktoren, und das Verhalten hört auf.« Lizzy Engelman, »A Crash Course on Extinction«, *ABA Solutions* (Blog), 15. Juli 2019.

13 *»seiner großen Angst vor Innenräumen«*: Whitney Ellenby, »Bystanders Were Horrified. But My Son Has Autism, and I Was Desperate«, *Washington Post*, 27. Februar 2018.

14 *»Sehr viele autistische Kinder«*: Aaden Friday, »When You're Autistic, Abuse Is Considered Love«, *The Establishment*, 21. März 2018.

15 *In diesen »kostbaren Momenten«*: Ellenby, »Bystanders Were Horrified«.

16 *»nicht mehr von ihren normalen Freunden zu unterscheiden«*: Ole Ivar Lovaas, »Behavioral Treatment and Normal Educational and Intellectual Functioning in Young Autistic Children«, *Journal of Consulting and Clinical Psychology* 55, Nr. 1 (1987), S. 8.

17 *Obwohl Milliarden für die Autismus-Forschung ausgegeben wurden*: »Research Funding for Autism in the United States from 2008 to 2023«, Statista, 8. September 2022.

18 *Bei einem von 44 … bei einem von 150*: »Community Report on Autism 2021«, Autism and Developmental Disabilities Monitoring Network, Centers for Disease Control and Prevention; »Prevalence of Autism Spectrum Disorders«, Autism and Developmental Disabilities Monitoring Network, Centers for Disease Control and Prevention, 30. März 2012.

19 *dass sich die klinische Definition von Autismus erweitert hat*: Lorna Wing, *The Autistic Spectrum*, aktualisierte Ausgabe (London: Constable & Robinson, 2002), S. 23.

20 *dass sich viel mehr Menschen testen ließen*: Steve Silberman, *Geniale Störung.*

Die geheime Geschichte des Autismus und warum wir Menschen brauchen, die anders denken, übersetzt von Harald Stadler und Barbara Schaden (Köln: Dumont, 2. Auflage 2019), S. 53 ff., S. 456 f.

21 *immer besser gelungen, Autismus bei Mädchen zu erkennen … auch bei Schwarzen, Indigenen und Latino-Jungen*: Laura Hull, K. V. Petrides und William Mandy, »The Female Autism Phenotype and Camouflaging: A Narrative Review«, *Review Journal of Autism and Developmental Disorders* 7, Nr. 4 (2020), S. 306–317; Terra Vance, »What's in a Word: Autism and White Privilege«, *Neuroclastic: The Autism Spectrum According to Autistic People*, 2. Juni 2019; David S. Mandell u. a., »Race Differences in the Age at Diagnosis Among Medicaid-Eligible Children with Autism«, *Journal of the American Academy of Child & Adolescent Psychiatry* 41, Nr. 12 (2002), S. 1447–1453.

22 *bei Kindern älterer Eltern*: Kristen Lyall u. a., »The Changing Epidemiology of Autism Spectrum Disorders«, *Annual Review of Public Health* 38, Nr. 1 (2017), S. 81–102.

23 *»Impfgegner-Hauptstadt« … 66,8 Prozent der Einjährigen … Diphtherie*: Ben Smee, »When Covid Came to the Anti-Vax Capital of Australia«, *The Guardian*, 13. August 2021; »Children Fully Immunised in NSW by Local Government Area 2020–21«, NSW Government Health, aktualisiert am 3. September 2021; Jennifer King, »Now Diphtheria: Is Northern NSW Incubating Another Australian Health Crisis?«, *The Guardian*, 8. Juli 2022.

24 *»bin ich gestorben«*: Jenny McCarthy, *Mother Warriors: A Nation of Parents Healing Autism Against All Odds* (New York: Penguin, 2009), S. 7.

25 *»Wenn man uns Eltern mit autistischen Kindern fragen würde«*: Jenny McCarthy, »We're Not an Anti-Vaccine Movement … We're Pro-Safe Vaccine«, *Frontline*, PBS, 23. März 2015.

26 *»Die Welt, in der wir leben«*: Eric Garcia, »Tracing America's Covid Vaccine Conspiracies to Autism Fearmongering«, MSNBC Opinion, 8. Dezember 2021.

27 *»Die Ideen lagen herum«*: Milton Friedman mit Rose D. Friedman, *Capitalism and Freedom* (Chicago: University of Chicago Press, 2002), S. XIV.

28 *Der Schwindel fing schon*: »Fitness to Practise Panel Hearing«, General Medical Council.

29 *»Bumm – die Seele ist aus seinen Augen verschwunden«*: »Jenny McCarthy and Holly Robinson Peete Discuss Their Battles with Autism on Oprah«, *People*, 18. September 2007.

30 *zwei bis vier von zehntausend*: Lorna Wing und David Potter, »The Epidemiology of Autistic Spectrum Disorders: Is the Prevalence Rising?«, *Mental Retardation and Developmental Disabilities Research Reviews* 8, Nr. 3 (2002): S. 151–161.

31 *»zweifellos mit guten kognitiven Fähigkeiten ausgestattet«*: Leo Kanner, »Autistic Disturbances of Affective Contact«, *Nervous Child* 2 (1943), S. 247.

32 *»Spektrum-Störung«*: Wing, *The Autistic Spectrum.*

33 *»hochfunktionaler« Autismus*: *Diagnostic and Statistical Manual of Mental Disorders*, 4. Auflage (Washington, D. C.: American Psychiatric Association, 1994), S. 954 f.

34 *»Mythos der Wechselbälger«*: Lorna Wing, »The History of Ideas on Autism: Legends, Myths and Reality«, *Autism* 1, Nr. 1 (1997), S. 13 f.

35 *»In manchen Versionen«*: Wing und Potter, »The Epidemiology of Autistic Spectrum Disorders«, S. 151.

36 *um die Feen-Eltern dazu zu bringen*: Kristen L. Bone, »Murders Most Foul: Changeling Myths«, in Helen Gavin (Hg.), *Women and the Abuse of Power: Interdisciplinary Perspectives* (Bingley, UK: Emerald, 2022), S. 31–42.

37 *»[Der Wechselbalg] musste neunmal mit Birkenzweigen geschlagen werden«*: Carl Haffter, »The Changeling: History and Psychodynamics of Attitudes to Handicapped Children in European Folklore«, *Journal of the History of the Behavioral Sciences* 4, Nr. 1 (1968), S. 57.

38 *»Es gibt hinreichende Beweise dafür«*: D. L. Ashliman, »Changelings: An Essay«, Abschnitt 6, 1997.

39 *»Geschichten mit einem derart phantastischen Ende«*: Ashliman, »Changelings«, Abschnitt 6.

40 *»Parallel zu den steigenden Fallzahlen«*: Silberman, *Geniale Störung*, S. 54.

41 *elf Prozent von Wiens damaliger Einwohnerschaft*: Mario Holzner und Michael Huberman, »Red Vienna: A Social Housing Experiment, 1923–1933«, *Journal of Interdisciplinary History* 53, Nr. 1 (2022), S. 49–88.

42 *»Die Wiener Sozialisten«*: Tamara Kamatovic, »How Vienna's Socialist City Hall Put Children at the Heart of the Welfare State«, *Jacobin*, 22. Juni 2020.

43 *»Nicht mehr geknechtet«*: Otto Felix Kanitz, *Das proletarische Kind in der bürgerlichen Gesellschaft* (Jena: Urania, 1925), S. 35, zitiert in: Kamatovic.

44 *»Kein Wiener Kind«*: zitiert in: Kamatovic.

45 *»Wer Kindern Paläste baut«*: zitiert in: Kamatovic.

46 *»Wien hatte sich in einen Schmelztiegel für Ideen verwandelt«*: Edith Sheffer, *Aspergers Kinder: Die Geburt des Autismus im »Dritten Reich«*, übersetzt von Stephan Gebauer (Frankfurt / New York: Campus 2018), S. 40 f.

47 *Wie Silberman belegt*: Silberman, *Geniale Störung*, S. 100 f.

48 *»›Familienwohlfahrt‹ unter den Nazis«*: Kamatovic, »How Vienna's Socialist City Hall Put Children at the Heart of the Welfare State«.

49 *»lebensunwert«*: Dieser Begriff wird für gewöhnlich der NSDAP zugeschrieben, die ihn wahrscheinlich von dem Juristen Karl Binding und dem Psychiater Alfred Hoche übernommen hat. Siehe Karl Binding und Alfred Hoche, *Die Freigabe der Vernichtung lebensunwerten Lebens: Ihr Maß und ihre Form* (Leipzig: Meiner, 1920). Siehe auch Howard Brody und M. Wayne Cooper, »Binding and Hoche's ›Life Unworthy of Life‹: A Historical and Ethical Analysis«, *Perspectives in Biology and Medicine* 57, Nr. 4 (2014), S. 500–511.

50 *»Es gibt viele andere Wege«*: Hans Asperger, »Das psychisch abnorme Kind«, in: *Wiener klinische Wochenschrift* 50 (1937), S. 1460–1461, hier S. 1461, zitiert in Sheffer, *Aspergers Kinder*, S. 245.

51 *»die Weitergabe kranken Erbguts«*: Hans Asperger, »Das psychisch abnorme Kind«, *Wiener Klinische Wochenschrift* 49 (1938), S. 1314–1317, hier S. 1314, zitiert in: Herwig Czech, »Hans Asperger, National Socialism, and ›Race Hygiene‹ in Nazi-Era Vienna«, *Molecular Autism* 9, Nr. 1 (2018), S. 13.

52 *»autistische Psychopathen«*: Hans Asperger, »Das psychisch abnorme Kind« (1938), S. 1316, zitiert in: Sheffer, *Aspergers Kinder*, S. 245.

53 *»Gemütsarmut«*: Hans Asperger, »Die ›autistischen Psychopathen‹ im Kindesalter«, in *Archiv für Psychiatrie und Nervenkrankheiten* 117, Nr. 1 (1944), S. 76–136, hier S. 121, zitiert in: Sheffer, S. 177.

54 *»als komische Originale auf den Straßen«*: Asperger, »Die ›autistischen Psychopathen‹«, S. 132, zitiert in: Sheffer, S. 203.

55 *»kleine Professoren«*: Silberman, *Geniale Störung*, S. 16.

56 *»[Wir] wissen ..., wie viele von unseren ehemaligen Kindern«*: Hans Asperger, »Zur Erziehungstherapie in der Jugendfürsorge«, in: *Monatsschrift für Kinderheilkunde* 87 (1941), S. 238–247, hier S. 247, zitiert in: Czech, »Hans Asperger, National Socialism, and ›Race Hygiene‹ in Nazi-Era Vienna«, S. 16.

57 *Neuere Forschungen haben ergeben*: Czech, S. 20.

58 *»Das Urteil darüber«*: Sheffer, *Aspergers Kinder*, S. 74 f.

59 *»In meinem Herzen bin ich mit euch«*: Philip Roth, *Operation Shylock. Ein Bekenntnis*, übersetzt von Jörg Trobitius (München: Hanser 1994), S. 66 f.

60 *»Die Deutschen haben der ganzen Welt«*: Roth, *Operation Shylock*, S. 68.

61 *»Das janusköpfige Verhalten Aspergers«*: Sheffer, *Aspergers Kinder*, S. 16.

62 *»Ich interessiere mich für die Ideologie«*: Anna N. de Hooge, »Binary Boys: Autism, Aspie Supremacy and Post/Humanist Normativity«, *Disability Studies Quarterly* 39, Nr. 1 (2019).

Teil drei Schattenzonen

11 Ruhe, Verschwörung ... Kapitalismus

1 *»die realen Bedrohungen, die sich am Horizont abzeichnen«:* Rodrigo Nunes, »Are We in Denial About Denial?«, *Public Books*, 25. November 2020.

2 *»Daher ist Ruhe eine Form des Widerstands«*: John Berger, Stimme zum Buch (»Advance Praise«), *The Shock Doctrine: The Rise of Disaster Capitalism* (Website), aufgerufen am 8. November 2022.

3 *»auf schockierende Weise schockierend« ... »jagen einem schreckliche Angst ein«*: Steve Bannon, Moderator, »Naomi Wolf: The Lies of Pfizer«, *War Room: Pandemic* (Podcast), 4. Mai 2022, 0:41, gepostet auf Rumble; Paul Elias Alexander, »Dr. Wolf: Twitter Ban – Menstrual Dysregualtion [*sic*] and Serious

Fertility Issues After COVID Injection«, 30. Juli 2022, 11:42, gepostet auf Rumble.

4 *»Ich möchte nicht übertreiben«:* Naomi Wolf, interviewt von Steve Bannon, *War Room: Pandemic* (Podcast), Folge 1,076, 6. Juli 2021, 27:17–27:35.

5 *»die Überzeugung, dass bestimmte Ereignisse«:* »Identifying Conspiracy Theories« (»So erkennt man Verschwörungstheorien«), European Commission, aufgerufen am 8. November 2022.

6 *»Warum steht nirgends, dass die wirklich ausschlaggebende Funktion«:* Naomi Wolf, *Der Mythos Schönheit*, übersetzt von Cornelia Holfelder-von der Tann (Reinbek bei Hamburg: Rowohlt, 1991), S. 88 f.

7 *sah sie eine Verschwörung und einen »Krieg«:* Naomi Wolf, »The Shocking Truth About the Crackdown on Occupy«, *The Guardian*, 25. November 2011.

8 *»Ich glaube daran, dass Frauen so ausgestattet werden müssen«:* Katharine Viner, »Stitched Up«, *The Guardian*, 1. September 2001.

9 *»ein Kind des Narrativs«:* Alexander, »Dr. Wolf: Twitter Ban«, 16:29.

10 *»Die liberale Unterstützung des Individualismus«:* Jack Bratich, E-Mail an die Autorin, 26. Oktober 2022.

11 *»So etwas wie Gesellschaft gibt es nicht«:* Margaret Thatcher, 23. September 1987, Transkript eines Interviews von Douglas Key für *Woman's Own*, Margaret Thatcher Foundation.

12 *»Wenn Covid wirklich etwas Ernstes wäre«:* Nikou Asgari, »›A Form of Brainwashing‹: Why Trump Voters Are Refusing to Have a Vaccine«, *Financial Times*, 20. Juli 2021.

13 *»souveräne Bürger«:* »Sovereign Citizens Movement«, Southern Poverty Law Center, aufgerufen am 8. November 2022.

14 *Er wurde zuerst von den türkischen Linken zur Beschreibung:* Ryan Gingeras, »How the Deep State Came to America«, *War on the Rocks*, 4. Februar 2019.

15 *»Geschäftsleute des gleichen Gewerbes«:* Adam Smith, *Der Wohlstand der Nationen. Eine Untersuchung seiner Natur und seiner Ursachen*, übersetzt von Horst Claus Recktenwald (München: C. H. Beck, 1974), S. 112.

16 *»die herrschende Klasse ist, die Klassensolidarität zeigt«:* Mark Fisher, »Exiting the Vampire Castle«, *Open Democracy*, 24. November 2013. Wiederveröffentlichung mit Erlaubnis von *The North Star* (Erstveröffentlichung: 22. November 2013).

17 *»Machtmissbrauch erzeugt Verschwörungsvorwürfe«:* Marcus Gilroy-Ware, *After the Fact? The Truth About Fake News* (London: Repeater Books, 2020), S. 169. Kursivierungen im Original.

18 *dass so viele an realen Verschwörungen Beteiligte straflos davonkommen:* Sarah Kendzior, *They Knew: How a Culture of Conspiracy Keeps America Complacent* (New York: Flatiron Books, 2022).

19 *»ist wirklich jemand der Ansicht«:* Mark Fisher, *Kapitalistischer Realismus*

ohne Alternative? Eine Flugschrift, übersetzt von Christian Werthschulte, Peter Scheiffele und Johannes Springer (Hamburg: VSA Verlag, 2013), S. 80.

20 *die »völlig ungerechtfertigte und brutale Invasion des Irak«*: »George W. Bush Confuses Iraq with Ukraine in Gaffe«, Associated Press-Kanal auf YouTube, 19. Mai 2022.

21 *»Verschwörungstheorien sind die Fehlzündung«*: Gilroy-Ware, *After the Fact?*, S. 169.

22 *»Du steckst hier in deinem Körper fest«*: Daisy Hildyard, »The Second Body«, *The Learned Pig*, 15. November 2017. Auszug aus Daisy Hildyard, *The Second Body* (London: Fitzcarraldo Editions, 2017).

23 *»Es ist niemals ein Dokument der Kultur«*: Walter Benjamin, »Über den Begriff der Geschichte«, in *Illuminationen. Ausgewählte Schriften* (Frankfurt am Main: Suhrkamp, 1980), S. 254.

24 *»Es steht, glaube ich, außer Frage«*: James Baldwin, »The Creative Process«, in *The Price of the Ticket: Collected Nonfiction 1948–1985* (New York: St. Martin's / Marek, 1985), S. 317.

25 *»Wenn man auf einem ehemaligen Schlachtfeld«*: Deena Metzger, *La Vieja: A Journal of Fire* (Topanga, Kalif.: Hand to Hand, 2022), S. 1.

12 Umkehr ist der einzige Ausweg

1 *»Eines Tages werden unsere Kinder«*: Naomi Wolf, »I'm Not ›Brave‹; You're Just … y«, *Outspoken with Dr Naomi Wolf*, Substack, 2. März 2022.

2 *»Atlas des menschlichen Leids«*: UN-Generalsekretär António Guterres: Anmerkungen zur Pressekonferenz – Vorstellung des IPCC-Berichts, Genf, 28. Februar 2022. UNRIC – regionales Informationszentrum der Vereinten Nationen, online unter: https://unric.org/de/ipcc280202022/.

3 *»Am dritten Tag meines Aufenthalts«*: Wolf, »I'm Not ›Brave‹ «.

4 *»die Botschaft«*: Wolf, »I'm Not ›Brave‹ «.

5 *hatte New Yorks Bürgermeister Eric Adams bereits angekündigt*: Eric Adams @NYCMayor, Tweet, 27. Februar 2022, Twitter.

6 *Ein paar Tage später*: »As COVID Cases Plummet and Vaccination Rates Reach New Heights, Mayor Adams Announces Next Phase of Pandemic Response«, NYC: Official Website of the City of New York, 4. März 2022.

7 *»zwangsweise getrennte Einrichtungen«*: Wolf, »I'm Not ›Brave‹ «.

8 *Wolf bewundert sie immerhin so sehr*: Ann Gerhart, »Who's Afraid of Naomi Wolf? The List Is Growing Fast Since the ›Promiscuities‹ Author Turned Gore Adviser«, *Washington Post*, 5. November 1999.

9 *als lebten wir alle*: Naomi Wolf, »A Lost Small Town«, *Outspoken with Dr Naomi Wolf*, Substack, 26. Oktober 2022.

10 *Eine Hilfslehrerin … »Ich stehe hier für Rosa Parks«*: Ryan Clarke, »Newberg School Staffer Shows Up in Blackface, Fired from Position«, *Newberg Graphic*,

20. September 2021; Lars Larson, Talkmaster, »Lauren Pefferle – NW School Worker Shows Up to Protest Vaccine Mandate … in Blackface«, *The Lars Larson Show*, 23. September 2021, 3:18, gepostet auf SoundCloud.

11 *Let Them Breathe*: Tania Thorne, »The Woman Behind Let Them Breathe; the Fight Against School Mask Mandates«, KPBS, 20. Oktober 2021.

12 *»Wir sind von unserer Regierung versklavt worden«*: Eoin Higgins, »Fresh Off Twitter Ban, Naomi Wolf to Headline Anti-Vax ›Juneteenth‹ Event«, *The Flashpoint*, Substack, 8. Juni 2021.

13 *»In der Geschichte dieser Nation« … »totale Diskriminierung«*: Naomi Wolf @DrNaomiRWolf, Gettr-Post (Video), 30. Juni 2022, 2:01 und 3:58.

14 *»wichtiger Moment in der Geschichte dieser Nation«*: Wolf, Gettr-Post, 30. Juni 2022, 3:11.

15 *»Wir hatten mehr als 150 gefakte Ein-Stern-Bewertungen«*: April Ehrlich, »Salem Restaurant Buried in Fake Reviews, Hateful Comments Following Naomi Wolf Incident«, Oregon Public Broadcasting, 1. August 2022.

16 *»Schade, dass Sie sich selbst derart in den Mittelpunkt stellen«*: Wolf, Gettr-Post, 30. Juni 2022, 3:32.

17 *»der Traum«*: Ta-Nehisi Coates, *Zwischen mir und der Welt*, übersetzt von Miriam Mandelkow (München: Hanser Berlin, 2016), S. 18.

18 *»Diese kollektiven Bemühungen«*: Keeanga-Yamahtta Taylor, »American Racism and the Buffalo Shooting«, *New Yorker*, 15. Mai 2022.

19 *»von Shadowbans Betroffene«*: Naomi Wolf @DrNaomiRWolf, Gettr-Post, 14. April 2022.

20 *drei Jahre alt*: »Remains of Children of Kamloops Residential School Discovered«, Presseerklärung, Kamloops Indian Band, 21. Mai 2021.

21 *»kultureller Genozid«*: *Honouring the Truth, Reconciling for the Future: Summary of the Final Report of the Truth and Reconciliation Commission of Canada* (Truth and Reconciliation Commission of Canada, 2015), S. 1.

22 *mindestens 150 000 Kinder*: *Honouring the Truth, Reconciling for the Future*, S. 3.

23 *gezwungen …, diese sogenannten »Internatsschulen« zu besuchen*: *Honouring the Truth, Reconciling for the Future*, S. 53.

24 *die Namen von 3201 Kindern … mittlerweile auf 4117 aktualisiert*: *Canada's Residential Schools: Missing Children and Unmarked Burials: The Final Report of the Truth and Reconciliation Commission of Canada*, Bd. 4 (Montreal: McGill-Queen's University Press, 2015), S. 15; »Concerted National Action Overdue for All the Children Who Never Came Home from Residential Schools«, gemeinsame Presseerklärung, National Centre for Truth and Reconciliation und Indian Residential School History and Dialogue Centre an der University of British Columbia, 2. Juni 2021.

25 *eher bei 25 000*: »Murray Sinclair on the Deaths of Children in Residential Schools, and What Must Be Done to Help Survivors«, *The Current*, CBC Radio, 2. Juni 2021, 5:57–6:23.

26 *mehr als zweitausend mutmaßliche anonyme Gräber*: Carina Xue Luo, »Missing Children of Indian Residential Schools«, Academic Data Centre, Leddy Library, University of Windsor, 6. September 2022.

27 *»den Indianer im Kind zu töten«*: »Residential Schools in Canada: Education Guide«, Historica Canada, 9, aufgerufen am 3. Januar 2023.

28 *»Ja, es war Völkermord«*: Ka'nhehsí:io Deer, »Pope Says Genocide Took Place at Canada's Residential Schools«, CBC News, 30. Juli 2022.

29 *Kanadas Parlament verabschiedete daraufhin einstimmig*: Sean Kilpatrick, »Motion to Call Residential Schools Genocide Backed Unanimously«, *Globe and Mail*, 28. Oktober 2022.

30 *»Hunger ist das Erste und das Letzte«*: George Manuel und Michael Posluns, *The Fourth World: An Indian Reality* (Don Mills, Ontario: Collier-Macmillan Canada, 1974), S. 65.

31 *»Sie stahlen die Kinder«*: Naomi Klein, »Stealing Children to Steal the Land«, *The Intercept*, 16. Juni 2021.

32 *»ehrlich mit uns selbst [zu sein]«*: Justin Trudeau, »Trudeau Says Canadians ›Must Be Honest‹ About Country's History in Canada Day Message«, Global News-Kanal auf YouTube, 1. Juli 2021, 1:15.

33 *»Nationen sind selbst Erzählungen«*: Edward Said, *Kultur und Imperialismus: Einbildungskraft und Politik im Zeitalter der Macht*, übersetzt von Hans-Horst Henschen (Frankfurt am Main: S. Fischer, 1994), S. 15.

34 *»Eine erfundene Vergangenheit lässt sich nicht nutzen«*: James Baldwin, *Nach der Flut das Feuer*, übersetzt von Miriam Mandelkow (München: dtv, 2019), S. 92.

35 *»Hätte ich vor drei Jahren dieselbe Geschichte … erzählt«*: Melissa Tait, »Healing Through Drums«, *Globe and Mail*, 29. September 2022.

36 *»diesen verschwundenen Kleinen*: Mike Otto, »An Idea Turned into a Trucking Convoy for a Cause«, *Over the Road Legend* (Podcast), 14. Juli 2021, 7:16.

37 *King ist ein offener Rassist*: Shannon Proudfoot, »Tamara Lich vs. Pat King: A Tale of Two Convoy Protest Leaders«, *Globe and Mail*, 4. November 2022.

38 *»Man nennt es Entvölkerung«*: Pat King, »Trudeau Is Going to Catch a Bullet … Only Way This Ends Is with Bullets«, Video, gepostet auf Streamable, 0:56.

39 *»nicht nur durch die Überflutung«*: David Bauder, »What Is White Replacement Theory? Police Probe Conspiracy's Role in Buffalo Shooting«, Global News, 16. Mai 2022.

40 *berichtete, dass praktisch jede*: »The ›Freedom Convoy‹ Is Nothing but a Vehicle for the Far Right«, Canadian Anti-Hate Network, 27. Januar 2022.

41 *»wird Diagolon zusehends«*: Peter Smith, »A Holocaust Denier Is Travelling Across Canada Building Up the Country's Newest Far-Right Militia Movement«, Canadian Anti-Hate Network, 11. Januar 2022.

42 *»kein Zufall«*: Jesse Wente @JesseWente, Tweet, 17. Februar 2022. Der Account wurde gelöscht. Zitiert mit Genehmigung des Autors.

43 *»tausendfachen Canada Day«*: »Ottawa Occupation Was ›Canada Day Times 1000‹: Lianne Rood Conservative MP«, Women in Canadian Politics-Kanal auf YouTube, 2. März 2022, 0:18.

44 *orangefarbene Sweatshirts*: Matthew Remski, »Oppression Fantasies of White Anti-Vax Moms«, *The Conspirituality Report*, Medium, 1. Juni 2021.

13 Der Nazi im Spiegel

1 *»Allein die Existenz dieses Films«: Exterminate All the Brutes*, Regie: Raoul Peck (HBO Original, 7. April 2021).

2 *»Der Grundgedanke«: »Exterminate All the Brutes*: Raoul Peck's Statement of Intent«, HBO-Kanal auf YouTube, 7. April 2021.

3 *»Und wenn die minderwertigere Rasse zugrunde geht«*: Joseph Conrad, *Die Rettung. Eine romantische Geschichte von den Untiefen*, übersetzt von Hermann Stresau (Frankfurt am Main: S. Fischer, 1984), S. 163.

4 *»In einer künftigen Zeit«*: Charles Darwin, *Die Abstammung des Menschen*, übersetzt von Heinrich Schmidt (Stuttgart: Kröner, 2002), S. 203.

5 *»Das Kernstück des europäischen Gedankens«*: Sven Lindqvist, *Rottet die Bestien aus! Eine Reise auf den Spuren des europäischen Völkermords*, übersetzt von Sandra Nalepka (Berlin: Alexander Verlag, 2023), S. 18.

6 *»Konzentrationslager sind nicht in Deutschland erfunden worden«*: zitiert in: Nikolaus Wachsmann, *KL: Die Geschichte der nationalsozialistischen Konzentrationslager* (München: Siedler, 2016), S. 13.

7 *»Erbarmen in einem Massaker«*: Bedford Pim, *The Negro and Jamaica* (London: Trübner, 1866), S. 63.

8 *das weltweit erste auf Eugenik basierende Gesetz*: Philip R. Reilly, *The Surgical Solution: A History of Involuntary Sterilization in the United States* (Baltimore: Johns Hopkins University Press, 1991).

9 *dass sie »die Millionen von Rothäuten auf ein paar Hunderttausend zusammengeschossen« hätten*: zitiert in: James Q. Whitman, *Hitlers amerikanisches Vorbild. Wie die USA die Rassengesetze der Nationalsozialisten inspirierten*, übersetzt von Andreas Wirthensohn (München: C. H. Beck, 2018), S. 19 f.

10 *»Es gibt nur eine Aufgabe«*: zitiert in: David Blackbourn, *Die Eroberung der Natur. Eine Geschichte der deutschen* Landschaft, übersetzt von Udo Rennert (München: Deutsche Verlags-Anstalt, 2007), S. 368.

11 *»Ich gehe an diese Sache eiskalt heran«*: Adolf Hitler, *Monologe im Führer-Hauptquartier 1941–1944* (Hamburg: Albrecht Knaus Verlag, 1980), S. 91.

12 *»Den Ukrainern liefern wir Kopftücher, Glasketten als Schmuck und was sonst Kolonialvölkern gefällt«*: Adolf Hitler, *Monologe im Führer-Hauptquartier 1941–1944*, S. 63.

13 *»Auschwitz war die moderne, industrielle Umsetzung«*: Lindqvist, *Rottet die Bestien aus!*, S. 227.

14 »*Und als sich das, was im Herzen der Finsternis getan worden ist*«: Lindqvist, *Rottet die Bestien aus!*, S. 243.
15 »*Es gab keine Gräueltat der Nazis*«: W. E. B. Du Bois, *The World and Africa: An Inquiry into the Part Which Africa Has Played in World History* (New York: International Publishers, 1965), S. 23.
16 *den Nazismus toleriert zu haben*: Aimé Césaire, *Über den Kolonialismus*, übersetzt von Heribert Becker (Berlin: Alexander Verlag, 2017), S. 28.
17 *was bis dahin nur auf nicht weiße Kolonisierte*: Césaire, *Über den Kolonialismus*, S. 29.
18 »*Ja, es wäre schon die Mühe wert*«: Césaire, *Über den* Kolonialismus, S. 28 f.
19 »*Der* Satz ›Rottet die Bestien aus‹ «: Lindqvist, *Rottet die Bestien aus!*, S. 27.
20 »*Die Ideen, die in der Plantagenwirtschaft entstanden sind*«: Rinaldo Walcott, *On Property: Policing, Prisons, and the Call for Abolition* (Windsor: Biblioasis, 2021), S. 13.
21 »*die grausame Verfolgung*«: Nomi Kaltmann, »The Courage of William Cooper«, *Tablet*, 26. Januar 2021.
22 »*Gewiss, jeder Völkermord weist unvergleichbare Merkmale auf*«: Lindqvist, *Durch das Herz der Finsternis. Ein Afrika-Reisender auf den Spuren des europäischen Völkermords*, übersetzt von Armin Huttenlocher (Frankfurt am Main: Campus, 1999), S. 15.
23 »*Kräfte, die sich der Gerechtigkeit widersetzen*«: Olúfémi O. Táíwò, *Reconsidering Reparations* (New York: Oxford University Press, 2022), S. 199.
24 »*In der Erinnerung selbst gibt es einen Widerstand*«: Jacqueline Rose, *Proust Among the Nations: From Dreyfus to the Middle East* (Chicago: University of Chicago Press, 2011), S. 120.
25 »*die größte Fake News-Story*«: Dana Kennedy, »›Biggest Fake News Story in Canada‹: Kamloops Mass Grave Debunked by Academics«, *New York Post*, 27. Mai 2022.
26 *Er hinterließ ein langes, konfuses Manifest:* Maxine Joselow, »Suspect in Buffalo Rampage Cited ›Ecofascism‹ to Justify Action«, *Washington Post*, 17. Mai 2022.
27 »*Mich überrascht die Ähnlichkeit rechter Verschwörungstheorien*«: Julian Brave NoiseCat @jnoisecat, Tweet, 16. Mai 2022, Twitter.

14 Der unentrinnbare ethnische Doppelgänger

1 »*Unter diesen Umständen*«: Jeet Heer @HeerJeet, Tweet, 20. März 2021, Twitter.
2 »*Wenn man als Jude angegriffen wird*«: Hannah Arendt, *Essays in Understanding*, 1930–1945, hg. von Jerome Kohn (New York: Harcourt, Brace, 1994), S. 12, zitiert in: Michael Wuliger, »Die heilige Hannah«, *Jüdische Allgemeine*, 28. Mai 2020, online unter: https://www.juedische-allgemeine.de/kultur/die-heilige-hannah.

3 »*Warum schickt ihr uns*«: Omar Sakr @omarsakrpoet, Tweet, 29. März 2022, Twitter.

4 »*Die einen werfen mir vor*«: Ludwig Börne, »Briefe aus Paris, Vierundsiebzigster Brief«, in: Ludwig Börne, *Sämtliche Schriften*, Bd. 3 (Düsseldorf: Melzer, 1964), S. 509. Zitiert in: Hannah Arendt, *The Origins of Totalitarianism* (New York: Harcourt, Brace, 1951), S. 64.

5 »*Der Jude ist ein Mensch*«: Jean-Paul Sartre, *Überlegungen zur Judenfrage*, übersetzt von Vincent von Wroblewsky (Reinbek bei Hamburg: Rowohlt, 1994), S. 44. Das französische Original entstand 1944 und wurde 1946 in Buchform veröffentlicht.

6 »*Doppelbewusstsein*«: W. E. B. Du Bois, »Strivings of the Negro People«, *The Atlantic*, August 1897.

7 »*Ich habe vor, euch Gründe*«: June Jordan, »I Must Become a Menace to My Enemies«, in: *Things That I Do in the Dark: Selected Poetry* (1977; Nachdruck Boston: Beacon Press, 1981), S. 144.

8 »*Das Gesicht ist das beste Kommunikationsmittel*«: Grace Ebert, »I'm Not a Look-Alike: Hundreds of Unrelated Doppelgängers Sit for François Brunelle's Uncanny Portraits«, *Colossal*, 9. Februar 2022.

9 »*Sozialismus der dummen Kerle*«: Richard Evans, *Das Dritte Reich*, Bd. I: *Aufstieg*, übersetzt von Holger Fliessbach und Udo Rennert (München: DVA, 2004), S. 257.

10 *in sechshundertsechzig kleineren und größeren Städten*: Robert Weinberg, »Workers, Pogroms, and the 1905 Revolution in Odessa«, *Russian Review* 46, Nr. 1 (Januar 1987), S. 53.

11 »*Sie warfen Juden aus dem Fenster*«: Weinberg, S. 63 f.

12 »*die ethnische Spaltung eine Zentrifugalkraft*«: Weinberg, S. 75.

13 »*Ich bin eine Jüdin*«: Henry Rosenthal, »Eleanor Marx: ›I Am a Jewess‹«, Jews, Marxism and the Workers Movement, Marxists Internet Archive; hier zitiert nach: Arnold Künzli, *Karl Marx. Eine Psychographie* (Wien / Frankfurt am Main / Zürich: Europa, 1966), S. 78.

14 »*ausgesprochenen Taumels des Antisemitismus*«: Rosa Luxemburg, »Brief an Émile Vandervelde«, 8. Oktober 1910, in: Rosa Luxemburg, *Gesammelte Briefe*, Bd. 6, hg. von Annelies Laschitza, übersetzt von Rosemarie Giese u. a. (Berlin: Dietz, 1993), S. 173.

15 »*die Menge in bluttrunkenem Rausch*«: Leo Trotzki, *Die russische Revolution 1905* (Berlin: Vereinigung Internationaler Verlagsanstalten, 1923), S. 108. Zitiert in: Alan Johnson, »Leon Trotsky's Long War Against Antisemitism«, *Fathom*, März 2019.

16 »*In der Epoche seines Aufstiegs*«: Leo Trotzki, *Manifest der IV. Internationale zum imperialistischen Krieg und zur proletarischen Weltrevolution*, online unter: https://www.marxists.org/deutsch/archiv/trotzki/1940/kriegman/teil1.htm. Zitiert in: Johnson.

17 *ein Spektrum von Problemen*: Enzo Traverso, *The Jewish Question: History of a Marxist Debate*, ins Englische übersetzt von Bernard Gibbons (Leiden: Brill, 2019).

18 »*Religion ist der Seufzer*«: Karl Marx, »Zur Kritik der Hegel'schen Rechtsphilosophie. Einleitung«, in: Arnold Ruge und Karl Marx (Hg.), Deutsch-Französische Jahrbücher (Paris, 1844), S. 71 f.

19 »*Eure Befreiung*«: Antony Polonsky, »The Bund in Polish Political Life, 1935–1939«, in: Ezra Mendelsohn (Hg.), *Essential Papers on Jews and the Left* (New York: New York University Press, 1997), S. 172.

20 »*Auch stünde es schlimm um Europa*«: Walter Benjamin, *Gesammelte Schriften* II.3, hg. von Rolf Tiedemann und Hermann Schweppenhäuser (Frankfurt am Main: Suhrkamp, 1991), S. 838.

21 »*Was willst du mit den speziellen Judenschmerzen?*«: Dana Mills, »Lessons from the Life of Rosa Luxemburg«, Verso Blog, 5. März 2021; hier zitiert nach: Natan Sznaider, »Diaspora-Nationalismus«, in: Michal Bodemann und Micha Brumlik, *Juden in Deutschland – Deutschland in den Juden: Neue Perspektiven* (Göttingen: Wallstein, 2012), S. 69.

22 »*Selbst keiner ist schon zu viel*«: Irving Abella und Harold Troper, *None Is Too Many: Canada and the Jews of Europe, 1939–1948* (Toronto: University of Toronto, 2017).

23 »jüdischen Kapitalismus«: Abraham Léon, *Die jüdische Frage. Eine marxistische Darstellung*, neu bearbeitete Ausgabe (Essen: Arbeiterpresse Verlag, 1995), S. 172.

24 »*Mit dem Mythos*«: Abraham Léon, *Die jüdische Frage*, S. 168.

25 »*Ebenso, wie es nötig ist*«: Abraham Léon, *Die jüdische Frage*, S. 172.

26 »*der Krieg und der Holocaust*«: Traverso, *The Jewish Question*, S. xv.

27 »*Doppelgänger-Politik*«: Caroline Rooney, »Prison Israel-Palestine: Literalities of Criminalization and Imaginative Resistance«, *Journal of Postcolonial Writing* 50, Nr. 2 (2014), S. 134.

28 »*ein Land ohne Volk für ein Volk ohne Land*«: Diana Muir, »A Land Without a People for a People Without a Land«, *Middle East Quarterly* 15, Nr. 2 (Frühjahr 2008), S. 55–62.

29 *ließ man nun »die Wüste erblühen*«: Alan George, »›Making the Desert Bloom‹: A Myth Examined«, *Journal of Palestine Studies* 8, Nr. 2 (Winter 1979), S. 88.

30 »*stuckfarbenen Haifa*«: I. F. Stone, *Underground to Palestine* (New York: Boni & Gaer, 1946), S. 221.

31 »*Für die Zionisten war der Araber der* Invisible Man«: I. F. Stone, »Holy War«, in: *The Best of I. F. Stone*, hg. von Karl Weber (New York: Public Affairs, 2006), S. 235.

32 »*So etwas wie Palästinenser gab es nicht*«: zitiert in: Rashid Khalidi, *Palestinian Identity: The Construction of Modern National Consciousness* (New York: Columbia University Press, 1997), S. 147.

33 *anwesend und abwesend zugleich*: Mahmoud Darwish, *In the Presence of Absence*, ins Englische übersetzt von Sinan Antoon (New York: Archipelago Books, 2011).

34 *»Israelische Siedler fahren unvermindert damit fort«*: Yousef Al Jamal, »JNF Greenwashing as a Means to Hide Ethnic Cleansing in Palestine«, *Politics Today*, 14. Februar 2022.

35 *»die Opfer der Opfer«*: Edward Said, *The Pen and the Sword: Conversations with David Barsamian* (Monroe, Maine: Common Courage Press, 1994), S. 53; Bryan Cheyette, »A Glorious Achievement: Edward Said and the Last Jewish Intellectual«, in: *Edward Said's Translocations*, hg. von Tobias Doring und Mark U. Stein (New York: Routledge, 2012), S. 78.

36 *»Die neuen Juden«*: Joseph Massad, »Affiliating with Edward Said«, in: *Edward Said: A Legacy of Emancipation and Representation*, hg. von Adel Iskandar und Hakem Rustom (Berkeley: University of California Press, 2010), S. 33.

37 *»Doppelgänger-Politik … zuallererst«*: Rooney, »Prison Israel-Palestine«, S. 134.

38 *»das jüdische Volk ein ausschließliches und unanfechtbares Recht«*: Natasha Roth-Rowland, »Land Grabs. Homophobia. Radicalized Police: What to Expect from Israel's Far-Right Government«, *+972 Magazine*, 29. Dezember 2022.

39 *»das Gedankengebäude des Zionismus zu betreten«*: Jacqueline Rose, »Nation as Trauma, Zionism as Question: Jacqueline Rose Interviewed«, *openDemocracy*, 17. August 2005.

40 *rund zwanzig Prozent der palästinensischen Bevölkerung*: »General Briefing: Palestinian Political Prisoners in Israeli Prisons«, Addameer Prisoner Support and Human Rights Association.

41 *Einem Bericht der Vereinten Nationen zufolge*: »Key Figures on the 2014 Hostilities«, United Nations Office for the Coordination of Humanitarian Affairs, 23. Juni 2015.

42 *»526«*: »50 Days: More Than 500 Children: Facts and Figures on Fatalities in Gaza, Summer 2014«, B'Tselem, 20. Juli 2016.

43 *»Bürgerjournalisten«*: L. Finch, »How a Jewish-American Author's Facebook Page Became a Hub for Citizen Reporting on Gaza«, *Global Voices*, 5. August 2014.

44 *»Ich werde manchmal gefragt«*: Naomi Wolf, Facebook-Post, 21. Juli 2014.

45 *eine typische Schlagzeile*: Shmuley Boteach, »Naomi Wolf's Allegations of an Israeli Genocide Fuel Anti-Semitism«, *Jerusalem Post*, 10. September 2014.

46 *»Ich [unterrichtete] am Barnard College«*: Rachel Cooke, »Naomi Wolf: ›We're in a Fight for Our Lives and for Democracy‹ «, *The Guardian*, 19. Mai 2019.

47 *einen ehemaligen Soldaten der US-amerikanischen Special Forces … Striker Pierce Investigations*: »Security Consultant Shares Insider Tips on Self-Defense«, DailyClout-Kanal auf YouTube, 19. Mai 2022, 6:32–6:43; Vincent M. Mallozzi, »An Author and Investigator Find Comfort in Each Other«, *New York Times*, 24. November 2018.

48 »*Die Nazis sind eine Rechtfertigung für alles*«: Philip Roth, *Portnoys Beschwerden*, übersetzt von Werner Schmitz (Reinbek bei Hamburg: Rowohlt, 2011), S. 85.

49 »*spricht Roth nicht nur von seiner Familie*«: Corey Robin, »Arendt and Roth: An Uncanny Convergence«, *New York Review*, 12. Mai 2021.

50 »*ein jüdisches Land ohne eine jüdische Seele*«: Philip Roth, *Operation Shylock. Ein Bekenntnis*, übersetzt von Jörg Trobitius (München: Hanser, 1994), S. 122.

51 »auf vielerlei, vielerlei schreckliche Weise«: Roth, *Operation Shylock*, S. 89.

52 »*ganz und gar menschlich, elastisch, anpassungsfähig, humorvoll, kreativ*«: Roth, *Operation Shylock*, S. 142.

53 »›*antizionistische jüdische Elemente*‹«: Roth, *Operation Shylock*, S. 407.

54 »*Ich bin ein Stammesangehöriger*«: Roth, *Operation Shylock*, S. 400.

55 »*Was werden die Gojim denken?*«: Philip Roth, »Writing About Jews«, *Commentary*, Dezember 1963.

56 »*Jetzt ist es endlich so weit*«: Naomi Wolf @DrNaomiRWolf, Gettr-Post, 13. Mai 2022.

57 »*Wer hätte gedacht, dass der perfekte Ehemann für eine Feministin*«: Naomi Wolf @DrNaomiRWolf, Gettr-Post, 13. Mai 2022.

58 »*Vielleicht sollte jeder Schriftsteller und Regimekritiker*«: Naomi Wolf @DrNaomiRWolf, Gettr-Post, 14. Mai 2022.

59 »*nicht vollständig versklavt sind wie Australien*«: Naomi Wolf @DrNaomiRWolf, Gettr-Post (Video), 24. Mai 2022.

60 »*Wieso habe ich diesem Thema so lange keine Beachtung geschenkt*«: Naomi Wolf, »Rethinking the Second Amendment«, *Outspoken with Dr Naomi Wolf*, Substack, 4. Juni 2022.

61 »*unserem Nächsten bei seinen Problemen*«: Naomi Wolf, Facebook-Post, 21. Juli 2014.

62 »*Präsident Bidens sperrangelweit offene Grenzen*« … »*der Traum eines Tyrannen*« … »*Verräter eliminieren die Grenzen*«: Naomi Wolf, *The Bodies of Others: The New Authoritarians, COVID-19 and the War Against the Human* (Fort Lauderdale, Fla.: All Seasons Press, 2022), S. 47; deutsch unter dem Titel *Im Grunde böse. COVID-19, die neuen Machteliten und ihr Krieg gegen die Menschlichkeit*, übersetzt von Ottilie Bauer (Rottenburg: Kopp, 2022); Joseph Mercola, »The Last Stage of a Tyrannical Takeover – Interview with Naomi Wolf«, *Bitchute* (Video), 1. Juni 2022, 13:56.

63 »*Ich bin ein friedlicher Mensch*«: Steve Bannon, Moderator, »›We Are at War‹: Naomi Wolf Breaks Down the WHO's Plan to Seize Power«, *War Room: Pandemic* (Podcast), 12. Mai 2022, 5:13, gepostet auf Rumble.

Teil vier Der Realität ins Auge sehen

15 Entselbstung

1 *die globale Umweltverschmutzung binnen einer Dekade erneut um die Hälfte verringern*: »Special Report: Global Warming of 1.5 °C«, Intergovernmental Panel on Climate Change, 2018; Jonathan Watts, »We Have 12 Years to Limit Climate Change Catastrophe, Warns UN«, *The Guardian*, 8. Oktober 2018.

2 *die glitzernde Trump City Las Vegas:* »Nevada Caucuses 2020: Live Election Results«, *New York Times*, 24. Februar 2020.

3 *Genehmigungen für Öl- und Gasbohrungen*: Matthew Brown, »US Drilling Approvals Increase Despite Biden Climate Pledge«, Associated Press, 12. Juli 2021; »New Data: Biden's First Year Drilling Permitting Stomps Trump's by 34 %«, Pressemitteilung, Center for Biological Diversity, 21. Januar 2022.

4 *Mit unserem »zweiten Körper«, wie Daisy Hildyard es nennt*: Daisy Hildyard, »The Second Body«, *The Learned Pig*, 15. November 2017, Auszug aus Daisy Hildyard, *The Second Body* (London: Fitzcarraldo Editions, 2017).

5 *»Er sah nicht mich«*: Eve Auchincloss und Nancy Lynch, »Disturber of the Peace: James Baldwin – an Interview / 1969«, in *Conversations with James Baldwin*, hg. von Fred L. Standley und Louis H. Pratt (Jackson: University Press of Mississippi, 1989), S. 73.

6 *»Wir sind nicht der Mittelpunkt des Universums«*: *The Magnitude of All Things*, Regie: Jennifer Abbott (National Film Board of Canada, 2020), 55:11.

7 *um »sich wie eine Koralle oder ein Fisch zu fühlen«*: *The Magnitude of All Things*, 48:38.

8 *»einen Anlass zum ›Entselbsten‹«:* Iris Murdoch, *Die Souveränität des Guten*, übersetzt von Eva-Maria Düringer (Berlin: Suhrkamp, 2023), S. 100.

9 *»die Leute, die diesen Planeten ausplündern«*: *The Magnitude of All Things*, 43:13.

10 *»Ich hätte sehr gern«*: *The Double*, Regie: Richard Ayoade (Magnolia Pictures, 2014), 1:26:52.

11 *»Mitleid mit denen«*: Helena de Bres, »It's Not You, It's Me«, *The Point*, 23. September 2019.

12 *»Wir können ein Umfeld schaffen, in dem wir hart und kritisch sind«*: john a. powell, Interview von Ivan Natividad, »To End White Supremacy, Attack Racist Policy, Not People«, *Berkeley News*, 25. Januar 2021.

13 *»Alles, was der Mühe wert ist«*: Eve L. Ewing, »Mariame Kaba: Everything Worthwhile Is Done with Other People«, *Adi Magazine*, Herbst 2019.

14 *»Dieser Tage spüre ich«*: Arielle Angel, »Beyond Grievance«, *Jewish Currents*, Sommer 2022.

15 *»Der Kampf hilft uns, einander zu sehen«*: Keeanga-Yamahtta Taylor, Gespräch mit der Autorin, 17. Oktober 2022.

16 *dass »sie einer Klasse angehören«*: John Berger, »The Nature of Mass Demonstrations«, *International Socialism*, 1st series, Nr. 34 (Herbst 1968), S. 11 f.

17 »*Vielleicht jemanden, der oder die nicht so aussieht wie ihr selbst*«: Bridget Read, »The Bernie Rally Felt So Much Bigger Than Bernie«, *The Cut*, 21. Oktober 2019; Bernie Sanders, »Bernie's Back Rally with AOC in New York«, Bernie Sanders-Kanal auf YouTube, 19. Oktober 2019, 2:47:27.

18 »*alle unterbliebenen Möglichkeiten der Geschicksgestaltung*«: Sigmund Freud, »Das Unheimliche«, in *Imago. Zeitschrift für Anwendung der Psychoanalyse auf die Geisteswissenschaften V* (1919), S. 297–324, hier S. 310; online unter: https://www.gutenberg.org/files/34222/34222-h/34222-h.htm.

19 »*Wenn man nie geglaubt hat*«: Keeanga-Yamahtta Taylor, Gespräch mit der Autorin, 17. Oktober 2022.

20 »*Ich glaube, dass der Ausgangspunkt*«: Sally Weintrobe, *Psychische Ursachen der Klimakrise. Neoliberaler Exzeptionalismus und die Kultur der Achtlosigkeit*, übersetzt von Helmut Leipersberger (Wien: Psychosozial-Verlag, 2023), S. 21.

21 *als die einzige Alternative zur Barbarei*: Rosa Luxemburg, »Sozialismus oder Barbarei«, in *Die Krise der Sozialdemokratie* (Hamburg: Severus Verlag, 2016), S. 5–21.

22 »*wenn ich das Land als meine Mutter betrachte*«: Naomi Klein, »Dancing the World into Being: A Conversation with Idle No More's Leanne Simpson«, *Yes Magazine*, 6. März 2013.

23 »*in ihrer Stabilität gefährdet und abhängig*«: Sunaura Taylor, »Age of Disability«, *Orion*, 9. November 2021.

24 »*Umweltschutz für die Verletzten*«: Taylor, »Age of Disability«.

Epilog Wer ist das Double?

1 *akribisch dekonstruiert*: *Killing Us Softly: Advertising's Image of Women*, mit Jean Kilbourne (Media Education Foundation, 1979).

2 »*Ich schaffe es nicht, ich selbst zu sein*«: *The Double*, Regie: Richard Ayoade (Magnolia Pictures, 2014), 41:23.

3 »*Ihre geballte Energie*«: Lisa Hix, »Did Father Know Best? In Her New Book, Third Wave Feminist Naomi Wolf Reconsiders Her Bohemian Upbringing«, *San Francisco Chronicle*, 19. Juni 2005, via SFGate.

4 »*Er ist der Betrüger*, darin *liegt die Ironie*«: Philip Roth, *Operation Shylock. Ein Bekenntnis*, übersetzt von Jörg Trobitius (München: Hanser, 1994), S. 419.

Register